Grenzen erweitern – Wirklichkeit erfahren
Perspektiven anthroposophischer Forschung

GRENZEN ERWEITERN – WIRKLICHKEIT ERFAHREN

Perspektiven anthroposophischer Forschung

Herausgegeben von
Karl-Martin Dietz und Barbara Messmer

Mit Beiträgen von
Jochen Bockemühl, Karl-Martin Dietz,
Volker Fintelmann, Michaela Glöckler,
Oskar Borgman Hansen, Manfred Klett,
Uli Johannes König, Ernst-Michael Kranich,
Stefan Leber, Christoph Lindenberg,
Georg Maier, Armin Scheffler, Andreas Suchantke,
Arnold Suckau, Frank Teichmann,
Heinz Zimmermann

VERLAG FREIES GEISTESLEBEN

Herausgegeben für die Anthroposophische Gesellschaft in Deutschland

1. Auflage 1998
Verlag Freies Geistesleben
Landhausstraße 82
70190 Stuttgart
Internet: www.geistesleben.com

ISBN 3-7725-1639-4

Einband: Walter Schneider unter Verwendung eines Bildes von Uwe Battenberg

Druck: WB Druck, Rieden am Forggensee

Inhalt

Dieser Band reiht sich ein in die langjährigen Bemühungen der Anthroposophischen Gesellschaft in Deutschland um Förderung der anthroposophischen Forschung. Seit Frühjahr 1998 geschieht dies in erweiterter Form, nämlich im «forum zeitfragen» sowie durch den «Forschungsfonds der Anthroposophischen Gesellschaft in Deutschland» (Ansprechpartnerin: Barbara Messmer, Rudolf Steiner Haus, Hügelstraße 67, 60433 Frankfurt/Main).

Vorwort

Nach zwei Jahren Vorarbeit kann diese Sammlung von Aufsätzen zur geisteswissenschaftlichen Forschung vorgelegt werden. Was zu ihrer Entstehung zu sagen ist, findet sich in der Einleitung von Karl-Martin Dietz.

Hinzufügen möchte ich, warum dieser Titel gewählt wurde. Er beschreibt eine gemeinsame Suchbewegung der sehr unterschiedlichen Beiträge der Autoren. Wer sich in der anthroposophischen Forschung betätigt, dem genügt nicht, was sonst als Wissenschaft vorhanden ist. Er ist unzufrieden mit ihrem abgesteckten Bereich, der ihn immer wieder an Erkenntnisgrenzen stoßen läßt. Diese möchte er weiterrücken, um die Wirklichkeit zunehmend kennenzulernen. Das wird zumeist auf der Grundlage von Anregungen aus dem Werk Rudolf Steiners versucht. Doch wirkt die anvisierte Wirklichkeit bald schon auf den Forscher zurück: er muß sich selbst und seinen Begriff von Wirklichkeit hinterfragen. Vor allem muß er sich der Voraussetzungen seiner wissenschaftlichen Denktätigkeit bewußt werden und sie verwandeln. Damit betritt er einen Weg, auf dem er mit der Zeit Erkenntnisgrenzen überwinden und über die Schwelle der geistigen Welt zur übersinnlichen Erfahrung gelangen kann.

Diese gemeinsame geistige Ausrichtung, nicht deren Erfüllung, zeichnete sich vor allem auf einem Kolloquium der Autoren ab. Sie darf nicht als Kriterium für anthroposophische Forschung verwandt werden, sondern ist eine Zusammenfassung von individuell und gegenwärtig erreichten Standpunkten.

Neben einem der Alltagsbelastung abgerungenen Einsatz der Autoren waren für die Redaktionsarbeit viele Helfer nötig: Schreibhilfen, Sachbearbeiter, Ratgeber und Kritiker. Besonders dankbar bin ich Ulrike Thomas, Sabine Utecht und Jörg Ewertowski. Durch ihre Mitarbeit wurde es möglich, daß die Redaktion auch noch das Lektorat übernahm.

Frankfurt am Main, im Mai 1998 *Barbara Messmer*

Literaturzitate im Text

Bei Hinweisen auf Werke, Briefe und Vorträge Rudolf Steiners wird jeweils in Klammern die bibliographische Nummer der Rudolf Steiner Gesamtausgabe angegeben (= GA, herausgegeben von der Rudolf Steiner Nachlaßverwaltung, Dornach seit 1955) und die Seitenzahl der zugrundeliegenden Ausgabe (siehe dann Literaturverzeichnis). Bei Vorträgen und Briefen ist jeweils das Datum vorangestellt.

Einleitung

Was «anthroposophische Forschung» denn eigentlich sei, ist schon oft gefragt worden, ohne daß darauf je eine knappe Antwort gegeben worden wäre. Aber das ist nicht verwunderlich. Wer wollte etwa bündig formulieren, was das Wesentliche der «akademischen Wissenschaft» ist? Das wäre ein genauso vergebliches Bemühen und heute noch vergeblicher als zu Beginn des Jahrhunderts, als auf vielen Gebieten der akademischen Forschung eine empiristisch-positivistische Richtung eindeutig vorherrschte. Hinzu kommt noch, daß innerhalb der anthroposophischen Forschung das Methodenspektrum breiter ist. In der akademischen Forschung gibt es – bei aller Vielfalt – doch bewährte Standards, die einzuhalten sind, wenn der wissenschaftliche Diskurs nicht abbrechen soll, beispielsweise die Quantifizierbarkeit und Mathematisierbarkeit. Eine wesentliche Aufgabe der anthroposophischen Forschung besteht demgegenüber gerade darin, diese Standards zu erweitern und über sie hinauszukommen. Das heißt nicht etwa, sie zu mißachten. Aber es heißt, sie nicht axiomatisch für sämtliche Bereiche der Forschung zu nehmen, auch etwa für Psychologie, Geschichte oder die Gesellschaftswissenschaften. Mit dem Versuch, traditionell geltende Standards zu überwinden, ist zugleich der Versuch verbunden, sie nicht einfach durch neue zu ersetzen, sondern über die Standardisierung als solche hinauszugehen. Diese ist zu ergänzen durch individuell zu entwickelnde und zu handhabende Vorgehensweisen, die beispielsweise nicht nur Quantitäten, sondern auch Qualitäten einbeziehen.

Damit werden natürlich auch an die sogenannte «Nachprüfbarkeit» neue Anforderungen gestellt. Wer darin jedoch einen Mangel sehen zu müssen glaubt, zeigt nur, daß er, mehr oder weniger bewußt, die traditionellen Standards zum Maßstab jeglicher Wissenschaftlichkeit macht und dieser damit die Möglichkeit zu Paradigmenwechseln abspricht. Und er zeigt außerdem, daß er die im Laufe unseres Jahrhunderts massiv aufgetretenen Probleme der Objektivierbarkeit von Forschungsergebnissen ignoriert. Sie begannen schon mit der Quantentheorie zu Beginn des

Jahrhunderts und sind mit Thomas Kuhns *Struktur wissenschaftlicher Revolutionen* (1962) nicht abgeschlossen. Insbesondere seit dem Siegeszug der Popperschen Anschauungen nach dem Zweiten Weltkrieg ist die verbreitete Annahme, Theorien seien mit empirischen Methoden zu verifizieren, erschüttert. Aus dieser neuen Situation wurden seither verschiedenartige Folgerungen gezogen, bis hin zur prinzipiellen Aufgabe des Wahrheitsbegriffs und zu seiner Substitution durch Utilität oder Methodenfetischismus. Wer diese Entwicklung einbezieht und an ihren Aporien nicht vorbeisieht, wird die anthroposophischen Erkenntnisbemühungen nicht mehr gar so abwegig finden, wie sie Jahrzehnte vorher vielen traditionell geprägten Wissenschaftlern erschienen. Denn es gehört heute mehr denn je zur wissenschaftlichen Bemühung dazu, sich auch über die Quellen der Wissenschaftlichkeit Rechenschaft zu geben oder sie sogar neu zu erschließen. Gerade darin besteht im wesentlichen die erwähnte Transzendierung der vorherrschenden Standards durch anthroposophische Forschung. Dazu gehört auch, die Denkgewohnheiten der europäischen Neuzeit nicht absolut zu setzen, sondern sie als einen markanten, sehr bedeutenden, aber doch möglicherweise auch zu überwindenden Entwicklungsstandpunkt des Denkens zu verstehen. Im Hinblick darauf kann man sich immer wieder an die Feststellung des Aristoteles im vierten Buch der *Metaphysik* erinnern: «Denn Mangel an Bildung ist es, wenn man nicht weiß, wofür ein Beweis zu suchen ist und wofür nicht. Denn daß es überhaupt für alles einen Beweis gebe, ist unmöglich, sonst würde ja ein Fortschritt ins Unendliche eintreten und auch so kein Beweis stattfinden.»* Damit hat Aristoteles auf seine Weise die Frage nach den Quellen und Ursprüngen des beweisenden Denkens gestellt, und diese Frage ist von den Vorsokratikern bis heute relevant geblieben, auch wenn sie zeitweilig in den Hintergrund des Interesses getreten ist.

Im Hinblick auf die Fragestellungen gibt es in der anthroposophischen Forschung eine ganze Reihe divergierender Aspekte, zum Beispiel:

- Anthroposophische Forschung bezieht ihre Aufgabenstellungen aus den allgemeinen und speziellen Problemen der Zeit. Es gilt, sich den Zeitereignissen erkennend und handelnd zuzuwenden, ihre Hintergründe und Entwicklungskräfte zu erschließen und daraus Beiträge zur spezifischen Problemlösung ebenso wie zur Innovation der Lebensverhältnisse

* Aristoteles, *Metaphysik*, 4.4., nach der Übersetzung v. Herrmann Bonitz, bearb. v. Horst Seidl, Hamburg 1995, S. 69.

zu leisten. Dies ist selbstverständlich nur im Dialog mit anderen Forschungs- und Lebensrichtungen möglich.

- Hierzu enthält das Werk Rudolf Steiners eine Fülle von Anregungen, die sich erst durch intensive Forschungsbemühungen näher erschließen und für die Lebenspraxis fruchtbar machen lassen. Diese Unabgeschlossenheit seines Werkes ist von Rudolf Steiner bewußt angelegt. Sie ermöglicht und erfordert den eigenständigen und initiativen Einsatz derjenigen, die dieses Werk aufgreifen und fortführen wollen. Sie gewährleistet zugleich deren vollständige geistige Autonomie.
- Die auf den verschiedenen Lebensfeldern bereits heute erwiesene Fruchtbarkeit der Anthroposophie (wie z. B. in Pädagogik, Medizin, Landwirtschaft usw.) ist durch fortlaufende Forschung voranzubringen, zu begleiten und zu sichern.
- Skizzen und Ideen, die in Gedankenform vorliegen, können durch Nachweise verschiedenster Art anschaulich gemacht werden kann. Hier kommen nicht nur anthroposophische Forschungsmethoden im engeren Sinne in Betracht, sondern auch solche, die in der akademischen Wissenschaft üblich sind.
- Die Methoden der Forschung selbst sind ständig zu reflektieren und weiterzuentwickeln.

Aus diesen verschiedenartigen Fragerichtungen ergeben sich notwendigerweise die verschiedensten methodischen Ansätze. Ihre Realisierung geht nicht von vorgegebenen Forderungen oder Ansprüchen aus. Wesentlich daran ist vielmehr ihr Wegcharakter. Die Wege des Forschens kennen keine Vorgaben. Ihre Ergebnisse sind prinzipiell offen. Nur unter Verwechslung von Ziel und Voraussetzung könnten unerfüllbare Ansprüche an anthroposophische Forschung gestellt werden, wie die: Wer nicht bei sich selbst auf die Fähigkeit von Imagination, Inspiration und Intuition zurückgreifen kann, braucht gar nicht so zu tun, als triebe er «anthroposophische» Forschung. Und wer könnte darauf schon zurückgreifen? Also gibt es eine solche Forschung gar nicht! – Diese Forderung wäre vollständig unberechtigt. Sie reklamierte Ziele des Forschens als dessen Voraussetzung.

Auf der anderen Seite wird man sich hüten müssen, etwa Studium und Forschung zu verwechseln. Forschung, die nicht darauf angelegt ist, «Neues» zutage zu fördern, ist wohl kaum als solche zu bezeichnen. Im Unterschied zum «Lernen» oder «Studieren» zielt Forschung darauf ab, «objektiv» Neues und nicht nur subjektiven Erkenntniszuwachs zu erzeugen. Forschung setzt Kompetenz, Nachhaltigkeit, Kontinuität sowie Problem- und Methodenbewußtsein voraus und bedarf somit spezifischer Forschungsmilieus. An ihrem Innovationspotential, an Wirklichkeitsbezug, Zukunftsfähigkeit und Fruchtbarkeit für die Lebenspraxis erweist sich die Leistungsfähigkeit von Forschung.

Angesichts der genannten Komplexität nimmt es vielleicht nicht wunder, daß bisher eine Darstellung fehlte, die über die Frage Auskunft gibt, was anthroposophische Forschung eigentlich sei. (Man darf hier auf eine rühmliche Ausnahme verweisen: Herbert H. Koepf, *Forschung im biologisch-dynamischen Landbau*, Stuttgart 1997). Diesem Anliegen dient der vorliegende Band. Sollte den Besonderheiten anthroposophischer Forschung Rechnung getragen werden, so kam von vornherein nicht eine definierende, sondern nur eine je individuelle Darstellung in Betracht. Auch hätten die vorausgehenden Skizzen über einige Züge anthroposophischer Forschung nicht so knapp formuliert werden dürfen, wenn nicht die Hoffung bestünde, in den nachfolgenden Beiträgen das eine oder andere deutlicher ausgeführt zu finden.

Die Autoren haben teilweise vorwiegend ihre methodischen Anliegen und Erfahrungen beschrieben, teilweise stärker auf Problemstellungen und Ergebnisse ihres Arbeitsgebietes abgehoben. Es war von seiten der Herausgeber beabsichtigt, vor allem solche Autoren zur Mitarbeit zu bitten, die auf eine längere und kontinuierliche Erfahrung in anthroposophischer Forschung zurückblicken können. Dabei konnten leider nicht alle ursprünglichen Anfragen der Herausgeber erfüllt werden; und auch später noch mußten einige Autoren, die zunächst zugesagt hatten, wieder Abstand nehmen. Aufgrund des dennoch stark angewachsenen Umfangs des Bandes wurde auf die Aufnahme der ursprünglich vorgesehenen Kurzdarstellungen anthroposophischer Forschungseinrichtungen verzichtet. Sie werden in Form eines Informationsheftes gesondert erscheinen.

Trotz schwierigster Terminsituationen war es möglich, daß sich die meisten Autoren zu einem Kolloquium trafen, in dem die Beiträge vor ihrer Endfassung wechselseitig diskutiert wurden. Dennoch wurde nicht angestrebt, Auffassungsunterschiede etwa im Hinblick auf die bildschaffenden Methoden, den Organismusbegriff oder die Gewichtung verschiedener anthroposophischer Ansätze redaktionell auszugleichen. Diese Unterschiede gehören zum gegenwärtigen Diskussionsstand.

Heidelberg, im April 1998 *Karl-Martin Dietz*

HEINZ ZIMMERMANN

Das Studium der Geisteswissenschaft als Voraussetzung für Forschung auf geistigem Felde

Einleitung

Rudolf Steiner (1861-1925) tritt im letzten Jahrhundert mit Werken an die Öffentlichkeit, die sich an seine Goethestudien als Herausgeber der naturwissenschaftlichen Schriften am Goethe- und Schiller-Archiv in Weimar anschließen. Es sind dies im wesentlichen die drei Werke *Grundlinien einer Erkenntnistheorie der Goetheschen Weltanschauung, mit besonderer Rücksicht auf Schiller*, *Wahrheit und Wissenschaft* und *Die Philosophie der Freiheit.*

In diesen Werken stehen erkenntnismethodische Fragen und deren Konsequenzen für die Selbstbestimmung des Menschen im Zentrum. Es geht Rudolf Steiner dabei vor allen Dingen darum, dem Hauptorgan der Erkenntnis, dem Denken, den ihm gebührenden Platz im Erkenntnisprozeß zuzuweisen und dessen Bedeutung für das menschliche Leben aufzuzeigen. Indem aber das Denken als Erkenntnisorgan selber ins Blickfeld genommen wird, erweist sich dieses als das Bindeglied zwischen der Sinneswelt und der geistigen Welt, der das Denken selber seinem Wesen nach angehört. Als Erfahrungsinhalt kann in einem Ausnahmezustand das Denken als rein geistige Tätigkeit zum ersten übersinnlichen Erlebnis werden. Man kann dies als den Beginn der Geisteswissenschaft bezeichnen, indem ein rein geistiger Inhalt (das Denken) erforscht wird. In seiner *Philosophie der Freiheit* bezeichnet Steiner dies als einen Ausnahmezustand des Bewußtseins.

Nun können sich die Forschungsobjekte über die Beobachtung des Denkens hinaus natürlich erweitern, müssen aber, um als Forschungsresultate anerkannt werden zu können, immer in Ideenform umgesetzt werden. In diesem Sinn sind Rudolf Steiners anthroposophische Grundwerke, die alle nach der Jahrhundertwende erschienen sind, zu verstehen. Sie geben Forschungsergebnisse einer Geisteswissenschaft in Gedankenform wieder.

Die Titel dieser Hauptwerke sind: *Theosophie*, *Wie erlangt man Erkenntnisse der höheren Welten?* und *Die Geheimwissenschaft im Umriß*. Außerdem hat er seine Forschungen in zahlreichen öffentlichen und Mitgliedervorträgen, die zum größten Teil nachgeschrieben wurden und veröffentlicht sind, ausgeführt. In dem Werk *Von Seelenrätseln* aus dem Jahre 1917 beschreibt er, wie er das Verhältnis der damals üblichen Naturwissenschaft zu seiner Geisteswissenschaft auffaßt. Dieses Kapitel trägt die Überschrift: «Anthropologie und Anthroposophie». Darin macht er deutlich, daß es ihm keineswegs darum geht, die naturwissenschaftliche Forschungsmethode abzulehnen. Er betont im Gegenteil immer wieder, wie wichtig gerade für den Geisteswissenschaftler die Ausbildung eines gesunden Denkens und einer wissenschaftlichen Grundhaltung sei und wie die Anthroposophie eine notwendige Erweiterung und Ergänzung der bestehenden Wissenschaften darstelle. Daher bestehe für den Geisteswissenschaftler die Forschungsgesinnung, das Zur-Kenntnis-Nehmen der wissenschaftlichen Ergebnisse genauso wie für die übrige Wissenschaft, und Steiner verlangt daher auch diese Gesinnung als unerläßliche Voraussetzung. Spätere Aufsätze in diesem Band stellen denn auch Beispiele dar, wie gängige Forschungsergebnisse und Grundlagen durch die geisteswissenschaftliche Methode im Sinne einer Ergänzung und Erweiterung beleuchtet werden. Gültige Geistesforschung aber erfordert darüber hinaus auch geistige Wahrnehmungen. Das führt zu einigen grundsätzlichen Fragestellungen, die im folgenden behandelt werden sollen.

I.
Das Studium der Geisteswissenschaft als erster Schritt auf dem Wege zur übersinnlichen Erkenntnis

In einem der letzten Kapitel seiner *Geheimwissenschaft im Umriß* stellt Rudolf Steiner ausführlich den Weg dar, auf dem die übersinnlichen Erkenntnisse gewonnen werden können, die in dem Buch beschrieben sind (GA 13, S. 299ff.). Damit liefert er das wissenschaftliche Instrumentarium, durch das der Leser die Möglichkeit bekommt, das Vorgebrachte durch eigene Anschauung zu prüfen. Er gibt damit in einem gewissen Sinne die Beweisführung. Dabei stößt man an eine Klippe: Der beschriebene Weg erweist sich als Herausforderung, für die ein Leben kaum ausreicht. Soll man dann einfach warten und das Gelesene vorerst bloß glauben?

Diese Frage beantwortet sich in zwei Richtungen: allerdings nur, wenn man sich tatsächlich aktiv in die Sache einlassen will. Zum einen zeigt der beschriebene Schulungsweg vom allerersten Anfang an seine Fruchtbarkeit dadurch, daß man auf jeder Stufe sich selbst verwandelt und damit seine Erkenntnisfähigkeit erweitert, lange bevor man selber bewußte übersinnliche Erfahrungen macht.

Zum anderen sind, wie Rudolf Steiner in der letzten Vorrede zu der *Geheimwissenschaft im Umriß* betont, seine geistigen Forschungsergebnisse in eine Sprache gebracht, die von jedem gesund urteilenden Zeitgenossen verstanden werden kann:

«... dieser Inhalt tritt in der Form von Gedanken auf, in die er hineinfließt. Dadurch wird er dem gewöhnlichen Bewußtsein, das im Sinne der Gegenwart denkt ... voll verständlich. ... Um aber ein solches Verständnis wirklich möglich zu machen, muß der Darsteller des geistig Geschauten seine Schauungen bis zu einem richtigen Hineingießen in die Gedankenform bringen, ohne daß sie innerhalb dieser Form ihren imaginativen Charakter verlieren.» (GA 13, S. 26f.) Der Prozeß, durch den das Geschaute in eine Gedankenform umgegossen wird, hat zur Folge, daß diese Form die Gesetzmäßigkeiten des Geistigen immer noch in sich trägt, gleichzeitig aber von dem unbefangenen Zeitgenossen verstanden und eingesehen werden kann. In seinem Aufsatz «Sprache und Sprachgeist» schildert Rudolf Steiner diesen Vorgang der Übersetzung aus dem Bereich des Schauens in die Gedanken- und Sprachform als einen dramatischen Kampf:

«Wer in dieser Art schaut, der entfernt sich in seinem Schauen von dem, was durch die Sprache ausdrückbar ist. Sein Schauen findet zunächst nicht den Weg zu den Lippen. Greift er zu Worten, so hat er sogleich die Empfindung, daß der Inhalt seiner Schauung etwas anderes wird. Will er nun doch von seinen Schauungen Mitteilung machen, so beginnt sein Kampf mit der Sprache. Er sucht alles mögliche innerhalb des Sprachlichen zu verwenden, um ein Bild dessen zu gestalten, was er schaut. Von Lautanklängen zu Satzwendungen sucht er überall im Bereich des Sprachlichen. Er kämpft einen harten inneren Kampf. Er muß sich sagen: die Sprache hat etwas Eigenwilliges. Sie drückt schon für sich alles mögliche aus; auch du mußt erst dich an ihren Eigenwillen hingeben, damit sie aufnehme, was du schaust. Will man das geistig Erschaute in die Sprache gießen, so stößt man eben nicht auf ein unbestimmtes wachsartiges Element, das man beliebig formen kann, sondern man stößt auf einen ‹lebendigen Geist›, auf den ‹Geist der Sprache›.

Wenn man auf diese Art redlich kämpft, so kann der Kampf den besten, den schönsten Ausgang nehmen. Es kommt ein Augenblick, wo man fühlt: der Sprachgeist nimmt das Geschaute auf. Die Worte und Wendungen, auf die man kommt, nehmen selbst etwas Geistiges an; sie hören auf, zu ‹bedeuten›, was sie gewöhnlich bedeuten und schlüpfen in das Geschaute hinein.» (GA 36, S. 296f.)

Während also der Geistesforscher den Weg zu suchen hat vom Schauen zu einer diesem gemäßen Gedankenform und damit zu einem entsprechenden sprachlichen Ausdruck, wird der Leser zum umgekehrten Weg angeregt, nämlich von der gedanklichen Einsicht zum eigenen Schauen zu gelangen. Daher bezeichnet Rudolf Steiner in dem genannten Kapitel «Die Erkenntnis der höheren Welten» die erste Stufe der höheren Erkenntnis als ‹das Studium der Geisteswissenschaft, wobei man sich zunächst der Urteilskraft bedient, welche man in der physisch-sinnlichen Welt gewonnen hat» (GA 13, S. 393).

Schon im Studium der Geisteswissenschaft also liegt der erste Schritt zur übersinnlichen Erkenntnis, aber aus dem bisher Ausgeführten geht hervor, daß es sich hier nicht bloß um ein Lesen im Sinne einer Kenntnisnahme des Inhaltes handelt. Vielmehr muß die Frage lauten: Wie gelingt es mir, mich so mit den gegebenen Sprach- und Gedankenformen zu verbinden, daß ich daran meine Erkenntnisfähigkeit entwickle? Schon auf dieser Stufe bildet sich der ganze Weg vom Sinnesbewußtsein zum Erwachen im Geistigen ab. Denn es gehört zu den Gesetzmäßigkeiten der Geisteswissenschaft, daß in jedem Teilbereich das Ganze erscheint. Im Keim sind schon die weiteren Stufen enthalten. Gerade deshalb braucht man auch nicht auf den Erfolg bis zum Ende zu warten, weil sich von Anfang an dieses Ende als Evidenzerlebnis – natürlich in entsprechend anfänglicher Form – einstellt. Die große Schwelle zwischen der sinnlichen und der geistigen Welt hat ihre Abbilder in Form von kleineren Schwellen. Jede Forschung setzt entsprechende Erkenntnismittel voraus, und es ist daher ganz selbstverständlich, daß auch Geistesforschung solcher Instrumente bedarf, die es zu erüben gilt. Und da ist eben das Studium geisteswissenschaftlicher Schriften ein erster Schritt, in dem das Organ ausgebildet wird, das dem Forschungsbereich entspricht.

2.
Erfahrungen der Sinneserkenntnisse und der Geisterkenntnisse

Wie aber muß diese Organbildung durch das Studium erfolgen? Dazu müssen wir unser Forschungsfeld im Vergleich zur Sinneserkenntnis besser in seinen Eigenschaften kennenlernen. Um also die Bedeutung dieses ersten Schrittes zu erfassen, wollen wir Ausgangspunkt und Ziel des Weges, den Bereich der Sinneswelt und den Geistbereich, in ihren Eigenheiten näher betrachten.

Die Sinneswelt erscheint unserem normalen Gegenstandsbewußtsein als ein Nebeneinander im Raum und ein Nacheinander in der Zeit. Das denkende Bewußtsein macht mir diese Welt zum Objekt, der ich als Subjekt gegenüberstehe. Sie erscheint mir zunächst als eine Welt des Gewordenen, Vorgefundenen, von der ich mir Vorstellungen und Begriffe bilde. Diese haben prinzipiell, entsprechend dem raum-zeitlichen Neben- und Nacheinander, einen geordneten, fest umrissenen Charakter. Der eine Begriff schließt sich vom anderen ab, die eine Vorstellung stellt sich neben die andere. Die seelische Innenwelt, in der sich moralische Werte und Gefühlsbeziehungen abspielen, ist von der Außenwelt der Erkenntnisobjekte nach gängigem Wissenschaftsverständnis streng zu trennen. Die objektive Erkenntniswelt ist von der privat subjektiven Innenwelt streng fernzuhalten.

Die Geistwelt selber erscheint als eine Welt, die sich zunächst nur dem Denken schrittweise erschließt. Im Sinne von Rudolf Steiner kann man vernunftgemäß auf zweierlei Wegen zu einer indirekten Einsicht in die Eigenschaft dieser Welt gelangen. Von dem Begriff als einem Produkt meines Denkens kann ich versuchen, rückwärts zu dem begriffebildenden Denken zu kommen. Es ist die in den erkenntniswissenschaftlichen Werken Steiners angeregte Methode, von den gewordenen Denkergebnissen zu dem Prozeß des Denkens selbst fortzuschreiten und schließlich zu dem Wesen, das in diesem Prozeß lebt. Wie er im 3. Kapitel seiner *Philosophie der Freiheit* (GA 4, S. 40ff.) zeigt, liegt im Normalfall das Bewußtsein des Denkens auf dem Gedankeninhalt, nicht auf dem Denkvorgang. In einem Ausnahmezustand des Bewußtseins kann nun das Augenmerk gerade auf diesen Prozeß gewendet werden. Dann zeigt sich der Geist als unmittelbar schaffend, bewegend und gegenwärtig, während er sich im Gegenstandsbewußtsein nur in seiner toten, fixierten Vergangenheitsform kundtut. Sucht man diesen Weg nun aktiv zu beschreiten, nicht nur sich gedanklich zu erschließen, dann erlebt man unmittelbar die Aufhebung der Subjekt-Objekt-Spaltung, aber auch bei vollem Bewußtsein die Auflösung der festen Begriffskonturen. Eine Vorstufe dazu ist nun gegeben, wenn ich im aktiven Verfolgen der geisteswissenschaftlichen Begriffsbildung mein Denkorgan verlebendige.

Man kann sich eine Vorstellung dieses Vorganges machen, wenn man sich das Wesen eines Evidenzerlebnisses klarmacht. An einem mathematischen Beweisgang etwa kann man die einzelnen Elemente in einen solchen Zusammenhang bringen, daß ein Gesetz als Evidenzerlebnis im Bewußtsein unmittelbar aufleuchtet. Wenn ich lange nach einer Lösung gesucht habe und sie dann endlich finde, so erfasse ich in einem Augenblick einen ganzen begrifflichen Zusammenhang. Ich denke in dieser Form keine voneinander abgesonderten Begriffe, sondern eine ganze Bewegung von Begriffen, die so flüchtig und punktuell ist, daß sie auch leicht wieder entschwinden kann, wenn ich sie nicht festhalte. Will ich dann das Erfahrene in Worte bringen, dann brauche ich je nach dem viele Sätze, um das auszudrücken, was mir in einem Augenblick klar geworden ist. Mehr oder weniger stark kann ich ein solches Erlebnis in jedem Einfall haben. Es ist ein Erlebnis des vollständigen Einsseins für einen Moment mit einem Licht geistiger Art. Während für mein normales Gegenstandsbewußtsein also die Einzelbegriffe diskursiv einander ausschließend erscheinen, verändert sich dieses Bewußtsein so, daß die Begriffsbildung und die Begriffsbeziehungen im Vordergrund stehen, daß also nicht nur die fertigen Begriffe als Ergebnis erlebt werden, sondern der Denkvorgang, aus dem jene hervorgegangen sind.

Eine zweite Form, sich den Charakter der Geistwelt in anfänglicher Form zu erschließen, kann die Betrachtung des Pflanzenlebens sein. Rudolf Steiner führt denn auch öfter als Vorbereitungsübungen zur Erlangung höherer Erkenntnisfähigkeiten Beobachtungen und Gedanken im Zusammenhang mit dem Pflanzenleben an (z. B. in: *Wie erlangt man Erkenntnisse der höheren Welten?*, GA 10, S. 58ff.).

Betrachtet man beispielsweise den Samen einer Pflanze, so liegt in ihm die ganze Pflanze als Zukunftsmöglichkeit verborgen. Die Kraft, diese Möglichkeit in die Wirklichkeit umzuwandeln, ist unsichtbar in dem Samen verborgen. Jedes Stadium der sich entwickelnden Pflanze offenbart zum einen das Ergebnis dieser Kraft in der Sichtbarkeit, und gleichzeitig verbirgt es die entsprechenden Zukunftsmöglichkeiten. In jedem Stadium also können wir gleichzeitig ein Werdendes und ein Gewordenes feststellen, wobei das Gewordene sichtbar, das Werdende naturgemäß unsichtbar, aber doch unmittelbar wirksam ist. Wenn wir nun die Eigenschaften dieses Unsichtbaren beschreiben wollen, so können wir sicher als ein erstes Kennzeichen dessen Kraft der Veränderung, seine Verwandlungskraft, ausmachen. Geist ist übersinnliche, im Sinnlichen wirkende Verwandlungskraft. Das wiederholte Versenken in einen solchen Gedankengang fördert die Fähigkeit, im Sichtbaren die Wirkung des Unsichtbaren zu entdecken. Ein entsprechendes Verhältnis zwischen unsichtbarem Geist und sichtbarem Produkt finden wir beim Menschengeist und seinen Kulturleistungen. Bei unseren eigenen Leistungen können wir dieses Verhältnis unmittelbar beobachten. Aber selbst bei einem Kunstwerk zeigt sich die Methode, vom Sichtbaren zum Unsichtbaren vorzustoßen. Das Betrachten einer Plastik zum Beispiel wird dann fruchtbar, wenn wir von dem Produkt zum Schaffensprozeß, von der ruhenden Form zur schaffenden Bewegung geführt werden. Wollen wir zum wirklichen Kunsterleben, zum Wesen des Kunstwerkes vorstoßen, so können wir nicht beim bloßen Zuschauerstandpunkt verharren, wir müssen aktiv werden, aber so, daß die Aktivität darin besteht, daß wir Gefäß und Organ werden, durch das sich das Kunstwerk selber aussprechen kann. Wir arbeiten uns dahin durch, daß wir den künstlerischen Schaffensprozeß mindestens ein Stück weit nachvollziehen. Hingabe und Identifikationswille sind die Voraussetzungen für dieses Ziel.

Genau das gleiche muß auch im Denkbereich stattfinden. Während wir die festen Begriffe vom Gewordenen als verhältnismäßig passive Zuschauer aufnehmen und kombinieren können, müssen wir einen Willensruck bewerkstelligen, um in ein Denken zu kommen, das sich mit den oben beschriebenen Verwandlungskräften verbinden kann und das man mit Rudolf Steiner lebendiges oder sinnlichkeitsfreies Denken nennen kann. Es hat die oben beschriebenen Eigenschaften: sich unmittelbar in Bewegung befindend, begriffsbildend, außer Raum und Zeit, die Einheit mit dem Denker von Subjekt und Objekt herbeiführend.

3.
Die Bedingungen des geisteswissenschaftlichen Studiums

Genau ein solches Denken wird durch die Form angeregt, in der geisteswissenschaftliche Ergebnisse dargeboten werden, und deshalb kann man das Studium als erste Stufe auf dem Weg zu höheren Erkenntnissen bezeichnen. Die Form, in der der übersinnliche Inhalt erscheint, entspricht diesem selber und kann dadurch zum Schlüssel eigenen Erkennens werden, wenn die entsprechende Aktivität aufgebracht wird. Das Studium schafft das Instrumentarium für dieses erweiterte Erkenntnisvermögen. Im Zusammenhang mit entsprechenden Grundübungen kann so die Basis zu einer Forschung auf geistigem Feld gelegt werden.

Rudolf Steiner wird nicht müde zu betonen, daß seine Werke nicht im üblichen Sinn gelesen werden können. «Wie man Bücher in unserem Zeitalter zu lesen pflegt, kann dieses nicht gelesen werden. In einer gewissen Beziehung wird von dem Leser jede Seite, ja mancher Satz erarbeitet werden müssen. Das ist mit Bewußtsein angestrebt worden. Denn nur so kann das Buch dem Leser werden, was es ihm werden soll. Wer es bloß durchliest, der wird es gar nicht gelesen haben. Seine Wahrheiten müssen erlebt werden. Geisteswissenschaft hat nur in diesem Sinne einen Wert.» (GA 9, S. 12) Damit wird vor allem dargelegt, daß eine gesteigerte Aktivität des Lesers vorausgesetzt wird. Die andere Art der Gedanken fordert eine andere Form des Lesens, zu der auch die Verbindung von Verstehen und innerem Erleben gehört. Wahre Erkenntnis ist immer auch Erlebnis, wie wir schon an dem Beispiel des Einfalles sehen können. Das aktive Studium geisteswissenschaftlicher Werke ist somit konkrete Fähigkeitsbildung zur gesteigerten Erkenntniskraft und keineswegs bloßes Aufnehmen von Inhalten. Damit aber zeigt sich auch das Spezifische der Anthroposophie Sie ist Erkenntnisweg, der auf Entwicklung und Selbsterziehung beruht. Das gilt selbstverständlich für jede Wissenschaft, hier aber in gesteigertem Maße.

Unbefangenheit als eine Bedingung wissenschaftlichen Forschens setzt voraus, daß man seine eigenen Vorurteile kennt und überwindet. Selbstlosigkeit und dienendes Verhalten gegenüber der Forschung setzt voraus, daß ich meine persönlichen Sympathien und Antipathien zurückstelle. Konzentration, Konsequenz, Durchhaltewille, Klarheit, all das sind Tugenden, die wir für jede wissenschaftliche Arbeit benötigen. Rudolf Steiner fordert darüber hinaus, daß diese Eigenschaften systematisch als Grundlage des Forschens ausgebildet werden, Selbsterziehung also unerläßliche Vorbedingung höherer Erkenntnisse ist.

In den sogenannten sechs Nebenübungen, die der Geistesschüler lebenslang praktizieren soll, wird diese Grundlage sichtbar (eine ausführliche Darstellung dieser Nebenübungen findet sich in der *Geheimwissenschaft im Umriß*, GA 13, S. 329ff.). Diese Übungen sollen einerseits zu Organbildungen für höhere Erkenntnisfähigkeit werden, andererseits bewirken sie die für jede Wissenschaft unabdingbare Grundlage eines gesunden Seelenlebens. Sie zielen auf

- Entwicklung von Konzentrationsfähigkeit und sachgemäßem Denken
- Ausbildung von Initiativkraft
- Überwindung der Subjektivität; Gefühle werden zu Erkenntnisorganen
- die Ausbildung eines Sinnes für Zukunftsentwicklung
- Entwicklung von Unbefangenheit und Vorurteilslosigkeit
- Harmonisierung der vorigen Fähigkeiten zu einer gegliederten Ganzheit.

Wenn auch diese Übungen nicht im engeren Sinn direkt zum Studium gehören, so führe ich sie trotzdem hier an, denn sie sollen laut Rudolf Steiner den ganzen Erkenntnisweg begleiten und gehören zur Vorbereitung höherer Erkenntnisfähigkeiten in elementarer Weise.

4. *Beispiel einer geisteswissenschaftlichen Begriffsbildung*

Anhand eines konkreten Beispieles aus dem zweiten Vortrag Rudolf Steiners in der für die zukünftigen Waldorflehrer gehaltenen Vortragsreihe *Allgemeine Menschenkunde als Grundlage der Pädagogik* (GA 293) soll grundsätzlich gezeigt werden, wie das Studium der Anthroposophie zur Organbildung für erweiterte Erkenntnisse führen kann. In diesem Vortrag legt Rudolf Steiner die Grundlage für eine neue Psychologie, die das geistige Leben im Vorgeburtlichen und Nachtodlichen einbezieht. In meinen Ausführungen geht es nicht in erster Linie um den Inhalt dieser Darstellungen, sondern um die Form der Begriffsbildung. Deshalb muß auch nicht ins Gewicht fallen, daß dieser Vortrag vor Zuhörern gehalten wurde, die mit den Grundlagen der Anthroposophie schon vertraut waren. Ich möchte zunächst eine kurze Schilderung der betreffenden Passage geben, um danach auf die Besonderheiten hinzublicken, wie Rudolf Steiner diesen Inhalt entfaltet und welche Anforderung er dadurch an den Leser stellt. Den Ausgangspunkt bilden die beiden Grundbegriffe der Psychologie «Vorstellung» und «Wille». Diese werden nicht etwa zu Beginn neu definiert, sondern in einer ganz bestimmten Art Schritt für Schritt in eine Begriffsbeziehung gebracht. Vorstellung, so erfahren wir, hat nicht Seins-, sondern Bildcharakter. Wir identifizieren uns nicht mit ihr, sondern stellen sie uns gegenüber als ein bloßes Abbild einer Wirklichkeit. Vorstellen ist Bewegen von Bildern. Auch die vorstellende Tätigkeit selber ist Bildtätigkeit. Der Begriff des Bildes im Sinne von Abbild fordert die Frage heraus: Bild wovon? Die Antwort lautet: Bild – Spiegelung des vorgeburtlichen Lebens. «Und auf diese Weise, indem die Tätigkeit, die Sie vor der Geburt beziehungsweise der Empfängnis ausgeführt haben in der geistigen Welt, zurückgeworfen wird durch Ihre Leiblichkeit, dadurch erfahren Sie das Vorstellen.» (22.8.1919, GA 293, S. 33)

Ganz anders der Wille. Er ist «Keim in uns für das, was nach dem Tode in uns geistig-seelische Realität sein wird» (ebd.). Vorstellende Tätigkeit ist also Bild von dem vorgeburtlichen Leben, Rudolf Steiner nennt es «unterreal», insofern es geistvergangen, nicht mehr ist; Willenstätigkeit ist zurückgehaltene, im Keim gehaltene geistig-seelische Wirklichkeit des Nachtodlichen, geistzukünftig, «überreal», was noch nicht ist.

Zwischen Bild und Keim spielt sich das irdische Menschenleben ab, in dem ein Vorgeburtliches zum Bild abgespiegelt und ein Nachtodliches im Keim gehalten wird. Durch welche Kräfte? Das Zurückwerfen des vorgeburtlichen Lebens geschieht mit der Kraft der unbewußten Antipathie, die Verleiblichung ist nur möglich durch Abstoßen der geistigen Vorgeburtlichkeit. «Die Antipathie, die nach der einen Seite geht, verwandelt fortwährend unser Seelenleben in ein vorstellendes; die Sympathie, die nach der anderen Seite geht, verwandelt uns das Seelenleben in das, was wir als unseren Tatwillen kennen, in das Keimhafthalten dessen, was nach dem Tode geistige Realität ist.» (S. 35) Das Wechselspiel zwischen Sympathie und Antipathie macht innerhalb des Seelenlebens unsere Gefühlswelt aus. Das Vorstellen ist das Ergebnis der unbewußten Antipathie gegenüber dem vorgeburtlichen Geistsein, welche diese Kraft zur bloßen Bildtätigkeit herabdämpft, das Wollen ist das Ergebnis der unbewußten Sympathie mit dem nachtodlichen Geistsein, welche diese Wirklichkeit im Keimzustand zurückhält.

Zusammengefaßt:

Vorstellen	= vorgeburtliches Geisterleben durch antipathische Rückspiegelung zum Bild gemacht
Wille	= nachtodliche Geistwirklichkeit durch Sympathie im Keim gehalten;

oder:

bildhaftes Vorstellen	= Ergebnis des vorgeburtlichen Lebens in Zusammenhang mit der Antipathie,
keimhafter Wille	= Ergebnis des nachtodlichen Lebens in Zusammenhang mit der Sympathie,
Gefühlsleben	= Wechselwirkung von Sympathie und Antipathie innerhalb des irdischen Seelenlebens.

Soweit also der Gedankengang einer ersten Passage dieses Vortrages.

Betrachten wir nun, was uns Rudolf Steiner an Gedankenaktivität zumutet. Zwei bekannte Seelentätigkeiten, Vorstellen und Wollen, werden zunächst so charakterisiert, daß es jeder aufgrund eigener seelischer Beobachtungen nachvollziehen kann: Vorstellung ist nicht Sein, sondern Bild, Wille ist Keim, zukünftiges Sein. Der Inhalt wird durch die vergleichende Methode entwickelt und regt von Anfang an den Leser zu einer Denkweise an, die nicht nach Definitionen strebt, sondern nach Begriffsbeziehungen. An dieser Stelle nun kommt der entscheidende Schritt, die Beziehung zu einer übersinnlichen Welt, die sich überdies noch in eine vorgeburtliche und nachtodliche gliedert. Wir können dies gedanklich nur nachvollziehen, wenn wir uns auf den Bildeprozeß einlassen und den Schritt von der Wirkung im irdischen Leben zu den Ursachen im übersinnlichen Vorgeburtlichen und Nachtodlichen nachvollziehen. Denn uns fehlt ja zunächst die unmittelbare Wahrnehmung. Die Tätigkeit des Vorstellens wird mit dem Abbildhaften verbunden. Dies führt zu dem Begriff der Spiegelung und wirft die Frage auf, was der Spiegel sei und was gespiegelt werde. Wir kommen schließlich zu der Wechselwirkung zwischen der Leiblichkeit als Spiegel und der Geistwirklichkeit des Vorgeburtlichen als dem, was gespiegelt wird. Was ermöglicht diese Spiegelung? Vorstellende Tätigkeit entsteht dadurch, daß die vorirdische Geistrealität durch die Kraft der Antipathie mit Hilfe der Leibbildung zum Bilde herabgedämpft wird. Wir müssen beobachten, daß hier Antipathie als eine unbewußt wirkende Weltenkraft des Distanzierens, Absonderns und Spiegelns zu verstehen ist, die erst im Gefühlsleben als die bekannte Seelenkraft erscheint.

In bezug auf den Willen geschieht das Entsprechende an dem anderen Pol. Es ist ein Gedankengang, in dem die Begriffe folgerichtig auseinander hervorgehen. Wir können das Vorgebrachte einsehen, wenn wir uns auf die einzelnen Begriffe einlassen, um dann die Einzelheiten in ihrem Zusammenwirken als Gesamtorganismus in Bewegung zu bringen. Indem wir das durch wiederholtes Üben in unserem Bewußtsein lebendig machen, bilden wir gleichzeitig unsere übersinnlichen Erkenntnisorgane aus, durch die wir das Beschriebene zunächst als Evidenzerlebnis, später als übersinnliche Erkenntnis aufnehmen.

Daß es nicht um das Aufnehmen eines festumrissenen Inhaltes geht, zeigt sich, wenn wir die vorliegenden Äußerungen in einen größeren Zusammenhang stellen. So erfahren wir später (27.8.1919, GA 293, S. 91), daß die Betrachtungsweise der ersten fünf Vorträge «seelisch» sei, d. h. von der Polarität Sympathie und Antipathie geprägt sei. Das erklärt die Methode, Polaritäten aufeinander zu beziehen und danach ein Drittes als Ergebnis dieses Zusammenwirkens zu verstehen. Im sechsten Vortrag des gleichen Zyklus beginnt dann die geistige Betrachtungsweise, in der von der Dreiheit ausgegangen wird und die Beziehung zu den Bewußtseinsstufen «wachend, träumend, schlafend» herausgearbeitet wird. Später kommt dann noch die leibliche Betrachtungsweise hinzu (3.9.1919, GA 293).

Von einem ganz anderen Aspekt aus beschreibt Rudolf Steiner den Komplex Vorstellen, Spiegelung, Beziehung zur Geistrealität in seiner Schrift *Von Seelenrätseln*. Dort schildert er den Zusammenhang zu den höheren Erkenntnisorganen: «Alle Vorstellungen, die von der Seele auf eine äußere Sinnes-Wirklichkeit bezogen werden, sind innere Geist-Erlebnisse, deren Leben herabgedämpft ist. ... So wie nun die abgetöteten Vorstellungen von der Seele auf die Sinneswelt bezogen werden können, so die mit den Geistorganen erfaßten lebendigen Vorstellungen auf die Geisteswelt.» (GA 21, S. 26). Der Leib wird hier als ein Spiegelungsapparat geschildert, der es einerseits ermöglicht, daß wir Sinnesvorstellungen haben können, andererseits dadurch das geistig Wesenhafte zurückdrängt. Wenn wir nun die gleiche Kraft des Vorstellens ohne Bezug auf die Sinneswelt betätigen, befinden wir uns in der geistigen Wirklichkeit. Das heißt in bezug auf die Ausführungen im zweiten Vortrag der *Allgemeinen Menschenkunde* nichts anderes, als daß wir die Kraft der Antipathie überwinden und dadurch die Wirklichkeit des Vorgeburtlichen erfahren. Das ist aber wieder nichts anderes als der von Rudolf Steiner beschriebene Weg zu höherer Erkenntnis.

Für das Studium der Anthroposophie handelt es sich nun darum, jede Ausführung für sich zu betrachten und die Begriffsbildung in oben beschriebenem Sinn von dem jeweils charakterisierten Standpunkt nachzuvollziehen. Erst dann kann das eine auf das andere bezogen werden, kann man größere Zusammenhänge entdecken. Dann erkennt man, wie vielfältig der Zugang zu ein und demselben geistigen Tatbestand sein kann. Die Methode ist aber immer dieselbe: sich ausschließende, gegensätzliche Begriffe so lange zu bewegen, bis man sie gleichzeitig zu denken vermag.

So kann man dem Vorstellen den Vergangenheitscharakter zuschreiben, dem Wollen das Zukünftige, beide aber wirken von der vorgeburtlichen Vergangenheit und der nachtodlichen Zukunft her im Jetzt als Seelenkräfte zusammen. Was sich als eine polare Zweiheit gezeigt hat, wirkt innerhalb eines einheitlichen Seelenlebens als Denken, Fühlen und Wollen zusammen.

Wir können uns ein geometrisches Bild vom Vorgeburtlichen und Nachtodlichen machen, indem wir uns eine Gerade vorstellen, die aus der Unendlichkeit her ins Sichtbare kommt und wieder ins Unendliche verschwindet. Die Unendlichkeit links ist die gleiche Unendlichkeit wie rechts. Um solche Begriffsbildungen nachzuvollziehen und, wenn sie in ihren gegenseitigen Beziehungen gebildet sind, als Ganzes zu erfassen, bedarf es einer gesteigerten Aktivität. Dazu gehört ebenfalls, wie wir am Beispiel von «Sympathie» und «Antipathie» gesehen haben, daß ich die übliche, feste Wort-Begriff-Beziehung aufgeben und die Begriffe durch ihre jeweils neuen Beziehungen als Begriffsbewegungen erfassen muß.

Es ist die Aufforderung, Vorgeburtlichkeit und Nachtodliches als eine Wirksamkeit im Jetzt in Zusammenhang mit Wille und Vorstellung zu denken. Damit kommen wir in den Bereich des vorhin beschriebenen Geistgegenwärtigen, vom Produkt zum Prozeß. Es ist das Erfahren der Gleichzeitigkeit, das sich im normalen raum-zeitlichen Denken in ein Nebeneinander und Nacheinander aufgliedert.

Das fördert aber geistige Fähigkeiten. Indem ich einen Begriffsorganismus erfahre, bringe ich mein ganzes Seelenleben in einen Zustand, wo es offen wird, Geistiges aufzunehmen. Die erste Wirkung, die in der Folge zu spüren ist, wenn man in dieser Weise das Erkennen aktiviert hat, ist eine erhöhte Bereitschaft, Gedankenblitze zu haben. Allerdings ist das nicht das Ergebnis eines einmaligen Lesens, sondern eben einer gründlichen Erarbeitung, die schließlich in einen konzentrierten meditativen Umgang mündet, das heißt in einen eigenständigen produktiven Aufbau und ein inneres Erleben dieses Begriffsorganismus über längere Zeit hinweg. Man erfährt durch solche Anstrengungen nach und nach die Evidenz des Ausgesagten selbst.

Die Form der Gedankenentfaltung führt so allmählich zum Inhalt, zum punktuellen Geisterwachen. Einfälle zu haben ist eine erste Form übersinnlichen Erkennens, allerdings bloß als augenblickhafte Geistberührung, noch nicht als ein bewußtes Leben in einer Geistgegenwart. Es ist das Ergebnis der Forderung: «Der Erkennende muß also sein Denken zu einem streng in sich geregelten machen. Die Gedanken müssen sich bei ihm allmählich ganz entwöhnen, den alltäglichen Gang zu nehmen. Sie müssen in ihrem ganzen Verlaufe den inneren Charakter der geistigen Welt annehmen.» (GA 9, S. 184). Die geisteswissenschaftlichen Werke sind so verfaßt, daß sie den Studierenden schrittweise an den «inneren Charakter der geistigen Welt» führen. Deshalb ist das Studium im Zusammenhang mit den beschriebenen Übungen die erste Stufe zur Ausbildung der Organe für das Forschen auf geistigem Felde. Wer eine Gedankenfolge, wie in dem obigen Beispiel beschrieben, zum ersten Mal nachvollzieht, wer sich in die Art der Begriffsbildung der Geisteswissenschaft einläßt, erlebt auf verschiedenen Stufen, daß ihm der bisherige vertraute Boden entschwindet. Er kann sich nirgends auf feste Definitionen stützen und muß ständig gewärtig sein, Begriffenes wieder aufzulösen und in neuen Beziehungen zu denken, dem früheren widersprechende Aussagen auszuhalten. Das ist eine der Schwellen, einer der Abgründe, die schon auf der Stufe des Studiums zu überwinden sind.

Zusammenfassend können wir sagen: Das Studium der Geisteswissenschaft bildet die Fähigkeit aus, in Begriffsbeziehungen denkend und erlebend so einzusteigen, daß

- das zeitliche Nacheinander und räumliche Nebeneinander aufgehoben wird und als gleichzeitige Durchdringung, als Begriffsorganismus erfahren wird;
- die Trennung zwischen Subjekt und Objekt aufgehoben wird;

- die feste Zuordnung von Wort und Begriff und von Wortinhalt und Begriffsinhalt zugunsten einer wortlosen Begriffsbewegung aufgelöst wird;
- der Gegensatz von Erkennen, Erfahren und Tun aufgehoben wird.

Diese Fähigkeit bildet sich in der aktiven und wiederholentlichen Erarbeitung geisteswissenschaftlicher Schriften. Diese sind die Ergebnisse von geistig Erschautem und Erforschtem, in eine solche Begriffsorganik umgesetzt, daß deren Studium schrittweise zu Evidenzerlebnissen und erhöhtem Einfallsreichtum und schließlich zum eigenen Schauen führen kann. Letzteres dann, wenn es mit den genannten Grundübungen verbunden ist.

Literatur

Steiner, Rudolf: *Grundlinien einer Erkenntnistheorie der Goetheschen Weltanschauung, mit besonderer Rücksicht auf Schiller* (1886), GA 2, Dornach [7]1979.

– *Wahrheit und Wissenschaft. Vorspiel einer «Philosophie der Freiheit»* (1892), GA 3, Dornach [5]1980.

– *Die Philosophie der Freiheit. Grundzüge einer modernen Weltanschauung. Seelische Beobachtungsresultate nach naturwissenschaftlicher Methode* (1894), GA 4, Dornach [16]1995.

– *Theosophie. Einführung in übersinnliche Welterkenntnis und Menschenbestimmung* (1904), GA 9, Dornach [31]1987.

– *Wie erlangt man Erkenntnisse der höheren Welten?* (1904/05), GA 10, Dornach [24]1993.

– *Die Geheimwissenschaft im Umriß* (1910), GA 13, Dornach [30]1989.

– *Von Seelenrätseln* (1917), GA 21, Dornach [5]1983.

– *Der Goetheanumgedanke inmitten der Kulturkrisis der Gegenwart.* Gesammelte Aufsätze aus der Wochenschrift «Das Goetheanum» 1921-1925, GA 36, Dornach 1961.

– *Allgemeine Menschenkunde als Grundlage der Pädagogik,* GA 293, Dornach [9]1992.

Hinweis:

Im Herbst 1998 ist im «Verlag am Goetheanum« ein Buch zum Studium der Anthroposophie mit einer ausführlichen Bibliographie erschienen:
Heinz Zimmermann / Robin Schmidt: *Anthroposophie studieren. Zum selbständigen Umgang mit dem Werk Rudolf Steiners in Einzelstudium und Gruppen.*

MENSCH UND NATUR

JOCHEN BOCKEMÜHL

Erweiterung der Naturwissenschaft durch den anthroposophischen Erkenntnisweg

Teil I: Aufgabe und Entwicklung der Wissenschaft – alte und neue Konzepte

1. *Einleitung*

Die Wissenschaft des ausgehenden 19. Jahrhunderts sah ihre Aufgabe ausschließlich darin, «Erkenntnisse zu gewinnen und nach durchgreifenden Hauptgedanken in systematischer Form darzustellen» (Meyer, 1908). Man hatte die Vorstellung von einem Lehrgebäude, das man logisch aufbaut. Dabei ging es um die Darstellung einer als seiend vorausgesetzten Wirklichkeit, die man immer umfassender kennenlernen wollte und die es zu formulieren gilt. Man unterschied zwischen reinen und angewandten Wissenschaften und entsprechend der Vorgehensweise zwischen induktiver und deduktiver Wissenschaft.

Heute ist in der Wissenschaft der Blick vor allem auf das Entdecken von technisch Machbarem gerichtet. Dadurch steht der Entwicklungscharakter der Wissenschaft im Vordergrund.

So definiert man beispielsweise in neuerer Zeit: «Forschung als systematische, schöpferische, wissenschaftliche Arbeit mit dem Zweck der Erweiterung des Kenntnisstandes (eingeschlossen Erkenntnisse über den Menschen, die Kultur und die Gesellschaft), sei es in rein theoretischer Absicht, oder sei es im Hinblick auf die Lösung praktischer Probleme» (*Statistisches Jahrbuch der Schweiz 1990*, S. 297).

Rudolf Steiner sieht die Aufgabe der Wissenschaft in einem engen Zusammenhang mit der Bewußtseinsentwicklung des Menschen. Schon 1886 formuliert er in seinen *Grundlinien einer Erkenntnistheorie der Goetheschen Weltanschauung*: «Nicht das Aufwerfen von Fragen ist die Aufgabe der Wissenschaft, sondern das sorgfältige Beobachten derselben, wenn sie von der Menschennatur und der jeweiligen Kulturstufe gestellt werden, und ihre *Beantwortung*.» (GA 2, S. 17) In einer späteren Auflage (1924) präzisiert er in einer Fußnote dazu: «Fragen des Erkennens entstehen an der Anschauung der Außenwelt durch die menschliche Seelenorganisation. In dem Seelenimpuls der Frage liegt die Kraft, an die Anschauung so heranzudringen, daß diese mit der Seelenbetätigung zusammen die Wirklichkeit des Angeschauten zur Offenbarung bringt.» (Anm. S. 137) Hier wird der Blick auf die Bewußtseinsentwicklung in der Gesellschaft gelenkt, aus der die aktuellen Fragen entstehen, und auf den Prozeß, der daran durch die Forschung des einzelnen weitergeführt wird. Die beiden vorangestellten Formulierungen sind Ausdruck einer solchen Entwicklung. Geht der Naturwissenschaftler aber so vor, wie es Rudolf Steiner formuliert, dann erarbeitet er sich nicht nur bestimmte Erkenntnisse, sondern behält auch im Bewußtsein, wie er damit verantwortlich in der Lebenssituation der Gegenwart steht.

2.
Ein Beispiel für Bewußtseinsentwicklung in der Wissenschaft

Wie sich aus den Erkenntnisbemühungen von Wissenschaftlern auf dem Feld der Biologie im Laufe der letzten zwei Jahrhunderte Bewußtseinsentwicklung ablesen läßt, sei hier – sehr vereinfacht – skizziert. So war *Carl von Linné* mit Pflanzen und Tieren durch seinen regelmäßigen Umgang *intuitiv*, selbstverständlich vertraut. Was er sah, waren für ihn die Erscheinungsformen göttlicher Urbilder (Schöpfungsgedanken). Er interessierte sich dafür, wie man die Arten äußerlich durch Merkmale voneinander abgrenzt und systematisiert, um sich mit anderen Wissenschaftlern darüber zu verständigen. Das von ihm geschaffene, immer umfassender werdende System war kommunizierbar und erlaubte dem Wissenschaftler, auch Neuentdeckungen überschaubar einzuordnen.

Johann Wolfgang von Goethe lernte auf die Linnésche Weise Pflanzen kennen. Er suchte in der Erscheinungsweise nach den ideellen Zusammenhängen der Pflanzenbildung und erlebte dabei das Abstrakte der übernommenen Ordnungsprinzipien. Er entwickelte die Fähigkeit, an den Sinneserscheinungen ein in den Bildungen wirksames, allgemeines Prinzip abzulesen. Mit dieser Blickrichtung entstand später das Streben nach einem *natürlichen* System, das Verwandtschaftsverhältnisse widerspiegelt. Mit dem so in den Sinneserscheinungen aufgesuchten Urbild (Idee) überwand Goethe aber auch auf neue Weise die äußeren Artgrenzen, von denen er notwendigerweise ausging. Man braucht Artbegrenzungen, um physische Entwicklung denken zu können. Wären diese aber fest umgrenzt, so gäbe es keine Entwicklung. Der Zusammenhang mit der physischen Vererbung war Goethe allerdings noch nicht zur Frage geworden. Ihm war die Bindung der Organismen an die leibliche Vererbung nicht so wichtig wie deren ideelle Entwicklungsfähigkeit im Naturgeschehen.

Für *Charles Darwin* war der ideelle Zusammenhang der Organismen schon eine für selbstverständlich gehaltene *Eigenschaft des Materiellen* geworden. Als Züchter interessierte ihn aber jetzt der *Mechanismus*, durch den physische Neubildungen entstehen können. Dazu brauchte er einen anderen Denkansatz. Daß man den Organismus schon ideell erfaßt haben muß, um dessen Mechanismus studieren zu können, rückt in den Hintergrund des Bewußtseins.

So gesehen ist also Wissenschaft ein Entwicklungsvorgang des menschlichen Bewußtseins, in dem Anschauungsweisen der Welt entstehen, in die man sich eingewöhnt und die man so lange weiter ausbaut, bis man deren Grenzen an der sinnlichen Erfahrung erlebt und so zur Weiterentwicklung angeregt wird.[1]

Die wiedergegebene Definition einer vor allem auf das Machbare gerichteten Naturwissenschaft aus neuester Zeit entspricht einer heute noch allgemein anerkannten Auffassung von wissenschaftlicher Forschung. Offen bleibt darin, wie Forschungsfragen entstehen und in welches Ver-

1 Rudolf Steiner zeigt beispielsweise einen solchen Entwicklungsprozeß der Wissenschaft an der Aufeinanderfolge astronomischer Weltbilder in der Geschichte als symptomatische Ausdrucksformen von Bewußtseinsverwandlungen (GA 323). Erst viel später, nämlich im Jahr 1962, hat Thomas Kuhn (1993) auf eine mehr äußerliche Weise solche Vorgänge als Paradigmenwechsel beschrieben.

hältnis sich der Wissenschaftler damit zu seiner Forschungsarbeit, zur Natur und zur menschlichen Gesellschaft bringt. Aber gerade das wird heute mehr und mehr zur Frage. Diese macht es notwendig, sein eigenes Verhältnis zu den Erkenntnisergebnissen der Naturwissenschaft neu zu besinnen (vgl. Jonas, 1984).

3. Rudolf Steiners Verhältnis zur Naturwissenschaft, zur Theosophie und zur Anthroposophie. Das Verhältnis der Geisterkenntnis zur Sinneswahrnehmung als Schlüsselerfahrung

Es ist bekannt, wie Rudolf Steiner einerseits durch seine Hinwendung zur Erkenntnis des Geistigen in der Welt in immer engere *Beziehung zur Weltanschauung im Sinne der Theosophie* gelangte[2] und wie er andererseits wegen seiner mathematisch-naturwissenschaftlichen Schulung zur Herausgabe von Goethes naturwissenschaftlichen Schriften kam (vgl. Steiner, GA 28, Kapitel XIV). Seine Erkenntnistheorie entwickelte er an Goethes Art, sich den Erscheinungen der Natur so zuzuwenden, daß deren Erscheinungsbedingungen mit der Sinneswahrnehmung zugleich geistig anschaubar werden (vgl. GA 1 und GA 2).

Er erkannte die Bedeutung der Sinneswahrnehmung für einen neuen Erkenntnisweg, der es erlaubt, die eigene Betrachtungsart dem jeweils Betrachteten anzupassen. Seine Auseinandersetzung mit *Ernst Haeckel* u.a. hat Rudolf Steiner darüber hinaus die inneren Voraussetzungen und Konsequenzen der Denkweise des naturwissenschaftlichen Materialismus vor Augen geführt. Durch das Einleben in diese Gedankenformen erkannte er, wie durch die *Zuwendungsweise zur materiellen Seite* der Naturerscheinungen im Menschen die Fähigkeit des reinen mathematischen Denkens entwikkelt wird (vgl. 13.1.1924, GA 233a, S. 83ff., und 20.8.1924, GA 243, S. 178ff.; sowie Bockemühl 1999).

2 Der Körperschaft der Theosophie, der Theosophischen Gesellschaft, stand er von 1902-1912 als Vorstand der deutschen Sektion vor.

Mit diesem ganz von innen heraus entwickelten, von der Sinneswahrnehmung unabhängigen Denken werden Bilder (Modelle) konstruiert, bei denen jeder Schritt mit dem Bewußtsein voll überschaubar bleibt. Damit lebt sich der Wissenschaftler in die *Bedingungen* ein, unter denen sinnliche Erscheinungen auftreten. Das schafft der Naturwissenschaft ihre Überzeugungskraft. Allerdings löst sich in diesem Vorgang leicht das Bewußtsein von der aktuellen Erscheinung als sinnlicher und zugleich geistiger Erfahrung.

Der *theosophische Erkenntnisweg* kommt von einer ganz anderen Seite. Er stützt sich auf ein Bildbewußtsein, das seine Einsichten Schauungen verdankt, die ohne bewußte Beteiligung des Erkennenden am Bildaufbau traumähnlich in der Seele auftauchen. Damit bleibt aber der unmittelbare Bezug sowohl zu den Sinnestatsachen als auch zu dem in ihnen zum Ausdruck kommenden Geistigen in der Schwebe (z. B. Blavatsky, 1922, und Bockemühl, 1999).

Rudolf Steiner entdeckte demgegenüber in der damals modernen Naturwissenschaft den Schulungsansatz für die neue Fähigkeit, mit dem Erkennen vor das bildhaft-imaginative Bewußtsein des theosophischen Schulungsweges zu gelangen (siehe 13.1.1924, GA 233a, S. 83ff.; 20.8.1924, GA 243, S. 178ff.).

Er wandte sich den Sinneserscheinungen zu, suchte aber nicht allein die äußeren, mit mathematischen Gedanken greifbaren Bezüge; vielmehr suchte er auch den bildhaften *Inhalt* der konkreten Erscheinung mit der Strenge des mathematischen Denkens geistig aufzufassen und zum Erlebnis zu bringen. Das erfordert eine Schulung der Bildefähigkeit des anschauenden Denkens. Eine gediegene Bildbetrachtung in der Kunst, bei der die einzelnen Elemente und deren Bezüge sorgfältig im Hinblick auf das Ganze aufgesucht werden, ist Beispiel einer solchen inneren Tätigkeit, durch die methodisch eine immer reichere und lebendigere Gesamtschau entsteht. Ein Bild ist nicht die Sache selbst. *Vor dem Bild* sind Kräfte wirksam, die es entstehen lassen. Von diesen entsteht dann ein Bewußtsein, wenn die durch die innere Tätigkeit gewonnene Anschauung wieder weggeschafft wird und dadurch die bildenden Kräfte als Gebärde in der Seele zu sprechen beginnen (siehe «Inspiratives Erkennen», Teil II).

Rudolf Steiners Beschreibung der Erd- und Menschheitsentwicklung führt beispielsweise dadurch in die Vergangenheit, daß sie schrittweise Erfahrungen aufhellt, die im eigenen Wesen gegeben sind (in GA 132; Bockemühl, 1999). Es entsteht dadurch die Möglichkeit, sich in der Gegenwart an ein Bewußtsein vom Uranfang der Erdentwicklung heranzutasten. Indem

Rudolf Steiner diesen Weg zugänglich machte, vollzog er gegenüber dem theosophischen Erkennen den entscheidenden Schritt zur Anthroposophie als Erkenntnisweg. Auf diesem kann sich der erkennende Mensch so in die Entwicklung stellen, daß er sich seiner Mitverantwortung bewußt wird.

4. Anthroposophie als Erkenntnisweg erweitert die Naturwissenschaft in die Geisteswissenschaft

Mit dem Übergang von der Natur- in die Geisteswissenschaft hat sich Rudolf Steiner sein Leben lang beschäftigt. Immer wieder setzen seine schriftlichen oder mündlichen Ausführungen an Naturerscheinungen an und bringen naturwissenschaftliche Erkenntnis mit Anthroposophie in Beziehung. Je nach der eingenommenen Blickrichtung erscheint das naturwissenschaftliche Erkennen entweder mehr als Gegensatz oder mehr als notwendige Grundlage der Geisteswissenschaft. Jedenfalls haben die durch die naturwissenschaftliche Denk- und Beobachtungsschulung an der Sinneswahrnehmung entwikkelten Fähigkeiten in verwandelter Form geistige Erfahrungen so zu begleiten, daß diese Erfahrungen wissenschaftlicher Forschung zugänglich werden (vgl. GA 10; 10.4.1922, GA 82, S. 112ff.; 19.3.1921, GA 324, S. 60ff.).

Im dritten anthroposophischen Leitsatz von Rudolf Steiner wird ein methodisches Prinzip beschrieben, nach dem mit Grenzerfahrungen im Fortschreiten der Erkenntnis umzugehen ist:

«Es gibt Menschen, die glauben, mit den Grenzen der Sinnesanschauung seien auch die Grenzen *aller* Einsicht gegeben. Würden diese aufmerksam darauf sein, wie sie sich dieser Grenzen bewußt werden, so würden sie auch in diesem Bewußtsein die Fähigkeiten entdecken, die Grenzen zu überschreiten. ... Der Mensch kommt an die Grenze der Sinnesanschauung; er kann erkennen, daß ihm auf dem Wege dahin die Seelenkräfte geworden sind, um seelisch in dem Elemente zu leben, das nicht von der Sinnesanschauung umspannt wird.» (GA 26, S. 14f.)

Anthroposophie hilft also gerade dadurch die Grenze zwischen Naturwissenschaft und Geisteswissenschaft zu überwinden, daß sie diese Grenzen, die man sich durch die eigene Zuwendungsweise schafft, erst richtig bewußtmacht und die Aufmerksamkeit auf eigenständige Erfahrungsmöglichkeiten lenkt, die jenseits dieser Grenze in der eigenen Seele aufgesucht werden können (z. B. das sinnlichkeitsfreie Denken in der Mathematik).[3]

Dabei handelt es sich nicht um eine feststehende allgemeine Grenze. Das zeigt schon die skizzierte Entwicklung von Carl von Linné bis Charles Darwin. Man kann daran erleben, wie sich diese Grenze im Erkenntnisfortschritt ständig verschiebt. Aus dieser Sicht läßt sich erkennen, wie Linné, Goethe, Darwin und ein Naturwissenschaftler der Gegenwart nicht nur jeweils anders, sondern im anscheinend Gleichen auch anderes gesehen haben. Mit der Entwicklung des Bewußtseins wandelt sich also auch, was man sinnlich wahrnimmt. *Deshalb kommen Erkenntnisfortschritte nur durch Menschen zustande, welche die jeweiligen Grenzen im Verfolgen eines bestimmten Erkenntnisweges tatsächlich erleben.* Das heißt, daß sich Forschung im Grunde nur an individuell im Erkennen erfahrenen Grenzen weiterbringen läßt. Der individuelle Beitrag wirkt im sozialen Austausch bewußtseinswandelnd auf die Gesellschaft zurück und prägt sich durch das Leben in die Welt ein.

5.
Erkenntnisfortschritt im Sinne der Geisteswissenschaft

Der geisteswissenschaftliche Ansatz liegt also nicht in inhaltlichen Vorgaben, sondern in der Bereitschaft, darauf zu achten, wie *jeder Begriff* auf einer Grunderfahrung beruht, die man sich ins Bewußtsein rufen kann. In ihm ist eine Richtung gegeben, die den Blick freigibt auf ein ganzes Feld von Wahrnehmungen. Aber er schließt als solcher notwendigerweise zugleich den Blick für Wahrnehmungen anderer Art aus. Besinnt man sich auf die Blickrichtung, die im Begriff «Pflanze» liegt, so wird man bemerken, wie diese nicht festlegt, wie eine Pflanze tatsächlich aussieht, sich aber gegen

3 Alle Begriffe wie Materie, Natur, Licht, Kraft, aber auch Pflanze usw. bestehen in einer jeweils spezifischen Blickrichtung. Sie schaffen Grenzen, die man so lange nicht bemerkt, wie man sie nur als Sachbezeichnungen auffaßt. Man entdeckt dann nicht, was man durch sie eigentlich sucht und welche Art von Erfahrungen man damit aus der Betrachtung ausschließt (siehe auch Teil II, 2.1. Empirische Naturbeobachtung).

andere (z. B. «Tier») *abgrenzt*. Eine gemeinsame Betrachtung wird erst durch einen Oberbegriff («Lebewesen») möglich, der im Vergleich den Blick auf das jeweils Gemeinsame lenkt.

Um in den Prozeß des Erkenntnisfortschrittes hineinzukommen, empfiehlt Rudolf Steiner mehrfach, Begriffe als Betrachtungsweisen oder, was gleichbedeutend ist, «Gesetze als Postulate» (z. B. GA 293 und GA 323) zu behandeln und nicht als festgelegte Bestimmungen. Achtet man darauf, was ein Begriff durch seine innere Natur im konkreten Fall *nicht* umspannt, anstatt ihn als ordnendes Prinzip für universell zu erklären und ihm jede neue Erfahrung zwangsweise unterzuordnen, so wird man auf das Besondere der einzelnen Erscheinung aufmerksam.

Der Begriff wird lebendig, weil er die Welt auf eine bestimmte Weise «beleuchtet», ohne inhaltlich zu zwingen, und weil das Beleuchtete wieder so auf ihn zurückwirken kann, daß das Begreifen entwicklungsfähig bleibt. Das ist ein Weg, auf dem methodisch «Ideen sehend» werden können (GA 26, S. 68). In diesem Sinne schließt Anthroposophie unmittelbar an die naturwissenschaftliche Erkenntnis an.

Während die Naturwissenschaft heute noch beim Ordnen, Systematisieren und Handhabbarmachen der Erscheinungen durch mathematische Modelle stehenbleibt, betrachtet Anthroposophie den Menschen und die Natur, wie sie sich den Sinnen bieten. «Doch wird sie die Beobachtung so pflegen, daß aus der physischen Tatsache der Hinweis auf einen geistigen Hintergrund gesucht wird.» (Steiner, GA 45, S. 23f.) Das bedeutet: die Erscheinung zum Bild werden lassen, in dem sich ein Ideelles ankündigt. So dient der anthroposophische Erkenntnisweg dazu, die Selbstbegrenzung im naturwissenschaftlichen Vorgehen deutlich werden zu lassen und an den Seelenfähigkeiten zu arbeiten, die beim bewußten Erfahren der Grenze geweckt werden.

Während man es in der Theosophie unmittelbar mit *Offenbarungen* des Geistesforschers zu tun hat, die man selber nicht finden kann, möchte Anthroposophie dazu anregen, mit den *methodisch erarbeiteten* Ideen und Bildern, die dann für den anderen zunächst nach Art der Theosophie gegeben sind, erst einmal so umzugehen, daß sie helfen, den Blick auf die Erscheinungswelt beweglich zu machen und hypothetisch in verschiedene geistige Richtungen zu lenken. Die große Bedeutung dieses «theosophischen Umgangs» mit anthroposophischen Forschungsergebnissen als Vorstufe besteht darin, vertraute Dinge und Vorgänge der Welt einmal anders anzusehen und den Blick für neue Perspektiven anzuregen. Daran kann sich dann eigenständige Forschung anschließen.

6.
Grunderfahrungen des Menschen in seinem Verhältnis zur Welt als Basis der allgemeinen Anthroposophie

In seinem Buch *Theosophie* geht Rudolf Steiner vom Menschen aus (GA 9, S. 24ff.). Dabei geht es nicht um eine Vorstellung vom Menschen, sondern um ein bewußtes Erleben, wie der Mensch sich selbst in der Welt erfährt. Im Kapitel «Das Wesen des Menschen» charakterisiert er anhand eines Goethe-Zitates drei *Grunderfahrungen*, durch die sich jeder Mensch seiner Stellung in der Welt mit Leib, Seele und Geist bewußt werden kann:

1. Er nimmt die Gegenstände seiner Betrachtung durch seine Sinne wahr. Er findet etwas in der Welt vor. Diese Art von Erfahrung vom Gegenstand bis hin zum fertigen Begriff vermittelt *Leib.*
2. Was er wahrnimmt, erregt seine Sympathie oder Antipathie und entsprechende Urteilsneigungen. Dadurch wird die Welt *seine eigene Angelegenheit.* Darin besteht *Seele.*
3. Er gewinnt Erkenntnis von den Geheimnissen des Wirkens und Daseins der Gegenstände seiner Betrachtung. Diese Erkenntnis erscheint immer als Ziel, zu dem er hinstrebt. Das ist die seelische Grunderfahrung *alles Geistigen.* Was man als fertiges Wissen vorfindet, ist schon wieder Leib.

Es gibt keine wirkliche Erkenntnis, die sich nicht auf diese drei Grunderfahrungen stützt. Besinnt man sich immer wieder auf diese dreifache Art, mit der Welt verwoben zu sein, auf dem Hintergrund der vorher skizzierten Entwicklung des Wissenschaftsbewußtseins, so wird deutlich, daß sich das Verhältnis dieser drei Zuwendungsweisen zueinander (d. h. was leiblich, seelisch und geistig erfahren wird) schon im Laufe des eigenen Lebens verwandelt. Mit der Art der Bindung der Begriffe an die Sinneswahrnehmung ändern sich eben auch die Gegenstände der Betrachtung. Erst die Aufmerksamkeit auf die jeweilige eigene Zuwendungsweise in diesem Prozeß führt an die Grenzen, die durch eigene Erkenntnisarbeit überwunden oder verschoben werden können (z. B. Pflanze als Gegenstand, Pflanze als Wesen, das im Gegenstand stufenweise erscheint; siehe Teil II: Stufen des Erkenntnisweges).

7.
Ein wissenschaftlicher Weg zum Innern der Natur

Wir entdecken nach und nach, wie die Naturreiche und jedes einzelne sinnlich erscheinende Wesen zu den genannten Grunderfahrungen und dementsprechenden Zuwendungsweisen in einem jeweils besonderen Verhältnis stehen. Gerade in diesen Beziehungen äußert sich deren innere Natur und in einem weiteren Schritt auch deren Verhältnis zur elementaren Welt (Bockemühl, 1997).

Zu den Früchten des eigenen Erkenntnisweges gehört auch die Einsicht, wie die anthroposophischen Ideen und Bilder übersinnlicher Welten gemeint und immer sachgemäßer anzuwenden sind (siehe Steiner, GA 9). Was man vorher vielleicht in zu einfacher Weise aufgefaßt hat, bekommt ganz andere Dimensionen, weil das Selbsterfahrene den Blick in unerwartete Richtungen lenkt. Die Bilder verlieren dadurch ihren durch Mißverständnisse verfälschten Charakter, der sie in eine abgelöste Geistigkeit versetzt oder spiritistische Begegnungen erwarten läßt (Steiner, 20.8.1924, GA 243, S. 178ff.).

Geistige Erkenntnisse, wie Anthroposophie sie sucht, haben aber für sich keine Bedeutung, wenn sie nicht im richtigen Verhältnis zur Erscheinungswelt gehalten werden können. Denn die Wirklichkeit ist immer sinnlich und geistig zugleich. Gleich zu Anfang seines Vortragszyklus über das Initiatenbewußtsein macht Rudolf Steiner das Verhältnis des Geistigen zum Physisch-Sinnlichen noch einmal ganz deutlich:

«Überall, wo uns die Welt entgegentritt, ist sie in Wahrheit geistig und physisch, und es gibt nirgends ein Physisches, das nicht hinter sich in irgendeiner Weise als den eigentlichen Akteur ein Geistiges hätte. Und es gibt nicht irgendein Geistiges, das, nur um sich zu langweilen in der Welt, ein wesenloses, tatenloses Dasein führte, sondern jedes Geistige, das irgendwo gefunden werden kann, wird auch bis ins Physische hinein zu irgendeiner Zeit oder an irgendeinem Orte wirksam.» (11.8.24, GA 243, S. 11) In der Art, in der die entsprechenden Erfahrungen bewußt zusammengeführt werden, muß sich dann die Wissenschaftlichkeit des Weges zeigen.

8.
Probleme der Unternatur.
Die Situation des modernen Menschen besteht nicht nur im Gegensatz von «Natur» und «Geist»

Die christliche Überlieferung sprach neben der gegebenen Natur von der Übernatur, nach der der Mensch streben kann, um sich seinem Ursprung, dem Göttlich-Geistigen, zu nähern (Deneffe, 1922). Rudolf Steiner schreibt in seinem Brief an die Mitglieder, «Von der Natur zur Unter-Natur» (12.4.1925, GA 26, S. 255ff.), im Hinblick auf die schon damals mit dem Materialismus angebahnte Entwicklung der Wissenschaft außerdem von einem Weg in die *Unternatur* durch die Entwicklung der Technik, die sich auf die bildlose Erfahrung des rein Irdischen stützt. Offenbar ist dabei die anfangs schon charakterisierte Wirklichkeit gemeint, die beim Erkennen in selbstkonstruierten Modellen vorgestellt und so umgesetzt wird, daß sie innerhalb der Natur eigenständige «leibliche» Wirkungen entfaltet und diese dementsprechend verändert. Dieser Weg in die Unternatur hat nicht nur zu einer Veränderung der Naturverhältnisse, sondern auch zu einer Veränderung im Bewußtsein des Menschen geführt. Dieser lebt mit den Gedanken an das Machbare in der Unternatur, während sein unmittelbares Leben mit den Sinneserfahrungen immer unsicherer wird und zunehmend verblaßt. Das Streben nach der Übernatur bekommt dadurch eine ganz neue Dimension. Der Mensch kann sich nicht mehr überlieferten geistigen Zusammenhängen zuwenden, sondern muß diese selbst aus den Elementen heraus an den Welterscheinungen im Bewußtsein neu schaffen.

Am Entwicklungsverlauf von Landkarten kann man sich verdeutlichen, welche Art von Trennung sich im Bewußtsein der Menschen durch den Gang der Wissenschaft vollzogen hat.

Leonardo da Vinci bemühte sich noch darum, nebeneinandergesetzte Landschaftspanoramen so zu zeichnen, daß Ortschaften und Berge wie von einem bestimmten Ort aus zu sehen sind und zugleich ihre räumlichen Beziehungen einigermaßen ersichtlich werden. Leibliche Orientierung und bildhaftes Anschauen waren noch eins. Mit seiner Darstellung kam Leonardo da Vinci an eine Grenze. Er konnte z. B. nicht zeigen, was jeweils hinter einem Panorama liegt. Die Karte blieb unzulänglich, weil der Mensch gleichsam noch in ihr stand. Heute hat man gelernt, die Orientierung im Raum mit

Hilfe der Gliedmaßenerfahrungen völlig abzutrennen von dem, was die sinnliche Anschauung dem Reisenden in der Landschaft bietet. Der Gewinn ist deutlich zu sehen: Den geographischen Karten der Neuzeit kann der außerhalb der Karte Stehende eine präzise Anleitung entnehmen, wie er an jeden beliebigen Ort gelangen kann. Jeder moderne Mensch, der mit Abstraktionen umgehen gelernt hat, kann sie lesen, unabhängig davon, welche sinnlichen Erfahrungen er gemacht hat. Symbole zeigen einiges von dem an, was man im Prinzip dort antrifft, aber nicht mehr, wie man von dort aus tatsächlich Landschaft sieht und als Erscheinung erlebt. Das zeigt anschaulich, wie der Fortschritt der Wissenschaft für den Menschen eine Trennung von «Weg- und Ortsbestimmung» einerseits und unmittelbarer Anschauung andererseits erreicht hat. Die Folge dieser in Technik umgesetzten Wissenschaft ist, daß man sich an jeden beliebigen Ort versetzen lassen kann, ohne den Weg von einem zum andern gegangen zu sein, d. h. ohne die Verbindung durch Leibeserfahrungen wirklich hergestellt zu haben.

9.
Was wird gewonnen, was verloren?
Einseitigkeit der Naturwissenschaft

Auf allen Gebieten hat man gelernt, Wahrnehmungen sofort in Vorstellungen von den zu betrachtenden Gegenständen zu verwandeln, d. h. eigentlich sofort von einer Gegenüberstellung auszugehen. Diese ermöglicht waches Betrachten und Ausgrenzen. Man kommt damit zur Berechenbarkeit klarer räumlicher, zeitlicher und funktioneller Beziehungen, und diese werden schließlich in reine Modellvorstellungen als notwendige Grundlage für Systematisierungen, technische Entwicklungen und Handlungsanweisungen übergeführt. Auf das Landkartenbeispiel bezogen, liegen deshalb die Ergebnisse der Wissenschaft ganz auf der Seite der Orts- und Wegbestimmung. Die eigene Zuwendungsweise und das, was die eigene Anschauung inhaltlich liefert, werden zwar selbstverständlich vorausgesetzt, aber in ihrer Bedeutung für das Leben nicht bedacht. Wenn allein das als Ziel der Naturwissenschaft angesehen wird, steht sie im *Gegensatz zur Geisteswissenschaft*, denn diese setzt gerade an dem an, was die Naturwissenschaft durch ihre

Vorgehensweise ausgrenzt, die Selbsterfahrung des Menschen am Gegenstand (Bockemühl, 1997).

Der Mensch gewinnt durch die Entwicklung der Technik, der er sich selbst ausliefert, und durch das technische Denken eine neue Lebenswirklichkeit, in der sein eigenes Wesen keinen Platz hat, die aber doch sein Leben und Handeln bestimmt. Diese Lebenswirklichkeit ist für ihn bis heute immer beherrschender geworden. Deshalb kann er in einer so ausgerichteten Naturwissenschaft nicht mehr spontan das, was ihn zuinnerst berührt, finden. Er findet nur das Fremde, auf das er sich als Eigenwesen im Gegenüber abstützt, doch er findet in der Rolle als externer Beobachter darin keinen ethischen Bezug. Erst in dieser freien Situation der Gegenüberstellung kann aber nun Ethik in der Selbsterfahrung der Persönlichkeit als Voraussetzung einer Begegnung mit dem anderen Wesen durch die Sinneserscheinung gefunden werden (vgl. Steiner, GA 4). Das gibt dem im Christentum angesprochenen Streben nach der Übernatur eine ganz neue Bedeutung als notwendige Ergänzung zum Weg in die Unternatur.

10.
Ein Weg zum Gewahrwerden des Geistigen in der Natur

Die genannte Begrenzung der Naturwissenschaft wird inzwischen mehr und mehr bemerkt. Man fühlt sich aufgefordert, durch eine ganzheitliche Erkenntnis diesen neuen Verhältnissen gerecht zu werden (Polanyi, 1985; Bockemühl, 1992b u. 1993). Aber worin besteht dieses Ganzheitliche? Man kann sich folgendes verdeutlichen:

1. Die Vorstellungen, von denen die heutige Naturwissenschaft ausgeht, werden ursprünglich am Gewahrwerden eines unmittelbar im Bewußtsein auftauchenden «Gegebenen» gebildet. Dieses tritt als «erster Eindruck» auf, der sich nicht von einer bestimmten Art von Aufmerksamkeit trennen läßt. Deshalb kann das so unmittelbar Gegebene auch – mehr intentional formuliert – als «intuitiver Vorgriff» auf den zu betrachtenden Gegenstand aufgefaßt werden. Eine Pflanze wird beispielsweise schon unmittelbar als Pflanze und nicht als Tier, Stein o.ä. gese-

hen, bevor man sie noch benennt. Ihre besondere Art, sich auszugestalten und sich damit zugleich als Erscheinung in ein harmonisches Verhältnis zur Erde und zum Umkreis zu bringen, wird mitgesehen, d. h. im Sehen bildhaft geschaut (Bockemühl, 1994). Man wird sich dessen zunächst nicht bewußt, denn in diesem unmittelbar Gegebenen sind *Selbsterfahrung* und *Bemerken eines anderen* noch nicht getrennt. Es handelt sich um eine Gewißheit, über die man im Grunde nicht sprechen kann, ohne sie einseitig zu verfremden. *Hermann Schmitz* (1990, S. 115) gibt mit dem «eigenleiblichen Spüren» ein Beispiel für ein solches Gewahrwerden eines unmittelbar Gegebenen, in dem Selbsterfahrung und Leibeserfahrung (die Natur, die wir selbst sind) eins sind.
Letztlich hat jede Wahrnehmung, ehe sie zum Gegenstand der Betrachtung erhoben wird, einen solchen unmittelbaren, ganzheitlichen Anfang, in dem zugleich ein bestimmtes intentionales Verhältnis zur Welt liegt (vgl. Bockemühl, 1997).

2. Der Naturwissenschaftler entwickelt die Fähigkeiten, aus dem unmittelbar seiner Erfahrung Gegebenen etwas begrifflich einzugrenzen, d. h. den Gegenstand seiner Betrachtung dadurch erst zu konstituieren und in systematische Formen zu bringen. So orientiert er sich an dieser Gewißheit des intuitiven Vorgriffes, ohne sich dessen bewußt zu werden.
Begriffliche Bestimmung, Systematisierung und erfolgreiche Handhabung werden heutzutage als das Ergebnis der Forschung angesehen. Ein anderes Ergebnis liegt aber, wie auf S. 38 ausgeführt, im Ausbilden des reinen mathematischen Denkens vor. Dieses besteht in der Fähigkeit, die Logik der *raum-zeitlichen Bedingungen* für das Auftreten der Sinneserscheinungen zu entdecken und von innen heraus zu ergreifen. Die Handhabung dieser rein formalen geistigen Beziehungen der Erscheinungen untereinander macht eben das klare Konstruieren erst möglich. Allerdings bleibt dabei zunächst der Inhalt der Erscheinung, das Phänomen, wie das Landkartenbeispiel zeigt, im Bewußtsein ausgespart. Mit diesem Denken, insofern es bewußt gehandhabt wird, hat man aber nun ein Instrument gewonnen, an den äußersten Beziehungen der physischen Natur mit der eigenen inneren Natur anzusetzen und den Wahrnehmungsqualitäten einen Raum zuzuweisen.

3. Mit diesem naturwissenschaftlichen Vorgehen ist nun eine Voraussetzung geschaffen, um die Aufmerksamkeit erst wirklich gezielt dem zuwenden zu können, worauf durch das Ausgrenzen der Blick gerichtet

wurde. Nur erfordert dies eine dem Naturwissenschaftler ungewohnte Blickwendung. Am Beispiel der Landkarte würde das bedeuten, sich bewußtzumachen, wie den Weg- und Ortsbestimmungen Leibeserfahrungen zugrunde liegen, die man im Denken in Maß und Zahl umgesetzt und auf die Karte übertragen hat. Mit diesen orientiert man sich in der Landschaft, um sich davon geleitet an einen *bestimmten* Ort zu begeben und von dort aus die Welt anzuschauen, in die man so gelangte. Das mathematisch-reduktionistische Vorgehen schafft nur die äußerste formale Leitlinie. Nach und nach müssen andere begriffliche Bestimmungen, mit denen man ja schon qualitativ Inhaltliches der Wahrnehmung anspricht, einer genaueren Besinnung unterzogen werden (siehe Teil II, ab S. 54).

4. Naturwissenschaft führt zum Geistigen in der Natur und wird zur *Grundlage der Geistesforschung*, wenn man nicht bei der Landkarte stehenbleibt, sondern die Fähigkeit zur begrifflichen Eingrenzung als Hilfe benutzt, genau hinzusehen, um am Besonderen den Blick für die Erfahrung der Umgebung freizubekommen. Mit «Umgebung» ist der Kontext angesprochen, der dem Besonderen seinen Sinn gibt. Die zu einer bestimmten Erscheinung gehörige Umgebung läßt sich aber nicht als solche erkennen, sondern nur auf dem Umweg über den genau ins Auge gefaßten Gegenstand der Betrachtung, z. B. einen Regenbogen, eine Pflanze, ein Tier (siehe Beispiele u.a. in Bockemühl, 1997 und Teil II, ab S. 54).

Eine Übung Rudolf Steiners kann verdeutlichen, wie das gemeint ist (20.1.1923, GA 220, S. 121ff.): Den Ausgangspunkt dafür bildet ein *Fisch auf dem Teller*, dessen Einzelheiten man genau betrachten kann. Der Fisch ist ein konkretes Beispiel dafür, wie wir beim naturwissenschaftlichen Erkennen den Gegenstand der Betrachtung immer erst aus dem Naturzusammenhang heraustrennen, ihn damit konstituieren, aber auch abtöten. Nun soll die sorgfältige Beobachtung der Formen des toten Fisches nach und nach in ein bildhaftes, vom Erleben begleitetes Anschauen übergeführt werden. Im aktiven Nachbilden der Formen erfährt man durch die eigene Tätigkeit bildende Kräfte aus dem näheren und weiteren Umkreis des Fisches – vom durchlichteten Wasser bis hin zu den kosmischen Prinzipien von Sonne und Mond –, weil man sich selbst mit ihnen identifiziert. Dadurch werden die zunächst festgestellten Details der Maul-, Schuppen- und Flossenformen schrittweise geistig durchsichtig in ihrem Zusammenhang mit der in der Natur wirksamen elementaren Welt, deren Beziehungen zum

Fisch innerlich erlebt werden. Evidenz entsteht in diesem Prozeß, wenn man ihn ausdehnt und sich dazu vor Augen führt, wie unterschiedlich Wasser im Naturzusammenhang erscheint, und wenn man *erlebt,* wie diese Qualitäten als Umgebung (z. B. eines Fisches) wirken. Entsprechend geht es um ein Wachwerden dafür, was Sonne und Mond im Leben bedeuten und welche Erlebnisse damit verbunden sind. Erlebt man beispielsweise in der Sonne das golden Erhellende, die Erscheinungen Hervorbringende und im Mond das silberne Zurückspiegeln des Erhellenden gemäß einer besonderen Empfänglichkeit dafür, so läßt sich in der Bildungs- und Funktionsweise der Organe deren besonderer Bezug dazu erkennen. Die Sinnesorgane des Fisches vermitteln Sonnenoffenbarungen, die Flossen offenbaren, was im Tier (mondenhaft) intentional lebt. Mit Intention ist gemeint: bestimmte Bilder, die durch eine Empfänglichkeit im Innern des Tieres an den Sinneswahrnehmungen entstehen, aktiv aufzusuchen oder zu meiden. Die genannten Begriffe werden dabei zu Beleuchtungsweisen, die Sinn- und Wirkenszusammenhänge sichtbar machen.

II.
Schulung der geistigen Anschauung an der eingegrenzten Erscheinung

Jede Konzentration auf einen Forschungsgegenstand schafft im Sinne des zuletzt genannten Punktes eine deutliche Kontur. Diese Eingrenzung kann Anlaß werden, eine Anschauung des Lebenszusammenhanges zu gewinnen, aus dem der besondere Gegenstand stammt. Die *Erfahrung* der Blickrichtung, durch die man etwas zum Gegenstand der Betrachtung macht, läßt dafür wachwerden, wo man sich selbst als irdisches Wesen mit seinem anschauenden Erleben befindet. Sie öffnet zugleich den Blick auf das eigene Verhältnis zum Gegenstand der Betrachtung. In diesen kann sich nun wahrnehmend die eigene innere Anschauungsfähigkeit so versetzen, daß Bewußtsein von der Umgebung entsteht, aus der der Gegenstand seinen Sinn erhält. Das bedeutet, durch Konzentration auf die Erscheinungsweise des Gegenstandes der Betrachtung schrittweise ein Bild entstehen zu lassen und darin gezielt kontemplativ die Anschauungsfähigkeit des Denkens für dessen Umkreis in immer weitere Dimensionen hinein zu entwickeln.

Mit der charakterisierten Blickwendung ist der Anfang zu einer Erweiterung der modernen Naturwissenschaft gewonnen. Das ist der Ansatz für eine Forschung auf geistigem Feld, die ohne die entsprechende «Ortsbestimmung» durch eine Grenzerfahrung, d. h. Selbsterfahrung an einer klaren Bestimmung des Gegenstandes, von dem die Betrachtung ausgeht, nur zu traumähnlichen Erlebnissen ohne Realbezug gelangen könnte. Johann Wolfgang von Goethe sieht das bereits. Er läßt (im zweiten Teil seines *Faust*) Mephisto Faust den Schlüssel für die unendliche Welt der Mütter reichen, die jenem wesenlos erscheint, aus der dieser aber Helena holen, d. h. das geistige Urbild der Schönheit anschaubar werden lassen kann. Mephisto hat den Schlüssel für den Gang in die Unternatur. Er kann ihn aber nicht benutzen, weil ihm die Fähigkeit fehlt, das eigene Wesen damit zu ergreifen. So beginnt der Schlüssel von Mephisto in der Hand Fausts als Erfahrung des eigenen Selbst zu leuchten und gibt Faust dabei die Kraft, sich in der finsteren, uferlosen Welt der Mütter zu bewegen und zu orientieren. Die neu entstandene Fähigkeit der reinen, bildlosen Selbsterfahrung dient der geistesgegenwärtigen Orientierung des Menschen in der inneren Anschauung.

12.
Notwendigkeit der Erforschung des Geistigen im Hinblick auf die Fragen der Gegenwart

Die Fragen der Gegenwart von der Naturzerstörung bis zu sozialen und ethischen Problemen ergeben sich letztlich aus der Bewußtseinsspaltung, die durch den Gang der Wissenschaft in die Unternatur entstanden ist. Mit der Naturwissenschaft hat man formale Orientierungsfähigkeit im Finsteren gewonnen, aber das geistig-inhaltliche Schauen verloren. Darin liegt aber auch die bedeutsame Gelegenheit und Aufforderung für das moderne Bewußtsein, die bei jedem Menschen vorhandene, aber im Unterbewußtsein verborgene Fähigkeit des imaginativen Anschauens aktuell an der Sinneswahrnehmung selbst zu ergreifen und damit sein Verhältnis zur inneren Natur der Dinge aus den Elementen heraus in sich neu zu begründen. Man kann nicht zurückgehen in ein altes Schauen, in der Meinung, daß dieses äußere Orientierung schaffen könnte. In der Fähigkeit des *Staunens* ist aber ein Rest davon geblieben, an dem man ansetzen kann. Das Schauen hat heute von einem deutlichen Wahrnehmen des Gegenstandes der Betrachtung auszugehen, damit durch innere Aktivität eine frische, eigenständige Anschauung davon entsteht, die an die Stelle des intuitiven Vorgriffes treten kann. Das Beispiel der Landkarte macht bewußt, wie man sich nach einem Abstandnehmen zur Orientierung körperlich an einen bestimmten Ort begeben muß, um hier und jetzt eine bestimmte Art von Wahrnehmung zu gewinnen. Erst dann ist man «richtig angekommen», wenn die besondere Wahrnehmung mit der vorangegangenen wegleitenden Zielvorstellung im intuitiven Vorgriff zu einem Evidenzerlebnis führt.

13.
Individuelle Entwicklungsfähigkeit des «unmittelbar Gegebenen»

Was jemand unmittelbar als «Tatsache» anerkennt, ist abhängig von seiner Biographie. Das heißt, das *durch den intuitiven Vorgriff Gegebene* ist bei jedem Menschen verschieden und wächst gemäß dem Wachstum seiner Lebenserfahrungen. Es entwickelt sich mit Zunahme der Aufmerksamkeit für das jeweils andere und für Rätselvolles im eigenen Verhältnis zu diesem weiter. Deshalb kann das unmittelbar Gegebene ein Quell für immer tiefere Erkenntnisse werden. Der Quell fließt, wenn er sukzessive freigelegt wird. Das Ergebnis der so durch Anthroposophie angestrebten Forschung sieht deshalb auch anders aus, als man es von Naturwissenschaft gewöhnlich erwartet. Es besteht im «Zubereiten» von Wegen, die auf immer neue Weise zu gehen sind, um den Blick für vielfältige Wahrnehmungsarten zu öffnen. Es ist ein wesentlicher Aspekt schon von Goethes Methode, daß er eigentlich nur Wegleitungen gibt, um in den Sinneserscheinungen das Geistige immer wieder neu und umfassender zu schauen. Worum es dabei geht, führt Rudolf Steiner zu Anfang in seiner *Geheimwissenschaft* aus:

«In der Naturwissenschaft liegen die Tatsachen im Felde der Sinneswelt vor; der wissenschaftliche Darsteller betrachtet die Seelenbetätigung als etwas, das gegenüber dem Zusammenhang und Verlauf der Sinnes-Tatsachen zurücktritt. Der geisteswissenschaftliche Darsteller muß diese Seelenbetätigung in den Vordergrund stellen; denn der Leser gelangt nur zu den Tatsachen, wenn er diese Seelenbetätigung in rechtmäßiger Weise zu seiner eigenen macht. Diese Tatsachen sind nicht wie in der Naturwissenschaft – allerdings unbegriffen – auch *ohne* die Seelenbetätigung vor der menschlichen Wahrnehmung; sie treten vielmehr in diese nur *durch* die Seelenbetätigung. Der geisteswissenschaftliche Darsteller setzt also voraus, daß der Leser mit ihm gemeinsam die Tatsachen *sucht*. Seine Darstellung wird in der Art gehalten sein, daß er von dem Auffinden dieser Tatsachen *erzählt* und daß in der Art, wie er erzählt, nicht persönliche Willkür, sondern der an der Naturwissenschaft heranerzogene wissenschaftliche Sinn herrscht. Er wird daher auch genötigt sein, von den *Mitteln* zu sprechen, durch die man zu einer Betrachtung des Nichtsinnlichen – des Übersinnlichen – gelangt.» (GA 13, S. 40f.)

Auf diesem Erkenntnisweg herausgeschälte Gesetze werden dann ebenso Ausgrenzungen und Standortbestimmungen im obigen Sinne, die den Blick öffnen für weitere Erfahrungen. So bleibt das Geistige immer keimhaft.[4]

Dementsprechend werden heute Wege der Erweiterung der Naturwissenschaften durch den anthroposophischen Erkenntnisweg gesucht, um das der Wahrnehmung unmittelbar Gegebene durch behutsames, stufenweises Eingrenzen durchsichtig werden zu lassen für das Schauen. Man schafft in der Selbsterfahrung Platz für die Wahrnehmung der Eigentümlichkeiten des Gegenstandes der Betrachtung (Hinweise auf Beispiele siehe Teil II).[5]

4 Bezogen auf die drei Grunderfahrungen des Menschen in seinem Verhältnis zur Welt (siehe Teil I/6, «Grunderfahrungen des Menschen ...», S. 43) – nämlich «Leib»: das Gegebene; «Seele»: der innere Bezug; «Geist»: Öffnung für die Erkenntnis von den Geheimnissen des Wirkens und Daseins des Gegebenen – besteht die Bewußtseinsentwicklung des Menschen also in einem schrittweisen Leibwerdenlassen des Geistigen über die Seele.

5 Aus der Darstellung sollte deutlich werden, daß mit «Gegenstand der Betrachtung» hier das einer jeweils bestimmten Betrachtungsart Gegebene gemeint ist, siehe Teil I/6: «Grunderfahrungen des Menschen ...», S. 43.

Teil II:
Stufen des Erkenntnisweges – mit Hinweisen auf Forschungsfragen und -ergebnisse

1. *Einleitung*

In meiner Beschäftigung mit unterschiedlichen biologischen, landschaftsökologischen und pharmazeutischen Fragestellungen sind mir auf meinem Weg des Erkennens nach und nach Schritte bewußt geworden. Ich möchte den Versuch machen, diese hier auf der Grundlage des vorher Dargestellten aneinander anschließend so zu skizzieren, daß jeder selbst nachfolgen kann, und auf Beispiele verweisen, bei welchen diese Forschungsfragen und Einsichten für mich wesentlich wurden. In diesem Teil meines Beitrages lehne ich mich methodisch in freier Weise an Darstellungen von Rudolf Steiner, vor allem im Zyklus «Naturbeobachtung, Experiment, Mathematik und die Erkenntnisstufen der Geistesforschung» (GA 324) an. Allerdings verläuft der Weg, dem diese Schritte folgen, nicht so gradlinig, wie er hier exemplarisch dargestellt wird. Denn die Schritte sind je nach Fragestellung immer wieder neu zu gehen, und die Grenzen entstehen jeweils auf eine etwas andere Weise, weil inzwischen biographische Verwandlungen eingetreten sind. Man erfährt so jedenfalls «am eigenen Leibe», daß Entwicklung nur rhythmisch verlaufen kann. So dient auch die Zählung der Grenzen und Schritte nur der Übersicht.

2.
Die Qualität der einzelnen Stufen

2.1.
Empirische Naturbeobachtung

Im täglichen Leben sind uns die äußeren Tatsachen, z. B. eine Vielfalt von Pflanzen oder Tieren, durch die Sinneserfahrung gegeben. Wir haben das Bedürfnis, diese Welt zu ordnen und zu gliedern. Dem kommt das naturwissenschaftliche Studium zum Teil entgegen. Mit dieser Ordnung finden wir uns im Leben gewohnheitsmäßig zurecht. Primel und Löwenzahn oder das Pfauenauge erkennen wir sogleich wieder, wenn sie im Frühjahr erscheinen. Wir benutzen gelernte Systeme, die uns einleuchten oder die wir praktisch finden (z. B. Familienzugehörigkeiten oder bei Pflanzen die Unterscheidung in Frühlings- bzw. Herbstblüher usw.). Was wir an der Außenwelt erfahren, formen wir in Bilder um, geben diese begrifflich, vielleicht auch zeichnend, malend in Formen, Farben oder Bewegungen wieder.

Mit dieser anfänglichen empirischen Vorgehensweise konstituieren wir eigentlich erst eine «Welt da draußen», schaffen einen Abstand zu unserem Inneren und bilden dabei unbemerkt Wahrnehmungsorgane dafür aus. Auf diese Art läßt sich beispielsweise auch schon eine gediegene Morphologie der Pflanzen entwickeln. Eine *erste Grenze* wird uns aber bewußt, wenn wir erkennen, wie wir *so* doch nicht an das herankommen, was die lebende Pflanze ausmacht. Die Begriffe, die wir brauchen, um diese Außenwelt zu beschreiben, holen wir zwar aus dem Schatz unserer Denkgewohnheiten oder übernehmen sie von irgendwoher. Wir können sie sogar definitorisch eingrenzen. Aber wissen wir denn, was wir mit den anscheinend selbstverständlichen Begriffen wie «Natur», «Organismus», «Pflanze», «lebendig», «Wirkung» usw. eigentlich meinen? Wissen wir, was wir mit unseren Ordnungsprinzipien meinen? Was wird mit ihnen erfaßt, und wie bezieht sich dieses Erfassen auf meine Forschungsfrage? Wie weit sind beispielsweise morphologische Ordnungen der Frage nach der Heilwirkung einer Pflanze angemessen?

Derartige Fragen werden heute auf sehr verschiedenen Gebieten zum Problem; in der Praxis der Landschaftsbewertung und im Naturschutz beispielsweise müssen die Bewertungskriterien immer neu hinterfragt werden (siehe Bockemühl, 1993 und 1992a, S. 83-87).

2.2. *Mathematisches, geometrisches Erkennen*

Im Prozeß des geometrischen und mathematischen Erkennens erleben wir demgegenüber volle Durchschaubarkeit (siehe projektive Geometrie). Was wir auf dem Feld der Geometrie oder Arithmetik untersuchen, wird uns nur in dem Maße beobachtbar, wie wir es im reinen Gedanken selbst entstehen lassen. Insofern wir selbst mit unserer Denktätigkeit ganz in den mathematischen Gebilden nach Art der projektiven Geometrie Bewußtsein bilden, entspricht dies bereits einer Charakteristik geisteswissenschaftlicher Gegenstände der Betrachtung (Locher-Ernst, 1973). Auch wenn wir von Vorstellungen wie einer Geraden, einem Punkt usw. ausgehen, die wir auf die Tafel zeichnen, *meinen* und suchen wir von vornherein nichts Sichtbares, sondern etwas rein Gedachtes, also ein rein Geistiges. Dieses *Gedachte* ist *Bild* der eigenen inneren Tätigkeit, als solches aber etwas voll Durchschautes, Wirkliches. Mit Hilfe dessen kann man in exakter Weise über das Vorstellen hinausgehen und im Unvorstellbaren (z. B. Unendlichkeit) Erkenntnisse gewinnen. Allerdings müssen wir anerkennen, daß dieses voll verbindliche Erkennen zunächst nichts gemein hat mit der Wirklichkeit sinnlich erscheinender Gegebenheiten. Darin wird eine *zweite Grenze* erlebbar.

2.3.
Mathematisch-reduktionistisches Naturerkennen

Folgen wir mit dieser mathematischen Fähigkeit dem, was wir abtastend in der Welt der äußeren Gegenstände und der experimentellen Handhabungen erfahren, können wir in deren in Maße umgesetzten Beziehungen wie im Mathematischen zu einer *inneren Notwendigkeit* finden, die über das bloß Beobachtete und vorläufig Geordnete hinausgeht. Wir dringen in die räumlichen und zeitlichen Bedingungen der empirisch vorgeordneten Erscheinungen so ein, als würden wir uns leiblich darin bewegen. Wir ergreifen von innen her im Äußeren eine Realität. Diese bezieht sich auf raum-zeitliche Bedingungen und leiblich erfahrbare Kräfte, unter denen bestimmte Erscheinungen auftreten. Das gilt nicht nur für die Physik. Auch die Pflanze unterliegt grundsätzlich der Schwere im Raum. Sie überwindet sie im Aufwachsen und wird von ihr ergriffen im Welken und im Herunterfallen der Blätter. Die Blüte kann zeitlich nicht vor der Blütenknospe erscheinen usw. Mit diesen Bedingungen können wir praktisch umgehen und Technik bis hin zur Gentechnologie etablieren. Die so gewonnene Sicherheit und Verbindlichkeit hat in der Wissenschaft seit langem zur Auffassung geführt, daß nur das als Wissenschaft gelten kann, was sich auf Mathematik bzw. mathematische Modelle stützt. Das gilt aber nur für ganz bestimmte Gebiete. In der Kristallwelt läßt sich die Gesetzmäßigkeit der stofflichen Raumerfüllung geometrisch so überschauen, daß daraus sämtliche möglichen Kristallformen konstruierbar werden. Auf diese Weise werden auch die Gesetzmäßigkeiten in der Physik erfaßt.

In der *organischen* Welt wird das, was man mit mechanischen Begriffen fassen kann, ebenfalls mathematisch zugänglich. Auch Bildungsabläufe lassen sich bis zu einem gewissen Grade über morphogenetische Felder formalisieren (siehe Goodwin, 1994). Meistens wird dabei übersehen, daß das allerdings nur möglich ist, wenn man die Abläufe erst einmal imaginativ erfaßt hat, wie die gegenläufigen Bildebewegungen in der Pflanze (siehe Teil II/2.5.: «Imaginatives Erkennen», S. 59, sowie die Darstellung der Bildebewegung in Bockemühl, 1982, S. 17ff.) Aber gerade hier stoßen wir auch besonders deutlich auf eine weitere *Grenze:* Wir bekommen mit dem mathematischen Erkennen zwar raum-zeitliche Bedingungen des Auftretens physisch-sinnlicher Erscheinungen in den Griff (im Sinne dieser notwendigen Ortsbestimmung im Landkartenbeispiel S. 45), finden aber keinen Zugang zu den Sinnesqualitäten, zu deren Verwandlungsweisen und zu deren über das rein Funktionelle hinausgehendem Sinnzusammenhang. Wir sind mit dem mathematischen Vorgehen gleichsam «zwischen» die Naturerscheinungen geraten. Diese Grenze wird meistens deshalb nicht gesehen, weil wir auch hier die Bilder und gewohnheitsmäßigen Begriffe der Naturbeobachtung einfach mitnehmen, ohne zu besinnen, was wir damit wirklich meinen (schon wenn wir beispielsweise von einer lebenden Pflanze sprechen, die wir untersuchen). Durch die mathematische Anschauungsweise verbinden wir uns mit *Beziehungen* von etwas «da draußen», dessen Inhalt wir auf eine ganz andere Weise, d.h. zunächst durch den intuitiven Vorgriff (siehe Teil I/10: «Ein Weg zum Gewahrwerden des Geistigen in der Natur», S. 47) erfahren haben. Dieser Vorgang entgleitet heutzutage mehr und mehr unserer Aufmerksamkeit. So setzen wir die Pflanze als bekannt voraus, wenn wir Experimente mit Pflanzen machen, gewinnen daraus aber nur mathematische Beziehungen. Im Gewinnen neuer Erfahrungen, die wir in Zahlen umsetzen, in diesen Experimenten verändern wir dann Begriffe wie den der Pflanze *indirekt* so, daß sie immer nominalistischer werden. Und schließlich wird als Pflanze nur noch das verstanden, was man formalisieren kann. Auf Pharmazeutik und Therapie bezogen werden auf diesem Wege die in Formeln faßbaren «Inhaltsstoffe» oder «Wirkstoffe» immer mehr zur alleinigen Wirklichkeit, hinter der die Wirklichkeit der *Pflanzenbildung als Substanzbildungsprozeß* (Bockemühl, 1996) und deren innerer Bezug zum Menschen bedeutungslos werden.

Genaugenommen enthält aber die so gefundene, von mathematischem Denken durchdrungene Wirklichkeit außer den Tasterfahrungen, die uns den Bezug zur Welt unserer Leibessinne vermitteln, nichts mehr vom Inhalt, d. h. von der Fülle der Erscheinungen durch alle Sinne. In der nur über unsere Leibeserfahrungen mit uns verbundenen, bildlosen Welt können wir zwar exakt tätig werden, müssen aber einsehen, daß wir so nicht direkt in das vordringen, was bildhaft durch die Erscheinungen zu uns spricht. Dasselbe gilt bereits für Phänomene und Urphänomene in der Physik. Das ist also eine *dritte Grenze.*

2.4.
Phänomenologie der Natur

Neuere Bestrebungen einer «Phänomenologie der Natur» wenden sich, ausgehend von dieser durch die modernere Philosophie deutlich gemachten und hier als dritte charakterisierten Grenzerfahrung, wieder dem von der Naturwissenschaft beiseite gelassenen Feld der Wahrnehmungs*qualitäten* zu. Diese Neubesinnung auf die Phänomene nimmt ihren Ausgangspunkt bei der Einheit des «Spürens im Leibe» (Schmitz, 1990; Böhme, 1997). Die Bedeutung dieses Ansatzes liegt darin, daß man die Einheit von Leib, Seele und Geist wiederentdeckt und nicht von vornherein von einer Leib-Seele-Trennung ausgeht, die man dann irgendwie überwinden muß.

In diesen Bestrebungen wird man auf die unterschiedlichsten Arten von Erfahrungen mit der Natur aufmerksam. Während eine reduktionistische Naturerkenntnis die Natur als Erscheinung von sich wegschiebt, geht es bei diesem Ansatz darum, gerade den *ästhetischen Sinn* gegenüber den Wahrnehmungen zu wecken und damit den inneren Zusammenhang von Natur und Mensch neu aufzusuchen (Böhme, 1995; Schweizer/Wildermuth, 1981). Schon *Husserl* (nach Rang, 1997) macht auf den Zusammenhang der Wahrnehmung mit der Intentionalität aufmerksam. *Schmitz* (1990) versucht, die Einheit von Mensch und Natur dadurch herauszuarbeiten, daß er die mit jeder Wahrnehmung auftauchende Selbsterfahrung als eine natürliche Gegebenheit erkennt. Das wird verständlich, wenn man beispielsweise beobachtet, wie ein kleines Kind «ich» sagen lernt. Das geschieht deutlich mit dem Bestreben, sich innerlich von der Gegenstands- und Leibeswelt abzusetzen, sich damit aber zugleich nach und nach im Leibe «zu Hause» zu fühlen. Sich aufrichten, laufen lernen, von Gegenständen Besitz ergreifen, damit umgehen lernen usw. sind Schritte auf dem Wege dahin, so daß später «spüren im Leibe» und «sich spüren» beim Erwachsenen als Gegebenheit entdeckt werden können. Mit dieser Ausrichtung der Phänomenologie gelingt es z. B., *einen Sinn zu entwickeln* für Qualitäten, die mit den Wahrnehmungen geschaut werden, wie das Wachsen und Vergehen der Pflanzen und deren Verhältnis zur Atmosphäre der Landschaft. Eine solche Betrachtungsweise schafft aber auch eine *vierte Grenze*, wenn man alles, was man wahrnimmt, so auffaßt, wie man es im Leibe selbst erfährt, dabei aber das, was der Reduktionismus ausgrenzend leistet, nicht dazu in ein sachgemäßes Verhältnis bringt (s. Teil I/9: «Was wird gewonnen ...», S. 46). Die Gegebenheit der spontanen Selbsterfahrung im Leib ist eines. Aber die Tatsache, daß man die eigene Erfahrungsweise als wesentlichen Anteil der Wirklichkeit in der den Gegenstand der Betrachtung mitkonstituierenden Tätigkeit (oder Intention im Wahrnehmen) entdecken kann, geht meines Erachtens schon darüber hinaus. In dem Augenblick, wo man sich selbst seiner Selbsterfahrung erkennend gegenüberstellt, kommt zu der mehr passiv sich einstellenden Selbsterfahrung eine aktive hinzu, die man ergreifen und selbständig weiterentwickeln kann (Bockemühl, 1997).

2.5. *Imaginatives Erkennen*

Der Mensch ist heute offenbar auch leiblich für eine solche aktive Selbsterfahrung, die es zu entdecken gilt, organisiert. In der Selbsterfahrung tätig zu werden und sich erkennend anderen Wesen zuzuwenden, bildet die Grundlage, um im zunächst Fremden des Gegenstandes das dem eigenen Wesen Gleiche zu entdecken und darin Evidenz erleben zu können. Man bemerkt, daß es nicht nur eine Selbsterfahrung im Leibe gibt, durch die man mehr passiv zum intuitiven Vorgriff auf die Natur der Gegenstände seiner Betrachtung kommt. Man kann sich auch aktiv leiblich im Gegenüber «zurechtfinden» lernen, z. B. wenn man im Erscheinungsbild einer Pflanze erlebt, wie sie sich in den Raum stellt. Darüber hinaus gibt es eine Selbsterfahrung, in der sich alles umkehrt, weil man sich gleichsam mit der *Umgebung* des betrachteten Gegenstandes identifiziert. Wie sind diese Wendungen im Erkennen zu verstehen?

Durch das erste Gewahrwerden der Natur der Gegenstände – indem man eine Pflanze sogleich als Pflanze sieht und für die Fülle ihrer Qualitäten aufwacht – entsteht also erst richtig das ernstzunehmende fremde Gegenüber. Man *staunt* über das Fremde, wenn die Ahnung einer Verwandtschaft anklingt. Mit der *aktiven* Selbsterfahrung beginnt man sich dann schrittweise mit dem Wesen des anderen aktiv zu verbinden. Das erfordert neben der Aufmerksamkeit auf die bloße Gegenständlichkeit des anderen und dessen räumlich-zeitliche Daseinsbedingungen, sich selbst im Denken so zu verwandeln, daß man mit diesem anderen eins wird und zugleich sein Bewußtsein für diesen Vorgang wachhält. Diese Erkenntnis entsteht in einem Prozeß, den ich selbst in Gang setze: Ich sehe eine Gestalt, habe ein bestimmtes Erlebnis. Indem ich mir die Gestalt vorstelle, zeichne ich sie nach. Gewöhnlich meine ich, nur die Kontur festzuhalten. Aber im Prozeß wird das plastizierende Denken geschult. Es entsteht die Fähigkeit, der Natur des Angeschauten entsprechende Zusammenhänge wahrzunehmen. Nehme ich bei diesem Schritt zur Unterstützung das Zeichnen – am besten aus der Erinnerung – zu Hilfe, dann dient es weniger zum Konstituieren des Gegenstandes als zum Bewußtwerden der eigenen Tätigkeit im Hervorbringen des Bildes, also dessen, was in mir von der Pflanze lebt. Damit wird der exakte künstlerische Sinn angeregt, mit Hilfe dessen sich einerseits neue Gestaltungen konstruieren lassen, die im Prinzip so in der Wirklichkeit stehen könnten, und andererseits ein Instrument entsteht, mit dem man den Zugang beispielsweise zur Besonderheit einer bestimmten Pflanzen- oder Substanzbildung findet. Es geht um eine *seelische Handhabe des Geistigen*, dem ich mich zuwende (Steiner, 30.9.1922, GA 216, S. 104ff.; Bockemühl 1991 a, b; 1992 a, b).

Vom ersten Eindruck einer Weide beispielsweise gehen die Erfahrungen zunächst in zwei Richtungen (siehe auch Bockemühl, 1996):

1. Indem wir uns mit dem Erscheinungsbild durch das Nachzeichnen leiblich verbinden, folgen wir der Ausbildung der Masse des Baumes: Wir erleben ein Heraufstreben und ein Immer-wieder-bildsam-Werden, das sich im Gleichgewicht hält mit einem Festwerden und In-die-Schwere-Fallen. Wir machen im Bild des Baumes mit unserem Leib Erfahrungen des Tätigseins und Sich-Zurechtfindens beim Eintreten in die Außenwelt (physische Welt). Wir erleben und erkennen so tätig anschauend etwas von der physischen Beschaffenheit des Baumes, die Biegsamkeit, Alterung des Holzes der Äste usw.

2. Im anschauenden Begleiten der eigenen Tätigkeit werde ich aber auch gewahr, wie sich dieser Vorgang der Baumbildung (z. B. in der Kronenbil-

dung) in ein unsichtbares Ganzes einfügt. An Unzulänglichkeiten der Kronengestalt wird mir bewußt, wie ich in meiner Anschauung viel umfassender begreife, wohinein sich die Gestaltung fügen will, ohne daß ich schon eine bestimmte Vorstellung davon habe. Man sieht Störungen in der Kronenform. Offenbar greift man hier zurück auf Erfahrungen des in sich Zusammenhängenden in der Denkanschauung: das Erleben der Ganzheitlichkeit, des Ätherischen, das sich allerdings immer nur jeweils in einer bestimmten Weise fassen läßt, d. h. wenn es sich in der Wahrnehmung einer bestimmten Kontur nähert. Mit der Denkanschauung sind wir in diesem Vorgang mit dem geistigen (= kosmisch-ätherischen) Umkreis verbunden, aus dem heraus wir nach und nach begreifen lernen.

Indem man so nicht nur die Formen und Farben des Baumes sieht, sondern auch darauf achtet, wie man diese sieht, ist schon ein doppelter unmittelbarer Bezug zum eigenen Sein gegeben. Beide Bezüge, den zur Erde und den zum Umkreis, gewahren wir in der Anschauung. Nur verbindet sich der eine (Erde) mit eigenen Leibeserfahrungen (z. B. Gleichgewicht), der andere (kosmisch-zusammenhängliche) mit Denkerfahrungen. Beide verbinden sich zur Anschauung von einem Dritten, der konkreten Durchdringung der beiden Bezüge im Erscheinungsbild. Diese Durchdringung ist immer eine besondere. Durch sie spricht nach Art einer Gebärde das Besondere dieser Weide. Entsprechende Erfahrungen gewinnen wir natürlich auch an krautigen Pflanzen.

Die unmittelbare Anschauung einer Pflanze beruht also auf drei Grunderfahrungen, die ich am Erscheinungsbild der Pflanze in meinem eigenen Dasein mache: *erstens* der leiblich-gegenständlichen, *zweitens* der bildhaft-kosmischen und *drittens* der konkreten Durchdringung dieser beiden ersten im eigenen Lebensgefühl als die Substanz des Betrachteten.

2.5.1. Entwickeln von Gebilden für das imaginative Erkennen[6]

Anfangs bleibt man leicht mit dem imaginativen Erkennen beim Metaphorischen stehen. Es wird dann nur auf die Bildhaftigkeit und das unmittelbare Erleben der Erscheinung geschaut, z. B. im «intuitiven Vorgriff». Aber

6 Ich möchte mich hier auf Pflanzenbeispiele beschränken. Wie sich das eigene Erkenntnisverhältnis gegenüber anderen Naturdingen verwandelt, siehe Bockemühl 1997; zu Tieren siehe Bockemühl 1977, 1978a, 1979a und 1979b, 1991a, 1992b; zu Landschaft siehe Bockemühl 1991b, 1992a, 1992b, 1998a und 1998b.

dieser bildet für sich noch keine wache Erkenntnis. Es bedarf eines Zugriffes nach Art mathematischer «Gebilde», um darüber hinauszukommen. Mit dem Wort *Gebilde* schließe ich mich an Formulierungen im erwähnten Zyklus (Steiner, GA 324) über den Weg der geisteswissenschaftlichen Forschung Rudolf Steiners an. Mir ist daran deutlich geworden, daß die Übungen auf dem Schulungsweg eigentlich dem Entwickeln solcher Gebilde dienen. Man kann sie auch Organe nennen. Durch Organe entsteht ein bestimmtes Wahrnehmungsverhältnis zur Welt. Das Wort *Idee*, das mir in diesem Zusammenhang vorgeschlagen wurde, ist mir zu belastet und zu unbestimmt. Hier geht es ja darum, wie im Mathematischen Instrumente zu schaffen, die einerseits wie in einer Formel festgehalten werden können und andererseits vom reinen Denken so durchdrungen sind, daß man damit die Wahrnehmung in bestimmte geistige Felder hinein erweitern kann.

Es wurde schon ausgeführt (S. 55 ff.), wie man mit dem mathematischen formalen Denken an das Geistige der raum-zeitlichen Bedingungen sinnlicher Erscheinung herankommt.[7] Das imaginative Erkennen wendet sich nun diesen Erscheinungen selbst zu. An die Stelle der Formel tritt jetzt das in der Übung selbst aufgebaute symbolische Bild. Daran kann das Organ immer wieder belebt werden.

Mit Hilfe mathematischer Gebilde hat man gelernt, sich mit der Logik der raum-zeitlichen Bedingungen zu identifizieren, nach denen die Naturdinge erscheinen, hat aber die Sinnesqualitäten aus dem Auge verloren.

Das imaginative Erkennen erfordert, daß man die Strenge des Mathematischen nicht aufgibt, daß man sich nun aber auf die Bildhaftigkeit der Erscheinungen selbst einläßt und, durch sie angeregt, dem Mathematischen entsprechende Gebilde schafft. Man entwickelt ein Organ für Bildbeziehungen, durch die *eine einzelne Erscheinung* einen Sinnzusammenhang bekommt.

Eine solche innere Bewegung, in der man die betrachtete Erscheinung als Bild in sich neu entstehen läßt, ist schon für die sogenannte unorganische Natur notwendig. Nach dem Vorbild Goethes bemüht man sich auf diese Weise, innerhalb des gegenwärtig Wahrnehmbaren die innere Anschauung jeweils bis zu einem gewissen Grade zu vollenden, aber zugleich in die

7 Man kann mit der projektiven Geometrie sogar formale Leitlinien in gegenräumliche und überräumliche Bedingungen hinein gewinnen. Aber auch diese geistigen Bereiche müssen erst inhaltlich gegriffen werden (siehe z.B. Samenkornmeditation im Aufsatz von Heinz Zimmermann, S. 22f., auf den folgenden Seiten und folgende Pflanzenbeispiele).

Zukunft hinein zu öffnen. Mit dieser Haltung wird es möglich, von Gegenwart zu Gegenwart fortschreitend sich z. B. in das Gesamtgeschehen der Landschaft beim Sonnenaufgang oder im Jahreslauf so einzuleben, daß man im Späteren das Frühere in verwandelter Form mitsieht. Nach und nach gelingt es, in der Bildverwandlung geistig zu leben. Dabei wird man entdecken, daß sich das Naturgeschehen im persönlichen Verhältnis zur Welt spiegelt, z. B. im Wechsel zwischen der Hingabe des Denkens und Wollens an die Sinneserscheinungen (gleich einer Pflanze, die wachsend zum Bild ihrer Umgebung wird) und dem Leben in der eigenen Gedanken- und Willenswelt (gleich der Pflanze, die sich mit ihren Bildemöglichkeiten in den Samen hinein konzentriert). Zum selbständigen Schaffen eines solchen «mathematikartigen Gebildes» als Organ für das imaginative Erkennen kann der Seelenkalender Rudolf Steiners dienen, mit dessen Hilfe man im Durchgang durch das Jahr «seinen zeitlosen Wahrnehmungs- und Gedankenrhythmus in entsprechender Weise zum Zeitenrhythmus der Natur in Beziehung bringt» (GA 40, S. 9).[8] Wahrnehmungsorgan-Bilden bedeutet in diesem Sinne, sich in Einklang versetzen mit dem Wesen, das man begreifen möchte, das heißt hier mit dem Leben des Jahreslaufs als Ganzheit (Bockemühl, 1972 und 1996).

Gegenüber der *Pflanzenwelt* kommt noch etwas anderes in Betracht. Was wir in einem bestimmten Augenblick vor uns haben, ist nie ein Ganzes. Das Erscheinungsbild fordert uns gleichsam auf, in ihm die weite konkrete Umgebung, aber auch Vergangenes und Zukünftiges mitzusehen. Unwillkürlich streben wir danach, im vertrockneten Sproß die frühere Pflanze wiederzuerkennen, und wir verbinden mit dem Samen und der Knospe bestimmte Erwartungen in die Zukunft. So gehen wir bereits in einer dumpfen imaginativen Weise mit dem um, was Pflanze ihrem Wesen nach ist.

Diese Vorgänge gilt es durch Entwickeln entsprechender weiterer Gebilde sachgemäß ins Bewußtsein zu heben. Das geschieht z. B. mit Übungen, wie sie in *Wie erlangt man Erkenntnisse der höheren Welten?* von Rudolf Steiner beschrieben sind (GA 10, S. 60ff.). Die Samenkornübung (vgl. im Aufsatz von Heinz Zimmermann, S. 22f.) geht von einem konkreten Samen, die

8 Der anthroposophische Seelenkalender mit seinen Sprüchen für jede Woche des Jahres macht keine Vorgabe bezüglich dessen, was man jeweils zu einer Zeit in der Natur wahrnimmt. Er hilft, die Seele, bezogen auf das in der eigenen Anschauung nach und nach entstehende Ganze, in die entsprechende Wahrnehmungsverfassung zu bringen. Dadurch wird deutlicher mitwahrnehmbar, wie z. B. eine Frühlingsblüte anders ist als eine Sommer- oder Herbstblüte usw.

Gegenübung geht von der sichtbaren blühenden Pflanze aus. Man übt sich darin, einerseits aus dem wahrgenommenen Samen in der lebendigen Vorstellung eine konkrete Form der ausgewachsenen Pflanze entstehen zu lassen, und andererseits, von den sichtbaren bestimmten Formen einer blühenden Pflanze aus, diese zerfallen zu lassen und das, was sie entstehen ließ, zurückzunehmen in die Bildefähigkeit des Samens. Es geht darum, ein Organ zu entwickeln, mit dem man sich denkend in den Lebensprozeß einer Pflanze versetzen kann. Dieser besteht in einem Wechsel zwischen einer Annäherung der sich bildenden Pflanzensubstanz an ein vollständiges Erscheinen des Geistigen der Pflanze im geformten Stoff und einer Annäherung der Substanzbildung des physischen Samens oder der Knospe an die geistige Bildepotenz der Pflanze. Sowohl in Richtung der sinnlichen Ausgestaltung als auch der Potenzbildung im Samen nähert sich der Prozeß einem Höhepunkt, an dem jeweils eine Umkehr in die Gegenrichtung eintritt. An den Höhepunkten ist das Verhältnis der geistig zu erfassenden zu der sinnlich zu erfassenden Seite der Pflanzensubstanz extrem einseitig. Das ist die Grundgebärde aller Lebensprozesse. Sie ermöglicht Pflanzenleben unter den Gegebenheiten des Physischen (Steiner, GA 45, S. 50ff.; Bockemühl, 1996, S. 33ff.).

Dem beschriebenen Vorgang steht das Begreifen der zu der Pflanze gehörigen Umgebung gegenüber, wofür wieder das Einleben in Qualitäten des Lichtes, des Bodens und in den Jahreslauf dienlich sein kann (siehe S. 49f., die Fischübung).

Um sich vom gegenständlichen Vorstellen zu lösen und ins reine imaginative Denken zu kommen, ist es wichtig, jeweils auf die Empfindungen zu achten, die im Vollzug[9] entstehen. Es ist im weiteren gut, diese Empfindungen in Bilder umzusetzen, die ganz andersartig aussehen, aber dennoch in die gleiche Richtung weisen (z. B. in Farbqualitäten). Damit löst man sich vom Vorstellungsinhalt und konzentriert sich auf die den Bildern zugrundeliegende Gefühlsqualität. Aber schon die Bildbeziehung zwischen der Bildungsweise der Pflanze und der Atmosphäre des entsprechenden Ortes hat den Charakter einer äußerlich «unähnlichen Ähnlichkeit»: Man ahnt

9 Wenn man einen Gedanken tatsächlich denkt und nicht nur assoziiert, dann empfindet und erlebt man ihn auch. Auf diese im Denken auftretenden Empfindungen kann man besonders achten. So sind die beiden vorher beschriebenen Höhepunkte im Pflanzenleben insofern verschieden zu empfinden, als man sich der geistig zu erfassenden Seite auf dem Wege nach außen imaginativ annähert, an den Samenbildungsprozeß aber nur inspirativ herankommt.

zunächst das Zusammenstimmen von Pflanzenbildung und umgebender Atmosphäre. Unmittelbar hat man aber damit nicht zwei Bilder wie Blattformen, die man aufgrund ihrer äußeren Ähnlichkeit ineinander überführen kann (siehe Blattreihe, S. 67). Vielmehr erkennt man erst an der Pflanze den Aspekt der Landschaftsatmosphäre, der zur Pflanze gehört, und in der Atmosphäre das Sinngebende für die Erscheinungsweise der Pflanze (vgl. Forschungsinstitut, 1996f.).

Um das genauer zu fassen, bedarf es noch eines weiteren Schrittes (siehe Teil II, 2.6. «Inspiratives Erkennen»). Bei dem hier angesprochenen Schritt lernt man erst einmal die innere Natur eines Zeitorganismus (Ätherleib) erkennen, in dem auf vielfältige Weise und auf verschiedenen Ebenen Früheres mit Späterem in Beziehung steht. An der genauen Beobachtung der Bildungsweise der Blätter einer Pflanze läßt sich beispielsweise ein Gebilde schaffen und in symbolischer Form festhalten, in der man die Ganzheitlichkeit eines Zeitleibes in den Bildebewegungen der wachsenden, grünenden Pflanze begreifen kann: Setzt man die in der Blattfolge einer Pflanze erfaßbare Bildebewegung in Beziehung zu einer entsprechenden Bildebewegung im Wachstumsverlauf der einzelnen Blätter, so bekommt man zwei qualitativ gleichartige Verwandlungsweisen, die auf zwei verschiedenen Ebenen gegensinnig zueinander verlaufen.

Man begreift so konkret die Pflanze als ein Ganzes, das sich ineinander zurücklaufend ständig verwandelt (Bockemühl, 1964, 1966, 1967 bzw. 1982). Dieser Aspekt läßt sich einerseits formalisieren. Er bekommt aber als «Gebilde» andererseits den Charakter eines Wahrnehmungsorgans, je mehr man sich in die Qualität dieser Bewegungen in Zusammenhang mit den Samenkorn- und Jahreslaufübungen einlebt. Die eigene Anschauungsfähigkeit im Denken (Ätherleib) wird dadurch zum Organ der Wahrnehmung konkreter Ausrichtungen im Werden der Substanz einer bestimmten Pflanze (siehe Bockemühl, 1996, S. 60ff.). Eine solche Auffassung von Chemie, von Substanz und Prozeß wird heute für eine eigenständige Begründung der anthroposophischen Medizin und Landwirtschaft existentiell (Steiner, GA 27).

Beim Zeitorganismus hat man es immer wieder mit Gleichartigem zu tun, das aber im Verhältnis zu uns aus verschiedenen Richtungen kommt und in unterschiedlicher Weise zusammenwirkt. Dafür einige Beispiele:

2.5.2. Beispiele

a) Die Pflanzen als beleuchteter Gegenstand

Eine Pflanze kann als *beleuchteter Körper* gesehen werden. Sie erscheint in geordneten Beziehungen zu ihrer Umgebung: mithell, gegenhell oder seitlich hell, gegenüber dunkel. Dabei erscheint «Stoff» als das Undurchsichtige, Licht als das Erhellende in unterschiedlichen Verhältnissen: weniger erhellt, d. h. undeutlich, oder hell/klar und vielfältig differenziert (siehe Bockemühl, 1978b, 1983a, 1996).[10]

b) Die gleiche Pflanze von verschiedenen Standorten

Ähnliche Erfahrungen kann man mit der Bildungsweise verschiedener Exemplare der gleichen Art machen, die an verschiedenen Orten gewachsen sind (Abb. 1). Nur ist das, was am beleuchteten Gegenstand als gegenwärtige Wirkung erkennbar wird, in den verglichenen Pflanzen als früheres Wirken in die Substanzbildung (in das «Undurchsichtige») mit eingegangen: Licht- und Bodenverhältnisse bilden sich in der Erscheinungsweise ab und lassen sich als «geformter Stoff» davontragen (Bockemühl, 1966; Bockemühl, 1992a, 1996).

c) Zwei Arten einer Gattung

Dieselben Prinzipien zeigen sich, wenn Arten der gleichen Gattung miteinander verglichen werden. Hier erscheinen Bezüge, die als besondere Empfänglichkeiten mit noch weiter zurückliegenden (oder tiefer irdisch verwurzelten), in die Konstitution der Pflanze eingegangenen Wirkungen zusammenhängen.[11] Das äußert sich z. B. in der Verteilung der Pflanzenarten in Pflanzengesellschaften und im Wissen um besondere Empfindlichkeiten einer Art für Schatten, einer anderen für Sonne oder entsprechend für spezielle Bodenverhältnisse. Wenn zu jeder Pflanzenart eine spezifische Umgebung gehört, so braucht auch die vom Menschen gezüchtete Kulturpflanze eine vom Menschen bereitete Umgebung. Das weiß zwar im Grunde jeder, aber selten überlegt man sich die Konsequenzen dieser Tatsache z. B. für die Züchtung (siehe Bockemühl, 1983b, 1983c).

10 Diese Formulierungen verdanke ich z.T. Arbeiten auf dem Gebiet der Optik von Georg Maier und Manfred von Mackensen.

11 Das Zeitverhältnis ergibt sich hier aus der Tatsache, daß im Vergleich der Arten untereinander erbliche Vorprägungen bestehen. Der Begriff Anpassung würde hier mehr verdecken als aufklären!

Abb. 1
Rote Taubnessel. Die Reihe der Abbildungen zeigt die Gestaltveränderung am Übergang von einem extrem schattigen Standort im Erbsen-Gerste-Bestand bis zum offenen, voll besonnten Ort daneben.

d) Bildungsqualitäten in der Entwicklung einer einzelnen Pflanze

Schon eine einzelne Pflanze zeigt im Durchlaufen ihrer Entwicklung vom Samen zum ausgewachsenen Zustand bis wieder hin zum neuen Samen eine entsprechende Metamorphose ihrer Substanzqualitäten (Abb. 2). So gleichen die Formen der zuerst gebildeten unteren Blätter dem Bildungsprinzip nach Schattenblättern, die oberen, später gebildeten, Lichtblättern, obwohl sie ja während des Wachstums durchaus gleiche Lichtverhältnisse gehabt haben können.

e) Evolution

Wiederum Entsprechendes finden wir in den Organisationsstufen, im schrittweisen Auseinanderlegen und Differenzieren der Ganzheit der Pflanzenwelt in der Evolution.

f) Verschiebungen

Darüber hinaus gibt es Verschiebungen der unterschiedlichsten Weise: beispielsweise tritt Blütenhaftes im Blatt oder in der Wurzel auf, oder man findet Differenzierungen in anderen Sinnesbereichen (anstelle von Farben Düfte usw.)

Abb. 2
Hirtentäschelkraut (Capsella bursa pastoris). Sämtliche grünen Blätter des Hauptsprosses vom Keimblatt (links unten) bis vor der ersten Blüte (rechts unten).

Forschung auf dem imaginativen Feld besteht darin, für die genannten Beziehungen Organe auszubilden und damit nach und nach die Eigentümlichkeiten einer konkreten Pflanze in ihrem Verhältnis zur spezifischen, sonst unsichtbaren Umgebung an der sinnlichen Wahrnehmung zur Anschauung zu bringen. Ohne Ausbilden der Organe entsteht keine Anschauung von der wirksamen Umgebung in der Erscheinung, und ohne regelmäßiges neues Eingehen auf die Sinneserscheinungen können sich die Anschauungsorgane nicht weiter differenzieren. Auf diesem Weg schafft man die Grundlage für jede Art von Qualitätsbeurteilung (Bockemühl, 1996, S. 66ff., und Bockemühl, Aspekte der ätherischen Bildekräfte, unveröffentlicht). Mit der imaginativen Erkenntnis taucht man in die Erscheinungsfülle der Wirkungen des ätherischen oder Zeiten-Leibes der Pflanzenwelt ein. Dabei wird aber auch klar, wie man damit ganz allgemein auch beispielsweise auf die Erde oder eine Landschaft hinzuschauen hat, wenn man in ihnen den Organismus erkennen will (Bockemühl, 1992a, S. 200ff., und Forschungsinstitut, 1996).

Aber erneut kommt man auch mit der imaginativen Erkenntnisweise an eine (nach der hier vorgenommenen Zählung *fünfte*) Grenze. Man läuft Gefahr, sich in der Unendlichkeit dieser ineinander- und gegeneinanderlaufenden Prozesse zu verlieren. Zwar bekommt man diese mit den angesprochenen Gebilden bis zu einem gewissen Grad in den Griff, aber man muß sich dabei ständig vor Schematisierungen hüten. Man lernt den Umgang mit einem Wesen, dem man sich dadurch innerlich annähert («seelische Handhabe des Geistigen»). Aber es fehlt noch der Schritt zu einer Gesamterfahrung als reinem Erleben.

2.6.
Inspiratives Erkennen als erlebendes Erkennen

Das imaginative Leben mit der Pflanze macht diese in der Seele so lebendig, daß man einzelnen Dingen, denen man sich zuwendet, mehr und mehr Bezüge ansieht, durch die sie Sinn bekommen. Ein schwieriger weiterer Schritt besteht nun darin, alle dabei gebrauchten Erinnerungs- und Hilfsvorstellungen fallenzulassen und nur *dem* Raum zu geben, was *als reines Erlebnis sprechen will.*

Die verwendeten Vorstellungen, aber auch die eigenen Wünsche und Spekulationen müssen völlig zum Schweigen gebracht werden.[12] Beim imaginativen Erkennen war es notwendig, das Verhältnis der sichtbaren Pflanze zu ihrem übersinnlichen Umkreis dadurch zu erkennen, daß im Einleben eine Anschauung entsteht. Beim inspirativen Erkennen kommt es nun gerade darauf an, diese Denkanschauung zurückzunehmen und an ihrer Stelle etwas rein Seelisches zu erfahren und *in diesem Erleben zu entdecken, was im Inneren mit dem Äußeren gleich ist.* Da gibt es keine Brücke durch

12 Auf die Schwierigkeiten dieses Schrittes stößt man beispielsweise bei der Suche nach einem Verständnis der Heilbeziehung Pflanze – Mensch. Man möchte meistens von einer mehr oder weniger imaginativ erfaßten Heilpflanze über Vorstellungsbeziehungen zu naturwissenschaftlichen Kenntnissen von menschlichen Organen und Organfunktionen eine Brücke bauen. Dabei kommt man aber nicht über unbefriedigende Analogien hinaus. Weil man das bemerkt, entsteht immer wieder der Kurzschluß, daß man über die Morphologie nicht zum Heilverständnis der Pflanze käme. So ausgesprochen ist das natürlich klar. Ich hoffe aber, hier genügend deutlich machen zu können, um welchen Weg es sich tatsächlich handelt!

Abb. 3
Klatschmohn, Folge der grünen Blätter von unten nach oben an Haupttrieb und Blüte.

bloß bildhafte Ähnlichkeiten. Diesen Schritt möchte ich durch einen Vergleich mit Erfahrungen an der Pflanze veranschaulichen.

Im Blattbereich einer Pflanze läßt sich die Verwandlung der Formen, ihrer Ähnlichkeit folgend, imaginativ erfassen (siehe Abb. 3).

Beim Versuch, mit diesem Verfahren weiter in den Blütenbereich fortzuschreiten, stößt man aber an eine Grenze. In den meisten Fällen kann man zwar die einzelnen Blütenorgane morphologisch als «Blatt» ansprechen und im Sinne Goethes die Metamorphose weiterverfolgen (Bockemühl, 1966, und Bockemühl, 1996, S. 50ff.). Aber ihr Sinnzusammenhang kann nicht als Bewegung über Ähnlichkeiten der aufeinanderfolgenden Formen gefunden werden. Die Blüte wird unmittelbar als Gesamtkomposition erfahren. Die Erscheinungsweise fordert dazu auf, zu einem übergeordneten Prinzip vorzudringen, das den Zusammenhang zwischen der Physiognomie der Blüte und dem Geschehen in dem der Blüte unähnlichen Blattbereich herstellt. Dieser Zusammenhang ist viel innerlicher als der durch Ähnlichkeit der Formen Gefundene (Bockemühl, 1996, S. 132ff.).

Zwar erscheint das zunächst nur als ein bildlicher Vergleich, aber die Erfahrungsart, um die es beim Übergang ins inspirative Erkennen geht, ist gleich. Die Pflanze gibt uns das Vertrauen auf den inneren Zusammenhang von Blatt und Blüte durch die Gegebenheit des «Auseinander-Hervorgewachsen-Seins». Als deutliche innere Erfahrung entsteht dieser Zusammenhang aber erst in einer tieferen Schicht des mit der Selbsterfahrung verbundenen Erlebens: Der spezifisch seelische Ausdruck der Blüte spricht in Einheit mit der Gesamtgestalt aus einer bestimmten geistigen Richtung, das heißt, die stoffliche Erscheinungsweise der Pflanze wird zum Bild einer bestimmten seelisch-geistigen Beziehung zum ätherischen und astralen Kosmos.[13]

2.6.1. Was heißt Ausgehen vom Menschen beim inspirativen Erkennen der menschlichen Organe?

Inspiratives Erkennen ist z. B. in der anthroposophischen Medizin zum Verständnis des Zusammenhanges der Pflanze mit Erkrankungen menschlicher Organe notwendig. Hier fällt sowohl die am Pflanzenbeispiel genannte Stütze des sinnlich beobachtbaren Auseinander-Hervorgewachsen-Seins als auch die des Analogie-Vorstellens weg. Die Stütze für das Vertrauen auf den inneren Zusammenhang muß ganz im Seelischen selbst gefunden werden. Das heißt, man muß vom Menschen selbst ausgehen, von der Erfahrungsweise seiner eigenen Beziehungen zur Welt. In den im Leben mit der Pflanze erfahrenen seelisch-geistigen Beziehungen leben wir selbst mit unseren physischen Organen. Diese Aussage ist vorsichtig zu behandeln, da sofort Vorstellungen von menschlichen Organformen, physiologischen Prozessen, Botenstoffen usw. auftauchen, die natürlich dazu nicht passen. Hier geht es demgegenüber einerseits um eine lebendige innere Anschauung der Umgebung der Pflanze

13 Der Grunderfahrung des Ätherischen, dem ganzheitlichen Umkreis, wendet man sich durch die imaginative Erkenntnisweise zu, der des Astralen in einer bestimmten geistigen Richtung aus diesem Umkreis (richtungsweisende Gebärde).

und andererseits um ein Selbsterleben der eigenen Leiblichkeit in diesem Anschauungsverhältnis zur Welt. Wir benötigen daher ein ganz anderes Organverständnis, mit dem wir das methodisch begreifen, worin wir selbst schon leben, und mit dem wir auch auf dem skizzierten Weg bereits umgegangen sind. Das ist im Grunde nichts anderes, als daß wir auf einer anderen Stufe an der Erscheinungsweise der Dinge neue Begriffe für Licht, Wärme usw. bilden müssen, um damit in der Anschauung die Sprache der Qualitäten in der Pflanzenbildung erkennen zu können. Im folgenden soll dieses Organverständnis kurz beschrieben werden.

2.6.2. Bezug der Pflanzensubstanz zur menschlichen Organisation

Haben wir uns in das umfassende Ganze einer Pflanze eingelebt, so daß sie uns durch ihre gegliederte substantielle Erscheinungsweise in ihrem Werden und Vergehen einen differenzierten Umgebungsbezug vorführt und zum Erlebnis bringt, so bedeutet das: Diese Substanz ist hervorgegangen aus seelisch-geistig erfahrenen Wirkungen und auseinandergelegt in verschiedene stofflich fixierte Aspekte des Ganzen. Die physischen Organe des Menschen kommen uns demgegenüber in unserem eigenen, leiblich gegebenen Verhältnis zur Welt zum Bewußtsein. Sie sind jeweils ein Ganzes, in dem man selbst lebt: Der Mensch erkennt, wie er als ganzer durch das *Auge* in ein bestimmtes Verhältnis zu den Dingen tritt. Er erlebt, wie sich ihm sehend «Oberflächen» oder Bilder mitteilen und er sich dadurch mit der inneren Natur der Sehdinge verbindet. Was wir gewöhnlich als physisches Auge ansprechen, ist der Apparat, der dazu notwendig ist, Dinge im Gegenüber auf eine bestimmte Art mit dem eigenen Leib (wie ein Fotoapparat) in Verbindung zu bringen. Der Apparat allein ist aber kein Sehorgan.

Ähnlich ist es mit dem Ohr, das uns in ein anderes Verhältnis zur Welt des Gegenüber bringt. In die Hördinge taucht der Mensch als ganzer mit der Empfindung viel mehr ein als in Sehdinge. Entsprechend lassen sich auch die anderen physischen Sinnesorgane seelisch-geistig unmittelbar erfahren. Ganz allgemein sind die physischen Sinne Organe, die den Menschen auf vielfältige Weise als Persönlichkeit leiblich in die Welt stellen, und zwar so, daß er sich selbst daran gegenüber einer räumlichen Außenwelt erlebt.

Wollen wir uns in entsprechender Weise mit unserem Verständnis in das Gehirn als Denkorgan einleben, so geht es um das Gewahrwerden, wie durch das anschauende Denken im Bewußtsein Zusammenhänge zwischen den vielfältigen Sinneswahrnehmungen entstehen. Wir erkennen das Gehirn als ein Organ, durch das sich der Mensch als ganzer denkend-anschauend in Beziehung zur Ganzheit des Seins (d. h. Ordnung, Schönheit, Schmuck der Welt, im Sinne der ursprünglichen Bedeutung von «Kosmos») selbst erlebt.

Die Vorgänge, die sich zwischen Wahrnehmung und Denken abspielen, sind, wie auch das Leben der Pflanze zwischen Erde und Umkreis, nach Art der Lebensprozesse betrachtbar, z. B. die Atmung:

«In diesem Vorgang (der Atmung) berührt sich das Leibesleben mit der äußeren Welt; es stellt sich gewissermaßen in einer Art, in welcher es nicht weiterbestehen kann, der Außenwelt gegenüber, um von dieser die Kraft zu empfangen, sich fortzusetzen. In diesen Worten ist ungefähr dasjenige gesagt, was sich dem Menschen an dem Atmungsvorgang offenbart, ohne daß er auf die Ergebnisse der sinnenfälligen Wissenschaft eingeht. Die letzteren gehören der Anthropologie an. Das hier Charakterisierte aber erlebt der Mensch unmittelbar im Leben, an seinem Verlangen nach Luft, an der Beobachtung der Lebenshemmung, wenn die Luft fehlt usw.» (Steiner, GA 45, S. 50)

Gehirn als inneres Organ besteht demnach in der entwickelbaren Anschauungsfähigkeit des Menschen (siehe Steiner, GA 324). Was Anatomie und Physiologie als Gegebenheit untersuchen und beschreiben, können sie ohne ein imaginatives Erleben dieser Anschauungsfähigkeit nicht wirklich als Organ des Menschen begreifen.

Ans Innere anderer physischer innerer Organe wie z. B. das *Herz* und das *Blut* kommt die Betrachtung heran, wenn sie den *seelischen* Bezug zur Welt bewußtmacht. Dieser bildet sich rhythmisch im Wechsel zwischen einem Eintauchen in die Erscheinungswelt und einer Hingabe an das Selbsterleben. Dieser Bezug wird als Einheit im Strömen zwischen den Welterscheinungen und dem eigenen Gefühlsleben erlebt. In diesem Einheitsgefühl lebt die Seele durch das Herz auf.[14]

Organe, durch die sich der Mensch leiblich-stofflich mit der Welt auseinandersetzt, wie *Leber* und *Reproduktionsorgane*, erfordern noch eine andere Betrachtungsart. Diese beruht auf Erfahrungen, die am ehesten in der willentlichen Auseinandersetzung mit der Welt durch die Gliedmaßen ins

14 Erst von da aus macht es Sinn, danach zu fragen, ob die mechanische Funktion des Herzens eher als Pumpe oder vielleicht sachgemäßer als hydraulischer Widder aufgefaßt werden sollte.

Bewußtsein zu heben sind. Die Art dieser Erfahrungen kann eine Spur dafür weisen, wie in der Ernährung die Frage der Überwindung körperfremden Stoffes durch den eigenleiblichen (im Leber-Gallenprozeß) und wie die Vorgänge beim Bereitstellen von neuer Leiblichkeit durch die eigene (im Reproduktionsprozeß) zu begreifen sind.

2.7. *Intuitives Erkennen als Einswerden, sich erkennend, handelnd in eine Situation stellen*

Wie kann verantwortliches Handeln neu verstanden und entwickelt werden? Die geisteswissenschaftlichen Erkenntnisschritte vom Einleben in eine geistige Anschauung (imaginativ) zum atmend immer umfassenderen Erleben der Einheit zwischen einer äußerlichen Erscheinung und deren sinnstiftender Sprache (inspirativ) führen zu einem Verständnis der Pflanzenwelt, zu deren ätherisch-astralischer Umgebung und zu einem Verständnis der physischen Organe des Menschen als Mittler zum Leiblichen und Seelisch-Geistigen der Welt. Was durch die Organe seelisch-geistig geschieht, findet sich wieder in der Bildungs- und Erscheinungsweise der pflanzlichen Substanz. Mit dem intuitiven Vorgriff (siehe S. 47) steht Intuitionserkenntnis immer am Anfang des Weges. An diesem zunächst nur halbbewußten Vorgriff entzündet sich biographisch die eigene Fragestellung. Er gibt eine Richtung für das Streben nach Art des Geschilderten über Verfremdung des unmittelbar Gegebenen zum Gegenstand der Betrachtung als Ortsbestimmung zum imaginativen Anschauen und inspirativen Erleben.

Am jeweils vorläufigen Ende dieses Weges, im geistesgegenwärtigen Handeln identifizieren wir uns mit den bis dahin entwickelten Fähigkeiten mit der Situation. An dieser Einswerdung (Intuition) sind wir selbst aktiv beteiligt. Wir werden eins mit der Situation, soweit wir sie uns zur Anschauung und zum Erlebnis gebracht haben. Wir stellen uns damit in einen jeweils neuen Anfang. Daraus lebt beispielsweise die Therapie, bei der im konkreten Fall geistesgegenwärtig der Zusammenhang zwischen der Erkrankung eines Menschen und der Substanz eines bestimmten Medikamentes zur Wirkung gebracht wird.

3.
Praktische Konsequenzen einer in die Geisteswissenschaft erweiterten Naturwissenschaft

Die Konsequenz dieser Ausführungen ist: Wenn die entsprechende Erweiterung der durch naturwissenschaftliches Denken herausgearbeiteten Erkenntnisse so angestrebt wird, daß darin eigene Erfahrung in der Besinnung des geistigen Inhaltes entsteht, durch die sich ein nachvollziehbares Evidenzerlebnis in Beziehung zum intuitiven Vorgriff einstellt, ist geisteswissenschaftliche Forschung auf jeder Stufe möglich. Indem man sich jeweils darauf besinnt, von wo aus man als Erkennender blickt, ist der Zusammenhang der eigenen Erfahrungsart im Wahrnehmen und Denken mit der entsprechenden Wirklichkeit, d. h. mit dem Wesen der Sache, der man sich zuwendet, gewährleistet. Welterkenntnis verwebt sich mit Selbsterkenntnis. Indem anthroposophische Erkenntnissuche so den neuen Lebenstatsachen der Unternatur gerecht wird, hebt sie ihr Verhältnis zur Übernatur auf eine bewußtere Stufe. Damit eröffnet Anthroposophie ganz neue Forschungsrichtungen in Ergänzung zeitgenössischer Erkenntnis nach dem Vorbild der inneren Strenge konventioneller Naturwissenschaft.

Literatur

Blavatsky, Helena Petrowna: *Isis entschleiert,* dt. Übertragung aus der VI. engl. Aufl. durch A.K. R.W., Verlag J.J. Couvreur, Den Haag.

Bockemühl, Jochen: Der Pflanzentypus als Bewegungsgestalt, in: *Elemente der Naturwissenschaft,* 1/1964, S. 3-11, bzw. in Schad 1982.

– Bildebewegungen im Laubblattbereich höherer Pflanzen, in: *Elemente der Naturwissenschaft,* 4/1966, S. 7-23, bzw. in Schad 1982.

– Äußerungen des Zeitleibes in den Bildebewegungen der Pflanze, in: *Elemente der Naturwissenschaft,* 7/1967, S. 25-30, bzw. in Schad 1982.

– Der Jahreslauf als Ganzheit in der Natur, in: *Elemente der Naturwissenschaft,* 16/1972, S. 17-33.

– Die Bewegung des Tieres als Ausdruck seiner Innerlichkeit, in: *Elemente der Naturwissenschaft,* 27/1977, S. 32-45.

– Vom Orientierungsverhalten des Tieres und seiner inneren Beziehung zu Erde und Kosmos, in: *Elemente der Naturwissenschaft,* 28/1978a, S. 1-12.

– Pflanzengestalt und Lichtverhältnisse – Gesichtspunkte zur Erfassung von Lebenszusammenhängen, in: *Bericht über die internationale Fachtagung zur Pflanzensoziologie,* Gumpenstein, Irdning 1978b.

– Die Orientierungsfähigkeit der Tiere als Wirkung des Zeitleibes (Ätherleibes), in: *Elemente der Naturwissenschaft,* 30/1979a, S. 22-25.

– Raumesrichtungen als Schlüssel zum Wesen der Naturreiche, in: *Elemente der Naturwissenschaft,* 31/1979b, S. 38-49.

– *Lebenszusammenhänge erkennen, erleben, gestalten,* Dornach 1980.

– Beziehung zwischen Wurzelwachstum und Sproßentwicklung im Jahreslauf, in: *Wurzelökologie und ihre Nutzanwendung.* Internationales Symposium Gumpenstein, Irdning 1983a, S. 227-270.

– Vergleiche zwischen Wild- und Kulturformen zum Verständnis der Nahrungspflanze und zum Finden einer Zielrichtung für die Züchtung, in: *Elemente der Naturwissenschaft,* 39/1983b, S. 1-14.

– Urbildliche Phasen der Entwicklung höherer Pflanzen, in: *Elemente der Naturwissenschaft,* 39/1983c, S. 48-54.

– Erweiterung der naturwissenschaftlichen Forschung durch Kräfte, die in der Kunst gehandhabt werden, Vortrag vom 27. Februar 1990, Amsterdam 1991a.

– Erweiterung der naturwissenschaftlichen Forschung durch Kräfte, die in der Kunst gehandhabt werden, Vortrag vom 28. Februar 1990, Amsterdam 1991b.

– *Erwachen an der Landschaft,* Dornach 1992a.

– Kunst und Wissenschaft im Erfassen einer Landschaft, in: *Kunst und Wissenschaft 1992,* Warnsveld 1992b.

– Kann ein holistischer Ansatz im Umgang mit Landschaft formuliert werden?, in: *Elemente der Naturwissenschaft,* 58/1993, S. 28-36.

– Die Fruchtbarkeit von Goethes Wissenschaftsansatz in der Gegenwart, in: *Elemente der Naturwissenschaft*, 61/1994, S. 52-69.
– *Ein Leitfaden zur Heilpflanzenerkenntnis,* Dornach 1996.
– Aspekte der Selbsterfahrung im phänomenologischen Zugang zur Natur der Pflanzen, Gesteine, Tiere und der Landschaft, in: Gernot Böhme/Gregor Schiemann (Hrsg.): *Phänomenologie der Natur,* Frankfurt/M. 1997.
– Landschaft als Atmosphäre – eine Brücke zum Leben mit der Erde, in: *Das Goetheanum*, 11/77, 15.3.1998a.
– Wie kann eine ganzheitliche Methode für den Umgang mit Landschaft entwickelt werden?, in: Andreas Suchantke (Hrsg.): *Goetheanistische Naturwissenschaft, Bd. 5: Ökologie*, Stuttgart 1998b, S. 55ff.
– Der «Aktualismus» und die Fähigkeit zum «Lesen im Astrallicht», in: Cornelis Bockemühl (Hrsg.): *Erdentwicklung aktuell erfahren. Geologie und Anthroposophie im Gespräch*. Verlag Freies Geistesleben, Stuttgart (in Vorbereitung für 1999).
– Aspekte der ätherischen Bildekräfte im Zusammenhang mit der Qualität der Substanzbildung der Pflanze und dem Verständnis ihrer Heilwirkung (noch unveröffentlicht).

Böhme, Gernot: *Atmosphäre,* Frankfurt/M. 1995.

Böhme, Gernot: Phänomenologie der Natur – ein Projekt, S. 11-43, und: Die Phänomenologie von Hermann Schmitz als Phänomenologie der Natur?, S. 133-148, in: Gernot Böhme / Gregor Schiemann (Hrsg.): *Phänomenologie der Natur,* Frankfurt/M., 1997.

Deneffe, August: Geschichte des Wortes «supernaturalis», in: *Zeitschrift für katholische Theologie 46*, Innsbruck 1922, S. 337-360.

Forschungsinstitut der Naturwissenschaftlichen Sektion (Hrsg.): *Menschen gestalten Entwicklung,* Landschaftswoche Dresden 1994, Dornach 1996.

Forschungsinstitut der Naturwissenschaftlichen Sektion (Hrsg.): *Individualität einer Landschaft,* Landschaftswoche Ungarn 1995, Dornach 1997.

Forschungsinstitut der Naturwissenschaftlichen Sektion (Hrsg.): *Atmosphäre einer Landschaft* (Arbeitstitel), Landschaftswochen Mahlitzsch 1996 und Dornach 1997. In Vorbereitung.

Goodwin, Brian: *How the Leopard changed its spots. The evolution of complexity,* London 1994.

Haeckel, Ernst: Die natürliche Schöpfungsgeschichte, in: *Gemeinverständliche wissenschaftliche Vorträge über Entwicklungslehre,* Leipzig/Berlin ²1920.

Jonas, Hans: *Das Prinzip Verantwortung,* Frankfurt/M. 1984.

Kuhn, Thomas S.: *Die Struktur wissenschaftlicher Revolutionen,* Frankfurt/M. 1993.

Locher-Ernst, Louis: *Mathematik als Vorschule zur Geist-Erkenntnis,* Dornach ²1973.

Mackensen, Manfred von, zusammen mit Ohlendorf, H.Chr.: *Modellfreie Optik. Zur Physik der 12. Klasse.* Schriften aus der Pädagogischen Forschungsstelle beim Bund der Freien Waldorfschulen Abt. Kassel, Kassel 1997.

Maier, Georg: *Optik der Bilder,* Dürnau 1986.

Meyers großes Konversations-Lexikon, Bd. 20, Leipzig/Wien 1908.

Polanyi, Michael: *Implizites Wissen,* Frankfurt/M. 1985.

Rang, Bernhard: Der systematische Ansatz von Husserls Phänomenologie der Natur, in: Gernot Böhme / Gregor Schiemann (Hrsg.): *Phänomenologie der Natur,* Frankfurt/M. 1997.

Schad, Wolfgang (Hrsg.): *Goetheanistische Naturwissenschaft,* Bd. 2: Botanik, Stuttgart 1982.

Schmitz, Hermann: *Der unerschöpfliche Gegenstand. Grundzüge der Philosophie,* Bonn 1990.

Schweizer, Hans Rudolf / Wildermuth, Armin: *Die Entdeckung der Phänomene,* Basel / Stuttgart 1981.

Statistisches Jahrbuch der Schweiz 1990, hrsg. v. Bundesamt für Statistik, Zürich 1989.

Steiner, Rudolf: *Einleitungen zu Goethes naturwissenschaftlichen Schriften,* (1884-1897) GA 1, Dornach [4]1987.

– *Grundlinien einer Erkenntnistheorie der Goetheschen Weltanschauung* (1886), GA 2, Dornach [7]1979.

– *Die Philosophie der Freiheit. Grundzüge einer modernen Weltanschauung – Seelische Beobachtungsresultate nach naturwissenschaftlicher Methode* (1894), GA 4, Dornach [16]1995.

– *Theosophie. Einführung in übersinnliche Welterkenntnis und Menschenbestimmung* (1904), GA 9, Dornach [31]1987.

– *Wie erlangt man Erkenntnisse der höheren Welten?* (1904/05), GA 10, Dornach [24]1993.

– *Die Stufen der höheren Erkenntnis* (1905-1908), GA 12, Dornach [7]1993.

– *Die Geheimwissenschaft im Umriß* (1910), GA 13, Dornach [30]1989.

– *Anthroposophische Leitsätze. Der Erkenntnisweg der Anthroposophie – Das Michael-Mysterium* (1924/1925), GA 26, Dornach [9]1989.

– *Mein Lebensgang (1923-1925),* GA 28, Dornach [8]1982.

– *Anthroposophie* (Ein Fragment aus dem Jahre 1910), GA 45, Dornach [3]1980.

– *Die Bedeutung der Anthroposophie im Geistesleben der Gegenwart,* GA 82, Dornach [2]1994.

– *Die Evolution vom Gesichtspunkte des Wahrhaftigen,* GA 132, Dornach [6]1987.

– *Die Grundimpulse des weltgeschichtlichen Werdens der Menschheit,* GA 216, Dornach [3]1988.

– *Lebendiges Naturerkennen. Intellektueller Sündenfall und spirituelle Sündenerhebung,* GA 220, Dornach [2]1982.

– *Die Weltgeschichte in anthroposophischer Beleuchtung und als Grundlage der Erkenntnis des Menschengeistes,* GA 233, Dornach [5]1991.

– *Das Initiaten-Bewußtsein. Die wahren und die falschen Wege der geistigen Forschung,* GA 243, Dornach [5]1993.

– *Allgemeine Menschenkunde als Grundlage der Pädagogik,* GA 293, Dornach [9]1992.

– *Das Verhältnis der verschiedenen naturwissenschaftlichen Gebiete zur Astronomie. Dritter naturwissenschaftlicher Kurs: Himmelskunde in Beziehung zum Menschen und zur Menschenkunde,* GA 323, Dornach [7]1997.

– *Naturbeobachtung, Experiment, Mathematik und die Erkenntnisstufen der Geistesforschung,* GA 324, Dornach [3]1991.

– Anthroposophischer Seelenkalender, in: *Wahrspruchworte,* GA 40, Dornach [6]1986.

Steiner, Rudolf / Wegman, Ita: *Grundlegendes für eine Erweiterung der Heilkunst nach geisteswissenschaftlichen Erkenntnissen* (1925), GA 27, Dornach [7]1991.

ERNST-MICHAEL KRANICH

Der Weg zu einer kosmologischen Botanik

«... es wird eine Aufgabe der Menschheit, gerade über das Erkennen des Mineralischen hinauszugehen und das Pflanzliche zu erkennen.»

Rudolf Steiner (17.8.1919)[1]

I.
Naturwissenschaftliche Methode und anthroposophische Forschung

Durch ihren experimentellen Ansatz war die moderne Naturwissenschaft von vornherein manipulativ. Sie übertrug das Experimentieren von der Physik auf die Erforschung des Lebendigen und entwickelte jene Methoden, durch die man heute in das Leben eingreift. Unter dem Eindruck der genetischen Manipulationen, der Transplantationsmedizin, der Zerstörungsprozesse in der Natur und anderes mehr erwacht aus dem Gefühl der Betroffenheit und Sorge die Frage nach der Zukunft des Lebens. Durch die Eingriffe in das Gebiet des Lebendigen hat sich das Verhältnis des Menschen zur Natur unwiderruflich verändert. Es ist nicht mehr unschuldig; denn man ist für das, was man tut und anrichtet, verantwortlich. Dieses Bewußtsein hat seit dem Buch *Der stumme Frühling* (1962) von Rahel Carson viele Menschen ergriffen. Verantwortung hat aber, wenn sie ernst gemeint ist, eine unausweichliche Bedingung: Man muß verstehen, wofür man Verantwortung übernehmen will.

Die experimentelle Biologie (Genetik, Physiologie, Entwicklungsbiologie) verfolgt, wie ein lebendiger Organismus auf äußere Beeinflussung reagiert. Im Anorganischen wird vieles verständlich, wenn man Vorgänge in

1 In GA 296: *Die Erziehungsfrage als soziale Frage*, S. 103.

dieser Weise nach dem Zusammenhang von Ursache und Wirkung betrachtet und untersucht, wie aus dem Zusammenwirken von zwei Faktoren, die man kennt, ein bestimmtes Phänomen resultiert. In der experimentellen Biologie kennt man wohl jeweils den einen Faktor (Wärme, bestimmte Stoffe usw.), nicht aber den anderen, das Lebendige mit seinen eigenen immanenten Kräften und Gesetzen. So bleibt das resultierende Phänomen letztlich auch unverstanden. Denn die Feststellung, daß ein bestimmter Organismus auf eine spezifische Beeinflussung immer in bestimmter Weise antwortet, ist noch keine Einsicht. Um das Lebendige verstehen zu lernen, muß man eine andere Erkenntnismethode, besonders eine andere Form des Denkens entwickeln. Das ist eine zentrale Aufgabe der Gegenwart. Sie kann nicht durch die experimentelle Biologie gelöst werden. Sie ist ein Gebiet anthroposophischer Forschung.

Ich unterscheide anthroposophische Forschung und naturwissenschaftliche Forschung in einem anthroposophischen Themenhorizont. Den sogenannten Nachweis von Bildekräften z. B. mit der Steigbild- oder Kupferchloridkristallisationsmethode rechne ich der zweiten Kategorie zu. Ebenso die Beobachtung bestimmter Rhythmen im Bereich der Lebensvorgänge und ihre Übereinstimmung mit kosmischen Rhythmen. In beiden Fällen ist die Forschungsmethode naturwissenschaftlich; sie ist experimentell bzw. beschreibend und bedient sich der Statistik. Man kommt zu Resultaten, die der nachträglichen Interpretation bedürfen. Anthroposophische Erforschung des Lebendigen, wie ich sie verstehe, bedient sich einer anderen als dieser naturwissenschaftlichen Methode.

Der Ausgangspunkt liegt in der morphologischen Erkenntnismethode Goethes. Die Organe, die an einer Pflanze nacheinander in Erscheinung treten, werden nicht nur in ihrer Gestalt, sondern in ihrer Bildung betrachtet (in Steiner GA 1a, S. 8), indem man sie in ihren Formen durch einen inneren Gestaltungsprozeß nachvollzieht. Man durchbricht bewußt die vom Objektivitätspostulat der neuzeitlichen Naturwissenschaft gezogene Grenze zwischen Objekt und Betrachter. Im Anschauen eines Pflanzenblattes gestaltet man dieses durch die Aktivität des Vorstellens nach und erfaßt es dabei in seiner Bildung. So begreift man die Formen als geronnenes Ergebnis von Bildungsprozessen. Und wenn man im Sinne Goethes von einem Bildungsprozeß zum nächsten übergeht, lernt man eine wesentliche Eigenschaft des Lebens unmittelbar kennen, das sich fortwährende Erneuern des gestaltenden Wirkens, seinen autopoietischen

Charakter (Maturana / Varela, 1987, S. 55ff.). Vor allem aber wird etwas sichtbar, was dem Betrachten von außen unzugänglich ist: wie das bildende Leben sich wandelt und die folgenden Bildungen, auch wenn sie in der Erscheinung von den vorangehenden verschieden sind, durch Umwandlung des in diesen tätigen Bildungsprozesses entstehen. Man kommt beim Nachvollziehen von Bildung und Umbildung nach einem Worte Goethes «durch das Anschauen einer immer schaffenden Natur zur geistigen Teilnahme an ihren Produktionen» (Goethe, in Steiner GA 1a, S. 116).

Der Erkenntnisprozeß verläuft hier anders als sonst in der Naturwissenschaft. Der Naturwissenschaftler denkt über die Fakten, die er gewonnen hat, nach; Registrieren, Feststellen, Beobachten und das Formulieren einer Hypothese sind getrennte Prozesse. Wenn man im tätigen Nachvollziehen sich die Eigenart einer Bildung bewußtmacht, ist das bereits Denken. Das Denken vollzieht sich nicht abgesondert vom Objekt und konstruiert gleichsam neben ihm einen Zusammenhang; es findet beim nachschaffenden Betrachten in diesem das Bildungsgesetz. In das Gebiet des Lebendigen gelangt man nicht auf diskursivem Wege, sondern durch intuitives Erkennen. Die experimentelle Biologie untersucht das Lebendige von außen, d. h. die jeweils entstandenen Produkte des Lebendigen; die morphologische Erkenntnismethode Goethes erschließt den Zugang in die Sphäre des Lebendigen.

Wesentliche Tatsachen bleiben aber auch dem Goetheanismus rätselhaft. Man kann nachvollziehen, wie sich Blätter bilden und der Bildungsprozeß sich im Laufe des Pflanzenwachstums verwandelt, ebenso, wie durch weitere Umwandlung Kelch und Blütenkrone entstehen usw. Es bleibt aber unklar, wodurch es im Lebendigen überhaupt zur Bildung von Blättern und dann zu Kelch und Krone mit gerade fünf, sechs oder vier Kelch- und Blütenblättern und zu den Staubgefäßen mit ihrer eigenartigen Form kommt. Man vollzieht die Bildungsprozesse mit, kennt aber nicht die Prinzipien, die ihnen zugrunde liegen. Die Goethesche Morphologie ist ein erster wesentlicher Schritt in die Sphäre des Lebendigen. Es müssen aber weitere Schritte folgen, die in Bereiche führen, in denen die offenen Fragen eine Antwort finden. Das wäre der Übergang von goetheanistischer zu anthroposophischer Forschung.

2.
Das methodische Grundprinzip

In diesen Bereich gelangt man, wenn man berücksichtigt, was Goethe nur beiläufig behandelt hat. Es ist das für die Pflanze charakteristische «offene Gestaltungsprinzip» (Hagemann, 1984, S. 12) Im Gegensatz zum Tier gestaltet sich die Pflanze aus dem Zusammenhang mit den Kräften der Natur: aus ihrer Verbindung mit der Schwere, der Feuchtigkeit, der Luft, aus dem Zusammenhang mit Wärme, Licht, dem Tages- und Jahresrhythmus. Das Blatt einer zweikeimblättrigen Blütenpflanze ist nur dadurch vorhanden, daß sich seine Anlage am Licht zu seiner vollkommenen Form entfaltet hat. Der tierische Organismus entwickelt sich nach der Befruchtung aus inneren Gesetzen, die Pflanze vor allem auch aus dem Zusammenhang mit der ganzen umgebenden Natur. Um die Pflanze zu verstehen, muß man verfolgen, wie sie aus diesem Zusammenhang hervorgeht. Man darf den Blick allerdings nicht durch eine Vorentscheidung nur auf den engen Umkreis der ökologischen Verhältnisse begrenzen. Gegenüber der Pflanze gilt das allgemeine methodische Prinzip, das Rudolf Steiner in seiner *Philosophie der Freiheit* formuliert hat: «Ein Ding *erklären, verständlich machen* heißt nichts anderes, als es in den Zusammenhang hinein versetzen, aus dem es durch die oben geschilderte Einrichtung unserer Organisation herausgerissen ist» – durch die jeweils auf einen bestimmten Ort und einen bestimmten Zeitpunkt eingeengte Wahrnehmung. «Ein vom Weltganzen abgetrenntes Ding gibt es nicht. Alle Sonderung hat bloß subjektive Geltung für unsere Organisation.» (GA 4, S. 95f.)

3.
Der Zusammenhang der Stengelbildung mit den Naturkräften

Will man die Bildungsprozesse der Pflanze im Sinne dieses methodischen Prinzips begreifen, dann wird man am besten von demjenigen Bildungsprozeß ausgehen, der im Ganzen der pflanzlichen Entwicklung eine zentrale

Stellung hat, von dem des Stengels. Denn an den Stengel gliedern sich die Blätter, die Seitentriebe und die Blüten an. Damit schließen wir an den Aufsatz «Über die Spiraltendenz der Vegetation» an, in dem Goethe zwei Prinzipien der Pflanze unterscheidet. «Die zwei Haupttendenzen ... oder, wenn man will, die beiden lebendigen Systeme, wodurch das Pflanzenleben sich vollendet, sind das Vertikalsystem und das Spiralsystem» (Goethe, in Steiner GA 1a, S. 226). Der Stengel ist Repräsentant des Vertikalsystems, Blätter, Blüten usw. gehören dem Spiralsystem an (siehe hierzu die Bemerkungen Steiners in *Geisteswissenschaftliche Erläuterungen zu Goethes Faust*, GA 272, S. 224).

Die Bildung des Stengels geht von der zarten Region an seiner Spitze, dem sogenannten Vegetationskegel, aus. Das lebendige Gewebe ist hier noch undifferenziert. Wendet sich eine junge Pflanze mit dem oberen Teil des Sprosses zur Sonne und folgt ihrer Bewegung von Osten nach Westen, so geht diese Solstitialbewegung vom Vegetationskegel aus. Hier besteht eine innere Beziehung zur Sonne. Nun kann, ganz allgemein formuliert, ein Wesen zu einem anderen nur dadurch in Beziehung treten, daß es etwas in sich trägt, was mit dem anderen von gleicher Art ist. In diesem Sinne ist der Vegetationskegel der Sonne verwandt bzw. eine Repräsentanz der Sonne im Leben der Pflanze. Aus der inneren Beziehung zur Sonne entsteht hier fortwährend neues meristematisches, d. h. junges und undifferenziertes Gewebe mit noch teilungsfähigen Zellen; und hier ist «die eigentliche Quelle aller anderen Zellen des Sprosses» (Esau, 1969, S. 71).

Weniger als ein Millimeter unterhalb der Spitze beginnt sich die Anlage des Stengels zu strecken. Dieses sogenannte Streckungswachstum dauert in der Regel zwei bis drei Tage. Es verläuft rhythmisch. In der Nacht, d. h. dann, wenn das Leben der Pflanze nicht unter dem Einfluß der Sonne steht, sondern nur unter dem der Erde, ist es in der Regel stärker als am Tage. Jetzt beginnt die Differenzierung. Durch Verdichtung entsteht Gewebe, das dem Stengel Festigkeit gibt; außerdem bildet sich Gewebe, durch das Wasser aus den Wurzeln nach oben steigt. Die Pflanze gliedert sich in die von der Erde ausgehende Gravitation und die von der Wurzel ausgehende Substanzströmung ein. Nach dem Streckungswachstum setzt sich die Spezialisierung des Gewebes unter dem Einfluß der aus der Erde stammenden Wirkungen fort. – Es entsteht auch ein spezielles Leitungsgewebe, in dem dann die in den Blättern entstehenden organischen Substanzen nach unten und oben strömen.

Die Anlage des Stengels entsteht also aus der Beziehung zur Sonne. Diese sonnenverwandte Anlage wird zum Stengel, indem sie durch das Streckungswachstum in den Wirkungsbereich der Erde übergeht. In dieser Weise entsteht bei den Kräutern der Stengel vor allem unterhalb des Blütenstandes aus dem Ineinandergreifen gegensätzlicher Qualitäten bzw. Kräfte. – Es ist im Rahmen einer skizzenhaften Darstellung nicht möglich, dieses Ineinandergreifen bis in die Einzelheiten der Stengelanatomie zu verfolgen.

In den genannten Tatsachen liegt der Ausgangspunkt für den weiteren Gang der Betrachtung. Man muß sich nämlich sagen: Wenn man die Stengelbildung in dieser Weise aus dem Zusammenhang mit Sonne und Erde begreift, hat man es nicht mit einem Ganzen zu tun. Denn Sonne und Erde sind «kein Ganzes, sondern Glieder des ganzen planetarischen Systems» (Steiner, 29.12.1919, GA 320, S. 113). Man hat also die Betrachtung in den Bereich auszuweiten, zu dem Sonne und Erde gehören, und die verschiedenen Planeten möglichst genau zu studieren. Dann kann man sich die Frage vorlegen: Was ergibt sich aus diesem Studium für das Verständnis der pflanzlichen Bildungsprozesse?

4.
Der Charakter des Mondes

Um an zwei Beispielen zu erläutern, wie man auf dem eingeschlagenen Wege zu einem vertieften Verständnis der Pflanzenbildung gelangt, möchte ich den Mond und den Merkur, den sonnennächsten Planeten, etwas genauer betrachten. Unter welchen Gesichtspunkten hat das zu geschehen? Sicher vor allem unter einem geozentrischen Aspekt. Denn die Pflanzen wachsen hier auf der Erde und stehen von der Erde aus zum Kosmos in Beziehung. Dann ist noch folgendes zu berücksichtigen. Die Astronomie beschreibt die Planeten und Monde, indem sie ihre verschiedenen Rhythmen, die Rotationsdauer, die Neigung der Rotationsachse, die Größe, die materielle Konsistenz usw. aufzählt. Das ist aber für unsere Zwecke unzureichend. Man muß im Überschauen dieser Tatsachen den inneren Zusammenhang und damit den einheitlichen Charakter der Planeten und der Monde aufsuchen. Denn wenn die planetarische Welt in irgendeiner Weise in den Lebens- und Bildungsprozessen der Pflanze einen Ausdruck findet, so sind es die Planeten als ganze und nicht eine bloße Summe von Eigenschaften.

Der Mond ist nach der Sonne die bedeutendste Erscheinung am Himmel. Er ist gerade so weit von der Erde entfernt, daß seine visuelle Größe von ½° der der Sonne entspricht. Am Mond lernt man besonders anschaulich kennen, daß Rhythmus eine wesentliche Tatsache im Bereich der planetarischen Welt ist. Bei Vollmond ist er das beherrschende Gestirn der Nacht, von Sonnenuntergang bis Sonnenaufgang. Als kosmischer Reflektor strahlt er das Licht der Sonne in modifizierter Form der Erde zu. Die Intensität der Reflexion nimmt dann bis Neumond ab. Der Mond befindet sich jetzt in unmittelbarer Nähe der Sonne und ist drei bis vier Tage unsichtbar. Dann erscheint er als zarte Sichel wieder am Abendhimmel. Er entfernt sich mit zunehmender Größe seiner sichtbaren reflektierenden Fläche von der Sonne, bis er bei Vollmond mit seiner größten Helligkeit wieder in Opposition zur Sonne steht.

In diesem synodischen Rhythmus, dem Zeitraum von einer Konjunktion mit der Sonne bis zur nächsten, strömt der Erde durch den Mond vom ganzen Umkreis Sonnenlicht zu. Es ist durch die Reflexion an der Mondoberfläche aber von seinem Ursprung, der Sonne, gleichsam abgetrennt; es gelangt nicht unmittelbar zur Erde, sondern durch den Mond vermittelt. Dabei wird seine Wirksamkeit verändert, sie wird vor allem abgeschwächt. Der Mond strahlt nämlich durch die Eigenschaften seiner toten Oberfläche, des staubförmigen Regolith, nur 7 % des Sonnenlichtes zurück (Albedo = 0,07). So entsteht im synodischen Rhythmus von 29,53 Tagen immer wieder neu im Umkreis der Erde ein Raum aus abgeschwächter Sonnenwirkung, eine Sondersphäre innerhalb der Mondbahn. Die Erde und ihr Leben stehen also unter einem zweifachen Sonneneinfluß: der unmittelbaren Sonneneinwirkung, die im Jahresrhythmus zu- und abnimmt, und dem durch den Mond vermittelten abgeschwächten Einfluß mit dem Rhythmus von 29 ½ Tagen.

Dieser synodische Mondrhythmus steht zur Bewegung der Sonne in Beziehung (Abb. 1). Im Laufe eines Jahres wandert die Sonne vor dem Hintergrund der zwölf Tierkreisbilder durch die Ekliptik. Der Abstand von der Mitte eines dieser Tierkreisbilder zur Mitte des nächsten beträgt in der Regel zwischen 28° und 32°. Rechnet man etwas vereinfacht mit 30°, dann benötigt die Sonne für diese Distanz 30,4 Tage. Der Mond vollführt also bei der Bewegung der Sonne von Tierkreisbild zu Tierkreisbild jeweils einen synodischen Umlauf. Das Licht, das der Mond der Erde zusendet, stammt

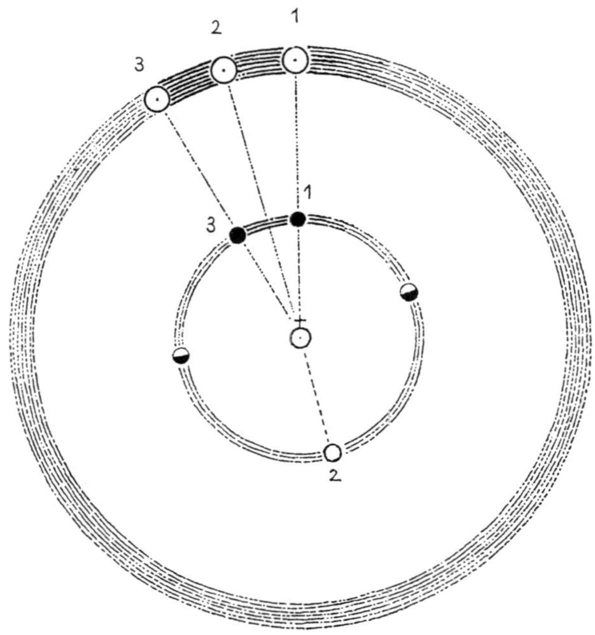

Abbildung 1
Während die Sonne knapp 1/12 des Tierkreises (1→3) durchläuft, strahlt der Mond in einem synodischen Zyklus (1→2→3) das Licht der Sonne der Erde zu. Die Intensität nimmt von Neumond (1) bis Vollmond (2) zu und dann bis Neumond (3) wieder ab.

von der Sonne, während sie von einem Tierkreisbild in das nächste wandert. Es besteht zwischen dieser Sonnenbewegung (30,4 Tage) und dem Mondrhythmus (29,53 Tage) eine Differenz von knapp einem Tag, d. h. dem Rotationsrhythmus der Erde. So sind im synodischen Mondrhythmus der Gang der Sonne durch die Regionen des Tierkreises und der Eigenrhythmus der Erde vereinigt. Damit kommt in diesem Rhythmus zum Ausdruck, was der Mond in seinem Verlaufe ausübt: die Vermittlung der von der Sonne ausgehenden Strahlung zur Erde. Dieser Funktion entspricht auch die materielle Konsistenz des Mondes. Der Mond ist ein toter, vollständig erstarrter Körper ohne Wasser und praktisch ohne Atmosphäre. Seine Gesteine sind durch den relativ hohen Gehalt an Titan und Nickel und den geringen Anteil der Alkalimetalle fester (höher schmelzend) als die der Erde. In einer Atmosphäre und im Wasser würde die Sonnenstrahlung dynamische Prozesse, d. h. eine Art von Eigenleben, erregen. Ein kosmischer Körper, der vor allem der Reflexion dient, darf kein solches Eigenleben haben, er muß sich im Zustand erstarrter Ruhe befinden.

Unter den Monden des Sonnensystems ist unser Mond eine besondere Erscheinung. Er ist nämlich im Verhältnis zur Erde ungewöhnlich groß. Ganymed, der größte Mond in unserem Planetensystem, hat wohl mit 5262 km einen größeren Durchmesser als der Mond der Erde (3476 km), er ist aber im Verhältnis zu seinem Planeten Jupiter (Durchmesser 142984 km) ein wesentlich kleinerer Körper als unser Mond im Verhältnis zur Erde (Durchmesser 12750 km). Durch seine gebundene Rotation – die Rotation hat die gleiche Dauer wie der synodische Rhythmus – wendet der Mond der Erde immer die gleiche, und zwar die etwas dunklere Seite der Erde zu. So ist die sublunare Sphäre mit der reflektierten Sonnenwirkung scharf vom umgebenden Kosmos geschieden.

Aus diesen Tatsachen ergibt sich in knapper Zusammenfassung folgende Charakteristik:

Der Mond bildet durch Reflexion an seinem erstarrten Körper im Umkreis der Erde einen Raum abgeschwächter Sonnenwirkung.

5.
Der Charakter des Merkur

Der Merkur ist im Gegensatz zum Mond jener Planet, der der Sonne am nächsten ist. Man sieht ihn recht selten am Morgen- und Abendhimmel kurz vor Sonnenaufgang oder direkt nach Sonnenuntergang. Meistens ist er aber in der Helligkeit der nahen Sonnenumgebung unsichtbar. Tritt er in Erscheinung, ist er von einem hellen Glanz. Sein Licht ist unruhig wie das der Fixsterne. Der Merkur entfernt sich unterschiedlich weit von der Sonne. Es können 28°, aber auch nur 18° sein; der Mittelwert ist 23°. Merkur hat ein rhythmisch wechselndes Verhältnis zur Sonne, einen bestimmten Rhythmus von Sich-Annähern und Sich-Entfernen.

Nur selten befindet sich der Merkur in der Ekliptik-Ebene. Er erhebt sich über sie und begibt sich dann unter sie. Auch in dieser Weise bewegt er sich – durch die ungewöhnlich starke Neigung seiner Bahnebene gegenüber der Ekliptik von 7° – rhythmisch pulsierend im Umkreis der Sonne.

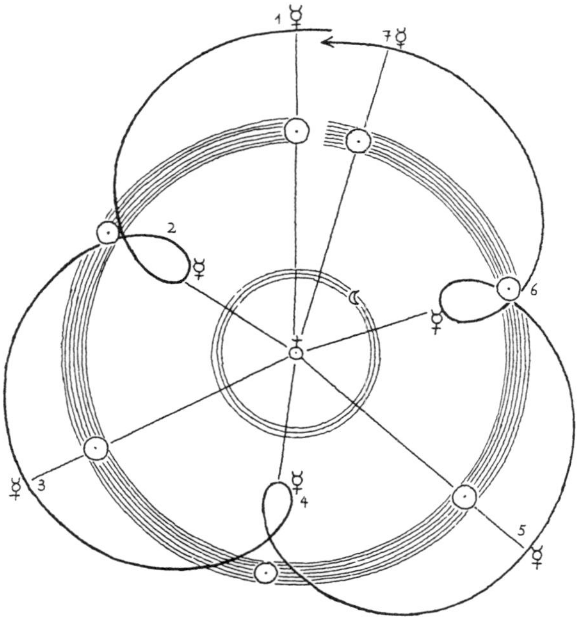

Abbildung 2
In knapp einem Jahr (1→7) vollführt der Merkur drei synodische Umläufe mit vier (1, 3, 5, 7) oder drei oberen und drei (1, 4, 6) oder vier unteren Konjunktionen (nach Schultz, verändert). Nach der oberen Konjunktion (1) begibt sich der Merkur nach Osten in die Umgebung der Sonne, d. h. bei 1 nach links ←¹⊙ ; bei der nächsten unteren Konjunktion (2) nach Westen, d. h. in dieser Richtung: ⊙↗². So entsteht zwischen den beiden Konjunktionen von der Erde aus eine Richtungsänderung von 120° ←¹⊙↗².

Bevor er am Morgenhimmel sichtbar wird, steht er bei einer sogenannten unteren Konjunktion zwischen Sonne und Erde. Wenn er dann wieder in den Bereich der Sonne zurückkehrt, kommt es hinter der Sonne zu einer oberen Konjunktion mit der Sonne. Der ganze Zyklus von einer oberen Konjunktion bis zur nächsten, der sogenannte synodische Umlauf, dauert durchschnittlich 116Tage. Er unterliegt wie das Sich-Entfernen von der Sonne großen Schwankungen – zwischen 104 und 132 Tagen.

Nun bewegt sich die Sonne während eines synodischen Merkurumlaufes in der Ekliptik weiter. Die gemeinsame Bewegung von Sonne und Merkur enthält in einem Jahr drei synodische Umläufe des Merkur mit drei oberen und drei unteren Konjunktionen (3 x 116 Tage = 348 Tage).

Vom Tiefwinter steigt die Sonne bis zum Hochsommer bei ihrer Bewegung durch die Ekliptik immer höher über den südlichen Horizont. Dabei vollführt der Merkur eine Bewegung, die vereinfacht in Abbildung 4 (links, S. 93) wiedergegeben ist.

Bei seiner Nähe zur Sonne muß man den Merkur auch in seiner heliozentrischen Bewegung betrachten. Das Merkurjahr, der siderische Umlauf mit einer vollen Umkreisung der Sonne, dauert 88 Tage; es ist im Durchschnitt 28 Tage kürzer als der synodische Umlauf. Durch die starke Exzentrizität seiner Bahn kommt der Merkur zum Perihel (Sonnennähe) unter einen stärkeren Sonneneinfluß, zum Aphel (Sonnenferne) wird die Sonneneinwirkung schwächer. Im Durchschnitt ist sie 6,3mal stärker als auf der Erde, d. h. von einer ungewöhnlichen Intensität.

Nun kennt man seit 1965 die Rotationsdauer des Merkur. Sie beträgt mit 58,6 Tagen genau zwei Drittel des Merkurjahres. Durch das Zusammenspiel der Merkurbewegung um die Sonne mit dieser Rotation ist der Merkurtag 176 Erdentage lang. Dieser längste aller Tage dauert genau zwei Merkurjahre! So beträgt die Zeit von Sonnenaufgang bis Sonnenuntergang auf dem Merkur ein ganzes Jahr, d. h. den vollen Rhythmus zunehmender und abnehmender Sonneneinstrahlung. Bei der ungemein dünnen Atmosphäre (vor allem aus Helium), d. h. einer großen Offenheit gegenüber der Sonne, und der übermäßig starken Absorption der Sonneneinstrahlung durch das Merkurgestein (Albedo = 0,06) erwärmt sich der Merkur auf 430° C. In der Nacht, die auch ein Jahr dauert, kühlt sich der Merkur auf -170°C ab. Das ist ein gewaltiger Wärmerhythmus mit einer Schwankung von 600°C, d. h. eine intensive Vereinigung mit der Sonne.

Sonst kann man bei den Planeten zwischen Jahresrhythmus und Tagesrhythmus (Rotationsdauer) unterscheiden. Der Jahresrhythmus ist die Beziehung zum Gang der Sonne durch die Ekliptik, der Tagesrhythmus der Eigenrhythmus des Planeten. Beim Merkur als einzigem Planeten gibt es keinen vom Sonnenrhythmus getrennten Eigenrhythmus. Merkur geht gleichsam ganz in der Beziehung zur Sonne auf. Das ist der vollkommenste Ausdruck seiner Sonnennähe. Merkur ist auch der einzige Planet ohne Neigung der Rotationsachse. Dadurch steht er, abgesehen von den Schwankungen zwischen Aphel und Perikel, unter einer unentwegt gleichen Sonneneinwirkung.

So wird deutlich, daß sich in allen Tatsachen ein gemeinsames Prinzip ausspricht: rhythmisch pulsierende Beziehung zur Sonne mit dem Charakter intensiver Hingabe an die Sonne.

6.
Hinweis auf den ganzheitlichen Charakter des Sonnensystems

Durch das Zusammenschauen der zunächst isolierten Tatsachen wird sichtbar, daß Mond und Merkur einen spezifischen Charakter haben und ein bestimmtes kosmisches Prinzip verkörpern. Das gilt auch für die anderen Planeten unseres Sonnensystems (siehe Kranich, 1997). Ein solches geistiges Verstehen der planetarischen Welt ist eine Bedingung für ein tieferes Eindringen in das Reich des Lebendigen. Es gibt eine zweite Bedingung, die vor allem von methodischer Bedeutung ist. Für den äußeren Anblick sind der Mond und die Planeten voneinander isolierte Gebilde. Wenn man sie aber in ihren Charakteren kennenlernt, vor allem, wenn man ihre Rhythmen betrachtet, dann findet man Beziehungen und größere Zusammenhänge. Damit das deutlich wird, fügen wir zu dem bisher Dargestellten noch einige Daten der Venus, des zweiten sonnennahen, in vielem dem Merkur aber so entgegengesetzten Planeten, hinzu:

Rhythmen	*(durchschnittliche) Dauer*	*Verhältnis der Rhythmen*
Erd-Sonnen-Rhythmus	1 Jahr	
synodischer Venus-Rhythmus	1 3/5 Jahre	} $5/8$
	(584 Tage)	} $-5/1$
synodischer Merkur-Rhythmus	116 Tage	
synodischer Mond-Rhythmus	29 ½ Tage	} $-4/1$

Die Rhythmen der Sonne, der Planeten und des Mondes sind nicht voneinander getrennt. Im Rhythmus des einen Planeten sind die der anderen Planeten, auch die von Sonne und Mond enthalten. Der eine Planet bewegt sich aus dem Zusammenhang mit den Bewegungsrhythmen der anderen Planeten, der Sonne und des Mondes. Das zeigt sich deutlich, wenn man auch die übrigen Planeten berücksichtigt (Schmidt, 1974; Kranich, 1997). Die planetarische Welt ist eben nicht eine Summe einzelner Gebilde, die nur durch das Newtonsche Massenanziehungsgesetz und die Keplerschen

Gesetze zusammengehalten wird; denn das einzelne kosmische Gebilde hat sein Dasein aus dem Zusammenhang und seiner Harmonie mit dem Ganzen. Dieses Gesetz der Ganzheit durch die Harmonie der Rhythmen enthält eine wichtige methodische Konsequenz. Denn es besagt: Wo sich in der Natur die Sonne, der Mond oder einer der Planeten manifestiert, sind auch die anderen Glieder des planetarischen Kosmos anwesend.

Es ist also damit zu rechnen, daß dort, wo in den Bildungsprozessen der Pflanze an der Sproßspitze die Repräsentanz der Sonne ist, sich auch Merkur manifestiert. Wie kann man aber mit innerer Sicherheit eine solche Manifestation erkennen? Hat man sich ein Bild vom Charakter des Merkur erarbeitet, dann kann man mit diesem bestimmte Bildungsprozesse studieren und verfolgen, inwieweit dieses Bild in ihnen erscheint. Findet man es im Entstehen bestimmter Pflanzenorgane wieder, dann weiß man: es handelt sich um den Ausdruck planetarischer Prinzipien im Leben der Pflanze. Der Botaniker beschreibt normalerweise, wie die Pflanzenorgane allmählich erscheinen und sich ausdifferenzieren. Er wird selbstverständlich nichts von einer Beziehung zum Kosmos bemerken. Denn man kann nur das entdecken, worauf man seine Aufmerksamkeit richtet. Die hier gemeinte Betrachtungsart unterscheidet sich von der üblichen beschreibenden Methode. Sie richtet sich nicht nur auf die Erscheinung oder die Bildung, sondern auf etwas, was als kosmische Gesetzmäßigkeit in ihr sichtbar wird. Sie ist nicht beschreibend, sondern physiognomisch. Und was sie auffindet, sind keine Kausalbeziehungen, sondern Entsprechungen.

7.
Blattbildung und Merkur

Man kann nun mit den gewonnenen Gesichtspunkten die Wachstums- und Bildungsprozesse am Sproßvegetationspunkt verfolgen. Er selbst wächst aus seiner inneren Beziehung zur Sonne dieser langsam entgegen und dringt immer weiter in die Höhe, wie die Sonne im Frühling und Frühsommer immer höher über den Horizont emporsteigt. In seiner unmittelbaren Umgebung entsteht in einem ziemlich gleichmäßigen Rhythmus immer wieder eine Aufwölbung. Diese ganz anfänglichen Blattanlagen

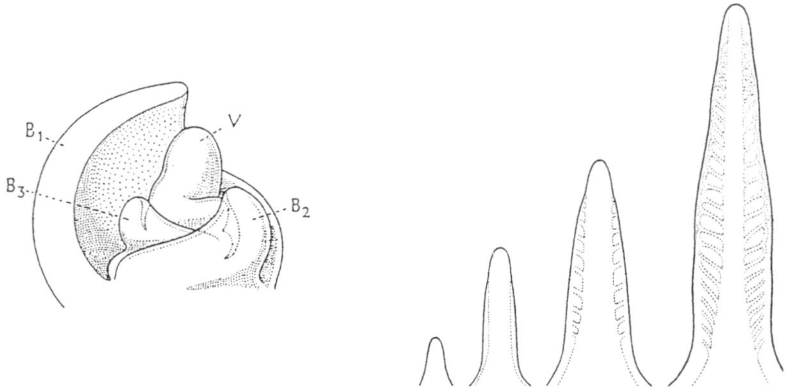

Abbildung 3
Sproßvegetationskegel (V) eines Grases (Dactylis glomerata) und die Anlage mehrerer Blätter (B1, B2, B3) in verschiedenen Stadien (links, aus Troll 1937). – Verschiedene Stadien der Entwicklung eines Blattes: Vom zweiten Stadium an bildet sich die Blattspreite (rechts, aus Troll 1937).

wachsen in die Umgebung hinaus und folgen in ihrer Richtung der aufsteigenden Wachstumsbewegung des sonnenverwandten Zentrums (Abb. 3, links). Dann wenden sie sich wieder zum Zentrum zurück und überwölben die zarte Sproßspitze. «Nach der Ausgliederung der Blattprimordien [Blattanlagen, E.-M.K.] am Vegetationskegel ist ihr Wachstum gewöhnlich vergleichsweise sehr stark, so daß sie den Vegetationspunkt übergipfeln, ehe sich das nächst jüngere Primordium verwölbt.» (Rohweder/Endress, 1983, S. 11) Dieses tritt nach einer anderen Richtung aus dem Zentrum heraus, begibt sich auch etwas in dessen Umgebung und bewegt sich dann ebenfalls wieder zur Mitte.

Diese Wachstumsbewegungen sind ein ziemlich getreues Abbild jener Bewegung, die der Merkur bei seinen synodischen Zyklen vollführt: Er begibt sich nach einer Konjunktion mitS der Sonne in deren Umgebung, kehrt dann zur Sonne zurück und dringt nach einer anderen Richtung wieder in den Umkreis hinaus. Die sich zurückwölbende Blattanlage wächst allerdings aus Gründen, die in der Kürze dieser Darstellung nicht darzulegen sind, nicht wieder mit der Sproßanlage zusammen.

Nun bewegt sich die Sonne zwischen dem einen und dem folgenden Sich-Hinausbegeben des Merkur in ihre Umgebung auf der Ekliptik um etwa 60° weiter. Da sich der Merkur nach einer oberen Konjunktion nach Westen, nach der folgenden unteren Konjunktion aber nach Osten von der Sonne entfernt, ergibt sich eine Richtungsdifferenz von etwa 120°. So weicht jede folgende Blattanlage um 120° von der vorangehenden ab (siehe Abb. 2, S. 88). Als Manifestation des synodischen Merkurrhythmus entsteht eine Blattspirale mit sogenannter ⅓-Stellung. Diese Blattstellung findet man bei einer ganzen Reihe einkeimblättriger Pflanzen, vor allem bei den Sauergräsern, auch beim Germer, der Herbstzeitlosen und anderen. Unter bestimmten Bedingungen manifestiert sich die synodische Merkurbewegung als ½-Stellung, bei der das jeweils folgende Blatt wie z. B. bei den Gräsern um 180° von dem vorangehenden abweicht. Dann erscheint in der Blattstellung jenes Verhältnis des Merkur zur Sonne, das sich bei der Betrachtung von der Erde aus ergibt als das abwechselnde Sich-Hinausbegeben des Merkur in die Umgebung der Sonne nach entgegengesetzten Richtungen.

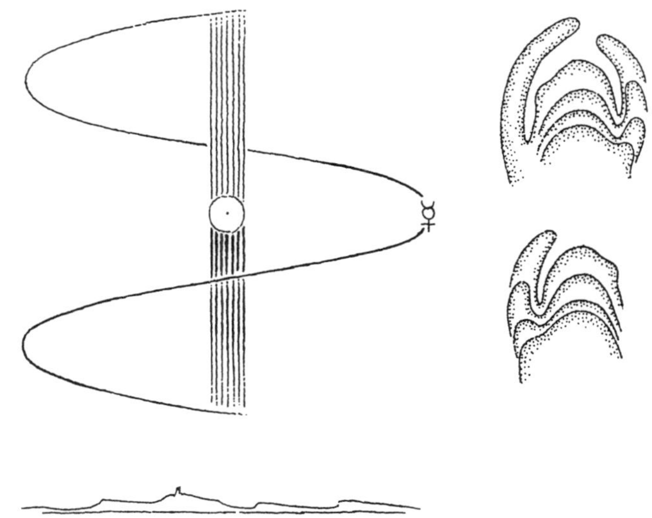

Abbildung 4
Schematische Darstellung der vom Tiefwinter bis Johanni am Südhorizont emporsteigenden Sonne und der mit der Sonnenbewegung verbundenen Bewegung des Merkur (die Neigung der Bahnebene, die wechselnde Entfernung von der Sonne und die Schleifen bei den unteren Konjunktionen sind nicht berücksichtigt). – Vegetationspunkt einer Grasart in acht aufeinanderfolgenden Entwicklungsstadien (rechts). Die Gebärde der Sproßbildung und der entstehenden Blattanlagen ist im Kleinen das Abbild der Sonnen-Merkur-Bewegung.

Wenn ein kosmisches Geschehen im Pflanzenleben zur Erscheinung kommt, ist nicht zu erwarten, daß eine zeitliche Übereinstimmung zwischen dem Rhythmus im Kosmos und dem in der Pflanzenbildung herrscht. Denn die Gesetzmäßigkeiten, die im Lebendigen dort herrschen, wo z. B. die synodische Merkurbewegung sichtbar wird, haben einen modifizierenden Einfluß auf die zeitliche Dynamik des Erscheinens.

In der Regel sind die zarten Blattanlagen noch nicht flächig. Erst wenn sie knapp einen Millimeter lang sind, entsteht allmählich die Blattspreite. Nun weiten sich die kleinen Blättchen zum Umkreis und wenden sich der äußeren Sonne zu. Aus der Vereinigung mit dem Licht der Sonne wächst jetzt die Blattspreite heran, die das Licht und die Wärme in ihr stoffliches Leben aufnimmt (Abb. 3 rechts, S. 92). Diese Hingabe an die Sonne ist nicht mehr Manifestation des synodischen Merkur. Denn die kleinen Blätter lösen sich aus ihrer Beziehung zu jener Repräsentanz der Sonne, die an der Spitze des Stengels mit der Erde in Beziehung steht. Die Blätter exponieren sich vollständig der Sonne wie der Merkur bei seiner siderischen Bewegung um die Sonne. Und wie auf dem Merkur am Tage die Intensität der Sonne anschwillt und abnimmt, so leben die Blätter jeweils bis zum Mittag in einer zunehmenden und dann zum Abend abklingenden Wirksamkeit der Sonne.

Das Entstehen der Blätter in der Sonnenregion des Vegetationskegels, ihre Entfaltung und Hingabe an die äußere Sonne wird für das physiognomische Anschauen eine umfassende Manifestation des Merkur im Medium des irdischen Lebens.

8.
Knospenbildung und Mond

Die Entwicklung des grünen Sprosses vor dem Übergang zum Blühen wird für den, der sich in der geschilderten Weise ein Bild der kosmischen Tatsachen erarbeitet hat, zu einer Offenbarung des Zusammenwirkens von Sonne und Erde und der Gesetzmäßigkeiten des Merkur. Dieses Geschehen spielt sich in unserer Vegetation vor allem vom Frühling zum Hochsommer ab. Nach Johanni wird es schwächer. Es ist also deutlich in den Rhythmus des Jahres eingegliedert. Vom Tiefwinter bis Johanni wird der Tagesbogen des Sonnenganges weiter und höher. Dann nimmt die Wirksamkeit der Sonne ab. Es beginnt jener Abschnitt des Jahres, in dem die Nächte wieder länger werden und der Vollmond von Monat zu Monat höher steigt, bis er im Dezember so hoch über dem Horizont steht wie die Sonne im Juni. Mit dem Kürzerwerden der Tage entstehen in der Natur die Knospen. Die Zeit der Knospenruhe beginnt bei manchen Pflanzen schon im Juli, spätestens aber setzt sie im September ein.

In der Physiologie wird die Bildung der Überwinterungsknospen als eine Folge der kürzeren Tage angesehen; denn man kann die Knospenbildung experimentell durch Kurztagsbedingungen auslösen. Nun entstehen aber bei den höheren Pflanzen immer Knospen, nämlich am Stengel in der Achsel der Blätter. Mit dem Schwächerwerden der Sonnenwirkung werden lediglich die Bedingungen der Knospenbildung intensiver. Man kann ein Geschehen, das so ganz anders ist als die Sproßbildung, nicht einfach auf das Kürzerwerden der Tage zurückführen. Eine Knospe entsteht in einem recht komplizierten Prozeß. Zunächst bilden sich ganz einfache Blätter, die Knospenschuppen, die sich zur Knospenhülle zusammenschließen. Im Inneren des von den Knospenschuppen umschlossenen Raumes entwickelt sich dann die Anlage eines neuen Sprosses. Seine zarten Blättchen umgeben zum Teil sogar die Anlagen der Blüten.

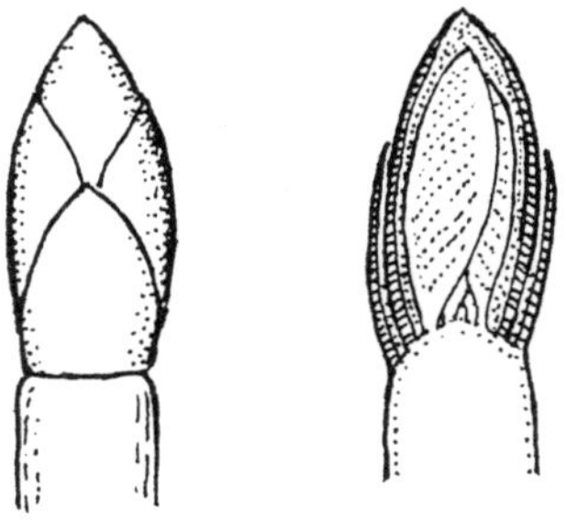

Abbildung 5
Knospe von außen (links) und im Längsschnitt (rechts)

Betrachten wir einmal solche Knospen, in denen nur die Anlagen von Blättern entstehen und noch nicht die der Blüten. Was sich da abgesondert von der Umgebung im Raum der Knospe abspielt, ist eine Pflanzenbildung, die allerdings gegenüber der voll entwickelten Pflanze ganz abgeschwächt ist. Es handelt sich um eine stark modifizierte Manifestation von Sonne (Anlage des Stengels) und Merkur (Anlage der Blätter). Und das, was in der Modifizierung erscheint, ist die Signatur des Mondes. Die Bildung einer gegenüber der Umgebung abgesonderten Sphäre tritt in der Knospenhülle auf; die innerhalb dieser Sondersphäre abgeschwächte Sonnenwirkung und des mit der Sonne so eng verbundenen Merkur wird in der Anlage des Stengels und der Blätter sichtbar. Was nach dem Hochsommer im Entstehen der Knospenbildung geschieht, ist das Sich-Offenbaren der zunehmenden Mondwirkung. Jede Knospe ist ein Bild des Mondes in der lebendigen Natur.

Die Intensität des Mondes nimmt bis in die zweite Dezemberhälfte zu. Dem entspricht ein Prozeß in den Knospen. Im Dezember und Januar ist die Zeit der tiefsten Knospenruhe, der sogenannten Vollruhe. Jetzt kann man bei vielen Pflanzen die Knospen nicht zum Austreiben bringen. Der Zustand des Abgesondertseins hat in der Zeit des stärksten Mondeinflusses seinen Höhepunkt erreicht. Das klingt dann ab. Und wenn in den folgenden Monaten, besonders vom März an, die Wirkung des Mondes zurücktritt und die der Sonne intensiv zunimmt, öffnen sich die Knospen. Die mondhaft zarte Pflanzenbildung vereinigt sich mit der Sonne und entfaltet sich, indem sich der Stengel unter dem Einfluß der irdischen Kräfte streckt. In der Regel entstehen aus der unmittelbaren Beziehung zu Sonne und Merkur jetzt auch neue Stengelabschnitte und Blätter. – In dieser Weise lernt man die Entwicklung jener Pflanzen, die mehr als nur ein Jahr leben, aus dem Rhythmus des Jahreslaufes verstehen.

Nun ist der Jahreslauf in den verschiedenen Bereichen der Erde recht unterschiedlich. Zu den Polen der Erde hin wird der Gegensatz zwischen der Sonnenzeit des Sommers und dem vom Mond beherrschten Winter immer ausgeprägter. In den äquatorialen Regionen tritt er ganz zurück; hier herrscht ein ewiger Sommer ohne deutliche Jahreszeiten. Dieser Gegensatz äußert sich vielfältig im Leben der Erde, z. B. auch im Rhythmus von Entfaltung und Konzentration in dem Knospenzustand. Je weiter man in Europa nach Norden kommt, d. h. je länger der Winter und der Mond in der dunklen Jahreszeit bestimmend wird, desto größer ist unter den Kräutern der Anteil derjenigen, die Überwinterungsknospen bilden. Die einjährigen Kräuter, die ganz im Sommerrhythmus des Jahres entstehen und vergehen, treten immer mehr zurück. So sieht man, wie nach Norden, zum Pol hin, der Einfluß des Mondes im Pflanzenleben immer mächtiger wird.

Im tropischen Regenwald entstehen dagegen selbst an den Bäumen kaum Knospen; insgesamt sind über neunzig Prozent der Pflanzen knospenlos.

Man findet aber eigenartige Bildungen: «Blattstiele, die mit ihrem Grund den Vegetationspunkt überwölben»; bisweilen «wachsen die Jungblätter zwar ohne besondere Schutzorgane heran, bleiben aber dicht zusammengelegt, so daß die der Umwelt exponierte Fläche nur halb so groß ist, als sie bei voller Entfaltung wäre; oder die Spreite des obersten Blattpaares spreizt nur zur Hälfte ab, so daß die untere Hälfte der Blattspreite als geschlossene Scheide den Vegetationspunkt festklemmt; oder der basale Teil der jungen Blattspreiten umhüllt den Vegetationspunkt durch Einrollung» (Vareschi, 1980, S. 76f.). Diese eigenartigen Bildungen zeigen, wie die gegenüber der Sonne absondernde Bildungstendenz des Mondes nur ganz schwach wirksam ist (Abbildung 6).

Abbildung 6
Sogenannte Pseudoknospen aus dem tropischen Urwald. Bei dem relativ schwachen Mondeinfluß entsteht nur eine unvollständige Absonderung, vor allem aber keine Knospenhülle aus Knospenschuppen (aus Vareschi, verändert).

9.
Die Methode einer kosmologischen Botanik: das imaginative Anschauen

Was in den vorangehenden Seiten dargestellt wurde, ist ein kleiner Ausschnitt aus dem weiten Gebiet einer kosmologischen Botanik, die ich in meinem Buch *Pflanze und Kosmos* (frühere Auflagen: *Formensprache der Pflanze*) ausführlicher behandelt habe. Bei Rudolf Steiner findet man eine Reihe verstreuter Hinweise auf die Beziehung der Pflanze zum Kosmos, insbesondere zu unserem Sonnensystem (siehe Anmerkung S. 101). Es handelt sich meistens um kurze Bemerkungen und wenige, recht allgemeine Äußerungen zu einem methodischen Erarbeiten des Zusammenhanges von Pflanzenbildung und Kosmos. Doch ergibt sich aus manchem, daß es darum geht, die Entsprechungen zwischen den kosmischen Vorgängen und denen in der Pflanzenwelt aufzusuchen (Steiner, 16.1.1921, GA 323, S. 295f.). Das verlangt aber, daß man sich zunächst ein möglichst genaues und differenziertes Verständnis der Pflanzenbildung und unseres Sonnensystems erarbeitet. Eine Erweiterung der Wissenschaft kann nur auf der sicheren Grundlage des bisher Erreichten geschehen. Dann wird die kosmologische Botanik nicht nur ein neues Kapitel, das sich an die schon vorhandenen anfügt. Die ganze bisherige Betrachtung der Pflanzenwelt wird in einen größeren Zusammenhang gestellt. Für die neuere Biologie waren die irdischen Erscheinungen und der Kosmos bis vor wenigen Jahrzehnten vollständig getrennte Gebiete. Aber auch, wo man Beziehungen besonders zum synodischen Mondrhythmus fand, blieb die Art des Zusammenhanges recht unklar. Der Zusammenhang spricht sich erst aus, wenn man im physiognomischen Anschauen den Kosmos in den Bildungsprozessen konkret wiedererkennt. Da werden diese Bildungsprozesse in der geschilderten Weise zum Abbild kosmischer Prinzipien. Bezeichnet man das Bild eines Wesens als imago, dann ist die Erkenntnisweise der kosmologischen Botanik die des imaginativen Anschauens. Rudolf Steiner hat die Betrachtungsweise der kosmologischen Botanik mit folgenden Worten ausgesprochen:

«Wir sehen in jeder Pflanze eine kleine Welt, ein Abbild der großen Welt. Ich möchte sagen, wie wir sonst im Spiegel unser eigenes Bild sehen, sehen wir im Spiegel des Erdenwachstums dasjenige, was im Weltall draußen geschieht.» (10.4.1924, GA 308, S. 65)

Literatur

Carson, Rahel: *Der stumme Frühling* (1962), München 1976.

Esau, Katherine: *Pflanzenanatomie*, Stuttgart 1969.

Hagemann, Wolfgang: *Die Baupläne der Pflanzen,* Manuskriptdruck, Heidelberg [3]1984.

Kranich, Ernst-Michael: *Pflanze und Kosmos. Grundlinien einer kosmologischen Botanik,* Stuttgart 1997.

Maturana, Humberto / Varela, Francisco: *Der Baum der Erkenntnis,* Bern / München / Wien [2]1987.

Rohweder, Otto / Endress, Peter K.: *Samenpflanzen,* Stuttgart / New York 1983.

Schmidt, Thomas Michael: *Musik und Kosmos als Schöpfungswunder. Von der mathematischen Harmonie der Töne und Planetenbewegungen,* Frankfurt 1974.

Steiner, Rudolf (Hrsg.): *Goethes naturwissenschaftliche Schriften,* Bd. 1 (1884), GA 1a, Dornach [4]1975.

– *Die Philosophie der Freiheit* (1894), GA 4, Dornach [15]1987.

– *Geisteswissenschaftliche Erläuterungen zu Goethes Faust,* Bd. 1, GA 272, Dornach [4]1981.

– *Die Methodik des Lehrens und die Lebensbedingungen des Erziehens,* GA 308, Dornach [5]1986.

– *Geisteswissenschaftliche Impulse zur Entwicklung der Physik. Erster naturwissenschaftlicher Kurs,* GA 320, Dornach [3]1987.

– *Das Verhältnis der verschiedenen naturwissenschaftlichen Gebiete zur Astronomie,* GA 323, Dornach [2]1983.

Troll, Wilhelm: *Vergleichende Morphologie der höheren Pflanzen,* 1. Bd., Teil 1: Vegetationsorgane, Berlin 1937.

Vareschi, Volkmar: *Vegetationsökologie der Tropen,* Stuttgart 1980.

Ergänzung

Angeregt durch die Hinweise Rudolf Steiners wurden seit den zwanziger Jahren Untersuchungen durchgeführt, um die Beziehung zwischen Pflanzenwachstum und kosmischen Rhythmen aufzuklären. Eugen und Lili Kolisko konnten zeigen, daß das Wachstum bei zunehmendem Mond intensiver ist als bei abnehmendem Mond und die Keimung bei Vollmond besser und rascher als bei Neumond (L. Kolisko, 1929 und 1933; E. und L. Kolisko, 1939).

Nach den Aussaatversuchen von Maria Thun weist die Entwicklung der verschiedenen Pflanzenorgane (Wurzel, Blatt, Blüte, Frucht) auf eine differenzierte Beziehung zur Bewegung durch den Tierkreis hin (Thun/Heinze, 1973). Diese Befunde konnten durch die vieljährigen Anbauversuche von Hartmut Spieß (1994) allerdings nicht bestätigt werden. Spieß fand dagegen statistisch gesicherte Zusammenhänge zwischen der Entwicklung einiger Kulturpflanzen und dem synodischen, tropischen und anomalistischen Mondrhythmus.

Einige Untersuchungen bezogen sich auch auf den Zusammenhang mit den planetarischen Gesetzmäßigkeiten. Man kann im Wachstum und der Bildung der Laubbäume die Gesetzmäßigkeiten der fünf klassischen Planeten, von Sonne und Mond wiederfinden (Julius/Kranich, 1997). In einem mehr als zehn Jahren dauernden Versuch konnte Georg Wilhelm Schmidt an der Entwicklung einiger dieser Laubbäume feststellen, daß die Keimfähigkeit, das Wurzelwachstum und die Entwicklung des Stammes besser waren, wenn die Aussaat bei Opposition mit dem betreffenden Planeten stattfand als bei Konjunktion. Durch subtile Messungen beobachtete Lawrence Edwards, daß sich das Gefüge der Baumknospen bei Konjunktion und Opposition des Mondes mit dem «regierenden» Planeten etwas lockert, dann wieder fester wird (Edwards, 1986). Schon in den vierziger Jahren hatte Joachim Schultz einen Zusammenhang zwischen der Samen- und Fruchtbildung bei Laubbäumen und dem zwölfjährigen Jupiterrhythmus entdeckt (Schultz, 1948).

Neben diesen empirischen Arbeiten gibt es auch einige mehr theoretische Studien. So hat Alfred Usteri in den zwanziger und dreißiger Jahren einen ersten Versuch unternommen, die Blütenpflanzen bis hin zu den einzelnen Familien den klassischen Planeten, der Sonne und dem Mond zuzuordnen (Usteri, 1923; 1936). Es fehlen allerdings klare Kriterien, die solche Zusammenhänge einsichtig werden lassen. Später hat dann Schultz für die Blattstellungen Beziehungen zu den Rhythmen der Planeten, der Sonne und des Mondes versucht aufzuzeigen (Schultz, 1949). Von den Gesetzen der Gestaltbildung aus konnte Frits Hendrik Julius einen Zusammenhang zwischen bestimmten Wuchsformen der höheren Pflanzen und den Charakteren der klassischen Planeten, der Sonne und des Mondes schildern (Julius, 1969).

Anmerkung

Darstellungen Rudolf Steiners mit Hinweisen auf den Zusammenhang der Pflanze mit dem Kosmos:

Steiner, Rudolf: *Die geistigen Wesenheiten in den Himmelskörpern und Naturreichen,* GA 136, Dornach ^{6}1996, 9. Vortrag (13.4.1912).

– *Erfahrungen des Übersinnlichen. Die drei Wege der Seele zu Christus,* GA 143, Dornach ^{4}1994, Vortrag vom 7.5.1912.

– *Welche Bedeutung hat die okkulte Entwicklung des Menschen für seine Hüllen (phys. Leib, Ätherleib, Astralleib) und sein Selbst?,* GA 145, Dornach ^{5}1986, 2. Vortrag (21.3.1913).

– *Menschenwerden, Weltenseele, Weltengeist,* 1. Teil, GA 205, Dornach ^{2}1987, 3. Vortrag (24.6.1921).

– *Das Initiaten-Bewußtsein. Die wahren und die falschen Wege der Forschung,* GA 243, Dornach ^{5}1993, 2. Vortrag (12.8.1924).

– *Die Methodik des Lehrens und die Lebensbedingungen des Erziehens,* GA 308, Dornach ^{6}1986, 4. Vortrag (10.4.1924 abends).

– *Anthroposophische Pädagogik und ihre Voraussetzungen,* GA 309, Dornach ^{5}1981, 5. Vortrag (17.4.1924).

– *Geisteswissenschaft und Medizin,* GA 312, Dornach ^{6}1985, 6. Vortrag (26.3.1920).

– *Meditative Betrachtungen und Anleitungen zur Vertiefung der Heilkunst,* GA 316, Dornach ^{3}1987, 5. Vortrag.

– *Das Zusammenwirken von Ärzten und Seelsorgern. Pastoral-medizinischer Kurs,* GA 318, Dornach ^{4}1994, 8. Vortrag (9.9.1924).

– *Das Verhältnis der verschiedenen naturwissenschaftlichen Gebiete zur Astronomie,* GA 323, Dornach ^{2}1983, 2. Vortrag (2.1.1921).

– *Geisteswissenschaftliche Grundlagen zum Gedeihen der Landwirtschaft,* GA 327, Dornach ^{7}1984, 1. und 2. Vortrag (7.6.1924 u. 10.6.1924).

Rudolf Steiner / Ita Wegman: *Grundlegendes zur Erweiterung der Heilkunst,* GA 27, Dornach ^{7}1991, 3. Kapitel.

Literatur zur Ergänzung

Lawrence Edwards: *Geometrie des Lebendigen. Vom Erleben gestaltbildender Naturkräfte,* Stuttgart 1986.

Julius, Frits Hendrik: *Metamorphose. Ein Schlüssel zum Verständnis von Pflanzenwuchs und Menschenleben,* Stuttgart 1969.

Julius, Frits H. / Kranich, Ernst-Michael: *Bäume und Planeten. Beitrag zu einer kosmologischen Botanik,* Stuttgart [3]1997.

Kolisko, Lili: *Der Mond und das Pflanzenwachstum, Gäa Sophia,* Bd. IV, Stuttgart 1929.

– *Der Mond und das Pflanzenwachstum, Mitteilungen des Biologischen Instituts am Goetheanum,* Stuttgart 1933.

Kolisko, Eugen / Kolisko, Lili: *Agriculture of Tomorrow* (1939), dt.: *Landwirtschaft der Zukunft,* Schaffhausen 1955.

Schmidt, Georg Wilhelm: Baumentwicklungen zwischen Erde, Mensch und Kosmos, in: *Sternkalender 1985/1986,* Dornach 1984.

Schultz, Joachim: Samenjahre bei Waldbäumen und Planetenperioden, in: *Sternkalender 1948,* Dornach 1948.

– Blattstellungen im Pflanzenreich als Ausdruck kosmischer Gesetzmäßigkeiten, in: Guenther Wachsmuth (Hrsg.): *Goethe in unserer Zeit,* Dornach/Basel 1949.

Spieß, Hartmut: *Chronobiologische Untersuchungen mit besonderer Berücksichtigung lunarer Rhythmen im biologisch-dynamischen Pflanzenbau,* Bd. 3 und 4 der Schriftenreihe des Instituts für Biologisch-Dynamische Forschung, Darmstadt 1994.

Thun, Maria / Heinze, Hans: *Anbauversuche über Zusammenhänge zwischen Mondstellungen im Tierkreis und Kulturpflanzen,* Bd. 1 und 2, Darmstadt 1973.

Usteri, Alfred.: *Versuch einer geisteswissenschaftlichen Einführung in die Botanik,* Zürich 1923.

– *Geisteswissenschaftliche Pflanzenbetrachtungen,* Basel 1936.

GEORG MAIER

Fruchtbarkeit geisteswissenschaftlicher Forschung auf dem Gebiet der Physik in Beispielen

I.
Anknüpfung an Fragen der Gegenwart

Geisteswissenschaftliche Forschung muß sich selbst als Teil des gesamten Erkenntnislebens der Zeit verstehen. Wo berühren sich auf dem Gebiet der Physik die speziell zeitgenössischen Anliegen oder Bedürfnisse mit den methodischen Möglichkeiten, die von Rudolf Steiner eröffnet worden sind? Wo bilden sich Nischen, in denen eine geisteswissenschaftlich impulsierte Physik heute gefragt ist oder gefragt sein könnte? Ich habe den Eindruck, daß durch die wissenschaftliche Entwicklung im Laufe des 20. Jahrhunderts Fragestellungen solcher Art entstanden sind. Zwei mir wichtig erscheinende Arbeitsgebiete sollen dies erläutern:

a) Die Physik des ausgehenden 20. Jahrhunderts hat durch sorgfältige Ausarbeitung experimenteller Tatsachen die von den Begründern der Theorie der Quantenmechanik schon in den 20er Jahren erkannte «nichtklassische» Natur der Ausbreitung von Strahlung zum sicheren Wissen der Spezialisten gemacht. Jede auf der Logik der körperlichen Alltagserfahrung beruhende modellmäßige Erklärung der optischen Vorgänge ist gescheitert. Trotzdem sind die überkommenen Vorstellungen von Partikelströmen und sich ausbreitenden Wellenzügen weiter gültiges Schulwissen geblieben. Inzwischen kann von anthroposophischer Seite einiges beigetragen werden zur Ausbildung einer modellfreien Optik, die ohne Widerspruch in die moderne Erkenntnissituation hineinführt.

b) Durch die bedeutenden Schritte in der Technik sind Fragen nach der moralischen Dimension der Anwendung von physikalischen Prinzipien dringlicher geworden. Noch immer wird davon ausgegangen, daß diese Dimension überhaupt erst zu beachten ist, wenn eine Technologie breite Anwendung findet. Die physikalischen Begriffe bleiben wertfrei, man kann sich schlechterdings nicht vorstellen, daß ein moralisches Erleben von Vorgängen in der unorganischen Natur systematisch gepflegt werden kann. Eben dazu liegen praktikable Anregungen Rudolf Steiners vor. Sie sind indessen weniger zu einer auf breiteren Konsens gestützten Kultur entwickelt worden.

Dort, wo Physik an der Erscheinung, am Besonderen (A. G. Baumgarten in H. R. Schweizer / A. Wildermuth, 1981) anknüpft, verliert das gewohnte reduktionistische Erklären, das allgemeingültige, endgültige Resultate anstrebt, seinen Erkenntniswert. Erkenntnisfragen eröffnen sich und bleiben offen. Insofern besteht dort auch kein Anlaß mehr, Physik gegenüber geisteswissenschaftlicher Erkenntnis abzugrenzen.[1]

2.
Begriffsbestimmung der unorganischen Natur aus erkenntniskritischer Sicht[2]

Ausgegangen wird von sinnlich erfahrenen Vorgängen, von Erscheinungen: Ein Stein wird schräg nach oben geworfen, um erst eine Strecke weit entfernt am Boden aufzuschlagen, Wärmezustände gleichen sich zwischen einander berührenden Körpern aus, undurchsichtige Körper werfen Schatten. Vorgänge, welche sich im Naturgeschehen ereignen, werden

1 Siehe Rudolf Steiner 1886, GA 2, S. 118: «Das ist der innere Gegensatz von Natur und Geist. Die erste fordert eine Wissenschaft, welche von dem unmittelbar Gegebenen, als dem *Bedingten*, zu dem im Geiste Erfaßbaren, als dem *Bedingenden*, aufsteigt; der letzte eine solche, welche von dem Gegebenen, als dem *Bedingenden*, zu dem *Bedingten* fortschreitet. Daß das *Besondere* zugleich das Gesetzgebende ist, charakterisiert die Geisteswissenschaften; daß dem Allgemeinen diese Rolle zufällt, die Naturwissenschaften.
Was uns in der Naturwissenschaft nur als Durchgangspunkt wertvoll ist, das Besondere, das interessiert uns in den Geisteswissenschaften allein. Was wir in jener suchen, das *Allgemeine*, kommt hier nur insofern in Betracht, als es uns über das *Besondere* aufklärt.» – Es zeigt sich, daß eben dieses «Geisteswissenschaftliche» jedem gesunden wissenschaftlichen Streben innewohnen muß.

2 In Anlehnung an Rudolf Steiner, 1886, GA 2, insbes. S. 86ff.

vertraut in der Handhabung. Wenn wir die Dinge in geeignete Beziehungen zueinander bringen, stellen wir die Bedingungen her, unter denen sich die entsprechenden Erscheinungen einstellen. Einem Beobachter erscheint der Regenbogen, wenn vor ihm fallender Regen von der hinter ihm stehenden Sonne beleuchtet wird. Er wird den Regen durch ausgesprühtes Wasser ersetzen können und die Erfahrung machen, daß sich die Erscheinung bei verringerter Tropfengröße modifiziert. Ersetzt er den Wassertropfen durch einen Rundkolben mit Wasserfüllung und die Sonne durch einen Diaprojektor, dann wird er in Ruhe verfolgen können, wie die Bilder der Leuchte in der Kugel sich mit dem Blickwinkel verwandeln und dabei farbig aufleuchten. Wichtig ist, daß eingesehen wird, wie die Erscheinung aus der Konstellation der Bedingungen hervorgeht. *Die Einsicht in die Zusammenhänge im Erscheinungsfeld ist Erkenntnis der Sache.*

Es erweist sich als lohnend, zweierlei an dem in den *Grundlinien* (GA 2, siehe Literatur) ausführlich erklärten Konzept zu beachten:

a) Die Erscheinung, der Vorgang tritt ein, wenn die wesentlichen Bedingungen zusammen bestehen, das heißt wenn Dinge, welche in gegebenen Zuständen sind, im Raum die entsprechende Konstellation bilden.

b) Die Bezüge zwischen diesen zusammentretenden Dingen werden ohne Hinzufügung hypothetischer, «erklärender» Mechanismen aus der Sache selbst in Gedankenform abgelesen. Diese Identität der «Struktur» des Vorgangs mit seiner Theorie ist gemeint, wenn davon gesprochen wird, daß ein Urphänomen erkannt worden sei. Im Sinne Goethes ist das Urphänomen dem Axiom insofern gleich, als es keiner weiteren Erklärung bedarf (vgl. Maier, 1986). Das schließt nicht aus, daß dasselbe in den Rahmen anderer Urphänomene gestellt, aus diesen ableitbar werden kann. Dann bleiben doch Urphänomene die Basis der Erkenntnis im Bereich der unorganischen Natur.

Der axiomatische Charakter der physikalischen Erkenntnis wird verdeckt durch das Mißverständnis, eine ad hoc erfundene Hypothese vertiefe die Erkenntnis. Im 17. Jahrhundert war es üblich, den in der Erfahrung gefundenen Zusammenhang durch Gleichnisse zu repräsentieren. *Nichts anderes als eine ad hoc angenommene Hypothese ist «das Licht».*[3] Diese erweist sich

3 In der *Geschichte der Farbenlehre* bezeichnet Goethe (1887, 19824, Bd. 4, GA 1d, S. 208ff.) das Auftreten dieser Hypothese bei de la Chambre. Goethes Ausführungen samt Rudolf Steiners Anmerkung sind in dem hier besprochenen Kontext sehr treffend.

freilich wiederum als der Erklärung durch Gleichnisse bedürftig. So vergleicht Descartes (1664) das Licht mit einem Stock, der ja Bewegungen von seinem einen Ende zum anderen überträgt. Und er weist dabei darauf hin, wie Blinde sich detailliert mit der Hilfe eines Stocks orientieren. Aber er ist sogleich bereit, das Licht mit der Strömung von Traubensaft durch die Masse der zerstoßenen Trauben zu vergleichen. Und es ist durchaus etwas Besonderes, daß Isaak Newton bei seinen Zeitgenossen auf Unverständnis stieß, als er die einzelnen Versuchsergebnisse in seiner *Optik* nicht durch erklärende Gleichnisse ergänzte (vgl. Fierz, 1983)!

Auf der Ebene der Elementarvorgänge begegnet die Physik des 20. Jahrhunderts genau diesem Problem: Womit wir es bei der «Ausbreitung von Licht» zu tun haben, stellt sich beim Studium der Vorgänge heraus. Es erweist sich als irreführend, wenn man sich an irgendwelchen hypothetisch vorausgesetzten Eigenschaften etwa von Photonen festhält (siehe z. B. Englert, 1995, sowie Schmidt, 1996). Die Zusammenhänge, welche durch diesen Begriff bezeichnet werden sollen, sind solche, für die es kein erklärendes Beispiel gibt. Und der immer deutlicher sich zeigenden Einzigartigkeit quantenmechanischer Zusammenhänge werden wir nur gerecht, wenn wir sie in der oben geschilderten Art als die aus der Sache geschöpfte Gedankenform begreifen und ihren axiomatischen Charakter ernst nehmen.

3. Optik als Anwendungsgebiet der erkenntniskritischen Vorgehensweise

Von der Natur einfacher optischer Zusammenhänge

Es soll im folgenden damit Ernst gemacht werden, auf die Vorstellung eines sich ausbreitenden Lichtstroms zu verzichten. Im beschriebenen Beispiel kommen vor: Beleuchtung und Schatten, die besondere Erfahrung des zweiäugigen Sehens und die Spiegelung an Oberflächen.

Jede beleuchtete Fläche gibt Anlaß, sich nach dem Hell-Dunkel in der von ihr aus sichtbaren Umgebung zu fragen. Das Maß ihrer Beleuchtung durch eine Lampe nimmt bekanntlich mit dem Quadrat des gegenseitigen Abstands ab. Das kann man einsehen, wenn man sich an das hält, was die

Erfahrung der Perspektive lehrt: Aus zunehmender Entfernung der Körper vom Ort des Auges nehmen ihre sichtbaren Bilder kleinere Raumwinkel ein. Das gilt auch für Leuchten. Sie beleuchten den Ort, an welchem sich das Auge befindet, entsprechend dem Raumwinkel, den ihr gesehenes Bild einnimmt. Dieser nimmt ebenfalls mit dem Quadrat des gegenseitigen Abstands ab. Wird die sichtbare Ausdehnung einer Leuchte durch Linsen, Spiegel oder sonstige optische Mittel vergrößert oder verkleinert, dann ändert sich ihre Beleuchtungswirkung entsprechend der jeweiligen sichtbaren Größe. Wird eine Leuchte zum Teil von Undurchsichtigem verdeckt, so verliert ihr Bild an Raumwinkel, und ihre Beleuchtungswirkung nimmt ab. So kommen Halbschattengebiete am Rande vollständiger Schatten zustande: je ausgedehnter die Leuchte, um so unschärfer sind die Schatten, die in ihrem Schein entstehen.

Das Aussehen von Angeschautem geht hervor aus der Verbindung von Eigenschaften, welche körpergebunden, und solchen, welche umgebungsbezogen sind. Körpergebunden ist sowohl die Eigenfärbung und die Beschaffenheit der Oberflächen wie auch deren Zustand. Im Zustand der Glut wird ein Körper selbstleuchtend, er hat *Eigenhelligkeit.* Ist er dagegen erst aus seiner Umgebung erhellt, so kann von *Mithelligkeit* gesprochen werden. Das Aussehen eigenheller Körper sagt wenig über die sie umgebende sichtbare Szene. Sie verhelfen derselben jedoch zur Sichtbarkeit, indem sie ihre Umgebung beleuchten. Hingegen weist das Aussehen mitheller Körper über ihre eigenen Eigenschaften hinaus auf die sie umgebende Szene. Mithelles, wie der Tageshimmel, kann sowohl auf Leuchtenderes (die Sonne) hinweisen wie auch der Beleuchtung (der Landschaft) dienen.

So unterscheiden wir zwar zwischen Eigenhellem und Mithellem, aber wir sehen nicht, daß eine eigenhelle Leuchte Licht aussendet! Alles Sprechen von Emission ist das Ergebnis einer Überlegung, welche das Bestehen eines ad hoc angenommenen Lichtstroms fordert. Letzlich dienen diese Vorstellungen nur der Stütze des *gedanklich* zu beschreibenden Zusammenhangs von Leuchtendem und Beleuchtetem. Bei allem Hinsehen auf Helles spielt sich physisch das gleiche ab: Das Auge sieht eine Helligkeit. Und wenn wir das Auge durch ein Meßinstrument ersetzen, dann zeigt dieses einen Vorgang an, der sich in ihm abspielt. Wir sehen es nicht der Leuchte an, daß sie beleuchtet, sondern wir werden vom Zusammenhang der Erscheinungen auf entsprechende Bezüge innerhalb einer Szene verwiesen. Die vorgefundene Anordnung von Helligkeit und Dunkelheit fordert zur Frage auf, wie ihr Hell-Dunkel durch eigenhelle, mithelle beziehungsweise mitfarbige, undurchsichtige, durchsichtige usw. Körper zustande kommt. Wenn wir einen weißen, also mithellen Gegenstand zwischen Lampe und beleuchteter Fläche einführen, leuchtet dieser auf, und auf der vorher beleuchteten Fläche erscheint ein Schatten. Die Möglichkeiten, welche offenbar durch den Zustand der Leuchte gegeben sind, haben sich nun auf andere Art realisiert. Tief eingewurzelt ist die Gewohnheit, die durchsichtigen Zwischenräume mit vorgestellten Lichtströmen zu erfüllen.

Zur Illustration wird hier eine Miniatur eingefügt. Man möge bei deren Lektüre davon absehen, irgendwelche verursachenden Vorgänge in den durchsichtigen Zwischenräumen der Szene sich vorzustellen, und sich lieber fragen, wie denn die Umgebung der Orte wohl aussieht, von denen hier die Rede ist.

Miniatur

«Ein einfacher, aus Holz verfertigter Stuhl steht auf dem Holzboden der Stube. Der Holzboden ist dunkler im Bereich unter und hinter dem Stuhl. Das Dunkle ist sein Schatten. Fast nur die Formen von Sitz und Lehne sind da wiederzuerkennen: hinter dem undurchbrochenen Gebiet der Schattenform schließt sich ein durchbrochenes an. Drei helle Streifen sind von einem dunklen Rahmen eingegrenzt – am Stuhl genügen drei Querhölzer zum Anlehnen, davon sind zwei recht schmal. Vom Schatten der Stuhlbeine ist fast nichts zu sehen. Nur ganz kurze Schattenwürfe ziehen sich von den Fußpunkten der beiden vorderen Stuhlbeine etwa in Richtung zu den vorderen Ecken des zusammenhängenden Gebiets hin. Arg verkürzt sind diese Stuhlbeine im Schatten dargestellt.

Wie am Boden sind auch am Stuhl hellere und dunklere Bereiche zu unterscheiden. Am hellsten sind jedenfalls die mir zugewendeten Flächen der Lehne, die vom Rücken eines dort Sitzenden zu berühren wären. Ganz oben an der Lehne ist es übrigens am allerhellsten.

Der Stuhl stellt sich mir dar als Umriß, der seinen Hintergrund verdeckt. Was verdeckt, ist undurchsichtig. Insofern hatte ich es beim Vergleichen von Stuhlgestalt und Schattenform mit zwei Umrissen zu tun. Das Undurchsichtige habe ich mit dem Schattigen verglichen.

Obwohl ich beide als umrissene Flächen zeichnen müßte, sind fürs Sehen Stuhl und Schatten ihrem Wesen nach grundverschieden! Der undurchsichtige Stuhl hat in seinen Umrissen eine Deutlichkeit, die ich beim Schatten am Boden vermisse. Und ich spüre beim Hinschauen auf den Stuhl noch den Eindruck der Körperlichkeit, der allerdings nur schwer in Worte zu fassen ist.

Genauer betrachtet, war die zusammenhängende Schattenfläche, die zum Sitz gehört, noch von einem zusätzlichen, langen Schatten des einen Vorderbeins des Stuhls quer durchzogen, wie wenn das Schattenbild eine Art Collage wäre.

Inzwischen hat sich der zusammenhängende, beschattete Bereich des Stubenbodens verändert. Es ist dort unversehens heller geworden: das mir gegenüberliegende, hintere Stuhlbein rechts bildet sich nun gerade dort ab, und zwar wie ein dunkler Schatten, und dieser bildet einen starken Kontrast zu seiner hellblauen Umgebung. Überrascht hebe ich den Blick weiter nach oben. Es hat sich inzwischen zur Szene ein neues Element hinzugesellt: das Fenster. In seinem Rahmen sehe ich von meinem Platz aus die hellblaue Morgendämmerung über dem dunklen Horizont.

In der Spiegelung des Dämmerungshimmels im Rahmen des Fensters ist das Dunkelbraun der Schattenfläche ganz verschwunden. Aber dafür tritt nun in der Spiegelung die Struktur des Lacks, mit welchem das Holz des Bodens überzogen ist, in die Erscheinung. Am Stuhl selbst spiegelt nun auch die Sitzfläche den Dämmerungshimmel, doch blicke ich fast streifend auf dieselbe, und bekanntlich werden auch weniger glatte Flächen für den streifenden Blick spiegelnd. Die rechte, aufrechte Strebe der Lehne zeichnet sich merkwürdig verzerrt in dieser Spiegelung ab, und so werde ich erstmals aufmerksam auf eine leichte hohle Wölbung der Sitzfläche.

Es fällt mir auf, wie schön das Hellbraun des Holzbodens sich zum dunkleren, rötlicheren Ton am Stuhl verhält. Und ich bemerke erst jetzt, daß das Material des lackierten Holzbodens einen gelblichen Braunton hat.»

Die Schilderung nimmt nun einen besinnlicheren Zug an: «Seitdem das Fenster in die Szene trat, begann ich darauf zu achten, wie es um diesen Stuhl und um diesen Stubenboden Wichtiges, noch Unerwähntes gibt, das in meinen Gedanken längst schon deutlich anwesend gewesen ist. Die beiden Lampen waren nicht in meinem Gesichtsfeld, ich habe sie nicht mit Augen angeschaut. Aber ich ‹sehe› ja ziemlich genau, wo sie sich im Zimmer befinden. Eine von ihnen, diejenige, welche vor allem den Stuhl beleuchtet, ist ja diejenige, welche mich beim Schreiben nicht unterstützt hat. Meine Arbeitslampe war hinter und über mir. Sie zeichnete den zusätzlichen Schatten, der das Schattenbild zur Collage werden ließ. Noch verborgener fürs Sehen als die beiden Lampen sind mir meine eigenen Augen, von deren Lage im Raum die ganze Perspektive der Szene abhängt.

Noch möchte ich nachtragen, daß der ‹Schattenwurf des Stuhls auf der Bodenfläche› doch genauso eine perspektivische Darstellung war wie diejenige des Stuhls für die Sicht. Nur wäre ja strenggenommen der (inzwischen sehr zarte) gesehene Schatten des Stuhls auf dem Boden eine perspektivische Sicht einer perspektivischen Projektion.»

Besinnung zur Natur der Welt der Sehdinge[4]

Sehdinge «bestehen» aus Farben verschiedener Sättigung in verschiedenen Graden von Hell-Dunkel, und ihre Formen sind gleichsam aus solchem «Material» gemalt. Wir erblicken sie aus der Perspektive, welche durch den Ort des Auges gegeben ist, und wir versetzen sie dabei ganz selbstverständlich hinaus in eine angeschaute Szene. Die Richtung des Blickens ist die Richtung des Erkennens. Dort, im Gesehenen, befindet sich dann der Mittelpunkt meines Interesses. Freilich ist dieses andere nicht außen zum Anfassen, wenn es auch im täglichen Leben den Anschein hat, wir würden in die Sehwelt hineingreifen. Wenn ich nach den Sternen schaue, sehe ich sie gegenwärtig am Sternenhimmel, so wie der Standort Erde es mir gestattet (Dustmann, 1993). Sehen ist selbstverständlich mit der Intention verbunden, sich zu versetzen in ein anderes, das empirisch gegeben ist.

Das in Erscheinung tretende Sehding, etwa der rote Mohn im noch grünen Getreidefeld, ist nicht meiner Willkür unterstellt, es kommt nicht in meinem Inneren zustande. Demnach gehört die Welt der Sehdinge wesentlich der «Außenwelt» an. Der Physik hat man die Fragestellung zugewiesen, die Bedingungen zu erforschen, unter welchen die Verbindung zwischen Sinnesorgan und körperlicher Außenwelt zustande kommt. Sie

4 Den Begriff der Sehdinge (ideas of sight) führte George Berkeley in «An Essay towards a New Theory of Vision» (1709) ein. Diese sind für ihn gleichen Ranges wie die Tastdinge. Zur Erläuterung weist er (§ 44) darauf hin, daß das Sehding Mond für ihn verschwinden wird, wenn er zum Mond reist. So haben die Sehdinge nicht einen körperlichen Abstand, sondern sie haben je ein ihnen eigenes Aussehen. In der Angabe zum Physikunterricht der 12. Klasse der Waldorfschule am 29.4.1924 (GA 300/3, S. 147) wird Berkeleys Essay von Rudolf Steiner so charakterisiert: «Warum ist keine wirkliche Erkenntnistheorie da? Weil, seit Berkeley sein Buch über das Sehen geschrieben hat, keiner mehr richtig das Sehen mit dem Erkennen zusammengebracht hat.» Seinen Niederschlag findet diese Anregung, sich für den Optikunterricht mit Berkeley zu befassen, in Mackensen und Ohlendorf (1997).

wurden jeweils logisch erschlossen, wobei zunächst Erfahrungen mit dem eigenen Körper wegleitend waren. So paradox es auch klingen mag, die Ergebnisse der theoretischen Physik zum Sosein des «Lichts» wurden also gerade nicht empirisch am «Äußeren» abgelesen. Es wird immer deutlicher, daß zwischen dem «Licht» der Physik und dem «Licht» der Welt der Sehdinge unterschieden werden kann, ja zu unterscheiden ist.

a) «Licht» in der Physik

Es besteht Anlaß, Vorgänge gedanklich zu rekonstruieren, die vor der Wahrnehmung im Auge die physischen Voraussetzungen für dieselbe abgeben. Sie werden so gedacht, daß sie aus der Umwelt des Auges in dasselbe hineinführen. Dabei kommt man allerdings zum Ergebnis: Das Sehding mit all seinen Qualitäten kommt erst dann zustande, wenn das Auge sieht. Der zeitlich vorangehende, konstruierte Vorgang ist nicht selbst Sehding, und er hat keine der gesehenen Qualitäten. Immer deutlicher stellt es sich im Rahmen der Physik heraus, daß die gewohnten Grundeigenschaften von Körpern in dem auf primäre Qualitäten eingeschränkten, verursachenden Vorgang nicht mehr gegeben sind. Die Logik, welche sich auf die alltägliche Erfahrung am eigenen Körper anwenden läßt, verwickelt sich hier in Widersprüche. Was sich da «bewegt», hat keine Identität, die es erlauben würde, dessen gedachte Bewegung messend zu verfolgen, und so kommt keine Kontinuität des gemeinten Vorgangs in Frage. Ja, es zeichnet sich immer mehr ab, daß erst mit dem *«Abschluß» des gedachten Vorgangs, etwa durch den Nachweis einer Wirkung in einem Meßinstrument, er bis in seinen «Ursprung» im Leuchtvorgang hinein physikalische Bestimmtheit annimmt.* Bemerkenswert ist die Tatsache, daß keine Widersprüche zu irgendwelchen aus der Körpererfahrung entliehenen Vorstellungen innerhalb der «phänomenologischen» Optik auftreten (Maier et al. 1996). So ist der Vorgang nicht von körperlicher Natur, das heißt, Widersprüche treten erst an der Stelle auf, an welcher man dem gedachten Vermittlungsvorgang unnötigerweise körperliche Attribute zuspricht.[5]

5 Erwin Schrödinger hat in seinem lesenswerten Buch *Naturwissenschaft und Humanismus* (1951) den Gedanken ausgeführt, daß die Eigenschaft der Kontinuität dem Vermittlungsvorgang nicht zuzusprechen ist. Albert Einstein konnte sich mit einer solchen Erkenntnislage nicht zufriedengeben, weil für ihn an dieser Stelle die Möglichkeit für ein physikalisches Verstehen ausgesetzt hat (Einstein, 1948). Bemerkenswert ist weiterhin, daß Rudolf Steiner schon 1920 auf einen Widerspruch hingewiesen hat,

b) «Licht» der Welt der Sehdinge

Die Welt der Sehdinge ist ohne den wahrnehmenden und denkenden Menschen gar nicht vorhanden. Durch «Licht» haben wir Anteil an dieser Welt. Nun stellt sich die Frage nach dem Stellenwert dieser Welt für das Dasein des Menschen. Wer an dieser Welt Anteil hat, hat Anteil am «Licht». Die im folgenden angemerkten Aussagen Rudolf Steiners zum Thema «Licht» beziehen sich nach meinem Dafürhalten auf Erfahrungen an der Erscheinungswelt überhaupt. Es können nun verschiedene Ebenen unterschieden werden, in welchen die Teilhabe an dieser zunehmend existentiellen Charakter bekommt.

1. Wir haben Anteil an den differenzierten Bildern, bestehend aus Qualitäten des Gesichtssinns, aus Farben im Bereich der Spanne zwischen Hell und Dunkel. Im erweiterten Sinn ist es «Licht», wenn wir in den Genuß der Teilhabe am Sinnlichen kommen. «Das Licht, wie es Goethe auffaßt, und wie er es der Finsternis als seinem Gegenteil gegenüberstellt, ist eine rein geistige Entität, einfach das allen Farbempfindungen Gemeinsame.» (Goethe, 1982, Bd. 3, S. XXVIII) Und weiter: «Die Wirkung des Lichtes auf uns ist eine mitteilende, die Wirkung der Dunkelheit auf uns ist eigentlich eine saugende.» (Steiner, GA 320, S. 108)
2. Wir sind sinnlich verbunden mit solchem, von dem wir räumlich getrennt, das heißt von dem wir körperlich frei sind. Das reiche Bild unserer natürlichen und sozialen Umwelt entsteht. Um es als gegliedert und geordnet zu erfahren, durchdringen wir es mit «Gedankenlicht», einem Mittel, das ganz offensichtlich den Menschen gemeinsam gegeben ist. (In einer Schilderung aus einer Mysterienschule Mitteleuropas wird das folgende beschrieben: Dort sollte empfunden werden, was in den Worten liegt: «Licht strömt aufwärts, Schwere lastet abwärts», vgl. Steiner, 12.1.1924, GA 233a, S. 71. Der Leser ist ratlos, wenn er unter «Licht» den Vorgang versteht, der in der vorgestellten Außenwelt von der Sonne zur Erde herabströmt, aller Erfahrung nach verläuft die fundamentale Beleuchtungsrichtung nach unten! Ich neige dazu, dies im

welcher im Gedanken des Übergangs von erfahrbarer Wärme von einem Ort zum anderen steckt (GA 321). Die Erfahrung der Wärme wandert nicht durch den Raum, sondern tritt dort auf, wo sie erfahren wird. Für eine Einführung in die neueren Ergebnissen der Physik auf diesem Gebiet und eine gedankliche Auseinandersetzung mit ihr von anthroposophischer Seite siehe z.B.: Schmidt 1996, Unger 1995, Verhulst 1994, Zajonc 1994.

Rahmen des hier Ausgeführten so zu verstehen: Hier wird der elementar vorhandenen Tendenz des eigenen Körpers, nach unten zu sinken, ein Licht gegenübergestellt, das wesentlich die entgegengesetzte Tendenz aufweist. Diese wäre demnach von eigener Aktivität des Menschen impulsiert, als dem Inbegriff der Tätigkeit des Aufbauens einer Bilderwelt im Bereich der sekundären Qualitäten.)

3. Im «Licht» treten wir füreinander in die Erscheinung. Licht wäre Inbegriff des aktuellen Aufrechterhaltens der Sozietät. Im Mysteriendrama *Die Pforte der Einweihung* wird die Tätigkeit von Licht in zwei Sprüchen beschrieben, zunächst so (Ende drittes Bild, Steiner, GA 14, S. 67):

   «Des Lichtes webend Wesen, es erstrahlet
   Durch Raumesweiten,
   Zu füllen die Welt mit Sein.»

   Hier wäre noch der unter 2. gemeinte Gesichtspunkt führend. Aber später (Ende 7. Bild; GA 14, S. 111) folgt:

   «Des Lichtes webend Wesen, es erstrahlet
   Von Mensch zu Mensch,
   Zu füllen alle Welt mit Wahrheit.»

   (Im Rahmen der Gemeinschaft verbindet, «was ans Licht kommt», trennt, was verborgen bleibt, geheimgehalten oder gar verfälscht wird.)

4. Durch Erscheinungen, welche uns sinnlich zuteil werden, kommen uns die «Angebote» zu, die dem Lebensweg seinen besonderen Verlauf geben. Immer dann, wenn wir das von «außen» empirisch sich Zeigende als das gegenwärtig Maßgebliche anerkennen, geben wir der Erscheinung den Stellenwert dessen, das zu uns gehört, das sinnvoll aus unserem bisherigen Dasein hervorgeht. In diesem Sinne wäre Licht der Vermittler der Selbsterkenntnis. «Das Schicksal des Menschen wird ihm von der Welt bereitet, die ihm seine Sinne offenbaren. Findet er die eigene Wirksamkeit in dem Schicksalswalten, so steigt ihm sein Selbst ... aus der Sinneswelt auf.» (Steiner, GA 26, S. 44) In der Schilderung der Entstehung von Licht in der Evolution ist dieses das Ergebnis des früheren Schenkens der Geister der Weisheit an die Erzengel, die später empfangen und die draußen im Umkreis der Schenkenden sich befinden. Vom Umkreis kommt das Licht zurück ins Zentrum der geschilderten Weltenszene. Am Licht bekommen die Schenkenden einen Spiegel vorgehalten, an welchem sie sich selbst erkennen (vgl. Steiner, 7.11.1911, GA 132).

4.
Der physische Leib als das Instrument zur Erkundung der unorganischen Natur

Offenbar bekommt das Erkennen durch das Konzept des «Urphänomenalen» insgesamt eine Ausrichtung auf die Gedankenbildung. Die Frage nach der ursprünglichen Erfahrung des Physikalischen bleibt dabei noch ungewiß. Sie ist indessen keineswegs trivial, ist doch der menschliche Sinnesapparat in der physikalischen Forschung weitgehend darauf beschränkt, den Inhalt von Bildschirmen und dergleichen festzustellen. Im öffentlichen Bewußtsein ist die Physik fern der Sinneswelt angesiedelt.[6] Die Erfahrungen, aus welchen die physikalischen Kenntnisse hervorgehen, werden durch Herstellung von Zuständen möglich, in welchen die Lebenswelt kein Dasein haben kann (Hochvakuum, tiefe Temperaturen, Fusionsforschung usw.). Zu solchen Zuständen findet das Wahrnehmungsvermögen der menschlichen Sinne kaum Zutritt. Goethes Ausspruch, wonach der Mensch der größte und genaueste physikalische Apparat sei, den es geben könne (1982, Bd. 5, S. 351)[7], muß demgegenüber abseitig wirken. Unter diesen Umständen ist wenig Verständnis für eine physikalische Tätigkeit zu erwarten, die auf Goethes Vorarbeiten fußen soll.

6 Siehe aber Erwin Schrödinger: *Grundlinien einer Theorie der Farbmetrik im Tagessehen* (1920). Dort diskutiert er die Frage, inwiefern Farbmetrik überhaupt zur Experimentalphysik gehöre, da die Daten der Erfahrung auf diesem speziellen Gebiet nur mit Hilfe des Auges bestimmt werden könnten. Er kommt indessen zum Schluß, daß umgekehrt «... auch die ganze übrige Physik gerichtet ist auf die Funktionen unserer Sinnesorgane und die daran geknüpften zentripetalen und zentralen nervösen Vorgänge; ja alle Wissenschaften und Erkenntnisse erscheinen dann letzten Endes untergeordnet der Anthropologie, die sie alle umfaßt». Dies schrieb er noch, bevor er die Schrödingergleichung aufstellte. Siehe auch Anmerkung 5.

7 Dort findet sich in der Fußnote die Anmerkung Rudolf Steiners: «Höher als irgend etwas anderes in der Reihe der Naturvorgänge steht der Prozeß, der sich unmittelbar im physischen und psychischen Organismus des Menschen abspielt, wenn die Dinge und Ereignisse der Natur auf ihn einwirken. Künstliche Instrumente können die Erkenntnis zwar unterstützen; ihr Ergebnis hat aber einen Erkenntniswert, der geringer ist als die Wirkung der Gegenstände auf die menschlichen Organe und den menschlichen Geist selbst. Das Bild, das durch das Auge entworfen wird, steht höher als das, welches durch optische Apparate bewirkt wird.» Das liest sich in einem Zeitalter, in welchem die Wissenschaft der Kognition etabliert ist, nicht mehr so absonderlich wie wohl seinerzeit!

Unzweifelhaft liegt der ursprüngliche Erfahrungsbereich der unorganischen Natur in der uns gegebenen Sinneswelt. In ihr begegnen wir originär dem empirisch Gegebenen. Wir schätzen es, diesem auf Abstand zu begegnen. Mit der Zumutung, die Erfahrung am eigenen physischen Leib geradezu als Paradigma der Erfahrung der physischen Welt anzuerkennen, erhebt Rudolf Steiner die Wahrnehmungen der Körpersinne zur Basis der physikalischen Erkenntnis.[8] Durch das «Hinausprojizieren» solcher Wahrnehmungen in andere Körper wird ein Verständnis für deren Zustände gewonnen.[9]

Wie könnte eine Einführung in die Mechanik unter dieser Voraussetzung ausgeführt werden? Die Frage war Anlaß zu einem Versuch, von welchem hier berichtet werden soll.

Die Erfahrungen am physischen Leib als Einführung in die Mechanik[10]

In der ersten Woche der Sommeruniversität Kassel 1996 haben wir im Physikkurs den Versuch gemacht, Bewegungsmechanik auf Erscheinungen zu gründen, die beim eigenen Gang zu beobachten sind. Wie im folgenden

8 Im Vortragszyklus *Der Entstehungsmoment der Naturwissenschaft* (GA 326) regt Rudolf Steiner dazu an, die vier Wesensglieder des Menschen zur sachgemäßen Gliederung der Wissenschaft insgesamt heranzuziehen. Werden die Erfahrungen am eigenen physischen Leib zum Verständnis von außerhalb desselben Vorgefundenem «hinausprojiziert», dann kommt Physik zustande. Ebenso steht es mit einer Wissenschaft, welche möglich wird dadurch, daß wir Erfahrungen am eigenen Lebensleib machen. Sie wird dort als Chemie bezeichnet, und diese schließt die Lebenswissenschaft ein. Psychologie kommt zustande dank der Möglichkeit, sich psychisch in eine Qualität zu versetzen, die «außerhalb» des eigenen Seelischen vorgefunden wird. Inhalte einer vierten Wissenschaft, der Pneumatologie, erfaßt die geistige Organisation des Menschen, indem sie sich in anderes Geistiges hineinbegibt, das ihr begegnet.

9 Eine Illustration des Gemeinten findet sich bei Steiner (1915): Es wird ein statisches Gebilde auf der Wandtafel skizziert und auf das Lastende und das Stützende darin hingewiesen, und es folgt noch dies: «... wenn wir nicht bloß mit dem Auge folgen solch einem Gebilde, sondern wenn wir gleichsam hineinkriechen in dasselbe und das Lastende und das Stützende und das Gleichgewicht erfühlen, daß unser ganzer Organismus mit in Anspruch genommen wird, daß wir gleichsam appellieren müssen von unserem Kopfgehirn an ein unsichtbares Gehirn, dem der ganze Mensch angehört» (2.1.1915, GA 275, S. 118).

10 Vgl. Ohlendorf und Maier, 1996.

dargestellt werden soll, lief das darauf hinaus, anhand der Beobachtungen zwei «Reiche» zu unterscheiden, die aus der Mechanik als Impuls einerseits und Arbeit andererseits bekannt sind.

Stufen des Ganges[11]

Wie geht der Gang des Menschen aus seinem aufrechten Stehen hervor? Schon im Stehen halten wir unseren Körper im Gleichgewicht. Ohne dieses zu verlieren, können wir die eigene Haltung innerhalb gegebener Grenzen verändern. Es zeigt sich, daß eine ungewohnte Art der Fortbewegung möglich ist, bei welcher jede einzelne Stellung Ruhestellung sein kann: wenn ein Fuß gehoben und nun nach vorne geführt wird, muß dazu der Rumpf nach hinten geneigt werden. Hat der nach vorne gehobene Fuß wieder den Boden berührt, dann kann der Rumpf über denselben verlegt werden, ja, während der hinten zurückgelassene Fuß gehoben wird, ist zur Herstellung des Gleichgewichts sogar der Rumpf nach vorne zu neigen. Der Rumpf pendelt also jeweils nach hinten, wenn ein Bein frei nach vorne bewegt wird, und er schwingt wieder nach vorne, wenn beide Füße auf den Boden gestellt sind, in Vorbereitung auf den nächsten Schritt. Die beschriebene Bewegungsart nannten wir «quasi-statisches Gehen».

- Die technische Bezeichnung «Gehen» trifft für solche Formen des Gangs zu, bei denen jeweils zumindest ein Fuß den Boden berührt. Im wirklichen Gehen gibt es keine Richtungswechsel in der Bewegung der oberen Partien des Körpers. Der Rumpf gerät dabei in Lagen, welche nicht mehr momentan als Ruhelagen eingehalten werden könnten. Das sieht man sofort ein: Bevor der nach vorne geführte Fuß den Boden wieder erreicht, ist der Rumpf schon längst vor den anderen, noch am Boden verbliebenen, nun hinteren Fuß gelangt. Kurz danach findet sich der Schwerpunkt deutlich hinter dem inzwischen am Boden aufgesetzten Fuß.

- Der Übergang zum Lauf tritt ein, wenn nicht immer Bodenkontakt aufrechterhalten bleibt. Der Lauf setzt sich gleichsam zusammen aus Sprüngen. Diese entstehen aus den Phasen, in welchen beim Gehen bereits die Bedingung eines statischen Gleichgewichts nicht mehr erfüllt war. Um den Lauf aus dem Stand (bei nebeneinandergestellten Füßen) einzuleiten, muß der Läufer seinen Rumpf nach vorne, also vor die

11 Vgl. Kühl, 1985.

stützenden Füße, neigen. Wären die Füße überraschenderweise am Boden festgemacht, dann wäre ein Fall nach vorne die Folge. Im Kurs wurde geäußert, der Lauf sei ein immerwährendes Sich-Auseinandersetzen mit der Tendenz, nach vorne zu fallen. Erhellend ist hier die Frage, welche darauf abzielt, wie man rasch aus dem Lauf in den Stand überwechselt. Dies gelingt durch einen Sprung, bei welchem beide Beine nach vorne geworfen werden. Beide setzen so weit vor dem Rumpf auf, daß sein Vorschwingen ihn nun senkrecht über den Füßen zur Ruhe kommen läßt. Im Lauf, und selbst im Gehen, riskieren wir es zu fallen, und wir setzen dabei auf eine später gegebene Chance, dem drohenden Fallen entgegenzuwirken. Gleichgewicht wird im Prozeß, im Lauf der Zeit eingehalten, nicht in irgendeinem Moment. Dies gilt insbesondere auch für das Gleichgewicht zwischen rechts und links. Womit wird dabei zum Gleichgewicht hin gesteuert? Man kann da nur sagen: mit gezielten Stößen, Schlägen. Vom Gesichtspunkt der Herstellung von «Gleichgewicht» wird der Gang nicht durch Stützkräfte gehalten, sondern durch eine Summe einzelner, zeitlich begrenzter Einwirkungen, welche aktuell nach Maßgabe des Vorgangs selbst vom Menschen bemessen werden. Wie wird das gemacht?

Vergleich zwischen springendem elastischem Ball und dem menschlichen Laufen

Auf eine harte Unterlage geworfen, springt der elastische Ball (Flumi, Superball) wieder hoch, fällt und springt fast so hoch wie zuvor. Je höher der Ball springt, um so länger sind die Pausen zwischen den Aufschlägen. Ist der Ball sich selbst überlassen, so nehmen die Sprunghöhen ab, und der Takt der Schläge beschleunigt sich. Ein größerer Ball schlägt kräftiger auf die Unterlage, ebenso derjenige, welcher höher hinaufgestiegen ist: Große Sprunghöhe setzt sich um in seltenere, aber um so kräftigere Schläge.

Mit seinen Schritten stößt sich der Läufer immer wieder vom Boden ab. Die Schrittfolge ersetzt ihm den stützenden Druck, welcher ihn im Stehen, Sitzen, Liegen mit dem Boden verbindet.

Versuch: Eine Tafelwaage trägt auf beiden Seiten einen Ziegelstein und einen «Flumi» gleichen Typs. Die Waage ist austariert. Nun hält man mit der einen Hand die Waage in der ausgeglichenen Stellung an, und hebt mit der anderen einen der Bälle ca. 15 cm über dem zugehörigen Ziegelstein hoch. Waage und Ball werden losgelassen, der Ball trifft auf, springt wieder hoch usw., bis er zur Ruhe kommt. *Während dieses Vorgangs hält sich die Waage sehr nahe an ihrer Gleichgewichtsstellung.* Wird die Waage früher oder später als der Ball losgelassen, so macht sie demgegenüber größere Ausschläge. Der ideale Versuch ginge aus von der im Gleichgewicht befindlichen Waage. Unter einem der Flumis wäre eine Abschußvorrichtung angebracht, welche den Ball in die Höhe schießt. Dann wäre die künstliche Synchronisierung unnötig.

Was wir das Gewicht eines Körpers nennen, erweist sich als Sonderfall der verschiedensten zeitlichen Verläufe, welche er dem eigenen Bodendruck beim Sich-Bewegen geben kann.[12]

Beispiele für die Anwendung dieser Wirkensmöglichkeit sind zunächst zu finden im Bereich des Stampfens mit den Füßen. Je höher hochgesprungen wird, um so stärker müssen wir uns zuvor abstoßen, und um so heftiger wird der Aufprall beim Auftreffen auf dem Boden sein. Auch die Art dieses Auftreffens kann modifiziert werden, indem der Körper starrer oder nachgiebiger gehalten wird. Dies schließt auch die Art der Schuhe mit ein. Den härtesten Stoß üben wir aus, wenn es uns gelingt, den Aufschlag in eine kurze Zeitspanne zu konzentrieren. Offenbar steht uns da ein «Zeithebel» zur Verfügung. Er hat zwei Zeitarme:

a) die Abhebezeit, T_a (also die Zeit der Abstinenz vom Zustand des Getragenseins durch die Erde im Fallen nach unten);
b) die Einwirkzeit, in welche die Einwirkung konzentriert wird, T_e.

Dann wird die Intensität des Schlags $S = G * (T_e + T_a)/T_e$, wobei G die beschleunigende «Kraft», im Falle des Sprungs mit dem ganzen Körper das bürgerliche Gewicht ist.

Um spröde Körper zu brechen, Holz zu spalten, Blechdosen zusammenzuknicken etc., ist eine Mindestschlagintensität erforderlich. Wenn der Schlag noch unzureichend ist, bleibt ein Stein von einem auf ihn gerichteten Schlag unverändert. Indem wir mit dem Hammer weiter ausholen, verlängern wir die Zeit T_a, in welcher wir diesem Schwung erteilen. Indem wir zwischen Gummihammer und Eisenhammer auswählen, entscheiden wir uns für eine längere oder für eine kürzere Einwirkungszeit T_e. Mit kräftigerem Arm wird die größere Kraft G ausgeübt werden.

Im Kurs haben wir die Einwirkung von einem Flumi und einer Stahlkugel von je 100 g auf den Boden eines umgekehrten Becherglases verglichen. Nach einem Fall aus 30 cm Höhe sprang der Flumi wieder in die Höhe; die

12 Ihnen gemeinsam ist das zeitliche Integral über die Kraft, nämlich der übertragbare Impuls.

aus 2 cm fallende Stahlkugel machte beim Aufprall schon ein bedrohliches Geräusch, sprang aber wieder hoch; aus 6 cm Höhe fiel sie glatt durch den Glasboden hindurch.

Antrieb und Abbremsung in Bewegung

Aus dem Sprung treffen wir auf dem Boden auf, ohne wieder notwendig hochzuschnellen. Im Gegensatz zum Flumi verschwindet dann für unseren Körper der Einfluß der vergangenen Bewegung auf die zukünftige. Mit unserem Auftreffen ist dasjenige eines Jonglierballs zu vergleichen. Dieser verformt sich unelastisch und bleibt am Boden liegen. So wird unser jeweiliges erneutes Abstoßen nicht mehr Folge der vorangehenden Abbremsung bis zur Ruhe, sondern eine von uns selbst intendierte Antriebsleistung.

So unterscheiden wir deutlich die Art der Beanspruchung unseres Leibes beim Aufsteigen von derjenigen beim Absteigen. Beim Aufsteigen werden natürlich auch andere Muskeln betätigt als beim Abstieg. Beim Aufsteigen heben wir mit jedem Schritt den Körper in die Höhe. Erfahrungsgemäß verstärkt sich das Atmen, und der Herzschlag beschleunigt sich nachhaltig. Freilich geschieht dies ebenfalls, wenn auch in anderem Maße, beim Absteigen. Da geht aber die Beanspruchung deutlich in die Gelenke, auch verformen wir im Absteigen eher das Gelände. Was aber noch zu verdeutlichen wäre, ist der Vergleich der abbremsenden Muskeltätigkeit beim Schreiten treppab mit der hebenden Muskeltätigkeit treppauf.

Die Arbeitsleistung der Gliedmaßen wird schön damit demonstriert, daß ein Mensch eine Last über den Boden hinter sich herschleift. Jeder Schritt vorwärts kostet Mühe. Derjenige, welcher da schleppt, weiß, daß er «Täter» ist. Er weiß das aufgrund der Empfindung seines Lebenssinns. Die These, welche hier vorgebracht werden soll, lautet: Durch den Ort der Stoffwechselleistung entscheidet sich real die Unterscheidung zwischen Tun und Leiden.

In einer inzwischen veralteten Sprechweise wurde die Arbeitsleistung als «lebendige Kraft» angesprochen. Von dieser aus können wir zum gewohnten Kraftbegriff hinüberschauen:

a) Die statische Kraft tritt stets in Verbindung mit der zugehörigen Gegenkraft auf. Das Vorzeichen der Richtung irgendwelcher Tätigkeit kann (zu Recht) nicht festgestellt werden.

b) Die Arbeitsleistung des dank des Kriteriums der Stoffwechselleistung feststellbaren Tätigen bemißt sich bekanntlich aus dem Produkt: Kraft mal Geschwindigkeit, wobei die Geschwindigkeitsrichtung die Willensrichtung des Täters zeigt (siehe das Schleppen gegen Gleitreibung, wie oben erwähnt).

In der Praxis ist die Grenze zwischen Arbeitsleistung und der Aufrechterhaltung eines statischen Spannungszustands am menschlichen Leib nicht scharf gezogen. Sobald wir die entspannte Ruhestellung verlassen, haben wir den Muskeltonus aufrechtzuerhalten. Das ist begleitet von erhöhtem Grundumsatz – wer sich hinlegt, soll zugedeckt werden, denn nun ist er in Gefahr auszukühlen! Es braucht uns nicht zu überraschen, daß es so schwer fiel, die klare Unterscheidung zwischen Kraft und Arbeit zu vollziehen.[13]

Aus der Sicht der einfachsten Erscheinungen der Bewegungsmechanik stellt sich der statische, gerichtete Kraftbegriff als eine Größe dar, die tatsächlich auf zweierlei Weise einen Endzustand beschreibt:

- Ruhe als degenerierter Sonderfall fortgesetzten Sich-Abstoßens von der Erde enthält nur noch die Gewichtskraft des menschlichen Leibes.
- Ruhe als degenerierter Sonderfall der Arbeitsleistung des Menschen enthält nur Spannungszusammenhänge im Raum.

5.
Authentisches Erkennen mit moralischen Konsequenzen

Worin unterscheidet sich die Physik als Naturwissenschaft von der Mathematik? Sie tut dies in ihren Erscheinungen, denen der Beobachter sinnlich begegnet und die dessen Bewußtsein gerade vom Mathematisieren abhalten! In den Zweigen der Mathematik kann der Mensch die Erkenntnisse aus sich selbst herausholen. Darin besteht der Übergang zur Physik, daß

13 Yehuda Elkana beschreibt in einem besonderen Kapitel (1986, S. 125-157), wie Helmholtz in seiner Arbeit von 1847 in der Unterscheidung von Kraft und Energie im heutigen Sinn ganz unsicher ist und wie Michael Faraday im Jahr 1857 einen Aufsatz «On the Conservation of Force» schreibt, aus welchem klar hervorgeht, daß er nicht die Energie, sondern die Kraft (im heutigen Sinne) meint. Physiologische Gesichtspunkte waren sowohl bei Julius Robert Mayer wie bei Hermann Helmholtz wegleitend.

diese auf der empirischen Erfahrung beruht.[14] Im sinnlichen Wahrnehmen entfernt sich das Bewußtsein von der Sphäre der zwar im stillen Kämmerlein formulierten, aber ihrem Wesen nach mitteilbaren und diskutierbaren Gedanken. Im wissenschaftlichen Leben gehen wir nun davon aus, es könnten auch Erfahrungen ausgetauscht werden, so daß die «Kunde», der Bericht über Tatsachen, in gleicher Art mitteilbar sei. Insofern es sich um Beobachtungsergebnisse auf der Basis einer begrifflich im voraus wohldefinierten Fragestellung handelt, mag es gelingen, empirische Befunde gleichsam ins Eigentum der Gemeinschaft zu überführen. Aber auch hier handelt es sich in Wirklichkeit um eine exklusive Gemeinschaft, nämlich um die Gemeinschaft derer, die einzeln über eigene Erfahrungen verfügen, die sich kundig gemacht haben.

Wir kommen nicht umhin anzuerkennen, daß Erkenntnis auf der Grundlage der sinnlichen Anschauung individuellen Charakter hat. Die biographische Realität konkret eintretender Begegnungen führt hin zu Erkenntnissen von individuellem Stellenwert. Hier stoßen wir auf die Kehrseite des Umstands, daß die Menschen der sinnlichen Erfahrung nach gleichsam in eigenen Welten leben, sich aber in der einheitlichen Gedankenwelt treffen. Dieser Gemeinsamkeit verdanken wir das wissenschaftliche Leben. Aber gerade in der Individualisierung durch die Erscheinungen kommen Anstöße für die persönliche Biographie zustande.[15] Demnach besteht ein wichtiger Unterschied zwischen einer «sinnlich-sitt-

14 Im *Ersten Naturwissenschaftlichen Kurs* (Steiner 1919, GA 320) wird die Schwelle zwischen Physik und Mathematik in den ersten beiden Vorträgen vom 23./24. 12. 1919 sehr handfest an dem unmittelbaren Einfluß des Drucks der schweren Masse auf das Bewußtsein illustriert. Unter dem Druck einer schweren Last, überhaupt wenn der Körper unter einem äußeren mechanischen Druck zu leiden hat, wird die Denkfähigkeit beeinträchtigt. Steiner weist dann auf die Wirkung des Auftriebs im Gehirn, das im Gehirnwasser gleichsam schwebt.

15 Da dieser Aspekt des Erkennens wenig Beachtung findet, soll hier kurz auf dessen philosophischen Hintergrund hingewiesen werden: Begründer der Ästhetik als sinnliche Erkenntnis ist G. A. Baumgarten (1714-1762). Er stellt diese als jüngere Schwester der Logik vor. Für das ästhetische Erkennen ist das Besondere wertvoller als das Allgemeine. Der Erkenntnisvorgang ist mit der Erfahrung nicht abgeschlossen, sondern er enthält noch die Phase der gekonnten Darstellung. Siehe dazu: Schweizer und Wildermuth, 1981. Das Lesebuch enthält eine kommentierte Textauswahl von Platos *Theaitet* bis Heinrich Barths *Erkenntnis der Existenz*. Für Hinweise auf Aspekte dieser gegenüber der gewohnten Wissenschaftlichkeit «umgestülpten» Arbeitsrichtung und deren Bezug zur Anthroposophie siehe Maier 1993.

lichen» Wirkung, die noch auf den «Sitten» der Gemeinschaft fußt, und der individuellen Betroffenheit, welche für Wesensbegegnung im wörtlichen Sinne vorauszusetzen ist. Unter Betroffenheit möchte ich hier nicht irgendwelche pathetischen Gefühle verstanden wissen, sondern nur das Verständnis dafür, daß die konkret gegebene Erfahrung mich etwas angeht. In Rudolf Steiners Sprechweise heißt moralisch: auf das Tun gerichtet. Im Sinne des «ethischen Individualismus» (vgl. Steiner, GA 4) kann ein moralisches Erleben nur ein einzigartiges sein. Unter dieser Einschränkung kann der ästhetische Zugang bei physikalischen Erscheinungen moralische Eindrücke vermitteln. Zur Pflege solcher Erfahrungen leitet Rudolf Steiner verschiedentlich an:

a) Am Beispiel des einfachen «Bauwerks», an welchem Lasten, Stützen und Gleichgewicht als Tätigkeiten erlebt werden können (2.1.1915, GA 275). Dort wird gezeigt, wie Wesensäußerungen in diesen Funktionen Erlebnis werden. Dazu ein Hinweis meinerseits: Um was es sich beim Lasten handelt, wird empfindbar im praktischen Umgang mit einer Last, zum Beispiel der Erfahrung, daß aufgelegte Lasten eine Dachkonstruktion gegen den Wind sichern können. Weiter ist es beachtenswert, daß man sich «schwer» machen kann, nämlich dann, wenn man ganz vom eigenen Körper losläßt, ihn ganz seinem natürlichen physischen Sosein überläßt. Entsprechendes ist am Thema Stützen, am Thema Gleichgewichthalten zu besinnen. Die praktische Erfahrung ist für das Ergebnis einer solchen Besinnung entscheidend.

b) Die atmosphärischen Farben (siehe bei Goethe 1982, Bd. 3, S. 134ff.) erscheinen im Rahmen einer Gesamtsituation. Zum Auftreten des Rot am Horizont in der Dämmerung oder im Durchblick unter einer dunklen Wolke bei Tage gehören eine starke Helligkeit im Hintergrund sowie die in Dunkelheit eingetauchte, trübe Atmosphäre. Vor dem unmittelbaren Anblick der Sonne können wir uns nur abwenden. Die elementare Gewalt ihrer Helligkeit ist noch spürbar in der im Grunde brutalen Tatsächlichkeit der Tageswelt. Die Aggressivität der Sonne erscheint ins Rote übersetzt, wenn dichte Luft mich von ihr trennt, dichte Luft durchsetzt von umgebender Dunkelheit. Was ist Dunkelheit? Wer sich in vollständiger Dunkelheit bewegt, ist nicht nur orientierungslos, der Körper ist im Ungewissen, nahe dem Zustand der Furcht. Indem ich mich auf dieser Grundlage im Anblick des Rot am Horizont in der Spannung zwischen ferner Helle und umgebender Dunkelheit weiß, gebe ich der Szene moralischen Stellenwert. Es heißt bei Steiner: «Wenn du das Morgenrot erblickst, ... dann muß es dir sein, als ob die Elohim[16] ihren strafenden Zorn durch die Welt senden. ... Dadurch, daß wir den Namen der Elohim aussprechen und wissen, wohin wir sie zu setzen haben in dem neungliedrigen Schema, das wir in unser Notizbuch schrieben, damit haben wir noch nichts erkannt von den Elohim. Aber durch die lebendige Empfindung, die wir haben, indem wir den Blick zur Morgenröte erheben, wird uns eine reiche Fülle lebendigen Webens und Lebens entgegenschauen, wie wir wissen, daß, wenn wir einem Menschen gegenüberstehen, wir sein Wesen nicht ausschöpfen können durch irgendwelche Begriffe ...» (2.1.1915, GA 275, S. 115f.)[17]

Auf dieser methodischen Basis kann an die Thematik der vorangegangenen Betrachtung zur Bewegungsmechanik angeschlossen werden. Es ist da sehr naheliegend, einen Vergleich der Gesten vorzunehmen, welche wir in zwei verschiedenen Arten des mechanischen Bearbeitens selbst «in die Tat umsetzen».

Sägen und Spalten

In der unmittelbaren Erfahrung körperlicher Tätigkeit können am Stil des Arbeitens bemerkenswerte Unterschiede festgestellt werden. Den Erfahrungen im vorangegangenen Kapitel folgend, sind zwei Typen der Tätigkeit zu unterscheiden:

a) Dem Schleppen einer am Boden schleifenden Last, also der Bewegung gegen einen Widerstand, sind Sägen, Rühren, Graben usw. verwandt.

16 Elohim: Die Hierarchie, welche am ersten Anfang der Genesis die schaffende ist. Diese Szene des ersten Schöpfungstags ist geprägt vom Entstehen der Spannung zwischen einem Hell-Strahlenden und einem Düster-Verworrenen. Es macht den Eindruck, daß die Situation, in welcher wir das Morgenrot erleben, in diese Szene zu versetzen ist, wobei wir selbst das Hell-Strahlende einseitig aus der Perspektive des «tohu wa bohu» als Röte des Zorns erschauen.

17 Für die Erfahrung der roten Farbe gibt es weiterhin den Hinweis bei Rudolf Steiner (GA 320), Ende 8. Vortrag: «Bedenken Sie nur, wie sehr die Goethesche Farbenlehre zum Schluß, im sinnlich-sittlichen Teil, logisch das Geistige herausentwickelt aus dem Physikalischen.»

Hier wird Arbeit verrichtet im physikalischen Sinn. Die Mühe der *Arbeitsleistung* durchdringt den ganzen Körper. Sie aufzubringen erfordert Durchhaltewillen. Der Arbeitsfortschritt ist kontinuierlich, die Aufmerksamkeit auf denselben ist eher wie träumend.

b) Dagegen wird beim Holzspalten, Steinklopfen, Hacken die Masse eines Werkzeugs auf den zu bearbeitenden Gegenstand zu beschleunigt. Ist der angewendete Stoß zu gering, so bleibt er völlig wirkungslos. Die Kraft, welche ausreicht, um einen spröden Körper zum Bruch zu führen, kann gemäß den Bedingungen zustande gebracht werden, welche wir beim «Zeithebel» kennenlernten. Wir haben es mit einer Gesetzmäßigkeit zu tun, welche dem Begriff des *Impulses* zugehört. Beim Aufstampfen des Fußes kommt die «Brutalität» solcher Arbeitsweisen gestenhaft zum Ausdruck. Gerade bei näherer Aufmerksamkeit auf die Handhabung einer großen Spaltaxt kann noch das folgende beobachtet werden: Je nach der eigenen «Händigkeit» wird man den Axtstiel anfassen. Eine Hand hält das Ende des Stiels fest, die andere greift viel weiter vorne an. Diese wird vor dem Aufschlag ihren Griff lockern, denn sonst erleidet sie den Rückschlag, der verletzt. Das heißt, gerade wenn der Schlag erfolgt, haben wir die Wirkung aus der Hand gegeben. Jeder Schlag muß sitzen, der Erfolg befriedigt. Stets lauert die Gefahr eines Unfalls.

Reaktorprozeß

Kann auch bei modernen technischen Einrichtungen eine Wesensgeste aufgezeigt werden, die in der Sache selbst liegt? Eine Führung durch die Räume eines noch nicht in Betrieb gesetzten Forschungsreaktors gab mir seinerzeit die Anschauung der physischen Masse der abschirmenden Wände. Als Erstbegegnung hatte mir der Besuch bleibende Eindrücke gegeben, die in dieser Deutlichkeit nur selten während einem siebenjährigen alltäglichen Arbeiten in den Hallen von Versuchsreaktoren wieder auftraten. Erst später konnte ich die sinnlichen Eindrücke mit der theoretischen Kenntnis des Reaktorprozesses zusammenbringen, wobei erst dann eine für mich maßgebliche Geste deutlich geworden ist (vgl. Maier, 1978). Hier soll nur ein Aspekt angedeutet werden:

Die einfache Theorie der Reaktordynamik ist gekennzeichnet durch die Eigenschaften der räumlich angeordneten Brennelemente in ihrem Moderator. Ist die Anordnung insgesamt von überkritischer Größe, so kommt es zu einem Anstieg der Neutronenflußdichte, die ja ihrerseits die Spaltungsrate und damit die in der Folge gegebene Neutronenflußdichte bestimmt. Der Anstieg folgt bei festgehaltener Steuerung einem exponentiellen Gesetz der Zunahme, wobei er anfangs aus dem «Unmerklichen» hervorgeht. Was beeindrucken kann, ist die Tatsache, daß der Vorgang sich ganz *aus sich selbst* entfaltet. Die Abgeschlossenheit des Reaktorkerns, ebenso diejenige des umgebenden Gebäudes und die grundsätzliche Notwendigkeit, die entstehende Radioaktivität auf Dauer *aus den Naturzusammenhängen auszuschließen,* fügt sich mit dem reaktordynamischen Prinzip der *«Selbsterregung»* des Vorgangs zu einem eindrücklichen Bild autistischen Wesens. Mit diesen Andeutungen zur moralischen Erkenntnis technischen Tuns schließen sich diese Ausführungen an die einleitend vorgebrachte Aufgabenstellung. Die moralische Qualität wissenschaftlicher Errungenschaften muß bereits spürbar werden, bevor sie in technischer Form der menschlichen Zivilisation ihre Richtung geben. Wir werden darauf angewiesen sein, im Forschen selbst auf moralische Qualitäten aufmerksam zu werden.

Literatur

Descartes, René: Le monde ou Traité de la lumière, Paris 1664, Auszug übersetzt in: W. I. Roditschew / U. I. Frankfurt, *Die Schöpfer der physikalischen Optik,* Berlin 1977.

Dustmann, Friedrich Wilhelm: *Was ist relativ in der Relativitätstheorie – Eine Einführung in die Phoronomie der speziellen Relativitätstheorie,* Siegen, September 1993. Eigenverlag. Auslieferung durch Bildungswerk Beruf + Umwelt. Lehrmittelabteilung, Brabanterstr. 43, 34131 Kassel.

Elkana, Yehuda: *Anthropologie der Erkenntnis,* Frankfurt 1986.

Einstein, Albert: Quanten-Mechanik und Wirklichkeit, in: *Dialectica,* 2/1948, S. 320-324.

Englert, Berthold-Georg et al.: Komplementarität und Welle-Teilchen-Dualismus, in: *Spektrum der Wissenschaft,* 2/1995, S. 50-55.

Fierz, Markus: Einleitung zu: Newton, Isaac: *Optik oder Abhandlung über Spiegelungen, Brechungen und Farben des Lichts,* hrsg. v. William Abendroth, Braunschweig 1983.

Goethe, Johann Wolfgang: *Naturwissenschaftliche Schriften,* hrsg. v. Rudolf Steiner, Bd. 1-5, Nachdruck, Dornach 1982. Die Einleitungen Rudolf Steiners finden sich auch in GA 1a-e.

Kühl, Johannes: Zur Mechanik des menschlichen Gehens (I), in: *Elemente der Naturwissenschaft,* 42/1985, S. 1-14; (II) in: *Elemente der Naturwissenschaft,* 43/1985, S. 33-48.

Mackensen, Manfred von und Ohlendorf, Heinz-Christian: *Modellfreie Optik,* Pädagogische Forschungsstelle Kassel, 1997.

Maier, Georg: Gesten radioaktiver Prozesse, in: *Die Drei,* 1978, S. 630ff.

– Hypothesenfreie Erkenntnis der unorganischen Natur, in: *Elemente der Naturwissenschaft,* 45/1986, S. 8-26.

– *Optik der Bilder,* Dürnau 1986.

– Forschung als Hinwendung zur gegenwärtigen Existenz, in: *Elemente der Naturwissenschaft,* 59/1993, S. 65-73.

Maier, Georg et al.: Das Licht im Gestrüpp von Mißverständnissen, in: *Erziehungskunst,* 60/1996, S. 15-27.

Ohlendorf, Heinz Christian / Maier, Georg: Skriptum zu der ersten Woche des Physikkurses an der Sommeruniversität Kassel, 1996.

Roditschew, W. I./Frankfurt, U. I.: *Die Schöpfer der physikalischen Optik,* Berlin 1977.

Schmidt, Thomas: Die Photonen der Physik, die Potenzlehre des Aristoteles und das «Imponderable» nach Rudolf Steiner, in: *Elemente der Naturwissenschaft,* 65/1996, S. 1-16.

Schrödinger, Erwin: *Naturwissenschaft und Humanismus,* Wien 1951.

– Grundlinien einer Theorie der Farbenmetrik im Tagessehen, in: *Annalen der Physik,* 63/1920, S. 397-520.

Schweizer, Hans Rudolf / Wildermuth, Armin: *Die Entdeckung der Phänomene: Dokumente einer Philosophie der sinnlichen Erkenntnis,* Basel / Stuttgart 1981.

Steiner, Rudolf: *Grundlinien einer Erkenntnistheorie der Goetheschen Weltanschauung* (1886), GA 2, Dornach [7]1979.

– Die Pforte der Einweihung (1910), in: *Vier Mysteriendramen,* GA 14, Dornach [4]1981.

– *Anthroposophische Leitsätze. Der Erkenntnisweg der Anthroposophie – Das Michael-Mysterium* (1924), GA 26, Dornach [9]1989.

– *Die Evolution vom Gesichtspunkte des Wahrhaftigen,* GA 132, Dornach [6]1987.

– *Kunst im Lichte der Mysterienweisheit,* GA 275, Dornach [3]1990.

– *Mysterienstätten des Mittelalters,* GA 233a, Dornach [5]1991.

– *Konferenzen mit den Lehrern der Freien Waldorfschule in Stuttgart 1919-1924,* Konferenz vom 29.4.1924, GA 300c, Dornach 1995.

– *Geisteswissenschaftliche Impulse zur Entwicklung der Physik I* (1919-1920), GA 320, Dornach [3]1987.

– *Geisteswissenschaftliche Impulse zur Entwicklung der Physik II* (1920), Vortrag vom 10.3.1920, GA 321, Dornach [3]1982.

– *Der Entstehungsmoment der Naturwissenschaft in der Weltgeschichte und ihre seitherige Entwicklung* (1922/23), GA 326, Dornach [3]1977.

Unger, Georg: *Forming Concepts in Physics.* (Übersetzte und erweiterte Fassung von *Bilden physikalischer Begriffe* III, Stuttgart 1967), Chestnut Ridge/New York 1995.

Verhulst, Jos: *Der Glanz von Kopenhagen,* Stuttgart 1994.

Zajonc, Arthur: *Die gemeinsame Geschichte von Licht und Bewußtsein* (Originaltitel: *Catching the Light*), Reinbek 1994.

ARMIN SCHEFFLER

Geisteswissenschaftliche Forschung im Bereich der Chemie

Die Chemie ist überwiegend eine Wissenschaft des Handelns, der Technik, denn die Kenntnis von der Verwandlung der Stoffe setzt die Handlung voraus. Stoffe beschreibende Wissenschaften sind die Mineralogie und die Gesteinskunde (Petrologie) sowie die Physiologie der Pflanzen, der Tiere und des Menschen. Was chemisch handelnde Menschen mit Hilfe des Feuers und der Fermentationsprozesse im weitesten Sinne gelernt haben, um Stoffe zu verwandeln und die Produkte technisch zu verwerten, bestimmte schon immer in hohem Maß die Zivilisation. Wir sprechen vom Bronze- und Eisenzeitalter. Gegenwärtig gibt es kaum einen Gebrauchsgegenstand, der nicht wenigstens teilweise durch chemische Technik hervorgebracht oder verändert worden ist.

Da der Mensch sein Handeln, also den Vorgang, nicht unmittelbar wachbewußt erlebt, sondern nur das Ergebnis der Handlung in die Vorstellung erhebt, ist verständlich, daß der Chemie weitgehend eine Philosophie fehlt (vgl. Janich, 1992, S. 63). Diese Philosophie müßte auch nichts Geringeres leisten, als den zukunftsweisenden Charakter der Handlung denkfähig zu machen, also vorausblickend die Folgen einer möglichen Handlung zu erfassen.

So gesehen ist Geisteswissenschaft kaum stärker herausforderbar als gerade dadurch, einen Beitrag dazu zu leisten, die katastrophalen Eingriffsmöglichkeiten in die Entwicklungsprozesse der Welt, die die Chemiker geschaffen haben und täglich schaffen, mit Bewußtsein und damit mit Verantwortung zu durchdringen. Dies ist von Rudolf Steiner auch in vielfältiger Weise intendiert und charakterisiert worden, harrt aber einer wirklichen Durchdringung von ausreichend vielen Chemikern, um wirklich ein Kulturfaktor zu werden. Ein wesentliches Werk Rudolf Steiners, das die verantwortungsvolle Handlung der freien Menschen betrifft, ist die *Philosophie der Freiheit*. Um einen Brückenschlag vom Bewußtsein unserer Zeit zu den Anforderungen der *Philosophie der Freiheit* zu bilden, hat Rudolf Steiner mehrere andere Hilfen gegeben, die in Vorträgen ihren Niederschlag gefunden haben. Insbesondere für Chemiker zählt hierzu der Vortrag vom 25.11.1917.

I.
Morgen- und Abendprozesse

In dem genannten Vortrag spricht Rudolf Steiner über die Notwendigkeit, bereits in naher Zukunft im chemischen Laboratorium, wie zum Beispiel der Heilmittelherstellung, Morgen- und Abendprozesse anzuwenden (25.11.1917, GA 178, S. 226f., 230f.). Er versichert, daß nichts Unrechtes zuwege gebracht werden kann, wenn beide Prozesse zusammenwirken. Im Gegensatz dazu laufen zwei Prozesse der Weltenordnung zuwider. Diese werden Mittags- und Mitternachtsprozesse genannt. Folgende wichtige, wenn auch nicht leichter verständliche Charakterisierungen dieser Prozesse werden gegeben: Die Mittagsprozesse werden vor allen Dingen vom amerikanisch-englischen Bereich aus zur Geltung gebracht. Die Anwendung der Mitternachtsprozesse dagegen wird von östlichen Richtungen her verbreitet. Morgen- und Abendprozesse, die stets nur zusammen wirken können, entsprechen dem christlichen Impuls. Vom Westen wird dem eine Art Antichrist entgegengestellt, die östlichen Strömungen werden versuchen, von der realen Wahrnehmung des Christusimpulses abzulenken. In einem weiteren Hinweis Rudolf Steiners werden bestimmte kosmische Wirkungen, die mit Tierkreisnamen bezeichnet sind, diesen drei Prozessen zugeordnet. Die Morgen- und Abendprozesse werden als die kosmische Wirksamkeit von Fische und Jungfrau angegeben. Die Mittagsprozesse sind die kosmische Richtung der Zwillinge, und die Mitternachtsprozesse sind Kräfte, welche vom Schützen her kommen. Wörtlich heißt es in dem Vortrag:

«Und ebenso wie es jetzt für den regulären Professor der Biologie von besonderer Wichtigkeit ist, ein möglichst gut vergrößerndes Mikroskop zu haben, möglichst treffende Laboratoriumsmethoden und so weiter, so wird es in der Zukunft, wenn die Wissenschaft sich spiritualisiert haben wird, sich darum handeln, ob man gewisse Prozesse am Morgen oder am Abend vollführt oder am Mittag; ob man das, was man am Morgen gemacht hat, von dem Einwirken des Abends irgendwie weiter beeinflussen läßt, oder den kosmischen Einfluß vom Morgen bis zum Abend ausschließt, paralysiert. Solche Prozesse werden sich in der Zukunft notwendig erweisen, werden sich auch abspielen.» (S. 226)

Auf Seite 230 folgt dann:

«Bekämpfen werden sich die Wissenden des Kosmos, indem die einen die Morgen- und Abendprozesse in Anwendung bringen in der Weise, wie ich es schon angedeutet habe; im Westen vorzugsweise die Mittagsprozesse mit Ausschaltung der Morgen- und Abendprozesse, und im Osten die Mitternachtsprozesse. Man wird nicht mehr bloß nach den chemischen Anziehungs- und Abstoßungskräften Substanzen herstellen, sondern man wird wissen, daß eine andere Substanz entsteht, je nachdem ob man sie mit Morgen- und Abendprozessen oder mit Mittags- oder Mitternachtsprozessen herstellt. ... Aus dem Zusammenwirken dessen, was von den Fischen und von der Jungfrau kommt, wird man nichts Unrechtes zuwege bringen können. ...

Zu alledem muß aber gesagt werden: Notwendig ist, daß die Menschen sich vorbereiten dadurch, daß sie Wirklichkeiten nicht mehr für Illusionen nehmen, daß sie wirklich eintreten in eine spirituelle Auffassung der Welt, in ein spirituelles Begreifen der Welt.»

So rätselhaft diese Worte auch klingen, so haben sie doch ihre praktische Anwendung innerhalb der anthroposophischen Bewegung gefunden. Einmal werden anthroposophische Arzneimittel nach rhythmischen Verfahren hergestellt, zu deren Begründung auf den zitierten Vortrag zurückgegriffen wird (Schneider, 1981, S. 129-134; Wisslicen, 1986, S. 40-50). Dabei werden morgens und abends an den Heilpflanzenansätzen Verrichtungen vollführt, die im Erwärmen, dem Lichtaussetzen oder auch Bewegen bestehen. Fragt man sich, ob diese Art der Anwendung der Morgen- und Abendprozesse dem entspricht, was in dem Vortrag vom 25. November 1917 angedeutet ist, so läßt sich ein Einwand wohl kaum entkräften: die Tatsache, daß es ohne weiteres möglich ist, einen Heilpflanzenansatz nur morgens zu behandeln, und durch die Technik der Handhabung keinerlei Notwendigkeit entsteht, ihn auch am Abend einer Behandlung unterwerfen zu müssen. Die Darstellungen Rudolf Steiners sind jedoch so gefaßt, daß die Morgenprozesse notwendig auch die Abendprozesse erfordern, so, daß eine Trennung beider Prozesse nicht möglich ist.

Von Joachim Schultz und Suso Vetter, die sich intensiv mit den astronomisch-astrologischen Fragen befaßt haben, wurde versucht, an Wachstumsexperimenten mit Pflanzen zu zeigen, daß Unterschiede auftreten, wenn in einer speziellen Apparatur (Astrostat) die Ausrichtung auf ein bestimmtes Tierkreisbild erfolgt (Vetter, 1991). Das ist ein zweiter Versuch, die Tierkreisangaben Rudolf Steiners aus dem genannten Vortrag durch eine technische Vorrichtung zu verwirklichen. Sowohl in Dornach als auch in der Schule am Engelberg (bei Stuttgart) sind viele Jahre mit umfangreichen Experimenten in dieser Richtung verbracht worden, und Vetter glaubt auch, gesicherte Unterschiede im Verhalten der Pflanzen zwischen der Jungfrau- und der Schützeexposition nachgewiesen zu haben. Dies entspricht jedoch nicht Rudolf Steiners Ausführungen, und auch dieser Versuch muß sich den Einwand gefallen lassen, daß nichts den Experimentator zwingt, die Exposition gegenüber den Fischen mit der Exposition gegenüber der Jungfrau rhythmisch zu wechseln. Es stellt sich daher die Frage, ob diese wörtlich vollzogene Umsetzung dem entspricht, was als Morgen- und Abendprozesse bzw. Mitternachts- oder Mittagsprozesse von Rudolf Steiner gemeint ist.

Um einem Verständnis näherzukommen, sei der Kontext beachtet, aus dem heraus der Vortrag gehalten wurde. Während der Zeit des 1. Weltkrieges hat Rudolf Steiner in vielen Vorträgen auf die Tatsache aufmerksam gemacht, daß die Menschen mit den Verstorbenen real zusammenleben. Auch in dem zitierten Vortrag heißt es (25.11.1918, GA 178, S. 231):

«Die Dinge sehen, wie sie sind, darauf kommt vieles an! Man kann sie aber nur sehen, wie sie sind, wenn man in der Lage ist, die Begriffe, die Ideen, die aus der anthroposophisch orientierten Geisteswissenschaft kommen, auf die Wirklichkeit anzuwenden. In hohem Maße werden für den Rest des Erdendaseins gerade die Toten mitwirken. Wie sie mitwirken, darum wird es sich handeln. Vor allen Dingen wird der große Unterschied hervortreten, daß durch das Verhalten der Menschen auf Erden die Mitwirkung der Toten auf der einen, der guten Seite, in eine solche Richtung gelenkt wird, daß diese Toten dann wirken können da, wo der Impuls zum Wirken von ihnen selber ausgeht, wo er aus der spirituellen Welt genommen wird, die der Tote post mortem erlebt.»

2.
Vom Gespräch mit den Verstorbenen

Eine Darstellung, wie die Menschen mit den Verstorbenen verbunden sind, beginnt Rudolf Steiner mit dem Hinweis auf die unterschiedlichen Bewußtseinsgrade im Denken, Fühlen und Wollen, d. h. dem Wachen, Träumen und Schlafen. Wenn wir auf die Pole des Bewußtseins achten, sind wir Bürger zweier Welten. Im Wachbewußtsein leben wir mit den drei Naturreichen sowie den geborenen Menschen, im Schlafbewußtsein mit den Wesen der geistigen Welt zusammen. Dies sind die Wesen der verschiedenen Hierarchien und die Verstorbenen. Im Vortrag vom 5. Februar 1918 (GA 181, S. 51, 54f., 58f.) heißt es dazu:

«Wer das Leben kennenlernt, welches die Menschenseele zwischen dem Tode und einer neuen Geburt führt ..., der wird sehen, daß wir in dieser Welt, die wir da schlafend durchwandeln, gemeinsam mit den sogenannten Toten leben. Die Toten sind ja fortwährend da. Sie sind sich bewegend, sich verhaltend in einer übersinnlichen Welt da. Wir sind nicht von ihnen getrennt durch unsere Realität, wir sind von ihnen nur getrennt durch den Bewußtseinszustand. Wir sind nicht anders von den Toten getrennt, als wir im Schlafe getrennt sind von den Dingen um uns herum: Wir schlafen in einem Raume, und wir sehen nicht Stühle und vielleicht anderes nicht, das in dem Raume ist, trotzdem es da ist. Wir schlafen im sogenannten Wachzustande mit Bezug auf Gefühl und Willen mitten unter den sogenannten Toten – wir nennen es nur nicht so –, geradeso wie wir die physischen Gegenstände nicht wahrnehmen, die um uns herum sind, wenn wir schlafen. Wir leben also nicht getrennt von der Welt, in der die Kräfte der Toten walten; wir sind mit den Toten in einer gemeinsamen Welt. Getrennt von ihnen sind wir für das gewöhnliche Bewußtsein nur durch den Bewußtseinszustand.» (S. 53)

Und dann wird sehr eindringlich hervorgehoben:

«Dieses Wissen von dem Zusammensein mit den Toten wird einer der wichtigsten Bestandteile sein, welchen die Geisteswissenschaft dem allgemeinen Menschheitsbewußtsein, der allgemeinen Menschheitskultur für die Zukunft einzupflanzen hat.» (ebd.)

Gerade dieser Hinweis betrifft den Chemiker. Er handelt. Aber was weiß er in seinem Handeln von dem realen Zusammensein mit den Toten? Woran können wir die reale Verbindung mit den zu uns gehörenden Verstorbenen bemerken? Welche Änderung in der Art unserer Erlebnisse tritt auf beim Übergang vom Sinnesbewußtsein in das Bewußtsein der geistigen Welt, also beim Schwellenübergang? Dies wird am Beispiel des Dialogs von Rudolf Steiner beschrieben.

In der sinnlichen Welt gilt das Folgende:

«Ich will ganz im Konkreten sprechen: Wenn Sie hier in der Sinneswelt von Mensch zu Mensch reden, so reden Sie, der andere antwortet Ihnen. Sie wissen, Sie erzeugen Ihre Worte durch Ihr Stimmorgan; die Worte kommen aus Ihren Gedanken heraus. Sie fühlen, Sie sind der Schöpfer Ihrer Worte. Sie wissen, Sie hören sich, während Sie sprechen, und während der andere antwortet, hören Sie den andern, und Sie wissen dann: Sie sind still, den andern hören Sie jetzt ...» (S. 56).

Das Gespräch mit den Toten wird dazu gegensätzlich erlebt:

«Der Verkehr mit den entkörperten Seelen ist aber nicht so. So merkwürdig es klingt: Der Verkehr mit den entkörperten Seelen ist genau umgekehrt. Wenn Sie selber Ihre Gedanken dem Entkörperten mitteilen, so sprechen nicht Sie, sondern es spricht er. Es ist genau so, wie wenn Sie mit jemandem sprechen würden, und das, was Sie denken, was Sie mitteilen wollen, sprechen nicht Sie aus, sondern das spricht der andere aus. Und was der sogenannte Tote Ihnen antwortet, kommt Ihnen nicht zu von außen, sondern das steigt von Ihrem Inneren auf, das erleben Sie als Innenleben. Daran muß sich das hellsichtige Bewußtsein erst gewöhnen, muß sich erst gewöhnen, daß man selber in dem andern der Fragende ist, und daß der andere in einem der Antwortende ist. Diese vollständige Umstülpung des Wesens ist notwendig.» (ebd.)

Eine Ahnung von dieser anderen Qualität des Gespräches kann man bekommen, wenn man sich mit Aufmerksamkeit seinem Gegenüber widmet. Dann kann die Situation eintreten, daß man sich selber vergessen kann und ganz in der Eigenart und Denkweise des anderen aufgeht. Dies kann auch an Wesen stattfinden, die Gegenstand der beruflichen Arbeit sind. Handelt es sich zum Beispiel um die Bearbeitung einer Heilpflanze, so kann die hingebungsvolle Beobachtung ihrer gestaltlichen und stofflichen Bildung ein Einschlafen für sich selbst als Voraussetzung für ein Erwachen im anderen sein (Göbel, 1986, S. 41-54). Stärker noch macht sich der «andere» bemerkbar, wenn man ihm handelnd begegnet, was der Chemiker meistens tut. Die im folgenden geschilderten eigenen Erlebnisse knüpfen an Handlungen an. Sie sollen zeigen, wie bei der Arzneimittelherstellung eine Kommunikation mit denjenigen geistigen Wesen möglich ist, die mit dem Handelnden und dem Behandelten verbunden sind. Etwas davon wurde bereits 1987 (Scheffler, 1987a, S. 284-286) und 1995 (Scheffler, S. 26-37) berichtet.

3.
Staunen – Fragen bemerken – Abendprozesse

Bei der Verarbeitung von blütentragenden, im Winter geernteten, männlichen Misteln zu einem wäßrigen Präparat haben wir[1] stets beobachtet, wie sich eine klebrige, leimige Substanz an den Wänden der Werkzeuge ablagerte, die zum Zerkleinern des Mistelmaterials verwendet wurden. Diese Substanz war nur mit Benzin, also einem Fettlösemittel, abwaschbar. Es zeigte sich, daß die Leimabscheidung um so stärker auftrat, je mehr Schaum sich bei der Zerkleinerung der Misteln entwickelte. Aber auch bei vorsichtigstem Umgang gelang es uns nicht, die Leimabscheidung zu vermeiden.

Noch ein zweites, ähnliches Phänomen war uns bei der Verarbeitung der Mistel aufgefallen. Bei dem Versuch, die schleimhaltigen Beeren zu einem wäßrigen Präparat zu verarbeiten, quollen sie zwar gut auf, aber der Schleim ging dabei nicht völlig in Lösung. Dies bemerkten wir beim Filtrieren. Es bildete sich auf der Filterfläche nach kurzer Zeit eine gallertige Schicht, die nur noch wenige Tropfen durchließ, bis das Filter vollständig geschlossen war.

Es ist leicht möglich, über solche Erlebnisse hinwegzugehen und die Arbeit wie bisher zu erfüllen, das heißt, die Leimabscheidung zu tolerieren oder die Herstellung reiner Beerenpräparate zu unterlassen. Da mir die Verarbeitung der Mistel zu einem Heilmittel aber ein inneres Anliegen war und ist, so drängten mehrfach etwa folgende Fragen in der Seele: «Wie kann ich diesen Verlust der Leimsubstanz verhindern?» und «Welche Bedeutung hat die Leimbildung für das Verständnis der Mistel?»

Dabei war sehr genau empfindbar, nicht selber der Fragende zu sein. Die Fragen ergaben sich aus dem staunenden Betrachten der Phänomene so, als sähe oder hörte man sie. Das Verantwortungsgefühl gegenüber der Mistel bewirkte, daß ich die Fragen ernst nahm, so als hätte ein verehrter Freund sie mir gestellt, dem gegenüber ich nicht zur Tagesordnung übergehen

1 wir = Mitarbeiter des Carl Gustav Carus-Instituts, Öschelbronn, s. Autorennotiz.

konnte. Nach dem Bemerken der Frage ist also das Ernstnehmen das nächste.

Rudolf Steiner beschreibt stets diese beiden Stufen für den Schulungsweg. Es wird zum Beispiel von der Entwicklung des inneren Lebens auf dem Pfad der Verehrung gesprochen (GA 10, S. 28 u. 25.8.1913, GA 147, S. 39ff.). An anderer Stelle werden beide Schritte erwähnt. Der erste Schritt, das «Aufmerksamwerden auf Fragen», wird «Staunen» genannt (27.12.1911 u. 28.12.1911, GA 134, S. 22ff.). Den zweiten Schritt bezeichnet Rudolf Steiner mit «Ehrfurcht», also dem «Ernstnehmen der Frage». Mit dem Gefühl der Verehrung ist das Gefühl, daß sich ein Wesen bemerkbar gemacht hat, verbunden. Im Schulungsweg gehört zu dieser Stufe, das Wesentliche vom Unwesentlichen zu unterscheiden.

Während eines Tages können bei jedem Menschen viele solcher Beobachtungen auftreten. Wenn am Abend die Erlebnisse des Tages noch einmal aufgerufen werden, können sie als Fragen bemerkt werden. Gewöhnlich schläft man aber darüber ein. In dem Vortrag vom 5. Februar 1918 (GA 181) spricht Rudolf Steiner davon, daß wir Hunderte von Fragen beim Einschlafen an die älteren Verstorbenen stellen, die mit uns verbunden sind. Dies ist gerade dadurch möglich, daß ja die älteren Verstorbenen ein langes Leben in der sinnlichen Welt hatten und dessen Situationen nun von der geistig-seelischen Seite aus erleben. Daher sind sie für das Fragen-Stellen empfänglich. Wörtlich charakterisiert Rudolf Steiner diese Situation folgendermaßen:

«Das Eigentümliche ist, daß, wenn wir einschlafen, dieser Moment des Einschlafens besonders günstig ist für das Fragenstellen an den Toten, das heißt, für das Hören der Fragen, die wir an den Toten stellen, von ihm aus.» (S. 57)

Und etwas später:

«Die älter verstorbenen Seelen ziehen uns mehr zu sich hin, während die jugendlich Verstorbenen sich mehr zu uns hinziehen. Daher haben wir selbst im Momente des Einschlafens viel an die älteren verstorbenen Seelen zu sagen, und wir können ein Band zur geistigen Welt besonders dadurch weben, daß wir uns geeignet machen, uns an die älteren verstorbenen Seelen im Momente des Einschlafens zu richten. Mit Bezug auf diese Dinge kann der Mensch wirklich einiges tun.» (S. 61)

4.
Antworten erleben – Morgenprozesse

In diesem Zitat ist bereits darauf aufmerksam gemacht worden, daß wir die Antworten von anderen Verstorbenen, den Jüngeren, empfangen, die uns beim Aufwachen impulsieren. Nur ist es meistens so, daß wir auch dies nicht recht bemerken, weil das nachfolgende Sinnesleben diese Antworten übertönt. Ein weiterer Grund, daß der Mensch sich nicht recht hineinfindet in den Verkehr mit den Verstorbenen, liegt darin, daß wir Antworten, wenn wir sie überhaupt bemerken, für etwas halten, was aus uns selbst kommt, und nicht als etwas ansehen können, was von den Verstorbenen impulsiert ist. Auch hierzu soll der Wortlaut Rudolf Steiners wiedergeben werden:

«Wenn wir Kinder verlieren, wenn jugendliche Menschen von uns weggehen, ist es eigentlich so, daß sie im Grunde genommen gar nicht richtig von uns weggehen, sondern eigentlich bei uns bleiben. Das zeigt sich dem hellsichtigen Bewußtsein dadurch, daß die Botschaften, die beim Aufwachen uns zukommen, gerade lebendig, lebhaft sind, wenn es sich um Kinder oder um jugendliche Personen handelt, die gestorben sind. Da ist eine Verbindung zwischen den Zurückgebliebenen und den Verstorbenen vorhanden, die man schon so bezeichnen kann, daß man sagt: Ein Kind, einen jugendlichen Menschen hat man in Wirklichkeit gar nicht verloren; sie bleiben eigentlich da. – Und sie bleiben vor allem aus dem Grunde da, weil sie nach dem Tode ein lebendiges Bedürfnis darnach zeigen, in unser Aufwachen hineinzuwirken, in unser Aufwachen hinein Botschaften zu senden. Es ist schon sehr merkwürdig, aber es ist so, daß mit alledem, was mit dem Aufwachen zusammenhängt, das jugendlich verstorbene Menschenkind außerordentlich viel zu tun hat.» (5.2.1918, GA 181, S. 60f.)

Davon hat Goethe offenbar eine Ahnung gehabt. Die Worte, die er im zweiten Teil des *Faust* den Pater Seraphicus sprechen läßt, zeigen, wie jung verstorbene Kinder die strebenden Menschen begleiten und impulsieren können:

«Knaben! – Mitternachts-Geborene,
Halb erschlossen Geist und Sinn,
Für die Eltern gleich Verlorne,
Für die Engel zum Gewinn.»

Goethe hat ja selber fünf Geschwister gehabt, die fast alle als Kinder gestorben sind. Seine am 7. Dezember 1750 geborene Schwester Cornelia Friederike Christiana ist mit 26 Jahren verstorben. Er war mit ihr sehr innig verbunden! Sein Bruder Hermann Jakob ist sechs; seine Geschwister Katharina Elisabeth, Johanna Maria und Georg Adolf sind ein bzw. zwei Jahre alt geworden. Aber auch von seinen eigenen fünf Kindern sind vier früh verstorben. Allein sein Sohn August, 1789 geboren, ist 40 Jahre alt geworden. 1791 folgt die Totgeburt eines Sohnes, 1793 wird Carolin, 1795 Carl und 1802 Kathinka geboren, die nur zehn, sechszehn bzw. drei Tage gelebt haben (Donat, 1982, S. 852-858).

So wird tiefer einfühlbar, daß Goethe morgendliche Einfälle als etwas Wesentliches angesehen hat. Wer einmal in Weimar sein Arbeitszimmer mit dem Bett links in der Ecke gesehen hat und dann die Schilderung von ihm vernimmt, wie er morgens noch halb schlafend ans Pult geht und ein Gedicht zu Papier bringt, der kann ahnen, woher Goethe manche Dichtungen hatte. Er beschreibt, daß er lieber zum Bleistift als zur Feder gegriffen hat, weil ihn einige Male das «Schnarren und Spritzen der Feder ... aufweckte ... und ein kleines Produkt in der Geburt erstickte». Vor solcher Art von Dichtung hatte er stets eine besondere Ehrfurcht (1982, S. 81).

Im folgenden möchte ich die oben erwähnten Beispiele aufgreifen, da ich glaube, daß deren weitere Bearbeitung den Erlebnissen der Morgenprozesse nahekommt. Aufgrund der Beschäftigung mit der Mistel, ihren morphologischen, biologischen und stofflichen Eigenschaften und auch aufgrund der Einsicht, daß die Schleimzucker wegen ihrer Wasserfreundlichkeit einen gewissen Gegensatz zu den wasserabweisenden, eher luftfreundlichen Leimharzen bilden, entstand folgende Absicht: Die bisher getrennte Herstellung von zwei Säften aus blütentragenden bzw. beerentragenden Misteln sollte versuchsweise aufgegeben werden, um beide miteinander zu verarbeiten. Das Erlebnis war so, als würde jemand über die Schulter schauen und sagen: «Probier doch einmal, die Beeren zu den leimenden, blütentragenden Misteln hinzuzunehmen.» Mehrfach hatte der Alltag dieses Erlebnis zugedeckt. Wenn aber wieder die Leimabscheidung beobachtet wurde, tauchte wieder diese Aufforderung auf: «Versuch' doch einmal, probier' doch einmal ...». Nach vier Monaten wurde ein entsprechendes Experiment durchgeführt. Zu blütentragendem, männlichem Wintermistel-Material wurden in verschiedenem Mengenverhältnis Beeren zugesetzt. Am überzeugendsten war das Ergebnis bei 25 % Beerenzusatz. Schon während des Zerkleinungsvorganges der Mistel und des Einarbeitens in die wäßrige

Lösung schied sich keinerlei Leim mehr am Werkzeug ab. Während der Filtration stellte sich zu aller Überraschung heraus, daß dieser Saft sich viel besser filtrieren ließ als alle bisherigen. Es blieb keine Gelschicht auf dem Filter zurück, und der filtrierte Saft war tief dunkelgrün, was darauf hindeutete, daß auch fettverwandte Substanzen reichlich in die wäßrige Lösung überführt worden waren. Der Farbstoff der grünen Blätter, das Chlorophyll, ist ja fettlöslich und liegt von Natur aus in fettartige Membranen eingebettet vor. Diese wurden jetzt extrahiert und bildeten eine sehr feine milchige Trübe, die durch ein helles Licht von der Seite sichtbar gemacht werden konnte.

Das Ergebnis dieses Experimentes zeigte in ergreifender Weise die Charakteristik oder Idee der Mistel. Aus der botanischen Bearbeitung (Göbel et al., 1988, S. 113-135) war durch jahrelange intensive Arbeit deutlich geworden, daß ein wesentlicher Charakterzug der Mistel darin besteht, daß sie stets Gegensätze so aufeinander wirken läßt, daß ein keimhafter, gehemmter Zustand entsteht. Hier hatten wir diese Geste vor uns: Die fettlösliche Leimsubstanz, die zur Luft hin aus dem Wasser entweichen möchte, und die nicht recht gelösten schweren Schleimsubstanzen der Beeren verbanden sich zu einer fein-trüben milchigen Lösung, die man als ein Leim-Schleim-Kolloid (colla = griech. Leim) bezeichnen kann. Es war, als hätte das Mistelwesen den Hinweis, diesen Versuch durchzuführen, selber gegeben. Ich aber hatte ihn als Handlungsimpuls im Inneren erfahren.

Was war aber vorausgegangen? Erstens die jahrelange Arbeit an der Erkenntnis der Mistel. Der Vergleich mit den typischen Eigenschaften von Holzgewächsen machte auf die besonderen Eigenschaften der Mistel aufmerksam. Zweitens die Beschäftigung mit den Pflanzensubstanzen im allgemeinen. Dadurch wurde der Gegensatz fettlöslicher Leime und wasserfreundlicher Schleime erkannt. Man kann dies die Suche nach dem Weltzusammenhang nennen, in dem die Mistel erkannt werden kann. Diese und eine weitere Stufe beschreibt Rudolf Steiner im Anschluß an die Stufen des Staunens und der Verehrung: das Sich-im-Einklang-Fühlen mit den Gesetzen der Welt (27.12.1911 u. 28.12.1911, GA 134, S. 20ff.). Für den Chemiker oder Pharmazeuten ergibt sich daraus der Einfall zur Handlung. Je mehr der Einklang mit den Weltgesetzen hergestellt ist, um so besser entspricht dieser Einfall der Weltentwicklung, denn die Handlung wird etwas Neues hervorbringen, und sei es scheinbar noch so unbedeutend. Hier ist von aller persönlich-willkürlichen oder unsachlich-fremdbestimmten Motivation abzusehen. Wenn dies ausreichend gelingt, ist die vierte Stufe erreichbar:

die Handlung im Sinne der Mistel auszuführen. Dies bezeichnet Rudolf Steiner als «Ergebenheit» auch schon für die Erkenntnis. Im Sinne des zu Behandelnden handelnd werden ist ein Ideal, das dem Pädagogen oder Arzt naheliegen mag. Für den Chemiker, der durch seine Handlungen weltweit wirkt, ist dies dringend notwendig, erfordert aber eben geistige, das heißt wesenhafte Erkenntnis der Stoffe. Die dies beschreibende Philosophie, im Sinne des ersten Abschnitts, ist die «Philosophie der Freiheit».

Zusammenfassend zeigt uns das Beispiel, daß Staunen und Ehrfurcht mit dem Fragen-Stellen und das Sich-im-Einklang-Fühlen mit den Weltgesetzen und die Ergebenheit mit dem Antwort-Empfangen und Ausführen zu tun haben.

Was bedeutet diese Betrachtung für die Frage nach den Morgen- und Abendprozessen? Handelt es sich nicht um einen doppelten Schwellenübergang, um ein Fragen-Hören beim Übergang von der sinnlichen in die geistige Welt und um ein Antworten-Erleben beim Übergang von der geistigen zurück in die sinnliche Welt? Der rhythmische Wechsel beider Prozesse bedingt notwendig einander, denn es ist nicht möglich, mehrmals einzuschlafen, ohne dazwischen aufzuwachen, und ebenso ist es unmöglich, mehrfach aufzuwachen, ohne dazwischen wieder einzuschlafen. So gehören Morgen- und Abendprozesse stets zusammen.

5.
Mitternachtsprozesse

Zugleich stellt sich dann auch die Frage, ob es entsprechende Mittags- und Mitternachtsprozesse gibt. Wir finden sie in den Verhaltensunterschieden des Menschen zur sinnlichen und geistigen Welt, von den Qualitäten des strebenden Menschen aus gesehen. Wobei Streben heißt, das Interesse so zu entwickeln, daß sich die Seele mit etwas außer ihr verbindet. In der sinnlichen Welt kommt es dabei darauf an, sich ganz seinem Gegenüber zu widmen und sich selbst aus dem Spiel der Aufmerksamkeit herauszulassen. Dieses Ideal echter Naturwissenschaft kann man auch als selbstlose Liebe bezeichnen. Die Ursache der Liebe liegt dann in dem geliebten Wesen des ganz anderen.

Völlig verschieden davon ist jedoch das Streben der geistigen Welt gegenüber (Steiner, 25.8.1913, GA 147, S. 39ff.):

«Denn alles, was wir in der geistigen Welt lieben können, die geistigen Tatsachen, alles das, was in uns durch Liebe als Sehnsucht, als Drang hinauf in die geistige Welt leben kann, zu umfassen die Wesenheiten der geistigen Welt, die geistige Welt zu erkennen: es entspringt natürlich auch der sinnlichen Liebe zur geistigen Welt. Aber diese Liebe zum Geistigen, die muß, nicht etwa darf, sondern *muß* notwendigerweise um unseretwillen geschehen. Wir sind Wesen, die ihre Wurzeln in der geistigen Welt haben. Es ist unsere Pflicht, uns so vollkommen als möglich zu gestalten. Um unseretwillen müssen wir die geistige Welt lieben, daß wir so viel Kräfte als möglich in unsere eigene Wesenheit aus der geistigen Welt hereinbringen. In der geistigen Liebe ist dieses persönliche, individuelle Element, man möchte sagen dieses egoistische Liebeselement, voll berechtigt, denn es entreißt den Menschen der Sinneswelt, es führt ihn hinauf in die geistige Welt, es leitet ihn an, die notwendige Pflicht zu erfüllen, sich immer vollkommener und vollkommener zu machen.»

Und dann wird in diesem Vortrag darauf aufmerksam gemacht, daß es am wichtigsten ist, den Wechsel zwischen beiden Welten zu beherrschen. Zwei große Gefahren bestehen darin, daß dieser Wechsel nicht ordentlich geschieht. Die eine ergibt sich, wenn der Mensch in seinem Erkenntnisstreben den Übergang in die geistige Welt erreicht, ohne seine Affekte und Leidenschaften genügend geläutert zu haben. Dann kann er durch die luziferischen Wesenheiten[2] so ergriffen werden, daß sein Seelisch-Fühlsames von der sinnlichen Welt losgerissen wird und dem Aufbau einer eigenen illusionären Welt dient. Solche Menschen pflegen Lieblingsgedanken und schwärmerische Idealismen, sie werden philosophierende Sonderlinge. Besonders Eitelkeit, Ehrgeiz und Machtgelüste zählen zu ihren Seeleneigenschaften, die übersehen werden, wenn der Mensch beim Schwel-

2 Hier und im folgenden Abschnitt werden zwei Kräfte charakterisiert, die als luziferische und ahrimanische Wesenheiten bezeichnet sind. Im Naturzusammenhang sind die ahrimanischen Wesen an der stofflichen Ausgestaltung, Mineralisierung und den Absterbevorgängen beteiligt, wodurch Geist an die materiellen Erscheinungen gebunden wird. Die luziferischen Wesen sind dagegen in der Auflösung und Verwesung wirksam, was auch mit einer Geistbefreiung gleichbedeutend ist. Durch den rhythmischen Wechsel richten beide Kräfte in der Natur keinen Schaden an, im Gegenteil: sie sind notwendig. Anders ist es im Bereich der menschlichen Seele. Diese kann einseitig verführt werden, was hier weiter charakterisiert wird.

lenübergang seine Seele erkannt haben soll. In diesen Menschen kann sich das Gefühl ausbreiten, daß ihre in der geistigen Welt erlebte Seelenverfassung immer fortbestehen sollte.

Damit ist aber eine noch schlimmere Gefahr verbunden. In unserer Zeit wirken Lebensumstände, die ein Wissen von der geistigen Welt verhindern. Trägt ein Mensch trotzdem die Anlage zur höheren Erkenntnis in sich, so kann nach Rudolf Steiner folgendes auftreten:

«Wir haben eben betont, daß für die geistige Welt die Liebe sich so entwikkeln muß, daß der Mensch vor allen Dingen auf die Durchdringung mit innerer Stärke in bezug auf sein Selbst sich entfalten muß, daß der Mensch den Drang entwickeln muß, sich zu vervollkommnen. Er muß sich selbst im Auge haben, wenn er die Liebe zur geistigen Welt entwickelt. Wenn er diese selbe Art von Antrieben, die ihn in der geistigen Welt zum Erhabensten führen können, ins Sinnliche überträgt, können sie zum Abscheulichsten führen. ... Es schlägt aus der geistigen Welt die Art von Liebe, die nur für sie berechtigt ist, in die sinnlichen Triebe, Leidenschaften, Begierden und so weiter hinein, und da werden diese sinnlichen Triebe pervers. Die Perversitäten der sinnlichen Triebe, alle abscheulichen Abnormitäten der sinnlichen Triebe sind das Gegenbild von dem, was hohe Tugenden in der geistigen Welt wären, wenn man die Kräfte, die dann in die physische Welt gegossen werden, in der geistigen Welt verwenden würde.» (ebd., S. 42f.)

Die Ursache dieses Verhaltens des Menschen liegt darin, daß er die der geistigen Welt angemessene Verhaltensweise allein gelten läßt. Da das die Welt des Schlafes ist, können Prozesse, die so wirksam werden, als Mitternachtsprozesse verstanden werden.

6.
Mittagsprozesse

Die zweite große Gefahr, die Rudolf Steiner in dem Vortrag vom 25. August 1913 (GA 147) beschreibt, besteht darin, daß die Bewußtseinshaltung, die der sinnlichen Welt angemessen ist, auch dann angewendet wird, wenn Bilder aus der geistigen Welt wirksam sind. Er bezeichnet das als ein Naschen in der geistigen Welt. Wörtlich heißt es:

«Man kann also naschen in der geistigen Welt; dann tritt sehr häufig ein, daß man dasjenige, was man dort erlebt hat, herübernimmt in die Sinneswelt; aber dann verdichtet es sich, dann wird es zusammengezogen. So daß ein solcher nicht nach den Gesetzen der allgemeinen Weltenordnung sich verhaltender Hellseher in die physisch-sinnliche Welt zurückkommt und die verdichteten Bilder und Eindrücke der übersinnlichen Welten mitbringt, aber nicht bloß in der physisch-sinnlichen Welt schaut und denkt, sondern vor sich hat, indem er in seinem physischen Leibe lebt, die Nachwirkungen der geistigen Welt in Bildern, die ganz ähnlich den sinnlichen aussehen, nur daß sie keiner Realität entsprechen, daß sie Illusionen, Halluzinationen, Träumereien sind.» (S. 44)

Und etwas später heißt es:

«Und was man so an Näscherei aus der geistigen Welt in sich trägt, das ist ganz besonders eine Beute, über die sich Ahriman hermachen kann. Aus dem, was er dem gewöhnlichen Menschendenken entnimmt, bekommt er nur luftige Schatten, aber er bekommt, trivial gesprochen, recht fette Schatten und Schemen, wenn er aus den menschlichen Leibesindividualitäten herauspreßt, so gut er es kann, die falschen Wahnesbilder, die durch das Naschen in der geistigen Welt entstanden sind. Und damit wird auf ahrimanische Weise die physisch-sinnliche Welt mit geistigen Schatten und Schemen, die sehr schlimm der allgemeinen Weltenordnung widerstreben, durchsetzt.» (S. 45)

Vieles, was heute an Vorstellungen über Elektrizität und Magnetismus oder auch über physiologische Prozesse gebildet ist, gehört zu diesen «Schatten und Schemen». Diese machen es möglich, in die materielle Welt einzugreifen, wie es niemals vorher möglich war. Nicht die Kenntnis der materiellen Zusammenhänge ist das der Weltenordnung entgegenstehende Böse, sondern daß dieses Wissen sich mit egoistischen Trieben des Menschen und mit Machtgelüsten verbindet.

Der Zug zur Vermaterialisierung geistiger Inhalte bezieht sich sogar auf wesentliche menschliche Ideale. Drei solche Ideale haben jahrhundertelang die Menschheit begleitet. Sie wurden von Goethe als «Gott, Tugend und Unsterblichkeit» bezeichnet. Wenn es dem Menschen gelingt, in allem, was in der sinnlichen Welt Schöpfung ist, das Göttliche zu bewundern, ist er in Goethes Sinn Monist. In der christlichen Terminologie ist dies der «Vater-Gott». Mit dem zweiten Ideal, der Tugend, wird auf eine Verhaltensweise gedeutet, die liebevoll das Gegenüber einbezieht und damit in jedem Gewordenen auch ein Werdendes sieht. Das dritte Ideal, die Unsterblichkeit, ist das Wissen von den wiederholten Erdenleben, von der Tatsache, daß der geistige Wesenskern des Menschen rhythmisch zwischen der sinnlichen und der übersinnlichen Welt wechselt. Diese drei Ideale sind heute vermaterialisiert. Man kann sich dies drastisch verdeutlichen, wenn man die Glückwünsche zum Geburtstag eines Menschen liest. Man wünscht ihm Reichtum oder Wohlstand, wir könnten auch sagen Gold, dazu Gesundheit und ein langes Leben. So wird aus Gott Gold, aus Tugend Gesundheit und aus Unsterblichkeit Lebensverlängerung. Was einmal geistige Inhalte waren, wird so in die sinnliche Welt verlagert. Vor allem in unserer westlichen Welt wird diese Seelenhaltung ausgebreitet. Diese Verhaltensweise kann man die Mittagsprozesse nennen.

7.
Folgerungen für chemisches Handeln

Die Bewußtseinshaltung des Menschen hat einen großen Einfluß auf die Welt, die stofflichen Zusammenhänge verändernd. Nicht nur die Umweltproblematik ist ein Beispiel dafür, auch die Herstellung von Heilmitteln ist betroffen. Es wurde versucht, am Beispiel der Mistelverarbeitung zu beschreiben, daß die Anwendung von Morgen- und Abendprozessen bis in die Verbindung der Stoffe wirksam ist.

Werden «Mitternachtsprozesse», das heißt Lieblingsideen, in phantastischer Weise angewendet, fehlt die Korrektur, die durch staunendes, Fragen erlebendes Wahrnehmen möglich wird. Andere Qualitäten werden extrahiert. Die Überzeugung, das beste zu tun, verhindert eine objektive Wahrnehmung dafür, wie sich die eigenen Handlungen auswirken.

Die «Mittagsprozesse» dagegen lassen nur materielle Vorstellungen gelten. Ein Beispiel dafür liefert die jüngste Geschichte der Mistelforschung. Die Isolierung und Beschreibung von Mistellektinen, der wichtigsten Giftgruppe der Mistelsubstanzen, hat dazu geführt, daß eine große Gruppe von Wissenschaftlern glaubt, die Tumorwirksamkeit der Mistel den Lektinen zuschreiben zu müssen. Diese Haltung beeinflußt selbstverständlich die Herstellung von Mistelpräparaten. Konsequenterweise gibt es derzeit auch schon Präparate aus isolierten Mistellektinen, die therapeutisch eingesetzt werden (Beuth et al., 1993, S. 166-169).

Der Geist, der den Menschen an die sinnliche Welt binden möchte, ist Ahriman, der stets die Wahrheit sagt, aber dennoch eine Verfälschung der Weltordnung dadurch bewirkt, daß er nur eine Teilwahrheit zum Bewußtsein bringt. So ist es nur eine Teilwahrheit, daß die Lektine wichtige Wirksubstanzen der Mistel sind. Zum Heilmittel gegen die Krebskrankheit wird die Mistel aber erst dadurch, daß die Lektine durch das Herstellungsverfahren mit den anderen Substanzen so verbunden werden, wie es der Mistel selbst zwar nicht möglich ist, wie es aber ihrer Gesamtbildegeste entspricht (Göbel, 1994).

Dazu muß man mit der Mistel in ein «wirkliches Gespräch» treten. Nur dann wird der Pharmazeut zum Vermittler beider Welten. Polare Welten werden in ihm rhythmisch wirksam, wenn er abends die Fragen seiner Tageserlebnisse von den älteren Verstorbenen vernimmt und im Erwachen die Antworten als Handlungsimpulse von den jüngeren Verstorbenen in sich erlebt. Hier soll die Vermutung ausgesprochen werden, daß so die eingangs zitierten Morgen- und Abendprozesse aufzufassen sind.

Dieses innere Fragen und Antworten kann auch durchaus mit astrologischen Begriffen gekennzeichnet werden, wie Rudolf Steiner es im Vortrag vom 25.11.1917 tut. Dann ist damit aber nicht ein äußerliches, gegenständliches Wirken der kosmischen Richtungen gemeint, das sich ohne den Menschen dem Arzneimittelherstellungsprozeß mitteilt. Vielmehr ist damit angesprochen, daß die Wirksamkeit des Kosmos im geistigen *und* im sinnlichen Erleben des handelnd wirksam werdenden Menschen selber zu suchen ist. Dieser Zusammenhang beleuchtet die Aussage Rudolf Steiners, daß zwar heute noch hauptsächlich die physikalisch-chemischen Gesetze gelten, wenn Stoffe miteinander verbunden oder getrennt werden. In Zukunft aber wird es so sein, daß immer mehr die Tätigkeit des Menschen Einfluß auf die Art nehmen wird, wie die Verbindungen oder Trennungen stattfinden (vgl. 12.11.1916, GA 172, S. 91ff.). Um den Ernst dieser Einflußnahme des Menschen zu betonen, bei aller Notwendigkeit übend Schritte zu tun, sei abschließend folgende Mahnung Rudolf Steiners aus dem Vortrag vom 25. November 1917 wiedergegeben:

«Heute kann nicht mehr geleistet werden, als daß von diesen Dingen geredet wird, bis die Menschen sie genügend verstanden haben werden, jene Menschen, die geneigt sind, sie in selbstlosem Sinne aufzunehmen. Das glauben heute viele schon, daß sie das können: allein das zu können, verhindern eben heute noch viele Lebensfaktoren, die nur in der richtigen Weise überwunden werden können, wenn zunächst ein immer tieferes und tieferes Verständnis Platz greift, und wenn gerade verzichtet wird, eine Zeitlang wenigstens, auf die unmittelbar praktische Anwendung in größerem Maße.» (GA 178, S. 220)

Literatur

Beuth, J. / Ko, H.L. / Tunggal, L. / Geisel, J. / Pulverer, G.: *Vergleichende Untersuchungen zur immunaktiven Wirkung von Galaktosid-spezifischem Mistellektin.* Arzneimittel-Forschung/Drug Research 43, Nr. 2, S. 166-169, 1993.

Donat, Klaus: Goethe aus ärztlicher Sicht, in: *Fortschritte der Medizin 100,* 18/1982, S. 852-858.

Göbel, Thomas: Die Geburt des Idealismus aus dem Scheitern, in: *Tycho de Brahe-Jahrbuch für Goetheanismus,* 1986, S. 41-54.

– *Erdengeist und Landschaftsseele. Gestaltwirkungen geistiger Wesen im Pflanzenreich und in der Mistel.* Arbeitsberichte der Medizinischen Sektion am Goetheanum, Persephone 6, Dornach 1994.

Göbel, Thomas / Koehler, Reinhard / Scheffler, Armin: Über den Umgang mit Angaben Rudolf Steiners, dargestellt am Problem der Mistelpharmazeutik, in: *Der Merkurstab,* 41/1988, S. 113-135.

Goethe, Johann Wolfgang: *Aus meinem Leben. Dichtung und Wahrheit,* Vierter Teil, 16. Buch, Hamburger Ausgabe, Bd. 10, München [8]1982, S. 81.

Janich, Peter: Chemie als Kulturleistung. Zum Selbstverständnis der Chemie im Spiegel der Kulturgeschichte, in: Janich, Peter (Hrsg.): *Grenzen der Naturwissenschaft. Erkennen als Handeln,* München 1992, S. 63-85.

Scheffler, Armin: Leim und Schleim der Mistel, in: *Das Goetheanum. Was in der Anthroposophischen Gesellschaft vorgeht* (Nachrichtenblatt), 39/1987a, S. 284-286.

– Goetheanistische Experimentalforschung am Beispiel der pharmazeutischen Entwicklung von Mistelpräparaten, in: *Tycho de Brahe-Jahrbuch für Goetheanismus,* 1987b, S. 235-253.

– Zum Verständnis der Morgen- und Abendprozesse und ihrer Anwendung in der Heilmittelherstellung, in: *Mitteilungen aus der anthroposophischen Arbeit in Deutschland,* 191/1995, S. 26-37.

Schneider, Walther: Das Rh-Verfahren, in: *Mensch und Heilmittel, Sondernummer der Weleda Korrespondenzblätter für Ärzte,* März 100/1981, S. 129-134.

Steiner Rudolf: *Die Philosophie der Freiheit. Grundzüge einer modernen Weltanschauung. Seelische Beobachtungsresultate nach naturwissenschaftlicher Methode* (1894), GA 4, Dornach [16]1995.

– *Wie erlangt man Erkenntnisse der höheren Welten?,* GA 10, Dornach [24]1993.

– *Die Welt der Sinne und die Welt des Geistes,* GA 134, Dornach [5]1990.

– *Die Geheimnisse der Schwelle,* GA 147, Dornach [5]1982.

– *Das Karma des Berufes des Menschen in Anknüpfung an Goethes Leben,* GA 172, Dornach ⁵1991.
– *Individuelle Geistwesen und ihr Wirken in der Seele des Menschen,* GA 178, Dornach 1966.
– *Erdensterben – Weltenleben,* GA 181, Dornach ³1991.

Vetter, Suso: *Vorläufige Mitteilung über Tierkreisversuche mit dem Astrostat.* Internes Manuskript der Mathematisch-Astronomischen Sektion am Goetheanum, Dornach / Engelberg 1991.

Wisslicen, R.M.: Die Wala Heilmittel GmbH – Anwendung rhythmischer Prozesse, in: *Beiträge zu einer Erweiterung der Heilkunst,* Sonderheft Januar 1986, Stuttgart 1986, S. 40-50.

ANDREAS SUCHANTKE

Aspekte einer goetheanistischen Ökologie

Die folgenden Darstellungen erheben keinen Anspruch auf Vollständigkeit, sie stellen Ansätze dar und sind gleichzeitig Arbeitsschwerpunkte des Verfassers. Dabei geht es zum einen um ein *Erfassen des «Ökosystems» als eines lebendigen Organismus,* einer organismischen Ganzheit anstelle eines aus Teilen zusammengesetzten Konglomerates. Der zweite Aspekt betrifft die *notwendige anthropologische Erweiterung der Ökologie,* die Untersuchung der vielfältigen und wechselvollen Beziehung von Mensch und Natur. Die allgemein übliche Art, Natur «an sich» ohne den Menschen zu betrachten, ist genauso verfehlt wie die Umkehrung, den Menschen ohne die Natur verstehen zu wollen. Beides ist das Ergebnis einer bewußtseinsmäßigen Entfremdung, einer «Entzweiung», die mit Beginn der Neuzeit und mit der Verlagerung der kulturellen Zentren vom Land in die Stadt einsetzte (Ritter, 1989; Suchantke, 1993a). Sie führte zu einer Befreiung von den Naturzwängen, denen sich der frühe Mensch unterordnen mußte, und zu einer enormen Steigerung der Persönlichkeitskräfte und des Selbstbewußtseins. Die Kehrseite davon sind zunehmend kontraproduktive Methoden im Umgang mit der «Umwelt», die als bloße Ansammlung eigenwesenloser und damit wertneutraler Objekte verstanden und als beliebig verfügbares Rohstoffdepot behandelt wird.

Glücklicherweise mehren sich seit einiger Zeit die Stimmen, die einem erneuerten Naturverständnis das Wort reden. Um ein «ökologisches Bewußtsein» geht es dabei in einer allerdings oft recht äußerlichen und begrifflich unklaren Weise. Vor allem fehlt weithin der Ansatz zu einer eigenständigen biologischen Wissenschaft, die nicht mehr nur bestrebt ist, Leben und Lebensprozesse auf Chemie und Physik zu reduzieren, sondern die Eigengesetzlichkeiten des Lebendigen zum Gegenstand der Erforschung macht.

Der Ruf nach Ökologie ist denn auch weniger aus den Kreisen der herrschenden Wissenschaft zu hören als von Laien und entspringt hier, neben begreiflichen Zukunftsängsten, vor allem *moralischen* Motiven: man setzt sich ein für die Lebensrechte der bedrohten Natur *um ihrer selbst willen* (Naturschutz). Hier ist eine entscheidende, leider immer noch zu wenig beachtete Erweiterung des Bewußtseins sozialer Verantwortung über die Sphäre der menschlichen Gesellschaft hinaus im Entstehen. Mehr dazu im Abschnitt «Anthropologische Erweiterung der Ökologie».

Es stellt sich die Frage, welchen Beitrag goetheanistisch-anthroposophische Wissenschaft in diesem Kontext zu leisten vermag.

I.
Grundsätzliches zur Methode

Es gibt keine standardisierte Lehrbuch-Methodik goetheanistisch-anthroposophischen Forschens, statt dessen höchst unterschiedliche Darstellungen einzelner Autoren (z. B. Bockemühl 1982, 1985, 1992, 1998; Bortoft, 1995; Marti, 1989; Schad, 1985), ein auf den ersten Blick eher verwirrender Tatbestand. Indes: die Vielfalt der Vorgehensweise ist der Methode immanent. Es gilt unvermindert, was Rudolf Steiner 1886 über Goethes Art des Forschens formulierte: sie sei die denkbar vielseitigste, da sie immer jenen Weg anstrebe, welcher «der Natur des betrachteten Gegenstandes entspricht … die jeweilige *Art* dieser Betätigung wird durch das betreffende Objekt bestimmt. Goethe entlehnt die Betrachtungsweise der Außenwelt und zwingt sie ihr nicht auf.» (GA 2, S. 21)

In diesem Sinne mögen auch die folgenden Ausführungen verstanden werden. Sie gehen vom persönlichen Ansatz des Verfassers aus und versuchen, zu Aussagen zu gelangen, in denen sich die betreffenden Objekte selber aussprechen.

Dazu gehört als erstes und wichtigstes, nicht von Fragen auszugehen oder von vorgefaßten Begriffen und Hypothesen, seien sie der Anthroposophie entnommen oder gängigen Wissenschaftstheorien, mit der Absicht, sie in der Konfrontation mit der Natur zu «verifizieren» (oder zu falsifizieren). Ausgangspunkt ist vielmehr die rückhaltlose und von jeder vorschnellen Deutung freie Wahrnehmung, die *Beobachtung*, und dies so intensiv und gründlich (und wiederholentlich) wie möglich – aus Neigung, aus innerer Verbundenheit mit der Natur.

Man mag einwenden, wenn derlei Motive hereinspielen oder, wie oben genannt, der «persönliche Ansatz des Verfassers», dann seien Subjektivismen, Sympathien und Antipathien Tür und Tor geöffnet und das alles sei mit wissenschaftlicher Objektivität nicht vereinbar. Der Bereich der Gefühle habe hier nichts zu suchen. Wer solches meint, dem fehlt jeder Ansatz zur Selbstwahrnehmung. Diese Sphäre ist immer dabei (Konrad Lorenz 1949: «Es gibt keinen guten und erfolgreichen Biologen, der nicht aus inniger Freude an den Schönheiten der lebendigen Kreatur zu seinem Lebensberufe gelangt wäre»), und es kommt nicht darauf an, sie zu unterdrücken, sondern im richtigen Sinne zu pflegen und sehr genau zu kontrollieren.

Dann erst, in einem zweiten Schritt, treten die Fragen auf. Diese sind jetzt nicht von außen (und vorgefertigt) an die Natur herangetragen und zwingen sie nicht, auf eine vom Fragenden vorbestimmte und festgelegte Weise zu antworten; es ist viel eher so, *als sei die Natur selber die Fragende* – auf eine ihr selber freilich unbewußte Weise; die Aufgabe des Forschers wäre es dann, die Fragen der Natur auf die Stufe denkenden Bewußtseins zu erheben, zu formulieren und damit der Beantwortung zuzuführen. Wesenserkenntnis wäre hier das hohe Ziel, zumindest aber ein Erfassen der wirkenden Kräfte als Voraussetzung für eine konkrete Antwort.

Diese kann nur von einer Art sein, die den Interessen der Natur genauso entspricht wie denjenigen des Menschen. Wird die Natur im Ich des Menschen auf die Stufe erkennenden Gewahrwerdens ihrer selbst erhoben, dann ist damit ein neuer Evolutionsschritt vollzogen, durch den der Mensch aus seinem Wissen heraus die volle Verantwortung für die Natur übernimmt. Daraus folgt zwingend, daß es auch keine Sonderung von Interessen des Menschen und Bedürfnissen der Natur geben kann. Hier gehen die Aufgaben allerdings über diejenigen des Forschers hinaus und münden in eine Transzendierung der Natur in Kultur, sei es in der Kunst, in der künstlerischen Landschaftsgestaltung, Pflanzenveredelung, Tierzüchtung usw. Wobei Kunst, um keine Mißverständnisse aufkommen zu lassen, im Goetheschen Sinne als Vollendung geheimer (d. h. verborgener, keimhafter) Naturgesetze verstanden ist.

Dem Forscher fällt damit eine Schlüsselstellung zu, gewissermaßen am Schnittpunkt von Natur und Kultur. Er hat die Fragen, mehr noch, die Wesensbilder zu formulieren, die sich ihm aus der Erforschung der Natur erschließen. Sie müssen die Grundlagen abgeben für einen angemessenen, verwandelnden und weiterführenden Umgang mit der Natur. Diese forschende Tätigkeit kann, um keinem Standesdünkel das Wort zu reden, von jedem ausgeübt werden, der mit entsprechender Gründlichkeit und Selbstkontrolle vorgeht.

Die Beobachtung ist das eine, das erste. Sie ist keineswegs ein passives Registrieren von Eindrücken, keine «Filmaufnahme». Konzentriert auf den Gegenstand, bemerkt man gewöhnlich nicht, daß man im Wahrnehmen *jede Bewegung, jede Form innerlich mitvollzieht.* Es ist intentionale Aktivität, die sich unbewußt abspielt: man ist willensmäßig-unbewußt im Objekt, während man es verstandesmäßig *von außen* registriert. Wie intensiv dieses Mitgehen ist, bei dem fast alle Sinne synästhetisch zusammenwirken – Bewegungssinn, Tast- und Gleichgewichtssinn, Lebenssinn, Gestaltsinn usw. – ist von Peter Lutzker (1996, vgl. auch Suchantke 1998a) beispielhaft dargestellt worden.

Beobachten bedeutet jedoch, sich jeweils auf *einen* Gegenstand zu konzentrieren – man kann nicht gleichzeitig mehreren Objekten seine «ungeteilte» Aufmerksamkeit widmen. Dadurch zerstört man nun allerdings die Wirklichkeit der Natur, in der es keine isolierten Dinge gibt, oder genauer: man beachtet nur eine Seite des Ganzen und neigt dazu, sie überzubewerten – die einzelne Pflanze, das einzelne Tier als individuelle Organismen. Der komplementäre Aspekt, der untrennbar dazugehört, erschließt sich der reinen Sinneswahrnehmung nicht: die Wechselbeziehungen und -abhängigkeiten, in denen jeder Organismus mit seiner Umgebung steht – mit anderen Organismen, mit den klimatischen und edaphischen (Boden-) Verhältnissen usw.

Sie sind hingegen dem *Denken* zugänglich, dessen ureigenste Fähigkeit gerade das Auffinden dieser Beziehungen ist, die *zwischen* den einzelnen Erscheinungen bestehen. Voraussetzung ist allerdings ein reicher Schatz an Beobachtungserfahrungen, und keineswegs sollte dieser nur auf eine Klasse von Objekten beschränkt sein – nur auf Blütenpflanzen, ausschließlich auf Vögel oder Säugetiere, während alles übrige nicht wahrgenommen wird: die Stimmen der Vögel, die Gerüche, die Licht- und Wärmeverhältnisse, Feuchtigkeit oder Trockenheit, die Farben. Eine gute und ständig zu erweiternde Artenkenntnis auf allen Gebieten ist anzustreben.

Dem Denken öffnet sich jene Seite der Natur, die sich der bewußt gehandhabten Sinnestätigkeit, der Beobachtung, verschließt: der organismisch-ganzheitliche Aspekt. Das Denken ist keine beliebig-willkürliche Tätigkeit, bei der jeder Gedanke zusammenhanglos neben dem anderen steht, sondern bedeutet das Auffinden von Bezügen zwischen den einzelnen Begriffen, die sich gegenseitig beleuchten, ergänzen, bedingen. Auf diesen Zusammenhang kommt es an, und im Laufe eines Menschenlebens wächst und entwickelt sich der «Gedankenorganismus» in ähnlicher Weise wie ein biologischer Organismus: Durch jeden neuen Gedanken, den man entwickelt oder von außen aufnimmt, verändert sich der gesamte Begriffsorganismus, und umgekehrt erfährt der einzelne Gedanke seine wirkliche Bedeutung erst durch seine Einfügung in das Ganze. Das Denken ist per se «ökologisch», und seine Wesensverwandtschaft mit den Bildekräften des Organischen wird in erhellender Weise in dem Beitrag von Michaela Glöckler (S. 235ff.) vorgeführt (man vergleiche auch die Darstellungen von Lindenau, 1985, und Schad, 1985).

Dieses, das *integrierende* Denken, muß nun allerdings klar unterschieden werden von jenem, das die Beobachtung, d. h. das bewußte Registrieren der Sinneseindrücke, begleitet. Sinneswahrnehmungen, die ohne gedankliche Wachheit erfolgen, können später in der Regel nicht mehr erinnert werden (oder bestenfalls vage und verschwommen), weil sie unmittelbar ins Unterbewußte absinken. Dort können sie durchaus zu angemessenen Handlungen führen, ohne vom wachen Bewußtsein begleitet zu sein (Beispiel: Autofahren auf täglich gewohnter Strecke bei gleichzeitiger Unterhaltung mit einem Begleiter). Um die Beobachtungsinhalte zur erinnerbaren Erfahrung werden zu lassen, bedarf es der wachen gedanklichen Aktivitäten: Die Erscheinungen wollen bewußt benannt und beschrieben werden. Dabei muß man sich allerdings klar sein, daß die verwendeten Begriffe keinerlei Erkenntnis- sondern lediglich Hinweis- und Bewußtmachungsfunktion haben und auch nach Bedarf beliebig durch andere, treffendere ersetzt werden können: ob man ein Blatt als linealisch, strahlig oder nadelförmig bezeichnet, ist Ermessenssache und sagt nichts darüber aus, warum dieses Blatt so und nicht anders geformt ist. Rudolf Steiner weist in seiner genialen Jugendschrift *Grundlinien einer Erkenntnistheorie der Goetheschen Weltanschauung* sehr dezidiert auf diese Hilfsfunktion der Begriffe hin:

«Wir haben uns dieser Begriffe nur bedient, um den Blick ... auf die gedankenfreie Wirklichkeit zu lenken ... wir bedienen uns ihrer nur, um die Aufmerksamkeit auf jene Form der Wirklichkeit zu lenken, die jedes Begriffes bar ist ... es ist doch etwas wesentlich anderes, ob man gewisse Worte braucht, um diese oder jene Eigenschaft einem Dinge direkt zuzusprechen, oder ob man sich ihrer nur bedient, um den Blick ... auf einen Gegenstand zu lenken.» (GA 2, S. 40)

Integrierendes Denken dagegen fußt auf dem so gewonnenen Schatz an Erfahrungswissen und transzendiert ihn, indem es den Stellenwert des Details innerhalb eines übergeordneten, die Teile bestimmenden Ganzen offenlegt. Es deshalb als ganzheitliches Denken zu bezeichnen ist trotzdem nicht sehr glücklich, weil dadurch der Eindruck eines Statischen, Fertigen vermittelt wird («die Ganzheit»), während es sich in Wirklichkeit um etwas höchst Dynamisches handelt, das alle innere Aktivität erfordert und nie den Charakter des Abgeschlossenen, vollständig Erfaßten besitzt – mit anderen Worten: es ist seinem Wesen nach entwicklungsfähig. Beispiele dafür findet der Leser im anschließenden Teil dieses Beitrages.

Damit kommt es zu einem Wechselspiel zwischen Sinneserfahrung und anschließendem Versuch gedanklich-erkenntnisorientierter Durchdringung des Erfahrenen, zwischen Beobachtung und «Beobachtungsmeditation», wobei man immer wieder vom einen zum anderen zurückkehrt. So wünschenswert einerseits ein reicher Beobachtungsfundus ist, so wichtig ist es jetzt, auf ein möglichst umfassendes Reservoir an Begriffen zurückzugreifen, solchen aus der Anthroposophie wie aus dem gängigen Wissenschaftsbereich.

Ein weiteres erweist sich daher als außerordentlich hilfreich, und zwar gerade dann, wenn es völlig unabhängig von den Themenbereichen geschieht, die in der jeweiligen Arbeit im Vordergrund stehen: die Beschäftigung mit anthroposophischen Gedanken. Man beginnt nach einiger Zeit zu bemerken, wie sich der eigene Gedankenorganismus zu beleben anfängt, weniger zur Erstarrung in festen Denkgewohnheiten und Definitionen neigt und dadurch entwicklungsfähiger wird und – wichtigstes – offener und empfänglicher für Ideen. Beispielsweise dafür, daß die in der Beobachtung in den Gegenständen ausgeführten unbewußten Bewegungen des Äther- und des Astralleibes gleichsam die Empfangsantennen sind für deren geistig-ideellen Gehalt, der dann, lediglich verwandelt, in begrifflicher Form als Vorstellung im Denken erscheint.

All das sind zunächst nur Näherungen, Einkreisungen von verschiedenen Seiten und auf unterschiedlichen Ebenen. Es ist kein logisch-systematisches Beschreiten eines vorgebahnten Weges, der geradlinig ins Ziel führt. Oft genug bleibt man stecken, man ahnt das Ziel, aber es enthüllt sich nicht. Nicht selten geschieht es dann in einem unerwarteten Moment, daß sich das Phänomen offenbart, in einem Augenblick plötzlicher Intuition, indem Wahrnehmung und Begriff in eins zusammenfallen, begleitet von einem starken Evidenzerlebnis: «anschauende Urteilskraft» im Sinne Goethes. Was dann natürlich mit der gebotenen Nüchternheit und Distanz überprüft werden muß. Dabei spielen das Gespräch und der zeitliche Abstand wichtige Rollen.

Ein weiteres Ergebnis ist, daß sich in die Beobachtung des einzelnen Phänomens – der einzelnen Pflanze, eines Tieres – mehr und mehr die innere Anschauung des übergreifenden Ganzen hineinmischt, man erfaßt das Objekt nicht mehr als Isolat. In der Betrachtung etwa eines einzelnen Schmetterlings aus einer Sammlung, des Musters auf seinen Flügeln, sind die Lichter und das Farbenspiel seines Lebensraumes unmittelbar erlebbar und anwesend. Gleichzeitig wird der Blick geschärft für die harmonische Eingliederung eines Lebewesens in seinen Lebensraum, es wird erfahrbar als Teil, als Organ eines größeren Organismus: im Teil wiederholt sich das Ganze. Die breit gerundete Fläche eines Seerosenblattes, im kleineren Maßstab einer Sumpfdotterblume, noch kleiner einer Wasserlinse – all das ist «stimmig», notwendig und gleichzeitig ästhetisch befriedigend, weil sich im Kleinen wiederholt, was im Großen prägendes Element ist, in diesem Falle die sich rundende Oberfläche des Teiches, hier wie dort Grenzfläche zwischen dem Wasser-Mineral- und dem Luft-Licht-Raum.

2.
Der ökologische Organismus

Die Frage, inwieweit ein Ökosystem als Organismus zu verstehen ist, setzt einen klar umrissenen Organismusbegriff voraus. Daran fehlt es jedoch weitgehend. Durch die reduktionistische Einengung des Blickes auf die Ebenen der Gene wird der sich entwickelnde wie der voll ausgebildete Organismus lediglich als die Folge unendlich vieler zielblinder chemisch-physikalischer Reaktionen verstanden, die sich zu einem «Kausalfilz» akkumulieren. Dieser sei lebensfähig, wenn die Einzelkomponenten «zufällig» in geregelten Austausch miteinander treten und das Ganze von der Umwelt toleriert wird. Auf die Unsinnigkeit dieser Vorstellung ist immer wieder hingewiesen worden, bezeichnenderweise gerade von Vertretern der theoretischen Physik (Heitler 1962; 1968), aber auch von Biologenseite:

«Ein und dasselbe Gen kann an verschiedenen Orten des Organismus ganz unterschiedliche Wirkungen zeigen; die Zielorte der Gene bestimmen damit deren Wirkungen wesentlich mit. Zelluläre Prozesse können Gene an- und ausschalten. Die meisten Strukturen und Organismen sind gar nicht von einzelnen Genen determiniert, sondern bilden sich epigenetisch durch kooperative Wechselwirkungen (Selbstorganisierungsprozesse) zwischen Elementen aus. Zwar sind diese Elemente genetisch determiniert, aber weder für diese Wechselwirkungen noch für deren Resultate braucht irgend etwas im Genom ‹vermerkt› zu sein. *Es kann also nicht die Rede sein, daß im Genom ein Bauplan für den Organismus bereitliegt, das heißt bei einem System, das durch zirkuläre Abhängigkeit und funktionelle Interdependenz gekennzeichnet ist.»* (an der Heiden/Roth/Schwegler, 1985, S. 342)

Gegenwärtig kommt es in der Ökosystemforschung vermehrt zu Ansätzen, die üblichen linearen, kausalmechanistischen Erklärungsversuche zu überwinden. Es zeigt sich ja hinlänglich, daß in komplexen organischen Bildungen, Organismen wie Ökosystemen, Eigenschaften auftreten, die aus den konstituierenden Teilen nicht abzuleiten sind. Es überrascht allerdings, daß diese neuen Qualitäten, die «als globale Charakteristika aus den Interaktionen *zwischen* den Bestandteilen der Subsysteme (erwachsen)» (F. Müller et al. 1997, Hervorhebung A.S.), als «Emergenzen» bezeichnet werden.[1] Man

1 Emergenz, von lat. emergere = auftauchen, zum Vorschein kommen. Aus dem Duden-Fremdwörterbuch (1990) erfährt man, daß es sich um einen Begriff aus einer neueren philosophischen Richtung handelt, «wonach höhere Seinsstufen aus niederen entstehen». Meyers Enzyklopädisches Lexikon (1973) zufolge vertritt diese Schule die Auffassung eines «(metaphysischen) Evolutionismus, nach der im Gegensatz zu den mechanistischen, vitalistischen, präformistischen und reduktionistischen Theorien ... die höheren Seinsstufen nicht allein aufgrund einfacher, letztlich quantitativ bestimmbarer Umordnung bzw. Neukombination bereits zuvor vorhandener Elemente, sondern durch qualitative Veränderung, durch das qualitativ Neue, die neu ‹auftauchende› Qualität (engl. emergent) entstehen» (man lese den Satz bitte zweimal).
Es bleibt also letztlich alles beim alten, wenn auch irgendwie verschleiert und ein bißchen unklar. Um es an einem Vergleich zu veranschaulichen: Die Melodie entsteht aus den einzelnen Tönen, der gedankliche Inhalt eines Satzes ist kryptisch bereits in den einzelnen Worten enthalten und «emergiert», wenn diese aufeinandertreffen. Fazit, allen schönen Formulierungen zum Trotz: «Ökosystemforschung ist ... ein Teil der Biologie ..., wobei der Biologie das widerfährt, was nach Meinung der nicht-vitalistischen und nicht-holistischen Naturwissenschaftler ein Ideal und eine faktische, unvermeidliche Tendenz in allen Naturwissenschaften ist: methodisch so weit wie möglich auf Physik zu reduzieren» (Trepl 1997). Ein Paradigmenwechsel ist also keineswegs in Sicht.

gewinnt den Eindruck, daß nicht sein kann, was nicht sein darf, und zur Rettung des reduktionistischen Weltbildes die neuen Eigenschaften einfach in die Elementarbausteine *hineingedacht* werden. Wo doch ganz offensichtlich die «Interaktionen» in ihren hochkomplexen Ordnungen und ihrem geregelten zeitlichen Wandel *neue* Phänomene gänzlich eigenständiger Art darstellen, die sich auf einer höheren Ebene als derjenigen der Grundbausteine verwirklichen. Kennzeichnend für sie ist ja, daß sie nicht *aus* diesen Grundelementen hervorgehen, sondern sich *zwischen* ihnen abspielen, die Einzelteile übergreifend und ordnend. Dieser übergeordnet-bestimmende Charakter zeigt sich schließlich auch darin, daß sie das Kontinuum des Organismus darstellen, die Selbsterhaltung und Selbstherstellung (Autopoiese), während die Grundelemente dem ständigen Austausch unterliegen. Sie sind mithin ein *eigenständiges Kräftesystem* – ein Bildekräfte«leib» –, das sich jedoch im Unterschied zu Kräften physikalischer Natur ständig wandelt (metamorphosiert). Der physisch greifbare und sichtbare Organismus ist der bildhaft-plastische *Ausdruck* dieser Kräfte.

Hierher gehören auch die erstaunlichen Parallelen, die Eugene Odum im Vergleich der Entwickungsabläufe von Einzelorganismen und Ökosystemen aufzeigen konnte. Die Übereinstimmungen hinsichtlich Stoffwechsel und Energiebilanz sind in ihren jeweiligen Phasen – Jugend, Reife, Alter usw. – verblüffend und weisen völlig übereinstimmende Zeitgestalten auf (Odum, 1969; vgl. Leuthold 1998; Suchantke, 1993a).

Wie könnte nun eine wirklichkeitsgemäße Beschreibung des «Bildekräfte-Leibes»[2] aussehen? Sie müßte in erster Linie auf eine Darstellung der im Zeitlichen, im Prozeß sich verwirklichenden Bildekräftekomposition hinauslaufen, als einer zwar geordneten, vor allem aber aus sich heraus aktiv tätigen, sich verwandelnden, gestaltenden Ganzheit.

Besser noch wäre es, von einem Bildekräfte-*Leib* zu sprechen, da es sich bei jedem Lebewesen um ein individualisiertes und in sich geschlossenes

2 Im folgenden wird stets der Begriff des Bildekräfteleibes anstelle des Ätherleibes verwendet. Rudolf Steiner gebrauchte ihn selber oder benutzte gelegentlich noch weitere Synonyme wie Zeitleib, Lebensleib. All diese Umschreibungen ein und desselben dürften dem Gegenwartsverständnis zugänglicher sein als eine Benennung, die voranthroposohischen Traditionen entstammt und Geistig-Substantielles als «verdünntes» Physisch-Materielles impliziert. Der Bereich des Ätherischen gehört einer anderen Seinskategorie an als die Materie.

(wiewohl mit der Umgebung vielfältig in Verbindung stehendes) Gebilde handelt. Die physische Gestalt des Lebewesens ist der sinnlich wahrnehmbare Ausdruck der ihn hervorbringenden und gestaltenden Bildekräfte-Komposition (jedenfalls bei einfacheren Organismen wie der Pflanze; bei Tier und Mensch kommen noch weitere Komponenten hinzu, auf die aber an dieser Stelle nicht eingegangen zu werden braucht).

Dieser «Bildner» ist auch daran zu erkennen, daß er den Elementarbausteinen, die durch Ernährung und Atmung aufgenommen werden, ein Verhalten aufzwingt, zu dem sie aus sich heraus nicht in der Lage sind: außerhalb eines Organismus tendieren Stickstoff, Sauerstoff, Kohlenstoff, Eisen, Kalzium usw. zu einfachen, energiearmen und höchst dauerhaften stabilen Verbindungen: NO_2, O_2, $CaCO_2$, Fe_2O_3 usw., die bekanntlich nur mit großem Energieaufwand zu trennen sind; sie stellen einen Zustand zeitloser Dauer dar, der nur beendet wird, wenn massive Außeneinflüsse wirksam werden und den Zerfall einleiten. Innerhalb eines Organismus werden sie jedoch in hochkomplexe makromolekulare Verbindungen integriert, was nur unter ständiger Energiezufuhr von außen möglich ist. Diese sind vor allem von kurzer Lebensdauer und werden beständig ausgewechselt, das heißt, sie werden nur vorübergehend in den Bereich zeitlicher Geschehnisse aufgenommen. Stirbt der Organismus, dann setzt sofort die Desintegration ein, und die anorganischen Komponenten folgen sofort wieder ihren eigenen, inhärenten Gestaltungsgesetzen. In gemäßigter Form spielt sich im lebenden Organismus dasselbe in der Ausscheidung ab.

«Die Beobachtung zeigt doch, daß die Lebenserscheinungen eine ganz andere Orientierung haben als die im Leblosen verlaufenden. Für die letzteren wird man sagen können: sie zeigen sich von Kräften beherrscht, die vom Wesen des Stoffes ausstrahlen, vom – relativen – Mittelpunkt nach der Peripherie hin. Die Lebenserscheinungen zeigen den Stoff von Kräften beherrscht, die von außen nach innen wirken, gegen den – relativen – Mittelpunkt zu. *Beim Übergange ins Leben muß sich der Stoff den ausstrahlenden Kräften entziehen und sich den einstrahlenden fügen.*» (Steiner / Wegman, GA 27, S. 27; Hervorhebung A. S.)

Die den anorganischen Bildungen innewohnenden Tendenzen zur Dauer, zur Zeitlosigkeit charakterisieren bereits einen fundamentalen Unterschied zu der Sphäre des Organischen. Wie schnell eine Kristallisation abläuft (und wie groß der Kristall wird, wie lange er erhalten bleibt), hängt stets von Außenumständen ab. Anders ein Organismus, der seine eigene Zeitgestalt besitzt, die nur in engen Grenzen durch Einwirkungen von außen beeinflußt werden kann. Diese Zeitgestalt des Organismus ist genauso wie seine physische Raumesgestalt gegliedert (in Embryonal-, Jugend-, Reifephase), um nur die gröbsten Ausprägungen zu nennen. Die räumlich-regionale Differenzierung eines Organismus in Funktionszentren ist in vielem Ausdruck der zeitlichen Differenzierung, ein Kristall ist dagegen (wenn er keine Verunreinigungen enthält), stets homogen – seine Raumesgestalt ist Ausdruck seiner Zeitlosigkeit. Es gibt denn auch keinen «jungen» oder «ausgereiften» Kristall. Kommt neue Lösung hinzu, dann wird er durch Anlagerung weiterer Substanzen größer, und der Unterschied ist rein quantitativer Natur. Anders ein Lebewesen, *von dem stets nur ein zeitlicher Ausschnitt des Ganzen im Raume vorhanden ist,* da die früheren und späteren Phasen nicht gleichzeitig anwesend sein können. Im Bereich der Lebensprozesse gibt es keine Kontinuität auf der physisch-materiellen Ebene, da die Substanzen dem ständigen Stoffwechsel unterliegen[3]; *von Dauer ist damit nur das immaterielle Kräftegefüge des Bildekräfte- oder Zeitenleibes.* Es ist auch das für den Gestaltwandel verantwortliche Element, es ist selber in ständiger Metamorphose begriffen – die physische Substanz ist schließlich, wie wir konstatierten, ihren eigenen Gesetzen gemäß dazu nicht in der Lage. Kein einmal gebildetes Organ bildet sich in ein neues um; die Kiemen der Kaulquappe werden nicht zur Lunge des Frosches. Diese entsteht an anderer Stelle völlig neu, während jene vom Organismus zurückgenommen und eingeschmolzen werden. Offenbar ist die Inkompatibilität des in ständiger Wandlung und Bewegung begriffenen Zeitleibes und der zur Dauer tendierenden Materie nur dadurch überbrückbar, daß die physische Substanz nur vorübergehend integriert und dabei «von außen», d. h. aus dem ihr übergeordneten Organismus, zeitlichen Abläufen unterworfen wird.

Sosehr ein Organismus eine individualisierte, gewissermaßen autarke Bildung ist, sosehr ist er auf der anderen Seite Teilglied einer umfassenderen, größer dimensionierten Ganzheit – der Biozoenose[4] bzw. des Ökosystems. Größe und in gewissem Umfang auch Gestalt der Blätter beispielsweise sind davon abhängig, ob eine Pflanze an feucht-schattigem oder trocken-hellem Standort wächst usw., und dies in einem Ausmaße, daß es bei ein

3 Jedenfalls bei höheren Lebewesen, bei Tier und Mensch. Pflanzen haben keine Möglichkeit, aus den unmittelbaren Lebensprozessen entlassene feste oder flüssige Substanzen auszuscheiden, und lagern sie deshalb im eigenen Körper ab.

4 Lebensgemeinschaft eines bestimmten Standortes (= Biotop).

wenig Erfahrung nicht schwerfällt, vom Aussehen eines Gewächses auf seinen Lebensraum zu schließen, ja ihn geradezu zu rekonstruieren.

Damit wäre der Übergang zum Ökosystem gemacht, bei dem sich nun die Frage stellt, ob sich der eben gewonnene Organismusbegriff tatsächlich darauf anwenden läßt: Ist ein Ökosystem ein Organismus? Wenn das der Fall sein sollte, müßten die einzelnen Organismen, die sich in ihm finden, eine jeweils spezifische Funktion in diesem Großorganismus ausüben. Und das ist in der Tat der Fall und drückt sich in der *fundamentalen Dreigliederung jedes Ökosystems* aus: Die grünen Pflanzen, die «Produzenten», bauen unentwegt organische Substanz auf, die von ihren Antagonisten, den «Destruenten», wieder in den Kreislauf zurückgeführt wird – beide könnten ohne einander nicht existieren, beide bedingen sich gegenseitig. Eine vermittelnde mittlere Gruppe ist mit ihrer Benennung als «Konsumenten» in ihrer wahren Bedeutung allerdings nicht annähernd getroffen: die (meisten) Tiere und der Mensch. Ihnen fällt in hohem Maße eine *gestaltende* Funktion zu – was beim Menschen offensichtlich ist, bei den Tieren jedoch bislang weniger beachtet wurde. So haben Tiere in ihren Lebensräumen einen starken Einfluß auf die Zusammensetzung der Vegetation, was sich bis in das Erscheinungsbild einer Landschaft ausdrücken kann. Die ostafrikanische Savanne beispielsweise wird in ihrem charakteristischen Gefüge in hohem Maße durch die Weidetiere bestimmt. Sie halten sie offen, und ihre Eliminierung führt zur Umwandlung in undurchdringlichen Dornbusch (Walter und Breckle, 1984). Die großen Tangwälder vor der kalifornischen Küste verdanken ihr Gedeihen dem Seeotter – wo dieser ausgerottet wird, verschwinden die großen Algen. Der Seeotter ernährt sich neben Muscheln vor allem von Seeigeln. Werden diese in ihrem Bestand nicht mehr kleingehalten, raspeln sie die Verankerungen der Tange und deren Jungwuchs ab. Durch die Wiedereinbürgerung von Seeottern haben sich an vielen Stellen die Tangwälder erholt (Breen et. al., 1985). Und schließlich haben co-evolutive Prozesse zwischen Blüten und ihren Bestäubern auf beide Partner, Pflanze wie Insekt, in starkem Maße formend eingewirkt: «Das Tier ist der aktive Teil, die Pflanze der passive, nachgiebige. Sie macht zur sichtbaren Form, was das Tier tut und treibt. *Des Tieres Instinkte werden in der Blüte zu Einrichtungen.* Deshalb passen die Insekten zu den Blüten wie der Schlüssel zum Schlüsselloch. Mögen auch beide heute zwei verschiedenen Naturreichen angehören, in Wirklichkeit bilden sie nur die Teile eines in zwei Hälften auseinandergelegten Organismus.» (Grohmann, 1991, S. 48)

In welchem Maße das Prinzip des dreigliedrigen Funktionszusammenhanges bis in die *räumliche* Gestalt eines Ökosystems hinein erkennbar wird, hat Hans-Christian Vahle (1998) am Beispiel der ursprünglichen, an den natürlichen Gegebenheiten orientierten Kulturlandschaft Mitteleuropas nachgewiesen. Thomas Marti (1989) konnte am Beispiel der Camargue (Rhônedelta) zeigen, daß auch verschiedenartige Ökosysteme, die in engem Funktionsaustausch stehen, eine klar dreigegliederte Ganzheit – einen Großorganismus – zu bilden vermögen. Daß natürliche Ökosysteme darüber hinaus ihre spezifischen *Zeitgestalten* haben, ist bekannt. Die Ökogenese, das Entstehen einer Lebensgemeinschaft, ist aus vielen gut untersuchten Beispielen bekannt. Genannt sei an dieser Stelle nur die ausführliche Darstellung der Vegetationsentwicklung nach dem Rückzug der Gletscher in den Alpen durch Christoph Leuthold (1998). Dabei zeigt sich in allen Fällen ein charakteristischer Verlauf, bei dem auf eine embryonale Phase das stürmische Wachstum eines sehr artenreichen Jugendstadiums folgt, welches dann allmählich in das Reife-(Klimax-)Stadium mit stabiler Energiebilanz einmündet, im erwähnten Beispiel in das des Hochwaldes, ausgezeichnet durch Verringerung der Vielfalt und Dominanz einiger weniger Arten. Als nächstes folgt der Zusammenbruch der überalterten Bestände, und die Sukzession beginnt aufs neue.

Daß sich ein Ökosystem auch fortpflanzt, ist damit bereits angedeutet – die Samen der Pflanzen sorgen für die Erneuerung oder, wie im Falle weniger ausgeprägter Unterbrüche, für die Kontinuität. Wüstengebiete mit unregelmäßigen, oft über Jahre oder Jahrzehnte ausbleibenden Niederschlägen können sich nach plötzlichem Regen fast über Nacht in grüne und blühende Wiesen verwandeln: Die Samen zahlreicher, an diese Bedingungen angepaßter Gewächse, die jahrelang im Boden «warteten», keimen sofort und erzeugen eine kurzlebige Vegetation, die nach rasch erfolgender Samenbildung wieder abstirbt und verweht. Eine deutliche, wenn auch zeitlich unregelmäßige «Generationenfolge» des gesamten Ökosystems wird erkennbar. – Im übrigen ist Reproduktion primär nur eine gesteigerte Form von Wachstum, bei der vegetativen Vermehrung (durch Ausläufer, Knospung usw.) geht das eine fließend in das andere über.

Dennoch gibt es Einwände grundsätzlicher Art gegen das Verständnis eines Ökosystems als Organismus. Adolf Remane (1950) sieht einen fundamentalen Unterschied beider Organisationsformen darin, daß in einem Organismus alle Teilglieder einer einzigen Ursprungszelle entstammen, während sich ein Ökosystem aus fertigen, unabhängig entstandenen Komponenten zusammensetze. Dieses Argument ist jedoch nicht stichhaltig (und überdies durch Eugene Odum eindrucksvoll widerlegt; siehe S. 154 dieses Beitrages). Zieht man einen anderen zeitlichen Maßstab heran, nämlich den der gesamten Evolution der Naturreiche, so gehen das Tier- wie das Pflanzenreich und die sogenannte abiotische Sphäre (Hydro-, Atmo-, und Lithosphäre) letztlich auch auf einen gemeinsamen Urzustand zurück, aus dem sich die einzelnen Reiche erst allmählich heraussonderten. Dabei vollzogen sich, lediglich mit erheblich größerem Zeitmaßstab, ganz übereinstimmende Prozesse sowohl der zunehmenden Differenzierung und Aufspaltung hin zu unterschiedlichen Gestaltbildungen und Funktionssystemen als auch, parallel dazu, zu steigender gegenseitiger Verflechtung und Abhängigkeit (Co-Evolution, Symbiosen, Synusien[5] usw.). So gesehen lassen sich die Reiche der grünen Pflanzen, der Pilze und der Tiere, aber auch die sogenannte anorganische Sphäre durchaus als Organsysteme *eines* Großorganismus erkennen, dessen Biographie die gesamte Evolution des Lebens auf der Erde darstellt.

Woran nun läßt sich innerhalb eines Ökosystems das Vorhandensein und Wirken von Bildekräften erkennen, die seine Teilglieder, die einzelnen Lebewesen, zu einem Ganzen integrieren? Wenn ein Ökosystem tatsächlich den Charakter eines Organismus besitzt, dann müssen sich die synorganisierenden Wirkungen des ***über** den Teilgliedern innerhalb des Ganzen* wirkenden Bildekräfteleibes auch erkennen lassen.

Diese ordnend-gestaltenden und sich aufeinander abstimmenden Wirkungen sind geradezu die Konstituante eines jeden (natürlichen oder naturnahen) Ökosystems. Sie äußern sich vor allem in der Tendenz zur Homöostase (Fließgleichgewicht) der vorhandenen und integrierten Tier- und Pflanzenpopulationen. Würden sie fehlen und wäre ein Ökosystem tatsächlich ein bloßes Konglomerat, zusammengesetzt aus zufällig hinzugekommenen Arten, dann müßte ein unentwegter, gnadenloser Kampf ums Dasein Darwinscher Version toben, an die Stelle der Ordnung träte das Chaos; ständige Schwankungen in den Populationsgrößen und Artenzusammensetzungen wären die Folge. Derlei spielt sich jedoch nur in künstlichen, vom Menschen

5 Synusien: Gemeinschaften (besser: Ansammlungen) von Bewohnern kleinräumiger Teilbereiche einer Lebensgemeinschaft (Biozönose), die zum Ganzen sektoriell beitragen (z.B. Bewohner der Laubstreu am Boden, des Totholzes im Wald, im Angespülten des Meerestrandes usw.).

geschaffenen oder veränderten Systemen ab (Monokulturen überzüchteter, an Vitalitätsmangel leidender Gewächse, welche von ihren Kommensalen – z. B. Pilzen, Insekten, Mäusen usw. –, die sich jetzt anstecken lassen, ebenfalls «Monokulturen» zu bilden, überwältigt werden; Einschleppung fremder Tiere und Pflanzen, die in ihren natürlichen Lebensgemeinschaften voll integriert sind und jetzt, vom Menschen verursacht, zu Schädlingen werden). Nichts dergleichen findet sich in einem natürlichen Ökosystem. Gut bekannt sind die regulierenden Funktionen der Raubtiere, aber auch der Parasiten auf ihre Beute- bzw. Nahrungsorganismen, was sich in wechselseitigen Abhängigkeiten ausdrückt: nehmen die Beutetiere ab, dann haben in der Folge die Jäger geringeren oder keinen Nachwuchs; nimmt der Bejagungsdruck zu, dann steigern die Gejagten ihre Nachkommensrate (Nachgelege der Vögel usw.).

«Der Weißwedelhirsch hat bei geringer Dichte eine höhere Zahl tragender Weibchen (92% gegenüber 78%), bei geringer Dichte werden 33% Einzeljunge geboren, 60% Zwillinge und 7% Drillinge; bei hoher Dichte dagegen sind 81% Einzeljunge und 18% Zwillinge. ... Dazu kann in Abhängigkeit von der Dichte einer Population das Geschlechtsverhältnis der Jungen verschoben werden: Bei niedrigen Beständen des Rehes liegt es bei 1:2 (Männchen zu Weibchen) und verschiebt sich bei höherer Dichte zugunsten der männlichen Kitze bis zum Wert von 3:1. Dazu kommt eine allgemeine Ovulationshemmung – also eine geringe Kitzzahl im Gesamtbestand; eine relativ hohe Mortalität der Kitze und ein sehr langsames Wachstum der Jungtiere, die bei ungünstigen Bedingungen erst im Alter von mehreren Jahren fortpflanzungsfähig werden, während sie in Optimalgebieten schon im ersten Jahr geschlechtsreif sein können.» (Remmert, 1992, S. 158)

Wer oder was regelt hier? Sicherlich werden sich Pheromone (oder, streßbedingt, Hormone)[6] als Auslöser finden lassen, aber stoffliche Wirkungen sind zielblind und haben lediglich die Funktion von Boten, von Übermittlern. Sie sind selber nur Teile eines komplexen Ganzen, nicht seine Verursacher oder Regler. Dieses «Ganze» wird, wie an früherer Stelle dargelegt, indirekt erkennbar als ein über den Teilen innerhalb des Gesamten des

6 Pheromone, auch als «Ektohormone» bezeichnet: Stoffe zumeist hoher Verdünnung, die von Tieren (und Pflanzen) in die Umgebung abgegeben werden und die Beziehung der Individuen untereinander in einer Population (z.b. Geschlechterfindung) oder einer Sozietät (Bienenstock, Ameisenkolonie), aber auch zwischen Insekten und Pflanzen regeln, analog der Wirkung von Hormonen innerhalb eines einzelnen Organismus.

Beziehungsgefüges Wirkendes. Ähnliches gilt für die erwähnten Jäger-Beute-Beziehungen, die zunächst den Eindruck eines fast mechanisch ablaufenden periodischen Wechsels zwischen zwei Antagonisten vermitteln. In Wirklichkeit ist die Sachlage viel komplexer («vernetzter»), da eine Vielzahl nicht berechenbarer aperiodischer Einflüsse hinzukommt: wechselnde Witterungsverhältnisse, unterschiedliches Nahrungsangebot usw. Das Zusammentreffen vieler unterschiedlicher, untereinander beziehungsloser Einflüsse tendiert naturgemäß zum Chaos (Heitler, 1968). Daß es dazu nicht kommt, verweist auf die Existenz eines den Einzelfaktoren übergeordneten regulierenden Kräftesystems der Selbsterhaltung.

Die Wirkung des übergreifenden und formenden Bildekräfteleibes manifestiert sich aber auch in den Gestaltbildungen und Farbtrachten, die Lebewesen unterschiedlichster Verwandtschaftskreise einander und ihrer Umgebung angleichen, sei es in Form und Farbe, von Blüten an ihre Bestäuber, von Insekten an ihre pflanzliche Umgebung oder an die Licht- und Farbqualitäten ihres Lebensraumes. Erscheinungen dieser Art sind seit langem Schwerpunkt der Feldforschungen des Verfassers (Suchantke 1974, 1976, 1989a, 1991a). So zeigt sich etwa in den Regen- und Bergwäldern der Tropen Afrikas und Südamerikas eine verblüffende Uniformität hinsichtlich Färbung und Zeichnung bei der überwiegenden Mehrzahl aller Schmetterlingsarten in den einzelnen übereinandergeschichteten Stockwerken des Waldes (der Regenwald ist erheblich stärker als die Wälder unserer Breiten in mehrere übereinanderliegende Strata gegliedert, die sich hinsichtlich Artenzusammensetzung, Wuchsdichte und damit auch Helligkeit und Farbenspiel unterscheiden). Diesen artenreichen Fluggemeinschaften gehören Vertreter der unterschiedlichsten Verwandtschaftskreise an, die vielfach nur bei genauer Untersuchung zu unterscheiden sind. Die Übereinstimmung mit den Licht- und Farbverhältnissen ihrer unmittelbaren Umgebung geht so weit, daß in den verschiedenen Stockwerken ganz unterschiedliche Mustertypen auftreten: in unmittelbarer Nähe des dunklen Waldbodens dominieren schwärzlich-düster gefärbte Arten, darüber fliegen Formen mit leichten Aufhellungen, die in der nächsthöheren Zone ebenso zunehmen wie die Farbintensität, die sich in der Kronenregion zu grellsten Kontrasten steigert. Ganz entsprechende Erscheinungen zeigen sich bei den Vögeln desselben Lebensraumes (Koepcke, 1973). Quantitative Untersuchungen des Helligkeitsgrades und des prozentualen Anteils aufgehellter Flächen ergaben verblüffend übereinstimmende Verhältnisse auf den Flügeln der

Schmetterlinge und im unmittelbar umgebenden Lebensraum (Papageorgis, 1974; 1975). Daß das Phänomen dieser «Biotoptrachten» (Suchantke, 1974) so spät entdeckt wurde, mag daran liegen, daß bis in jüngste Zeit kaum Freilandbeobachtungen stattfanden – es wurde fast nur gesammelt und anschließend das Material in den Museen nach systematisch-taxonomischen Gesichtspunkten bearbeitet. Im gleichen Jahr, in dem die Entdekkung durch den Verfasser in Afrika erfolgte, wurde sie völlig unabhängig von der amerikanischen Forscherin Christine Papageorgis in Südamerika gemacht und zur gleichen Zeit publiziert, wenn auch völlig anders interpretiert. Papageorgis sah in der Erscheinung lediglich eine Bestätigung der neodarwinistischen Mimikry-Theorie, die darauf beruht, daß durch die Auslese solche Arten begünstigt werden, die durch ihre Umgebungstracht besser vor Freßfeinden (Vögeln) geschützt sind als auffallend gefärbte Vertreter, da sie sich visuell schon auf kurze Distanz in ihre Umgebung hinein auflösen.[7] Durch diese Annahme wird jedoch das Entstehen des Phänomens nicht erklärt, da die Selektion nur an etwas ansetzen kann, was bereits vorhanden ist. Macht man richtungslos zufälliges Mutieren dafür verantwortlich, dann bleibt die Tatsache widersprüchlich, daß die überwiegende Mehrzahl der Arten identisch oder parallel «mutiert», und das bis in feinste Details des Zeichnungsmusters hinein. Dagegen spricht auch die Tatsache, daß das Auftreten neuer, bisher unbekannter Farbmuster in dem Moment beobachtet wird, in dem sich in der Umwelt der Falter entsprechende gravierende Änderungen abspielen (Industriemelanismus, d. h. Verdunkelung der Flügelfärbung zeitgleich mit der Schwärzung der Vegetation, der Baum-

7 Obwohl man durch die Einsichten in ökologische Zusammenhänge längst weiß, daß es innerhalb des Beziehungsgeflechts der Lebewesen so etwas wie «Feinde» nicht gibt, vielmehr gegenseitige Abhängigkeiten herrschen, wie sie zwischen den einzelnen Organsystemen eines Organismus bestehen, sind Anthropomorphismen dieser Art nach wie vor gang und gäbe. Sie verraten mehr über die zugrundeliegende, unreflektierte Gesinnung als über die wirklichen Zusammenhänge. Besonders verräterisch sind die allgemein üblichen Termini aus der Militärsprache, bis hin zur psychologischen Kriegsführung: Da geht es um «Täuschung» der Feinde durch «Tarnung», etwa, indem giftige Insektenarten durch «wehrlose» Vertreter nachgeahmt werden als Element der «Überlebensstrategie» usw. Natürlich, so heißt es dann, sei das nur «als ob» gemeint, wobei vergessen wird, daß unreflektiert verwendete Begriffe unbewußt die Einstellungen desjenigen prägen, der sie benutzt oder in ständiger Wiederholung hört. Vor allem die Schulbücher sind voll davon, populäre Naturfilme im Fernsehen usw. Auf diese Weise wird in großem Stil die im Wachsen begriffene Hinwendung vieler Menschen zur Natur korrumpiert.

stämme usw. durch Ruß in frühen Phasen der Industrialisierung; vgl. Kettlewell, 1965; Suchantke, 1989a).

Aufmerksam geworden durch die extreme Ausformung der Erscheinung in den Tropen, entdeckte man das Phänomen auch in der gemäßigten europäischen Region, in der es allerdings erheblich gedämpfter und gemäßigter auftritt und sich wohl deshalb (und wegen der kleinräumigen Durchdringung von Menschen geschaffener abwechslungsreicher Kulturlandschaften) bisher der Entdeckung entzog (Suchantke, 1991a; Vereijken, 1990).

Bei dieser knappen Andeutung des komplexen Sachverhaltes muß es an dieser Stelle bleiben. Für nähere Einzelheiten und ausführliche Diskussion sei auf die Schriften des Verfassers verwiesen (besonders Suchantke, 1989a).

Ein Ökosystem dürfte damit wohl zu Recht als Organismus begriffen werden – als «ökologischer Organismus». Mit dieser Bezeichnung wird gleichzeitig angedeutet, daß es sich als Gebilde anderer Größenordnung, räumlich wie zeitlich, in bestimmten nur ihm zukommenden Systemeigenschaften von einem Organismus üblicher Benennung (einem «individuellen» Organismus) unterscheidet.[8] In erster Linie wäre da seine größere Offenheit zu nennen. Damit ist vor allem seine potentielle Wandlungsfähigkeit gemeint, die es dem verändernden und umgestaltenden Eingriff des Menschen so leicht zugänglich macht, ja ohne diese Eigenschaften wäre die gesamte Bearbeitung der (belebten) Natur durch den Menschen undenkbar und damit letztlich die gesamte Kulturentwicklung. Daran zeigt sich, daß das Ökosystem – oder die Natur auf der Ebene des Ökosystems – eine erheblich größere Plastizität als ein individueller Organismus besitzt. Die Umwandlung von Wildorganismen durch Domestikation ermöglicht nie das Entstehen voll-

8 Diese Differenzierung darf keinesfalls übersehen werden, schon gar nicht, wenn man den Organismusbegriff auch auf soziale Systeme anwendet. Allzu undifferenzierte Gleichsetzung und Nichtbeachtung der systemimmanten Unterschiede könnte zu dem in diesem Fall nicht ganz unberechtigten Vorwurf des Biologismus führen, der Übertragung von Begriffen auf Bereiche, denen sie nicht angemessen sind (Bargatzky, 1986; Suchantke, 1993a). Es kann sich nicht darum handeln, «irgendeine für naturwissenschaftliche Tatsachen passende Wahrheit herüber zu verpflanzen auf den sozialen Organismus ... Wenn man einfach das, was man glaubt gelernt zu haben am natürlichen Organismus, überträgt auf den sozialen Organismus, wie es oft geschieht, so zeigt man damit nur, daß man sich nicht die Fähigkeiten aneignen will, den sozialen Organismus ebenso selbständig, ebenso für sich zu betrachten, nach dessen eigenen Gesetzen zu forschen, wie man dies nötig hat für das Verständnis des natürlichen Organismus.» (Steiner 1919, GA 23, S. 60)

ständig neuartiger Formen, sondern lediglich die Steigerung (oder Reduktion) vorhandener Anlagen und Tendenzen. Die Verlandung eines Sees hingegen führt zu einer Aufeinanderfolge völlig andersartiger Ökosysteme, aus dem See wird ein Moor und aus dem Moor schließlich ein Wald, der vom Menschen in eine Wiese oder in Ackerland umgewandelt werden kann und wiederum zurück in Wald, wenn es gewünscht wird. Diese plastische Potenz und Wandlungsfähigkeit innerhalb des Bildekräfteleibes eines ökologischen Organismus dürfte es sein, von der die formenden und gestaltenden Einflüsse auf die Teilglieder, die einzelnen pflanzlichen und tierischen Bewohner der jeweiligen Lebensgemeinschaft ausgehen. Gemeint sind damit, um es genauer zu sagen, die *Überformungen*, wie sie sich in den unterschiedlichen Wuchsformen der Pflanzen – vor allem ihrer Blattgestaltungen –, den Farbtrachten der Schmetterlinge, aber wohl auch in den Symbiosen von Blüte und Bestäuber, Ameisen und Bäumen und in vielerlei Einnischungen, wie insekten- und fruchtfressenden, rindenabsuchenden usw. Vögeln ausdrücken. (Es sind diese «Anpassungen» natürlich nicht zu verwechseln mit den einschneidenden Schritten der (Makro-)Evolution, die zu Organismen mit gänzlich neuen Errungenschaften führen, wie etwa die Entwicklung der Blütenpflanzen, der Warmblüter, der Vögel usw.)

«Darwin hat zwar mit dem Selektionsprinzip ein neues Verständnis für den individuellen und das heißt populationsgenetischen Wandel des Typus eröffnet. Aber seine Perspektive ist einseitig. Und vor allem stellt sich das Typen- und Formproblem nicht nur auf der Stufe der Individuen, sondern es kehrt auf der höheren *Stufe der ökologischen Zusammenhänge* wieder, die eine höhere Ganzheit gegenüber den Individuen und Populationen darstellen. Über das evolutive Schicksal der Populationen entscheiden die strukturellen Bedingungen des Ökosystems, deren Komplexität wir heute keineswegs schon durchschauen (sowenig wie Darwin sie damals durchschaut hat). Daher scheint heute eine *Morphologie der Ökosysteme* nötig, die nicht nur nominalistisch-analytisch-elementaristisch von unten her, sondern zugleich nach den Formen der Lebensgemeinschaft, ihren Strukturen und ganzheitlichen Zusammenhängen fragt, welche von oben her als Ganzheitsbedingungen des Systems auf die Populationen und die Individuen einwirken, die zur Biozoenose gehören. In dieser Perspektive wird vielleicht das, was bloß als Zufall und blinde Notwendigkeit erscheint, wenn man den Formwandel der Spezies von unten, den Populationen her betrachtet, vielmehr als Folge übergreifender, ganzheitlicher Formgesetzlichkeiten zu begreifen sein, die im Evolutionsprozeß vorausgesetzt, aber durch das Selektionsprinzip als solches nicht adäquat expliziert sind.» (Huber, 1981, S. 17)

Somit können jene Erscheinungen, die wir soeben als «Anpassungen» bezeichneten, als gestaltlicher, farblicher und, in den Gesängen der Vögel, klanglicher *Ausdruck* des ökologischen Organismus verstanden werden (vgl. z. B. Frieling, 1986). Damit aber wäre eine weitere Sphäre berührt, die über die reinen Lebensprozesse des Bildekräfteleibes hinausführt und den Bereich des Seelischen umfaßt. Natürlich kann diese Sphäre nicht einfach gleichgesetzt werden mit dem zumindest teilweise wachen, bewußten Seelenleben eines höheren Tieres oder gar des Menschen. Sie ist genauso umkreisoffen wie der Bildekräfteleib des ökologischen Organismus und äußert sich ebenso wie in den Farberscheinungen und stimmlichen Fähigkeiten der Lebewesen in den Bewegungsgestalten der Klänge, der wechselnden Farben und Lichter der Atmosphäre; sie sind es, die sich in den Farben der Schmetterlinge und den Gesängen der Vögel ausdrücken und Abbilder verschaffen.[9]

Die Schwierigkeiten beginnen dort, wo es darum geht, das Wesen, die spezifische Natur des Bildekräfteleibes eines bestimmten ökologischen Organismus zu erfassen, ganz zu schweigen von seiner sprachlichen Darstellung. Alles bisher Angesprochene betraf lediglich *indirekte* Erscheinungen, *Auswirkungen* im Bereich der organischen Gestaltungen. Hinzu

9 Bei dieser knappen Anmerkung muß es belassen bleiben, da der Bereich des Seelischen (Astralischen) außerhalb der Thematik dieses Beitrages liegt. Zum besseren Verständnis erscheint jedoch eine kurze Erläuterung nötig:

Achtet man, um ein konkretes Beispiel zu nehmen, auf den Zusammenhang der Witterungserscheinungen mit der eigenen seelischen Befindlichkeit, dann wird man ein mal unterschwelliges, mal deutlicher erlebbares stimmungsmäßiges Mitgehen bemerken. Des weiteren kann einem auffallen, daß viele spontane Emotionen, Gefühle, Stimmungen nicht nur innerseelisch auftreten, sondern deutliche Entsprechungen im Wechsel des Wettergeschehens haben: ein strahlender Morgen, ein drohendes oder reinigendes Gewitter, Abendfrieden, die Ruhe vor dem Sturm usw. All das sind keine äußerlichen Analogiespielereien, die Übereinstimmungen greifen tiefer: Unsere Emotionen, Gefühle, Stimmungen haben nicht nur eine subjektiv-innerseelische Seite, sondern dadurch, daß sie ausgedrückt werden, eine quasi objektive, vom Gegenüber als Eindruck wahrnehmbare (und spontan verstehbare) Qualität, die bekanntlich im Bereich zwischenmenschlicher Kommunikation die Hauptrolle spielt. In beiden Bereichen nun, auf der psychischen Ebene wie in den atmosphärischen Erscheinungen, treten die gleichen Ausdrucksformen auf: Geräusche (Laute), Farben, Aufhellungen und Verdüsterungen, Bewegungen, Gestalten (Mimik) und Gestaltwandel. Es dürfte mithin erlaubt sein, von einer Beseelung der Natur zu sprechen, freilich von einer

kommt, daß ein ökologischer Organismus ein erheblich komplexeres Gebilde ist als ein überschaubarer individueller Organismus. Allein, auch dieser ist ja der sinnlichen Wahrnehmung nur in einem zeitlichen, momentanen Ausschnitt gegeben, seine vollständige Gestalt ist nur der inneren Anschauung zugänglich. Das mag bei einer Pflanze noch relativ einfach sein, wenn man nach dem Vorbild Goethes aus der exakten Erinnerung und ständigen Überprüfung an der sinnlichen Realität den sukzessiven Gestaltwandel bildhaft denkend mitvollzieht, und dies so lange und so oft, bis anstelle der starren Raumes- die zugrundeliegende Bewegungsgestalt immer unmittelbarer und klarer hervortritt. Aber schon bei der Metamorphose des Schmetterlings, bei der es um eine völlige Umschmelzung der Gestalt geht, wird das unendlich viel schwieriger.

Ein ökologischer Organismus schließlich ist erheblich komplexer, und vor allem ist er, wie wir konstatierten, offener, was bedeutet, daß sein Bildekräfteleib nicht oder viel weniger gegenüber dem Umraum abgegrenzt ist: Die bestimmenden Elemente sind die atmosphärischen Verhältnisse, die Komposition von Licht und Dunkel, von Trockenheit oder Feuchte, die Bedingungen des Bodens, der Wechsel oder das Gleichmaß der Jahreszeiten. Der Charakter des jeweiligen Ökosystems ergibt sich aus dem spezifischen Zusammenklang dieser übergreifenden Komponenten. Läßt sich

allgemeinen, unpersönlichen, und nicht, wie beim Menschen, einer individualisierten und bewußten.

Im Falle der Farbtrachten der Schmetterlinge kann nach dem Gesagten kein Zweifel sein, daß es sich nicht um den Ausdruck eines (individualisierten oder artspezifischen) Innerseelischen handelt, weil a) ganz verschiedene, nicht näher verwandte Arten in gleicher Weise gefärbt sind und b) die Übereinstimmung all dieser Arten mit den übergreifend-einheitlichen Licht- und Farbqualitäten der Umgebung gegeben ist. Die Tracht ist mithin nicht Ausdruck und Wirkung endogener, sondern umkreishafter Wirkungen. Ganz Übereinstimmendes gilt auf lautlicher Ebene für die Gesänge der Vögel, auf deren Kongruenz mit dem Seelisch-Stimmungshaften ihrer jeweiligen Lebensräume Heinrich Frieling 1986 zum ersten Mal aufmerksam gemacht hat.

Man muß sich also mit der Vorstellung vertraut machen, daß das Element des Seelischen gleichsam in zweifacher Weise wirksam ist und erlebt werden kann – und jeder Mensch beiden Bereichen ausgesetzt ist: dem eigenverfügbaren Verinnerlicht-Seelischen und einem allgemein-unindividualisiert Umkreishaften. Angehörige früherer (und anderer) Kulturen haben diese Durchseelung des Umkreises, der Natur stärker und erheblich differenzierter erlebt (vgl. Gurjewitsch, 1989, siehe auch Steiner 1924, GA 327) als der moderne introvertierte und auf das eigene Selbst konzentrierte Mensch.

eine einzelne Pflanze noch mit einem einzelnen Instrument, einer einzelnen Stimme vergleichen, so entspricht das Ökosystem dem gesamten Orchester.

Es ist der *Gesamt*eindruck, der sich aus dem Zusammenklang der unendlich vielen Einzelheiten ergibt, der sich im Ganzen ausdrückt und in den Einzelheiten wiederfindet. Der Vergleich mit anderen Ökosystemen hilft, das jeweils Typische aufzufangen. Es ist die physiognomische Vorgehensweise, die den besonderen Charakter der jeweiligen Landschaftsform und ihrer Einzelheiten im Bilde, also wiederum indirekt, wiedergibt. Carl Troll (z. B. 1959) hat hier Richtungsweisendes geleistet. Jochen Bockemühl (1993, S. 30) versucht, «einen *ästhetischen* Sinn für die Gesamtheit der Wahrnehmung zu entwickeln und erst mit einer solchen Haltung schrittweise ins einzelne zu gehen. ... Das *Bild* ist die Form, durch die wir einen Zusammenhang erfassen.»

Die Konkretisierung der zunächst nur empfundenen und unbenannten Eindrücke erfolgt durch die Umsetzung in die Begrifflichkeit der Sprache. Die Schwierigkeiten, die hier auftreten, sind beträchtlich: Begriffe engen ein und fixieren etwas, das viel umfassender ist und noch erheblich andere Aspekte aufweist, als der einengende, definierende Begriff auszudrücken vermöchte: «Wie dem proteusartigen, zugleich identischen und nicht-identischen Gegenstand gerecht werden?» (Pörksen, 1994, S. 111) Goethe rang in seinen naturwissenschaftlichen Studien mit diesem Problem zeitlebens:

«Die größte Schwierigkeit bei der Auslegung dieses Systems besteht darin, daß man etwas als still und feststehend behandeln soll, was in der Natur immer in Bewegung ist, daß man dasjenige auf ein einfaches sichtbares und gleichsam greifbares Gesetz reduzieren soll, was in der Natur sich ewig verändert und sich vor unsern Beobachtungen bald unter diese bald unter jene Gestalt verbirgt ...» (Goethe, 1964, S. 54)

Dem Forscher stellt sich damit eine doppelte Aufgabe. Auf der einen Seite die penible, sowohl analysierende wie ganzheitliche Erfassung des Objektes; andererseits die Umsetzung in eine Sprache, die in bildhafter Weise und mit einer Vielfalt von Begriffen den ideellen, letztlich unaussprechbaren Inhalt so einkreist, so genau ummalt und umzeichnet, daß er *zwischen* den Formulierungen erfahrbar wird.

Diese Art der Sprach-Kunst, die der ganzheitlich-organismischen Forschungsmethode – der goetheanistischen – entspricht, ist noch zu entwickeln. Die definierende, letztlich in mathematische Formeln gerinnende Sprache der sogenannten exakten Wissenschaften beherrscht heute das Feld und prägt das Denken auch im Bereich der Biologie. Dort mag sie bei bestimmten Fragestellungen durchaus angemessen sein, führt aber nicht zur Wesenserkenntnis, d. h. zum Erfassen der jeweiligen Individualität eines ökologischen Organismus.

Auf ihre Weise vorbildlich ist die bekannte Schilderung der «Amazonasniederung als harmonischer Organismus» des Naturforschers Hans Bluntschli (1921). In ihr sind in bildhaft-anschaulicher Weise die bestimmenden Kräfte, die diesen Landschaftsraum formen, in ihrer ganzen Lebendigkeit wiedergegeben:

«Wen die Dampfer mehrere Wochen lang, vom Meere kommend, den Amazonas aufwärts gegen Westen getragen haben, während sein Auge kaum anderes schaute als die Waldsäume zur Rechten und zur Linken, wer die gewaltigen Fluten der Ströme an sich vorbeigleiten ließ und sie auch durch die Wälder fluten sah, wer die zahllosen Sümpfe und Lagunen erblickte, die im Hintergrund der Wälder versteckt liegen, dem gesellen sich zum Eindruck vom amazonischen Urwald jene anderen *von der immensen Ebene* und den *ungeheuren Wassermassen* hinzu. Und über die riesige Niederung streichen ungehemmt die ozeanischen Winde, türmen riesige Wolkenberge über den Wäldern auf und begießen Tag für Tag die Waldgebiete, welche das himmlische Naß, gleich einem angefeuchteten Schwamm, begierig ansaugen und dann wieder den Strömen durch zahllose Waldbäche zuführen. Nun wird es einem zum Bewußtsein, daß *Wind und Ebene, Wald und Wasser* innerlich zusammenwirken, und man versteht, daß unter ihrem Einfluß alles und jedes in Amazonien stehen muß, vom kleinsten Lebewesen bis zum Handel und Wandel der Menschen.

Der Kreislauf des Wassers vom Meere durch die Lüfte auf die waldige Erde und vom Wald durch die Stromebene wieder zum ewigen Meer, das ist das große, das Bild Amazoniens, sein Leben und sein Wesen beherrschende Moment. Vielleicht tritt nirgends sonst auf Erden mit solcher Klarheit und Sinnfälligkeit die mächtige Gewalt vom Kreislauf der Wasser vor das geistige Auge des Menschen. In Amazonien gibt es nichts Totes und nichts Lebendiges, was nicht von ihm zeugen könnte und in dem Dämmerlicht des üppigen Tropenwaldes, wo an stillen, lautlos gleitenden Wassern das Auge, außer dem schmalen Strich des Firmamentes über dem Fluß, nicht weiter als über die engste Umgebung zu schauen vermag, da geht einem das Bewußtsein auf von der ewigen Größe und gewaltigen, alles bedingenden Macht des Meeres, dem Urquell des Lebens. Aus ihm stammt in letzter Linie ja auch das, was heute die Erde und die Lüfte bevölkert, sein Einfluß bedingt auch fortdauernd das Gedeihen dieses ihm entfremdeten Lebens.» (S. 51)

Welch anschauliches Bild dessen, was sich auch als dürres Schema des ewig Gleichen, lediglich in anderen Aggregatzuständen, darstellen läßt – des Kreislaufes des Wassers. Hier hingegen wird die Vielzahl der Erscheinungsformen lebendig, in denen sich Wasser darzustellen vermag, was es hervorbringt und in ständigem Wandel wieder in sich zurücknimmt: Verwandlungszusammenhänge. Indirekt, aber um so deutlicher wird das Organsystem Wasser des Großorganismus Erde erlebbar.

3.
Anthropologische Erweiterung der Ökologie

Die Einbeziehung des Menschen in die Ökologie ist bisher höchstens ansatzweise geschehen. Es herrscht weitgehend die Vorstellung einer vom Menschen unabhängigen, sich selbst regulierenden Natur: selbst dort, wo der Mensch störend eingreife, reagiere die Natur nach ihren eigenen Gesetzen. Es ist das ein Ausfluß ebenso des «kulturlosen Menschenbildes der Biologie» (Gropengießer / Kattmann, 1991) wie der entfremdeten, dualistischen Weltsicht, bei der völlig übersehen wird, daß es sich allein schon bei jeder Wahrnehmung und Reflexion über Natur bereits um eine Interaktion von Mensch und Natur handelt.

Hinzu kommt eine folgenschwere Schwäche – oder ein Defizit – in der Begriffsbildung der Ökologie, von der bereits die Rede war: Innerhalb der funktionellen Dreigliederung des Ökosystems wird die mittlere Organismengruppe, die sich zwischen Produzenten und Destruenten einordnet, als «Konsumenten» bezeichnet. Damit wird ihr implizit eine passive Rolle zugedacht. Wie wir jedoch bereits an früherer Stelle sahen, trifft das in keiner Weise zu, da von den Tieren (um die es sich bei den Konsumenten handelt) gestaltende und regulierende Wirkungen auf das Ökosystem ausgehen, das sie bewohnen. Nun gehört auch der Mensch diesem mittleren Bereich an und *steht damit nicht außerhalb, sondern in der Mitte der Natur.* Daß er kein bloßer Konsument ist, darüber braucht im Grunde kein Wort verloren zu werden – natürlich ist er es auch, aber in erster Linie ist er *aus seinem Wesen heraus Gestalter der Natur*, und dies selbstverständlich noch in ganz anderem Maße als das Tier und mit anderen, durchaus auch destruktiven Möglichkeiten. Gerade diese Position der Mitte ist es, die ihn zum Gestalter macht, oder andersherum, als Gestalter, der er ist, hat er per se diese Stellung inne: Er ist potentieller Bewahrer wie ständiger Erneuerer des Gleichgewichtes nach beiden Seiten hin, zum Aufbau- wie zum Abbaupol, oder aber dessen ständiger Störer und Zerstörer.

Daß sich der Mensch heutzutage vielfach nur noch als Störfaktor der Natur begreift, irgendwo außerhalb ihrer stehend, verstellt auch den Blick auf die gemeinsame Geschichte beider. Daß hier ein der Erforschung bedürftiges Feld liegt, sei – stellvertretend für andere – anhand eines besonders aussagekräftigen Beispieles paralleler, mehr noch, konvergierender Evolutionstendenzen beim Menschen und in der sogenannten außermenschlichen Natur gezeigt: Ein konstituierendes Merkmal der Evolution der Hominiden ist ja, wie schon lange bekannt und durch die Funde in jüngerer Zeit im Detail belegt, eine zunehmende «Verjugendlichung» (Pädomorphose), also das Stehenbleiben bestimmter Bereiche der leiblichen Organisation auf «foetalem» Entwicklungsniveau. Wie Wolfgang Schad (1992, 1993, 1996) herausarbeitete, traten Pädomorphosen wiederholt in der Entwicklungsgeschichte des Tierreiches, konkret: der Wirbeltiere, auf. Im Unterschied zu den viel häufigeren Linien zunehmender Spezialisierung und Differenzierung, die zumeist in evolutive Sackgassen führten, verbanden sich in auffälliger Weise gerade mit diesen jugendlich gebliebenen Gruppen jene entscheidenden Entwicklungseinschläge, die zu neuen und «höheren» Entwicklungstufen führten (Übergang Fisch-Amphib, Amphib-Reptil, Reptil-Säuger).

In der Evolution der Pflanzen zeigt sich die gleiche Erscheinung in bestimmten Linien, die damit zu den zentralen Trägern des Entwicklungsimpulses werden. Wie der Botaniker Armen Takhtajan (1973, 1991) zeigen konnte, stellt die krautige Lebensform nicht nur eine entwicklungsgeschichtlich spätere, jüngere Entwicklungsstufe als die baumförmige Wuchsform dar, sondern bedeutet dadurch, daß sie in ihrer Entwicklung in anatomisch-morphologischer Hinsicht auf der Stufe verharrt, die der Baum in seiner allerersten Lebensphase (vor der Holzbildung) durchläuft, ein Innehalten auf jugendlicher Stufe.[10] Innerhalb der Angiospermen (bedecktsamige Blütenpflanzen) wird dieser Trend von den einkeimblättrigen Gewächsen (Mono-

10 «Thus, the evolutionary transformation of the woody forms into the herbaceous is characterized by a gradual weakening and finally a cessation of the activity of the cambium. Basically, this means a gradual hereditary fixation of the ‹herbaceous› structures of the woody stem (and root) ... Therefore, the herb may be considered as a fixed juvenile phase of the tree ...» (Takhtajan, 1991, S. 23)

kotyledonen) fortgesetzt, die eine Entwicklungsstufe festhalten, welche einem frühen «embryonalen» Stadium der Blattentwicklung bei den Zweikeimblättrigen (Dikotyledonen) entspricht. Diese Erkenntnisse werden ergänzend bestätigt durch die Entdeckung Jochen Bockemühls (1982), daß der Gestaltwandel der Laubblätter, der in angedeuteter oder stärkerer Form allen krautigen Dikotyledonen eigen ist («Metamorphose»), eine sukzessive Verjugendlichung darstellt: je höher die Blätter an der Pflanze stehen, je später sie mithin gebildet werden, desto früher halten sie in ihrem Wachstum an. Die Monokotyledonen führen diese Tendenz noch weiter (Takhtajan, 1973; 1991) und steigern sie dadurch, daß sie die bei den Dikotyledonen feststellbare sukzessive Regression gleichsam «überspringen» und von Anfang an in ihrer Blattbildung auf jugendlichem Niveau stehenbleiben.

Was sich in diesen evolutiven, sich steigernden Verjugendlichungstendenzen ausdrückt, ist das Zurückhalten bildnerisch-plastischer Potenzen, die sich nicht in der Organbildung verausgaben. *Sie stehen damit für andere Bildungen zur Verfügung.* Beim Menschen fließen sie in den Kulturbereich ein – die Kultursphäre entwickelt sich zunehmend als eine Art «zweiter Natur». Um was es sich im Pflanzenreich handelt, verdeutlicht die zur Verjugendlichung der Organe hinführende Laubblatt-Metamorphose der Dikotyledonen, da dieser Prozeß nur an jenen Sprossen stattfindet, an denen sich Blüten (und Früchte und Samen) bilden werden. Die Monokotyledonen als extremste und fortgeschrittenste Vertreter des Juvenilisationsprinzips entwickeln die differenziertesten und kompliziertesten Blüten (Orchideen) bzw. in den Gräsern die im Verhältnis zum überaus sparsamen vegetativen Körper quantitativ größte Menge qualitativ hochwertiger Samen (vgl. die ausführliche Darstellung bei Suchantke, 1990a; 1998c).

Beide Evolutionswege in die Verjugendlichung, die der Pflanzenwelt und die des Menschen, konvergieren nun. Vergleichsweise kurz vor der physischen Menschwerdung gegen Ende des Tertiärs (Miozän) beginnen sich Graslandschaften auszubreiten (Daghlian, 1981; Thomas / Spicer, 1987). Unter ihnen nimmt die tropische Savanne, die in Afrika ihre reichste Ausgestaltung erlangt, eine zentrale Stellung ein, ist sie doch Schauplatz der Menschwerdung. Sie stellt in gewisser Hinsicht eine besonders vollkommene Landschaftsform dar, da sie in sich als eines der wenigen Ökosysteme der Welt zwei pflanzliche Lebensformen vereinigt, die sich ihrer unterschiedlichen Ansprüche wegen üblicherweise ausschließen: dichter Grasbewuchs und Gehölz. Bäume gedeihen in feuchten Klimaten mit regelmäßigen Niederschlägen, je feuchter, desto besser (Regenwald). Sie neigen zu geschlossenen Beständen, in denen infolge Lichtmangels kein Gras aufkommen kann. In Gegenden mit periodischen, lang anhaltenden Trockenzeiten (Steppen) ist hingegen kein Baumwuchs möglich, hier findet das lichtbedürftige und an lange Trockenperioden angepaßte Gras ideale Lebensbedingungen. In der Savanne bleibt dagegen auch während der Trockenzeit so viel Feuchtigkeit im Boden zurück, daß isoliert stehende Bäume mit weitreichendem Wurzelwerk überleben können. Dazwischen kann sich eine geschlossene Grasdecke ausbreiten (Walter / Breckle, 1984).

Das reiche Nahrungsangebot einer vielfältigen Pflanzenwelt bietet die Grundlage einer nicht minder artenreichen Tierwelt, und die ausgedehnten Grasfluren ermöglichen große Herden von Pflanzenfressern. Damit bietet die Savanne ideale Voraussetzungen zunächst für die Entfaltung der Jäger- und Sammlerkulturen, die dann später in die der Ackerbauer und Viehzüchter übergehen. In der Savanne sind die beiden Grundbedingungen für das Entstehen der Landwirtschaft gegeben: das Gras als Grundlage sowohl der Getreidezucht wie der Rinderhaltung.[11]

Das allerdings geschah dann nicht mehr in Afrika, sondern lange nach der Besiedelung außerafrikanischer Räume durch den zuletzt erscheinenden Homo sapiens an verschiedenen Orten der Erde. Wohl das wichtigste Zentrum war das Gebiet des «Fruchtbaren Halbmondes» in Vorderasien, wo sich noch heute physiognomisch ganz ähnliche savannenartige Landschaften finden («steppe forest», M. Zohary, 1973; 1982; Suchantke, 1986b; 1996a). Vor zehntausend Jahren wurden hier jene Kulturpflanzen gezüchtet (z. B. Weizen, Gerste, Linse) und diejenigen Tiere domestiziert – Rind, Schaf, Ziege, Schwein –, die bis heute auch mengenmäßig die wichtigsten Grundlagen der menschlichen Ernährung darstellen (Benecke, 1994; Zohary / Hopf, 1993).

Gut dokumentiert ist die allmähliche Ausbreitung dieser frühen Landwirtschaft nach Europa (z. B. Uerpmann, 1983) und die allmähliche Umformung der ursprünglichen Waldgebiete in die klassische europäische Kulturlandschaft (Lüning / Stehli, 1989). Diese Entwicklung erreichte im Hochmittelalter ihren Höhepunkt. Es entstanden Landschaften, die sich ähnlich der ursprünglichen Savanne in ihrer Verbindung von offenen Gras- (und

11 Aber nicht nur das – es ist die von der Natur geschaffene Voraussetzung dafür, daß sich menschliche Kultur überhaupt entfalten konnte. Das hat in den Waldgebieten nie stattgefunden, wohl aber dort, wo das Gras die Möglichkeiten dazu bot. In den großen Hochkulturen der Welt stellen drei Grasarten die Hauptnahrungsmittel dar: Reis, Weizen und Mais.

Getreide-)Landschaften mit einzeln stehenden Bäumen – was es vorher im waldreichen Europa nirgendwo gab – durch eine immense ökologische Vielfalt auszeichneten: Zurückdrängung der (artenarmen) Wälder ermöglichte einer großen Zahl wilder Pflanzen- und Tierarten einzuwandern und die unterschiedlichsten Räume zu besiedeln. Gelegenheit dazu bot ihnen die Schaffung einer Vielzahl kleinräumiger, mosaikartig verzahnter und höchst unterschiedlicher Ökotope. Das Ergebnis war, abgesehen von der Zurückdrängung und Ausrottung einiger Großtiere, eine erhebliche Bereicherung des Artenspektrums (Suchantke, 1993a). Die physiognomische Ähnlichkeit mancher Kulturlandschaften mit der afrikanischen Savanne bewog die ersten Botaniker, die Ende des 19. Jahrhunderts das Innere des Schwarzen Kontinentes besuchten, eine bestimmte Landschaftsform Ostafrikas als «Obstbaumsavanne» zu bezeichnen (Engler, 1910).

Drei Stufen der Savanne lassen sich mithin erkennen, die gleichzeitig drei unterschiedliche Entwicklungsstufen in der Beziehung des Menschen zur Natur darstellen. In seinem Beitrag zur zweiten Auflage des Sammelbandes *Mitte der Erde* (1996) hat sie der Verfasser auf die folgende Formel gebracht:

«Vor dem Hintergrund ihrer Beziehung zur menschlichen Kultur ergeben sich für die Savanne drei verschiedene Erscheinungsformen. Da sie in ihrer Entstehung zeitlich aufeinanderfolgen, können sie auch als Verwandlungsstufen gesehen werden:

1. Die tropische Savanne, wie sie besonders typisch und am ausgedehntesten auf dem afrikanischen Kontinent verbreitet ist. Sie ist ihrem Ursprung nach eine vollkommen natürliche Landschaft, die der Mensch bei seinem Erscheinen vorfindet und in die er sich integriert: Natur überwiegt und bestimmt Kultur.
2. Die vorderorientalischen Eichen-Savannen und lichten Park- und Steppengehölze. Sie sind vom Menschen mehr oder weniger mitgestaltet. Dieser drängte die ursprüngliche Natur sicherlich bis zu einem gewissen Grade zurück und griff kultivierend und züchtend in sie ein, wenn auch auf eine sehr extensive Weise, die der natürlichen Pflanzen- und Tierwelt in reichem Maße Raum ließ. Natur und Kultur halten sich in etwa die Waage.
3. Die weltweit verbreitete ‹Kultursavanne›. Sie ist vom Menschen geschaffen und in ihrer Existenz von seiner kontinuierlichen Pflege abhängig. Dasselbe gilt auch für die begleitende, in der ‹klassischen›, reich gegliederten Kulturlandschaft sehr artenreiche Tier- und Pflanzenwelt (der

> größtenteils erst der Mensch die neuen Lebensräume zur Verfügung stellte). Kultur überformt Natur, Natur geht in Kultur auf. Wir sind heute dabei, diese dritte Stufe weltweit zu zerstören – und gleichzeitig wieder neu zu entdecken.» (Suchantke, 1996a, S. 269)

Es hat den Anschein, als trüge der Mensch ein archetypisches Bild seiner Ursprungslandschaft in sich, das er überall zu verwirklichen trachtet. Es ist die «Landschaft des Menschen», mehr noch, jene Form, in der Kultur und Natur sich in optimaler Weise ergänzen: in der idealen «Kultursavanne» ist alle Natur kultiviert und alle Kultur natürlich.

Aus dem hier notgedrungen in aller Kürze Dargestellten ergibt sich die Frage nach der gegenwärtigen Situation: Wie hat aus dem Miteinander ein Gegeneinander entstehen können, das ersichtlich in die Katastrophe führen wird, wenn das Steuer nicht herumgerissen wird?

Aber es ist nicht das allein. Bedenklicher fast noch erscheint die gegenwärtige, allgemein verbreitete Überzeugung, der Mensch könne nicht anders, als die Natur zu zerstören, das sei immer so gewesen. Vor dem Hintergrund des oben Dargestellten erscheint diese Haltung unverständlich. Sie ist ganz augenscheinlich ein Ausfluß des erwähnten kulturlosen Menschenbildes der Biologie. Die Ursache dafür liegt in dem für Spezialisten typischen Mangel an Kenntnissen außerhalb ihres eigenen Fachgebietes, bei jenen biologisch orientierten Autoren jedenfalls, die diese Auffassung seit Jahren mit großem Erfolg popularisieren und sie mit scheinwissenschaftlichen Behauptungen – wie der angeblich genetisch verankerten und damit unausrottbaren Aggressivität des Menschen – untermauern. Der Erfolg dieser Schriften ist wohl auch deshalb so groß, weil er den gegenwärtigen Selbstzweifeln und Verunsicherungen vieler Angehöriger der westlichen Industrienationen entgegenkommt und sie bestätigt. Andererseits hat sich die Geschichtswissenschaft bisher überwiegend auf innergesellschaftliche Bereiche beschränkt und das wechselvolle Verhältnis des Menschen zur Natur kaum thematisiert.[12] Es wäre dringend geboten, den Phasen kulturellen Wandels stärkere Aufmerksamkeit zu schenken unter dem Gesichtspunkt des damit einhergehenden Bewußt-

12 Die «Abstinenz des Faches Geschichte gegenüber den Kategorien Natur und Umwelt ist recht erstaunlich … Das Verhältnis von Menschen und natürlicher Umwelt in historischen Gesellschaften bildet keinen Schwerpunkt der geschichtswissenschaftlichen Forschung» (Bayerl / v.Borries, 1997). Den Autoren ist dieser Tatbestand auch deshalb rätselhaft, weil die Thematisierung der Beziehung von Natur und menschlicher Kultur «seit Jahrtausenden zum klassischen Bestand in allen reifen, d. h. rational

seinswandels, des Selbst- wie des Weltverständnisses und der sich daraus ergebenden Beziehungen des Menschen zu seiner Umwelt. Dieses sich im Laufe der Kulturgeschichte verändernde Selbst- und Weltverständnis ist aus der Fülle geschichtlicher Überlieferungen und Zeugnisse durchaus erschließbar. Hinzu kommt, daß Entwicklungsphasen, die sich in der Zeit nacheinander abspielen, immer auch gleichzeitig nebeneinander existieren: Es gibt noch heute Vertreter der (frühen) Jäger- und Sammlerkulturen, der (späteren) Stufe der Ackerbauer und schließlich der stadtzentrierten Zivilisationen. Ihre unterschiedlichen Bewußtseinsstrukturen sind gut dokumentiert, von jenen Beobachtern jedenfalls, die bereit waren, sich auf ihre jeweilige Eigenart wirklich einzulassen. (Natürlich muß dabei die Einschränkung gemacht werden, daß es sich bei jetzt lebenden Angehörigen «früher» Kulturen um Menschen der Gegenwart handelt, so daß veränderte Einflüsse in Rechnung gesetzt werden müssen.) Da sich dieser Wandel freilich auf der psychischen und nicht auf der physiologischen Ebene abspielt, ist er von Biologenseite nicht bemerkt worden.

Es kann hier nicht der Ort sein, auf diese Zusammenhänge ausführlich und im einzelnen einzugehen. Es ist das vom Verfasser an anderer Stelle in Form eines Entwurfes versucht worden (Suchantke, 1985a, 1993a, 1996d). Eine weitere und vertiefende Ausarbeitung dieses Themenfeldes wäre erforderlich, um gewisse Züge im Selbstverständnis des modernen Menschen, die sich auf alle Initativen lähmend auswirken, zu korrigieren. Für die Lösung der ökologischen Krise könnte das immerhin von ausschlaggebender Bedeutung sein, wie im folgenden noch auszuführen sein wird. Diese Fragen richten sich allerdings weniger an die Biologen als an die Vertreter der historischen Wissenschaften, die sich bisher von dieser Thematik weitgehend ferngehalten haben.

Lediglich auf einen Aspekt sei andeutungsweise eingegangen – auf den sich gegenwärtig abspielenden neuerlichen Stimmungsumschwung. Das «ökologische Bewußtsein» ist Ausdruck einer neuerlichen Zuwendung zur Natur, wie sie sich seit Beginn des Industriezeitalters zunächst keimhaft, dann immer stärker regte und in diesem Jahrhundert von einer nur gemüthaften Haltung zunehmend zu Handlungen überging. Dabei zeichnen sich zwei Hauptrichtungen ab, die von unterschiedlichen Ansätzen und Grund-

argumentierenden Hochkulturen gehört», in der griechischen Welt (Hippokrates, Herodot) ebenso wie in der chinesischen oder im arabischen Denken (Ibn Khaldun). – Eine bemerkenswerte Ausnahme stellt das Werk von Aaron Gurjewitsch dar (1989): *Das Weltbild des mittelalterlichen Menschen.*

einstellungen ausgehen und deshalb nicht selten in Gegensatz und in Konflikt geraten. Immer mehr wächst allerdings auch die Einsicht, daß sich beide in Wahrheit aus der Sache heraus ergänzen: Naturschutzbewegung und ökologische Landwirtschaft.

Der Naturschutzimpuls ist in sich selber zwiespältig und widersprüchlich. Das ist zu bedauern, da er mit Sicherheit einen der wichtigsten und notwendigsten neueren Kulturimpulse darstellt. Nie zuvor hat es in der abendländischen Kultur eine derartige Zuwendung zu der Sphäre der Mit-Lebewesen gegeben. Sie wurde, zumindest in der Neuzeit, als ein Reservoir beliebig verfügbarer Rohstoffe angesehen. Die Bestrebungen des Naturschutzes besitzen auffallende Parallelen zu den sozialen Bewegungen der zweiten Hälfte des 19. und der ersten Hälfte des 20. Jahrhunderts (Suchantke, 1993a): wurde es damals zunehmend als unerträglich empfunden, daß Menschen als rechtlose Objekte behandelt und ausgebeutet werden konnten, und Anwälte auftraten, die sich für die elementaren Menschenrechte und die soziale Sicherheit der Sklaven, Leibeigenen und des Industrieproletariates kämpferisch einsetzten, so gilt heute das Engagement dem Lebensrecht bedrohter Tier- und Pflanzenarten und ganzer Ökosysteme. Diesen ökozentrisch (biozentrisch[13]) ausgerichteten Bemühungen geht es primär nicht um Verbesserungen menschlicher Lebensqualität wie im anthropozentrisch orientierten Umweltschutz (Schutz vor Schadstoffbelastung, Kampf gegen die Atomindustrie usw.), sondern um Natur um ihrer selbst willen, bis hinein in die Jurisdiktion. Die problematische Seite vieler (nicht aller!) dieser Bewegungen ist die Tendenz, den Menschen grundsätzlich auszuschließen, Natur vor jeglichem Eingriff zu bewahren, aus Gründen, die mit dem oben beschriebenen resignativen Selbstverständnis zusammenhängen: aller Umgang des Menschen mit der Natur sei per se destruktiv. Bedrohlich wird es dann, wenn es nicht beim Deklarieren von Naturschutzgebieten mit Betreteverbot bleibt, sondern zum Entwurf von Segregationsmodellen führt, wie sie von bestimmten Kreisen politisch aktiv vertreten werden mit dem Ziel ihrer EU-weiten Verwirklichung: eine großflächige Zweiteilung der Räume in solche, in denen mit modernster Agrartechnologie an der Ertragsmaximierung gearbeitet wird, und andere, in denen die Natur ohne jegliche Einflußnahme sich selbst überlassen bleibt, um wieder zu ihrem «Urzustand» zurückzukehren (z. B. Gerken und Meyer 1996).

13 philosophischer Begriff (Ludwig Klages), kennzeichnet die das Leben (Seele) in den Mittelpunkt stellende lebensphilosophische Position.

Tendenzen solcher, letztlich kulturfeindlicher Art sollten jedoch nicht den Blick auf die Motivationen verstellen, die dem Naturschutz zugrunde liegen. Es hat nichts mit sentimentaler Schwärmerei zu tun, wie immer noch von jenen zu hören ist, die diesen Bestrebungen innerlich fernstehen und sie mit dem Hinweis auf sektiererische Randgruppen, die es schließlich überall gibt, abwerten. *In Wirklichkeit sind es moralische Motive*, die es aber nicht bei einem passiven Anteilnehmen, bei Mitleid allein belassen, sondern längst zu aktivem und selbstlosem Einsatz unzähliger Menschen geführt haben: starke und zwingende Gefühlsregungen motivieren den Willen. Daran ändert auch ein im übrigen durchaus berechtigter rationaler Überbau nichts, der die Bestrebungen wissenschaftlich und utilitaristisch zu legitimieren versucht (Erhaltung der Artenvielfalt und damit der evolutiven Potenz, Lieferanten neuer Heilmittel oder zukünftiger Nutzpflanzen, z. B. Wilson, 1992).

Rudolf Steiner hat nachdrücklich auf die entscheidende Bedeutung moralischer Kräfte für den weiteren Verlauf der Evolution hingewiesen und darauf, «daß diese Menschheit sich die Erde ... so macht, wie diese Menschheit selber ist». Die moralische Verfassung der Menschen bestimmt, wie die Erde in Zukunft gestaltet sein wird (9.11.1919, GA 191, S. 238). Und er weist darauf hin, daß sich den Tieren gegenüber in Zukunft wieder Mitleid und Mitgefühl entwickeln wird als Voraussetzung für, wie wir heute sagen würden, «artgerechten» Umgang. Dieses Empfinden, das früher dagewesen sei und im Buddhismus noch heute seinen Ausdruck finde, sei in der abendländischen Welt durch den Einfluß der Kirche, die den Tieren die Existenz einer Seele absprach, eliminiert worden (17.5.1910, GA 120; siehe auch die diesbezüglich wichtige Zusammenstellung von Thomas van Elsen, 1996).

Daß die Natur ein verblüffend genaues Spiegelbild der inneren Verfassung des Menschen ist, fiel dem Schreiber dieser Zeilen, der damals noch keine Kenntnisse von diesen Äußerungen Rudolf Steiners hatte, während seiner Aufenthalte im Bereich anderer Kulturen und Kontinente auf: während in Südamerika den dort eingewanderten «Neo-Europäern» (Crosby, 1988) eine als feindlich empfundene und entsprechend behandelte Natur tatsächlich abweisend gegenübersteht, war in Bereichen der buddhistischen Kultur – bis vor kurzem jedenfalls – keine Trennlinie zwischen Natur und Kultur zu erkennen. Beides ging fließend ineinander über, die Natur war dem Menschen zugewandt und kam ihm entgegen, am stärksten erlebbar am Indischen Elefanten, dem einzigen Haustier, das nicht, von Ausnahmen abgesehen, gezüchtet, sondern stets aufs neue als (erwachsenes!) Wildtier gefangen und gezähmt wird (Suchantke, 1987a).

Das andere sind die vielfältigen Bestrebungen, die Landwirtschaft ökologisch zu fundieren und nachhaltig und naturverträglich zu wirtschaften. Am Anfang dieser Richtungen steht die biologisch-dynamische Bewegung, die sich von später entstandenen verwandten Bestrebungen dadurch unterscheidet, daß sie auf Grundlagen basiert, die über die heute gängigen ökologischen Konzepte weit hinausführen. Der *Landwirtschaftliche Kurs* (GA 327), mit dem Rudolf Steiner 1924 diese Richtung begründete, enthält eine auch noch nicht ansatzweise ausgearbeitete Fülle von Anregungen für eine notwendige Erweiterung der Ökologie (vgl. van Elsen, 1996). Dazu gehört neben der konsequenten – wenn auch erst in Ansätzen ausgearbeiteten – kosmologischen die anthropologische Erweiterung der Ökologie, dergestalt, daß der Mensch nicht bloß zum Gründer eines irgendwie gearteten landwirtschaftlichen Betriebes, sondern eines bewußt und im Detail entwickelten ökologischen Organismus wird. Dieser unterscheidet sich von seinen naturgewachsenen Pendants dadurch, daß er in vollem Umfange vom Menschen geschaffen und getragen wird *und der Mensch integrierender Bestandteil dieses Organismus ist.*

Damit knüpft die biologisch-dynamische Landwirtschaft an den Kulturimpuls an, der zur Schaffung der «Kultursavanne» geführt hatte und der mit Beginn der Stadtkultur in unseren Bereichen aufgegeben wurde, und *entwickelt ihn weiter.* Das bedeutet, daß sich die anthroposophisch fundierte Landwirtschaft voll in diesen Kulturstrom, der die gesamte Entwicklung der Menschheit durchzieht, hineinstellt. Die Weiterentwicklung besteht einerseits darin, daß Inhalte und Verfahrensweisen, die in weit zurückliegender Vergangenheit instinktiv aufgegriffen oder durch Offenbarungswissen erfahren wurden, auf eine bewußt konzipierte wissenschaftliche Basis gestellt werden; andererseits kommen Elemente hinzu, die der Gegenwartskultur entstammen. Sie führen beispielsweise dazu, daß die ambivalenten Errungenschaften der Neuzeit, etwa die extreme Individualisierung des Gegenwartsmenschen, als ein im positiven Sinne prägendes und bereicherndes Element in die Gestaltung der Natur durch den Menschen einfließt (Steiner, GA 327, 1924; Fuchs, 1997): die «Individualisierung» vom Menschen gestalteter ökologischer Organismen – der einzelnen landwirtschaftlichen Betriebe – im Gegensatz zur regionalen Einheitlichkeit früherer Zeiten und der trostlosen Öde heutiger Monokulturen. *Sollte sich die*

Methode großflächig durchsetzen, ist eine erhebliche Steigerung der ökologischen Vielfalt gegenüber selbst der historischen Kulturlandschaft zu erwarten und eine dementsprechende Zunahme neuer evolutiver Anstöße.

An dieser Stelle ergänzen sich aus der Sache heraus Naturschutz und biologisch-dynamische Landwirtschaft. *Richtig betriebene Landwirtschaft ist Naturschutz.* Untersuchungen zeigen immer wieder aufs neue, in welchem Maße durch biologisch-dynamische Methoden das Bodenleben und der Bodenchemismus angeregt und verstärkt werden (zuletzt Besson / Niggli, 1995). Das aber ist entscheidende Basis für alles oberirdische Leben und damit die denkbar beste Art praktizierten Naturschutzes.

So kommt es denn auch zwischen bestimmten Richtungen des Naturschutzes, der sich den Kulturlandschaftsschutz zur Aufgabe macht, und der biologisch-dynamischen Landwirtschaft vermehrt zu gegenseitigen Annäherungen. Und es ist zu hoffen, daß sich ein ökologisch erweitertes Bewußtsein allmählich in der gesamten anthroposophischen Bewegung verbreitet, stärker als in der Vergangenheit, in der man mitunter den Eindruck haben konnte, daß statt der Erkenntnisführerschaft, die durchaus im Bereich des Möglichen – und Notwendigen – läge, ein zentraler Gegenwartsimpuls kaum wahrgenommen und aufgegriffen wurde.

Literatur

Bargatzky, Thomas: *Einführung in die Kulturökologie. Umwelt, Kultur und Gesellschaft,* Berlin 1986.

Bayerl, G. / Borries, B. v.: Geschichte und Umweltsystem, in: O. Fränzle / F. Müller / W. Schröder (Hrsg.): *Handbuch der Umweltwissenschaften,* Landsberg am Lech 1997.

Benecke, Norbert: *Der Mensch und seine Haustiere. Die Geschichte einer jahrtausendealten Beziehung,* Stuttgart 1994.

Besson, Jean-Marie / Niggli, U.: *DOK-Versuch: vergleichende Langzeit-Untersuchungen in den drei Anbausystemen Biologisch-dynamisch, Organisch-biologisch und Konventionell.* Schweiz. landwirtschaftl. Forschung, Sonderausgabe 1995.

Bluntschli, Hans: Die Amazonasniederung als harmonischer Organismus, in: *Geographische Zeitschrift,* 27, Hf. 3/4/1921, S. 40-67.

Bockemühl, Jochen: Der Pflanzentypus als Bewegungsgestalt. Gesichtspunkte zum Studium der Blattmetamorphosen, in: Wolfgang Schad (Hrsg.): *Goetheanistische Naturwissenschaft,* Bd. 2, Botanik, Stuttgart 1982, S. 7-16.

– (Hrsg.): *Erscheinungsformen des Ätherischen,* Stuttgart 1985.

– *Erwachen an der Landschaft,* Dornach 1992.

– Wie kann eine ganzheitliche Methode für den Umgang mit Landschaft entwickelt werden?, in: Andreas Suchantke (Hrsg.): *Goetheanistische Naturwissenschaft,* Bd. 5, Ökologie, Stuttgart 1998 (bei Suchantke 1998b).

Bortoft, Henri: *Goethes naturwissenschaftliche Methode,* Stuttgart 1995.

Breen, P. A. et al.: Change in subtidal community structure associated with British Columbia sea otter transplants, in: *Mar. Ecol. Progr. Ser.,* 7/1983, S. 13-20; zit. nach Lüning, Klaus: *Meeresbotanik. Verbreitung, Ökophysiologie und Nutzung der marinen Makroalgen,* Stuttgart / New York 1985.

Crosby, Alfred W.: *Ecological Imperialism. The Biological Expansion of Europe 900-1900* (1986), Cambridge [3]1988; dt.: *Die Früchte des weißen Mannes. Ökologischer Imperialismus 900-1900,* Frankfurt / New York 1991.

Daghlian, Charles P.: A review of the Fossil Record of Monocotyledons, in: *The Botanical Review,* Vol. 47/No. 4/1981, S. 517-555.

Elsen, Thomas van: *Gesichtspunkte für ökologische Leitbilder des Biologisch-Dynamischen Landbaus im Vortragswerk Rudolf Steiners.* Manuskriptdruck im Selbstverlag, Witzenhausen 1996.

Engler, Adolf: *Die Pflanzenwelt Afrikas, insbesondere seiner tropischen Gebiete,* Bd. I: Allgemeiner Überblick über die Pflanzenwelt Afrikas und ihre Existenzbedingungen, Leipzig 1910 (Reprint 1976).

Frieling, Heinrich: *Der singende Busch. Über die Seele der Landschaft in den Stimmen und Farben unserer Vögel,* Schaffhausen 1986.

Fuchs, Nikolai: Landschaft als Ausdruck von Betriebsindividualität, in: *Lebendige Erde,* 48/1997, S. 3-12.

Gerken, Bernd / Meyer, Christine (Hrsg.): *Wo lebten Pflanzen und Tiere in der Natur-*

landschaft und der frühen Kulturlandschaft Europas? Natur- und Kulturlandschaft Heft 1, 1996. Höxter.

Goethe, Johann Wolfgang: Vorarbeiten zur Morphologie (Aus dem Nachlaß), in: *Die Schriften zur Naturwissenschaft*, hrsg. v. d. Deutschen Akademie d. Naturforscher Leopoldina, I. Abt., Bd. 10, Weimar 1964.

Grohmann, Gerbert: *Die Pflanze. Ein Weg zum Verständnis ihres Wesens*, Bd. 1, Stuttgart [7]1991.

Gropengießer, Harald / Kattmann, Ulrich: *Biologieunterricht 2000. Biologie heute,* Nr. 385, Beilage zur Naturwissenschaftlichen Rundschau 44, H. 4/1991.

Gurjewitsch, Aaron J.: *Das Weltbild des mittelalterlichen Menschen,* München 1989.

Heiden, U. an der / Roth, G. / Schwegler, G.: (1985), zit. nach Michael Weingarten: *Organismen – Objekte oder Subjekte der Evolution?* Darmstadt 1993.

Heitler, Walter: *Der Mensch und die naturwissenschaftliche Erkenntnis,* Braunschweig [2]1962.

– Gilt die Gleichung: Leben=Physik+Chemie?, in: *Lebendige Erde* 3/1968, S. 110-116.

Huber, Gerhard: Philosophische Fragen zum Darwinismus, in: *Vierteljahresschrift der Naturforschenden Gesellschaft in Zürich*, 126, H. 1/1981, S. 3-17.

Kettlewell, H. B. D. (1965): Insect Survival and Selection for Pattern, in: *Science* 148, No. 3675/1965, S. 1290-1296.

Koepcke, Hans Wilhelm: *Die Lebensformen,* Bd.1, Krefeld 1973.

Leuthold, Christoph: Ökogenese – Die Biographie einer Landschaft, in: Andreas Suchantke (Hrsg.): *Goetheanistische Naturwissenschaft*, Bd. 5, Ökologie, Stuttgart 1998.

Lindenau, Christof: Lebensorganisation und Denkorganisation – Zur Doppelnatur des menschlichen Ätherleibes, in: Jochen Bockemühl (Hrsg.): *Erscheinungsformen des Ätherischen,* Stuttgart [2]1985, S. 163-177.

Lorenz, Konrad: *Tiergeschichten,* Wien 1949.

Lüning, Jens / Stehli, Petar: Die Bandkeramik in Mitteleuropa: Von der Natur- zur Kulturlandschaft, in: Siedlungen der Steinzeit. Haus, Festung und Kult, in: *Spektrum der Wissenschaft,* Reihe Verständliche Forschung, Heidelberg 1989, S. 110-120.

Lutzker, Peter: *Der Sprachsinn. Sprachwahrnehmung als Sinnesvorgang,* Stuttgart 1996.

Marti, Thomas: *Heuschrecken und Landschaft. Ein exemplarischer Einblick in Theorie und Praxis goetheanistischer Naturwissenschaft,* Bern / Stuttgart 1989.

Müller, F. / Breckling, B. / Bredemeier, M. / Grimm, V./Malchow, H. / Nielsen, N. S. / Reiche, E. W.: Emergente Ökosystemeigenschaften, in: O. Fränzle / F. Müller / W. Schröder (Hrsg.): *Handbuch der Umweltwissenschaft* I, II-3.13, Landsberg am Lech 1997.

Odum, Eugene P.: The Strategy of Ecosystem Development. An understanding of ecological succession provides a basis for resolving man's conflict with nature, in: *Science* 164, No. 3877/1969, S. 262-270.

Papageorgis, Christine: *The adaptive significance of wing coloration in neotropical mimetic butterflies.* Diss. Princeton University 1974 (Manuscript).

– Mimicry in Neotropical Butterflies – Why are there so many different wing-coloration complexes in one place?, in: *American Scientist* 63, H. 5/1975, S. 522-532.

Pörksen, Uwe: «Alles ist Blatt». Über Reichweite und Grenzen der naturwissenschaftlichen Sprache und Darstellungsmodelle Goethes, in: Uwe Pörksen (Hrsg.): *Wissenschaftssprache und Sprachkritik. Untersuchungen zu Geschichte und Gegenwart*, Tübingen 1994, S. 109-130.

Remane, Adolf: *Ordnungsformen der lebenden Natur.* Studium Generale, Bd. 3, Nr. 8/ 1950, S. 404-410.

Remmert, Hermann: *Ökologie,* Heidelberg / Berlin / New York ⁵1992.

Ritter, Joachim: *Subjektivität,* Frankfurt ⁷1989.

Schad, Wolfgang: Das Denken in der Naturwissenschaft als ein Weg zum Ätherischen, in: Jochen Bockemühl (Hrsg.): *Erscheinungsformen des Ätherischen*, Stuttgart ²1985, S. 135-162.

– *Der Heterochronie-Modus in der Evolution der Wirbeltierklassen und Hominiden,* Diss. Univ. Witten-Herdecke 1992 (Manuskript).

– Heterochronical patterns of evolution in the transitional stages of vertebrate classes, in: *Acta Biotheoretica* 41/1993, S. 383-389.

– Denken in Entwicklung. Zugänge durch Goetheanismus und Evolutionsbiologie, in: *Die Drei* 66/Nr. 3, 5, 6/1996.

Steiner, Rudolf: *Grundlinien einer Erkenntnistheorie der Goetheschen Weltanschauung, mit besonderer Rücksicht auf Schiller* (1886), GA 2, Dornach ⁷1979.

– *Die Kernpunkte der Sozialen Frage in den Lebensnotwendigkeiten der Gegenwart und Zukunft* (1919), GA 23, Dornach ⁶1976.

– *Die Offenbarungen des Karma,* 2. Vortrag (1910), GA 120, Dornach ⁸1992.

– *Soziales Verständnis aus geisteswissenschaftlicher Erkenntnis,* 13. Vortrag (1919), GA 191, Dornach ³1989.

– *Geisteswissenschaftliche Grundlagen zum Gedeihen der Landwirtschaft. Landwirtschaftlicher Kursus* (1924), GA 327, Dornach ⁷1984.

Steiner, Rudolf / Wegman, Ita: *Grundlegendes für eine Erweiterung der Heilkunst nach geisteswissenschaftlichen Erkenntnissen* (1925), GA 27, Dornach ⁷1991.

Suchantke, Andreas: Biotoptracht und Mimikry bei afrikanischen Tagfaltern, *Elemente der Naturwissenschaft* 21/1974; Neuabdruck in W. Schad (Hrsg.): *Goetheanistische Naturwissenschaft*, Bd. 3, Zoologie, Stuttgart 1983, S. 91-117.

– Biotoptracht bei südamerikanischen Schmetterlingen, *Elemente der Naturwissenschaft* 25/1976; Neuabdruck in W. Schad (Hrsg.): *Goetheanistische Naturwissenschaft*, Bd. 3, Zoologie, Stuttgart 1983, S. 119-125.

– Der dreigliedrige Landschaftsorganismus Afrikas, in: Jochen Bockemühl, Wolfgang Schad, Andreas Suchantke: *Mensch und Landschaft Afrikas. Zur Ökographie, Biologie und Völkerkunde*, Stuttgart 1978, S. 11-72.

– Zerstörung: Ende oder Chance zum Neubeginn?, in: *Die Drei*, 52/1982, S. 861-874.

– Der anthroposophische Ansatz zu umweltgerechtem Denken und Handeln, in: *Ökologie und alternative Wissenschaft. Landschaftsentwicklung und Umweltforschung*, Schriftenreihe des Fachbereichs Landschaftsentwicklung der Technischen Universität, Berlin 1985a.

– Anthroposophie und Ökologie, in: *Lebendige Erde* 1985b, H. 2/1985b, S. 66-72.

– Anthroposophie und Ökologie, in: Max V. Limbacher (Hrsg.): *Projekt Anthroposophie. Denn das Leben verlangt eine Verwandlung unseres Denkens*, Reinbek 1986a, S. 205-220.
– Die Landschaft des Menschen. Eichen-Savannen und Wildgetreide-Fluren in Palästina, in: *Die Drei*, 56/1986b, S. 259-278.
– Mensch und Natur in anderen Kulturen und Kontinenten, in: *Die Drei*, 57/1987a, S. 345-365.
– Erziehung zur Zusammenarbeit mit der Natur. Umweltpädagogik in der Waldorfschule, in: *Erziehungskunst*, 51/1987b, S. 416-422, 491-499.
– Das Sterben in der Natur als Abbild eines Todesprozesses im Menschen, in: Günther R. Schnell (Hrsg.): *Waldsterben – Aufforderung zu einem erweiterten Naturverständnis. Denk- und Handlungsansätze für den Umgang mit dem Lebendigen*, Stuttgart 1987c, S. 114-139.
– Die Mutations- und Selektionstheorie in der Konfrontation mit der Wirklichkeit, in: Wolfgang H. Arnold (Hrsg.): *Entwicklung – Interdisziplinäre Aspekte zur Evolutionsfrage*, Stuttgart 1989a, S. 59-98.
– Anthroposophie und ökologische Krise, in: *Das Goetheanum*, 68/1989b, S. 251-256.
– Erziehung zur Kooperation mit der Natur. Das umweltpädagogische Konzept der Waldorfschulen, in: *Möglichkeiten, Grenzen und ethische Probleme der Biotechnik*. Schriften d. Gesellschaft f. Verantwortung in der Wissenschaft 6, Stuttgart 1989c.
– Die Metamorphose der Pflanzen – Ausdruck von Verjüngungstendenzen in der Evolution, in: *Die Drei*, 60/1990a, S. 513-539.
– Das Problemfeld Mensch – Natur: Gibt es Chancen zur Kooperation?, in: Martin Faulstich u. Karl Erich Lorber (Hrsg.): *Ganzheitlicher Umweltschutz*, Stuttgart 1990b, S. 47-58.
– Der Schmetterling in der Landschaft – Biotoptrachten europäischer Tagfalter, verglichen mit den Verhältnissen in tropischen Bereichen, in: *Tycho de Brahe-Jahrbuch für Goetheanismus*, 1991a, S. 158-227.
– Der ökologische Krieg, in: *Die Drei*, 61/1991b, S. 299-303.
– Was geht uns der Regenwald an?, in: *Die Drei*, 61/1991c, S. 701-730.
– Sibirische Impressionen. In den Wäldern und Steppen am Baikalsee, in: *Die Drei*, 62/1992, S. 437-463.
– *Partnerschaft mit der Natur. Entscheidung für das kommende Jahrtausend*, Stuttgart 1993a.
– Die Signatur der großen Grabenbrüche. Parallelen in der Erd- und Menschheitsgeschichte, in: *Die Drei*, 63/1993b, S. 707-729.
– Natur in Israel und Palästina – Brennpunkt und Synthese weltweiter Einflüsse, in: Andreas Suchantke (Hrsg.): *Mitte der Erde. Israel und Palästina im Brennpunkt natur- und kulturgeschichtlicher Entwicklungen* (1988), Stuttgart [2]1996a, S. 15-269.
– Die Synthese von Natur und Kultur als zentrale Aufgabe der Landwirtschaft, in: *Lebendige Erde*, 47/1996b, S. 191-198.
– Abseits und doch im Zentrum. Altes junges Neuseeland, in: *Die Drei*, 66/1996c, S. 630-668.

– Von der Aktualität uralter Vergangenheit – die Grotte Chauvet, in: *Die Drei*, 66/1996d, S. 346-353.
– Die Wahrnehmung der Wahrnehmung. Zur Aktualität des Goetheanismus, in: R. Dorka u.a. (Hrsg.): *‹Zum Erstaunen bin ich da›. Forschungswege in Goetheanismus und Anthroposophie*, Dornach 1998a.
– Der ökologische Organismus, in: Andreas Suchantke (Hrsg.): *Goetheanistische Naturwissenschaft*, Bd. 5, Ökologie, Stuttgart 1998b.
– Verjugendlichungstendenzen in der Evolution und ihre ökologische Bedeutung, in: Andreas Suchantke (Hrsg.): *Goetheanistische Naturwissenschaft*, Bd. 5, Ökologie, Stuttgart 1998c.
– *Naturschutz braucht Landwirtschaft. Jahrbuch für Naturschutz und Landschaftspflege*, Bd. 50, Hrsg. Bundesverband Beruflicher Naturschutz (BBN), Bonn (bisher nicht erschienen).

Takhtajan, Armen: *Evolution und Ausbreitung der Blütenpflanzen*, Stuttgart 1973.
– *Evolutionary Trends in Flowering Plants*, New York 1991.

Thomas, Barry A. / Spicer, Robert A.: *The Evolution and Palaeobiology of Land Plants*, London / Sidney 1987.

Trepl, Ludwig: Ökosystemforschung im System der Wissenschaft, in: O. Fränzle / F. Müller / W. Schröder (Hrsg.): *Handbuch der Umweltwissenschaften* I, II-2.3, Landsberg am Lech 1997.

Troll, Carl: *Zur Physiognomie der Tropengewächse*, Jahresbericht der Freunde und Förderer der Universität Bonn, Bonn 1959.

Uerpmann, Hans-Peter: Die Anfänge von Tierhaltung und Pflanzenanbau, in: Müller-Beck, Hans Jürgen (Hrsg.): *Urgeschichte in Baden-Württemberg*, Stuttgart 1983, S. 405-428.

Vahle, Hans-Christoph: Auf der Suche nach der Leitidee der nordwestdeutschen Kulturlandschaft, in: Andreas Suchantke (Hrsg.): *Goetheanistische Naturwissenschaft*, Bd. 5, Ökologie, Stuttgart 1998.

Vereijken, Hans: Beobachtungen an westeuropäischen Tagfaltern, in: *Elemente der Naturwissenschaft*, 53/1990, S. 22-40.

Walter, Heinrich / Breckle, Siegmar-W.: *Ökologie der Erde*, Bd. 2: Spezielle Ökologie der Tropischen und Subtropischen Zonen, Stuttgart 1984.

Wilson, Edward O.: *Der Wert der Vielfalt. Die Bedrohung des Artenreichtums und das Überleben des Menschen*, München / Zürich 1995.

Zohary, Daniel / Hopf, Maria: *Domestication of Plants in the Old World. The origin and spread of cultivated plants in West Asia, Europe, and the Nile Valley*, Oxford [2]1993.

Zohary, Michael: *Geobotanical Foundations of the Middle East*, Bd. I u. II, Stuttgart / Amsterdam 1973.
– *Vegetation of Israel and Adjacend Areas*. Beihefte zum Tübinger Atlas des Vorderen Orients, Reihe der Naturwissenschaften, Nr. 7, Wiesbaden 1982.

MANFRED KLETT

Anthroposophische Forschung auf dem Gebiete der Landwirtschaft. Ihre Fruchtbarkeit, gegenwärtige Herausforderungen und Zukunftsziele

Welches Licht kann aus einer anthroposophisch orientierten Landwirtschaft auf die Frage fallen, was Forschung auf anthroposophischem Felde bedeute und welche Früchte sie trage? Der anthroposophische Landwirt steht als Denkender, Fühlender und Wollender in einer dreifachen Wirklichkeit, die sich ihm in drei Phänomenbereichen offenbart:

- in einer Übernatur oder Geistwelt, sich offenbarend in den Ideenformen der anthroposophischen Geisteswissenschaft
- in der Natur, sich offenbarend in den Erscheinungen des landwirtschaftlichen oder gärtnerischen Betriebes und in den Forschungsresultaten der verschiedenen Naturwissenschaften
- in einer Unternatur[1], sich offenbarend in der Handhabung moderner Technologien.

In dieser dreifachen Wirklichkeit steht der Landwirt vollmenschlich als Handelnder darin. Ihrer jeweiligen Erscheinung aber begegnet er in unter-

1 Mit dem Begriff «Unternatur» bezeichnet Rudolf Steiner (GA 26, S. 255) eine geistige Wirklichkeit, die im rein Irdischen als mechanische Gesetzmäßigkeit auftritt und die sich unter die letztere herunter in den materiellen Vorgängen als die Erscheinungen der Elektrizität, des Magnetismus und der Radioaktivität offenbart. In der «Natur» wirken das Irdische und der Kosmos, Unter- und Übernatur zusammen. Letztere gibt sich z.B. in den Erscheinungen von Farbe, Ton usw. kund. Abstrahiert der denkende Geist des Menschen die rein mechanisch-materielle Geistwirklichkeit, in der er sich selbst mit seinem Erleben befindet, aus dem Naturzusammenhang, dann gewinnt er daraus die Macht, die technische Kultur zu schaffen, der er immer mehr als der selbstgeschaffenen Welt zu erliegen droht (soziale Frage!) und die sich der Natur selbst als lebensfeindlich gegenüberstellt (ökologische Frage!).

schiedlichen Graden des Bewußtseins. In der Unternatur lebt er mehr unbewußt wollend, in der Natur halbbewußt fühlend, in der anthroposophischen Geisteswissenschaft bewußt denkend, wenn sie für ihn überhaupt eine Bedeutung haben soll. Nun liegt es im Wesen letzterer, daß sie dem denkenden Bewußtsein nicht nur Erkenntnisse vermittelt, sondern ebenso Handlungsanweisungen im Sinn einer aus der Geistesforschung entwickelten Technologie auf dem Felde des Lebendigen, Seelischen und Geistigen. Das gilt in ganz hervorragender Weise für den sog. *Landwirtschaftlichen Kurs* Rudolf Steiners, in welchem alles darauf angelegt ist, daß Geisterkenntnis unmittelbar in das praktische Leben eingreift:

«... weil es vielleicht nun doch gelingt, auf einem bestimmten Gebiete, vom Anthroposophischen ausgehend, ins unmittelbare Leben hinein auch etwas zu bringen. Denn man sieht, es kann auf anthroposophischem Gebiete von beiden Seiten her, von dem höchst Spirituellen und von dem ganz Praktischen, von beiden Seiten her kann mitgewirkt werden. Und eigentlich erst dann wird richtig gewirkt, wenn diese beiden Seiten etwas ineinander verweben und miteinander in vollste Harmonie gebracht werden.» (20.6.1924, GA 327, S. 20)

Das ganze Denken und Tun des biologisch-dynamischen Landwirts erfährt durch die anthroposophische Geisteswissenschaft Richtung und Ziel. Schlägt der Landwirt diese Richtung auf dieses Ziel ein, beschreitet er einen Weg, der für ihn zum Schulungsweg durch das Leben und zugleich zum Weg anthroposophischer Forschung werden kann. Die Ergebnisse der Geistesforschung sind da, und so auch die Aufgaben des praktischen Lebens. Auf dem Weg, der beide zur Deckung bringt, stellen sich Fragen, deren Bearbeitung Inhalt einer anthroposophischen Forschung ist und ihre Notwendigkeit begründet. Unter diesem Gesichtspunkt seien im folgenden Aspekte anthroposophischer Forschung – Ergebnisse und offene Fragen – geschildert, wie sie sich ergeben, wenn man auf dem «Wege» fortschreitend die Fragen ernst nimmt, die sich in der Begegnung mit den drei genannten Phänomenbereichen ergeben.

I.
Der Phänomenbereich der anthroposophischen Geistesforschung

I. I.
Die Ideenformen und die Forschung auf geistigem Gebiet

Die Forschungsergebnisse der Anthroposophie erscheinen dem denkenden Bewußtsein in Ideenformen. In ihnen offenbart sich ein übersinnlicher Inhalt, der von dem Geistesforscher auf dem Wege seelischer Erkraftung zu einem leibfreien Denken, Fühlen und Wollen in der Geistwelt erforscht und in eine Sprach- und Gedankenform geprägt ist, die dem gewöhnlichen, leibgebundenen Denken zugänglich ist. Dieses im Dienste der gewöhnlichen Wissenschaft stehende Denken kann sich nur an der abgegrenzten Form entzünden. Durch die Sinne offenbart sich eine Welt, die sich für das denkende Bewußtsein in Formen abgrenzt. Diese Formen, z. B. eines Kristalls, eines Pflanzenblattes oder einer Tiergestalt, prägen die Gedanken und geben ihnen ihren Inhalt. Auch Farben, Töne usw. werden erst durch formhafte Begrenzungen der einen Farbe gegen die andere, des einen Tones gegen den anderen, dem Bewußtsein zugänglich. Die Form aber ist tot. Sie ist nicht die Sache selbst, sondern nur Bild, Phänomen.[2] Das gewährleistet, daß wir dem Phänomen und damit dem daran sich entzündenden Gedanken frei gegenübertreten können. Erst durch dieses Verhältnis zur Formenwelt und zur Ideenform können beide zum Objekt wissenschaftlicher Forschung im gewöhnlichen Sinne werden. Was der Sinneswahrnehmung schon fertig in abgegrenzten Formen gegeben ist, die geschaffene oder werkgewordene Welt, das muß durch den Geistesforscher erst vorgeleistet werden. Er muß die Ergebnisse seiner Forschung, die sich auf eine schöpferische, lebendige, formenschaffende Ideenwelt bezieht, in eine Form gießen – die Ideenform –, soll sie für das gewöhnliche Bewußtsein Gegenstand

2 Mit Phänomen wird hier die erste Gestalt bezeichnet, in der uns eine äußere oder innere Welt gegenübertritt. An seinem Zustandekommen haben wir keinen Anteil. Es wird durch die Tätigkeit der sinnlichen und geistigen Auffassung zur äußeren oder inneren Erfahrung.

und Ausgangspunkt der Forschung werden. Das Ergebnis anthroposophischer Geisteswissenschaft ist die Ideenform. Die Forschung, die sich diese Ideenform zum Phänomen macht, soll «anthroposophische Forschung» genannt werden. Sie kann von jedem Menschen betrieben werden, der geneigt ist, mit der gleichen Unbefangenheit den Phänomenen der Geisterkenntnis gegenüberzutreten, wie er sich als ernsthafter Forscher der Naturerkenntnis gegenüber verhält.

Man kann von diesem Blickpunkt aus die «anthroposophische Forschung» auch als «Forschung auf geistigem Gebiet» ansprechen. Mit dieser Formulierung hat Rudolf Steiner sie als Aufgabe der Freien Hochschule für Geisteswissenschaft gekennzeichnet (24.12.1923, GA 260, S. 49f.). Man muß sich dabei nur den Unterschied klarmachen zwischen dem geistigen Gebiet, aus dessen Wirklichkeit die Ideenformen geschöpft sind, und jenem, das sich auftut, wenn diese Ideenformen die menschliche Seele befruchten, in Erkenntnis aufleben und auf den Bahnen des Willens sozial- und erdenwirksam werden.

Hat anthroposophische Forschung die Ideenform zum Phänomen, dann vermittelt dieses inhaltlich eine Tatsache der geistigen Welt. Diese Tatsache offenbart sich dem denkenden Bewußtsein. Worauf kann und soll sich die «anthroposophische Forschung» beziehen? Was kann «Forschung auf geistigem Gebiet» für denjenigen bedeuten, der nicht ein übersinnlich Erkennender ist? Im Verfolgen der Tätigkeit des anthroposophischen Landwirtes kann diese Frage beleuchtet werden. Dabei tut sich ein Forschungsweg auf, der dem Anliegen der Freien Hochschule für Geiteswissenschaft gerecht und der Sektionsarbeit dieser Hochschule lebendiges Leitbild werden kann.[3]

Im «Landwirtschaftskurs» Rudolf Steiners treten wir an die folgende geisteswissenschaftliche Tatsache heran: «Nun, eine Landwirtschaft erfüllt ihr Wesen im besten Sinne des Wortes, wenn sie aufgefaßt werden kann als eine Art Individualität für sich, eine wirklich in sich geschlossene Individualität.» (10.6.1924, GA 327, S. 42) Die Wirklichkeit dieser landwirtschaftlichen Individualität wird sodann auf diejenige des Menschen bezogen, wie

3 Die Freie Hochschule für Geisteswissenschaft am Goetheanum, Dornach/Schweiz, wurde von Rudolf Steiner 1923 begründet, u.a. mit der Aufgabe «der Forschung auf geistigem Gebiet». Sie wurde von ihm in verschiedene Sektionen gegliedert, in welchen diese Forschung stattfinden soll. Eine solche ist die «Naturwissenschaftliche Sektion» mit ihrer «Landwirtschaftlichen Abteilung». Auf dem Boden der letzteren werden am Ort und vor allem weltweit in Forschungsinstituten praxisrelevante Forschungsprojekte bearbeitet und wissenschaftlicher Austausch auf Fachtagungen gepflegt.

überhaupt in der geisteswissenschaftlichen Betrachtung der Landwirtschaft «der Mensch zur Grundlage gemacht wird» (12.6.1924, GA 327, S. 103). Das wird noch durch den weiteren Hinweis bekräftigt, daß «man doch einen Begriff haben muß von dem notwendigen Geschlossensein einer Landwirtschaft» (10.6.1924, GA 327, S. 43). Mit diesem Hinweis wird darauf hingedeutet, daß die landwirtschaftliche Individualität einen leiblichen Organismus zu ihrem Werden braucht. Den Weg zur praktischen Umsetzung dieser Ziele beleuchten Ideenformen, die zu konkreten Handlungen in der irdischen Stoffeswelt anleiten (siehe Kapitel 1.2., S. 195). Dadurch sind diese Ideenformen nicht nur Offenbarungen ihres geistigen Ursprunges, sondern nehmen Bezug auf die unmittelbare Lebenspraxis. In ihrer ideellen Form erschließen sie sich dem Denken, ihr Inhalt aber gewinnt nur Bedeutung durch den Willen, der den Inhalt nach außen trägt und mit der Welt verbindet. Damit eröffnet sich ein Forschungsweg, der in Schritten das Schicksal der Ideenform von ihrer Offenbarung in und durch die Geistseele des Menschen bis zu ihrer Wirksamkeit in der Welt verfolgt und im Verfolgen erst zur wahren Erkenntnis des Geoffenbarten kommt.

Ein erster Schritt anthroposophischer Forschung auf diesem Wege wird sich darauf richten, die Beziehung der genannten Aussagen im *Landwirtschaftlichen Kurs* zu anderen Resultaten der anthroposophischen Geisteswissenschaft aufzusuchen, z. B. zum Wesen des Menschen, zu dessen Wesensgliedern, zu Gestalt und Funktion des Organismus u.a. Es wird sich dabei der unbefangenen Betrachtung zeigen, daß die Ideenformen sich gegenseitig beleuchten, ergänzen und in einem umfassenden Zusammenhang stehen. Doch wird man sogleich bemerken, daß im bloßen Bewegen der Ideen die Seele unbefriedigt bleibt. Der Ideengehalt drängt danach, aus der Form auszukeimen und erlebt zu werden. Damit verbindet er sich tiefer mit der nicht nur denkenden, sondern fühlenden Seele. Die Idee der landwirtschaftlichen Individualität, die sich auf ein Stück Außenwelt bezieht, wird erlebbare Geistrealität, wenn man sie sich vor dem Hintergrund der eigenen Individualität verlebendigt.

Diesem Begreifen von Ideenform und diesem Erleben ihres Inhalts kann sich ein zweiter Schritt anthroposophischer Forschung anschließen. Man kann den Organismus- und Individualitätsbegriff, welcher die Erkenntnis des Wesens des Menschen erst erschließt, an die Naturanschauung herantragen. Man schaut diesen Begriff als die selbsterlebte Wirklichkeit gleichsam aus sich heraus. Man erweitert damit das eigene Selbst auf den Naturzusammenhang des Hofes und beleuchtet diesen in der Weise, daß die gegebene Mannigfaltigkeit der Erscheinungen zum Bild der Ganzheit des Betriebes erhoben wird. Aus der bloßen Sinnesbeobachtung ließe sich diese Ganzheit nicht fassen. Sie ist da nicht aufzufinden. Erst in diesem Bilderleben, in dem die aus der Wesenserkenntnis des Menschen geschöpfte Idee im Naturzusammenhang eines Hofes aufgeht, vereinigt sich auf dem Schauplatz der eigenen Seele das Bild einer natürlichen Außenwelt mit dem Bilde einer geistigen Außenwelt, die durch die Ideenformen vermittelt ist. In dieser Vereinigung geht die bloß ökologische Betrachtung der Natur in einer anthroposophischen auf. Der Organismus- und Individualitätsbegriff beinhaltet eben mehr, als in der Natur erscheint. In ihr ist in die verschiedenen Reiche auseinandergelegt und in die einzelnen Formen spezifiziert, was im Menschen zu einer höheren Einheit verschmolzen ist. Gewiß, jeder Naturzustand hat entsprechend der vorherrschenden Wechselwirkung der Stoffe und Kräfte eine individuelle, ihm eigene Hervorbringungskraft. Nennen wir diese die «standörtliche Naturbegabung». Ihre naturhafte Vollendung kommt z. B. im sogenannten Biotop zum Ausdruck, in der geordneten Vielfalt der standörtlichen Lebensgemeinschaft. Diese Naturbegabung kann durch menschliches Fehlverhalten herabgemindert, sie kann aber auch, wenn sie als Naturvorgabe erkannt ist, durch das Organismus- und Individualitätsprinzip zu höherer Produktivität fortgebildet werden. Der Kulturboden, der der Träger des landwirtschaftlichen Organismus und zugleich atmende Mitte der landwirtschaftlichen Individualität ist, kann immer fruchtbarer werden.

Durchdringen wir in diesem zweiten Schritt anthroposophischer Forschung die Naturanschauung mit den Ideen der Geisterkenntnis, dann beginnen wir die Bedingungen zu erforschen, unter welchen die vorgegebene Naturbegabung eines Hofes entwickelbar ist. Alles, was zu diesem Ziele in Betracht zu ziehen ist, muß in der Seele mit solcher Kraft als Wahrbild lebendig werden, daß es den Willen ergreifen kann und ihn zur Arbeit motiviert und impulsiert.

In den beiden genannten Forschungsschritten – dem Aufschließen der Ideenformen aus einer geistigen Außenwelt im Ideenerleben und deren Herantragen an eine natürliche Außenwelt – stehen wir erkennend außerhalb der Wirklichkeit, auf die diese Ideen sich beziehen. Mehr oder weniger inhaltsgesättigt, dunkler oder heller, gestalten sie sich zum Wahrbild in der Seele aus. Soll dieses Weltinhalt werden, muß es in den Willen eintauchen und ihm die Richtung weisen. Das eröffnet einen dritten Schritt anthroposophischer Forschung. In diesem muß sich die Aufmerksamkeit auf eine zweifache Wirklichkeitsschicht lenken. Die eine Schicht ist der Wille, in den das Wahrbild untertaucht, die Arbeit impulsierend. Dort unten aber, im Unbewußten, verknüpft sich das Wahrbild mit dem menschlichen Schicksal, das verborgen im Willen lebt. Diese Verbindung mit dem eigenen Schicksalsstrom ist für das Verständnis anthroposophischer Forschung von der größten Bedeutung. Gewiß, diese Verbindung bestand schon vorher, in dem Wie der Ausarbeitung des Wahrbildes. Jetzt aber wird es eins mit dem schicksalsgeprägten Wirklichkeitspotential, das im Willen lebt. In dieser karmischen Verschmelzung trägt der Wille das Wahrbild aus seinem eigenen Zentrum heraus und geleitet es in die andere Wirklichkeitsschicht, in den Lebenszusammenhang des Hofes. Zwischen beiden Ufern, auf der einen Seite der Ich- und auf der anderen Seite der Weltwirklichkeit, spannt sich die Brücke der ideengeleiteten, schicksalsgeprägten menschlichen Arbeit. Was im Erfassen des Organismus- und Individualitätsgedankens in der Seele lebendig geworden ist und sich schöpferisch über die Brücke der Arbeit dem Innern der Natur einverwoben hat, das trägt in höchstem Grad den Stempel des menschlichen Schicksals, und zugleich wirkt es auf dieses zurück.

In diesem dritten Schritt anthroposophischer Forschung steigen wir herunter in das eigene Selbst. Dort unten, in unserem Willenswesen, tritt eine Wende ein. Das erarbeitete Wahrbild wird zum Impuls und löst sich über die Brücke der Handlung von uns ab. In diesem Herabsteigen mündet der Forschungsweg in den anthroposophischen Schulungsweg. Er mündet in die Selbsterkenntnis, die sich ja auf das Schicksal bezieht. Durch Seelenübung muß dem entgegengewirkt werden, daß der Gang des Schicksals unabhängig vom Ideenerleben seine Wege nimmt, daß Anthroposophie zwar bejaht wird, die Arbeit aber davon unberührt in bloßer Routine abläuft. Der dritte Forschungsschritt gründet auf der Bildung von Seelenorganen, durch die man wahrnehmen und damit verstehen lernen kann, wie sich der eigene Schicksalsstrom aus der Vergangenheit mit dem gegenwärtigen Ideenerleben vereinigt. Daraus erwächst das Bewußtsein erhöhter Geistesgegenwart, aus dem die Impulse fließen, die Zukunft gestalten. So wölbt sich die Brücke der menschlichen Arbeit von dem einen Widerlager, von dem Ideenleben in Selbsterkenntnis, hinüber zu dem anderen, zur Werkwelt, zu den Dingen und Wesen der Natur.

Worauf sich der forschende Blick bei diesem Brückenbau richten muß, ist, daß man das Richtige im richtigen Augenblick richtig tut. «Das Richtige tun» heißt, die Beziehung zwischen dem herstellen, was in mir als Organismus- und Individualitätsgedanke lebt, und dem, was außerhalb meiner selbst an Dingen und Wesen auf diesen Gedanken anspricht. Es ist die Suche nach dem richtigen Maß, z. B. der Größe der Rinderherde im Verhältnis zum Ganzen des Hofes. «Im richtigen Augenblick» heißt, aus dem eigenen Ideenerleben Beziehungen stiften, die mit den obwaltenden Lebenszuständen des Hoforganismus im Rhythmus der Jahreszeiten zusammenklingen, z. B. in der Düngung, der Bodenbearbeitung, der Saat etc. «Richtig tun» heißt, mit Tüchtigkeit (in ihr verschmelzen Wahrbild und schicksalsgegebene Fähigkeiten) und Hingabe (was an der Ideenform und an den Dingen und Wesen der Natur durch Seelenübung an Gesinnung erworben ist) das eigene Selbst dem erstrebten Ziele dienstbar machen, z. B. in der Entwicklung der Bodenfruchtbarkeit, der züchterischen Weiterbildung der Kulturpflanzen und Haustiere.

In der Arbeit löst sich von uns ab, was wir aus den Ideenformen der Geistesforschung durch uns gemacht haben. Im seelischen Erleben haben wir sie in uns ihrer Form entkleidet und über die Brücke der Arbeit durch uns als lebendig schaffendes Organismus- und Individualitätsprinzip dem Hofe eingepflanzt: «Eine Landwirtschaft erfüllt eigentlich ihr Wesen ...» (Steiner, 10.6.1924, GA 327, S. 42). In dem Maße, wie diese Umprägung in der Seele bewußt, das heißt in forschender Gesinnung erfaßt wird, werden wir zu frei Handelnden. Die Ideenformen der Geistesforschung lassen uns im Denken frei. Im Erleben erkeimt ihr lebendiger Geistgehalt, mit dem man sich im Innersten verwandt fühlen kann. Wird dieser Geistgehalt in den Willen umgeschmolzen, trägt er in diesen die Anlage zu einer «Technologie der Freiheit». Das Ich weitet sich dabei auf den von ihm selbst geschaffenen Lebenszusammenhang aus. Das Selbst, das sich in der Tätigkeit erkennt, verwandelt die Welt. Genährt durch die Geistesforschung, wächst in der Seele eine Überschußkraft, die das Erdendasein durch die Arbeit zum Menschen emporhebt, der Arbeit die Schwere nimmt und sie mit Freude und Begeisterung erfüllt.

Im dritten Schritt anthroposophischer Forschung wird die Arbeit, die das «höchst Spirituelle» mit dem «ganz Praktischen» verbindet, zum Forschungsgegenstand. Wenn nun aus dem Wahrbild heraus, das in die individuellen Fähigkeiten umgeschmolzen ist, getan wurde, was zu tun ist, erhebt sich die Frage: Wurde es auch angenommen? Hat sich etwas verwandelt im Sinne des Wahrbildes? Immer wieder aufs neue stellt sich diese Frage der Selbstprüfung im Spiegel des Getanen. Nur zu oft erleben wir eher ein Scheitern. So steht eine große Unsicherheit am Beginn eines vierten Schrittes anthroposophischer Forschung. In diesem wendet sich der Blick von einem Ideenerleben in der Selbsterkenntnis zu einem schicksalsgeprägten Ideenwirken in der Welterfahrung. Nun geht es um das forschende Auffinden von Tatsachen im Lebenszusammenhang des Hofes, die uns zu einem Urteil verhelfen. In diesem kann uns aus der Welt die Idee in gewandelter, objektiver Gestalt wieder entgegentreten, die zunächst subjektiv in der Seele als Wahrbild gelebt und sich auf den Bahnen des Willens dem Hofe einverleibt hat. Gemäß dem Satze Rudolf Steiners, *«das Gewahrwerden der Idee in der Wirklichkeit ist die wahre Kommunion des Menschen»* (GA 1b, S. IV), suchen wir in diesem vierten Schritt nach Tatsachen, in deren Anschauung wir der Idee gewahr werden können, die wir selber erst in die Wirklichkeit des Hofes eingepflanzt haben. Wir müssen die Idee erst einmal aus der Geisterkenntnis haben, um aus ihr wirken zu können. Dann aber verschwindet sie über die Brücke der Arbeit in die geistigen Untergründe des natürlichen Seins und organisiert und individualisiert die Lebenszusammenhänge zum Ganzen des Hofes. Wir müssen nach «Merkmalen» forschen, die so sprechen, daß wir im anschauenden Miterleben des Geschehens auf einem Hof eine Idee fassen können, in der das Wahrbild neu entsteht, das wir der Geistesforschung verdanken. Es wandelt sich in seiner subjektiven Schicksalsprägung. Solche Merkmale können folgende sein: die Stimmung, die auf einem Hofe waltet, seine Gestalt nach außen, seine Gliederung nach innen; das harmonische Verhältnis aller seiner Glieder zum Ganzen, seine Erneuerungskraft, die sich entwickelnde Bodenfruchtbarkeit; Sortenstabilität, Tiergesundheit etc. Der aufmerksam beobachtende Landwirt stützt sich in der Bewertung dieser Merkmale auf seine Erfahrungen. Er macht sie, indem er in der Folge der Jahreszeiten und in den Folgen seines Tuns erlebend darinnensteht. Auf diesem Wege wächst ihm in ahnender, bis hin zu Augenblicken bewußter geistiger Kommunion eine Geistesgewißheit zu. Diese ist für denjenigen, der nur wissenschaftlich-experimentell landwirtschaftliche Fragestellungen erforscht, schwerer zu erreichen. Dieser hat den Vorzug, Fehler rasch korrigieren und neue Fragen aufwerfen zu können, jener unterliegt der Gefahr, bei der einmal gefaßten, schicksalsgeprägten, in den Willen untergetauchten Idee stehenzubleiben. An verschiedenen Orten wird nach sozialen Lösungen gesucht, und es wird weiterhin eine dringliche Aufgabe für die Zukunft sein, daß sich beide Forschungswege in der Praxis treffen und gegenseitig ergänzen.

Aus der Schilderung eines Weges anthroposophischer Forschung in vier Schritten können sich folgende Einsichten und Konsequenzen für die Zukunft ergeben:

- Das Feld anthroposophischer Forschung spannt sich von den Ideenformen der Anthroposophie über ihr Wirksamwerden in der Welt bis hin zum Gewahrwerden ihrer schöpferisch-verwandelnden Kraft im Sein der Welt.
- Der Forschende muß in der Lebenswirklichkeit stehen und die impulsierende Idee der Geistesforschung mit dem eigenen Schicksal verbinden wollen.
- Das Forschungsobjekt ist der Hof. In diesem gestaltet sich die Idee zum Organismus und über diesen hinaus zur landwirtschaftlichen Individualität aus. Daß die Forschung dort auch in dem nötigen Umfang geleistet werden kann, ist eine soziale und eine Bewußtseinsfrage. Es müssen auf den Betrieben für die Forschung Freiräume geschaffen werden, und angesichts der komplexen Vielfalt der Forschungsfragen ist es von Vorteil, wenn Menschen mit verschiedenen Fähigkeiten zusammenwirken.
  Es haben sich an wenigen Orten bereits Hofgemeinschaften mit einem Forscher zusammengetan. Im wechselseitigen Austausch mit den Landwirten greift dieser relevante Fragen auf, die sich vor Ort aus der Praxis stellen. Der Gang der Entwicklung sollte in dieser Richtung gesehen werden.
- Wird der Hof zur Forschungsstätte, in der sich fortwährend die Fruchtbarkeit der Geistesforschung in der Lebenswirklichkeit bewahrheiten und daraus Geistesgewißheit im Denken und Tun erwachsen soll, dann vollzieht sich dort «Forschung auf geistigem Gebiet», d. h. Sektionsarbeit der Freien Hochschule für Geisteswissenschaft. Diese Tatsache lebt noch wenig im Bewußtsein der Landwirte. Für das Gedeihen der Sektionsarbeit und damit der Hochschule ist dieses Bewußtsein aber die unverzichtbare Grundlage. Die Geistesforschung Rudolf Steiners liefert die Ideenformen, die der Landwirt seinem Hof einpflanzt. Das allgemeine Geistesgut, das am Goetheanum eine Pflegestätte hat, macht er zu seinem eigenen. Er erlebt es subjektiv als seinen Seeleninhalt, der ihn zur Tat impulsiert. Was er dann aber an Geistesfrüchten aus dieser Einpflanzung in seinen Hof erntet, kommt ihm von außen in gewandelter Gestalt als objektive Erkenntnis entgegen. In individueller Bemühung gewinnt er diese, jetzt nicht mehr nur als sein eigenes, sondern als ein der Allgemeinheit zugehöriges Geistesgut zurück. Es steht jetzt in seiner Freiheit, daß er diese Erkenntnisernte durch das Tor der Sektion hindurch der Freien Hochschule zu deren Erneuerung zufließen läßt.

So kann man sagen, es obliegt der «Forschung auf geistigem Gebiet», die Anthroposophie, die sich in den Taten der Menschen individualisiert hat und aus dem Leben in wachsender Geistesgewißheit wieder aufersteht, in das allgemein Menschliche, in das Leben der Hochschule, zurückzuführen. So kann sich die Hochschule von unten, aus dem freien Wollen der Menschen zu einer Freien Hochschule bilden und, aus dem Erkennen der Tatenfolgen, fortdauernd erneuern. Gewichtet man diesen Aspekt in seiner vollen Tragweite als Erreichnis anthroposophischer Forschung, so kann man Vertrauen gewinnen, daß die spirituelle Substanz des Goetheanums in jedem Augenblick des historischen Werdens Geistesgegenwart werden kann. Deshalb hängt es von dieser Art anthroposophischer Forschung ab, ob man «in dem Bestand einer solchen Institution, wie sie das Goetheanum in Dornach als Freie Hochschule für Geisteswissenschaft ist, etwas Berechtigtes» sehen kann (Steiner, 24.12.1923, GA 260, S. 50).

I. 2.
Der Forschungsweg in der Präparateerkenntnis – Ein Beispiel

Die biologisch-dynamischen Präparate und das von ihm so genannte «Brennexperiment» sind Erfindungen Rudolf Steiners aus der anthroposophischen Geisterkenntnis.[4] In den Zubereitungen und Anwendungen impulsiert die Geisterkenntnis unmittelbar die Handhabung. Man muß die Phänomene erst selber schaffen, ehe sie zum Forschungsgegenstand werden können. Genauer gesprochen ist es eine Stufenfolge von Phänomenen, die jeder Präparationsschritt erzeugt, bis hin zur Anwendung. In dieser Stufenfolge ist ein Forschungs- und Erkenntnisweg angelegt. Die experimentelle Forschung (z. B. Wirkungsnachweis) kann dafür nur die Bestätigung liefern. Am Beispiel des Schafgarbenpräparates sei auf die Stufenfolge dieses Forschungsweges eingegangen, in welchem sich der Blick darauf richtet, wie die anthroposophische Geisteswissenschaft durch den menschlichen Willen neue Beziehungen zwischen den Naturreichen stiftet.

Durch die geisteswissenschaftliche Beleuchtung wird die Schafgarbe im Bilde ihrer Erscheinung zum Okular für den Übergang eines substanziellen Geschehens, in diesem Fall des Kaliums, vom Physischen in den Zustand des Lebendigen (13.6.1924, GA 327, S. 126ff.). Diese Belebung des Kaliums

4 Erläuterungen zu den Präparaten auch im Aufsatz von Uli Johannes König, S. 217ff.

und damit dessen Enthebung aus der irdischen Gesetzmäßigkeit vollzieht sich stufenweise. Ein Abbild dieses Geschehens ist die Stämmigkeit des Stengels, das fein gegliederte Blattwerk und die wie ausgetrockneten, in Körbchen eng zusammengedrängten Einzelblüten der Schafgarbe. Die Forschung wird sich jetzt darauf richten, in der Anschauung dieser Pflanze und ihres Lebensraumes das schaffende Prinzip zu erkennen, durch das der Salzbildner Kalium seiner physischen Natur nach und nach entfremdet und in der Zartheit und Hinfälligkeit der sich öffnenden Blüte in einen Zustand versetzt wird, in dem er sich als Kaliumprozeß in einer Art Status nascendi undeterminiert den Umkreiskräften des Kosmos aufschließt. Die Geistesforschung weist hierbei dem Blick des Naturforschers die Richtung. Er kann in der Erscheinung der Schafgarbe Anhaltspunkte finden, die in Bildgedanken die Ideenformen der Geistesforschung beleuchten. Umgekehrt sind es die Ideenformen, die auf das geistige Prinzip hindeuten, für das die Schafgarbe äußeres Bild ist.

Aus dieser Hinwendung zur Schafgarbe und ihrem Substanzgeschehen ergibt sich die Frage: Kann dieser zum kosmischen Umkreis offene Substanzprozeß der Blüte, der sich in der Zartheit ihrer Öffnungsgeste gleichsam nach außen versinnlicht, festgehalten werden, ehe er sich entweder in der Samen- oder der Humusbildung nach dem Irdischen hin wieder determiniert? Kann man diesen Substanzprozeß über die Schwelle hinausführen, bis zu welcher die Pflanze sich in ihrer Lebensentfaltung heraufentwickelt? Kommt man auf dem eigenen Forschungsweg zu dieser Frage, wird der Hinweis der Geistesforschung begreiflich, daß man zu dem Ziele der Konservierung dieses Substanzprozesses ein Organ aus dem Tierreich verwendet. Im Falle der Schafgarbenblüte ist es die Blase des männlichen Edelwildes. Der forschende Blick wird jetzt auf den Geweihträger und auf dessen Nieren-Blasen-Prozeß gelenkt. Die Blase des Edelwildes wird in Form und Substanz zum Okular dafür, wie die seelische Organisation des Geweihträgers in das strömende Leben (die ätherische Organisation) die Organe hineinformt und sie dauerhaft in Funktion hält.

So beleuchtet die geisteswissenschaftliche Idee die Schafgarbe und das Edelwild über die Grenze vom Pflanzen- zum Tierreich und damit über auseinanderstrebende Evolutionsrichtungen hinweg und impulsiert den Menschenwillen, daß er das in der Natur Getrennte vereine. Die Schafgarbenblüten werden im Hier und Jetzt in die Blase (Hirsch) gestopft. Die Aufmerksamkeit richtet sich nun auf diesen Willensakt, die erste Stufe der Präparation. Ein Äußeres, die umkreisoffenen Blüten, wird ein Inneres, und ein Inneres, die aus dem Seelischen des tierischen Organismus gestaltete Blase, wird ein Äußeres. Die Idee knüpft an die bestehende Weltordnung an und schafft durch die Willenshandlung einen neuen Zusammenhang, indem sie den Naturprozeß umstülpt. Hat man die Idee zuerst in der Polarität Schafgarbenblüte – Hirschblase im Gedankenbild erlebt, so erlebt man sie jetzt im Vollzug wollend. Ersteres weist den Denkblick hin zur Imagination, letzteres läßt im Willen die intuitive Erfahrung aufkeimen. In diesem selbsterzeugten Spannungsfeld kann dann fühlend-inspirativ das Verständnis wachsen.

Die Schafgarbenblüten sind in der Blasenumhüllung über ihre naturgegebene Begrenzung in Raum und Zeit hinausgehoben. Die Blase ist in die Außenwelt versetzt. An diesen Tatbestand knüpfen sich zwei nächste Hinweise der Geistesforschung, nämlich die blütenerfüllten Membrankugeln den Kräften des Raumes über der Erde in den Elementen Wärme, Luft und unter der Erde in Wasser, Erde auszusetzen und ebenso den Kräften der Zeit in den Rhythmen des Jahreslaufes. Wir hängen die Kugeln im Sommer an luftigem Orte auf und vergraben sie im Winter in die Erde. Wieder ist es in diesem zweiten und dritten Schritt der Präparation der Ich-Wille, der einen je neuen Schwellenübergang einleitet, neue Beziehungszusammenhänge stiftet und damit der Forschung neue Phänomene schafft. Diese sind, daß die Form und Beschaffenheit der Blase einerseits über die Dauer eines Jahres die eingeschlossene Blütensubstanz in dem umkreisoffenen Zustand erhält und andererseits der empfänglichen Blütensubstanz die im Zeitverlauf in Wärme und Luft, Wasser und Erde wirksamen Kräfte vermittelt und dauerhaft einprägt. Während wir auf den ersten Präparationsschritt mehr in denkender Naturanschauung zugehen, so begleiten wir die beiden folgenden mehr in einem fühlenden Miterleben des Jahreslaufes, wie dieser sich über und unter der Erde darlebt.

In einem vierten Präparationsschritt graben wir die Schafgarbenkugeln im folgenden Frühjahr aus der Erde heraus. Der Anschauung zeigt sich eine zerfallende Membran und, durch einsetzende Humifizierung, in ihrer Farbe und Konsistenz leicht veränderte, als solche aber noch erkennbare Blütenköpfchen. Aufgrund der vorausgegangenen Präparationsschritte – geleitet durch Anweisungen aus der Geistesforschung und durch den Ich-Willen Tat geworden – halten wir einen neuen Stoff in Händen. Unser Forschen wird jetzt auf die Tatsache gelenkt, daß dieser aus dem Leben für das Leben entstandene neue Stoff nach den Angaben des Geistesforschers «strahlt». Wie ist diese Strahlung zu verstehen? Im Gegensatz zur meßbaren, Stoffzerfall anzeigenden, lebensfeindlichen, strahlenden Radioaktivität strahlt dieser neue Stoff unmeßbar im physikalischen Sinne. Es sind Kräfte, die in dieser Stoffkomposition die Bedingungen finden, in Raum und Zeit auszustrahlen und Lebensprozesse zu gestalten.

An diesem Endpunkt der Präparation angekommen, muß sich die Forschung mit folgenden Fragen befassen: Wird das durch die Schafgarbe seiner physischen Eigenschaften entfremdete, in der Blüte in den Zustand umkreisoffener, belebter Wirksamkeit versetzte Kalium dadurch strahlend, daß es durch die Präparationsschritte über die naturgegebene Schwelle hinweg auf eine Stufe emporgehoben wird, auf der es zum Träger astralischer, empfindungstragender Kräfte wird?[5] Welcher Herkunft sind diese Kräfte, und finden sie erst durch diesen neuen stofflichen Träger Eingang in das Natursein? Welche Entwicklungskraft und -richtung wohnt ihnen inne? Es wird im Zusammenhang mit der Wirksamkeit der Präparate Schafgarbe, Kamille, Brennessel von der Stoffverwandlung gesprochen: «... weil nämlich im organischen Prozeß eine geheime Alchemie liegt, die z. B. das Kali, wenn es nur in der richtigen Weise drin arbeitet, wirklich in Stickstoff umsetzt und sogar den Kalk, wenn der richtig arbeitet, wirklich in Stickstoff umsetzt» (Steiner, 13.6.1924, GA 327, S. 136). Stickstoff aber wird von Rudolf Steiner als der Träger der astralischen Geistigkeit bezeichnet:

5 Die Mineralnatur läßt sich in der Weise charakterisieren, daß in ihr rein nur physische Gesetze Geltung haben, die Pflanzennatur in der Weise, daß die physische Gesetzmäßigkeit unter die Herrschaft der Lebensprozesse gerät. Der «Lebensleib» («Ätherleib») der Pflanze bildet diese Gesetzmäßigkeit zu ihrem «Physischen Leib» um. In der Tiernatur tritt ein «Seelenleib» (Astralleib) hinzu, der wiederum aus seinen Kräften Herrscher über einen physischen und einen Lebensleib wird. Die den Lebens- und Seelenleib konstituierenden Kräfte sind so zu verstehen, daß sie in der «Übernatur» oder Geistwelt allgegenwärtig sind. Als solche stehen diejenigen des Lebendig-Ätherischen zur Mineralnatur ebenso in einer äußeren Beziehung wie diejenigen des Seelisch-Astralen zur Pflanzennatur. Die Farbe, der Duft der Blüte z.B. sind Bild dieser Beziehung.
Die hier aufgeworfene Frage ist: Gibt es eine Stoffverwandlung von der physischen Stufe über die des Lebendigen zu jener, auf der der Stoff unmittelbar zum Bezugspunkt, Träger und Vermittler von seelisch-astralen Kräften der «Übernatur» im Reiche der Natur werden kann? Kann man diese Kräfte verstärkt im Organismus der Landwirtschaft, z.B. in der Fruchtbildung, zur Steigerung des Nährwertes zur Wirksamkeit bringen? Diese Frage steht am Ausgangspunkt der Präparatezubereitung. So gesehen ist diese Art der Düngung eine Technologie im Bereich der Beziehung der «Natur» zur «Übernatur», wie umgekehrt z.B. die der Kerntechnik eine solche ist im Bereich der Beziehung der Natur zur «Unternatur» (vgl. Steiner, GA 26, S. 255).

«... dieses Astralische prägt sich im Physischen dadurch aus, daß es den Stickstoff benützt, um physisch wirken zu können» (11.6.1924, GA 327, S. 71). Ist mit der Umwandlung des Kalium in Stickstoff gemeint, daß das Kalium aus der physischen Erdgebundenheit seiner Salznatur in der Schafgarbe auf die Stufe seiner ätherischen Wirksamkeit und durch die Präparation auf die Stufe seiner astralischen Wesensoffenbarung emporgehoben wird und es diese ihr zugehörende Kräftewelt ist, die als wirksame Strahlung auf völlig neue Art gestaltbildend, gesundend, organismusschaffend in das gewordene raum-zeitliche Natursein eingreift? In diese Richtung weisen die Aussagen Rudolf Steiners in bezug auf die Wirksamkeit der drei genannten Präparate:

1. Schafgarbe = belebend;
2. Kamille = Dünger stickstoffbeständiger, Pflanzen gesünder machend, anregend auf das Pflanzenwachstum;
3. Brennessel = Erde individualisiert sich auf diejenigen Pflanzen, die angebaut werden, der Dünger wird innerlich empfindlich, Durchvernünftigung des Bodens (13.6.1924, GA 327, S. 128-133).

Der Präparation folgt die Anwendung. Wir fügen punktartig eine kleine, in wenigen Gramm bemessene Menge des Präparates dem in Zersetzung befindlichen organischen Material eines Kompost- oder Dunghaufens zu. In diesem löst es, gleich einem Ferment, Umwandlungsvorgänge aus, ohne sich dabei sogleich zu verbrauchen. Es teilt sich dann beim Ausbringen des Düngers allen in Kultur befindlichen Flächen des Hofes oder Gartens mit. Nach den Schritten des mehr denkend anschauenden, dann fühlend miterlebenden Willensbezuges in der Entstehung der Präparate, sind wir im Vorgang der Präparateanwendung und Düngerausbringung betont ganz im Willen tätig. Die Ideen der Geisteswissenschaft haben sich in den Präparationsschritten stufenweise herunter in denkender, fühlender und schließlich wollender Beziehung der eigenen Seele und durch diese Art der Düngung dem Naturdasein vermählt. In beiden Welten wirken sie weiter, in der Seele Verständnis begründend, in der Natur Entwicklung inaugurierend.

Stellen wir zusammenfassend fest: «Forschung auf geistigem Gebiet» in dem hier gemeinten Sinne ist von dem gewöhnlichen Gegenwartsbewußtsein aus leistbar. Das Ziel dieser Forschung wäre dann, die Wahrheit des in der Seele Erlebten und Erkannten an der Fruchtbarkeit dessen messen, was durch unser Tun im Innern der Natur fortwirkt.

2.
Anthroposophische Forschung im Phänomenbereich der Natur

Es sind hier zwei Forschungswege, der naturwissenschaftliche und der landwirtschaftliche, zu unterscheiden.

2.1.
Der naturwissenschaftliche Forschungsweg

Der naturwissenschaftliche Forschungsweg führt von den Welterscheinungen zum eigenen Gedankenerleben. Man verschafft sich in Gedanken Klarheit über das, was ist. Da sich in der Natur der Makrokosmos im Zusammenwirken des Sternenkosmos, des Erdenumkreises und der Erdentiefen in den Erscheinungen des Mineral-, Pflanzen- und Tierreiches individualisiert darlebt, kann der auf die Einzelheit blickende Naturforscher immer nur einen kleinen Ausschnitt in Gedanken vergegenwärtigen. Hinzu kommt, daß sich dem Denken die Welt vor allem in Formen mitteilt. Die Form des Kristalls, der Pflanze und des Tieres ist konturiert, aber leblos, und so ebenso der Gedanke, der sich an der jeweiligen Form entzündet. Er bildet eine tote, in die physische Form geronnene Welt ab und ist, erfüllt mit diesem Bildinhalt, selber das Ergebnis der in das Bewußtsein geronnenen Denktätigkeit. Das Erleben dieser Tatsache schafft das Bewußtsein einer Grenzschicht von der sinnenfälligen Natur zu einer untersinnlichen Unternatur. Daß man zu dieser Grenzerfahrung kommt, ist Voraussetzung für eine anthroposophische Forschung auf dem Gebiet der Natur.

Gegenstand und Ausgangspunkt dieser Forschung ist also, was sich den Sinnen im Gedankenbild als geschaffene Welt darbietet. Die Methode ist, aus der Reihe der Phänomene das Urphänomen herauszuschälen. Dieses leitet sich von der Sinneserfahrung ab und weist auf ein Übersinnliches, eine Übernatur. Die Methode naturwissenschaftlicher Forschung wird damit zur Grundlage auch der Forschung auf geistigem Felde. Durch sie erbilden sich die Fähigkeiten zu letzterer. Ihre Ergebnisse aber emanzipieren das menschliche Bewußtsein von der Natur und konstituieren das Selbst- bzw. Gegenstandsbewußtsein. Der einzelne Gegenstand hebt sich gedankenklar aus dem Gesamtzusammenhang heraus, dieser selbst aber bleibt unbestimmt und verschwommen. Er wird auch nicht dadurch klarer, daß man eine Summe von Einzelerkenntnissen zu einem System addiert. Das ist das Problem der Ökologie.

Das Ziel anthroposophischer Forschung auf dem Gebiet der Naturwissenschaft kann es sein, methodisch so in den komplexen Zusammenhang der Naturerscheinungen vorzudringen, daß der forschende Blick auf das Ergebnis der übersinnlichen Geisterkenntnis wie auf einen Brennpunkt hin gelenkt wird und, umgekehrt, dieses rein im Denken erfaßte geisteswissenschaftliche Ergebnis eine Summe von Naturerscheinungen so beleuchtet, daß sie sich als Bildausdruck einer wesenhaft wirksamen Ganzheit vor die Seele stellen (siehe dazu die Beiträge von Jochen Bockemühl, Georg Maier und anderer in diesem Band).

2.2.
Der landwirtschaftliche Forschungsweg

Der landwirtschaftliche Forschungsweg führt vom eigenen Gedankenerleben in die Weltwirklichkeit. Er hat somit technologischen Charakter. Der enger oder weiter gefaßte Gedanke belebt sich in der Willenshandlung und taucht in die schaffende Natur ein. In dieser hinterläßt er Spuren, z. B. der so oder so bearbeitete und gedüngte oder zu diesem oder jenem Zeitpunkt gesäte Acker. In der landwirtschaftlichen Tätigkeit taucht der Gedanke in eine physische, belebte und beseelte Wirklichkeit ein, die als Ganze reagiert. Die Forschung richtet sich deshalb auf das Verhalten von Ganzheiten. Die Methodik der Forschung ist der Vergleich vergleichbarer Ganzheiten, z. B. zweier Weizensorten am selben Standort oder die Wirkung einer Düngung auf einer Weide in der Folge der Jahre. Der anthroposophische Ansatz in dieser Forschung geht von zwei Ansatzpunkten aus: von den Angaben des Geistesforschers und von dem persönlichen Darinnenstehen im landwirtschaftlichen Betrieb.

2.2.1. Die Angaben Rudolf Steiners zur landwirtschaftlichen Praxis

Diese Angaben, z. B. zur Düngung, Samen- und Schädlingsveraschung (Brennexperiment), Saatgutgewinnung, Züchtung, Fütterung, Landschaftsgestaltung und -belebung eröffnen in der Breite und Tiefe und in der

Zeitenfolge ein unerschöpfliches Aufgabenfeld für die Forschung. Beispielsweise verbergen sich hinter den Anweisungen zur Düngung geisteswissenschaftliche Grundlagen zu einer neuen Chemie des Lebendigen, deren Technologie eben diese Düngung ist. Bei dieser Fülle der Möglichkeiten, das Keimhafte der geisteswissenschaftlichen Aussage in der Alltagspraxis mit der Vielfalt des Naturwirkens in Zeit und Raum in Beziehung zu bringen, läuft man Gefahr, den Bezugspunkt zu verlieren. Man sucht diesen in der Untersuchungsmethode und in deren Ergebnis, das heißt, man versetzt ihn in die Gegenständlichkeit der Außenwelt. Dies verführt dazu, daß man die Untersuchungsmethoden immer weiter verfeinert, wobei die eine Methode die andere hervorbringt. Dieser Gefahr beugt Rudolf Steiner mit der Aufforderung vor, daß man den Begriff der «Landwirtschaft als einer Art Individualität» und ihrer «notwendigen Geschlossenheit» fassen solle. Dieser Begriff ist der Bezugspunkt aller anthroposophischen Forschung auf dem Gebiet landwirtschaftlicher Praxis. Auf ihn, als einen im Geiste zu fassenden Bezugspunkt, muß sich jede einzelne Fragestellung, jede Untersuchungsmethode, jedes Ergebnis in letzter Konsequenz beziehen. Die Komplexität der Naturwirkungen, in die man durch die landwirtschaftlichen Maßnahmen eingreift, muß in die «Einfachheit» des aus dem Geiste geschöpften Urphänomens aufgehen. Mit dem lebendigen Erfassen dieses Urphänomens und mit dem Rückbezug auf dasselbe steht die praxisorientierte Forschung noch ganz am Anfang. Je mehr dieser Rückbezug gesucht wird, desto mehr wird die Fragestellung, der Charakter der Versuchsanordnung und der Untersuchungsmethodik und die Interpretation der Ergebnisse eine andere Wendung nehmen.

Alle Angaben, die Rudolf Steiner zur landwirtschaftlichen Praxis macht, sind aus der genannten Idee geschöpft und dienen zur Wesenserfüllung dieser Idee in der Gestaltung jedes Hofes. Dabei stellen sich beispielsweise folgende Fragen:

- Wie gliedert man die Dinge und Wesen der Natur zum Ganzen des Hofes so, daß sie zu Lebensorganen des landwirtschaftlichen Organismus werden?
- Welches ist das standortgemäße Maßverhältnis von Ackerbau, Viehhaltung, Wiesen- und Weidewirtschaft, Garten-, Obst-, Hecken- und Waldbau?
- Welche Funktion eines Lebensorganes hat die Aue am Bachlauf, die Wiese im Tal, die Weide am Hang, dieser Heckenzug oder Obstbaum,

jene mit einer Fruchtfolge bestandene Ackerflur usw. in bezug auf den Organismus des Hofes?
– Ebenso wäre ins einzelne gehend in bezug auf die Funktion der Tierwelt zu fragen, insbesondere was die Bedeutung des Rindes als Wiederkäuer betrifft.

Angesichts des Zerfalls der Kulturlandschaften durch Monokultur und Massentierhaltung wird heute für jeden umstellungswilligen Landwirt der Hof, als diese zu gestaltende Ganzheit, zum Forschungsobjekt. Alles hängt von der Souveränität der Überschau und von der Forschergesinnung ab, die der Landwirt in seine Arbeit hineinlegt. Der konventionelle Landwirt genießt in dieser Hinsicht den Vorzug, daß ihm zu jeder noch so diffizilen Problematik von außen eine technologisch ausgefeilte Lösung zuteil wird. Er ist die Exekutive eines weltumspannenden Intelligenzapparates, der in Wissenschaft und Industrie konzentriert ist und rein anwendungsorientiert forscht. Der biologisch-dynamische Landwirt muß in seinem ungleich umfangreicheren Arbeitsfeld zu allen auftretenden Problemen selber die Lösung finden. Dabei ist alles zur Frage geworden. Nichts, weder die Böden, die gängigen Pflanzensorten und Haustierrassen, die Wasser-, Luft-, Wärmehülle der Erde noch die Wirkungen des kosmischen Umkreises entsprechen mehr dem Zustand, der bis zur Mitte dieses Jahrhunderts Grundlage der Entwicklung des Landbaus war. Wo ist unter diesen Umständen und angesichts der Weite der Zukunftsperspektiven des biologisch-dynamischen Landbaus das anthroposophische Geistesleben, das diese Erkenntnisnot sieht und willens ist, im Bewußtsein des «Ideenbrennpunktes» die Fähigkeiten zu bündeln, um dem biologisch-dynamischen Landwirt in Erfüllung seiner universalen Aufgabe zur Seite zu stehen? Die Zeit fordert eine technologieorientierte Forschung im Lebendigen, die am Äußeren der Natur ansetzt und verfolgt, wie deren Inneres sich durch die menschlichen Handlungen verwandelt.

Weltweit sind in biologisch-dynamischen Forschungsinstituten (Brasilien, Deutschland, Holland, Schweden, Schweiz, USA), in Forschungsstellen auf biologisch-dynamischen Betrieben und im Bereich akademischer Forschung etwa 60 Forschende mit Fragestellungen zum biologisch-dynamischen Landbau und angrenzenden Gebieten befaßt.[6] Neben einer Fülle individueller Forschungsansätze stehen folgende Schwerpunkte im Vordergrund:

6 Ein Überblick zu Fragestellungen, Forschenden und deren Ergebnissen im landwirtschaftlichen Bereich findet sich auch im Aufsatz von Uli Johannes König, vgl. ab S. 218ff.

Düngung

- Untersuchungen zur Herstellungs-, Anwendungs- und Wirkungsweise der biologisch-dynamischen Präparate; dies auch unter verschiedenen Standort- und Klimabedingungen und im Hinblick auf ihre gesamte Wirksamkeit in der Entwicklung der Bodenfruchtbarkeit, der Kulturpflanzen und der Biodiversität
- Verlustarme, umweltschonende Düngerlagerungs-, Kompostierungs-, und Gründüngungsverfahren
- Untersuchungen zur Humus- und Stickstoffdynamik

Züchtung und Saatgutgewinnung

Angesichts der marktbeherrschenden Hybridsorten und der drohenden Überfremdung aller neueren Züchtungen durch die Gentechnik hat sich ein Forschungsschwerpunkt Züchtung und Saatgut begründet.

- Die Züchtung und Prüfung von standortangepaßten Sorten der verschiedenen Getreidearten nimmt einen besonderen Umfang ein und ist sehr zeit- und kostenaufwendig. In einem Ringversuch werden die von fünf Getreidezüchtern nach verschiedenen züchterischen Vorgehensweisen und Zuchtzielen erarbeiteten Ergebnisse geprüft. Ein erster Durchbruch ist in der Schweiz mit der staatlichen Zulassung einer Dinkelsorte gelungen.
- Im biologisch-dynamischen Gemüsebau haben in Deutschland schon mehrere Neuzüchtungen die staatliche Zulassung erhalten.
- In der Tierzucht werden nur in der unmittelbaren Praxis auf den Betrieben ansatzweise neue Wege beschritten.
- Die Forschung zur Sichtung, Erhaltung und fachgerechten Vermehrung von altbewährten Gemüsesorten geschieht auf breiter Basis in internationaler Zusammenarbeit. Die Ergebnisse finden ihren Niederschlag in einem breit angelegten Angebot biologisch-dynamisch erzeugten Gemüsesaatgutes.

Unkraut- und Schädlingsbekämpfung

- Veraschungsversuche mit wechselndem, bisher überwiegend unbefriedigendem Erfolg

Konstellations- und Rhythmusforschung

- Forschungen zur Sternen- und Planetenwirksamkeit im Lebendigen
- Lunare Rhythmen im Pflanzenbau

Landschafts- und landwirtschaftliche Betriebsökologie

- Die Wildflora und -fauna im Organismus der Landwirtschaft und deren Wechselwirkungen
- Die Wechselbeziehungen einzelner Landschaftselemente (z. B. Aue, Hecke, Rain, Streuobst u.ä.)

Produkt- und Nahrungsqualität

- Fortlaufende Qualitätsuntersuchungen der biologisch-dynamischen Erzeugnisse und Praxisempfehlungen aufgrund der Auswertungen
- Weiterentwicklung der bildschaffenden Methoden (Steigbild, Rundfilterchromatogramm und Kupferchloridkristallisation) und deren Einsatz zur feineren Differenzierung der Ergebnisse aus Vergleichsversuchen

2.2.2. *Das persönliche Verhältnis*

«Nun muß man ... verstehen, ... eine Art persönliches Verhältnis zu all dem zu gewinnen, was in der Landwirtschaft in Betracht kommt, vor allen Dingen ein persönliches Verhältnis zum Dünger und namentlich zu dem Arbeiten mit dem Dünger ... ohne dieses persönliche Verhältnis geht es nicht.» (Steiner, 12.6.1924, GA 327, S. 91) Der biologisch-dynamische Landwirt ist in seinem Betrieb Experimentator und zugleich wesentliche Bedingung des Experiments. Er sucht die Zusammenhänge seines Hofes in Gedanken zu erfassen und im Tun zu realisieren. In diesem Spannungsfeld steht er als fühlender Mensch in einem Verhältnis zu sich und zu den Dingen und Wesen des Hofes. Er schöpft daraus sein Erfahrungswissen und die Sicherheit im Tun. In der ideengetragenen Arbeit erfühlt er alles, was sich in Grenzen abschließt, den einzelnen Acker, den Wiesengrund, den Hof als Ganzes. Daraus entsteht im Erleben eine Innenseite und eine Außenseite des Hofes. Die Hofgemarkung ist keine territoriale Abstraktion, sondern das persönliche Verhältnis bezieht sich auf Hecken, Wiesen und Felder, auf den Talgrund und die bewaldeten Höhen. Im Erfühlen des Wechsels und Wandels im Jahreslauf weitet sich dieses bis zu den Grenzen des Hofes. Peripherie und Zentrum vereinigen sich so zum Erlebnis der Geschlossenheit des landwirtschaftlichen Organismus. Das persönliche Verhältnis entwickelt sich aus diesem atmenden Hin und Her, die Gedanken bekommen daraus eine besondere Färbung und die Handlungen einen unverwechselbar individuellen Charakter. Aus Geistesgegenwart und Intuitionskraft gestaltet sich der Hof in immer feinere Maßverhältnisse, werden z. B. die Böden bearbeitet, Zeitabläufe in Rhythmen gefaßt, Substanzströme mit Hilfe der Düngung gelenkt usw. Die Beurteilung des Richtigen oder Falschen, des Gesund- oder Krankmachenden, des ökonomischen Maßes in allen Verhältnissen, des Ästhetischen erfließt aus der individuellen Beziehung. Aus dieser erst ist der Landwirt imstande, das Getane zu werten und in den Folgen des eigenen Tuns sich des Wahren oder Irrtümlichen des eingeschlagenen Weges bewußt zu werden.

Das persönliche Verhältnis bildet sich, indem man «auf das Wesen irgendeines Lebendigen» eingeht (Steiner, 12.6.1924, GA 327, S. 91). Dieses Lebendige könnte gar nicht in abgegrenzter Gestalt erscheinen, wenn es nicht zu einem Seelischen in Beziehung stünde. Das Hereinwirken des Seelischen in Lebensprozesse offenbart sich vor allem in den Qualitäten Form und Farbe, Ton, Geschmack und Geruch. Dem Sehen erscheint die Form als totes Abbild eines Lebendigen. Dem Riechen enthüllt sich dieses Lebendige als von seinem Wesen durchdrungener substantieller Prozeß. Im Geruch wird seelisches Erlebnis, was als seelisch wirksame Kraft im belebten Stoff dufterzeugend wirkt. So ist es vor allem der Geruchssinn, der im Stoffeswirken tiefer an das Wesen eines Lebendigen heranführt. Ein landwirtschaftlicher Betrieb ist in ständigem Wechsel und Wandel mit den verschiedensten Düften erfüllt. Sie alle weisen auf Stoffzusammenhänge, die durch Lebensprozesse und seelisch wirksame Kräfte geprägt sind. Alle in der Landwirtschaft entstehenden Dünger sind solche Stoffzusammenhänge. Der Duft dieser Dünger gibt Kunde von dem lebendig-seelischen Wesen, das ihn erzeugt, und zugleich von der Art der düngenden Wirkung, die man im Hinblick auf die Bodenfruchtbarkeit und das Pflanzenleben erwarten kann. Der scharfe Geruch des Pferdedüngers weist ebenso auf die seelische Eigenart dieses Bewegungstieres hin wie der leicht stinkende, süßliche des Schweines als eines Allesfressers. Dagegen vermittelt der milde, blumige Geruch des Rinderdüngers einerseits ein Wesensbild des inneren, rhythmischen Gleichmaßes der Kuh und andererseits das sichere Gefühl, es mit dem wirksamsten und harmonischsten Dünger im Haushalt der Natur zu tun zu haben. Durch den Geruch insbesondere kann sich ein persönliches Verhältnis zu dem entwickeln, was sonst als die besondere Eigenart der Düngerstoffe vollkommen im Dunklen bleibt. Die Wahrnehmung der Gerüche organischer Düngerstoffe weckt eben die ganze Spannweite von sympathischen bis hin zu antipathischen Empfindungen. In ihnen spiegelt sich auf seelischer Ebene die Art, wie in der Natur der Stickstoff, der «der Träger der Empfindung ist» (Steiner, 11.6.1924, GA 327, S. 74), in einen bestimmten Lebenszusammenhang eingebunden ist. Somit erlaubt die geschulte, subjektive Geruchsempfindung ein objektives Urteil über die wohltätige oder schädliche Wirkung des Stickstoffs im Zusammenhang mit der Düngerart und mit deren Zustandsstufen der Ausreifung. So kann man durch die Schulung insbesondere der Geruchswahrnehmung das persönliche Verhältnis im Arbeiten mit dem Dünger ausbilden. Man entwickelt daraus das Verantwortungsgefühl zur sachgemäßen Dünger- und Kompostpflege, das heute aus solchen Quellen neu belebt werden muß, und die Urteilssicherheit in bezug auf die Ausreife des Düngers im Verhältnis zu den zu düngenden Kulturen, auf die Düngermenge und den Anwendungszeitpunkt.

Für eine zukünftige Landwirtschaft ist ein gründliches Wissen über die Natur Voraussetzung. Es wird aber nur fruchtbar, d. h. der Erde und dem menschlichen Nahrungsbedürfnis gerecht, wenn es dem persönlichen Verhältnis zu den Dingen und Wesen Gehalt gibt und von diesen angenommen wird.

3. *Forschung im Phänomenbereich der Unternatur*

3.1. *Zur Wirkung mechanischer Technologien im Lebendigen*

Im Erkennen steht der Landwirt den Naturdingen und -wesen seines Hofes gegenüber. Deren Erscheinung wird Bildinhalt seines denkenden Bewußtseins. Im Handeln taucht er in die schaffende Wesenheit der Natur unter. Insofern sein Handeln von Gedanken und Gefühlen geleitet wird, die im direkten Zusammenhang mit der Wahrnehmung gehalten werden, z. B. bei zeit- und bodengerechter Aussaat und Pflege der Kulturen, kann er in seinem Handeln nicht fehlgehen. Dem Bauern, der einst vor der Aussaat am Feldrand niederkniete, um ein Gebet zu sprechen, wäre es nicht eingefallen, eine Sämaschine zu erfinden. Dazu mußte sich das Denken von dem augenblicklichen Zustand der kosmisch-irdischen Wirklichkeit ablösen und den Sachverhalt auf die bloße Mechanik des Sävorgangs reduzieren: in einer bestimmten Zeiteinheit eine bestimmte Menge Saatgutes bestimmter Größe in eine bestimmte Bodentiefe ablegen. Mit der Sämaschine ist die Aussaat qualitätslos beliebig wiederholbar. Diesen Charakter hat alle auf Mechanik beruhende Technik. In der Landwirtschaft sind deshalb die zeitunabhängigen, also gleichbleibend wiederholbaren Arbeitsabläufe, wie alle Transportarbeiten, problemlos mechanisierbar.

Forschungsfragen stellen sich erst im Grenzbereich zum Lebendigen, z. B. in der Bodenbearbeitungs-, Saat-, Pflege- und Erntetechnik. Dabei sind Forschungsfragen, die sich mehr auf äußere Einflüsse beziehen, z. B. Bodendruck, Bodenschlupf der Antriebsräder, Abgase und anderes von solchen zu unterscheiden, die sich auf die Beziehung des Geistig-Seelischen des Menschen zum wirksamen Geist in der Natur richten. Im arbeitsteiligen, industriellen Produktionsprozeß bringt der Mechanismus das Wirtschaftsgut hervor. In dieses sind Rohstoffe und Energien der unbelebten Natur eingeflossen sowie Gedanken, die die Gesetze der Anorganik widerspiegeln. In der Landwirtschaft aber ist das Produktive der Organismus, das Zusammenwirken von unbelebter, belebter und beseelter Natur an einem gegebenen Standort, das dadurch zustande kommt, daß der Landwirt das Organismusprinzip im Geiste als Ganzheit erfaßt und dieses durch seine Arbeit dem Naturstandort einpflanzt. Des Menschen Geistseele wendet sich in der Landwirtschaft daher nicht bloß der physischen Außenseite der Natur zu (Denken), sondern dringt tätig in deren Inneres vor und bringt die Lebensvorgänge der Pflanzen und die Seelentätigkeit der Tiere in ein sich gegenseitig förderndes Wechselverhältnis (Wollen). So geschah es einst in instinktiver, weisheitsvoller Zuwendung. Mit dem Vordringen des naturwissenschaftlichen Bewußtseins in die Landwirtschaft hat sich das verändert. Es entstand die Neigung, aus der landwirtschaftlichen Arbeit den in Gedanken faßbaren Anteil zu abstrahieren, aus diesen Gedanken Maschinen zu konstruieren und durch diese Maschinen den Willensanteil der menschlichen Arbeit zu ersetzen. Damit aber entschwand die Basis der Wirklichkeitserfahrung, der gedanken- und gefühlsgetragene Wille in der Arbeit, aus dem Bewußtsein.

Die Maschine schiebt sich wie ein Keil zwischen das verborgene Willenswesen des Menschen und das dem Bewußtsein ebenso verborgene, schaffende Wesen der Natur. Die Maschine befreit einerseits den Menschen von der schweren, das Bewußtsein herabdämpfenden Arbeit, andererseits trennt sie ihn von der Wesenserfahrung der Welt, die in der physischen Arbeit dunkel im Willen auflebt. Die denkende und fühlende Aufmerksamkeit richtet sich auf die Funktion der Maschine und nur insoweit auf Boden,

Pflanze oder Tier, als deren physische Außenseite im Verhältnis zur Maschinenarbeit in Betracht kommt.

Die Maschinenarbeit unterbindet die unmittelbare Wesenserfahrung der Natur im Willen. Die schaffende Geisttätigkeit entschwindet dem denkenden und fühlenden Erleben. Man findet sich in einer wesenlosen, technologisch beliebig gestalteten Stoffes- und Kräftewelt, die nicht mehr Natur ist, die sich von dieser nach unten als eine «Unternatur» ablöst, von dort aber auf die Natur zurückwirkt.

Daraus ergeben sich Grenzerfahrungen, die zu folgenden Forschungsfragen führen: Wie und wo muß der Landwirt sich Freiräume in seinem technologisch besetzten Handlungsfeld schaffen, damit er seine Entscheidungen überhaupt noch aus dem Bilderleben der Natur treffen kann und nicht der gefährlich wirkenden Logik der Unternatur erliegt? Wo sind unüberschreitbare Grenzen der Technisierung? Welcher Wesenswirklichkeit und deren Erkenntnis verschließt man sich, wenn man z. B. das einstündige, rhythmische Rühren der biologisch-dynamischen Spritzpräparate statt von Hand mit der Rührmaschine oder mit den sogenannten Wirbelschalen ausführt?

Andere Grenzerfahrungen führen zu folgenden Fragen: Wie entwickelt sich über längere Zeiträume gesehen der Lebenszusammenhang eines Hofes, wenn nahezu alle Arbeitsabläufe den Maschinen, der Motorkraft und der Regeltechnik überantwortet werden? Welche Bedeutung hat es für die schaffende Weltwesenheit, wenn sie der arbeitenden Hand des Menschen, seiner Gesinnung, Hingabe und Liebe zur Sache entbehrt?

Beide Fragerichtungen führen zu einer dritten: Welche sozialen Neuerungen, innerbetrieblich und gesamtgesellschaftlich, müssen geschaffen werden, damit der Landwirt im unbewußten Erleben einer Unternatur sich nicht seiner selbst entfremdet und die beziehungsvollen Lebenszusammenhänge der Natur nicht zerfallen?

3.2. *Zur Wirkung der systemischen Technologien im Lebendigen*

Der Landwirt geht mit Stoffen und Kräften um. In ihren physischen Eigenschaften und Beziehungen untereinander lassen sich diese mathematisch-exakt in Gedanken fassen. Damit ist der Weg zu einer noch weitergehenden als der bloß mechanischen Technologie gewiesen. Die Berechenbarkeit von

Stoff-Kraft-Beziehungen ebnet dem Denken den Weg vom Bildgedanken der Naturanschauung über den abstrahierten, bildlosen Gedanken bis hin zum mathematischen Modell. Dieses stellt keine wahrnehmbare Welt vor, sondern benutzt Vorstellungsinhalte der Sinneswahrnehmung, um einen spekulativen, bildlosen, mathematisch schlüssigen Zusammenhang vorstellbar zu machen. Diese Scheinvorstellbarkeit suggeriert die Auffassung, es handle sich um einen Gegenstand der Naturwissenschaft und nicht um Inhalte, aus welchen alles Natursein eliminiert ist.

Im mathematischen Modell, z. B. der Strukturformel eines bestimmt gearteten Eiweißes, abstrahiert sich auf unwirkliche Art, was seine Wirklichkeit der belebten und beseelten Ganzheit eines Organischen verdankt. Mit solchen Unwirklichkeiten mathematisch schlüssiger Modelle und Strukturformeln, die getrennt von ihrem lebendigen und beseelten Kontext gedacht werden, läßt sich willkürlich umgehen. Aus ihnen begründen sich Technologien aus der Unternatur. Sie erlauben gleichsam «von unten» willkürliche Veränderungen in der physischen Organisation eines Organischen, in welche sich das belebte und beseelte Dasein fügen muß, das seiner Wesenheit nach unerkannt bleibt. Von solcher Art sind die unmittelbar in das Lebensgeschehen der Pflanzen eingreifenden «Pflanzenbehandlungsmittel» wie die Pestizide, Herbizide, Halmverkürzer usw. und die Eingriffe durch die Gentechnik. Bei letzterer wird der Sachverhalt am deutlichsten. Auf der Stufe genetischer Modelle, der DNS, des Gens, der Gensequenzen usw. verschwindet der Trägerorganismus der Erbsubstanz sowie der Komplex der irdisch-kosmischen Beziehungen, die dessen Dasein erst möglich machen, gänzlich aus dem Blickfeld. Die Artgrenzen und die Grenzschwellen der Naturreiche verfließen. Die Erscheinungsform des lebendigen und beseelten Daseins wird beliebig wiederholbar (Klonen). Das Physisch-Begrenzende für die Entfaltung eines Lebewesens, das Genom, wird durch Manipulation zum Physisch-Zwingenden. Aus der Unwirklichkeit des Modelldenkens entsteht eine Technologie, die «von unten» irreversibel in die Wirklichkeit der Natur eingreift, ohne Rücksicht auf das Wesenhafte, das sich «von oben» aus einer «Übernatur» in der Pflanzen- und Tierwelt darlebt.

Der biologisch-dynamische Landbau kann die Folgen dieser technologischen Entwicklung nicht ausgrenzen. Die elektromagnetische und radioaktive Strahlenbelastung und die Kontamination mit synthetischen Stoffen ist ubiquitär. Auch wird es bald kaum ein Nahrungsmittel oder einen ökologischen Zusammenhang geben, der nicht transgen beeinflußt wäre. Aus diesen Tatsachen ergeben sich der biologisch-dynamischen Forschung folgende Aufgaben:

1. Ausarbeitung einer Phänomenologie der Wirkungen systemischer Technologien der Unternatur. Es geht hier nicht um die Meßbarkeit, sondern um die Bewertbarkeit, um das Phänomen, das einen in Begriffe faßbaren Vergleich mit den sinnlichen Offenbarungen des Übersinnlichen erlaubt. Was in dieser Hinsicht durch die «bildschaffenden Methoden» ($CuCl_2$-Kristallisation, Steigbild und Rundfilterchromatogramm) möglich ist, kann nur einen allerersten Ansatz bilden.
2. Aufgrund solcher Begriffsbildung wäre eingrenzbar, inwieweit durch die Summe der biologisch-dynamischen Maßnahmen
   a. die Kontaminanten (z. B. strahlende Materie) zurückgedrängt werden können. Dies erscheint unwahrscheinlich, wie auch erste Untersuchungen gezeigt haben (Axmann, 1988);
   b. die Wirkungen dieser Kontaminanten abgemildert oder vom Lebendigen ganz zurückgewiesen werden können. Dies erscheint wahrscheinlich, bedarf aber einer Forschung, die in das Gebiet des Übersinnlichen aufsteigt;
   c. transgene Veränderungen korrigiert, kompensiert oder unwirksam gemacht werden können. Eine oder alle dieser Möglichkeiten erscheinen wahrscheinlich, wenn man von der experimentell erwiesenen Tatsache ausgeht, daß die biologisch-dynamische Düngung auf den Grad Einfluß nimmt, in welchem der Typus einer Pflanze (Wesen) sich in deren Phänotypus (Erscheinung) ausprägt (Klett, 1968). Wie alle Forschung auf dem Gebiet der Landwirtschaft erfordert dies Dauer- oder Langzeitversuche.
3. Technologien für die Landwirtschaft zu entwickeln, die, wie die mechanischen, den Einfluß der Unternatur minimieren.
4. Die sozialen Erfordernisse darstellen, die die Landwirtschaft aus ihrer Bannung in eine kapitalintensive Input-Wirtschaft und damit aus den Zwängen einer Technologie der Unternatur befreit.
5. Die Bedingungen herausarbeiten, durch welche – gesamtgesellschaftlich gesehen – Industrie und Landwirtschaft sich die Waage halten können. Die Waagschale auf seiten der industriellen Wertschöpfung wird durch den Verbrauch von Stoffen und Kräften und das Entstehen von schwer entsorgbarem Müll belastet. Entsprechend muß die andere Waagschale durch die landwirtschaftliche Wertschöpfung belastet werden. Das geschieht, wenn die Landwirtschaft nach dem Organismusprinzip arbeitet. Dann nur ist gewährleistet, daß sie bei gleichzeitiger Wiedereingliederung ihrer Abfälle (Düngung) Stoffe und Kräfte im Überschuß aufbaut.

«Die Unter-Natur muß als solche begriffen werden. Sie kann es nur, wenn der Mensch in der geistigen Erkenntnis mindestens gerade so weit hinaufsteigt zur außerirdischen Über-Natur, wie er in der Technik in die Unter-Natur heruntergestiegen ist. Das Zeitalter braucht eine *über* die Natur gehende Erkenntnis, weil es innerlich mit einem gefährlich wirkenden Lebensinhalt fertig werden muß, der unter die Natur heruntergesunken ist.» (Steiner, GA 26, S. 257)

Die Forschung in der biologisch-dynamischen Landwirtschaft muß nicht nur mit diesem «gefährlich wirkenden Lebensinhalt» fertig werden, sie muß sich bereits dessen wirksamen Folgen stellen. Sie wird dazu nur in der Lage sein, wenn sie ihre methodischen Wege mit den Wegen der biologisch-dynamischen Praxis verbindet. In den konkreten Lebenszusammenhängen erst wird zur inneren und äußeren Erfahrung, wie übersinnliches Ideengut Natur verwandelt. Diesem Forschungsweg nach unten muß ein solcher nach oben folgen, der aus dem Erleben der Praxis in die Übernatur aufsteigt. Da erst, im Erkennen des eigenen Tuns, kann sich erweisen, wieweit man es vermocht hat, den Folgen einer Technologie aus der Unternatur wirksam begegnen zu können.

Literatur

Axmann, Walter: *Unveröffentlichter Arbeitsbericht über Radioaktivitätsmessungen in Lebensmitteln und Erdproben*, Verein für Pflanzenzucht e.V., Gruber 1, D-93567 Unterreit.

Klett, Manfred: *Untersuchungen über Licht- und Schattenqualität in Relation zum Anbau und Test von Kieselpräparaten zur Qualitätshebung*, Institut für Biologisch-Dynamische Forschung, Darmstadt 1968.

Steiner, Rudolf: Vorrede, in: Goethe, Johann Wolfgang: *Naturwissenschaftliche Schriften*, hrsg. v. Rudolf Steiner, Bd. 2 (1887), GA 1b, Dornach 1975.

– *Anthroposophische Leitsätze*, GA 26, Dornach [9]1989.

– *Die Weihnachtstagung zur Begründung der Allgemeinen Anthroposophischen Gesellschaft 1923/24*, GA 260, Dornach [4]1985.

– *Geisteswissenschaftliche Grundlagen zum Gedeihen der Landwirtschaft. Landwirtschaftlicher Kurs*, GA 327, Dornach [7]1984.

ULI JOHANNES KÖNIG

Forschungsansätze innerhalb der biologisch-dynamischen Landwirtschaft

Wenn man sich als Wissenschaftler fragt, was anthroposophische Forschung beinhaltet, so kann zuerst ein recht diffuses Bild auftauchen: Man denkt vielleicht an höhere, geistige Fähigkeiten, die es zu entwickeln gilt; man wird sich weiter die Frage stellen: werde ich diesem Anspruch, anthroposophisch zu forschen, überhaupt gerecht? Spricht man dann mit Kollegen über dieses Thema, so wird man erkennen müssen, daß jeder dieser Wissenschaftler unter anthroposophischer Forschung etwas anderes versteht. Gerne würde man diesen Begriff dann definieren, um abgrenzen zu können, was noch als anthroposophische Forschung zählen kann und was nicht. In diesem Sinne fanden und finden gerade in der letzten Zeit immer wieder bei Forscherzusammenkünften oder auch auf allgemeinem Boden Diskussionen statt.

Als ein erster Eindruck hierbei tritt die große Vielfalt bezüglich der Forschungsansätze und Forschungskriterien zutage. Sie reichen von naturwissenschaftlich orientierter Forschung auf dem Boden anthroposophischer Gedankenbildung bis hin zur bewußten Integration übersinnlicher Erkenntnismethoden in den eigenen Forschungsansatz. Dieses weite Spektrum wird dann noch – speziell für den landwirtschaftlichen Bereich – überlagert von einem weiteren, mehr methodischen Gesichtspunkt: daß nämlich eine wahre anthroposophische Erforschung landwirtschaftlicher Fragen nur dann möglich wäre, wenn man erkennend in die praktische Tätigkeit als Landwirt eintauchte. Dem steht die Auffassung gegenüber, daß nur das Forschung genannt werden dürfe, was exakten wissenschaftlichen Experimentalanordnungen genüge. Je nach der persönlichen Lebenssituation und je nach der inneren Veranlagung ergibt sich so eine Vielzahl individuellster Forschungsansätze, die auf dem Boden der biologisch-dynamischen Landwirtschaft der Erkenntnissuche dienen. Eine äußere Definition wird dabei nur schwerlich gelingen.

Aber man kann auch Gemeinsames in den verschiedenen Ansätzen aufsuchen. So ist ein gemeinsames Charakteristikum gerade innerhalb der anthroposophischen Naturwissenschaften, aber auch der biologisch-dynamischen Landwirtschaft, daß von den Forschern in recht unterschiedlicher Art und Weise angestrebt wird, die Sinneserkenntnis mit geistigen Tatsachen in ein Verhältnis zu setzen. Dieses mag bei dem einen mehr gefühlsmäßig geschehen, bei dem anderen mehr erkenntnistheoretisch begründet werden, bei wieder einem anderen einer exakten naturwissenschaftlichen Experimentalprüfung unterzogen werden.

Indem der Forscher die Sinnesgegebenheiten mit den geistigen Tatsachen in eine innere Beziehung zu setzen sucht, fühlt er sich oftmals an die Grenze zwischen beiden Erlebnisfeldern geführt. Hier beginnt für ihn ein Weg, in die tägliche Forschungspraxis in zunehmendem Maße auch die mit dem eigenen Inneren verbundenen Übungs- und Erkenntnisansätze einfließen zu lassen. Es reicht nicht mehr, die geistigen Inhalte zu wissen, es kommt vielmehr bei einem bewußten Umgang mit dieser Grenzsituation darauf an, sie zur Lebenspraxis werden zu lassen. Das sei an einem Beispiel verdeutlicht. Daß die Gesetzmäßigkeiten der physischen, unbelebten Natur nicht auf die organische, lebendige Natur übertragen werden dürfen, wissen wir spätestens, seit Rudolf Steiner dies in den *Grundlinien einer Erkenntnistheorie der Goetheschen Weltanschauung* (GA 2) dargelegt hat. Und dennoch gleiten wir immer wieder von der Ebene der organischen Betrachtung auf die der unorganischen ab, suchen Kausalitäten, «Wirkensmechanismen» usw. als Erklärung der Phänomene des Organischen. Gerade das Feld der Landwirtschaft stellt hier eine besondere Herausforderung dar, dünge ich doch oftmals in erster Linie im Hinblick auf einen guten Ertrag und nicht, um Lebensprozesse innerhalb des landwirtschaftlichen Organismus anzuregen, auf deren Grundlage sich eine optimale und qualitativ hochwertige Nahrungsmittelerzeugung gewährleisten läßt. So läßt sich anthroposophisch orientierte, landwirtschaftliche Forschung als ein innerer Kampf um die Erkenntnis des Lebendigen, Organischen beschreiben.

Im Rückblick auf die vergangenen 70 bis 80 Jahre anthroposophisch-naturwissenschaftlicher Forschung wird deutlich, daß insbesondere die Gebiete fruchtbar geworden sind, wo ein weitgehender Austausch der Erkenntnisse zwischen den Forschern, der landwirtschaftlichen Praxis, aber auch der Öffentlichkeit – und hier besonders auch der wissenschaftlichen Fachwelt – stattgefunden hat. Dieser Austausch der Erkenntnisse ist wohl der wichtigste Schritt innerhalb der Wissenschaft überhaupt. Hierin liegt aber auch eine der größten Schwierigkeiten begründet. Denn gerade die Tatsache, daß anthroposophische Forschung bedeutet, Beziehungen zwischen der Sinneserkenntnis und geistigen Tatsachen aufzusuchen und die Grenze zwischen Sinneswelt und der geistigen Welt bis in die Forschungsmethodik und anschließende Darstellung hinein zu berücksichtigen, ja gewissermaßen zum Forschungsgegenstand selbst zu machen, stellt einen hohen Anspruch für die wissenschaftliche Methodik wie auch die Ergebnisvermittlung dar und führt nicht selten zu einer unüberbrückbaren Kluft.

Es liegt aber eine Chance darin: Anthroposophische Naturwissenschaft kann den modernen Menschen an die Grenze zwischen der Sinneswelt und der geistigen Welt heranführen, indem sie zwischen beiden Bereichen Beziehungen aufzeigt, die zu Fragen gegenüber der lebendigen Natur Anlaß geben. Ist das Ziel der konventionellen Naturwissenschaft, den Menschen aus der experimentellen Vorgehensweise auszuschließen, so ist das Anliegen des anthroposophisch-naturwissenschaftlichen Forschungsweges, den Menschen bewußt in die Methodik zu integrieren, d. h. ihn als Gestalter im Experiment bzw. als Wahrnehmenden bei der Beobachtung unmittelbar einzubeziehen. Rudolf Steiner bezeichnet diesen methodischen Griff in den verschiedensten Darstellungen mit den Worten «der Mensch wird zur Grundlage gemacht» (12.6.24, GA 327, S. 103) bzw. «den ganzen Menschen zum Reagenz» machen (6.1.21, GA 323, S. 114).

Wenn wir uns nun im folgenden den landwirtschaftlichen Forschungsfragen zuwenden, so muß einschränkend bemerkt werden, daß gerade dieser zuletzt genannte Aspekt nicht immer bei jeder Forschungsarbeit im Bewußtsein des Forschenden vorhanden war. Die biologisch-dynamische Landwirtschaft hat aus sich heraus eine gewisse Attraktivität für Forschungsfragen – auch in der Öffentlichkeit –, so daß hier viele Fragestellungen (z. B. in Examensarbeiten, Dissertationen etc.) angegangen worden sind, ohne die notwendige anthroposophisch-naturwissenschaftliche Vorarbeit geleistet zu haben.

Bevor auf einzelne Forschungsergebnisse näher eingegangen werden kann, soll eine kurze Charakterisierung der biologisch-dynamischen Landbaumethode und der verschiedenen Fragestellungen erfolgen.

I.
Die biologisch-dynamische Landbaumethode. Quelle für viele Forschungsfragen

Die biologisch-dynamische Landwirtschaft geht auf den *Landwirtschaftlichen Kurs* zurück, den Rudolf Steiner 1924 in Koberwitz gehalten hat (GA 327). In diesem Kursus wurden, wie der Titel bereits aussagt, «Geisteswissenschaftliche Grundlagen zum Gedeihen der Landwirtschaft» auf der Basis der Anthroposophie vermittelt. Bereits am Anfang des Kurses wurde der «Versuchsring» begründet, welcher sich die Aufgabe stellte: «Versuche zu machen, diese Richtlinien zu bestätigen und zu zeigen, wie sie sich praktisch ausnützen lassen» (Steiner, Ansprache vom 11.6.1924, GA 327, S. 229). Rudolf Steiner bezeichnet in dieser Ansprache seine Darstellungen als Richtlinien, die in Versuchen im Anschluß an den «Landwirtschaftlichen Kurs» zu prüfen seien. Erst nach dieser Prüfung sollten seine Angaben in die breitere Öffentlichkeit gelangen.

Was ist nun das Charakteristische an dieser neu begründeten Landwirtschaftsmethode? Es handelt sich zum einen um eine für damalige Verhältnisse enorme Bewußtseinserweiterung bezüglich der landwirtschaftlichen Belange, war doch die damals praktizierte Landwirtschaft gerade erst auf dem Weg, sich aus den allgemeinen Naturzusammenhängen herauszulösen und zu einer vom Menschen beherrschten technisierten Landwirtschaft zu entwickeln. Eine ökologische Frage existierte damals so gut wie überhaupt nicht. Aus unserem heutigen Bewußtsein kann man jedoch sagen, daß Rudolf Steiner mit dem biologisch-dynamischen Landbau die ökologische Fragestellung gewissermaßen begründet hat. Die erweiterte Dimension dieses Landbaus zeigte sich bereits in den ersten Vorträgen, in denen Rudolf Steiner den Zusammenhang des Pflanzenwachstums mit den kosmisch-planetarischen Umkreiskräften und der geologischen Grundlage darstellte. Daß von diesen entfernten Orten überhaupt Wirkungen auf das Pflanzenwachstum zu erwarten wären, gehörte damals in den Bereich des Aberglaubens und alter Bauernregeln, aus welchem man sich ja gerade gelöst hatte.

Auf der Basis dieser polaren Kräftewirkung von Kosmos und Erde beschreibt Rudolf Steiner im weiteren eine Landwirtschaftsform, welche auf dem Organismusprinzip beruht, ja für die er sogar den Begriff einer «Art

Individualität» wählt. (10.6.1924, GA 327, S. 42). Diese landwirtschaftliche Individualität gliedert sich in Organe (Wald, Hecke, Teich, Sumpf, Bachlauf usw.). Dem organbildenden Prinzip der landwirtschaftlichen Individualität liegt zugrunde, daß alles, was in der Natur vorhanden ist, eine spezielle Funktion innerhalb des Organismus ausübt. Ein zentrales Organ innerhalb des landwirtschaftlichen Organismus ist der Boden, jene dünne Schicht, die zwischen der Atmosphäre und dem Gestein, wie eine Art Zwerchfell, vermittelnde Funktion ausübt.

Den landwirtschaftlichen Organismus und die in ihm stehende Pflanze vergleicht Rudolf Steiner mit einer umgekehrten menschlichen Organisation, das heißt, so wie der Mensch in drei Bereiche organisiert ist (Kopforganisation, rhythmische Organisation, Stoffwechsel-Gliedmaßen-Organisation), so ist die Pflanze ebenfalls in drei unterschiedliche Organisationen gegliedert (die Wurzel, den Stengel- und Blattbereich, den Frucht- und Blütenbereich), wobei die Wurzel der Kopforganisation des Menschen entspricht und umgekehrt der Blütenbereich dem Stoffwechselbereich des Menschen; in der Mitte stehen, sich ebenfalls entsprechend, der Blattbereich und das rhythmische System des Menschen.

Ausgehend von dieser landwirtschaftlichen Organisation führt Rudolf Steiner nun zu einer neuen Substanzbetrachtung hin. Jede einzelne Substanz im Naturzusammenhang, aber auch im Menschen, hat ihre spezielle, geistige Bedeutung. So beschreibt Steiner die polare Wirkung von Kiesel und Kalk, vermittelt durch den Ton bzw. die Wirkung der einzelnen chemischen Eiweißelemente. Er bleibt aber nicht nur bei einer Betrachtung der vorhandenen Stoffeswelt stehen, sondern führt auch zu einem neuen Umgang mit den Stoffen selbst. Am bekanntesten sind darunter die biologisch-dynamischen Präparate. Hierbei handelt es sich um Substanzzubereitungen, die der Landwirt selber innerhalb des landwirtschaftlichen Betriebes herstellt und welche er dann in sehr geringen Konzentrationen innerhalb der Landwirtschaft anwendet. Zwei der Präparate werden direkt auf die Pflanzen bzw. den Boden ausgebracht (Hornmist- und Hornkieselpräparat), die sechs Kompostpräparate (Schafgarben-, Kamillen-, Brennessel-, Eichenrinde-, Löwenzahn- und Baldrianpräparat) werden den verschiedenen organischen Düngern, die innerhalb des landwirtschaftlichen Betriebes anfallen, beigesetzt. Darüber hinaus gibt es noch weitere Präparate, z. B. die Unkraut- und Schädlingsaschen, den Schachtelhalmtee.

2.
Biologisch-dynamische Fragestellungen

Welche Fragestellungen ergeben sich nun unmittelbar aus diesen «geisteswissenschaftlichen Grundlagen» Rudolf Steiners für die Landwirtschaft?

Ein Großteil der Forschungsprojekte seit der Begründung der biologisch-dynamischen Landbaumethode wandte sich diesen zuletzt genannten Fragen zu, das heißt einem neuen Umgang mit den Stoffen, speziell den *biologisch-dynamischen Feld- und Kompostpräparaten*, aber auch den *Aschenpräparaten*. Die Vielfalt der Aspekte, die in diesen Arbeiten behandelt wurden, hier aufzuführen würde den Rahmen dieser Darstellung sprengen. (Zusammenfassende Darstellungen finden sich u. a. in Kjellenberg, 1989; Koepf, 1997 und Lammerts van Bueren, 1995.)

Auch die Frage nach *unmittelbaren Wirkungen des Kosmos*, welche z. B. als planetarische bzw. Mondrhythmen am Pflanzenwachstum abgelesen werden können, wurde in mehreren Forschungsarbeiten angegangen (z.B. Spiess, 1994a, b; Thun, 1993).

Ein weiterer wesentlicher Gesichtspunkt ist die Erzeugung hochwertiger Nahrungsmittel für den Menschen, welche nicht nur seiner leiblichen, sondern auch seiner seelisch-geistigen Entwicklung förderlich sind. Wie diese Nahrungsqualität zu fassen ist und wie sie dann auch weiterzuentwickeln ist, war ebenfalls und ist bis heute Gegenstand zahlreicher Forschungsprojekte (Balzer-Graf, 1996; Engquist, 1970; Schmidt, 1985). Nicht zuletzt wurden die beiden biologisch-dynamischen Langzeitdüngungsversuche im Hinblick auf die Untersuchung der Produktqualität angelegt (der Düngungsvergleichsversuch in Darmstadt, seit 1980, siehe Abele, 1987; der K-Versuch in Järna/Schweden, von 1958 bis 1992, siehe Engquist, 1963 und Petterson et al., 1992). Eine zusammenfassende Auswertung dieser Versuche findet sich in Raupp 1995-97.

Diese Beziehung von Landwirtschaft und Mensch spiegelt sich aber auch in der Anwendung der biologisch-dynamischen Landbaumethode bei der Herstellung von Heilmitteln, und hier insbesondere bei der Produktion der Heilpflanzen wider.

Ausgehend von der *sozialen Frage* und dem von Rudolf Steiner gegebenen Dreigliederungsimpuls wurden auch auf wirtschaftlichem und sozialem Feld neue Wege innerhalb des Biologisch-Dynamischen aufgesucht. Insbesondere seit den 60er Jahren entstanden zahlreiche Betriebsgemeinschaften, welche entgegen aller wirtschaftlichen Prognosen eine neue Existenzbasis für den biologisch-dynamischen Landbau begründet haben. Diese neuen sozialen und wirtschaftlichen Formen sind äußerst individuell ausgeprägt und regten insbesondere durch ihre Andersartigkeit gegenüber herkömmlichen wirtschaftlichen Formen zu den unterschiedlichsten Studien an (Gengenbach und Limbacher, 1989; Weihermann, 1996).

In dem umfassenden anthroposophischen Naturbild liegt die Verbindung des biologisch-dynamischen Landbaus mit der *Ökologiebewegung* begründet. Jede landwirtschaftliche Nutzung beeinflußt den Standort in seinen ökologischen Verhältnissen, indem sie landschaftsgestaltend wirkt bzw. bis in die Stoffumsetzungen hinein einen Einfluß auf das ökologische Gleichgewicht ausübt. Das Leitbild des biologisch-dynamischen Landbaus, den einzelnen Hof als einen landwirtschaftlichen Organismus zu betrachten, in dem die Naturgegebenheiten bestimmte Organfunktionen innehaben und daher auch vom Landwirt gepflegt werden müssen, stellt seit über 70 Jahren eine realisierbare Antwort auf die heute immer häufiger auftretende ökologische Frage dar. Auch hierzu existieren viele Forschungsansätze (Burandt, 1995; van Elsen, 1996; Rozumek u. Beismann 1997).

An dieser Stelle wird deutlich, daß die Abgrenzung landwirtschaftlicher Forschungsfragen von anderen Lebensgebieten nur schwer möglich ist. Die Landwirtschaft bietet nicht nur die äußere Lebensgrundlage für den Menschen, sondern sie enthält auch Keime für neue soziale und wirtschaftliche Formen des Zusammenlebens.

Die Landwirtschaft als Ausgangspunkt für das soziale Leben der Zukunft? Hier ist nicht in erster Linie daran gedacht, daß – wie an einzelnen Orten bereits verwirklicht – auf dem landwirtschaftlichen Hof unmittelbar Lebens- und Wirtschaftsgemeinschaften aufgebaut werden, die sich mehr oder weniger stark von dem allgemeinen Wirtschaftsleben abgrenzen können. Vielmehr soll hier auf die organisierende, ja organbildende Kraft der biologisch-dynamischen Landwirtschaft hingewiesen werden, die zwischen Mensch und Natur eine neue Verbindlichkeit bieten kann. Denn es steht auf der einen Seite der Mensch, der in der Stadt und durch das moderne Wirtschaftsleben zunehmend isoliert wird, auf der anderen Seite eine Natur, die aus dem menschlichen Bewußtsein immer mehr verdrängt wird. Diese Verbindlichkeit wächst in dem Maße, wie die noch getrennt nebeneinander stehenden Wünsche und Erkenntnisfragen (z. B. Freizeitwert, Arten- und Umweltschutz, gesunde Ernährung, wirtschaftlicher Vorteil etc.)

zu einer direkten Betroffenheit führen. Aus einer Anhäufung *gewußter* Zusammenhänge zwischen dem Wirken des Menschen und seinen Folgen für die Natur kann so immer mehr eine *gelebte* Einheit zwischen Natur und menschengebildeter Kultur werden. Vor dem Hintergrund des wachsenden sozio-ökologischen Bewußtseins läßt sich diese zentrale Bedeutung des biologisch-dynamischen Landbaus für eine zukunftsträchtige Weiterentwicklung unserer Zivilisation unschwer erkennen.

3.
Forschungsresultate zur Wirkungsweise der Präparate

An dieser Stelle möchte ich nicht auf jene Forschungsarbeiten eingehen, welche vordergründig zum Ziel hatten, die Angaben Rudolf Steiners in die Praxis umzusetzen. Eine Vielzahl von Forschungsresultaten ist auf dieser Ebene zu finden, die alle dadurch gekennzeichnet sind, daß mittels Experimenten bestätigt werden sollte, was Rudolf Steiner im *Landwirtschaftlichen Kurs* an praktischen Hinweisen gegeben hat. Dies war *gewiß* für die Anfangsphase eine wichtige Aufgabenstellung für die biologisch-dynamische Forschung, um den biologisch-dynamischen Impuls auf einen sicheren Boden zu stellen.

Für die Fragestellung, was anthroposophische Forschung innerhalb des biologisch-dynamischen Landbaus ist, scheint es hingegen wesentlicher zu sein, jene Forschungsergebnisse aufzusuchen, bei denen neben der praxisorientierten Machbarkeit auch die Erkenntnisseite eine größere Rolle spielt, also der Bereich der Grundlagenforschung. Der Unterschied der Ansätze sei am Beispiel der biologisch-dynamischen Präparate näher erläutert: Wird im ersten Fall in erster Linie danach gesucht, überhaupt eine Wirkung der biologisch-dynamischen Präparate zu finden (z. B. Ertragserhöhung, Wachstumsbeschleunigung, schnellere Ausreife o.ä.), so muß im zweiten Fall die Frage nach den Bedingungen erweitert werden, unter welchen die Präparate etwas von ihrem Wesensausdruck im Experiment zu erkennen geben. Hier kann z. B. das Ausbleiben einer Ertragserhöhung durch die Präparate von großer Bedeutung für die Erkenntnis der Wirkungsweise der Präparate sein.

Schaut man auf die biologisch-dynamische Forschungsgeschichte, so muß man feststellen, daß sich erst langsam ein Bewußtsein für Forschungsfragen nach den Bedingungen, unter welchen das Wesensgemäße der biologisch-dynamischen Präparate zur Erscheinung kommt, gebildet hat. Womit dieser nur langsame Wandel der Blickrichtung zusammenhängen kann, soll an einem leicht nachvollziehbaren Beispiel verdeutlicht werden. Unsere Erfahrung lehrt uns, daß, wenn wir Wasser in ein Gefäß hineinfüllen, dieses sich langsam anfüllt; oder, wenn wir einen Gegenstand in eine Flamme halten, daß dieser sich erwärmt. Wir sprechen hier von einer Gesetzmäßigkeit der physischen oder besser gesagt der anorganischen Natur. Niemand würde auf die Idee kommen, wenn er Flüssigkeit in ein Gefäß füllte, daß dieses dadurch geleert würde oder, wenn ein Gegenstand in eine Flamme gehalten würde, daß dieser Gegenstand sich dadurch abkühlte.

Auf der anderen Seite wissen wir aber auch, daß diese Art von Gesetzmäßigkeit im Bereich des Organischen nicht unbedingt gelten muß. Nehmen wir z. B. Nahrung in ausgewogener Menge zu uns, so fühlen wir uns gestärkt; überfordern wir hingegen unseren Organismus mit zuviel Nahrung, kehrt sich diese Wirkung um: wir fühlen uns geschwächt. Obwohl diese oder ähnliche Lebenserfahrungen jedem zugänglich sind, tun wir uns schwer – als Wissenschaftler wie auch als Praktiker –, diese prinzipielle Andersartigkeit der Welt des Organischen oder des Lebendigen anzuerkennen. Immer wieder werden wir dazu verleitet, Gesetzmäßigkeiten aus der anorganischen Welt in die organische Natur hineinzutragen.

Ähnlich kausale Verknüpfungen werden oftmals mit den biologisch-dynamischen Präparaten in Verbindung gebracht, was man an den verschiedenen diesbezüglich verwendeten Synonymen wie «Wirkstoff», «Bioregulator», «Katalysator» etc. erkennen kann. Alle diese Begriffe sollen zwar darauf hinweisen, daß diese Substanzen indirekt gewisse Prozesse im Pflanzenwachstum anregend oder hemmend beeinflussen. Doch dieses lebensgemäß in der richtigen Weise denken zu können stellt sich immer wieder als ein Hauptproblem der organischen Substanzbetrachtung dar. Wiederholt fand man in Experimenten wie auch in der Praxis Hinweise auf die Andersartigkeit der Wirkung der Präparate gegenüber Düngersubstanzen, Pflanzenschutzmitteln o.ä. Schlußendlich wurde dann jedoch das Ergebnis eines Kausalwirkungsprinzips aufgezeigt.

Dabei läßt sich das den Präparaten zugrundeliegende Wirkensprinzip an vielen Versuchsergebnissen aufzeigen. Je nach den Anwendungsbedingungen für die Präparate, ob z. B. nährstoffreiche oder -arme Verhältnisse, sonnige oder schattige Bedingungen vorherrschten, traten zum Teil entgegengesetzt verlaufende Wirkungen auf. So zeigte sich nach Anwendung der Präparate bei einem Teil der Versuche eine Ertragserhöhung, in einem anderen Teil veränderte sich der Ertrag nur geringfügig oder wurde sogar gesenkt (Raupp und König, 1996). Oder der Humusgehalt auf einem schwach humosen Boden wurde erhöht, auf einem sehr stark humosen Niedermoorboden erniedrigt (Schuphan, 1976). Diese scheinbare Paradoxie löst sich erst dann, wenn wir die Pflanze oder den Boden nicht mehr mit bloß kausalem Denken zu verstehen suchen, sondern wenn wir sie als Organe eines lebendigen Organismus betrachten. Ein solcher kann sich durch ordnende Kräfte entwickeln. Den Zustand eines geordneten Lebensgefüges nennt man «gesund». Erkrankt der Organismus durch irgendeinen äußeren Umstand, so hängt die Heilung davon ab, ob er genügend Selbstheilungskräfte besitzt, um wieder in ein inneres Gleichgewicht zurückgeführt zu werden. Diesen Gesundungsprozeß finden wir überall in der organischen Natur, die ständig bestrebt ist, Einseitigkeiten auszugleichen.

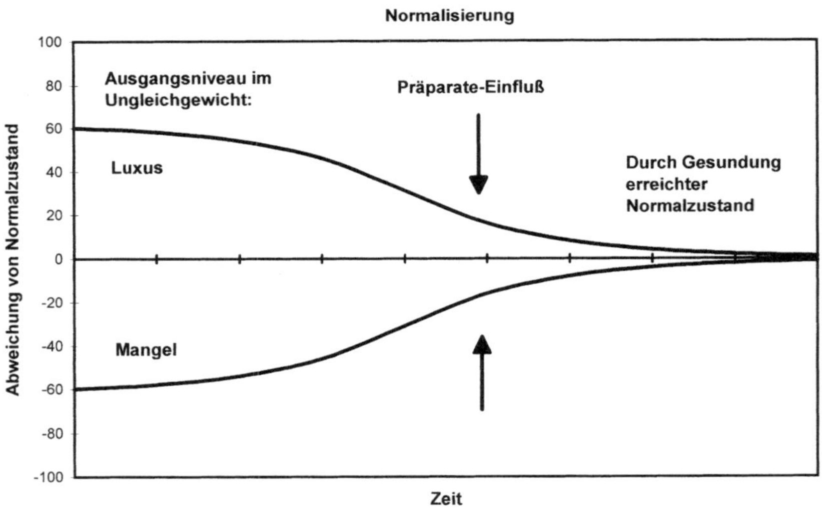

Abbildung 1

Betrachten wir das zuvor beschriebene Wirkungsprinzip der Präparate, so läßt sich in diesem ein solcher Gesundungsprozeß erkennen (siehe Abbildung 1). Je nach den Ausgangsbedingungen wird der Organismus durch die Präparate wieder in eine gesunde Gleichgewichtslage versetzt, die Extreme werden ausgeglichen. Die biologisch-dynamischen Präparate dienen somit der Gesundung und bilden die Grundlage dafür, daß der Organismus genügend Selbstheilungskräfte entwickeln kann, um in eine ihm gemäße Gleichgewichtslage zurückfinden zu können.

Die mittels der naturwissenschaftlichen Methodik entdeckten Phänomene, wie z. B. Ertrag oder Humusgehalt des Bodens, gliedern sich durch die anthroposophisch erweiterte Methodik in ein umfassendes Natur- und Pflanzenbild ein, aus welchem diese Phänomene erst in ihrer wahren Bedeutung verstanden werden können. *Daß* die Präparate wirken, kann jeder Wissenschaftler in einer Experimentalanordnung zu bestätigen suchen und auch bestätigt finden. *Wie* diese Präparate jedoch aufgrund ihrer Wirkungen zu verstehen sind, bleibt so lange dem Beobachter verschlossen, wie dieser nicht in der Lage ist, die Phänomene der Sinneswelt mit dem ideellen Hintergrund einer die Geistwelt umfassenden Naturbetrachtung zu verbinden. Daß der Erdboden mit all seinen chemischen Umsetzungen einen Organismus bildet, liegt der modernen naturwissenschaftlichen Betrachtungsweise noch fern, obwohl «viele Phänomene des Lebens aus dem herkömmlichen wissenschaftlichen Weltbild heraus nicht erklärbar sind», wie einmal ein Professor der Bodenkunde in einem persönlichen Gespräch ausdrückte. Zuvor hatte er die Wirkung der Präparate auf den Bodenzustand in einem Versuch in Augenschein genommen, ohne dabei die Wirkungsweise der biologisch-dynamischen Präparate in seinem naturwissenschaftlichen Weltbild wiederfinden zu können.

Im folgenden sollen noch einige weitere dieser «nur schwer erklärbaren» Phänomene der Wirkung der biologisch-dynamischen Präparate dargestellt werden. Untersucht man die Art und Weise der Durchwurzelung des Bodens, so wurde mehrmals die Erfahrung gemacht, daß durch die Anwendung der Präparate eine intensivere Durchwurzelung zu finden war. Bei genauerem Hinsehen zeigte sich jedoch, daß nicht das Gesamtwurzelgewicht erhöht wurde, sondern daß sich ein feineres Wurzelsystem bei ähnlichem Wurzelgewicht ausbildete (Bachinger, 1996). Mit einem feinen Wurzelgebilde dringt die Pflanze in den Boden vor. Nimmt man zu diesem Bild noch hinzu, daß die Wurzel-Pilz-Symbiosen (Mykorrhiza) ebenfalls durch die Präparateanwendungen gefördert werden (Steffan, 1983), so kann man zur Auffassung gelangen, daß die Pflanze, indem sie den sie umgebenden Bodenraum intensiv durchwurzelt, diesen gewissermaßen mit ihrem Wurzelsystem ertastet, mit Wahrnehmungsfähigkeit durchdringt. Rudolf Steiner spricht im Zusammenhang mit der Herstellung und Wirkung der Prä-

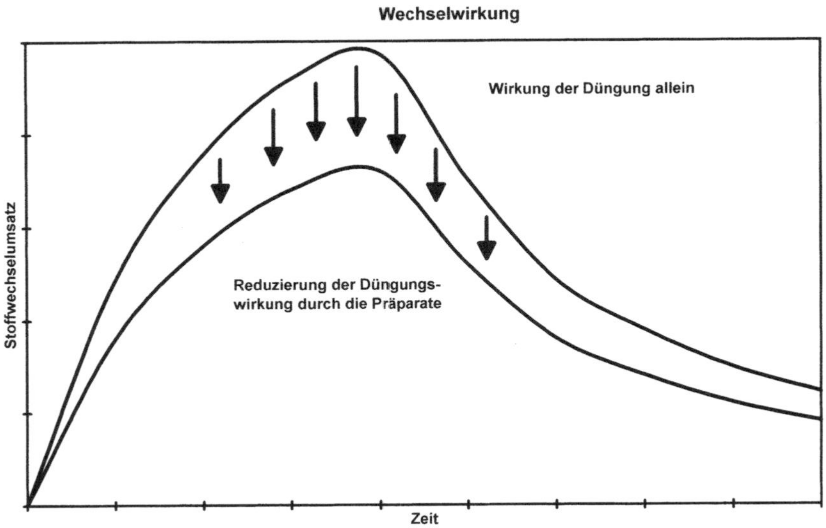

Abbildung 2

parate davon, daß die Pflanze «innerlich empfindlich gemacht wird» für die Umgebung (13.6.1924, GA 327, S. 138). Man kann den Eindruck gewinnen, daß dieses Empfindlichwerden für die Umgebung in der Pflanzenwurzel wie in einem Abbild in Erscheinung tritt.

Der Ausgleich extremer Verhältnisse kann auch an verschiedenen Bodenparametern beschrieben werden. Dewes (1989) beschreibt Laborexperimente, welche dieses besonders deutlich erkennen lassen. Hierbei wurde ein Boden mit leicht verfügbaren organischen Nährstoffen (Zucker, Hornmehl etc.) gedüngt, so daß die Mikroorganismen des Bodens schnell über dieses Nährstoffangebot verfügen konnten. Das Ergebnis war dann ein intensiver Stoffwechselumsatz der angebotenen Nährsubstrate. Der Boden wurde dadurch in ein zumindest kurzzeitiges Ungleichgewicht hineingeführt. Wurde nun unter diesen Bedingungen das Hornmistpräparat angewendet, so zeigte sich eine Zurücknahme des einseitigen Stoffwechselprozesses, das heißt, die angebotenen Nährstoffe wurden von den Bodenmikroorganismen etwas langsamer verarbeitet (siehe Abbildung 2). Hierin kommt eine Stabilisierung des Bodenorganismus zum Ausdruck. In diesem Zusammenhang ist wiederum die Formulierung Rudolf Steiners im *Landwirtschaftlichen Kurs* interessant, daß durch die Präparate der Dünger «vernünftiger» werde, mit anderen Worten ausgedrückt, die Pflanze oder der Boden gemäßigt mit den angebotenen Dünge-Stoffen umgehen kann (13.6.24, GA 327, S. 132). Dies sind nur einige Beispiele von Prozessen des Bodens, die die typische Wirkensweise der biologisch-dynamischen Präparate aufzeigen.

4.
Biologisch-dynamische Nahrungsqualität

An den zuvor beschriebenen Beispielen des Bodenlebens und der Pflanzenentwicklung wird deutlich, daß durch die biologisch-dynamischen Präparate die Pflanze in ein verändertes Verhältnis zu ihrer Umgebung gestellt wird. Inwieweit spiegelt sich dies auch in der Nahrungsqualität einer so angebauten Pflanze wider? Will man diese Frage beantworten, tritt sofort eine zweite Frage hinzu, die Frage, woran die Nahrungsqualität bemessen werden kann. Gewöhnlicherweise geschieht dies an einer Vielzahl von Inhaltsstoffen, die positiv oder negativ die Qualität beeinflussen. Hier ist auch in der Vergangenheit im biologisch-dynamischen Zusammenhang eine intensive Forschungsaktivität entwickelt worden. Ob nun durch die biologisch-dynamische Methode der Nitratgehalt im Feldgemüse reduziert wird oder der Zuckergehalt sich erhöht, die Aromastoffe sich qualitativ verbessern usw., immer hat man es vorerst mit Einzelergebnissen zu tun, die ihrerseits erst in das Bild einer qualitativ hochwertigen Pflanze eingeordnet werden müssen. Fällt dies bei Nitrat und Zucker noch leicht, so ist es bei den komplexeren Inhaltsstoffen (z. B. Enzymmuster) sehr viel schwieriger zu leisten. In der Vergangenheit wurde daher wiederholt versucht, einen sogenannten Qualitätsindex aufzustellen, indem man die verschiedenen Inhaltsstoffe in ein gegenseitiges Verhältnis setzte (Breda, 1973; Koepke und Schulz, 1992). Diese Ansätze waren jedoch alle mehr oder weniger unbefriedigend, da in dem Index alle Qualitätsparameter auf eine einzige Zahl reduziert werden.

Eine andere Möglichkeit, sich der Produktqualität zu nähern, wurde besonders in den 60er Jahren in den sogenannten «bildschaffenden Methoden» gesucht (Engquist, 1970; Schmidt, 1985). Diese ursprünglich im Hinblick auf das Sichtbarmachen der Bildekräfte entwickelten Methoden (Kupferchlorid-Kristallisation, Rundchroma, Steigbild, Tropfenbildmethode) boten sich als ein idealer Schlüssel zur pflanzlichen Qualität an. Nach anfänglicher – zum Teil aber auch Jahrzehnte dauernder Euphorie – wurde es dann etwas stiller um die Methoden, da die gewonnenen Ergebnisse oftmals nur schwer reproduzierbar waren und eine inhaltliche Interpretation der Bilder nur einzelnen Personen möglich war. In den letzten Jahren zeichnet sich ein Neuanfang mit den bildschaffenden Methoden bezüglich der Produktqualität ab. Einerseits konnten durch Balzer-Graf (1997) im sogenannten Blindversuch, d. h. ohne Wissen, um welche Proben es sich im einzelnen handelt, die verschiedenen Landbaumethoden an der Produktqualität abgelesen werden, andererseits fanden die Methoden selbst durch ihre bildhaft-ganzheitliche Ausdrucksmöglichkeit Interesse innerhalb der Wissenschaft (Andersen et al. 1998).

Was war nun der neue Einschlag, der zu dieser Entwicklung führte? Es war wohl die immer mehr sich durchsetzende Erkenntnis, daß der rein analytische Ansatz zwar zu der Sicherheit führen kann, daß ein bestimmtes Ergebnis eines Experimentes die Wirkung z. B. der biologisch-dynamischen Präparate bestätigt, daß aber in der Regel mit dem einzelnen Ergebnis noch keine Aussage über die qualitative Richtung der Wirkung oder gar die Auswirkung auf die Ernährung des Menschen getroffen werden kann. Jedes analytisch gewonnene Ergebnis muß erst in eine ganzheitliche Beurteilung eingebunden werden, bevor aus ihm eine Konsequenz für die Nahrungsqualität gefolgert werden kann. Diese ganzheitliche Beurteilung muß aber neben der physischen Ebene auch die geistigen Wirkensbereiche umfassen, ohne die z. B. die Produktqualität nicht zu beschreiben ist.

Auf die bildschaffenden Methoden übertragen, kann gesagt werden: Das Scheitern dieser Methodik in bestimmten Bereichen liegt sicher in der oft gehegten Erwartung begründet, im Bild ein eindeutiges Abbild des Qualitätszustandes eines Produktes zu finden. Man möchte wie von außen die Entscheidung, ob ein Produkt «gut» oder «schlecht», «Demeter» oder «Nicht-Demeter» ist, abgenommen bekommen. Der Schlüssel zu einem Verständnis der Bilder und damit zur Möglichkeit ihrer Interpretation liegt aber in der ganz andersartigen Betrachtungsweise. Wie die Bezeichnung «bildschaffend» schon andeutet, soll hier kein Einzelparameter (wie Zucker-, Nitrat- oder Mineralstoffgehalt) abgebildet werden, sondern es soll ein Bild der gesamten Pflanze in ihrem jeweiligen Entwicklungszustand entstehen, wie sie aus den Umgebungskräften heraus gebildet wurde. Der Forscher steht nun vor der Aufgabe, durch dieses Bild hindurch das prozessuale Entwicklungsgeschehen der Pflanzenbildungskräfte (z. B. Jugend – Alterung, Licht – Schatten etc.) zu erkennen, ja bis in den Bereich der Ursprungskräfte des pflanzlich Wesenhaften (Typus) vorzudringen. So können die bildschaffenden Methoden eine berechtigte und nützliche Hilfe sein, aus einer bloß analytischen zu einer wesensgemäßen Betrachtungsweise der Qualität der Nahrungsprodukte zu kommen, wo nicht mehr nur aus Analogien Schlüsse gezogen werden, sondern unmittelbar pflanzenkundliche und menschenkundliche Aspekte zusammenfließen können.

Was ist nun diese anzustrebende ganzheitliche Qualität einer menschengemäßen biologisch-dynamischen Nahrung? Sie muß die Weiterentwicklung des Menschen ermöglichen, d. h. ihm die leibliche Grundlage für seine Bewußtseinsentfaltung als Basis für das alltägliche Schaffen geben (siehe hierzu Hagel, 1992). Dazu muß in dem Nahrungsmittel eine Kräfteorganisation vorliegen, die dies fördert und nicht hemmt. Dieses Prinzip wird im *Landwirtschaftlichen Kurs* mehrfach benannt: es ist das Prinzip des *Individualisierens*. Wir haben oben gesehen, daß es Ziel des biologisch-dynamischen Landbaus ist, den Betrieb als eine «Art Individualität» zu entwickeln (Steiner, 10.6.1924, GA 327, S. 42). Dieser Vorgang des Individualisierens wird durch die Präparate unterstützt (13.6.1924, GA 327, S. 133). Natürlich gibt es keine analytische Methode, die das «Individualisieren» direkt zeigt. Aber dieses Prinzip kann sich in den verschiedensten Faktoren gewissermaßen abbilden. Man muß dann nur in der Lage sein, das Abgebildete zu lesen. So kann z. B. ein ausgereiftes Produkt insofern als individualisiert betrachtet werden, als es in seinem Aroma und seiner Süße eine Verbindung zwischen dem Standort (Umkreiswirkung) und dem Art- und Sortentypischen der Pflanze herstellt. Je mehr die Pflanze in der Lage ist, sich dem Typus gemäß aus dem allgemeinen, durch die Düngung, Witterung etc. vereinseitigten Anbaubedingungen zu entwickeln, als um so individualisierter kann sie bezeichnet werden. Und gerade diese Qualität der Pflanze ist es, die durch die Anwendung der biologisch-dynamischen Präparate gefördert wird.

In dem zuvor beschriebenen Sinne kann prinzipiell jede analytische Methode zu einer bildschaffenden Methode werden, die das Geistig-Wesenhafte der Pflanze als Qualität im Physisch-Stofflichen zum Ausdruck bringen kann. Je mehr aber das Ergebnis der Meßmethode in die Zahl gerinnt, um so weniger wird es möglich, bis in das Geistig-Wesenhafte vorzudringen. Und umgekehrt, je dichter man mit seiner Anschauung an dem Phänomen bleibt, auch wenn dieses «künstlich» geschaffen wurde, wie im Fall der bildschaffenden Methoden, um so eher findet man einen Zugang zum Qualitativ-Wesenhaften.

Wenn man die Wirkung der speziellen biologisch-dynamischen Maßnahmen, insbesondere der biologisch-dynamischen Präparate, zusammenfassend betrachtet, so kommt man zu dem folgenden Bild: Die Pflanze wird wieder in die Lage versetzt, mit ihren Bildeprozessen stärker an ihr Urbildhaftes, ihren «Typus» Anschluß zu finden. Sie findet wieder ein Gleichgewicht zwischen Gestaltungs- und Substanzprozessen (Balzer-Graf, 1996). Zu stark abgetötetes, mineralisiertes Leben wird wiederum belebt und fester in den Lebenszusammenhang eingebunden; zu stark wucherndes, vegetatives Leben wird gestaltet, d. h. von einem höheren geistigen Prinzip ergriffen. Im Bild ausgedrückt: Zwischen den Tendenzen des ersterbenden Mineralisiertwerdens und des wuchernden Überströmens der Lebensenergie stellt sich ein Gleichgewichtszustand ein, eine aktive Kraftspannung zwischen diesen beiden Extremen. So kann das Individualitätsprinzip als das Prinzip des Mitte-Findens bis in den durch den Menschen erweiterten Naturprozeß hinein aufgezeigt werden. Indem in der Landwirtschaft dem Menschen gemäße Nahrungsmittel erzeugt werden, wird durch sie die Natur- zur Kulturwirtschaft weiterentwickelt. Es findet nicht, wie in der konventionellen Landwirtschaft, ein Verlust an Vielfalt statt. Es wird vielmehr eine neue Vielfalt begründet, die sich nicht nur im Artenspektrum äußert, sondern die bis in die Substanz hinein sich niederschlägt. Doch hierzu müssen weitere Bedingungen erfüllt werden.

5.
Pflanzenzüchtung als Grundlage für Nahrungsqualität

In der Pflanze kann sich nur das verwirklichen, was in ihrem Typus verankert liegt. Da stellt sich nun die Frage: Kann auf jeder Pflanzenbasis ein dem biologisch-dynamischen Ideal entsprechendes Nahrungsmittel erzeugt werden? Oder gibt es heute Zuchtsorten, die dieses nicht mehr ermöglichen? Aus diesen Fragen heraus und angesichts der Beobachtung, daß es immer schwieriger wird, eine gute Nahrungsqualität zu erzeugen, formte sich eine Gruppe von Forschern und Landwirten innerhalb der biologisch-dynamischen Landwirtschaft, die sich zur Aufgabe stellen, entgegen der modernen Züchtungsentwicklung spezielle, dem jeweiligen Standort angepaßte und für den ökologischen Landbau geeignete Sorten zu erhalten und weiterzuentwickeln. (Ein Überblick über die derzeitigen Züchtungsaktivitäten findet sich bei Beringer, 1996.)

Auf dem Feld der modernen Züchtung lassen sich zwei Entwicklungsrichtungen erkennen. Zum einen wurde bereits in der Vergangenheit und wird noch heute ständig das Saatgutpotential an ein stetig steigendes Ertragsniveau innerhalb der Landwirtschaft angeglichen. Wurden z. B. noch Anfang des Jahrhunderts nur etwa 15-20 Doppelzentner (dt) Weizen pro Hektar geerntet, so liegt das Ertragspotential heute viermal höher – nicht zuletzt aufgrund des Züchtungsfortschrittes. Da die Pflanzen speziell auf das konventionelle Landbausystem hin gezüchtet wurden, sind sie an die dort üblichen Nährstoffangebote der Mineraldüngung angepaßt; mit der ganz andersartigen Nährstoffdynamik einer natürlichen Nährstoffmobilisation aus den Boden- und Düngerumsetzungen des organischen Landbaus kommen diese Sorten jedoch meist nicht zurecht. Das Ergebnis ist ein Verlust an innerer Qualität des mit diesen Sorten erzeugten Nahrungsmittels.

Die andere moderne Entwicklung ist der Bereich der Biotechnologie, die ja bei der Erzeugung von Saatgut in der konventionellen Landwirtschaft eine immer größere Bedeutung spielt. Ein erster Schritt in diese Richtung stellt die Hybridzüchtung dar, bei welcher über mehrere Generationen Inzuchtlinien erzeugt werden. Werden dann zwei dieser Linien gekreuzt, so entsteht eine Pflanzengeneration, die besondere Ausbildungen zeigt (z. B. hohe Massebildung, Resistenz gegen Krankheiten etc.). Diese Pflanzen haben es oftmals schwer, überhaupt zu einer gewissen inneren Reife der Substanz zu kommen. Mit anderen Worten, sie finden nicht zu einem Zustand der inneren Ruhe, des Gleichgewichtes zwischen stoffgebundener Wachstumskraft und gestalteter Reife. Auch die Präparate sprechen bei diesen Pflanzen erfahrungsgemäß nur mehr schwach an. Die Weiterführung der Biotechnologie mündet in die derzeit vieldiskutierte Gentechnik, wo ja gezielt Einseitigkeiten aufgesucht werden, um die Pflanze gegen Angriffe aus ihrem Umkreis resistent zu machen beziehungsweise technische Merkmale in den Pflanzenbildungsprozeß zu integrieren (wie z. B. die extreme Haltbarkeit der Tomate). Daß dies unmittelbar den individualisierenden Bestrebungen der biologisch-dynamischen Landwirtschaft entgegenwirkt, braucht nicht betont zu werden. Wollte man in Zukunft auf der Grundlage von konventionell gewonnenem Saatgut eine biologisch-dynamische Nahrungsqualität erzeugen, so würde man sich selbst die Basis entziehen. Man wird hierbei an das Bild jenes Bauherrn erinnert, der oben versucht, ein

Dach auf seinem Haus zu errichten, und gleichzeitig unten die Fundamente untergräbt, so daß das Bauwerk nicht gelingen kann und vom Einsturz bedroht ist. Die Möglichkeit, in Zukunft noch eine gesunde Nahrungsmittelerzeugung zu gewährleisten, hängt daher unmittelbar mit der Möglichkeit einer alternativen Pflanzenzüchtung zusammen.

6. Ausblick auf die Aufgaben der biologisch-dynamischen Forschung

Nach der Einführung des ökologischen Landbaus an den öffentlichen Universitäten sind Forschungsarbeiten zu biologisch-dynamischen Themen auch dort üblich geworden. Was könnten unter diesen Bedingungen neue Aufgaben für die anthroposophisch orientierte biologisch-dynamische Forschung sein, die speziell von den biologisch-dynamischen Forschungseinrichtungen aufzugreifen wären? Hier soll versucht werden, wenigstens skizzenhaft einige Schlaglichter auf diese Frage zu werfen.

Eine der zentralen Fragen, die in der modernen Zivilisation immer häufiger gestellt wird, wendet sich an das persönliche Verantwortungsbewußtsein des einzelnen für seine Handlungen. Aus welchen Quellen können wir heute noch die innere Kraft und Sicherheit schöpfen zur Beurteilung desjenigen, was wir tun, in einer Zeit, wo einerseits alle Werte zu schwinden scheinen, gleichzeitig aber nahezu an jeder Straßenecke ein esoterisches Angebot zur Erleichterung unseres Lebens wartet?

Eine Neuorientierung muß vom Ganzen ausgehen: Vielleicht liegt ja in dem von Rudolf Steiner vermittelten landwirtschaftlichen Impuls eine noch lange nicht ausgeschöpfte Dimension, die es zu ergründen gilt? Schauen wir vor diesem Hintergrund einmal einige «Nebengedanken» des *Landwirtschaftlichen Kurses* an.

1. Gleich zu Beginn des Kurses kommt Rudolf Steiner auf die Versuche einer Klärung der *sozialen Frage* zu sprechen: nur aus der lebenspraktischen Seite heraus wäre dieses möglich, auch in der Landwirtschaft (7.6.1924, GA 327, S. 28). Dieser Gedanke blitzt wie nebenbei auf, weist aber auf den Zusam-

menhang hin, der zwischen dem menschlichen und dem sozialen Organismus besteht. Der Dreigliederungsgedanke kann als Ideenquell für eine künftige Entwicklung dienen, doch es kommt darauf an, ein Verständnis dafür herauszuarbeiten, wie dieses Urprinzip der sozialen Dreigliederung durch die Kraft der Individualisierung zu neuen sozialen Formen, zu sozialen Organismen führt, wie sie durch die landwirtschaftliche Individualität ihre Verwirklichung finden.

2. Mehrfach spricht Rudolf Steiner vom meditativen Arbeiten des Landwirtes, woraus dieser beurteilen kann, was für seine Landwirtschaft nötig ist (11.6.1924, GA 327, S. 77). Noch ist es nicht üblich, die Meditation als wissenschaftliche Methode anzuerkennen. Durch dieses wiederholte Hinweisen auf die notwendige Meditation für den Landwirt wird deutlich, daß die Dimension der landwirtschaftlichen Individualität weit über das bloß sinnlich-naturwissenschaftlich Erfaßbare hinausreicht. Das heißt aber, daß wir uns dieser erst nähern können, wenn wir beginnen, sie in ihrer geistig-wesenhaften Ausprägung zu erfassen. Will sich der Forscher dieser Wesensschicht zuwenden, muß er die eingangs beschriebene Schwelle zwischen der Sinnesanschauung und der geistigen Welt bewußt erleben. Es wird ihm der Schulungsweg zur gleichberechtigten Methode neben dem exakten Experiment oder der Naturbeobachtung.
   Aus diesen Einsichten in den Wesenszusammenhang und das Kräftewirken der landwirtschaftlichen Individualität soll dann der Landwirt seine Landwirtschaft und damit auch die Landschaft gliedern (Steiner, 15.6.1924, GA 327, S. 187ff.). Er wird so wiederum zum Gestalter der Kulturlandschaft aus der Gesetzmäßigkeit des Organischen heraus.

3. Rudolf Steiner führt aus, daß Lebenskräfte in der Natur seit dem Ende des letzten Jahrhunderts nachlassen würden und damit die Nahrungsqualität sinke (10.6.1924, GA 327, S. 58). Mit anderen Worten: Von Natur aus ist es heute nicht mehr gegeben, eine die menschliche Entwicklung fördernde Nahrungsqualität zu erzeugen. Es liegt nun am Menschen, die Kräfteorganisation der Erde zu stärken oder weiter absinken zu lassen.

Drei Gesichtspunkte der Landwirtschaft werden angesprochen, die scheinbar weit entfernt voneinander liegen: die soziale Frage, die ökologische Frage und die Frage nach der Nahrungsqualität. Was ist das Gemeinsame an ihnen?

Wir haben oben bereits gesehen: Um menschengemäße Nahrungsmittel erzeugen zu können, müssen wir das Prinzip des Individualisierens innerhalb der Landwirtschaft verwirklichen, sei es im Substanzgeschehen (Düngung und Präparate), sei es bei der Sortenwahl (Züchtung geeigneter Sorten). Indem wir so in der Landwirtschaft tätig werden, werden wir den Einklang mit den ökologischen Bedingungen suchen, auch wenn wir noch die Grundlage für eine organismusgemäße Landwirtschaft herzustellen haben. Nur dann wirkt diese Landwirtschaft als eine «in der Zeit fortlebende Individualität» (Steiner, 10.6.1924, GA 327, S. 50). Jedes Feuchtbiotop, jeder Wald, jede Wiese, Aue usw. hat dann in ihr eine Organfunktion. Diese kann schließlich bei der Herstellung der biologisch-dynamischen Präparate unmittelbar aufgegriffen werden.

Damit sehen wir die Notwendigkeit der Verbindung der Nahrungsfrage mit der ökologischen Frage. Sie kann aber nicht ohne den Menschen geschehen. Die Natur braucht nicht nur den auf ihr ruhenden, unverbindlichen Blick des Menschen, wenn er sich an ihr zu erbauen sucht, sie braucht auch die pflegende, gestaltende Hand – heute in einer Zeit der Technisierung mehr denn je zuvor. Darin besteht die Notwendigkeit einer sozialen Verbindlichkeit auch der Natur gegenüber.

Alle drei oben genannten Fragen schließen sich somit zu einer neuen Sinngebung zusammen.

An uns liegt es nun, ob wir bereits in der Lage sind, diese umfassende Aufgabe bewußt zu ergreifen und uns in jedem Moment Rechenschaft abzulegen, inwieweit unsere Handlungen diesem Ziel dienen können. Als Mensch haben wir uns aus der Naturgebundenheit zu einem hohen Grad emanzipiert. Dies ist Bedingung für die bis in das Bewußtsein hineinreichende Individualisierung unseres Selbstes. Die Natur mit ihren Naturreichen dient uns hierbei, indem sie uns Nahrungs- und Lebensgrundlage ist. Im biologisch-dynamischen Landbau liegt nun die Möglichkeit, auch der Natur bei einer ihrem Wesen entsprechenden Weiterentwicklung zu helfen, indem wir sie aus der Uniformität zur Individualität hingeleiten. In diesem Sinne darf wohl auch ein Ausspruch Rudolf Steiners im Zusammenhang mit der Evolution verstanden werden:

«Soll daher die äußere Natur nicht ersterben, dann muß ihr das gegeben werden, was der Mensch durch seinen astralischen und durch seinen Ich-Leib hat. … Aber das, was nicht von selbst auf der Erde vorhanden ist, das sind in erster Linie die wirksamen Gedanken des Menschen, die in seinem selbständigen, vom Gleichgewichtszustande in ihm unabhängigen Naturorganismus weben und leben. Verwirklicht er diese selbständigen Gedanken, dann gibt er der Erde Zukunft.» (31.12.1922, GA 219, S. 190)

Dies geht nur durch ein von Bewußtsein durchdrungenes Handeln. Diesem soll die anthroposophische Forschung auch in Zukunft verstärkt dienen.

Literatur

Abele, Ulf: *Produktqualität und Düngung – mineralisch, organisch, biologisch-dynamisch.* Schr. Bundesmin. Ernähr., Landw., For., Reihe A: Angewandte Wissenschaft, Heft 345; Münster-Hiltrup 1987.

Andersen, Jens-Otto / Jens Laursen / Per Kølster: A Refined Biocrystallization Method applied in a Pictomorphological Investigation of a Polymer, in: *Elemente der Naturwissenschaft 68*, Dornach 1998.

Bachinger, Johann: *Der Einfluß unterschiedlicher Düngungsarten (mineralisch, organisch, biologisch-dynamisch) auf die zeitliche Dynamik und die räumliche Verteilung von bodenchemischen und -mikrobiologischen Parametern der C- und N-Dynamik sowie auf das Pflanzen- und Wurzelwachstum von Winterroggen.* Diss. Univ. Gießen. Schriftenreihe Bd. 7, Inst. f. biol.-dyn. Forschung, Darmstadt 1996.

Balzer-Graf, Ursula: *Qualität, ein Er-Lebnis.* Selbstverlag, Wetzikon 1996.

– Vitalqualität – Qualitätserfassung mit bildschaffenden Methoden, in: *Das Goetheanum*, 25/26 /1997, S. 315-318.

Beringer, Elisabeth: *Saatgut. Dokumentation zur Ausstellung Forschung und Züchtung in der biologisch-dynamischen Landwirtschaft*, Salem 1996.

Breda, Erhard: Bericht über Arbeiten aus dem Institut für biologisch-dynamische Forschung, in: *Lebendige Erde*, H. 3/1973, S. 132-137.

Burandt, Eike: *Biologisch-dynamische Landwirtschaft und Landschaftsgestaltung am Beispiel der Harlebucht.* Selbstverlag, Oldenburg 1995.

Dewes, Thomas / Erhard Ahrens: Wechselwirkungen zwischen organischer Düngung und der Anwendung des biologisch-dynamischen Präparates P500 im aeroben Inkubationsversuch, in: *Agribiological Research*, 437/1989, S. 65-73.

Elsen, Thomas van: *Gesichtspunkte für ökologische Leitbilder des Biologisch-Dynamischen Landbaus im Vortragswerk Rudolf Steiners.* Selbstverlag, Witzenhausen 1996.

Engquist, Magda: Gödslingens inverkan pa kulturväxter, in: *Tidskrift for biodynamisk Jordbrug*, 1963, S. 63-86.

– *Gestaltkräfte des Lebendigen*, Frankfurt 1970.

Gengenbach, Heinz / Max Limbacher: *Kooperation oder Konkurs? Die Landwirtschaft braucht neue Sozialformen*, Stuttgart 1989.

Hagel, Ingo: *Warum Lebensmittel in Demeter-Qualität? Ein Beitrag zum Problem der mineralischen Stickstoffdüngung im Hinblick auf die Ernährungsqualität der erzeugten Produkte.* Sonderdruck aus Lebendige Erde, Nr. 4,5,6/ 1992.

Kjellenberg, Lars: De biodynamiska preparaten – i forskning och försök, in: *Nordisk Forskningsring meddelande,* 33/1989, Järna / Norrköping.

Koepf, Herbert H.: *Forschung im biologisch-dynamischen Landbau,* Stuttgart 1997.

Koepke, Ulrich / Schulz, Dirk: Determining the quality of organic produce: extended quality-parameters and quality index, in: *Proc. 9th Intern. Sc. IFOAM Conf.*, 1992, S. 338-348.

Lammerts van Bueren, Edith /Joke Beekman-de Jonge: *Biologisch-dynamische spuitpreparaten in ontwikkeling. 70 jaar praktijk onderzoek en visie,* Driebergen 1995.

Pettersson, Bo D. / Reents, Hans-Jürgen / von Wistinghausen, Eckard: *Düngung und Bodeneigenschaften. Ergebnisse eines 32jährigen Feldversuches in Järna,* Schweden. Schriftenreihe Institut für biol.-dyn. Forsch. 2/1992, S. 60ff.

Raupp, Joachim (Hrsg.): *Fertilization Systems in Organic Farming Proceedings.* Schriftenreihe Institut für biol.-dyn. Forschung Bd. 6, 8, 9, Darmstadt 1995-97.

Raupp, Joachim / König, Uli Johannes: Biodynamic preparations cause opposite yield effects depending upon yield levels. *Biol. Agric. and Hort.* 13/1996, S. 175-188.

Rozumek, Martin / Beismann, Michael: Anthroposophische Erkenntnis- und Handlungsansätze zur ökologischen Frage, hrsg. von der Anthroposophischen Gesellschaft Deutschland, Heidelberg 1997.

Schmidt, Gerhard: *Zur Qualitätsfrage in der Ernährung,* St. Gallen 1985.

Schuphan, Werner: *Mensch und Nahrungspflanze,* Bad Soden 1976.

Spiess, Hartmut: *Chronobiologische Untersuchungen mit besonderer Berücksichtigung lunarer Rhythmen im biologisch-dynamischen Pflanzenbau.* Schriftenreihe des Instituts für Biologisch-Dynamische Forschung, Bd. 3, Darmstadt 1994a.

– *Anhangsband zu «Chronobiologische Untersuchungen...». Einzelergebnisse.* Schriftenreihe des Instituts für Biologisch-Dynamische Forschung, Bd. 4, Darmstadt 1994b.

Steffan, Harald: *Entwicklung der Vesikulär-arbuskulären Mycorrhiza in Kulturpflanzen bei Einfluß unterschiedlicher Wirtschaftsweisen.* Diplomarbeit Uni Göttingen, Math.-Naturw. Fakultät, Göttingen 1983.

Steiner, Rudolf: *Grundlinien einer Erkenntnistheorie der Goetheschen Weltanschauung* (1886), GA 2, Dornach [7]1979.

– *Das Verhältnis der verschiedenen naturwissenschaftlichen Gebiete zur Astronomie* (1921), GA 323, Dornach [2]1983.

– *Das Verhältnis der Sternenwelt zum Menschen und des Menschen zur Sternenwelt – die geistige Kommunion der Menschheit* (1922), GA 219, Dornach [4]1976.

– *Geisteswissenschaftliche Grundlagen zum Gedeihen der Landwirtschaft* (1924), GA 327, Dornach [6]1979.

Thun, Maria: *Hinweise aus der Konstellationsforschung.* Selbstverlag Marburg 1993.

Weihermann, Susanne: *Soziale Neugestaltung in der Landwirtschaft – Fallstudie zu einer biologisch-dynamischen Lebensgemeinschaft.* Diplomarbeit Uni Göttingen, FB Agrarwissenschaften, Göttingen 1996.

MICHAELA GLÖCKLER

Erkenntnisgewinn durch praktischen Umgang mit anthroposophischen Forschungsergebnissen am Beispiel des Doppelaspektes der ätherischen Organisation des Menschen

Einleitung

Mit Beginn der 80er Jahre sind Beiträge zur Psychoneuroimmunologie zunehmend in Fachzeitschriften und in der Laienpresse erschienen (siehe z. B. Cousins, 1989; Booth, 1990; Irvin, 1987; Ader, 1990; Miketta, 1991; Baenkler, 1992). Daraus geht hervor, daß negative Gedanken und Gefühle wie Streß, Trauer, Mutlosigkeit, Perspektivlosigkeit, Depression die Funktionen der Selbsterhaltung und körpereigenen Abwehr (gesamthaft Immunsystem genannt) schädigen können. So wie umgekehrt positive Gedanken und Gefühle wie Ruhe, Freude, Begeisterung, Hoffnung stimulierend auf das Immunsystem wirken. Was jedoch bisher nicht geleistet werden konnte, ist die Darstellung einer zufriedenstellenden Arbeitshypothese darüber, wie sich Gedanken und Gefühle auf die immunologischen Funktionen des Organismus auswirken können. Angesichts dieser Fragestellung gewinnt Rudolf Steiners Forschung über den Doppelaspekt der ätherischen Organisation des Menschen eine neue Aktualität. Dieser wird von ihm als Gesetzeszusammenhang beschrieben, der auf der einen Seite Wachstum, Regeneration (Heilung) und Fortpflanzung besorgt und auf der anderen Seite Träger des bewußten Gedankenlebens ist (zur ausführlichen Beschreibung und Begriffsbildung «ätherischer Organismus» vgl. Steiner, GA 13, S. 54-59, und Bockemühl, 1985).

Anliegen dieses Beitrages ist es, zum Verständnis des hier kurz referierten Doppelaspektes der ätherischen Organisation beizutragen und an den Voraussetzungen mitzuarbeiten, die zum Verstehen der komplizierten Zusammenhänge von Leib, Seele und Geist führen können. Dabei möchte ich mich auf Gesichtspunkte beschränken, die allgemein zugänglich und verständlich sind und die der Leser unabhängig von seinem Fachgebiet nachvollziehen und beurteilen kann. Denn ein Verständnis des ätherischen Organismus und seiner Funktionsweisen ist nicht nur für Fachleute wie Ärzte, Therapeuten und Pädagogen wichtig, sondern es ist vor allem für jeden Menschen wichtig, der sich über sich selber aufklären möchte und an seiner körperlichen und geistigen Gesundheit mitarbeiten will. In der anthroposophischen Medizin – die sich als durch die Anthroposophie erweiterte Schulmedizin versteht – wird auf die partnerschaftliche Zusammenarbeit mit dem Patienten großer Wert gelegt und seine Mitverantwortung für Erhaltung und Pflege der Gesundheit unterstützt. So gibt es inzwischen in vielen europäischen Ländern sowie in USA Patientenverbände zur Förderung der anthroposophischen Medizin. Neben einigen großen Kliniken (z. B. Ita Wegman-Klinik, Arlesheim/Schweiz, Gemeinschaftskrankenhaus Herdecke und Filderklinik bei Stuttgart) gibt es in über dreißig Ländern Arztpraxen und Therapeutika für anthroposophische Medizin, wo insbesondere mit der Wirksamkeit des ätherischen Organismus gerechnet wird und seine Funktionsweisen therapeutisch unterstützt werden. Eine gute Einführung in das ganze Spektrum dieser Medizin sowie Adressen der Kliniken und Hinweise auf Ausbildungsmöglichkeiten finden sich in dem Buch *Anthroposophische Medizin – Ein Weg zum Patienten* (Glöckler et al., 1993).

Methodische Vorbemerkung

Rudolf Steiner hat für den Umgang mit der von ihm begründeten Geistesforschung und deren Methodik drei Arbeitsrichtungen gewiesen:

1. «Anthroposophie ist ein Erkenntnisweg, der das Geistige im Menschenwesen zum Geistigen im Weltenall führen möchte.» (Steiner, GA 26, S. 14) Die Praxis dieses Erkenntnisweges und die damit verbundene planmäßige Schulung höherer Seelen- und Geistesfähigkeiten sind in dem Buch *Wie erlangt man Erkenntnisse der höheren Welten?* (Steiner, GA 10) niedergelegt.
2. Studium der geisteswissenschaftlichen Literatur mit ihren Forschungsergebnissen als erster Schritt für die Schulung der eigenen übersinnlichen Wahrnehmungsfähigkeit (Steiner, GA 13, S. 299ff.).
3. Praktischer Umgang mit den Ergebnissen der Geistesforschung mit dem Ziel ihrer Bewahrheitung an der Lebenswirklichkeit, das heißt an allem, was der Mensch durch Wissen und Erfahrung erlebt.

Diese dritte Arbeitsrichtung soll hier eingeschlagen werden. Rudolf Steiner charakterisiert sie folgendermaßen:

«Wer sie [die Ergebnisse geisteswissenschaftlicher Forschung] richtig anwendet, dem werden sie sich im Leben dadurch beweisen, daß sie dieses gesund und stark machen. Er wird gerade dadurch, daß sie sich in der Praxis bewähren, ersehen, daß sie wahr sind, und dadurch muß er sie besser bewiesen finden, als durch alle ‹logischen› und sogenannten ‹wissenschaftlichen› Gründe. Die geistigen Wahrheiten erkennt man am besten an ihren Früchten, nicht durch einen angeblich noch so wissenschaftlichen Beweis, der doch kaum viel anderes sein kann, als ein logisches Geplänkel.» (Steiner, GA 34, S. 341f.)

In einem seiner medizinischen Vorträge nennt Rudolf Steiner die in Gedankenform zusammengefaßten Ergebnisse geistiger Schau und Forschung auch «regulative Prinzipien». Das heißt, es sind Arbeitshypothesen, die helfen, Ergebnisse heutiger Wissenschaft und Erfahrungen des Lebens so zu ordnen und anzuschauen, daß sie anfangen, sich gegenseitig zu beleuchten, und in einem tieferen Sinnzusammenhang erscheinen: «Ich wollte das im Prinzip anführen, damit Sie sehen, wie auf einer Ratio diese Dinge beruhen, aber die Ratio soll nur regulatives Prinzip sein. Sie werden sehen, daß dasjenige, was durch diese regulativen Prinzipien behauptet wird, verifiziert werden kann auf die Weise, wie überhaupt solche Tatbestände nach den Gewohnheiten der heutigen Medizin verifiziert werden. Wir wollen auch gar keinen Anspruch darauf erheben, daß diese Dinge irgendwie als Behauptungen hingenommen werden sollen, bevor die Verifizierung da ist.» (Steiner, GA 314, S. 138)

I.

Metamorphose der Wachstumskräfte in Gedankentätigkeit

Zu den fundamentalen Forschungsergebnissen Rudolf Steiners zur Wirkensweise des ätherischen Organismus gehört die Erhellung des Zusammenhangs, der zwischen den Lebensvorgängen und der Gedankentätigkeit besteht. Am prägnantesten hat Rudolf Steiner diesen Aspekt in seinem gemeinsam mit der Ärztin Ita Wegman verfaßten Buch *Grundlegendes für eine Erweiterung der Heilkunst* zusammengefaßt:

«Diese im Ätherleibe wirksamen Kräfte betätigen sich im Beginne des menschlichen Erdenlebens – am deutlichsten während der Embryonalzeit – als Gestaltungs- und Wachstumskräfte. Im Verlaufe des Erdenlebens emanzipiert sich ein Teil dieser Kräfte von der Betätigung in Gestaltung und Wachstum und wird Denkkräfte, eben jene Kräfte, die für das gewöhnliche Bewußtsein die schattenhafte Gedankenwelt hervorbringen.

Es ist von der allergrößten Bedeutung zu wissen, daß die gewöhnlichen Denkkräfte des Menschen die verfeinerten Gestaltungs- und Wachstumskräfte sind. Im Gestalten und Wachsen des menschlichen Organismus offenbart sich ein Geistiges. Denn dieses Geistige erscheint dann im Lebensverlaufe als die geistige Denkkraft.

Und diese Denkkraft ist nur ein Teil der im Ätherischen webenden menschlichen Gestaltungs- und Wachstumskraft. Der andere Teil bleibt seiner im menschlichen Lebensbeginne innegehabten Aufgabe getreu. Nur weil der Mensch, wenn seine Gestaltung und sein Wachstum vorgerückt, das ist, bis zu einem gewissen Grade abgeschlossen sind, sich noch weiter entwickelt, kann das Ätherisch-Geistige, das im Organismus webt und lebt, im weiteren Leben als Denkkraft auftreten.

So offenbart sich der imaginativen geistigen Anschauung die bildsame (plastische) Kraft als ein Ätherisch-Geistiges von der einen Seite, das von der andern Seite als der Seeleninhalt des Denkens auftritt.» (Steiner / Wegman, GA 27, S. 12f.)

In knappen Worten legt Rudolf Steiner hier einen überraschenden Wirkzusammenhang offen. Dieser wird dargestellt wie ein Tatbestand von primär axiomatischem Charakter, das heißt entsprechend den Wahrnehmungsurteilen, wie sie den mathematischen Axiomen im klassischen Sinne zugrunde liegen.

Biologie als Wissenschaft von der Lebenstätigkeit und ihren Gesetzen wird dadurch unmittelbar neben die Philosophie als Wissenschaft von der Denkbetätigung gestellt. Scheinbar Fernliegendes soll engstens miteinander zusammenhängen. Die gewöhnliche Denkbetätigung des Menschen soll nicht vom Nerven-Sinnes-System hervorgebracht werden, wie die Neurophysiologie es immer wieder vermutet. Sie soll vielmehr den Wachstums- und Regenerationskräften des Organismus entstammen und das Gehirn nur benötigen, um ihr Tätigsein bewußtzumachen, das heißt die lebensvollen Gedankenkräfte schattenhaft zu «reflektieren». Rudolf Steiner bemerkt hierzu in seinem Buch *Von Seelenrätseln*:

«In ähnlicher Art, wie man psycho-physiologisch die Beziehungen des in

Vorstellen, Fühlen und Wollen verlaufenden Seelenlebens zum Leibesleben suchen kann, so kann man anthroposophisch nach Erkenntnis der Beziehungen streben, welche das Seelische des gewöhnlichen Bewußtseins zum Geistesleben hat. Und da findet man durch die in dieser und in meinen anderen Schriften geschilderten anthroposophischen Methoden, daß sich für das Vorstellen wie im Leibe die Nerventätigkeit, so im Geistigen eine Grundlage findet. Die Seele steht nach der anderen, vom Leibe abgewandten, Seite in Beziehung zu einem geistig Wesenhaften, das die Grundlage ist für das Vorstellen des gewöhnlichen Bewußtseins. Dieses geistig Wesenhafte kann aber nur durch schauendes Erkennen erlebt werden. Und es wird so erlebt, indem sich sein Inhalt als gegliederte Imaginationen dem schauenden Bewußtsein darstellt. Wie nach dem Leibe hin das Vorstellen auf der Nerventätigkeit ruht, so strömt es von der andern Seite her aus einem geistig Wesenhaften, das in Imaginationen sich enthüllt. Dieses geistig Wesenhafte ist, was in meinen Schriften der Äther- oder Lebensleib genannt wird.» (Steiner, GA 21, S. 159f.)

Auch wenn moderne Versuche, die geistige Tätigkeit des Menschen zu beschreiben, deutlich in die Richtung eines solchen Verständnisses weisen (Eccles, 1994), so wurde doch dieser überraschende Zusammenhang erstmals von Rudolf Steiner beschrieben und in seinen praktischen Konsequenzen für Pädagogik und Medizin dargestellt. Der ätherische Organismus wird von ihm als *Zusammenhang von Gesetzmäßigkeiten* beschrieben, die nicht nur für Vererbung, Wachstum, Regeneration («Selbstheilungskräfte») und Reproduktion verantwortlich sind, sondern auch für das geheimnisvolle Beziehungsgefüge, das wir «Gedankenleben» nennen (Steiner, 29.12.1921 u. 31.12.1921, GA 303).

Wie läßt sich nun dieser von Rudolf Steiner beschriebene Tatbestand der Identität von Lebens- und Denktätigkeit an der Lebenswirklichkeit überprüfen? Welche Erfahrungen des Lebens, welche allgemein bekannten Ergebnisse der Biologie weisen darauf hin beziehungsweise tragen zur Bestätigung dieses Steinerschen Forschungsergebnisses bei? Da wäre zunächst zu fordern, daß alles, was wir durch Beobachtung und Wissen über die Gesetzmäßigkeiten der Lebens- und der Denktätigkeit in Erfahrung bringen können, einander nicht nur ähnlich sein, sondern einander auch konsequent entsprechen müßte – wenn dieses Forschungsergebnis seine Richtigkeit hat. Ja, es müßte der Vergleich dieser beiden Bereiche zu dem Evidenzerlebnis führen, daß es sich dabei im Grunde genommen um *ein und dieselbe Tätigkeit* handelt, die nur auf verschiedenen Ebenen wirksam ist: auf der

Ebene, auf der sich die biologischen Vorgänge abspielen, und auf der geistigen Ebene, wo Gedankenarbeit geschieht. Und schließlich wäre noch anzudeuten, in welcher Richtung der Erkenntnisgewinn und seine praktische Anwendung in Pädagogik und Medizin zu suchen wäre.

2.
Erscheinungsformen der Lebens- und Denktätigkeit und deren Entsprechungen

Im folgenden sollen einige Charakteristika der Lebens- und Denktätigkeit miteinander verglichen werden auf dem Hintergrund der Frage, inwiefern sie sich entsprechen. Der Leser möge sich diese Beispiele soweit als möglich selber vergegenwärtigen und aufgrund eigener Beobachtungen und Überlegungen bezüglich der Lebens- und Denkvorgänge ergänzen. Sollten sich dabei Fragen ergeben oder eine Entsprechung nicht einleuchten oder nicht gefunden werden, so würde sich die Verfasserin dieses Beitrages freuen, darüber mit dem Leser ins Gespräch zu kommen. Es liegt in der Eigenart der anthroposophischen Geistesforschung, daß man selber seelisch-geistig tätig werden muß, um etwas zu verstehen. Es genügt nicht, die Resultate dieser Wissenschaft einfach nur zur Kenntnis zu nehmen. Sie stellen vielmehr Herausforderungen an Selbsterkenntnis und Selbstentwicklung dar.

Die gegliederte Ganzheit

Lebensvorgänge zeigen sich, angefangen vom einzelligen Organismus durch alle Arten hindurch bis hin zum Menschen, als *gegliederte Ganzheit.* Sie zeichnen sich dadurch aus, daß das Ganze stets mehr ist als die Summe seiner Einzelteile. Zum Beispiel erhält eine für sich genommen einfache biochemische Reaktion ihre für das Leben des gesamten Organismus entscheidende Bedeutung erst durch den *Zusammenhang*, in dem sie auftritt.

Entsprechendes finden wir bei der Denktätigkeit. Auch hier ist charakteristisch, daß das gesamte Denkvermögen eines Menschen ein komplexes Beziehungsgefüge darstellt, in dem ein einzelner Gedanke erst durch den Zusammenhang, in dem er steht, seine volle Bedeutung erhält. Zum Beispiel kann ich zusammenhanglos denken: *einsichtig – handhabbar – sinnhaft;* oder: «Individuen mit einem starken Kohärenzsinn interpretieren ihre innere und äußere Welt als einsichtig (comprehensible), die wahrgenommenen Probleme als handhabbar (manageable) und die damit verbundenen Anforderungen als sinnhaft (meaningful). Verstehbarkeit, Handhabbarkeit und Sinnhaftigkeit sind die drei miteinander zusammenhängenden Komponenten des Kohärenzsinns.» (Noack, 1997, S. 96) Durch diesen Gedankenzusammenhang wird der für die moderne Gesundheitsforschung (Salutogenese) neue Begriff der Kohärenz beziehungsweise des Kohärenzsinns beschrieben. Es könnten die drei Worte einsichtig, handhabbar, sinnhaft aber auch in einem ganz anderen Kontext erscheinen und würden da wiederum zur gedanklichen Abklärung eines Sachverhaltes beitragen: Zum Beispiel ist es einsichtig, daß nur die handhabbaren Regeln im Leben zu einer sinnhaften Anwendung gebracht werden können.

Der Organismus

Dem lebendigen *Organismus* entspricht der *Gedankenorganismus* beziehungsweise das Gedankenleben. So wie auf biologischer Ebene alle Funktionen miteinander in Wechselwirkung und Rückbezug stehen, so ist dies auch bei der Denktätigkeit der Fall. Denken ist gerade eine Tätigkeit, bei der eins aufs andere bezogen, eins vom anderen abgeleitet, eins auf ein anderes zurückgeführt wird. Es ist nicht möglich, den Begriff «groß» unabhängig von «klein» zu denken oder «warm» unabhängig von «kalt». Eins erscheint erst im Lichte des anderen oder im Vergleich mit ihm in seiner Eigenbedeutung (Poppelbaum, 1985, S. 179-195).

3.
Lebens- und Denktätigkeit als offene Systeme

Lebendige Organismen sind offene Systeme. Nahrungsstoffe, Luft und Licht werden aus der Umwelt bis hin zu den Sternen aufgenommen, verarbeitet und in veränderter Form wieder ausgeschieden. Ständiger Auf- und

Abbau sind die deutlichsten Zeichen jeder Lebenstätigkeit. Verdauung und Stoffwechsel bilden die Grundlage für alle weiteren Funktionen. Dabei ist nicht nur zum Beispiel das Sonnenlicht für die Bildung des grünen Farbstoffs Chlorophyll in den Pflanzen verantwortlich und für die Bildung von Vitamin D im menschlichen Organismus. Auch die biologischen Rhythmen sind an den kosmischen Zeitgebern von Sonne und Mond orientiert. So ist der Mond mit seinem Phasenwechsel ein bedeutender Zeitgeber für viele Rhythmen, die mit dem Fortpflanzungsverhalten vor allem niederer Tiere zusammenhängen (Endres / Schad, 1997). Auch die sogenannte biologische Uhr der endogenen Rhythmen (der circadiane 24-Stunden-Rhythmus, der circaheptane Regenerations- und Heilungsrhythmus) gehören hierher (Roßlenbroich, 1994; Amelung / Hildebrandt, 1985; Kranich, 1997). Im Denken finden sich diese und alle anderen Gesetzmäßigkeiten des Lebens in genauester Entsprechung wieder. Denn jedes Naturgesetz hängt in irgendeiner Form mit dem Menschen und seiner Umwelt zusammen. Der Leib ist nach diesen Gesetzen aufgebaut, steht mit ihnen in Wechselwirkung – und im Denken findet sich dies alles in abstrakter Form wieder. Und darauf beruht auch – trotz aller Entsprechung – der *entscheidende* Unterschied zwischen Lebens- und Denktätigkeit: Lebensvorgänge sind den Sinnen zugänglich, spielen sich auf der physisch-stofflichen Ebene in Raum und Zeit ab. Sie unterliegen einer unbewußten, den Lebensvorgängen immanenten Steuerung. Die von der körperlichen Wirksamkeit emanzipierte Lebenstätigkeit in Form der Gedankentätigkeit hingegen ist aus dem Eingreifen in den Stoffwechsel und damit auch aus dem Raum herausgehoben. Sie ist als *freies Gedankenspiel* auf die vom Menschen bewußt aufzubringende Kontrolle beziehungsweise Gedankenführung angewiesen. So kann zum Beispiel das bewußte Rücksichtnehmen auf die Rhythmen von Tag und Nacht, der Woche, des Monats, des Jahres die Pflege des Gedanken- und Erinnerungslebens unterstützen, so wie dies zum Beispiel in den Waldorfkindergärten gehandhabt wird (von Kügelgen, 1991).

Der menschliche Gedankenorganismus erweist sich als ein den Lebensvorgängen entsprechendes offenes System, in dem Bekanntes und Unbekanntes aufgenommen, erneuert und/oder weiterverarbeitet werden kann.

4. *Zusammenwirken der drei Aggregatzustände mit der Wärme*

In jedem lebendigen Organismus wirken in irgendeiner Form feste, flüssige und gasförmige Substanzen zusammen, wobei das Ausmaß ihrer Aktivität insbesondere durch den jeweiligen Wärmezustand, in dem sie sich befinden, bestimmt ist. Bemerkenswert ist nun, daß die für die Aggregatzustände und die Wärme typischen Erscheinungsformen des Festen, Flüssigen, Gasförmigen sich auf der Gedankenebene ebenfalls zeigen. So fällt auf, daß die Hauptmasse an Gedanken, die der Mensch hat, durch Sinneseindrücke geprägte Vorstellungen sind. Hier handelt es sich um *fest konturierte* Gedankenformen, die wir auch mit dem Begriff *«feste Vorstellung»* charakterisieren, wie zum Beispiel dieser eine konkrete Tisch, das etwas schief an der Wand hängende Bild, die Abendstimmung am Himmel zu einer bestimmten Uhrzeit und ähnliches.

Eine ganz andere Art des Denkens liegt vor, wenn *begrifflich* gedacht wird. Wer beispielsweise den Begriff eines Kreises denken will – ohne ihn sich vorzustellen –, kann dies nur, wenn er sich reine, von der Sinneswahrnehmung freie, bildlose Bezüge klarmacht. So kann ein Kreis definiert werden als der geometrische Ort aller Punkte, die von einem Mittelpunkt gleich weit entfernt sind, oder er ist der geometrische Ort für alle die Punkte, deren Abstandsverhältnis von zwei verschiedenen Punkten konstant ist (Divisionskreis). Würde man eine der Definitionen anschaulich machen wollen, indem man sie mit Kreide an der Tafel versinnlicht, so würde dies eine Vorstellung von diesem Begriff hervorrufen, nicht jedoch den Begriff selbst. Dieser kann nur als ein äußerst bewegliches Gedankenelement – als reiner, vorstellungsloser Begriff – erfaßt werden. Ähnlich ist es beim Begriff «Blume», «Lampe» oder «Tisch». Begrifflich denken (ohne Vorstellung) bedeutet, in größter innerer Regsamkeit aus dem Begriff «Lampe» beispielsweise alle nur möglichen Gestaltungen von Decken-, Wand- oder Tischbeleuchtungen hervorgehen zu lassen, ohne daß es dabei zur festen Vorstellung einer *bestimmten* Lampe kommt. «Lampe» – so gesehen – ist ein schöpferisches Prinzip, aus dem unerschöpflich viele unterschiedlich geformte Lampen beziehungsweise Beleuchtungskonstruktionen hervorgehen können. Begriffe zeigen sich in dieser Hinsicht als Quellorte möglicher Vorstellungen, als Bildekräfte von unerschöpflich vielen möglichen Vorstellungen. Ihre Natur ist Bezug und Beziehung schlechthin, ohne einen vorstellungsmäßig erfaßbaren Inhalt. Wir haben also hier das Vermittelnde, Bewegliche des flüssigen Elementes auf der Gedankenebene vor uns.

Des weiteren gibt es Gedanken, deren Dynamik beziehungsweise Eigenart derjenigen der Luft entspricht: Gute oder schlechte Ideen beziehungsweise *Einfälle* kommen wie *eingeblasen* oder *blitzen auf*, wie das Licht in der Luft. Wenn man sie nicht sogleich festhält, sie notiert oder sonst sich merkt, können sie genauso schnell wieder verschwinden, wie sie gekommen sind. Bemerkenswert ist auch, daß man Einfälle nicht erzwingen kann. Sie lassen sich auch nicht systematisch erarbeiten, wie beispielsweise Begriffe oder Vorstellungszusammenhänge. Man muß sie «haben» oder «bekommen»; sie haben etwas Unstetes und Spielerisches wie der Wind. «Der Geist weht» – in Form von Einfällen tatsächlich – «wo er will», gemäß seinen eigenen Gesetzen.

Das Spezifische der Wärme tritt im Denken in Form von *Idealen* auf. Ideale üben im Gedankenorganismus dieselbe ordnende und regulierende Wirkung aus, wie sie der Wärme im lebendigen Organismus zukommt. So wie die Wärme den gesamten Organismus durchzieht und dessen Regsamkeit und chemische Abläufe mitbestimmt, so hängt es auch vom jeweiligen Lebensideal ab, worauf ein Mensch Wert legt, wie er Lebenserfahrungen interpretiert und ob sein Gedankenorganismus gleichsam einen Brennpunkt hat, der den Menschen begeistert und erwärmt und ihm ermöglicht, das Wissen zu ordnen und Neues leichter zu integrieren. Wenn dagegen das Gedankenleben kalt und unpersönlich abläuft, wird es vieles geben, das unverständlich oder zusammenhanglos bleiben muß, da man sich nicht dafür «erwärmen» kann.

5.
Verdauungsprozesse[1]

So wie im lebendigen Organismus Ernährungs- und Verdauungsprozesse stattfinden, so finden solche auch auf der Gedankenebene statt. Neue und noch fremde Gedanken werden aufgenommen, weiterverarbeitet, eventuell auch kritisch analysiert, zerlegt, im einzelnen gesichtet und dann in den

1 vgl. auch Lindenau, 1981

eigenen Gedankenzusammenhang integriert. Im Organismus finden einerseits analytische Verdauungsprozesse statt, durch welche die Nahrungssubstanzen bis in ihre einzelnen Bausteine zerlegt werden, um dann jenseits der Darmwand das Material zu liefern für den Substanzaufbau des eigenen Organismus. Entsprechend haben wir als charakteristische Vorgehensweisen im Denken die analytisch-kritische sowie die synthetisch-konstruktive Denktätigkeit. Auch sprechen wir gern von *geistiger Verarbeitung* beziehungsweise *Verdauung* oder sagen auch, daß uns irgendein Gedankenzusammenhang im oder auf dem Magen liegt oder daß wir Bearbeitungs- beziehungsweise Verdauungsschwierigkeiten mit einem bestimmten Gedankenzusammenhang haben. Auch werden alle die Gedanken, die sich als nicht brauchbar erwiesen haben, beim gesund denkenden Menschen wieder aus dem System der eigenen Gedankenwelt als nicht passend oder unstimmig ausgeschieden. Nur im ungepflegten oder «kranken» Gedankenorganismus gibt es Ablagerungen von Unverstandenem beziehungsweise Unverdaulichem oder aber so etwas wie «Steinbildungen» in Form dogmatischer Gedankenkomplexe, die – ebenfalls nicht durch Verständnis integriert – aus dem Zusammenhang des Gedankenlebens herausfallen.

6.
Rhythmische Funktionen von Atmung und Herzschlag und deren Entsprechung in Formen des dialektischen Denkens

Eine wesentlich andere Arbeitsweise des Denkens beruht auf dessen dialektischer Natur. Dem Begriff «Sein» steht derjenige des «Nichts» gegenüber; dazwischen vermittelt das Werden: «Entstehen» und «Vergehen». Zu jeder These gehört eine Antithese. Beide werden in der vermittelnden Synthese überhöht. Das dialektische Denken ist Grundlage der urteilenden Denkbetätigung. Bei der Urteilsbildung wird *rhythmisch abgewogen* zwischen einem möglichen Ja, mit allem, was dafür spricht, und einem möglichen Nein, aufgrund all dessen, was gegen eine bestimmte Sache spricht, die man im Vorfeld einer Entscheidung beurteilen möchte. So wie wir die schöpferischen Prozesse in ihrer Funktionsdynamik im Denken beobachten können, so hier auch die rhythmischen Vorgänge von Atmung und Herzschlag. Ihnen verdanken wir in der Denkbetätigung die Möglichkeit des rhythmischen Bewegens, des Abwägens aufgrund der dialektischen Natur des Denkens.

7.
Wachstum, Reproduktion, Regeneration und Immunität

Der Mensch ist dazu veranlagt, geistig weiterzuwachsen, nachdem der Körper ausgewachsen ist. Auch kann er ganze Gedankenzusammenhänge selbständig reproduzieren, das heißt hervorbringen. Besonders auffällig ist die regenerierende, ja heilende Kraft, die dem Denken innewohnt. Goethe hat diese Fähigkeit in einem seiner späten Gedichte angesprochen:

> Alle Tag' und alle Nächte
> Rühm' ich so des Menschen Los;
> Denkt er ewig sich ins Rechte,
> Ist er ewig schön und groß.

Etwas zurechtdenken, zurechtrücken zu können, Mißverständnisse aufzulösen, starre Positionen anderer in Bewegung bringen zu können ist regenerierende, heilende Tätigkeit. So gibt es auch die besonderen Gedanken der Fürbitte, des «Sich-alles-Gute-Wünschens», die Möglichkeit, einen Menschen in Gedanken zu tragen, mitzunehmen, ihn dadurch, daß man an ihn denkt, zu stärken und vieles mehr an heilsamer, wohltuender Gedankenarbeit. Es sind ätherische Kräfte, die wir – so denkend – in uns selber und für andere zur Wirksamkeit bringen können.

Auch das Immunsystem hat seine Entsprechung im Denken. Es gibt «ansteckende Gedanken», solche, gegen die wir uns wehren bis dahin, daß wir gegen manche «allergisch» reagieren können. Dabei hat jeder Gedankenorganismus seine eigenen Grenzen, innerhalb derer er Neues aufnimmt, verarbeitet und entscheidet, was man als zu sich gehörig empfindet oder als «fremd» wieder abstößt.

8.
Unterschiede im Denken von Mann und Frau

Wenn der Mensch mit den für die körperliche Tätigkeit nicht mehr benötigten Wachstums- und Regenerationskräften denkt, so muß dieser Tatbestand erhellend sein zum Verständnis des Unterschiedes der Geschlechter auf gedanklicher Ebene. Denn es bedeutet nicht mehr und nicht weniger, als daß *der Mann* die in seinem Organismus körperlich nicht verwirklichte *generative Potenz des weiblichen Organismus für seine Denktätigkeit zur Verfügung hat,* so wie umgekehrt *der Frau die Kräfte geistig zur Verfügung stehen, die die männliche Potenz im Physischen ausmachen.* Rudolf Steiner hat verschiedentlich in seinem Vortragswerk darauf hingewiesen, daß die Frau einen männlichen Ätherleib habe und der Mann einen weiblichen (vgl. z. B. Steiner, 29.10.1908, GA 107). Hierüber ist schon mancherlei spekuliert worden. Ein Blick auf die Embryologie zeigt jedoch klar, daß es sich hierbei um eine *Manifestation derjenigen ätherischen Kräfte im Denken* handelt, die sich aufgrund der Geschlechterdifferenzierung in Mann und Frau körperlich *nicht* ausprägen können. Es sei dies näher erläutert: Es zeigt sich, daß in der Tat bis zur sechsten, siebten Schwangerschaftswoche der männliche und der weibliche Embryo äußerlich ganz gleich aussehen und beide eine zweigeschlechtliche (bisexuelle) Anlage ihrer Fortpflanzungsorgane haben (sog. Indifferenzstadium der Gonadenentwicklung). Der ätherische Organismus ist demnach vollmenschlich, das heißt, er trägt die Bildekräfte des weiblichen und des männlichen Organismus in sich. Aufgrund der in den Chromosomen veranlagten Geschlechtsdifferenzierung bildet sich dann jedoch ab der siebten Woche das jeweils entgegengesetzte Geschlecht wieder zurück. Das heißt, im männlichen Embryo bildet sich die weibliche Anlage der Geschlechtsorgane wieder zurück und umgekehrt (siehe Abb. 1). Interessanterweise geschieht dies genau zu dem Zeitpunkt (7. Woche), wo die Großhirnbläschen aussprossen als Beginn der Entwicklung des Großhirns beziehungsweise der Gehirnrinde als Organ für die Reflexion der Gedankentätigkeit. Kleine Rudimente bleiben jedoch von der Organanlage des jeweils anderen Geschlechtes zeitlebens erhalten. Sie sind in Abbildung 1 dargestellt.

Die auf der Zeichnung zur Darstellung kommenden entwicklungsgeschichtlichen Rudimente der jeweils andersgeschlechtlichen Anlage der Fortpflanzungsorgane zeigen an, daß die ätherischen Gesetzmäßigkeiten

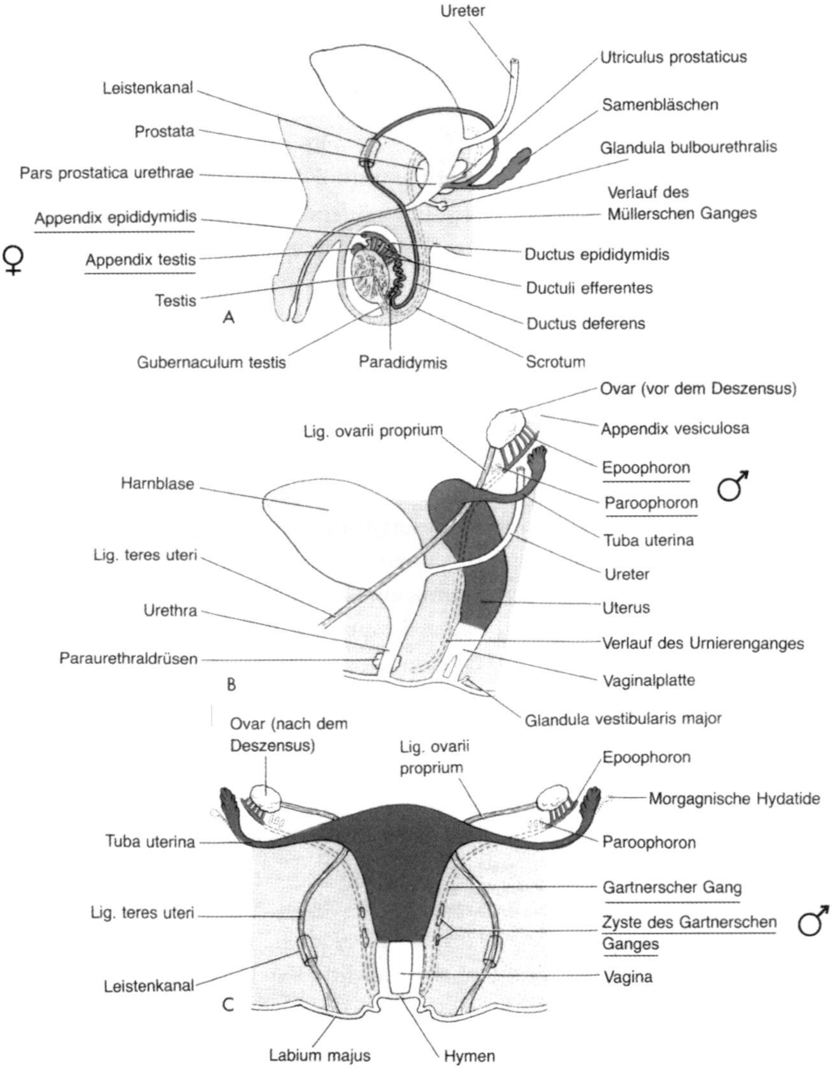

Abbildung 1
Die Darstellung zeigt entwicklungsgeschichtliche Rudimente der männlichen Fortpflanzungsorgane am weiblichen Eierstock in Form des sogenannten Epoophoron und Paroophron sowie die Zyste des Gartnerschen Ganges. Die Rudimente der weiblichen Fortpflanzungsanlage am männlichen Genitale sind die Appendix epididynamidis und Appendix testis. (Aus Moore, 1990, S. 313)

(Bildekräfte) des jeweils anderen Geschlechtes zeitlebens potentiell vorhanden bleiben, auch wenn sie die entsprechenden Organe nicht ausbilden. *Sie stehen so uneingeschränkt für die Gedankentätigkeit zur Verfügung.* Daher erscheint der für den Geistesforscher Rudolf Steiner sichtbare Gedankenorganismus des Mannes in seiner Dynamik weiblich und der der Frau männlich. Allerdings können sich diese für das Denken frei zur Verfügung stehenden ätherischen Kräfte unter hormoneller Stimulation bis zu einem gewissen Grade auch wieder somatisieren («verkörpern»), wenn beispielsweise ein hormonsensibler Tumor beim Mann oder bei der Frau mit Androgen- bzw. Östrogentherapie behandelt wird beziehungsweise mit Antiöstrogenen oder Antiandrogenen. Dann können unter Umständen bei entsprechender Dosierung, als unerwünschte Nebenwirkung, die jeweils zum eigenen Geschlecht polaren sekundären Geschlechtsmerkmale bis zu einem gewissen Grad auftreten. Bei der Frau stellen sich Bartwuchs, Stimmbruch und Ansätze des männlichen Behaarungstyps ein. Sie «vermännlicht» körperlich. Beim Mann hingegen können Brustentwicklung und der typisch weibliche Fettansatz bei gleichzeitiger Verminderung der Muskulatur auftreten: Er verweiblicht bis zu einem gewissen Grad.

Wie unterscheidet sich nun aber die typische Denkdynamik bei Mann und Frau, von individuell bedingten Unterschieden abgesehen? Entsprechend dem hier geschilderten Ansatz müßte die Denkdynamik des Mannes durch die bei ihm körperlich nicht verwirklichte weibliche Fortpflanzungstätigkeit des Ätherleibes geprägt sein, so wie umgekehrt die Denkdynamik der Frau durch die männliche Fortpflanzungstätigkeit des Ätherleibes. Um dies verstehen und nachvollziehen zu können, ist es nötig, sich zunächst die Funktionsdynamik der Fortpflanzungsorgane beider Geschlechter auf körperlicher Ebene zu vergegenwärtigen.

Bei der männlichen Fortpflanzungstätigkeit haben wir das sprühende, nach außen gerichtete, mit Bezug auf Intensität, Häufigkeit und Menge stark variable Geschehen der Samenbildung und deren Ejakulation. Ganz anders die Funktionsdynamik der weiblichen Fortpflanzungsorgane: Mit schöner Regelmäßigkeit, ganz vom Organismus selbst gesteuert und der Willkür beziehungsweise äußeren Einflüssen entzogen, reift Monat für Monat eine Eizelle heran und bereitet dementsprechend auch die Schleimhaut der Gebärmutter vor, diesem Ei – vorausgesetzt, eine Befruchtung tritt ein – zur Einnistung zu verhelfen, damit der Embryo wachsen kann. Kontinuität, Ruhe, eine gewisse Abgeschlossenheit und Solidität sind für diesen Vorgang charakteristisch. Vergleichen wir nun auf diesem Hintergrund «das Typische» am

Denken des Mannes und der Frau, von allem Individuellen einmal abgesehen: Da erscheint das Denken des Mannes dazu veranlagt, mit einer gewissen Systematik und Gediegenheit sowie einer relativen Unabhängigkeit von äußeren Einflüssen abzulaufen. Es ist charakteristisch, daß die großen philosophischen Werke der Weltliteratur fast ausnahmslos von Männern geschrieben sind. Es liegt ihnen, Gedanken zur Reife zu bringen und zu ganzen Gebäuden beziehungsweise organismushaften Zusammenhängen auszugestalten. Anders die Grunddisposition im Denken der Frau: Ihr Gedankenleben verläuft sprühender, unsteter und ist dafür oft überraschend, anregend und stimulierend. Die Freude an der Abwechslung, die Offenheit gegenüber neuen Einfällen, die Bereitschaft, etwas gründlich Besprochenes am nächsten Tag doch noch einmal neu zu hinterfragen und wieder in anderem Licht zu sehen, oder auch beim Einkaufen «schon ungefähr zu wissen, was man will», und Freude daran zu haben, dieses und jenes noch spontan mitzunehmen und vielleicht auf einiges zu verzichten, was man ursprünglich hatte kaufen wollen – all das sind Dinge, die vom Ansatz her dem männlichen Denken recht fernliegen. Hier herrscht die Begabung vor, wenn schon eingekauft wird, sich vorher zu überlegen, was man mitbringen will, und dann auch zielstrebig die notwendigen Besorgungen zu machen, um rasch wieder mit dem Gewünschten zuhause zu sein. Selbstverständlich kann der Mann die typisch weibliche Art des Denkens bis zu einem gewissen Grade auch erlernen, so wie umgekehrt auch die Frau sich zu einer ruhigen, systematischen Art des Denkens erziehen kann. Dennoch bleibt das jeweilige Gedankenleben, in dem sich die Lebenstätigkeit des ganzen Organismus wiederfindet, von der Dominanz der Kräfte der im eigenen Organismus nicht physisch tätigen Fortpflanzungsorgane geprägt (Glöckler, 1992).

9.
Zeitabläufe in der Lebens- und Denktätigkeit

So wie der lebendige Organismus seine Vergangenheit, Gegenwart und Zukunft hat, so auch das Denken. Vorstellungen haben die Tendenz zu veralten, sobald die Lebensumstände sich geändert haben: Ein Blumenstrauß, den man gestern noch in voller Blüte sich hat vorstellen können, ist heute schon am Welken, so daß das Vorstellungsbild von gestern jetzt einer Korrektur bedarf. Ganz abgesehen davon, daß die ganze vorstellbare Welt erst da sein muß, *bevor* sie vorgestellt werden kann. Es ist immer die *gewordene, bereits vorhandene* Welt, die wir mit unseren Sinnen wahrnehmen und dementsprechend vorstellen können. Anders ist dies mit Ideen und Idealen: Durch sie kommt *Neues, Zukünftiges* in das Gedankenleben herein. Die begriffliche Verarbeitung von Vorstellungen und Ideen findet hingegen in der *Geistesgegenwart* des aktuellen Denkprozesses statt. So wie Ideale und Ideen der menschlichen Entwicklung Ziel und Richtung weisen und damit Zukunft geben, so bewahrt die Erinnerung Vorstellungen vergangener Tage im Gedächtnis.

10.
Nahtodeserlebnis und außerkörperliche Erfahrung

In den vergangenen Jahrzehnten ist eine umfangreiche Literatur zum sogenannten Nahtodeserlebnis (Near Death Experience) und zur außerkörperlichen Erfahrung (Out of Body Experience) entstanden (Farr, 1993; Roszell, 1993; Brinkley/Perry, 1994; Hampe, 1977; Messner, 1987; Moody, 1977).

«Ich glaube, es liegt im Bereich des Möglichen, daß auf ähnliche Weise fast jeder schließlich auch ohne endgültigen Beweis dahin kommt, verstandesmäßig zu akzeptieren, daß es eine andere Seinsdimension gibt, in welche die Seele nach dem Tode hinüberwechselt. Wir dürfen nicht vergessen, daß es unsere eigene Angst vor der Endgültigkeit des Todes ist, die bei uns durchschimmert, wenn wir von einem Menschen, der ein Sterbeerlebnis gehabt hat, verlangen, er solle *beweisen*, daß es ein Leben nach dem Tod gibt. Den meisten, die eine Todesnähe-Erfahrung durchgemacht haben, scheint gar nichts daran zu liegen, anderen Beweise zu liefern. Eine Kollegin, Fachärztin für Psychiatrie, die selber ihren Beinahe-Tod erlebt hatte, sagte mir einmal: ‹Wer es selber erfahren hat, der weiß Bescheid. Wer nicht, der soll abwarten.›» (Moody, 1978, S. 177f.)

Besonders charakteristisch für die außerkörperliche Erfahrung im Nahtodeserlebnis ist das sogenannte Lebenspanorama:

«Ich floß in wunderbar durchatmeten Zwischenreichen, deren ich mir kaum ahnend bewußt war und die ich dennoch mit sehr viel wacheren Organen erlebte, als sie Träumern und verwirrten Gehirnen geschenkt sind: Nochmals bekenne ich mich zur Realität des Erlebten und versichere eindringlich, niemals sonst in meinem Leben so deutlich, bis in sachlichste Verdichtung des Erfühlten, Wirklichstes erlebt zu haben. Was des weiteren mit mir geschah: Ich möchte es ein Erwachen zur Klarheit nennen ... dann wieder eine zeitlose Pause. Dann begannen vor meinem inneren Auge eine Menge Bilder aufzuflammen, die die wichtigsten Begebenheiten in meinem Leben darstellten. In diesen Bildern schien ich sowohl der Handelnde als auch der Zeuge für das zu sein, was sich da alles abspielte. Ich merkte, daß ich mit klarer Vernunft, völlig ohne Vorurteile und ohne verschwommene Gefühle selbst der Richter über alles war, was in meinem vergangenen Leben vorgefallen war, das Gute wie das Böse.» (Mitgeteilt von Paul Anton Keller, 1977, S. 65f.)

Oder: «In die Finsternis um mich kommt plötzlich Licht und Bewegung. Verschwommene Gestalten lösen sich aus mir heraus, werden immer klarer. Auf einer Leinwand in mir leuchtet ein Film auf: Ich sehe mich in ihm wieder, wie ich, erst drei Jahre alt, zum Krämer nebenan tippele. In der Hand halte ich den Kreuzer fest umschlossen, den mir meine Mutter gegeben hatte, damit ich mir ein paar Zuckerl kaufe. Dann sehe ich mich als Kind, sehe mich, wie ich mit dem rechten Bein unter eine stürzende Bretterlage gerate. ... Immer mehr Bilder aus meinem Leben flimmern auf, werden durcheinander geschüttelt ...» (Rebitsch, 1970, zit. in Hampe, 1977, S. 68)

Diese Schilderungen von dem Aufleuchten einer lebendigen Bilderwelt in der Nähe des Todes, die alles umfassen, was man in seinem Leben erlebt beziehungsweise gedacht hat, werden im Kontext der Identität von Lebens- und Gedankentätigkeit erst in ihrer Eigenart verständlich. Wenn wir mit den im Organismus nicht mehr gebrauchten beziehungsweise von der Lebenstätigkeit beanspruchten ätherischen Kräften denken, so muß im scheinbaren oder wirklichen Todesaugenblick, wo eine Lockerung dieses Kräftezusammenhangs aus dem physischen Organismus eintritt, diese Lokkerung als Aufleuchten einer gewaltigen Gedanken- beziehungsweise Bilderwelt erlebt werden. Denn dieselben Gedanken beziehungsweise Gesetzmäßigkeiten, die den Leib gebildet und zeitlebens erhalten haben, werden jetzt ihrer Tätigkeit im Physischen enthoben und erscheinen in ihrer wahren Natur als bewegliche, geistig-wesenhafte Bilder- und Gestaltenwelt. Der Tod erweist sich so als Augenblick höchster Bewußtseinsklarheit, als ein Geist-Erwachen. Die Welt der Gedanken aber erscheint als der Ort, wo der Mensch – aus den Gesetzmäßigkeiten des Physischen heraustretend –

sich in rein geistiger, nur noch gedanklich erfahrbarer Lebenswirklichkeit vorfindet. «In diesen Bildern schien ich sowohl der Handelnde als auch der Zeuge für das zu sein, was sich da alles abspielte.» So heißt es im oben zitierten Text. Diese Geisterfahrung kann in abgeschwächter Form schon im gewöhnlichen Denken erlebt werden: Wir bringen einerseits unsere Gedanken selbst hervor und können sie andererseits anschauen, nachdem sie gedacht sind. Auch können wir uns mit einem Ideal so identifizieren, daß wir es selber werden, indem wir es «verwirklichen» durch Arbeit an uns selbst oder in der Welt. Es ist letztlich immer diese Welt der geschaffenen, aber auch der schaffenden Gedanken, die allem materiellen und geistigen Dasein zugrunde liegt, der auch wir mit unserem geistigen Wesen angehören – ein Gedankenwesen unter anderen Gedankenwesen, unverlierbar und unzerstörbar wie ein Gedanke. Sich im Denken als geistiges Wesen selber schaffend zu erleben gehört zu den wichtigsten Erfahrungen, die helfen, das im wahrsten Sinne des Wortes Fesselnde einer materialistischen Weltanschauung zu überwinden. Erfahrung führt aber auch zu einem neuen Verantwortungsbewußtsein gegenüber sich selbst und der Welt; denn es hängt von jedem einzelnen Menschen ab, wie er durch sein Denken und Handeln den weiteren Fortgang der «Schöpfung der Welt» beeinflußt beziehungsweise welchen geistigen Zielen und Gesetzmäßigkeiten er durch sein Denken und Handeln zur Verwirklichung, das heißt zur Verkörperung auf der Erde, verhilft.

II.

Der Lebenslauf des Menschen und die phasenweise Entwicklung des Gedankenlebens

Die nachstehende Skizze macht deutlich, daß es in der ersten Lebenshälfte die für das Wachstum nicht mehr benötigten Lebenskräfte sind, die sich in der fortschreitenden Entwicklung des Gedankenlebens manifestieren als Denken in Bildern, urteilendes Denken und idealistisches, schöpferisches Denken. In der zweiten Lebenshälfte geschieht das weitere geistige Reifen und Wachsen jetzt auf Kosten der Vitalität des Organismus: Während der Körper im letzten Lebensdrittel abbaut und die Regenerationskräfte immer

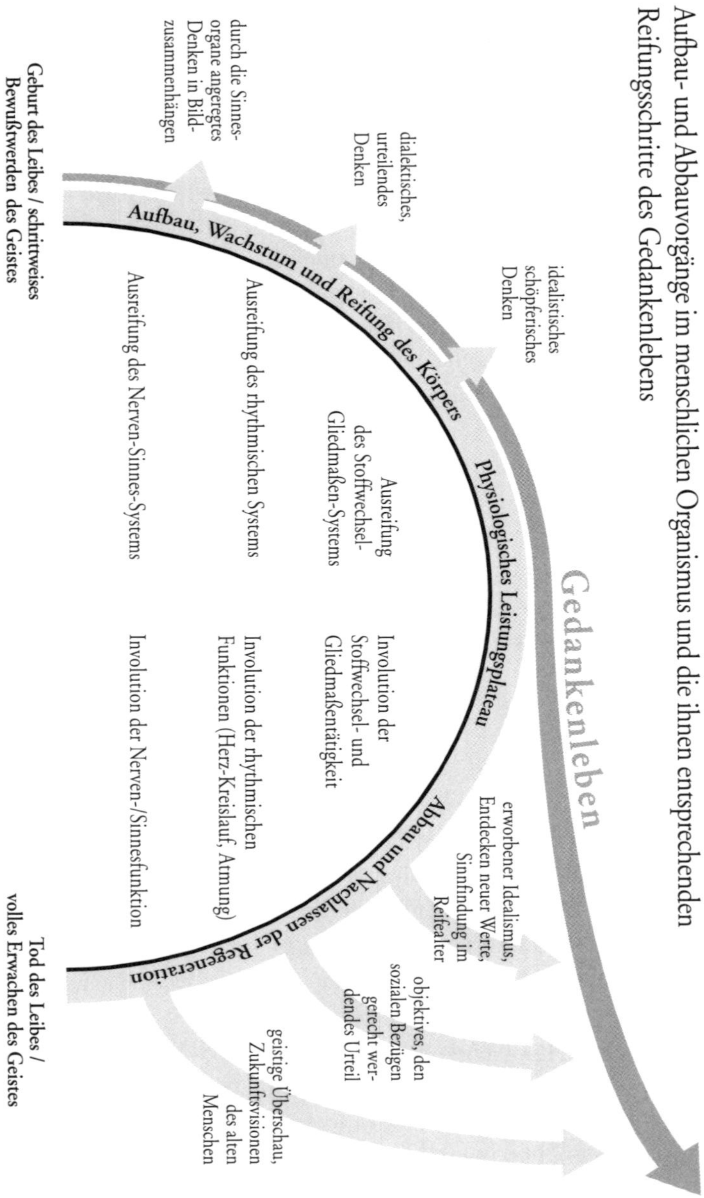

Mit den Pfeilen ist das Freiwerden der für Wachstum, Entwicklung und Regeneration im Alter nicht mehr benötigten Lebenstätigkeit für das Denken gekennzeichnet. Im Sterben tritt der ätherische Organismus ganz als lebendiger Gedankenorganismus aus dem daraufhin zerfallenden physischen Leib heraus.

Abbildung 2

deutlicher nachlassen, ist der gesund alternde Mensch in der Lage, diese aus dem Körper weiter freiwerdenden Lebenskräfte in sein Denken aufzunehmen, wodurch es zu weiterem geistigen Aufschwung kommen kann. Es ist ihm möglich, zu einem neuen Lebensidealismus hinzufinden und ein Urteilsvermögen zu entwickeln, das sich nicht mehr an eigenen Vorlieben orientiert, sondern sich objektiv nach den sachlichen Gegebenheiten, insbesondere im Sozialen, richten kann. Und schließlich tritt zwischen 60 und 70 die Disposition zum Weitblick, zur prophetischen Vorausschau, zum Erfassen von Zusammenhängen auf.

Die sogenannte Altersweisheit in der zweiten Lebenshälfte verdankt ihre besondere Qualität dem Verzicht auf körperliche Regeneration und Frische. Das eher selbstbezogene Denken des jungen Menschen entstammt dem Überschuß an Wachstumskraft in der Kindheit und Jugendzeit.

12.
Praktische Konsequenzen für Medizin und Pädagogik

Anthroposophische Medizin und Waldorfpädagogik arbeiten gezielt mit der Realität dieser hier charakterisierten Doppelnatur des ätherischen Organismus. Ein wesentlicher Teil ihrer Forschungstätigkeit erstreckt sich auf die Beobachtung und Förderung der ätherischen Kräfte in der beruflichen Praxis. Denn wenn eine Betrachtung, wie die hier versuchte, überzeugt, so hat das weitreichende Konsequenzen. Die Pädagogik dient dann nicht mehr nur der Wissensvermittlung und dem Fähigkeitenerwerb in Kindheit und Jugend, sondern vor allem auch der Förderung einer gesunden Inkarnation des vorgeburtlich als geistiges Gedankenwesen schon existierenden Menschen. Erziehung wird so die von der Präventivmedizin immer wieder angemahnte, aber bisher weder beschriebene noch herleitbare *primäre Prävention*, das heißt eine Krankheitsvorsorge, *noch bevor* irgendwelche Krankheitssymptome aufgetreten sind (Steiner, GA 295 u. 303; Glöckler, 1996; Schad, 1994; Leber, 1994). Der Lehrer wird sich bei allem, was er mit seinen Schülern unternimmt, fragen müssen, ob er die erwachende Denkfähigkeit seiner Schüler gerade so beansprucht, wie es dem jeweiligen Lebensalter und Entwicklungsstadium entspricht. Entscheidende Hilfe für diese anspruchsvolle Arbeit findet er in dem differenziert ausgearbeiteten Lehrplan der Waldorfpädagogik, der sich engstens an der körperlichen Entwicklung und den im Zuge dieser Entwicklung freiwerdenden Wachstumskräften für die Denktätigkeit orientiert.

Dementsprechend sieht sich der Schularzt an einer Waldorfschule auch immer wieder genötigt, vorübergehend einen Schüler oder eine Schülerin aus medizinischen Gründen vom Unterricht zu befreien, damit sie intellektuell nicht überfordert werden und die körperliche Reifung in Ruhe vonstatten gehen kann (Glöckler, 1993, S. 62-69). Vor kurzem ist im Verlag am Goetheanum ein Buch über die Tätigkeit des Schularztes an der Waldorfschule erschienen, in dem auf viele damit verbundene Einzelheiten und Konsequenzen für die tägliche Arbeit eingegangen wird (Gesundheit und Schule, 1998).

Es kann aber auch verständlich werden, wie eine medizinische Praxis aussehen muß, die mit dem Wirken des ätherischen Organismus in Diagnose und Therapie rechnet. Dadurch kann immer «ganzheitlich» vorgegangen werden, weil die Brückenfunktion zwischen Leib und Geist – der ätherische Organismus – im Zentrum der therapeutischen Bemühungen steht. Die Pflege des ätherischen Organismus auf körperlicher Ebene durch gesunde Lebensführung, Ernährung, Berücksichtigung der biologischen Rhythmen und Medikamente, die seine Funktionen anregen, ist das eine. Das andere ist die Pflege einer an der Wahrheit orientierten Gedankentätigkeit, die Weckung eines gesunden Lebensidealismus und das Anregen einer meditativen Schulung des Gedankenlebens. Eine so umfassende Betrachtung der Lebens- und Denkvorgänge verhilft aber auch zu einem besseren Verständnis dessen, was heute die *Salutogenese* in der Medizin genannt wird, im Gegensatz zu den *pathogenetischen* Theorien der Krankheitsentstehung (Bartsch / Bengel, 1997). Unter der salutogenetischen Krankheitsentstehung wird gegenwärtig ein neues Paradigma in der Medizin diskutiert: Entsteht eine Krankheit aufgrund pathologischer Vorgänge oder infolge des Nachlassens der Selbstheilungskräfte beziehungsweise der im Organismus *Gesundheit* bewirkenden Gesetzmäßigkeiten? R. Horst Noack schreibt hierzu:

«Insgesamt kann die salutogenetische Theorie als ein Meilenstein auf dem Wege zu einer umfassenden Theorie der Gesundheit gelten. Auf die Frage ‹Wie entsteht Gesundheit?› kann sie freilich nur erste Teilantworten geben. Das Geheimnis der Gesundheitsentstehung bleibt eine der großen Herausforderungen der gesundheitswissenschaftlichen Forschung und Theoriebildung. Aus systemtheoretischer Perspektive setzen Gesundheit, Gesundheitserhaltung und Gesundheitsförderung ein hohes Maß an salutogener

Selbstorganisation und Selbststeuerung voraus. Zentral scheint dabei die Fähigkeit der Menschen zu sein, interne (z. B. physiologische, psychologische) und externe (z. B. ökonomische, soziale, ökologische) Anforderungen und Belastungen wirksam zu verarbeiten. Um Anforderungen und Belastungen wirksam verarbeiten zu können, müssen Individuen ihre körperliche, psychische und soziale Integrität und ihre Funktions- und Leistungsfähigkeit bewahren und/oder stärken. Dadurch können sie ihr Selbst, ihre Lebenssituation und ihre Lebenschancen positiv erleben und bewerten und sich erfolgreich weiterentwickeln. Dies erfordert ausreichende Gesundheitsressourcen: auf der biologischen Ebene z. B. die Fähigkeit zu physischer Regeneration und ‹Selbstreparatur›, auf der psychologischen Ebene Wohlbefinden und Handlungskompetenz, auf der sozialen Ebene sozioemotionale Unterstützung und Integration.» (Noack, 1997, S. 98f.)

Der von Rudolf Steiner in Pädagogik und Medizin eingeführte Begriff des ätherischen Organismus mit seinem Doppelaspekt als Lebens- und Gedankengesetzmäßigkeit bietet die Möglichkeit, dem Geheimnis der Entstehung von Gesundheit nahezukommen. Er erweist sich als das den oben zitierten Noackschen Postulaten zugrundeliegende Organisationssystem, das für die körperliche und geistige Gesundheit und Gesunderhaltung verantwortlich ist (Holtzapfel, 1984 u. 1988).

Literatur

Ader, Robert / Felten, David L. / Cohen, Nicholas (Hrsg): *Psychoneuroimmunology*, New York/San Diego ²1991.

Amelung, Walther / Hildebrandt, Gunther: *Balneologie und medizinische Klimatologie*, Bd. I: *Therapeutische Physiologie. Grundlagen der Kurortbehandlung*, Berlin / Heidelberg 1985.

Anthroposophische Medizin – Ein Weg zum Patienten, hrsg. v. Dr. med. Michaela Glöckler, Dr. med. Jürgen Schürholz u. Martin Walker, Stuttgart 1993.

Baenkler, H.W.: Fühlt und denkt das Immunsystem? in: *Zeitschrift für Allgemeinmedizin*, 68/1992, S. 66-68.

Bartsch, Hans Helge / Bengel, Jürgen (Hrsg.): *Salutogenese in der Onkologie. Tumortherapie und Rehabilitation*, Freiburg / Basel 1997.

Bockemühl, Jochen (Hrsg.): *Erscheinungsformen des Ätherischen*, Stuttgart 1985.

Booth, Roger J.: The Psychoneuroimmune network: expanding our understanding of immunity and disease, in: *New Zealand Medical Journal*, July 1990, S. 314-316.

Brinkley, Dannion / Perry, Paul: *Zurück ins Leben. Die wahre Geschichte des Mannes, der zweimal starb*, München 1994.

Cousins, Norman: Belief becomes biology, in: *Advances, Journal of the Institute for the Advancement of Health*, Vol. 6/NO. 3, New York 1989, S. 20-29.

Eccles, John C.: *Wie das Selbst sein Gehirn steuert*, Berlin / Heidelberg 1994.

Endres, Klaus-Peter / Schad, Wolfgang: *Biologie des Mondes. Mondperiodik und Lebensrhythmen*, Stuttgart / Leipzig 1997.

Farr, Sidney Saylor: *What Tom Sawyer learned from dying*, Norfolk/USA 1993.

Glöckler, Michaela: *Die männliche und weibliche Konstitution*, Stuttgart 1992.

– (Hrsg.): *Das Schulkind – Gemeinsame Aufgaben von Arzt und Lehrer*, Reihe Persephone Nr. 2, Arbeitsberichte der Medizinischen Sektion am Goetheanum, Dornach 1992, [3]1998.

– Kinderheilkunde und schulärztliche Tätigkeit, in: *Anthroposophische Medizin – Ein Weg zum Patienten, Beiträge aus der Praxis*, Michaela Glöckler, Jürgen Schürholz u. Martin Walker (Hrsg.), Stuttgart 1993, S. 62-69.

– Wie kann der Krebserkrankung vorgebeugt werden? Erweiterung der Präventivmedizin durch Anthroposophie, in: *Krebsbehandlung in der anthroposophischen Medizin*, Michaela Glöckler und Jürgen Schürholz (Hrsg.), Stuttgart 1996, S. 282-312.

– *Gesundheit und Schule*, Reihe Persephone Nr. 11, Arbeitsberichte der Medizinischen Sektion am Goetheanum, Dornach 1998.

Goethe, Johann Wolfgang: *Werke*, Hamburger Ausgabe, Bd. 1, München [13]1982.

Hampe, Johann Christoph: *Sterben ist doch ganz anders. Erfahrungen mit dem eigenen Tod*, Stuttgart / Berlin 1977.

Holtzapfel, Walter: *Krankheitsepochen der Kindheit*, Stuttgart 1984.

– *Auf dem Wege zum hygienischen Okkultismus*, Dornach [2]1988.

Irwin, Michael, M.D. / Daniels, Marcia, M.D. / Bloom, Eda T., Ph.D. / Smith, Tom L., Ph.D. / Weiner, Herbert, M.D.: Life events, Depressive Symptoms, and Immune Function, in: *American Journal of Psychiatry*, 144.4/1987, S. 437-441.

Keller, Paul Anton: *Der Mann im Moor*, Graz 1956, zit. nach Hampe, 1977, S. 65f.

Kranich, Ernst-Michael: *Formensprache der Pflanze*, Neuausgabe unter dem Titel: *Pflanze und Kosmos*, Stuttgart 1997.

Kügelgen, Helmut von (Hrsg.): *Plan und Praxis des Waldorfkindergartens. Beiträge zur Erziehung des Kindes im ersten Jahrsiebt*, Stuttgart [11]1991.

Leber, Stefan: *Die Menschenkunde der Waldorfpädagogik. Anthropologische Grundlagen der Erziehung des Kindes und Jugendlichen*, Stuttgart 1994.

Lindenau, Christoph: *Der übende Mensch. Anthroposophie-Studium als Ausgangspunkt moderner Geistesschulung*, Stuttgart 1981.

Messner, Reinhold: *Grenzbereich Todeszone*, Köln 1987.

Miketta, Gaby: *Netzwerk Mensch, Psychoneuroimmunologie: Den Verbindungen von*

Körper und Seele auf der Spur. Eine neue Wissenschaft revolutioniert unser Weltbild. Wissenschaftliche Beratung Prof. Dr. Dr. Florian Holsboer, Stuttgart 1991.

Moody, Raymond A.: *Leben nach dem Tod,* Hamburg 1977.

– *Nachgedanken über das Leben nach dem Tod,* Hamburg 1978.

Moore, Keith L.: *Embryologie, Lehrbuch und Atlas der Entwicklungsgeschichte des Menschen,* Stuttgart / New York 1990.

Noack, R. Horst: Salutogenese: Ein neues Paradigma in der Medizin, in: Bartsch, Hans Helge / Bengel, Jürgen: *Salutogenese in der Onkologie. Tumortherapie und Rehabilitation,* Freiburg/Basel 1997, S. 88-105.

Poppelbaum, Herrmann: Begriff und Wirkungsweise des menschlichen Ätherleibes, in: *Erscheinungsformen des Ätherischen,* hrsg. v. Jochen Bockemühl, Stuttgart 1985, S. 179-195.

Rebitsch, Hias: Gedanken und Visionen bei einem Absturz, in: *Der Bergsteiger,* Offizielles Organ des österreichischen Alpenvereins, München 1970, zit. nach Hampe, 1977, S. 68.

Roßlenbroich, Bernd: *Die rhythmische Organisation des Menschen,* Stuttgart 1994.

Roszell, Calvert: *Erlebnisse an der Todesschwelle,* Stuttgart ²1993.

Schad, Wolfgang: *Erziehung ist Kunst. Pädagogik aus Anthroposophie,* Praxis Anthroposophie 4, Stuttgart ³1994.

Steiner, Rudolf: *Wie erlangt man Erkenntnisse der höheren Welten?* (1904/05), GA 10, Dornach ²⁴1993.

– *Die Geheimwissenschaft im Umriß* (1909), GA 13, Dornach ³⁰1989.

– *Von Seelenrätseln* (1917), GA 21, Dornach ³¹983.

– *Anthroposophische Leitsätze* (1924/25), GA 26, Dornach ⁹1989.

– Die Erziehung des Kindes vom Gesichtspunkte der Geisteswissenschaft, in: *Lucifer-Gnosis,* GA 34, Dornach ²1987, S. 341f.

– *Geisteswissenschaftliche Menschenkunde,* GA 107, Dornach ⁵1988.

– *Erziehungskunst. Seminarbesprechungen und Lehrplanvorträge (III),* GA 295, Dornach ⁴1984.

– *Die gesunde Entwickelung des Menschenwesens. Eine Einführung in die anthroposophische Pädagogik und Didaktik,* GA 303, Dornach ⁴1987.

– *Physiologisch-Therapeutisches auf Grundlage der Geisteswissenschaft,* GA 314, Dornach ³1989.

Steiner, Rudolf / Wegman, Ita: *Grundlegendes für eine Erweiterung der Heilkunst nach geisteswissenschaftlichen Erkenntnissen* (1925), GA 27, Dornach ⁷1991.

KULTUR UND GESELLSCHAFT

FRANK TEICHMANN

Grundlegendes zur Erweiterung des Forschungsbegriffs in der Geisteswissenschaft Rudolf Steiners

Schon seit vielen Jahren wird die Frage gestellt, was eigentlich «geisteswissenschaftliche» Forschung sei. Rudolf Steiner hatte bei der Gründungsversammlung der Anthroposophischen Gesellschaft, zu Weihnachten 1923, ihren Mitgliedern die Aufgabe gestellt, die Forschung auf geistigem Gebiet zu fördern (im folgenden als «geisteswissenschaftliche Forschung» bezeichnet), und eine Hochschule eingerichtet, in der das geschehen könnte. Allerdings hatte er gleich hinzugefügt: «Ihre Forschung und die sachgemäße Beurteilung ihrer Forschungsergebnisse unterliegt aber der geisteswissenschaftlichen Schulung, die stufenweise zu erlangen ist.» (Statut 3, z. B. Steiner, 24.12.1923, GA 260, S. 49). Mit diesem Hinweis ist klargestellt, daß er sich unter geisteswissenschaftlichen Ergebnissen Inhalte vorstellte, die sowohl anders gewonnen als auch anders mitgeteilt werden müßten, als es sonst im normalen Wissenschaftsbetrieb üblich ist. Kann das ein Anthroposoph überhaupt leisten, und kann er andere derartige Forschungen richtig beurteilen? Wie kommt er heute zu entsprechender Kompetenz?

All das sind Fragen, die sich heutzutage jeder stellen muß, dem die Geisteswissenschaft Rudolf Steiners am Herzen liegt.

I.
Vorbedingungen und Prozesse des Forschens

Forschung, das sei zunächst angemerkt, kommt nicht von forsch, sondern leitet sich von einer sprachlichen Wurzel her, die «fragen», «erbitten» heißt. Und dementsprechend heißt «forschen» im normalen Sprachgebrauch: eine Frage oder ein Problem so weit zu verfolgen, bis sich für den gesamten

Wissensschatz der Menschheit etwas *Neues* ergibt. Daraus folgt für den Forscher: Er muß den gegenwärtigen Wissensstand in bezug auf sein Thema kennen. Wenn sich nur für ihn etwas Neues ergäbe, weil er etwas bisher nicht zur Kenntnis genommen hatte, dann ist das keine Forschung, sondern das bloße Ausfüllen einer Wissenslücke. Diese Voraussetzung beruht darauf, daß das Wissen veröffentlicht vorliegt und jedermann den Zugang dazu finden kann. Sie scheint zwar selbstverständlich zu sein, ist heute aber bei der Flut der Veröffentlichungen nicht mehr ohne Mühe zu leisten. Und doch gilt sie weiterhin, nicht nur weil andere kompetente Wissenschaftler Kenntnisse haben, sondern weil es der Anstand gebietet. Schon vorhandene Entdeckungen – das wird mit Recht erwartet – müssen gewußt, nicht erforscht werden. Das gilt in gleicher Weise auch für den Geistesforscher, weshalb Rudolf Steiner sich immer befleißigte, die gesamte wissenschaftliche und okkulte Literatur kennenzulernen. Denn «in Wahrheit kann eine Tatsache der geistigen Welt, die einmal von einem Hellseher oder einer okkulten Schule gefunden worden ist, nicht zum zweiten Mal erforscht werden, wenn der, welcher sie erforschen will, nicht zuerst die Mitteilung erhalten hat, daß sie bereits erforscht ist … können also selbst schon bekannte Tatsachen in der geistigen Welt nur geschaut werden, wenn man sich entschließt, sie auf gewöhnlichem Wege mitgeteilt zu erhalten und sie kennenzulernen. Das ist das Gesetz, das in der geistigen Welt für alle Zeiten hindurch die universelle Brüderlichkeit begründet. … Es ist in der geistigen Welt dafür gesorgt, daß keiner ein sogenannter Eigenbrötler werden und sagen kann: Ich kümmere mich nicht um das, was schon vorhanden ist, ich forsche für mich allein.» (R. Steiner, 4.6.1909, GA 109/111, S. 167f.)

Das Lesen der Schriften Rudolf Steiners bildet damit unter anderem die unabdingbare Voraussetzung für jegliche geisteswissenschaftliche Forschung, auch wenn es zunächst nur um die Kenntnisnahme ihres Inhaltes und noch nicht um ein Verständnis geht.

Alle wissenschaftlichen Forschungsergebnisse haben aber nur Bedeutung, wenn sie von anderen Menschen, die sich für sie interessieren, nachgedacht und verstanden werden können. Dies gilt selbstverständlich auch für die geisteswissenschaftlich erforschten Inhalte.

Dabei ist jedoch zu beachten, daß man bei normaler Forschung zweierlei Inhalte untersuchen kann: entweder die sinnliche Welt, wo vielleicht ein bisher noch unbekanntes Phänomen entdeckt wird – eine Pflanze, ein Wurm, ein Käfer, ein Bazillus, ein Elementarteilchen, ein Stern oder eine alte Inschrift (=äußere Forschung) –, wobei sich das Forschen auf das Glück des Findens beschränkt; oder indem ein bisher unbekannter Zusammenhang entdeckt wird, was dann «innere Forschung» wäre. Dazu muß man nicht neue Dinge entdecken, sondern nur die vielleicht schon längst bekannten in ein neues Licht rücken. Der zweite Fall ist viel schwieriger als der erste, weil ein Zusammenhang immer mehrere Faktoren enthält, deren Gewichtung eigener Interpretation bedarf. In diesem Sinne kann man auch mit Inhalten Rudolf Steiners umgehen. Man kann «Stellen» sammeln und diese z. B. von einem eigenen Gesichtspunkt aus anschauen – eine berechtigte Methode, aber «normales» Forschen, obgleich mit anthroposophischen Inhalten.

Die Forschung auf geisteswissenschaftlichem Felde unterscheidet sich von der eben genannten grundlegend dadurch, daß sich der Forschende nicht nur seiner Methode, die er anwendet, bewußt wird, sondern auch seiner geistigen Tätigkeit. Das ist zwar leicht gesagt, aber schwer auszuführen. Denn das heißt, sich selbst sowohl beim Beobachten als auch beim Denken zuzuschauen. Normalerweise macht man das nicht, weil man das Denken als etwas zur Beobachtung Hinzugekommenes ansieht und nicht bemerkt, daß sich das Denken dabei nur versteckt. Bei jeder wissenschaftlichen Aussage betätigt sich auch das Denken (sonst könnte man sie ja nicht machen), aber wie dieses dabei funktioniert, entzieht sich unserer Kenntnis. Die erste Forderung, die an einen geisteswissenschaftlichen Forscher gestellt werden muß, ist also die, nicht nur mit Inhalten umzugehen, sondern darüber hinaus auch noch zu beobachten, wie er selbst mit diesen Inhalten umgeht.

Diese Grundvoraussetzung wurde in der Goethezeit entdeckt und von Goethe und den großen Idealisten erstmals ausgesprochen. Sie verstanden darunter, üben zu müssen, wie man sich beim Denken selbst zuschauen kann, denn ungeübt kann «intellektuale Anschauung» nicht ausgeführt werden. Als Johann Gottlieb Fichte 1813 zum letzten Mal seine Wissenschaftslehre besprach, ging er von der erwiesenen Schwierigkeit aus, daß auch nach fast dreißigjährigem Vortragen die «Wissenschaftslehre» noch kaum verstanden worden sei. Im Nachdenken darüber wurde Fichte klar, daß diese Lehre «ein ganz neues inneres Sinnenwerkzeug voraussetzt, durch welches eine neue Welt gegeben wird, die für den gewöhnlichen Menschen gar nicht vorhanden ist» (Fichte, 1834, S. 4). Dieser innere Sinn muß also zuerst erbildet werden, ehe er etwas wahrnehmen kann. Und das kann nur geschehen, indem der Mensch sein eigenes Denken entwickelt und zu einem höheren Schauorgan umgestaltet: «Der neue Sinn ist demnach der

Sinn für den Geist; der, für den *nur* Geist ist und durchaus nichts Anderes.» (ebd.)

Hiermit wird zum ersten Mal deutlich gesagt, unter welchen Bedingungen geisteswissenschaftliches Forschen möglich wird, nämlich, nachdem sich durch Entwicklung dieses Sinnes im Denken das «Schauen» öffnet. An diese «Tat-Sache» knüpfte Rudolf Steiner an. In all seinen Schilderungen des Schulungsweges ist es sein Anliegen, zunächst ein Gespür für diesen Sinn anzulegen. Denn mit seiner Ausbildung ändert sich auch das Denken selbst, es wird zu einem «lebendigen», «gestaltenden», dem nicht nur die äußeren Formen etwas sagen, sondern auch die inneren Gestalten, die während des Denkens entstehen.

Es geht in der Geisteswissenschaft also nicht primär darum, anderes zu denken als in der gewöhnlichen Wissenschaft, sondern vor allem darum, anders zu denken (vgl. Steiner, 30.1.1923, GA 253). Dieses *andere Denken* bildet die Grundlage der Anthroposophie.

Dieses andere, gestaltende Denken hat zwei Eigenschaften, die das gewöhnliche Denken gar nicht zeigt: Erstens ist es in der Lage, entstehende, sich entwickelnde Gestalten während ihres Entstehens im eigenen Geiste durch sorgfältiges Selbstbeobachten zu verfolgen, und zweitens erbildet sich allmählich ein Sinn für Zusammenhänge, für Ganzheiten. Um zu verdeutlichen, was hier gemeint ist, stelle man sich einen Regenschirm vor, den wohl jeder von uns, nach kurzem Überlegen, selbst herstellen könnte: Man würde sich Drähte, eine Holzstange, Muffen, Nieten und Schirmseide besorgen, den Schirm nacheinander montieren, und schließlich benutzen können. Ganz anders macht es die Natur: Ein Pilz etwa wächst nicht aus Teilen zusammen, Lamelle nach Lamelle, sondern wächst ganzheitlich heran, gliedert sich in Schirm und Stiel und ist in jedem Moment ein zwar sich entwickelnder, aber immer vollständiger Zusammenhang. Wenn Goethe die Natur beobachtete, versuchte er, dementsprechend sein Vorstellungsvermögen zu schulen und zu steigern, so daß er schließlich den ganzen Entwicklungsprozeß im eigenen Bewußtsein nachschaffen konnte. Eine große Hilfe dafür gaben ihm die festgehaltenen Bilder der einzelnen zeitlichen Entwicklungsschritte, die er im eigenen Denkvermögen wieder zu einem lebendigen Ganzen entfaltete.[1] Das Verfolgen des Werdens eines Erscheinungszusammenhangs ist die Voraussetzung dafür, daß während dieses Vorgangs das Vorstellen genau be-

1 Vgl. dazu den schönen Aufsatz von Dankmar Bosse: «Goethes Forschungsmethode in der Naturwissenschaft», Berlin 1990.

obachtet werden kann – eine Methode, die sich grundlegend vom Nach-Denken über das Phänomen unterscheidet. Das Denken wird dabei vom Willen bewegt und geführt, und wenn es gelingt, diese Bewegung und Führung während des Gestaltens ins Bewußtsein zu heben, dringt man in die inneren Schaffenskräfte der Natur ein.

Das Bemerken der Kräfte im Denken ist eine erste Weiterentwicklung des gewöhnlichen Denkens, die dann kontinuierlich vor sich geht. Ein solches Denken ist nicht mehr nur Bild, ohne irgendwelche Realität, sondern bildet während des Übens und durch das Üben ein Organ aus, welches allmählich für geistige Gestalten empfänglich wird. Mit diesem Vorgang, der sich im ganzen Seelenleben abspielt (keineswegs nur im Kopf), sind andere Seelenvorgänge verbunden, die auch zu eigener Organbildung neigen. Mit wachsender Kompetenz bilden sich so in der feineren Leiblichkeit – nach Rudolf Steiner zunächst im Äther- und später auch im Astralleib – allmählich Wahrnehmungsorgane aus, die sowohl für Raumes- wie für Zeiterscheinungen sensibel werden.

Eine große Hilfe zur Ausbildung dieser Organe ist dabei das Studium der Geisteswissenschaft selbst. Denn es «ist der gesündeste Weg, um wirklich in die geistige Welt hineinzukommen. … Nimmt man diese Gedanken auf, so beleben sie sich innerlich, und der Mensch kommt hinein in das Verstehen nicht nur, sondern auch in das Erschauen.» (Steiner, 22.8.1924, GA 243, S. 225) Dies geschieht deswegen, weil die Geisteswissenschaft durch Rudolf Steiner in dieses lebendige, gestaltende Denken eingeformt worden ist und durch ihr innerliches Ganzheitserleben das entsprechende Zusammenhangsbedürfnis im Leser erweckt.

Das Ausbilden der seelisch-geistigen Organe ist Voraussetzung für eine verantwortete Geistes-Forschung, doch noch nicht diese Forschung selbst. Wirkliche anthroposophisch orientierte Geisteswissenschaft ist immer mit Kompetenz verbunden, die nicht nur aus dem Wissen, sondern aus eigener Denkbeobachtung und aus der Überschau des vollständigen Zusammenhangs herrührt. Dabei besteht kein prinzipieller Unterschied zwischen natur- oder geisteswissenschaftlichen Inhalten, obwohl für die Beobachtung die äußeren Objekte gegeben sind, die inneren dagegen erst erzeugt werden müssen. Will man die äußeren Inhalte in ihrem Werden wirklich verfolgen und aus ihrem Wesen verstehen, müssen dieselben Methoden den Anfang bilden, die auch für die Anthroposophie vonnöten sind.

«Ich selber sehe in der anthroposophisch orientierten Geisteswissenschaft … diejenige Erkenntnisart für den dem Menschen zugänglichen geistigen Weltgehalt, zu welcher derjenige kommen muß, der die Goetheschen Naturideen als etwas ihm Gemäßes in seiner Seele belebt hat und von da ausgehend zu Erkenntniserlebnissen über das Geistgebiet der Welt strebt. Ich bin der Ansicht, daß *diese* Geisteswissenschaft eine Naturwissenschaft voraussetzt, die der Goetheschen entspricht. ... Ich glaube einzusehen, daß Goethes Ideen über das Naturgebiet, wirklich erlebt, zu den von mir dargelegten anthroposophischen Erkenntnissen notwendig führen müssen, wenn man, was Goethe noch nicht getan hat, die Erlebnisse im Naturgebiet überleitet zu Erlebnissen im Geistgebiet.» (Steiner, GA 6, S. 212f., Nachwort zur Neuauflage)

2.
Geistesforschung im Bereich der Kulturwissenschaften

Zwischen den Naturwissenschaften und der anthroposophisch orientierten Geisteswissenschaft gibt es nun einen interessanten Übergang, die *Kulturwissenschaften*. Sie haben einerseits mit äußeren Monumenten und Dokumenten zu tun, die aber andererseits dem inneren Geistesleben der Menschen entstammen und daraus zu verstehen sind. Nähert man sich ihren Inhalten zunächst von außen und vergleicht sie untereinander, so findet man nicht nur eine Fülle unterschiedlichster Denkmäler, sondern auch – vorausgesetzt man beobachtet sich auch selbst beim Wahrnehmen dieser Inhalte – eine Fülle der unterschiedlichsten Seelen- und Geisteskräfte, die beim Entstehen solcher Denkmäler wirksam waren. Eine Pyramide etwa, mit ihrer riesenhaften Größe, ihrer präzisen geometrischen Form und ihrer totalen Durchgestaltung, ist aus einer völlig anderen Seelenlage heraus gebaut worden als ein megalithischer Steinkreis, dessen grobe, unbearbeitete Blöcke sorgfältig in den Sonnengang des Jahreslaufes eingepaßt sind. Zur Exaktheit der Beobachtung der Denkmäler und ihrer geschichtlichen Zusammenhänge muß, für eine anthroposophische Betrachtungsweise, als erstes die Exaktheit der Selbstbeobachtung hinzukommen, wenn man ein tiefergehendes Verständnis alter Kulturen erlangen möchte. Der gewonnene Seeleninhalt erweitert so die gewohnte Kulturgeschichtsbetrachtung um ihre menschliche Dimension. Dem Forscher wird zum Beispiel im eben geschilderten Fall beim Ägypter deutlich, daß dieser aus ganz anderen Quellen heraus tätig wurde und ganz andere Ziele verfolgte als ein Mensch, der zur gleichen Zeit die Megalithkultur betrieb. Der eine gestaltete seine Bauwerke aus inneren Überlegungen heraus, während der andere den Naturgegebenheiten folgte. Dementsprechend verschieden wirkten die Denkmäler auch wieder zurück auf die Menschen, die dort lebten. Der eine wird erstrebt haben, seine Innenwelt auszubilden, der andere dagegen wird mehr dem Kosmos hingegeben gewesen sein.

Jede Kultur in vorchristlichen Zeiten wird von einer besonderen Seite des Menschseins ausgebildet und bildet auch jeweils wieder eine besondere Seite des Menschseins aus. Diese Einseitigkeiten kennenzulernen öffnet nicht nur die Augen für die entsprechenden Kulturen, sondern auch für unsere Veranlagungen heute. Wenn wir auf diese Weise Kulturgeschichte betreiben, beschäftigen wir uns zwar im Vordergrund mit längst vergangener Geschichte, aber wir erfahren gleichzeitig etwas über uns selbst. Auch das ist eine ungeheure Erweiterung der «Forschungsergebnisse». Die alten Kulturen sind mit uns verbunden, ob wir das wissen oder nicht, und haben als abgelöste Inhalte eigentlich kaum einen Sinn.

Ein schönes Beispiel, wohin diese Art von «geisteswissenschaftlicher Forschung» führen kann, ergibt sich, wenn man Wolfram von Eschenbachs *Parzival* mit dieser Methode untersucht. Wer hier nicht nur den Inhalt bemerkt, sondern auch die Art, wie der Inhalt gestaltet wird, der wird zum Beispiel sehr bald den Gegensatz zwischen Parzival und Gawan entdecken. Oberflächlich gesehen sind es zwei Helden, die zwar verschiedene Abenteuer zu bestehen haben, aber doch beide Helden sind. Wer genauer hinsieht und mitbeachtet, was im Menschen jeweils geschieht, wenn er der Erzählung folgt, der findet bald heraus, daß nicht nur die Burgen, die sie zu erlösen haben, polar aufgebaut sind, sondern auch die Taten der beiden. Die Gralsburg z. B. wird von Parzival abends betreten, er wird freudig empfangen, entwaffnet, und die vierhundert Ritter, welche die Burg bewohnen, erfreuen sich mit ihm des Segens, der vom Grale ausgeht. Da Parzival zunächst die erlösende Frage nicht stellt, muß er, nach unruhig verbrachter Nacht, am Morgen die Burg allein und verflucht verlassen. Ganz anders Gawan. Er betritt, nach intensivem Gefragthaben, morgens allein Schastelmarveile, voll gerüstet, springt mitten hinein in das herumfahrende Bett, bleibt dort wach und besteht die ihm zugemuteten Kämpfe. Diese erlösende Tat befreit die vierhundert Frauen, die vorher dort verzaubert waren und immer aus den Fenstern der Burg herausschauen mußten. Unter größter menschlicher Anteilnahme verläßt er schließlich diesen Ort.

Diese beiden typischen Verhaltensweisen bestimmen auch sonst das Handeln unserer Helden: Parzival hat das Zentrum in sich, verfolgt von dort aus seine eigenen Ziele, erreicht sie auch stufenweise und entwickelt sich dabei, ohne auf die belastenden Spuren zu achten, die er hinterläßt. Und das sind keine geringen. Schon beim Auszug aus dem Paradies seiner Kindheit veranlaßt er den Tod seiner Mutter, Jeschute läßt er im Unglück zurück, den roten Ritter tötet er, Gurnemanz' und Liaßes Hoffnungen enttäuscht er, von Kondwiramurs entfernt er sich, ohne sie trösten zu können, von der Gralsburg scheidet er in unverstandener Schuld usw. Er selbst jedoch nimmt an inneren Kräften und Fähigkeiten zu. Er entwickelt sich zum selbständigen Wesen und darüber hinaus, so daß er schließlich als Gralskönig berufen wird.

Ganz anders Gawan. Von ihm wird kein Entwicklungsgang geschildert. Er ist der vollkommene Ritter, tritt schon als solcher in die Geschichte ein und verhält sich stets so, wie es dem überpersönlichen Ideal entspricht. Für sich selbst begehrt er nichts. Aber wenn es etwas zu helfen gibt, wenn Menschen in Not sind, wenn die Gerechtigkeit mit Füßen getreten wird, wenn unverschuldete Leiden auszustehen sind, dann greift Gawan ein und bringt die moralische Welt wieder in Ordnung. Überall, wo er hinkommt, hinterläßt er eine verwandelte und befriedete Gesellschaft.

Wer auf solche Gesten, wie die hier dargestellten, achtet und ihren Zusammenhang mit dem eigenen Wesen bemerkt, der wird, besonders dann, wenn er auf solche Unterschiede schon durch das Studium der Geisteswissenschaft aufmerksam geworden ist, alsbald entdecken, welche Einseitigkeiten des Menschen sowohl in Parzival als auch in Gawan zur Darstellung kommen, und wird sie auch bei sich selbst entdecken. Er wird dann in den mittelalterlichen Bildern wiederfinden, was Erlebnisse bei einem Schulungsweg des Bewußtseins und des Willens sind. Und er wird sehen, daß jetzt, in Wolframs Epos, im Vergleich mit vorchristlichen Kulturen, die beiden ehemals getrennt entwickelten Fähigkeiten zusammenfließen und in ein und demselben Werk auch als zusammengehörig dargestellt werden.

3.
Kulturgeschichte als Bewußtseinsgeschichte

Geistesforschung beginnt immer und überall als *Erweiterung der Wissenschaften*, sie setzt die Kenntnis der Phänomene und Beobachtungen von diesen voraus und fußt auf ihnen. Aber sie begnügt sich nicht mit den «Tatsachen», sondern strebt ein vertieftes Verständnis an, indem sie bewußt die dazugehörenden geistigen Zusammenhänge erfragt. Für die Kulturwissenschaften müßte eine solche Betrachtungsweise eigentlich eine selbstverständliche sein, denn Kultur erfließt immer aus Menschen; sie wird von ihnen entwickelt, gepflegt und verändert, und wer sie verstehen will, darf diesen Zusammenhang eigentlich niemals vergessen. Um allerdings zu weiterführenden Ergebnissen zu kommen, ist eine zweite Voraussetzung vonnöten: die genaue und differenzierte Anschauung des Menschenwesens selbst. Ohne eine solche schweben die Kulturwissenschaften gewissermaßen in der Luft, weil sie keinen Punkt haben, an dem sie festgemacht werden können.

Das Problem wird heute unter dem Begriff Mentalitätsgeschichte aufgeworfen, weil die Phänomene zu offensichtlich sind, aber jeder, der bisher darüber gesprochen oder geschrieben hat, glaubt, es jeweils mit einem zeitbedingten Phänomen zu tun zu haben. In Wahrheit ist es jedoch so, daß jede geschichtliche Stufe in der Entwicklung des Seelenlebens der Menschen ihre Spuren hinterlassen hat, die in uns heute wiederzufinden sind. So wie es ein biogenetisches Grundgesetz gibt, das in allen Lebewesen aufzufinden ist, so gibt es auch ein «psychogenetisches» Grundgesetz, das sich in seinen charakteristischen Stufen im Aufwachsen des Menschen wiederholt.

So wie sich der Mensch heute darlebt, so ist er nur jetzt, am Ende des 20. Jahrhunderts zu erfahren; in späteren Zeiten wird er ein anderer sein, so wie er vormals ein anderer war. Das verlangt schon das Entwicklungsgesetz. Ein Grieche etwa fühlte sich in einem völlig anderen Seelenleben zu Hause, als wir es heute haben, und um seine Kultur zu verstehen, ist eine genaue, einfühlbare Kenntnis jener fernvergangenen Seelenlage vonnöten. Doch das ist durch eine exakte Selbsterkenntnis möglich. Wer seine eigenen, differenzierten Bewußtseinsschichten kennt, der kann sich in den griechischen Menschen einfühlen, kann wissen, was jener auszubilden hatte, und tappt nicht bloß blind in seiner eigenen Kultur herum.

Der größte Fehler, der in der Kulturgeschichte begangen werden kann, ist der, das Vorurteil zu pflegen, daß die früheren Menschen das gleiche Bewußtsein gehabt hätten, wie wir es haben. Natürlich wird noch zugestanden, daß die Vorstellungsinhalte nicht dieselben waren, daß wir z. B. mit Autos umzugehen wissen, anstatt die Spuren wilder Tiere lesen zu können. Doch von einer Berücksichtigung ganz anderer Seelenlagen ist man noch weit entfernt.

Auf dem Wege zu einer vertieften Selbsterkenntnis ist nun auch hier das Studium der Geisteswissenschaft Rudolf Steiners außerordentlich hilfreich. In den Grundwerken (*Theosophie* und *Die Geheimwissenschaft im Umriß*) wird dazu angeregt, sich selbst genauer zu beobachten, um die differenzierten Glieder des Seelenlebens auch selbst unterscheiden zu können. Im Anschluß an Immanuel Hermann Fichtes *Erkennen als Selbsterkennen* (1833) unterscheidet Rudolf Steiner vor allem drei Stufen der Seelenentwicklung: Empfindungs-, Verstandes- und Bewußtseinsseele. Diese haben sich im Laufe der Menschheitsentwicklung in den verschiedenen Kulturepochen nacheinander ausgebildet, so daß sie uns heute konstituieren. Wer diese Unterscheidungen nachvollzieht und sie mit wirklichen Erfahrungen verbindet, der wird bald die Beobachtungen an sich selbst in fremden Kulturen wiederfinden. Das hinwieder stärkt den eigenen Erkenntnisprozeß, und so wird das Fach der Kulturgeschichte ein Feld ständiger Selbsterkenntnis.[2]

Die Kenntnis der Seelenkräfte beleuchtet ganze Zeitalter der Kulturentwicklung. Aber das ist noch nicht genug. Denn die Kulturen werden zwar von bestimmten Seelengliedern impulsiert, wie das aber geschieht und was dabei vornehmlich ausgestaltet wird, das ist der jeweils schaffenden Phantasie überlassen. Um dies zu erkunden, ist es unumgänglich, das Wesen des Menschen nun noch genauer kennenzulernen. Zunächst sei auf die gröbste Gliederung, auf den Leib, den Lebensleib, die Seele und den Geist des Menschen, geschaut. All diese Elemente können Ausgangspunkt der Kulturgestaltung sein: Der Ägypter z.B. prägte seine Bauten und seine Plastiken aus dem Erleben des physischen Leibes, der Grieche aus dem des ätherischen oder Lebensleibes, der mittelalterliche Mensch aus seinem Seelenleben, und erst heute sind wir in der Lage, unsere Kultur auch aus dem Geiste des Menschen hervorgehen zu lassen. Ein seelisches Erleben suchen

2 Vgl. die beiden Bücher des Autors: *Die Kultur der Empfindungsseele*, Stuttgart 1990, und: *Die Kultur der Verstandesseele*, Stuttgart 1993.

wir an einer griechischen Plastik meist vergebens, das ist erst im Mittelalter möglich, weil erst da die eigene Seele erfahren werden kann.

Wer sich für Kulturgeschichte interessiert, braucht also als Grundlage seiner Betrachtungen und Forschungen möglichst ausgebildete Begriffe der Wesensglieder des Menschen. Ohne solche zeigen ihm die Denkmäler der verschiedenen Kulturen nur eine Fülle endloser Einzelheiten ohne inneren Zusammenhang. Kennt er diese Glieder, dann fangen sie an zu sprechen und künden etwas von ihren Beziehungen zu den Denkmälern. Der Forscher lernt nicht nur die Monumente kennen, sondern darüber hinaus auch deren Beziehung zum Menschen und damit zu sich selbst. Die Dinge sind niemals bloße Objekte, mit bloßer Form und bestimmter Farbe, sie sind auch Zeugen von ganz bestimmten menschlichen Erlebnisformen. Diese waren es ja, welche jene Formen bildeten und prägten! Eine erweiterte Kulturgeschichtsforschung hat diesen Zusammenhang zu berücksichtigen.

4.
Mysteriengeschichte

Zu den Erweiterungen der geisteswissenschaftlichen Forschungsmethoden gehört es, nun nicht nur das «statische» Bild vom Menschen mit seinen Wesensgliedern und seinen seelischen Eigenheiten während des Lebens zu berücksichtigen, sondern auch seine Herkunft aus dem vorgeburtlichen geistigen Leben und seine Zukunft nach dem Tode zu berücksichtigen. Dieses Wissen war ja einstmals nicht unbekannt, nur wurde es in «Mysterienschulen» als geheime Lehre unterrichtet und in die Praxis umgesetzt. Solche Inhalte überhaupt erforscht und auf wissenschaftliche Weise publik gemacht zu haben, verdanken wir Rudolf Steiner. In vielen seiner Werke und Vortragszyklen hat er die Einweihungsmethoden der Mysterienschulen beschrieben, ihr Wissen enthüllt und ihre Kultureinflüsse verfolgt, so daß erstmals in der Geistesgeschichte der Menschheit jedem Interessierten umfangreiche Kenntnisse dieses Mysterienwissens zugänglich werden. Solches Wissen mit den überlieferten Kenntnissen der alten Kulturen in Zusammenhang zu sehen ist eine erste Tätigkeit, die jeder, der sich als Anthroposoph für die Kulturgeschichte interessiert, ausführt. Dabei werden oftmals die Kenntnisse Rudolf Steiners in einen größeren Kontext gestellt, durch neue Funde bestätigt und die Bilder und Rätselformulierungen der alten Mythen durch geisteswissenschaftliche Aussagen beleuchtet.

Weit wichtiger ist jedoch die Dynamik, die solche Beschäftigungen im Menschen der Gegenwart auslösen. Er entwickelt nämlich, während dieses Studiums, allmählich einen Sinn für Entwicklungsabläufe in der Geschichte, und er lernt sehen, daß die Ereignisse der Gegenwart oftmals die Folgen dieser fernen Vergangenheiten sind.

Unabhängig davon bildet sich noch etwas anderes durch solches Interesse aus. Ich möchte es nennen: ein feines Gefühl für den Zusammenhang, den jeder moderne Mensch mit bestimmten früheren Epochen in sich verspürt. Dieses Gefühl ist zunächst noch zart, aber es offenbart etwas von dem intensiven Interesse, welches den Forschenden und sein Untersuchungsgebiet gewöhnlich zusammenführt. Man weiß, daß man mit bestimmten Kulturen tiefer verbunden ist als mit anderen, ein Gefühl, welches durch das Wissen von dem Gedanken der Wiederverkörperung noch unterstützt werden kann. Ein jeder Mensch trägt in sich, wenn auch verborgen, die Bilder seiner eigenen Weltvergangenheit. Und wenn er sein Bewußtsein schult, so wie es Rudolf Steiner anregt, «dann taucht mit dem Heller- und Hellerwerden des geistigen Bewußtseins immer mehr und mehr von der Vergangenheit der Weltentwicklung in ihm auf» (R. Steiner, 30.8.1923, GA 227, S. 224).

An dieser Stelle gibt es nun zwei sehr bekannte und allseits zu hörende Einwände. Erstens: Was für Rudolf Steiner Gültigkeit hatte, kann für uns nicht gelten, denn wir sind sowieso noch nicht so weit. Und zweitens: Was nützt uns dieser Einblick in die Vergangenheit, wir haben doch viel drängendere Probleme. Zum ersten Einwand ist zu bemerken, daß das geistige Auge für geschichtliche Zusammenhänge ja erst dadurch gebildet wird, daß wir uns mit kulturgeschichtlichen Tatsachen beschäftigen. Und da gilt es vornehmlich, immer wieder zu versuchen hinzuschauen, «wie die äußeren geschichtlichen Ereignisse Geistiges bedeuten, Geistiges von einem Zeitalter in das andere tragen. Zunächst ist es ja so, daß die Menschen in wiederholten Erdenleben immer wiederum ins Erdendasein kommen. Dadurch tragen sie dasjenige, was sie in früheren Epochen erlebt haben, in spätere Epochen herüber. Die Menschen sind das wichtigste Glied in bezug auf das Weiterentwickeln dessen, was innerhalb der Menschheitsgeschichte geschieht. Aber die Menschen leben doch zu allen Zeiten in einer bestimmten Umgebung. Und eine wichtigste Umgebung ist schon die Mysterienumgebung. Ein Wichtigstes im Menschheitsfortschritt ist das Herübertragen dessen, was Menschen in Mysterien erlebt haben und wiedererleben, sei es wiederum in Mysterien, wo es hinauswirkt in die Menschheit, sei es sonst irgendwie im Erkennen. Heute muß es ja sonst irgendwie im Erkennen sein, denn das eigentliche Mysterienwesen ist mehr oder weniger für die heutige Außenwelt zurückgegangen, muß erst wiederum auftreten.» (R. Steiner, 22.4.1924, GA 233a, S. 155)

Dieser Hinweis Rudolf Steiners ist von der allergrößten Bedeutung für den Kulturgeschichtler: denn dadurch, daß er sich mit dem scheinbar vergangenen Mysterienwesen beschäftigt, macht er sich fähig, die Inspirationen zu empfangen, die er für die Weiterentwicklung des Geisteslebens heute braucht. Die Probleme, die wir heute z. B. auf moralischem Felde haben, wären längst schon auf einem guten Wege, wenn die Menschen sich mehr um ihre geistige Vergangenheit kümmerten. Und der Forscher, der sich mit ihr abgibt, wächst in ein Geistesleben hinein, das in ihm selbst immer lebendiger wird. Um auch hier wieder ein Beispiel zu erwähnen, sei auf das Leben nach dem Tode aufmerksam gemacht, welches für den Ägypter eine völlig selbstverständliche Tatsache gewesen ist, dessen genaue Kenntnis aber im Laufe der seitherigen Entwicklung verlorengegangen ist. Wir sollten dieses Wissen wiedererwerben, denn aus diesem Bereich des Nachtodlichen stammen die moralischen Einsichten, die wir heute dringender als in vergangenen Jahrhunderten nötig haben. Ein jeder, der auch nur ein Nahtodeserlebnis durchmacht, kennt das Erlebnis, daß seine Taten von höheren Wesen angeschaut und beurteilt werden. Und er weiß, wovon er spricht, wenn er die übrigen Lebenden auf die Verantwortung hinweist, die sie haben, wenn sie ihr Leben im Zusammenhang mit einer heilsamen Weltordnung führen wollen.

Es ist unsere Aufgabe, die Kulturgeschichte geistig so zu durchdringen, daß die einstmals gewußten Geistesschätze nicht nur wieder bekannt werden, sondern daß sie zu keimen beginnen, und wenn sie zum Wachsen gebracht werden, auch unsere gegenwärtige Kultur erweitern und erneuern können. Das aber setzt eine ganz andere Forschergesinnung voraus, als sie landläufig erwartet wird. Normalerweise hat jemand, der sich einer Forschungsaufgabe hingibt, seine Aufgabe dann gut erfüllt, wenn er die Probleme, um die er sich bemühte, gelöst und für andere einsichtig dargestellt hat. Auf anthroposophischem Felde ist das nicht möglich. Da gibt es nichts zu entdecken, wenn nicht der Mensch, der die Fragen behandelt, sich selbst bei ihrer Lösung mitverwandelt und auch sein eigenes Seelenleben umgestaltet. Erst dadurch bildet er in sich die Organe heran, mit denen er wahrnehmen kann, was ihm zu untersuchen obliegt. Auch seine Veröffentlichungen sind anders, denn sie können den erlebten Inhalt nur dann vermitteln, wenn in der Art der Darstellung ein Stück des lebendigen Vorgangs, der zum Finden der Zusammenhänge führte, nachvollzogen werden kann. Diese Aufgabe entschwindet bisweilen aus dem Bewußtsein der Betroffenen, weil sie sich am Ergebnis freuen. Der Weg aber, der gegangen wurde, um dorthin zu kommen, ist ebenso bedeutsam. Rudolf Steiner sagte einmal: «Wenn man ein anthroposophisches Buch liest, muß man mit seinem ganzen Menschen hinein ... muß man mit dem Willen hinein. Wollen Sie dasjenige, was in den Worten eines wirklichen anthroposophischen Buches liegt [verstehen], so werden Sie durch dieses Wollen wenigstens gedankenhaft unmittelbar hellsichtig. Und sehen Sie, dieser Wille, der muß noch hinein in diejenigen, die unsere Anthroposophie vertreten!» (3.2.1923, GA 221, S. 38)

Spätestens an dieser Stelle wird ersichtlich, welch hohe Anforderungen an einen Forscher auf geisteswissenschaftlichem Felde gestellt werden und daß man diesen nur «stufenweise» gerecht werden kann. Aber es wird auch ersichtlich, welche Anstrengungen und welche Freuden ein solcher Weg bringt, wenn er wirklich gegangen wird. Die Ergebnisse, zu denen er führt, sind nur die eine Seite, die andere ist die Umwandlung im Seelenleben des Menschen. Die eine ist ohne die andere nicht zu denken.

5.
Die «wissenschaftliche Gesellschaft»

Bisher haben wir die geisteswissenschaftlichen Forschungsmethoden so besprochen, wie sie für den einzelnen Wissenschaftler anzuwenden sind. Eine weitere Vertiefung kann aber dann eintreten, wenn eine Gruppe von Menschen sich um das gleiche Thema bemüht, ohne nur «Teamarbeit» zu leisten. Um zu verdeutlichen, was hier gemeint ist, muß ein wenig zurückgeschaut werden.

Jahrhundertelang ist wissenschaftliches Forschen von Menschen betrieben worden, die in sich einen Drang nach Erkenntnis verspürten und alles taten, um diesen Drang auszuleben. Die anderen Menschen nahmen dann die Funde der Entdecker dankbar entgegen, ließen sich vielleicht selbst dazu verleiten, weiter zu forschen, und so entstand im gegenseitigen Nehmen und Geben der Fortschritt in den Wissenschaften. Bis in die Zeit des deutschen Idealismus hinein war dies die selbstverständliche und allgemein praktizierte Vorgehensweise. Selbst noch als die großen wissenschaftlichen Gesellschaften gegründet wurden, blieb dieser Stil erhalten: Man trug vor, was man entdeckt hatte, und stellte es zur Diskussion.

Erst 1846 ergriff Immanuel Hermann Fichte die Initiative und lud mit einem offenen Sendschreiben zu einer ersten (!) Philosophenversammlung ein.[3] Dabei schwebte ihm vor, daß man aufhören würde, bloß allein zu forschen, bloß sein System zu fördern oder seine «Schule», sondern daß man «nur im Bewußtsein der Gemeinsamkeit» fortschreiten könnte. Das könnte «entscheidende Bedeutung für die Wissenschaft erlangen» und «in den Geistern die Geburt einer neuen Epoche» anregen. Ein Jahr später, als tatsächlich die Versammlung in Gotha zustandekam, wiederholte er seine Intention und betonte, daß es ihm nicht nur auf ein bleibendes Streben eines nach Wahrheit dürstenden Geistes ankäme, sondern auf ein unendlich höheres:

«Die objektive Wahrheit, in der wir leben und sind, die allgegenwärtig und alldurchdringend uns umgibt, tritt immer tiefer und umfangreicher ein in unsern erkennenden Geist, aber nach verschiedenen Seiten und Richtungen, der eigenthümlichen Begabung jeder Individualität gemäss, welche eben dadurch mit den andern zu einer erkennenden Gemeinschaft, zum Pandämonium einer wissenschaftlichen Geisterwelt zusammenwächst ...» (I. H. Fichte, 1869, S. 253).

Dabei dachte Fichte nicht nur daran, daß das vorausgehende Forschen sich der Kontrolle der Gemeinschaft zu unterwerfen hätte, denn das geschah schon durch jede Art von mündlicher oder schriftlicher Mitteilung, und er dachte nicht nur daran, daß die Ergebnisse des Forschers jederzeit ergänzungs- und berichtigungsbedürftig wären, sondern vor allem daran, daß ein gemeinsames Streben auf die Sittlichkeit und den Willen wirken würde. Das «individualisierende Element tritt in einer solchen Bemühung immer mehr zurück und ‹der κοινὸς λόγος›[4] im Menschengeschlechte überwindet immer mehr jene Schranken, indem er das Trennende der Sprachen, das Absondernde der Volks-, Standes-, Glaubens-Vorurtheile allmäh-

3 In seiner *Zeitschrift für Philosophie und speculative Theologie.*

4 (griech.) koinòs lógos = der gemeinsame Logos

lich auflöst und eine *Harmonie des Erkennens* erzeugt, in welcher die ‹Menschheit› zum ersten Male ihrer selbst, als eines *einigen und ganzen Geistergeschlechtes*, inne wird. Dies ist der tiefste ethische Sinn aller Erkenntnisgemeinschaft, daß sie ganz von selbst das Zufällige und Eitle partikularer Meinung abstreift und versenkt in den *allgemeinen Geist der Wahrheit.*» (Fichte, 1853, S. 392)

Diese Worte Immanuel Hermann Fichtes, welche wenige Jahre nach dem Verbot der weiteren Philosophenversammlungen geschrieben wurden und nochmals den tieferen Sinn und das Bedürfnis nach einer solchen Erkenntnisgemeinschaft ausdrückten, sind auch heute noch genauso gültig. Denn was dadurch entstehen kann, daß man gemeinsam nach höheren Erkenntnissen strebt, kann nur derjenige wissen, der es erlebt hat. Rudolf Steiner hat oftmals während seines reichen Vortragslebens auf solche Möglichkeiten hingewiesen und besonders in der Zeit der Neukonstitution der Anthroposophischen Gesellschaft ihr angeraten, damit zu arbeiten:

«Finden sich Menschen, die mit Idealismus in einer Menschengruppe zusammenleben, die sich ... dasjenige gegenseitig mitteilen, was Inhalt der Anthroposophie ist, dann ist ein anderes Verständnis da. Durch das gemeinsame Erleben des Übersinnlichen wird eben gerade am intensivsten Menschenseele an Menschenseele erweckt, die Seele erwacht in ein höheres Verständnis hinein, und wenn diese Gesinnung da ist, bildet sich etwas heraus, das bewirkt, daß auf Menschen, die vereinigt sind im gegenseitigen Sich-Mitteilen und im Miteinander-Erleben anthroposophischer Ideen, ein gemeinsames, wirkliches Wesen sich herniedersenkt. Wie in der Sprache der Sprachgenius lebt, in dessen Fittichen gleichsam die Menschen leben, so leben sie unter den Fittichen eines höheren Wesens, wenn sie mit der richtigen idealistischen Gesinnung miteinander erleben die anthroposophischen Ideen.» (3.3.1923, GA 257, S. 178)

Die an einer solchen Erkenntnisgemeinschaft teilnehmenden Menschenseelen werden so zur Geistgemeinschaft erhoben.

Was Immanuel Hermann Fichte als erster formulierte, wird hier von Rudolf Steiner nicht nur bestätigt, sondern als Methode empfohlen, die zur Inspiration führen kann. Dabei ist nicht entscheidend, was ein einzelner Mensch aus seinem Wissen beitragen kann, viel eher wird das wirksam werden, was er sich zu den Fragen der anderen denkt. Wenn eine solche Bemühung gelingt, wird jeder, der daran teilnimmt, mit neuen Erkenntnissen begnadet werden. Das Forschen des einzelnen Wissenschaftlers kann so – und das ist ganz neu in der Geschichte der Menschheit – durch das gemeinsame Interesse einer Menschengruppe ungemein vertieft werden. Um solches zu ermöglichen, müßte eine ganz anders geartete Hochschule gegründet werden, als es sie bisher schon im öffentlichen Leben gibt. Und die Geisteswissenschaft, die dort erfahrbar werden wird, wird die Kraft haben, die daran beteiligten Menschen so zu verwandeln, wie es einem höheren Erkennen gemäß ist. Alle, die so etwas wollen, sollten mit der Zusammenarbeit beginnen!

Literatur

Johann Gottlieb Fichtes Einleitungsvorlesungen in die Wissenschaftslehre (1813), in: *Fichtes Werke. Nachgelassenes zur theoretischen Philosophie I*, hrsg. von Immanuel Hermann Fichte, Bd. IX, Bonn 1834. (Neudruck Berlin 1971)

Fichte, Immanuel Hermann: *Vermischte Schriften*, Bd. 1, Leipzig 1869. (Neudruck Aalen 1969)

– *System der Ethik*, Bd. 2.2, Leipzig 1853. (Neudruck Aalen 1969)

Steiner, Rudolf: *Goethes Weltanschauung* (1897), GA 6, Dornach [8]1990.

– *Theosophie. Einführung in übersinnliche Welterkenntnis und Menschenbestimmung* (1904), GA 9, Dornach [31]1987.

– *Die Geheimwissenschaft im Umriß* (1910), GA 13, Dornach [30]1989.

– *Das Prinzip der spirituellen Ökonomie im Zusammenhang mit Wiederverkörperungsfragen*, GA 109, Dornach [2]1979.

– *Erdenwissen und Himmelserkenntnis*, GA 221, Dornach [2]1981.

– *Initiations-Erkenntnis. Die geistige und physische Welt- und Menschheitsentwickelung in der Vergangenheit, Gegenwart und Zukunft, vom Gesichtspunkt der Anthroposophie*, GA 227, Dornach [3]1982.

– *Mysterienstätten des Mittelalters. Rosenkreuzertum und modernes Einweihungsprinzip. Das Osterfest als ein Stück Mysteriengeschichte der Menschheit*, GA 233a, Dornach [5]1991.

– *Das Initiatenbewußtsein. Die wahren und die falschen Wege der geistigen Forschung*, GA 243, Dornach [5]1993.

– *Probleme des Zusammenlebens in der Anthroposophischen Gesellschaft. Zur Dornacher Krise vom Jahre 1915*, GA 253, Dornach 1989.

– *Anthroposophische Gemeinschaftsbildung*, GA 257, Dornach [4]1989.

Teichmann, Frank: *Die Kultur der Empfindungsseele*, Stuttgart 1990.

– *Die Kultur der Verstandesseele*, Stuttgart 1993.

CHRISTOPH LINDENBERG

Erforschung der Geschichte. Vom Wissen zum Erkennen

Das 20. Jahrhundert war Zeuge einer nie dagewesenen Erweiterung historischer Kenntnisse. Längst vergangene Kulturen und Zeitalter sind ebenso wie die letzten Jahrhunderte Gegenstand akribischer Darstellungen geworden, und neben die Untersuchungen zur politischen und diplomatischen Geschichte sind in solcher Fülle die Arbeiten über Wirtschafts- und Sozialgeschichte, über Kunst-, Philosophie-, Technik-, Mentalitäten-, Alltags-, Entdeckungs-, Medizin- und Wissenschaftsgeschichte usf. getreten, daß kaum jemand auch nur einen Zweig historischer Forschung vollständig zur Kenntnis nehmen kann. Die Methoden der Untersuchungen sind zumindest teilweise im Laufe des nun fast vergangenen Jahrhunderts so erweitert und verfeinert worden, daß es immer besser gelungen ist, ein Tatsachenmaterial vorzulegen, das, soweit es Dokumente, Artefakte und andere Überlieferungen hergeben, gut gesichert ist. Natürlich ist das Wissen lükkenhaft, weil im Laufe der Zeit Bibliotheken zerstört, Dokumente vernichtet wurden, Denkmäler zerfallen sind und weil vorgeschichtliche Funde sich nicht eindeutig aussprechen. Im Rahmen dieser durch den Ablauf der Geschichte selbst gegebenen Einschränkungen wurden Kenntnisse erarbeitet, von denen sich ein Laie nur schwer eine zutreffende Vorstellung machen kann.

Die heute betriebene Forschung versteht sich als Wissenschaft, die ihre ganze Kraft darauf verwendet, vergangene Abläufe, Tatbestände, Verhältnisse zu rekonstruieren. Diese Rekonstruktion der Vergangenheit erfordert zumeist immense Arbeit, und es ist zumindest psychologisch verständlich, daß ein Forscher, der zum Beispiel die genaue Zusammensetzung der im Laufe der Französischen Revolution auftretenden, pauschal als «Massen» bezeichneten Gruppierungen oder die Verbreitung der reformatorischen Flugblätter im Jahre 1518 bis in den letzten Winkel Deutschlands rekonstruiert hat, in der gewissenhaften Ermittlung so gesicherter Tatsachen bereits das Ziel wissenschaftlicher Forschung erreicht sieht. Für solche Forscher besteht ihre Wissenschaftlichkeit darin, methodisch gut begründet, vergangene Tatsachen oder Abläufe, soweit nur irgend möglich, zu rekonstrieren. Und in der Tat hat diese Forschungsarbeit, die sich entsagungsvoll darum müht, objektives, unbestreitbares Wissen zu schaffen, ihre eigene Würde.

Allein, diesem Wissen, das sich darauf beschränkt, das Faktische zu ermitteln, fehlt das, worum es sonst in den Wissenschaften geht: Verstehen und Erklärung. Der Zoologe kann das Werden und die Funktionen eines Organs – sagen wir der Maus – erkennen. Er kann das Verhalten, die Ernährung dieses Tieres darstellen, Notwendigkeit und Gesetzmäßigkeit formulieren, und was er so herausfindet, gilt für die Mäuse schlechthin. Der Historiker hingegen beschränkt sich als Wissenschaftler darauf, eine schiere Beschreibung der Tatsachen zu liefern. Die Frage aber, welche Elemente zum Beispiel die Reformation, die Französische Revolution, den Antisemitismus mit Notwendigkeit bewirkt haben, ist Gegenstand von unentscheidbaren Kontroversen. Debatten ohne Ende kennzeichnen die Geschichtswissenschaft dort, wo sie zum Verstehen und Erklären ansetzt. Diese endlosen Diskussionen gedeihen auf dem Boden ungeklärter Begriffe und Vorstellungen.

I.

Die Vorstellungen von Ursache und Wirkung fassen geschichtliche Vorgänge nicht in angemessener Weise

Die ersten Begriffe, die für eine Geschichtswissenschaft geklärt werden müssen, sind die Begriffe von Ursache und Wirkung, von Bedingung und Voraussetzung. In der klassischen Physik ist der Begriff von Ursache und Wirkung so gefaßt, daß eine bestimmte Ursache unter bestimmten, genau umschriebenen Bedingungen notwendig zu einer bestimmten Wirkung führt. Man hat es also mit einem notwendigen Zusammenhang zu tun. Auch in den Verlauf der Geschichte treten – wie von außen – immer wieder Naturtatsachen ein: Klimaveränderungen, Überschwemmungskatastrophen, Vulkanausbrüche und ähnliches mehr. Diese wirken mit naturhafter Notwendigkeit. Zu geschichtlichen Vorgängen werden diese Ereignisse aber erst dann, wenn Menschen auf sie reagieren. Ebenso können Menschen in die Naturverhältnisse hereinwirken und in ihnen Wirkungen auslösen, die dann als Ursachen notwendig weiterwirken und neue Bedingungen für das Leben von Menschen schaffen: man kann hier an durch Menschenhand herbeigeführte Verödung großer Landstriche und anderes denken. Diese natürlichen Vorgänge und Bedingungen, in die die Geschichte insgesamt eingebettet ist, von der Versandung von Flüssen bis zur Entwaldung durch Rodung und Abholzung, grenzen an die Geschichte, indem sie einerseits Bedeutung für den Menschen haben und ihn vielleicht herausfordern und indem sie andererseits in der Natur ihre notwendigen Auswirkungen haben. Insoweit sie sich ausschließlich in der Natur abspielen, etwa als Verkarstung in der Folge von Abholzung, können sie durch die naturwissenschaftlichen Vorstellungen von Ursachen und Wirkungen gefaßt werden.

Die eigentliche Geschichte jedoch kommt in und durch Menschen zustande. Die geschichtlichen Entscheidungen finden im Seelenleben der Menschen statt. Das Seelenleben vollzieht sich in Sinnzusammenhängen, Zielsetzungen, Wünschen, Erwartungen, Willensimpulsen, Vorstellungen. Eine Tatsache, die von außen durch Wahrnehmung und Kommunikation an das Seelenleben herantritt und im Bewußtsein Aufmerksamkeit findet, wirkt nicht automatisch auf das Seelenleben ein: jede Tatsache – zum Beispiel eine Nachricht, die unter hundert anderen Aufmerksamkeit findet – wird im Auffassen gedeutet, in Sinnzusammenhänge und weitere Sinnhorizonte hereingestellt, im Hinblick auf Wünsche, Erwartungen, Bestrebungen und vorhandene Erfahrungen bewertet, und zwar so, daß die einzelnen Elemente in oft lockerer Weise, die durch das Hinzutreten eines weiteren Elements schnell geändert werden kann, verbunden werden. Tatsachen sind deshalb nichts Eindeutiges, sie müssen gesehen und gedeutet, sie können übersehen und vergessen werden. Die lockere Verknüpfung von Tatsachen und ihren Deutungen und der weiteren Verarbeitung im Seelenleben zeigt sich auch bei der Frage, ob ein Tatbestand eine Handlung auslöst. Eindrücke, Nachrichten und andere Kommunikationen werden erst durch ihre Empfänger zu dem, was sie im geschichtlichen und sozialen Leben bewirken, und dementsprechend führen sie auch nicht automatisch zu bestimmten Handlungen: Auf eine Situation, die als drohende Gefahr gedeutet wird, kann man durch Flucht, Gegenwehr, gefügige Unterwerfung oder verschiedene Kommunikationen – vom Hilferuf bis zur Gegendrohung – antworten. Diese vielfältigen Verhaltensweisen spiegeln sich in der Sprache, besonders in den Konjunktionen. Wörter wie: obwohl, trotz, wegen, weil, damit, um zu und andere deuten an, wie unterschiedlich Sachverhalte verarbeitet werden.

Für das menschliche Handeln ist zu erwägen, daß es sich auf die Zukunft richtet und sich an Wünschen, Zielen, Zukunftsbildern, Erfolgserwartungen und Befürchtungen orientiert. Gewiß kann man sich aufgrund von Erfahrungen oder Berichten die Zukunft vorstellen, doch kann man sich nie an der wirklichen Zukunft orientieren, und damit werden gerade bei geschichtlich wichtigen Vorgängen Einschätzungen, Mutmaßungen und Ziele entscheidend: Handlungen werden deshalb nicht kausal aus der Vergangenheit, sondern final aus einer Zukunftsperspektive bestimmt.

Einfacher gesagt: Die einzelnen Menschen haben die Freiheit, das, was ihnen begegnet, individuell zu deuten, in ihre Sinnwelten einzugliedern und dann – mehr oder weniger frei – zu entscheiden, welche Ziele sie sich setzen und wie sie handeln. In jedem einzelnen Menschen kann so etwas eindeutig Gemeintes, das auf bestimmte Wirkungen zielt, umgedeutet, verstanden oder mißverstanden, zum Anlaß unerwartbarer Handlungen werden oder der Nichtbeachtung verfallen.

Außer den geschichtlichen Vorgängen, die sich im Strom der Kommunikation und durch auftretende Tatsachen ereignen, tritt in der Geschichte auch Ursprüngliches und Neues auf, etwas, dem man nicht gerecht wird, wenn man es von Anlässen her verstehen will. Dieses Neue ist das, was die Geschichte eigentlich interessant macht. Das Neue erscheint in der Geschichte oft als Ausdruck höchster individueller Produktivität. Als Solon den Athenern seine Gesetze gab, hatte er kein Vorbild, er gestaltete das Bündel seiner Gesetze aus der Idee des gerechten Gemeinwesens. Als Gutenberg die Druckkunst erfand, erfand er, von einer Idee geleitet, das Letterngießgerät, eine brauchbare Bleilegierung, die Druckerschwärze, die Druckerpresse und was sonst noch erforderlich war. Aus dem Erleben und dem Ideal der Hilfe schuf Henri Dunant nach der Schlacht von Solferino die Idee des Roten Kreuzes. So tritt im Großen und Kleinen fortwährend nie Dagewesenes in die Geschichte ein: es hat Anlässe, es kann Vorbedingungen haben, aber es hat keine äußeren Ursachen.

Worauf es zunächst ankommt, ist zu begreifen, daß der wirkliche Strom des geschichtlichen Werdens in den Tatsachen nur einen Niederschlag gefunden hat, die Tatsachen wiederum haben ihrerseits einen Niederschlag in den Dokumenten. Das aber, was die Tatsachen verbindet, liegt gewissermaßen oberhalb der Tatsachen im Reich des seelischen und geistigen Lebens.

2.
Die symptomatische Methode auf ihrer ersten Stufe

Dem Historiker liegen also nicht die Entscheidungsprozesse und Verarbeitungen, die sich im Seelenleben abspielen, unmittelbar vor. Als Grundlage für seine Arbeit findet er die veräußerlichten Produkte seelischer Prozesse, und durch sie muß er wiederum zu den Vorgängen finden, die diese Produkte – Erzählungen, Protokolle, Gesetze, Verträge usw. – hervorgebracht haben. Die Erlebnis- und Sinnzusammenhänge, denen die Dokumente entstammen, werden mit den Dokumenten nicht mitgeliefert. Die überlieferten Dokumente, Nachrichten, Berichte sind nur die Spuren eines Lebens, das sich in ihnen vieldeutig, ja manchmal mißverständlich und sogar verquer ausdrückt. Die Geschichtswissenschaft muß also durch die Spuren und Zeichen, die überliefert sind, zu den mit diesen Spuren verbundenen Sinnzusammenhängen finden. Man kann die Spuren und Zeichen *Symptome* nennen. Symptome sind keine *Ikonen*, die als Abbild das Gemeinte vertreten, oder *Symbole*, d. h. konventionelle Zeichen, wie Buchstaben, die mit der Sache nichts zu tun haben. *Symptome* stehen – wie die Symptome einer Krankheit – in einem Zusammenhang, dessen Ausdruck sie sind. Symptome sind – wie rote Flecken oder Fieber beim Kranken – nicht eindeutig, doch eine Vielzahl von Symptomen kann als Ausgangsbasis des Verstehens dienen.

Das Verstehen der Symptome erfordert nun nicht allein eine möglichst umfassende und sorgsame Kenntnisnahme der überlieferten Spuren der Vergangenheit, sondern darüber hinaus einen Forscher, in dem die gewissenhaft studierten Symptome einen entsprechenden Eindruck machen und auf umfassende Verständnismöglichkeiten treffen. Denn das Verstehen der Symptome ist weit mehr als das Anwenden angelernter Kategorien. Man kann den geschichtlichen Ausdruck nicht mittels der Alltagspsychologie oder anderer landläufiger Begrifflichkeiten – welcher Provenienz auch immer – deuten. Der Historiker muß historische Phantasie besitzen, er muß an den vergangenen Vorgängen innerlich Anteil nehmen, und er kann das nur, wenn er selbst ein Strebender, ein Handelnder, ein Kämpfer oder Denker ist. Dann können die Symptome, die ihm in der Geschichte entgegentreten, entsprechende Saiten in seinem Seelenleben zum Klingen bringen. Darüber hinaus muß er sich selbst erkennen und erforschen, wenn er das, was in ihm angerührt wird, auch verstehen will.

Das historische Verstehen ist nämlich ein Spezialfall von Menschenverstehen. Für das Verstehen eines anderen Menschen ist nicht nur die Beherrschung der Sprache des anderen, nicht nur ein Verständnis der Wortbedeutungen und auch nicht allein ein zartes Einfühlungsvermögen, sondern immer auch eine gewisse geistige Kapazität vonnöten. Sonst ergeben sich allzu einseitige Auffassungen: die viel beredeten Kammerdiener-Perspektiven, die sich heute zum Beispiel als einseitig ökonomische Deutung der Tatbestände äußern, oder die Meinung, die Menschen der Vergangenheit seien nichts anderes als etwas weniger informierte heutige Durchschnittsmenschen gewesen. Die hier gemeinte geistige Kapazität aber ist keine bloße Naturgabe. In jedem Menschen schlummern mehr Möglichkeiten, als sofort zutage treten, und so, wie man bei einer unmittelbaren Begegnung mit einem anderen Menschen von ihm berührt werden kann, von ihm zum Verstehen geführt werden kann, so kann sich der Historiker auch an den Überlieferungen der Vergangenheit schulen, versuchen, in den Ausdruck einzutauchen, ihn innerlich nachzuleben, zu erleben. Dazu ist eines vor allem erforderlich: das Ganze der Symptome ernst zu nehmen. Man darf nicht das scheinbar Unverständliche, das Ungewohnte oder Seltsame einfach beiseite lassen. Man muß einen Sinn für andere Mentalitäten entwickeln.

3.
Die symptomatische Methode auf ihrer zweiten Stufe

Rudolf Steiner, dem man die Idee einer symptomatischen Geschichtsbetrachtung verdankt, ging in seiner historischen Methodenlehre über das bis hierher knapp Ausgeführte weit hinaus. Er machte – unter Bezugnahme auf die von ihm entwickelte Lehre von der Dreigliederung des menschlichen Organismus – geltend, daß der entscheidende historische Prozeß sich nicht so sehr im bewußten Seelenleben der Vorstellungen, sondern in den tieferen Schichten der Seele, im träumend erlebten Fühlen und Wollen, von dem man normalerweise kein Bewußtsein habe, abspiele. Die ganze Summe der Vorstellungen, Ziele, Ideen, die in der Seele leben, wird in Steiners *Symptomatologie*, die er vornehmlich in öffentlichen Vorträgen 1917 und 1918 entwickelte (siehe 7.11.1917 u. 17.10.1918,

GA 73; 14.3.1918, GA 67), selber zu Symptomen tieferer Seelenvorgänge. Die Gedanken der Philosophen beispielsweise werden als Indikatoren tieferliegender Tendenzen angesehen, die, und das kommt hinzu, allgemein als seelische Haltung verbreitet sind. Wer nach einer empirischen Bestätigung dieser These Steiners sucht, kann sie vorläufig in der von *Ernst von Lasaulx* (1856) und dann von *Viktor von Strauß* (1870) beschriebenen Tatsache sehen, daß um das Jahr 500 v. Chr. gleichzeitig und unabhängig voneinander in China, Indien, Persien, Israel, Griechenland und Rom sich eine neue Seelenhaltung zeigte, in der Menschen wie Laotse, Konfutse, Buddha, Daniel, Heraklit selbständig fragend, suchend, Wege beschreibend sich *der Welt gegenüberstellten* und damit begannen, einem Denken Bahn zu brechen, das das mythische Weltverhältnis – erst in einzelnen, dann für immer mehr Menschen – überwand. *Karl Jaspers* hat diesen gemeinsamen Entwicklungsschritt in der Weltgeschichte (1949) die *Achsenzeit* genannt. Diese neue Haltung der Welt gegenüber war keineswegs auf Denker und Philosophen allein beschränkt, sie fand analogen Ausdruck auch in Kunst und sozialem Leben.

Die Tatsache, daß sich in verschiedenen Kulturen, weit voneinander entfernt, in den verschiedenen Formen der Philosophie, der Religion, der Rechtsauffassung und im sozialen Leben analoge Grundhaltungen zeigen, läßt den Gedanken zu, daß der das geschichtliche Leben bestimmende Impuls aus unbewußten Tiefen des Seelenlebens herrührt. Freilich ist es nicht Steiners Auffassung, daß derartige Impulse immer über die Völker hin gleichzeitig in Erscheinung treten. Wichtiger ist es, dieselbe Grundhaltung in den unterschiedlichsten Betätigungen der Menschen wiederzuerkennen. Das, was sich als naturwissenschaftliche Vorstellungsart im Europa der frühen Neuzeit zu zeigen begann, zeigte sich in anderer Form in der Malerei, in der Zentralperspektive, im Stilleben, in einer geometrisch berechneten Architektur, in der Politikauffassung eines Machiavelli, eines Jean Bodin oder bei Thomas Hobbes. Es zeigte sich in der Verbreitung des Spinnrades, in der Konstruktion von Uhren oder Kolbenpumpen. Rudolf Steiner bemerkt deshalb in den Vorträgen zur *Geschichtlichen Symptomatologie*: «Und es ist eben falsch, wenn man glaubt, daß nur diejenigen naturwissenschaftlich denken, welche etwas von Naturwissenschaft wissen. Das ist ganz falsch. Das Umgekehrte ist richtig. Die Leute, die Naturwissenschafter sind, denken so naturwissenschaftlich, … weil die große Masse der zivilisierten Menschheit heute nach dieser Richtung hinneigt, weil man so denkt auch im alleralltäglichsten Handeln …» (20.10.1918, GA 185, S. 62)

Die von Rudolf Steiner gemeinten Tiefen des Seelenlebens, durch die das geschichtliche Leben impulsiert wird, sind einem höheren, in der Terminologie Steiners: einem inspirierten und intuitiven Erkennen zugänglich. Während die inspirierte Erkenntnis in einem bewußten Zusammenhang, im innerlichen Austausch mit dem Strom der Geschichte steht, gelangt die intuitive Erkenntnis zur bewußten Anschauung der wahren Geschichte von innen. Rudolf Steiner beschreibt das Verhältnis des alltäglichen Bewußtseins zum wirklichen Leben der Geschichte folgendermaßen:

«Wie der Mensch seine Gefühlswelt eigentlich verträumt, so verträumt er dasjenige, was wirklicher Strom des geschichtlichen Werdens ist. Diese Erkenntnis ist das erschütternde Ergebnis jener Beobachtung, die sich vom Menschen weg zum geschichtlichen Werden hinwendet, und sie zeigt, daß wir die Vorstellungen, die das äußere Leben regieren, nicht gebrauchen können, um geschichtliches Leben irgendwie zu fassen. Denn das, was man im alltäglichen Bewußtsein als einzelner Mensch erlebt, wird wachend erlebt. Aber in diesem ganzen wachen Tagesleben ist das gar nicht drinnen, was Geschichte ist. ... Der große Traum des Werdeganges der Menschheit, das ist Geschichte, und niemals tritt Geschichte in das gewöhnliche Bewußtsein ein.» (14.3.1918, GA 67, S. 196; für das folgende ebd. S. 202f.)

Mit dieser Behauptung verbindet Rudolf Steiner nun keineswegs die zweite, daß der Geschichtsforscher, wenn er nicht zu Inspiration und Intuition aufzusteigen vermag, überhaupt keinen Zugang zur Geschichte finden könne. Zunächst ist zu bedenken, daß jeder Mensch in einem träumenden und schlafenden Zusammenhang mit der Geschichte lebt, und wer das versteht, der kann zum Beispiel selbst beobachten, wie er von einem gegenwärtigen Geschichtsstrom umfangen ist, und versuchen, in den eigenen Seelentiefen ein wenig für diesen Strom zu erwachen und das, was er unwissend erlebt, deutlicher zu ahnen. Für die eigentliche Geschichtsforschung vertritt Rudolf Steiner die Ansicht, daß bereits das Bewußtsein davon, daß man es bei den äußeren Ereignissen usw. nur mit Symptomen zu tun habe, hilfreich sein kann, und daß man durch die Zusammenschau vieler Symptome zu einem imaginativen Bild gelangen könne. Indem man einen geschichtlichen Ablauf von vielen Seiten studiere und betrachte und die Vorgänge in ihren Bildwerten auffasse, könne man ein Bild vom wirklichen Strom des Werdens gewinnen. Steiner verweist in diesem Zusammenhang auf die Sätze, die Goethe im Vorwort zur *Farbenlehre* schrieb:

«Denn eigentlich unternehmen wir umsonst, das Wesen eines Dinges auszudrücken. Wirkungen werden wir gewahr, und eine vollständige Geschichte dieser Wirkungen umfaßte wohl allenfalls das Wesen jenes Dinges. Vergebens bemühen wir uns, den Charakter eines Menschen zu schildern; man stelle dagegen seine Handlungen, seine Taten zusammen, und ein Bild des Charakters wird uns entgegentreten.» (Goethe, 1982, S. 315)

Nun scheint es mir wenig sinnvoll, die Frage, wie man das macht, in abstrakto zu referieren. Ich möchte dieses Verfahren deshalb in knappster Form vorführen. Ich bitte aber die Kenner der behandelten Zeit zu bedenken, daß ich an dieser Stelle sehr vieles beiseite lassen muß und daß ich auf Belege verzichte.

4.
Vom frühen zum hohen Mittelalter – Symptome als Bild geschichtlichen Werdens

Es ist nicht unwesentlich, daß sich der Historiker mit Vorgängen befaßt, die ihn wirklich interessieren, ja ihn irgendwie persönlich betreffen. Als ich vor mehr als vierzig Jahren zum ersten Mal von den Ereignissen hörte, die um das Jahr 1054 im Schisma von Ost- und Westkirche sowie in der römischen Reformbewegung Leos IX. und seiner Mitstreiter kulminierten und die bald durch die Verschärfung des Simoniebegriffs zum Kampf zwischen Gregor VII. und Heinrich IV. führten, hatte ich sofort den unvergeßlich starken Eindruck: Das geht dich an, hier mußt du weiterfragen, suchen, lesen! Das habe ich dann durch mehr als vier Jahrzehnte, neben den vielen Arbeiten, die Beruf und andere Aufgaben mit sich brachten, immer wieder getan. Dies vorweg.

Es ist gut und sinnvoll, sich irgendwann – meist tut man es nicht am Anfang – ein etwas äußerliches Gemälde der ganzen Zeit, die man verstehen will, zu schaffen: Fällt unser Blick auf das neunte und zehnte Jahrhundert, so sehen wir in Mitteleuropa, in England und auch in großen Teilen Frankreichs Waldlandschaften vor uns, in denen nur an wenigen Stellen menschliche Siedlungen auffallen. Im Westen teilweise alte, zerfallende Römerstädte. Die Siedlungen bestehen fast ausschließlich aus kleinen Holzhäusern; die Kaiserpfalz in Aachen ist eine Ausnahme. Diese weiten und dichten Wälder, die noch um die Jahrtausendwende Mitteleuropa bedeckten, muten uns wie eine schlafende Welt an. Faßt man dasselbe Gebiet um das Jahr 1270 ins Auge, so ist der Wald weit zurückgedrängt, im August würde man um die Dörfer und Städte überall goldene Kornfelder sehen. In den Städten ragen Kirchen auf, auf dem Lande gibt es aus Stein erbaute Klosteranlagen mit Kirche, Kreuzgang, Refektorien, Wohngebäuden, Krankenhäusern, Gärten, in denen Heilkräuter wachsen. Wie die Dörfer sind die Klöster – namentlich die der Zisterzienser – von weiten Rodungen umgeben, die den Blick frei schweifen lassen. Es scheint, als sei der Schlaf der Wälder einem Erwachen gewichen; überall grüßen Spuren menschlichen Handelns, wie das Glockengeläut vom Kirchturm.

So ist der erste Eindruck, daß die Verwandlung, die sich vollzogen hat, von einem träumenden Schlafen zu einem Erwachen führt, das freiere Blikke, Übersicht ermöglicht. Und in der Tat existieren in der Welt des Jahres 1280 bereits Kenntnisse eines weiten Umkreises. Man weiß, daß es eine arabische Welt gibt, man weiß von Italien, England, von Frankreich oder Spanien. Gewiß sind alle diese Kenntnisse – die man unter anderem im *Parzival* des Wolfram von Eschenbach findet – verschwommen und werden nicht aus der heutigen Vorstellung von überschauenden Karten geschöpft, sondern aus oft wunderbaren Erzählungen übernommen, doch werden sie als mögliche Wege und Richtungen erlebt.

In einem zweiten Überblick kann man versuchen, sich etwas genauer den Tätigkeiten der Menschen zuzuwenden. Bei einem solchen zweiten Überblick ist oft eine Betrachtung der Kunstentwicklung hilfreich. Lenkt man seine Aufmerksamkeit in unserem Fall auf die Entwicklung des Kirchenbaus, so kann man sich zuerst die wenigen ottonischen und romanischen Kirchen vorstellen, die bis zur Jahrtausendwende errichtet worden sind. Mächtige Mauern schützen die Gemeinde. Wie durch magischen Zauber wird das Dämonische in rätselhaften Figuren nach außen auf das Dach und an das Gesims verbannt. Durch meist kleine Fenster fällt wenig Licht in den Innenraum. Die Formen sind fast immer schlicht, und im Dämmer des Innenraums werden sie mehr geahnt als gesehen. – Schon ein Jahrhundert später – also um das Jahr 1100 herum – hat sich die Zahl der in Stein errichteten Kirchen vervielfacht. Der Blick trifft zum Beispiel im deutschen Gebiet auf die großen Kaiserdome von Speyer, Worms und Mainz, auf St. Pantaleon, St. Maria im Kapitol und St. Gereon in Köln, auf St. Michael und den Dom in Hildesheim und auf viele andere mächtige Bischofs- und Abteikirchen. Noch viel deutlicher zeigt sich diese Entwicklung in Frankreich, besonders in Burgund. Die Kirchen werden höher, lichter und weiter. Doch auch in diesen

Bauten herrscht eine schlichte Monumentalität. – Wieder ein Jahrhundert später findet man in Frankreich, besonders in der Ile-de-France, die ersten gotischen Kathedralen: St. Etienne in Sens, Nôtre Dame in Paris, die Abteikirchen St. Denis nahe Paris und St. Remi in Reims sowie die Kathedralen von Noyon und Laon. Durch die farbigen Glasfenster fällt vielgestaltiges Licht in den Innenraum, der hoch aufstrebt, dessen Wände in Arkaden, Triforium und Obergaden reich gegliedert sind, und wo der Blick den Pfeilern und ihren Rippen bis zum Kreuzgewölbe folgt. An die Stelle romanischer Schlichtheit ist ein vielstimmiger Chor kunstvoll gestalteter Eindrücke getreten. – Gegen Ende des Jahrhunderts, also um 1280 herum, findet man nördlich der Alpen in West- und Mitteleuropa eine wirklich beachtliche Zahl gotischer Kathedralen, Klosterkirchen und kleinerer Kirchen im gotischen Stil, vielfach an den Fassaden mit reichem Bildwerk geschmückt, von innen her sieht man, daß die schweren Wände der romanischen Epoche hochstrebenden Pfeilern und großen Fenstern, die die Wand vollends auflösen, gewichen sind. Der Bau insgesamt mit den kunstvollen, durch Scheitelrippen gegliederten Gewölben, mit den Portalen, die den Betrachter durch die Fülle der Gestalten ansprechen, mit den durchbrochenen Türmen, zeigt nicht nur technisches Können, er offenbart in jeder Einzelheit eine hochdifferenzierte Gedankenwelt. Man kann den Bau wie eine Geschichte lesen. Gotische Kunst ist an die Stelle der romanischen Magie getreten.

Der Entwicklung, die sich im Kirchenbau zeigt, entspricht die Entfaltung der Gesellschaft. Neben der bäuerlichen Welt sind die Städte entstanden, und die städtische Gesellschaft ist in sich reich gegliedert nach Ständen, Gilden, Zünften. Es gibt nicht einfach Schmiede, sondern Hufschmiede, Kesselschmiede, Waffenschmiede, Harnischmacher, Messerschmiede und Goldschmiede. Ähnlich sind auch andere Handwerke in sich differenziert. Doch nicht allein die Städte zeigen ein differenziertes Leben, auch Ritterstand und Geistlichkeit haben viele Gestalten angenommen. Es gibt nicht mehr einfach Mönche, sondern Benediktiner, Zisterzienser, Prämonstratenser, Augustiner-Chorherren, Kartäuser, Dominikaner, Franziskaner.

Ein vollständiger Überblick würde zu dem Ergebnis kommen, daß sich in der Zeit vom 9. bis zum 13. Jahrhundert ein großartiger Differenzierungsvorgang vollzogen hat, in welchem sich eine größere Anzahl von Gruppierungen, sozialen Organismen, Korporationen bildet, die eigene Gesetze und Lebensregeln und deutlich markierte Zugehörigkeiten kennen: die Klöster und Mönchsorden, die Ritterschaft und die Ritterorden, die Städte, die Kaufmannsgilden und Handwerkszünfte, die Universitäten.

An dieser Stelle kommt es darauf an, das Bild, das sich so ergibt, richtig zu lesen. Es könnte naheliegen, diese Aufgliederung und Differenzierung des sozialen Lebens mit einem Baum, der sich immer weiter verzweigt, zu vergleichen. Diese aus der Pflanzenwelt genommene Analogie trifft aber den Vorgang der hier vorliegenden Differenzierung nicht, weil die sich bildenden Korporationen nicht wie Zweige aus dem Stamm herauswachsen, sondern sich aus ihren sehr verschiedenartigen Aufgaben, Funktionen, aus geistigen Impulsen heraus konstituieren, ihren eigenen Gesetzen und Regeln folgen und sich gegen das übrige abgrenzen. Auch wird mit dem Bild einer bloßen Verzweigung der allen gemeinsame, Horizont erweiternde, neuen Sinn ermöglichende Austausch zwischen den Korporationen übersehen.

Diese beiden ersten Bilder, die im einzelnen korrekturbedürftig sein mögen und die gewiß ergänzungsbedürftig sind, haben neben der Bedeutung, die sie an sich haben, den Sinn, für die nun folgende Betrachtung der geschichtlichen Vorgänge einen Hintergrund zu schaffen, vor dem Fehldeutungen sich besser erkennen lassen.

Als im Jahre 909 oder 910 Wilhelm der Fromme von Aquitanien das Kloster Cluny im südlichen Burgund begründete, war das Reich der Karolinger zerfallen. Die Normanneneinfälle hatten das Land, Städte und Klöster verheert. Hilfe war nur vom Himmel zu erwarten, und so schenkte der fromme Herzog, indem er selber auf Besitz und Ansprüche verzichtete, das neue Kloster den Apostelfürsten Petrus und Paulus und empfahl es dem Schutze des Heiligen Stuhls in Rom. Als symptomatisch erscheint, daß die Urkunde, durch die Cluny gegründet wurde, als wesentlichen Text ein Gebet an die Apostel – und eine Verfluchungsformel gegen jene, die den Sinn der Stiftung verletzen würden – enthielt. Das so begründete Kloster hatte weder einen weltlichen noch einen geistlichen Schutzherrn, es unterstand keiner irdischen Gewalt, nicht einmal dem Bischof von Macon, in dessen Diözese es lag. So und nur so sollte sich das klösterliche Leben im Vertrauen auf den Heiligen Geist entfalten. Die Freiheit, die Cluny empfing, war ein ungeschütztes Gut. Unter der Regierung einer Reihe von Äbten, von denen jeder seinen Nachfolger auswählte – Odo, Aymard, Maiolus und Odilo –, pflegten die Mönche in aller Stille den apostolischen Geist des Gebets und der Armut und wurden, ohne daß sie es wollten oder beabsichtigten, ein Vorbild wahren Mönchstums und geistlichen Lebens. So blieb es nicht aus, daß das Kloster wuchs, daß manches Kloster die Lebensform von Cluny übernahm und daß weitere Klöster Cluny unterstellt wurden. Damit entstanden in einer ziemlich chaotischen Umwelt Inseln des Friedens und Gedeihens. Im Geist und Gewand des Alten bereitete sich in Cluny Neues vor.

Während sich in Frankreich durch den Impuls von Cluny das klösterliche Leben erneuerte, wurde auf deutschem Boden das Königtum erneuert. Nachdem Heinrich I. die Ungarngefahr abgewehrt hatte und 936 gestorben war, wurde sein Sohn Otto in Aachen zum König geweiht. Nicht durch Worte oder Proklamationen sprach Otto das aus, was sein Handeln bewegte. Indem er Aachen zum Ort der Königsweihe bestimmte und als Sachse im enganliegenden fränkischen Gewand in der Pfalzkapelle zur Weihe ging, indem er Mantel, Szepter, Krone und Salbung empfing und schließlich, auf dem Kaiserstuhl des großen Karl sitzend, der Messe beiwohnte, sagte er schweigend, wie er sein Königtum verstand. Für die Zeugen des Weiheaktes war er zum Gesalbten des Herren, christus domini, geworden.

Das Amt des Königs und später des Kaisers, das Otto und seine Nachfolger bis zu Heinrich III. übernahmen, war ein heiliges Amt. Das zeigten Weihe und Salbung, das zeigte die Kaiserkrone durch ihre Bilder, das zeigte der Kaisermantel, der gleich dem Mantel des jüdischen Hohepriesters mit Glöckchen versehen war. Der Kaiser war sacerdos et rex, Priester und König. Er war es, der – wenn es denn möglich war – als Vogt der Kirche in Rom für Ordnung sorgte. Alles das aber wurde nicht doktrinär dargelegt, es kam in Bildern und Taten zur Darstellung. So pilgerte Otto III. als Apostel an das Grab des heiligen Adalbert nach Gnesen, so hielt Heinrich III. in Sutri 1046 Gericht über drei sich befehdende Päpste, setzte sie alle ab und benannte einen neuen, würdigen Papst. Die Gesellschaft des 10. und frühen 11. Jahrhunderts war eine Gesellschaft der mündlichen Rede, der Rechtsgewohnheiten, der großen magischen Bilder.

In diese Welt der Bilder und Taten trat bald nach der Jahrhundertwende ein neuer Impuls, der sich als Unterscheiden, als gedankliche Abhandlung, als rechtliche Satzung, als Predigt und Lehre äußerte. Das, was Cluny dargelebt hatte, die engelgleiche Freiheit des mönchischen Lebens, wurde zum *Programm* der Freiheit der Kirche von der weltlichen Gewalt. *Libertas ecclesiae* war der Kampfruf der Reformer. Damit trat die Unterscheidung zwischen geistlich und weltlich auf. Diese praktische und gedankliche Unterscheidung betraf alle Lebensbereiche: Die Priester sollten sich von der weltlichen Versuchung und vom irdischen Ballast lösen und zölibatär leben. Die Bischöfe, bisher ohne Widerspruch vom Kaiser eingesetzt und mit reichen Gütern ausgestattet, sollten nunmehr durch freie Wahl des Domkapitels ihr Amt erhalten. In der Woche wurde zwischen heiligen Tagen – Donnerstag bis Sonntag –, an denen die Fehden ruhen sollten, und den weltlichen Tagen unterschieden. Der erste Gipfel dieser Unterscheidung war das durch dogmatische Unterscheidungen – es ging um die rechte Form des Abendmahls – entstandene Schisma zwischen Rom und Byzanz 1054, bald folgte der Kampf zwischen König und Papst, der sogenannte Investiturstreit. Nun unterschied man zwischen *sacerdotium* und *regnum* und trug Doktrinen über die Abgrenzung beider vor.

Symptomatisch ist, daß diese Kämpfe schriftlich vorbereitet und geführt wurden. Es wurden Abhandlungen und Briefe geschrieben. Ein Mann ragte hier besonders hervor, Humbert von Silva Candida, Kardinal der römischen Kirche. Er verfaßte die theologischen Gutachten gegen die Abendmahlspraxis der Ostkirche, er bereitete mit seiner Schrift gegen die Simonisten den Investiturstreit vor, er führte gegen Berengar von Tours den ersten großen Abendmahlstreit in der römischen Kirche: jeweils scharf und unerbittlich. Humbert ist es auch, der die wirren Rechtssammlungen, namentlich die Pseudo-Isidorischen Dekretalen, aus den päpstlichen Archiven hervorholte und in ein rationales System brachte. Wolfram von den Steinen bemerkt, daß Humbert hier den entscheidenden Schritt tat:

«... im Geiste der Reform verfaßte er eine zielbewußte Auswahl aus der Masse in einer Canonessammlung, die allen späteren die Richtung wies. Mit seiner Art des Herausgreifens und Aufreihens veränderten die alten Worte ihr Gewicht, leicht sogar ihre Bedeutung. Ganz außer Betracht blieb, welche Rechtswirksamkeit – vielleicht gar keine – sie einst gehabt hatten; und erst recht wurden alle Gesetze und Bräuche für nichts geachtet, die neben diesen päpstlichen, vielleicht gar ungeschrieben, in Kraft gewesen waren. Aus langen Mahn- und Lehrbriefen wurden Einzelsätze ausgeschnitten; aus lebendigen Anweisungen wurden Paragraphen, und aus der Reihung der Paragraphen entstand ... ein nutzbares Handbuch.» (S. 197f.)

Gregor VII. formulierte wenig später, 1075, aus solcher Gesinnung im *dictatus papae* eine knappe Folge von Rechtssätzen, die den universellen Primat des römischen Bischofs fixierten. Charakteristisch ist auch, daß dieser Papst in zahlreichen Briefen – etwa 450 haben sich erhalten – sein Handeln begründete und rechtfertigte. Kurzum: Mit der Mitte des 11. Jahrhunderts hat die Zeit der Unterscheidungen, der Streitschriften und Begründungen begonnen und spiegelte sich in höchst dramatischen Spaltungen und Trennungen zwischen Ost und West, zwischen Kaiser und Papst, zwischen geistlich und weltlich, die die westliche Christenheit erschütterten.

In diesen Vorgängen kann man ein zentrales Symptom, einen Punkt, der in der Folge vieles beleuchtet, erblicken: Mit heiligem Furor wird dem Geist des Unterscheidens, Trennens, Definierens Bahn gebrochen, und dieser Geist wird durch predigende Mönche, durch Briefe, durch den Bannstrahl zur Geltung gebracht. An die Stelle des Lebens in sinnerfüllten Bildern treten geistliche Doktrinen, Gedanken und Begründungen. Das weltliche Leben verliert seine Würde und gilt als derb und roh.

Der Geist des Unterscheidens, der Diskussionen und des Argumentierens zeigt, daß die bis zur Mitte des 11. Jahrhunderts überlieferten Lebensformen in Frage stehen. Aus solcher Stimmung tiefer Unsicherheit heraus wird verständlich, warum Papst Urban II., der 1095 auf der Synode von Clermont zur Unterstützung der bedrängten östlichen Christenheit, womit Byzanz gemeint war, aufrief, einen Kreuzzug auslöste, der dann – woran der Papst zunächst nicht gedacht hatte – Jerusalem zum Ziel hatte; Jerusalem, das himmlische zumal, schien den weltlichen Rittern Weihe, Würde und neue Sicherheit zu versprechen.

Während nun die Kreuzzüge in ihrem Verlauf von Impulsen und Intentionen ergriffen wurden, durch die das ursprüngliche Suchen oft völlig verdeckt und ins Gegenteil verkehrt wurde, gab es einen Ort, an dem das Suchen ein Ziel fand. Er zeigte sich in der gleichzeitigen Philosophie, im Denken des Anselm von Canterbury, gleichsam als ein Symptom erster Klasse. Es ist schon interessant, daß Anselm einen Gottesbeweis ersann, viel bedeutsamer ist jedoch, daß er seinen Beweisgang weder auf Autoritäten noch auf äußere Daten stützte, sondern ihn rein gedanklich logisch, freischwebend entwickelte. In Anselm fühlte die Seele die Kraft, ihre Gedanken rein innerlich zu entfalten.

Dieses Selbstvertrauen, das sich mit dem Vertrauen in den Gedanken und die gedankliche Entscheidbarkeit aller Probleme verbindet, findet man dann in verschiedenen Formen und Abschattierungen im folgenden 12. Jahrhundert, nirgends aber so deutlich wie in der Gestalt des Abaelard, der als einzelner, frei schweifender Gelehrter die Traditionen und Autoritäten seiner Zeit herausforderte. Im Bewußtsein seines Wertes kreuzte er die Klinge mit den berühmten Magistern seiner Zeit. Abaelard war von der Überzeugung durchdrungen, daß die Wahrheit erst gesucht werden müsse und gedanklich gefunden werden könne. In der Methode des *Sic et Non* entwickelte er ein Verfahren, das im 13. Jahrhundert die Scholastik beherrschen sollte. Hier wird nun der Geist des Zweifels, des Unterscheidens und Differenzierens instrumentalisiert und handhabbar gemacht.

Diese neue Geisteshaltung war nicht mehr in den Klöstern zu Hause. In den Klöstern hatte man Grammatik, also Latein, gelernt und Texte abgeschrieben, man hatte die Bücher mit wunderbaren Bildern illuminiert, treu das Alte bewahrt und für die Nachwelt gerettet. Nun wurde das Geistesleben – in dem die alten Texte interpretiert und diskutiert, ja in Frage gestellt wurden – eine Sache der Städte. Das 12. Jahrhundert war das Jahrhundert der Kathedralschulen, und hier herrschte – anders als in den Klöstern – freie Beweglichkeit. Die Schüler kamen und gingen, die einzelnen Magister hatten ihre Konjunkturen. Aber nicht nur Studenten wanderten von Meister zu Meister, auch Handwerker wanderten, lernten neue Techniken, neue Handgriffe und Geräte kennen. Der sich befreiende Gedanke tauchte in die Praxis des Alltags. Zum wandernden Volk gehörten nun, im 12. Jahrhundert, auch die Ketzer, und manchem, der ihren Reden lauschte, kamen viele Fragen.

Man könnte diese ganz grobe Skizze des 12. Jahrhunderts nach vielen Seiten hin erweitern. Man könnte anführen, wie neben dem philosophischen Weg, den Abaelard ging, sein großer Gegenspieler, Bernhard von Clairvaux, den Weg einer Christus-Mystik beschritt, wie im Rittertum neben den Ritterorden sich in der weltlichen Ritterschaft der Minnesang entfaltete und wie sich durch Handel und Kreuzzüge der irdische Horizont erweiterte und wie so eine geformte, bewegliche Vielfalt entstand.

Aus der Fülle der Symptome, die das 13. Jahrhundert zeigt, greifen wir ein einziges heraus: das Entstehen der Universitäten. In den Universitäten organisierte sich eine Korporation mit eigener Gerichtsbarkeit, mit festen Lehrprogrammen, mit Prüfungen und Statuten, die ihr Leben regelten. Die Universität war in Fakultäten gegliedert (im Höchstfall fünf), zunächst für alle Studenten verpflichtend: die Artistenfakultät, die den Grundunterricht erteilte und in der man nach zwei Jahren zum Baccalaureus und nach etwa weiteren vier Jahren zum Doktor promoviert werden konnte. Erst nach dieser Grundausbildung konnte man z. B. die Rechte, nämlich das Kirchenrecht und das Zivilrecht, studieren. Das Programm der juristischen Ausbildung war vorgeschrieben. Es begann mit dem *Decretum Gratiani*, einem Text, der in heutigem Druck 1400 Seiten umfaßt; es folgten die Dekretalen von Gregor IX. und andere Texte. Im Zivilrecht wurden die Pandekten studiert. Ähnlich war es in den anderen Fakultäten: In der Theologie etwa war neben der Bibel der Sentenzenkommentar des Petrus Lombardus grundlegend. Auch die Prüfungen hatten eine vorgeschriebene Form. Der Kandidat mußte vor einer Kommission von Doktoren Texte kommentieren und Fragen beantworten. Auf die erste Prüfung folgte eine zweite, öffentliche, in der der Kandidat eine These aufstellen und gegen die angreifenden Studenten verteidigen mußte.

Auch die Diskussion von Themen folgte ganz bestimmten Regeln. In den *Quästionen* wurde eine Frage nach dem Verfahren *sic et non*, d. h. nach pro und contra, abgehandelt, indem zunächst alle unzutreffenden, aber auf Autoritäten gestützten Meinungen vorgetragen und diskutiert wurden, bis dann eine auf höchste Autorität gestützte, treffende Lösung vorgebracht und im einzelnen erörtert wurde, wobei dann die unzutreffenden Ansichten – eine nach der anderen – schlüssig wiederlegt wurden, und damit war das Problem entschieden. Damit die Dozenten nicht einrosteten, mußten sie sich zweimal im Jahr der Bearbeitung eines Problemes unterziehen, die ihnen über ein beliebiges Thema von irgend jemandem vorgelegt wurde.

So inkarnierte sich in dieser Institution, in Statut, Verfahren, in Lehrbüchern und Prüfungen der Verstand. Die Universitäten sind sein vorzüglichstes Organ.

Es ist jetzt hoffentlich leicht zu sehen, was sich in diesen Symptomkomplexen ausspricht. Man kann in dem Übergang vom frühen zum hohen Mittelalter sehen, wie die traditionelle, in Gewohnheiten und Bildern lebende Seelenart durch eine Seelen- und Geisteshaltung, die sich auf Unterscheidung und Verstand stützt, abgelöst wird. Der Blick auf die geschichtlichen Vorgänge belehrt uns, in welch gewaltigen und schmerzlichen Kämpfen sich dieser Verstand durchsetzte, wie einschneidend das Leben der Menschen durch die neuen Seelenkräfte revolutioniert wurde. Die von einem sakralen Königtum überwölbte Welt wurde zur bloß irdischen Welt, das Geistliche seinerseits stellte sich als weltüberlegene Macht daneben, die ihre eigenen strikten Verfahren in Gesetzesform entwickelte.

Zugleich zeigt sich in der neuen Seelenart die Kraft der erwachenden Persönlichkeit, die ihre eigenen Wege wählt: den Weg des Verstandes, der alles Überlieferte untersucht und befragt – im Fragen zeigt sich die Kraft des Ich. Andere wählten den Weg der mystischen Vertiefung: Bernhard von Clairvaux und Franziskus von Assisi sind nur die herausragendsten Gestalten. Die Persönlichkeit kann sich aber auch in ritterlicher Gestalt sowie in der Dichtung zeigen; und in den Predigten wendet sich der Dominikaner mit seinen Gedanken an die vielen einzelnen Zuhörer.

In der Geschichte zeigt sich also, welche verwandelnde Macht und Kraft dem Verstand und der in ihm erwachenden Persönlichkeit zukommt. In uns selbst bemerken wir das Unterscheiden und den Verstand nur als schwache Klugheit, die oft beiseite gedrängt wird; in der Geschichte zeigt er sich als kosmische Kraft.

5.
Ausblick auf die Symptomatik unseres Jahrhunderts

Für die Gegenwart wird das historische Verstehen schwieriger, nicht nur weil die Vorgänge im wörtlichen Sinne vielschichtiger sind. Die Aufgabe aber bleibt dieselbe, durch die auf verschiedenen Ebenen sich abspielenden Ereignisse auf die zugrundeliegenden Impulse zu schauen, ihre Eigenart in sich zu erleben und zu verstehen. Für das methodische Vorgehen ist es ratsam, sich wiederum große Überblicke, Vergleiche zu schaffen und auf den Ausgang der geschichtlichen Entwicklungen zu schauen.

Zu dieser Aufgabe kommt aber eine zweite. Die Tatsache, daß es um unsere eigene Zeit geht, läßt eine vertiefte, wirkliche Selbsterkenntnis als notwendig erscheinen. Der Forscher muß die seelische Entwicklung seiner Zeit mit ihren Schwierigkeiten, Ab- und Irrwegen und ihren möglichen Aussichten an sich selbst erkennen, damit er das, was ihm von außen als Symptom entgegentritt, angemessen bewerten kann. Zwar ist auch für den heutigen Forscher das Verstehen der geschichtlichen Vorgänge immer noch die erste Aufgabe, doch die Erscheinungen des Abwegigen und Bösen, die ihm deutlich begegnen, fordern auch eine Beurteilung heraus. Nicht ist damit gemeint, daß der Historiker sich zum Richter über alles aufschwingt, wohl aber müssen in sachlicher Art Entwicklungen wie der Antisemitismus oder die hemmungslose Technisierung alles Lebens aufgrund einer Einsicht in die Eigenart der Verfehlungen gekennzeichnet werden. Dabei ist es aber auch hier ratsam, zunächst von Überblicken auszugehen.

Der Beginn des 20. Jahrhunderts zeigt zum Beispiel auf der kulturellen Ebene neben dem zunächst fortbestehenden Alten stark individualisierende Impulse, die sich als «Moderne» verstehen. Anders als die geistigen Bewegungen der Goethezeit ist die Moderne nicht von einem gemeinsamen ideellen Hintergrund getragen. Die Tendenz zur Individualisierung ist in der Avantgarde dominant. Einige Impulse äußern sich allgemein als Protest, der sich gegen das Hergebrachte wendet und sich vom Alten befreien will, so etwa in der in sich durchaus differenzierten Jugendbewegung, die eine eigenständige Jugendkultur schaffen möchte, so in den pädagogischen Bewegungen: der Kunsterziehungsbewegung, der Arbeitsschulmethode, der «Pädagogik vom Kinde aus», der Landerziehungsheimbewegung, der Montessori-Pädagogik und anderen Reformansätzen. Anschaulich steht die Vielfalt in der modernen Malerei vor dem Auge: Jeder Maler, auch wenn er einer Gruppe angehört, entwickelt – oft durch viele Stufen hindurchgehend – seinen höchst individuellen, zumeist wenig gegenständlichen Stil.

Die Literatur zeigt eine großartige Steigerung der Reflexion und eine Verfeinerung des Geschmacks. Völlig neue Erzähl- und Darstellungstechniken werden erfunden, hochdifferenzierte psychologische Darstellungen übertreffen das bisher Dagewesene. Der Roman wird zum Instrument großer Analysen und Diagnosen. Man kann hier an Marcel Proust, James Joyce, Franz Kafka, Alfred Döblin oder Robert Musil denken, die das Neue, das sie schufen, teuer durch oft abseitige Existenzformen erkauften. Ähnliches gilt für manche Werke der Literatur-, Kunst- und Geschichtswissenschaften: Das Reflexionsniveau wird gesteigert, neue, differenzierte Methoden werden entwickelt.

In der zweiten Hälfte des Jahrhunderts verlieren eine Reihe dieser Bewegungen ihre Dynamik: Das, wogegen man protestiert hat, ist verschwunden, und es zeigt sich auf manchen Gebieten eine geistige Inhaltslosigkeit. Die Formen des Bauhauses werden zu leeren Schemata, die inhaltslose Malerei verliert sich selbst, die Reformpädagogik wird zu einem auf Handgriffe verkürzten Programm, pädagogische Moden wechseln schnell und bleiben letztlich ein bloßes Experimentieren ohne geistige Orientierung, die Jugendbewegung ist völlig untergegangen usw. Vor allem aber wird deutlich, daß diese Bewegungen insgesamt auf den Verlauf der Geschichte wenig eingewirkt haben. Auch die bedeutenden geistigen Errungenschaften stehen neben dem Leben. Die großartigen Analysen, Diagnosen und Reflexionen führen zu keinen Handlungen. Die ungezählten Mahnungen, Warnungen, Appelle der Dichter und Wissenschaftler bleiben fast immer folgenlos. Und vieles endet in der Beliebigkeit des «anything goes» oder gerät ins soziale Abseits. In diesem ganzen Komplex kultureller Symptome, den man leicht nach verschiedenen Seiten hin erweitern könnte, zeigt sich – wenngleich viele Entwicklungen durchaus schätzbar sind – eine Schwäche geistig-kulturgestaltender Impulse oder, wenn man mit Rudolf Steiner sprechen will, die Sterilität der Seelen, die nicht in der Lage sind, zum

Beispiel die Welten der neuen Medien, die sie geschaffen haben und in denen sie existieren, zu verstehen, geschweige denn zu gestalten oder pädagogisch sinnvoll zu ergreifen.

Als ein Symptom zeigt sich also neben einer hohen Differenzierung in Literatur und Wissenschaften vor allem im letzten Drittel des Jahrhunderts eine seelisch-geistige Leere jenes Kulturbetriebs, der nicht zu neuen Themen und zu neuer Gestaltung gelangt, sondern sich weitgehend in Pflege oder Parodie der Tradition erschöpft. Die menschliche Seele hat sich zum Bewußtsein komplexester äußerer und innerer Tatsachen erhoben, bleibt aber inhaltlich völlig an die Inhalte des Verstandes gebannt; diese Inhalte aber paralysieren die Seele und berauben sie der Möglichkeit zur unmittelbaren, originellen Intuition.[1]

Mit realitätsverändernder Macht hingegen entfalten sich im 20. Jahrhundert Technik und Industrie, in die eine ungeahnte Intelligenz investiert wird. Durch technisches Handeln schaffen die Menschen völlig neue Welten. Noch zu Beginn des Jahrhunderts waren viele Dörfer in Europa kaum von der Technik berührt. Alle Arbeit wurde von Menschen und Tieren verrichtet. Das Leben vollzog sich auf dem Lande in relativ kleinen, überschaubaren Regionen. Im Laufe des Jahrhunderts ist die Technik in Europa, Nordamerika und Australien, in vielen Teilen Asiens sowie Süd- und Mittelamerikas durch Elektrifizierung und das Kraftfahrzeug in die letzten Dörfer vorgedrungen. Sie hat die Arbeit unendlich erleichtert, die Lebenszeit der Menschen verlängert. Kein Haushalt ohne elektrische Geräte. Die in der Landwirtschaft mühselig tätige Bevölkerung, die zu Beginn des Jahrhunderts noch 30-50% der arbeitenden Bevölkerung ausmachte, ist vielerorts auf 1-2% abgesunken. Die Arbeit in der industriellen Produktion ist vergleichsweise angenehm geworden. – Die Industrialisierung und Verstädterung nimmt noch heute – am Ende des Jahrhunderts – stets zu. Als symptomatisch erscheint aber auch, daß diese technisch-industrielle Expansion, die aus dem Handeln der Menschen hervorgeht, wenig von Menschen gesteuert wird. Sie trägt ihre eigene Logik und Dynamik in sich. Im Handeln leben die Menschen in einer selbstgeschaffenen Welt, die durch eine – um mit Adam Smith zu sprechen – *unsichtbare Hand* konstruiert wird.

1 Rudolf Steiner nennt die erstgeannte Ausprägung der Seele Bewußtseinsseele, da sie sich ihrer inneren, eigensten Wesenheit bewußt wird, die zweite Ausprägung Verstandesseele, da sie sich auf die Kräfte des Verstandes stützt. Beide Seelenarten wurden in den vorhergehenden Ausführungen zum Mittelalter (Verstandesseele) und der Moderne (Bewußtseinsseele) in ihrer Genese charakterisiert.

Heute zeigt sich das nichtmenschliche Gesicht dieser eigenwilligen Dynamik, die einerseits nie dagewesenen Reichtum und sehr angenehmen Komfort produziert, die andererseits im Zeichen technischer Rationalität Natur zerstört, Menschen in großem Umfang arbeitslos macht, die Gesellschaft atomisiert und durch die Bewußtseinsindustrie Menschen manipuliert. Die technischen Einrichtungen sind so formiert worden, daß sie die Menschheit in ihre Netze völlig einspinnen und von sich abhängig machen. Eine Zeitlang wurde nach bitteren Erfahrungen versucht, diese Tendenzen doch zu steuern, etwa durch eine Wirtschaftspolitik nach John Maynard Keynes oder durch Technologiebewertungsforschung (Technology assessment), aber diese Versuche wurden durch die Eigendynamik und die im Namen des technischen Fortschritts erhobenen Forderungen, die völlig freie Bahn für die technisierte Wirtschaft, den Geldverkehr und den Welthandel beanspruchten, beiseite gefegt: Technisch-ökonomische Globalisierung, Vernetzung scheint das Jahrhundertende zu kennzeichnen.

Insgesamt stellt die Technisierung die Menschen vor neue Fragen: Wie kann Technik sozialverträglich gestaltet werden? Wie kann Technik naturfreundlich, ressourcenschonend entwickelt werden? Wo sind – etwa in der Medizin oder Genetik – dem Menschen gegenüber Grenzen der Machbarkeit zu beachten? Diese Herausforderungen verlangen neue Einsichten in Mensch und Welt und ein tieferes Verständnis dessen, womit man umgeht, damit man nicht handlungsunfähig bleibt. Denn die Dinge sind kein unbegreifliches Schicksal, sondern der Ausdruck einer anonymen und undurchschauten Intelligenz, die, von menschlichem Erleben und individueller Verantwortung gelöst, die Welt zu vernichten drohten.

Als erstes Grundsymptom zeigt sich also in unserem Jahrhundert der Gegensatz zwischen einer schwachen, machtlosen, individualisierten, hochdifferenzierten Reflexion jener, die auf kulturellem Felde tätig sind, einerseits und einer nichtmenschlichen Intelligenz, die als technisch-ökonomischer Zwang wirkt und erbarmungslos ihren eigenen Gesetzen folgt, andererseits. Die Impulse zur Menschlichkeit erweisen sich dieser Gewalt gegenüber bislang als ohnmächtig.

Ein globaler Überblick über die *gesellschaftlich-politische* Entwicklung zeigt als erstes eine oft übersehene Tatsache: die ungemein gesteigerte «Erfassung» der einzelnen durch gesellschaftliche und staatliche Organisation und Apparate – ohne Ausweise, Prüfungen, Zeugnisse, Zulassungen, Bankkonten, Versicherungen, Lohnsteuerkarten und ähnliches kann man kaum noch existieren. Dieser Tatsache entspricht die Erhöhung der Abgabenquote auf etwa 50%. Der Staat kümmert sich mit großem Personalaufwand einer bürokratischen Verwaltung heute um hunderterlei Dinge, die ihn früher nichts angingen. Die Dichte öffentlicher Regelungen hat ständig zugenommen.

Vor allem aber ist zu bemerken, daß die politische Macht zum Einfallstor vernichtender Impulse wird. Die hervorstechendsten Fälle sind der Nationalsozialismus und der Bolschewismus: Diese beiden Impulse ergreifen zu ihrer Begründung gegenmenschliche Ideologien – den Sozialdarwinismus und den dialektischen Materialismus. Der Sozialdarwinismus wird zur Rechtfertigung des Expansionskriegs und des Antisemitismus, der dialektische Materialismus zum System des Totalitarismus und der Naturverwüstung. Hinter diesen ideologischen Masken, die zeitweilig die ideenlosen Massen faszinieren und mobilisieren, wirken Impulse des menschenvernichtenden Bösen.

Es ist das Kennzeichen dieses Bösen, daß es die Menschen, den Menschen, das Wesen der Menschen völlig außer acht läßt und in materialistischen, biologistischen Kategorien denkt, in denen der Mensch nicht vorkommen kann. Es baut auf Kampf und Untergang als Instrumenten seiner Realisierung: auf Klassenkampf, auf Rassenkampf, auf Kampf ums Dasein, Konkurrenzkampf. Es gehört zur Charakteristik dieses Bösen, daß es für die Verwirklichung seiner Ziele auf Geheimhaltung angewiesen ist (Gestapo, GPU) und daß es freie Regungen brutal unterdrückt.

Am Beispiel des Rassismus könnte man zeigen, wie, mit moderner, darwinistisch-naturwissenschaftlicher Begründung versehen, im Rassismus ein Atavismus auftritt, in welchem an uralte Instinkte des Kampfes und der Blutsbande appelliert wird. In den totalitären Systemen kann man einen anderen Atavismus erblicken: Auf technische Apparate gestützt, werden Herrschaftsapparate aufgebaut, die in ihren Ansprüchen den alten Theokratien ähneln, denen aber der religiöse Inhalt und die Weisheit fehlt.

Der um Selbsterkenntnis bemühte Historiker kann die bisher genannten abwegigen Tendenzen in sich aufspüren: die hypertrophierte Reflexion, die die Seele paralysiert, die uralten Gruppeninstinkte, die in Fremdenfeindlichkeit und Ausländerhaß aufbrechen, und die diktatorischen Neigungen zu einfachen Lösungen, bei denen alles Entgegenstehende plattgewalzt wird. Gewiß wird der einzelne geneigt sein, diese Tendenzen, die sich vielfach maskieren, bei sich selbst zu übersehen, weil sich die diktatorischen Neigungen als pedantische Ordnungsliebe oder Rechthaberei, der Rassenhaß als Überlegenheitsgefühl tarnen. Doch hinter vielen seelischen Haltungen von der Gleichgültigkeit bis zur Besserwisserei verbergen sich vielfach die Neigungen zum Bösen.

So ergibt sich für das Ende des 20. Jahrhunderts ein Symptomenkomplex, der zeigt, daß die letztlich schwachen, ja sterilen, einfallslosen Seelen der Menschen einerseits einer anonymen Technikmacht und andererseits atavistischen Impulsen, die sich ideologisch verbrämen, gegenüberstehen. Als Reaktion auf diese Gewalten zeigen sich verschiedene Tendenzen: das vegetativ-schlafende Weitermachen, die Flucht in den Rausch und das Sich-Aufbäumen in individuellen Initiativen. In manchen dieser kampfbereiten Initiativen, die angesichts der Tatsachen erwacht sind, die sich «schlau machen», im Kampf hinzulernen, Einsicht in die Zusammenhänge gewinnen und nicht aufgeben, kann man den Impuls zu einer starken «Bewußtseinsseele» erkennen.

Diese Bewußtseinsseele, wie wir sie mit Rudolf Steiner nennen, zeigt sich damit als jene Kraft der Seele, die zu den Welttatsachen *und* zu sich selbst, zu ihren eigenen Impulsen erwacht und die das, was sie selbst geschaffen hat, durchschauen will. Sie ist auf sich selbst angewiesen, ihr fehlen Normen und Maximen. Individualisierung ist unumgänglich. Angesichts der Probleme entfaltet die Bewußtseinsseele individuell ihre Intuitionen und findet aus sich heraus den Mut zum Handeln. Die Bewußtseinsseele erwacht zumeist vor Ort, d. h. lokal, sie ist aber darauf angewiesen, sich in größere Zusammenhänge hereinzustellen, damit ihre Impulse über das Persönliche in das Allgemein-Menschliche hereinwachsen.

Das gelingt dort, wo die Bewußtseinsseele sich den Erfahrungen, den Tatsachen des Lebens aussetzt und ihnen unmittelbar begegnet. So tastet sie das Gegebene ab, in diesem Tasten, das zur Begegnung wird, erlebt sie die Welt, und in diesem Erleben spürt sie in sich, was die Welt durch das menschliche Erleben offenbart. Dort, wo es gelingt, diese Erlebnisse zu klären, beginnt durch das Persönliche das Allgemein-Menschliche, an dem man sich orientieren kann, zu sprechen.

Vielleicht ist es das Grundsymptom unseres Jahrhunderts, daß die freie, auf sich selbst zurückgeworfene Seele erst ganz am Beginn ihrer Entfaltung steht und ihre Eigenheit erst gewinnen muß. Sie steht – im Vergleich zu früheren Jahrhunderten – in einer völlig veränderten Welt, die ganz offensichtlich durch menschliche Aktivität und technische Intelligenz hervorgebracht ist, die sie aber bislang weder deuten noch gestalten kann, da die traditionell überlieferten Kategorien, selbst wenn sie mehrfach reflektiert sind, versagen. Die traditionellen, innerlich gedachten Gedanken versagen gegenüber jener Intelligenz, die in der äußeren Praxis real ist. So zeigt sich die Bewußtseinsseele heute auf einer Entwicklungsstufe, auf der nicht der Protest gegen die Realität oder ein moralischer Appell, die Welt möge bitte anders sein, weiterhilft. Was helfen kann, ist ein Erwachen zur Realität und zu neuen Ideen, die Realität gestalten können. Die Bewußtseinsseele muß das, was sie im Handeln aus sich herausgesetzt hat, einholen, durchschauen und beherrschen lernen.

Das aber ist ohne eine Selbsterkenntnis, in der sich der einzelne als geistiges Wesen erschaut und zugleich in sich die Abgründe der Feigheit, der Verzweiflung und Trägheit erkennt, die ihn unter sein eigentliches Niveau herunterziehen wollen, nicht möglich. Vielleicht ist die Hilfe, die die Anthroposophie zu dieser Selbsterkenntnis geben möchte, ihr wichtigster Beitrag zu einer individuellen und persönlich erlebten Erkenntnis der Gegenwart.

Literatur

Goethe, Johann Wolfgang: *Werke,* Hamburger Ausgabe, Bd. 13, München [8]1982.

Jaspers, Karl: *Von Ursprung und Ziel der Geschichte*, Zürich 1949.

Steinen, Wolfram von den: *Der Kosmos des Mittelalters. Von Karl dem Großen zu Bernhard von Clairvaux*, Bern / München 1959 (2. Aufl. 1967).

Rudolf Steiner: *Das Ewige in der Menschenseele. Unsterblichkeit und Freiheit,* GA 67, Dornach [2]1992.

– *Die Ergänzung heutiger Wissenschaften*, GA 73, Dornach [2]1987.

– *Geschichtliche Symptomatologie*, GA 185, Dornach [2]1982.

OSKAR BORGMAN HANSEN

Aspekte der Entwicklung des Wissenschaftsbegriffs

Was Forschung und Wissenschaft ist, sein soll oder sein kann, ist umstritten. Es fehlt eine den unterschiedlichen Gebieten und methodischen Richtungen gemeinsame Einsicht vom Wesen der Wissenschaft. Es müßte sie geben, oder es muß sie geben können, behaupte ich, und das ist gewagt.

Obwohl viele sich widersprechende Auffassungen über das Wesen von Wissenschaft vorliegen, gibt es doch auch die vielen Wissenschaftlern gemeinsame Überzeugung, daß es eine regelmäßig fortschreitende verbindliche Wissenschaft, besonders auf dem Gebiet der Naturerkenntnis, gibt, ja, diese Auffassung scheint sogar die Basis für entscheidende gesellschaftliche Maßnahmen zu sein. Gemäß dem im Juni 1997 in Amsterdam verabschiedeten EU-Vertrag können die Mitgliedsstaaten eigene Maßnahmen zum Umweltschutz ergreifen. Sie sind strenger als die sonst üblichen, wenn ein neuer, wissenschaftlicher Beleg (im englischen Text heißt es «scientific evidence») es erlaubt. Die EU-Kommission hat darüber zu entscheiden. Dies hat ja nur einen Sinn, wenn man annehmen darf, daß der Kommission ein gesichertes Wissen zur Verfügung steht.

Gemäß einer Variante der hier erwähnten Ansicht nähert die Naturwissenschaft sich asymptotisch der vollständigen Einsicht in den Aufbau und in die Gesetzmäßigkeiten der Welt. Der Ausdruck der asymptotischen Annäherung an die Wahrheit findet sich in dem Buche *The Demon-Haunted World* von Carl Sagan. Der Untertitel lautet: *Science as a Candle in the Dark*. Dieses Buch des berühmten und vielgelesenen amerikanischen Astronomen erschien 1996. Der Verfasser ist ein Kreuzfahrer gegen allen Aberglauben, d. h. gegen allen Glauben an irgendwelche übersinnlichen und übernatürlichen Wesenheiten. Er bringt reiches Material an undokumentierten Geschichten aus dem Gebiet vor, das gewöhnlich als das des Aberglaubens bezeichnet wird, und seine Ablehnung wird generell zu der Ablehnung einer jeglichen Annahme einer geistigen Existenz. Das Wesentliche ist hier, daß es die Wissenschaft ist, welche diese Ablehnung begründet. Zwar besitzt diese Wissenschaft nicht die vollständige Wahrheit, was ja aus dem schon Gesagten hervorgeht. Aber sie besitzt eine sich selbst korrigierende Methode.

«Science is far from a perfect instrument of knowledge. It's just the best we have. In this respect, as in many others, it's like democracy. ... One of the reasons for its success is that science has built-in, error-correcting machinery at its very heart. Some may consider this an overbroad characterization, but to me every time we ... test our ideas against the outside world, we are doing science.» (S. 29f.) «Science is more than a body of knowledge; it is a way of thinking.» (S. 28)

Zusammenfassend kann man diese Ansicht so ausdrücken: Wir bilden und verbessern unsere Ideen, Begriffsbildungen und Theorien an der Außenwelt.

Dem stehen andere Ansichten schroff gegenüber. Als deren Vertreter nenne ich Feyerabend, Kuhn, Rorty und andere. Hierzu zählen auch alle, die mit der Postmoderne in Verbindung gebracht werden. Derrida ist der Vertreter der Dekonstruktion des Überlieferten. Rorty vertritt die Auffassung, die Welt ist da draußen; wir stehen ihr gegenüber, sind aber die Schöpfer der Sprache, in der wir von der Welt sprechen. Ebenso sind alle Theorien unsere Produkte. Sie gehören uns, nicht der Welt. Da es also keine wirklich objektive Wissenschaft gibt, ist es nur konsequent, wenn er sagt, daß er mit seinen Argumenten nicht überzeugen will. Er versucht, sie schmackhaft zu machen.

Feyerabend ist der Ansicht, die Wissenschaft ist eine Lebensweise, und sie hat keinen Vorrang vor anderen Lebensausrichtungen wie Religion und Magie. Er findet es richtig, daß Kinder in öffentlichen Schulen nicht am Religionsunterricht teilnehmen müssen. Ganz entsprechend müßten sie auch die Freiheit haben können, nicht am Wissenschaftsunterricht teilnehmen zu müssen.

In einem konkreten umweltpolitischen Streitfall würde Carl Sagan die Auffassung vertreten, es sei vielleicht noch nicht ausgemacht, ob irgendein Stoff tatsächlich schädlich ist. Man habe noch nicht genügend umfassende Untersuchungen angestellt. Rorty, Feyerabend, Kuhn würden hingegen darin übereinstimmen, daß wir gar nicht wissen, was es heißt, zu verbindlichen Ergebnissen zu kommen, und dies deshalb nicht, weil es keine Methoden gibt, die zu gesicherten Resultaten führen. Ihre Begründungen sind verschieden. Ich glaube aber, sie würden mir zustimmen, daß ich ihre Gedanken richtig ausdrücke, wenn ich sie so interpretiere: Politiker und etablierte Naturwissenschaftler profitieren gewaltig von ihrer Symbiose, durch welche die Wissenschaftler die Machtausübung der Politiker legitimieren, im Gegenzug aber für ihre Forschung immense Geldmittel zur Verfügung gestellt bekommen und dadurch eine unglaubliche und unberechtigte Machtstellung in der Gesellschaft einnehmen.

Die obige Darstellung hat nicht die Absicht, die gekennzeichneten Positionen als solche ausführlich zu erörtern. Sie will lediglich darauf aufmerksam machen, daß es hier unvereinbare Auffassungen gibt. Die folgenden Überlegungen wollen deshalb erneut die Frage anregen: Kann es eine verbindliche Wissenschaft geben, welche erstens auf einer gesicherten Methode aufbaut und zweitens die verschiedenen Seinsebenen der Einzelwissenschaften miteinander verbindet?

Dieser Frage ist bereits Aristoteles nachgegangen. Wie ich oben auf die genauere Darstellung der Positionen verzichtet habe, gehe ich auch hier nicht auf die komplizierten Fragen des Zusammenhanges der einzelnen Abschnitte oder Bücher der *Metaphysik* ein. Das Werk ist sicherlich nicht von Aristoteles selbst fertig redigiert worden. Es wird aber von einer Hauptproblematik durchzogen und ist in bezug auf diese ein einheitliches Werk. Es untersucht die Frage, ob es eine Wissenschaft des Seienden gibt, und es bejaht diese Frage.

Wie so oft geht Aristoteles von einem Beispiel aus, das er aus der Wirklichkeit herausgreift, um von da aus zu einer umfassenderen Begriffsbildung kommen zu können. Das Beispiel ist hier die Medizin. Zum Gegenstand der Forschung hat diese Wissenschaft alles, was mit der Gesundheit zusammenhängt. Es gibt Teilgebiete der Medizin. Sie hat es mit Arzneimitteln, mit Ernährung, mit Ratschlägen für die Lebensführung und ähnlichem zu tun, faßt aber das alles zu einer einheitlichen Wissenschaft zusammen. Es muß aber eine Wissenschaft geben, deren Gegenstand das Seiende als solches und nicht irgendein besonderes Seiendes ist:

«Das Seiende wird in mehrfacher Bedeutung ausgesagt, aber immer in Beziehung auf *Eines* und auf eine einzige Natur und nicht nach bloßer Namensgleichheit (homonym); sondern wie alles, was gesund genannt wird, auf Gesundheit hin ausgesagt wird, indem es dieselbe erhält oder hervorbringt, oder ein Anzeichen derselben, oder sie aufzunehmen fähig ist, und wie etwas ärztlich heißt in Beziehung auf die Arzneikunde, entweder weil es die Arzneikunde besitzt oder zu ihr wohl befähigt oder ein Werk derselben ist; und wie wir dasselbe beim Gebrauch der übrigen Wörter finden werden: ebenso wird auch das Seiende zwar in vielfachen Bedeutungen ausgesagt, aber doch alles in Beziehung auf ein Prinzip. … Wie nun alles Gesunde einer Wissenschaft angehört, so verhält es sich gleicherweise auch bei den übrigen. Denn nicht nur das, was *nach Einem* ausgesagt wird, sondern auch dessen, was *in Beziehung auf Eins* ausgesagt wird, ist Gegenstand einer einzigen Wissenschaft; denn in gewissem Sinne ist auch dies *nach Einem* ausgesagt. Also gehört offenbar auch alles Seiende als Seiendes einer einzigen Wissenschaft an.» (Aristoteles, *Metaphysik*, Viertes Buch, 2.a., S. 61f.)

Aristoteles geht vom Seienden aus. Den Allgemeinbegriff des Seins hat er nicht. Das «Seiende» heißt so viel wie die in der Welt existierenden Dinge. Zwar gibt es mehrere Bedeutungen des Wortes «seiend». Qualitäten, Quantitäten, Relationen usw. *sind.* Aber sie sind an *Dingen*. Der Grundbegriff des Seienden ist das seiende Ding, die «Substanz», bzw. das Wesen, wie das entsprechende griechische Wort «ousia» allgemein übersetzt wird. Aristoteles unterzieht nun den Begriff des Dings einer Analyse, wie sie sonst wohl nicht in der Geschichte der Philosophie vorkommt.

Die Einsichten, die durch die erste Wissenschaft, die von dem Seienden überhaupt handelt, gewonnen werden, gelten als Hintergrund aller Einsichten der Spezialwissenschaften. Diese deuten auf jene Wissenschaft hin. Und sie, die Wissenschaft vom Seienden, mündet in Theologie oder ist schon Theologie. Man kann die Argumentation etwa so als einen hypothetischen Schluß darstellen (wie es in der Fachsprache heißt): Wenn es ein veränderliches Ding in der Welt gibt, muß es, mittelbar oder unmittelbar, eine ewige, unveränderliche Substanz, also Gott, als Ursache haben. Es gibt, wie die Erfahrung uns belehrt, veränderliche Dinge in der Welt. Also haben diese Dinge einen Gott als ihre Ursache. Die Bedingung in diesem hypothetischen Schluß wird sorgfältig begründet durch die Analyse des Dinges und der Ursachen von Veränderungen. Für unseren Zweck ist es nicht notwendig, darauf näher einzugehen. Wichtig ist aber, daß Aristoteles meint, im Besitze einer sicheren Methode der Untersuchung zu sein. Sie ist im ersten Prinzip aller Forschung beschlossen, dem *Satz vom Widerspruch*. Ich komme später auf diesen Satz zurück.

In der ausklingenden Kultur des Altertums und im beginnenden Mittelalter war das Christentum so sehr in den Mittelpunkt aller Bestrebungen gerückt, daß das Interesse für Wissenschaft im strengen Sinne nachließ. Viele Kenntnisse der alten Autoren gingen verloren. Für die Kontinuität, soweit sie vorhanden war, sorgte maßgeblich Augustinus, der noch Kenntnisse von den Schriften Platons hatte. Er war bemüht darzulegen, wie Platonismus oder Neuplatonismus mit dem Christentum verbunden werden könnten. Die Wissenschaftsauffassung von Aristoteles geriet in Vergessenheit, seine Logik lebte jedoch weiter.

Das spätere Mittelalter war durchzogen von den Auseinandersetzungen zwischen Philosophen und Theologen, die die Welt mehr aus einer platonisch gefärbten Sicht betrachteten, und anderen, die eher aristotelisch inspiriert waren. Vor allem muß hier beachtet werden, daß das frühe Mittelalter die *Metaphysik* von Aristoteles nicht kannte. Erst im 12. Jahrhundert wurde dieses Werk im christlichen Europa bekannt, vermittelt durch arabische Gelehrte, deren Interpretation des Werks gleichzeitig mit dem Werk selbst veröffentlicht wurde. Dadurch entstand verständlicherweise ein Streit um die korrekte Interpretation. Hinzu kam die Diskussion über das Wirklichkeitsverständnis von Platon und Aristoteles. Für einige war Aristoteles zu diesseitsbezogen. So kam Anfang des 13. Jahrhunderts in Paris eine Warnung oder gar ein Verbot, das Gedankengut des Aristoteles an der Universität zu lehren. Thomas von Aquino brachte hier eine Umkehr. Er war überzeugt, nachweisen zu können, daß es eine vollständige Harmonie zwischen dem richtig verstandenen Aristoteles und dem Christentum gäbe. Er vertrat die Auffassung, daß die menschliche Erkenntnis rein aus sich, ohne Stütze durch den Glauben, zu einer Einsicht in die der Welt zugrundeliegende Göttlichkeit führe, ohne die Stütze eines *Glaubens* an übersinnliche Realität. Darüber liege das Gebiet, das sich dem Menschen durch die Offenbarung eröffne. Der Inhalt der Offenbarung könne durch die Wissenschaft nicht bewiesen oder eingesehen werden, einen Widerstreit zwischen den beiden Gebieten könne es nicht geben.

Heute wird selten auf die aristotelisch gefärbte Philosophie des Thomas von Aquino zurückgegriffen, wenn die Verbindlichkeit der Wissenschaft problematisiert wird, wie einleitend erwähnt. Zusammenfassend kann man sagen, daß bereits die Renaissance sich von Aristoteles abwandte, nachdem er das Spätmittelalter so sehr beherrscht hatte, daß die Aristoteliker zu einer Plage aufgrund ihres Dogmatismus geworden waren. Man meinte, Aristoteles aus zwei Gründen aufgeben zu müssen: Erstens galt die Logik als eine rein formale Wissenschaft. Der für Aristoteles grundlegende «Satz vom Widerspruch» konnte deshalb nicht zur Realerkenntnis beitragen. Zweitens war man der Meinung, der Beweis von der Existenz Gottes, des unbewegten Bewegers, so wie ihn Aristoteles technisch bezeichnet, beruhe auf einer Voraussetzung, die unhaltbar sei. Der erste Einwand erfordert eine kritische Untersuchung, der zweite wird wohl nicht zu entkräften sein.

Betrachten wir zuerst den zweiten Einwand. Für Aristoteles benötigt eine Bewegung eine Ursache. Da es Bewegung gibt, muß es eine erste und immer andauernde Ursache geben. Gott ist diese Ursache aller Bewegung. Die mechanische Naturwissenschaft erklärt aber nun heute, daß das Fortbestehen der Bewegung keiner Ursache bedürfe. Man spricht vom Gesetz der Trägheit: Nur Änderung der Geschwindigkeit bedarf einer Ursache, nicht die Bewegung selbst. Der mechanisch verstandene Kosmos der Neuzeit kommt ohne den unbewegten Beweger aus.

Der erste Einwand ist schwieriger zu beurteilen. Er bezieht sich auf den «Satz vom Widerspruch». Der Satz lautet: Es ist unmöglich, daß eine Eigenschaft einem Dinge gleichzeitig und in derselben Beziehung zukomme und nicht zukomme. Für Aristoteles bedeutete dies ein Stück Welterkenntnis, für unsere Zeit ist es nur ein formales Prinzip: Aussagen, die sich widersprechen, können nicht zugleich wahr sein. Betrachten wir die Behandlung des Satzes durch Aristoteles (vgl. *Metaphysik*, Viertes Buch, 4-6). Er ist der Ansicht, daß er nicht direkt bewiesen werden kann. Nicht alles kann bewiesen werden. Es gibt aber eine Art indirekten Beweises: Derjenige, der den Satz verneinen würde, würde sich eigentlich zum Schweigen verurteilen, denn seine Verneinung kann nicht als wahr behauptet werden. In der Behauptung seiner Verneinung als wahr wäre nämlich die Verneinung der Verneinung enthalten. Auf dem Papier können folgende Schriftzeichen innerhalb von Anführungszeichen stehen: «Dieser Baum ist eine Eiche, und dieser (selbe) Baum ist keine Eiche.» Derjenige, der sich so äußern würde, schriftlich oder mündlich, würde zwar die Laute äußern können oder die Zeichen hinschreiben können. Aber hier würde nicht der Ausdruck eines Denkens vorliegen, denn könnte der Mensch es denken, würde er gleichzeitig dasselbe denken und nicht denken. Also sagt der «Satz vom Widerspruch» etwas über das Denken des Menschen aus.

Aber das Denken gehört für Aristoteles zur Wirklichkeit. Zwar ist für ihn die Form der Dinge, ihre gedachte Seite, nicht die ganze Wirklichkeit – während für Platon die Ideen die volle Wirklichkeit darstellen –, aber sie gehört mit der sinnlich wahrnehmbaren Stoffseite zusammen zur Wirklichkeit. Die Philosophie des Aristoteles, die erste Wissenschaft, ist Empirismus. Als empirisches Weltverständnis ist sie gleichzeitig Theologie. Wenn man mit dem ausgebildeten Denken die Welt betrachtet, kommt man, so Aristoteles, zu Gott. Die Auseinandersetzung mit dem ersten der beiden Einwände, die zur Abwendung von der aristotelischen Philosophie geführt haben, müßte an dieser Stelle einsetzen: im Zusammenhang mit der Frage nach der Rolle des Denkens im Weltzusammenhang, nach dem Verhältnis von Denken und Erfahrung. Ich kann aber an dieser Stelle nur den weiteren philosophiegeschichtlichen Weg skizzieren, der von Aristoteles zur Moderne führt.

Spinoza ist ein später Vertreter eines ähnlichen Philosophierens, wie wir es bei Aristoteles kennengelernt haben. Er hat das Vertrauen, daß das korrekte menschliche Denken so mit der Wirklichkeit verbunden ist, daß alles richtig Gedachte auch wirklich ist. Die Substanz begreift Spinoza als das, was in sich ist und durch sich selbst, d. h. ohne Zuhilfenahme eines anderen Begriffs gedacht werden kann. Da sie von nichts anderem hervorgebracht werden kann, muß sie Ursache ihrer selbst sein. Ihre Natur schließt ihre Existenz deshalb ein – Spinoza ist der Auffassung, daß wir uns durch das Denken von ihrer Existenz überzeugen können.

Es kann nur eine Substanz geben, nicht mehrere. Gäbe es mehrere, würden sie sich gegenseitig begrenzen und könnten so – wegen dieser gegenseitigen Begrenzung – nicht durch sich selbst begriffen werden. Es ergibt sich aus der Definition der Substanz, daß sie unendlich sein muß, das heißt, sie ist dasselbe wie Gott. Ein Einzelding kann so nicht Substanz sein; es wird durch das Ganze begriffen. Der Aufsatz, den der Leser jetzt zu lesen im Begriffe ist, ist auf Papier gedruckt, wie man heutzutage Papier macht, und gedruckt mit den heutigen Vervielfältigungsmethoden, und er ist geschrieben von einem Verfasser, der von seiner Zeit und von seiner Abstammung geprägt ist, und das Buch ist in einem sozialen Zusammenhang erschienen, der nur heute so besteht, wie er ist. Die Substanz existiert demgegenüber nicht nur immer, sondern auch mit Notwendigkeit. Alles einzelne, das auch nicht existieren könnte, begreift Spinoza als eine Daseinsform der Substanz, als «modus». Damit wir uns von der Existenz der einzelnen Dinge überzeugen können, muß zur Kraft des Denkens die Sinneserfahrung hinzukommen.

Aristoteles und Spinoza hatten noch Vertrauen in die menschliche Erkenntnis. Die Entwicklung führte aber dahin, daß dieses Vertrauen erschüttert wurde. Schon eine Generation vor Spinoza war mit Descartes etwas Neues eingetreten. Dieser Denker fragte sich zuerst, ob er zu seiner Erkenntnis Vertrauen haben dürfe, ob sie vielleicht nicht Erkenntnis, sondern nur vermeintliche Erkenntnis, in Wirklichkeit aber Irrtum wäre. Auf seiner Suche nach der sicheren Grundlage aller Erkenntnis kam er, wie bekannt, zu seinem «Cogito, ergo sum». Er fand seine eigene Existenz durch die Tatsache seines Denkens gesichert. In diesem seinem Selbstbewußtsein erlebte er sich als unvollkommen und glaubte, nun weiter einsehen zu können, daß er als Unvollkommener nicht selbst den Begriff des Vollkommenen hätte bilden können, da das Vollkommene nicht als Begriff durch Verneinung des Unvollkommenen verstanden werden könne, sondern umgekehrt das Unvollkommene als Verneinung des Vollkommenen verstanden werden müsse. Also existiere das Vollkommene, Gott, als Verursacher des Begriffs des Vollkommenen in ihm. Nach dieser Überlegung glaubte er dasjenige als wahr anerkennen zu dürfen, was er klar und deutlich einsähe. Der vollkommene Gott könne ihn nicht betrügen wollen. Deshalb dürfe er Vertrauen in das ihm geschenkte Erkenntnisvermögen haben. Meinte er bis dahin, zweifeln zu müssen, so sah er jetzt, daß er selbst schuld wäre, wenn er irrte, daß er aber nie irren müßte. Er könnte den Irrtum immer vermeiden, wenn er nur genügend aufpaßte.

Selbst in dieser verkürzten Wiedergabe des cartesianischen Gedankengangs wird wohl ersichtlich, wie er ganz anders als der aristotelische ist. Der erkennende Mensch erlebt nicht mehr die Weltverbundenheit des Denkens. Er ist Zuschauer der Welt geworden, und er erlangt seine Erkenntnisresultate anders als der aristotelisch denkende Mensch. Dementsprechend wird das physische Weltall jetzt mechanisch begriffen. Die Begriffe sind nicht mehr das Wesen der Dinge, sondern nur noch Repräsentanten in unserem Bewußtsein. So zieht eigentlich mit Descartes der Dualismus in das Weltbild des modernen Menschen ein.

Descartes hatte für sich das Erkenntnisproblem gelöst. Er hatte es schärfer gestellt, als es bis dahin geschehen war. Bei den Nachfolgern kamen jedoch große Schwierigkeiten in der Auseinandersetzung mit der cartesianischen Lösung des Erkenntnisproblems auf. Sie, oder viele unter ihnen, erlebten, daß gerade jetzt Erkenntnis und Welt auseinanderklafften, daß die Brücke über die Kluft zwischen diesen beiden Bereichen nicht solide gebaut war.

Nach Descartes trat das Erkenntnisproblem entschieden in den Vordergrund: Kann der Mensch überhaupt die Welt erkennen? Die Antworten gingen hauptsächlich in zwei Richtungen: Rationalisten und Empiristen traten einander gegenüber. Keine der Richtungen konnte eine dauerhafte Brücke über die Kluft zwischen Mensch und Welt bauen. Die Empiristen verfeinerten die Anwendung ihrer Methode immer mehr, und folgerichtig endete der schottische Philosoph David Hume bei einem empiristisch begründeten Skeptizismus. Da er nur Begriffe gelten ließ, die sich aus der Beobachtung ableiten lassen, blieb für ihn alles Wissen grundsätzlich atomistisch. Ihm fehlte das verbindende Moment, das durch Begriffe gestiftet wird, die nicht aus der Beobachtung aufgenommen werden können. Die Rationalisten hingegen hielten die Begriffe für angeboren. Aber der Inhalt ihrer Begriffe wurde immer abstrakter. In dieser Bewußtseinssituation gelang es Kant, der Forschung etwas grundsätzlich Neues zuzuführen.

Kant sah als erster, daß alle Erkenntnis vom Bewußtsein des eigenen Ich abhängig ist. Er begriff das Ich nicht wie Descartes als eine existierende Substanz, sondern er betonte, daß jeder Satz, der ausgesprochen werde, von der synthetischen Einheit des Selbstbewußtseins abhängig sei. «Das ‹Ich denke› muß alle meine Vorstellungen begleiten können», wie die berühmte Formulierung lautet. Dieses Ich, das transzendentale, nicht das empirische, ist oberstes Prinzip der Erkenntnis. Und was bedeutet diese Unterscheidung zwischen einem transzendentalen und empirischen Ich? Wenn ich sage: «Ich weiß, daß ich jähzornig bin», habe ich schon zwei Iche: das wissende und das jähzornige. Daß ich jähzornig bin, ist eine empirische Aussage. Es könnte sich auch anders verhalten. Aber dieser Sachverhalt kann nur erfahren und ausgesagt werden, wenn ich um ihn weiß. Das «ich weiß» ist die unverzichtbare Voraussetzung für die Erfahrung, weil es die Einheit zwischen den beiden Vorstellungen «ich» und «jähzornig» stiftet. Und weil es Voraussetzung der Erfahrung ist, hängt es nicht von der Erfahrung ab. Dieses Ich ist deshalb nicht empirisch faßbar.

Durch die Art, wie Kant seine Transzendentalphilosophie zu einem alle Wissensgebiete umfassenden, kritischen System ausbaute, machte er in der Philosophiegeschichte Epoche. Seine Nachfolger fühlten sich herausgefordert, noch weiter zu gehen. Kant sah im Ich die erste Voraussetzung aller Erkenntnis. Er betrachtete es auch als etwas Unmögliches, dieses Ich als etwas Wirkliches zu begreifen. Es könne nicht Gegenstand einer Erkenntnis werden, sondern müsse ihre erste Voraussetzung bleiben.

Die abschließende Erkenntnis, die wir immer anstreben, aber nie erreichen, nannte Kant die Vernunfterkenntnis. Die begrenzte Erkenntnis, in deren Besitz wir sind, nannte er Verstand. Und Hegel kritisierte Kant humorvoll, indem er sagte, Kant behandle den Verstand mit Vernunft und die Vernunft mit Verstand. Indem er den Verstand mit Vernunft begriff, leistete er mehr, als er sich zuzuschreiben wagte. Seine idealistischen Nachfolger beschäftigten sich weiter mit dieser Frage.

Der Mensch könne in den Besitz eines absoluten, nämlich von Voraussetzungen freien Wissens kommen, behaupteten sowohl Fichte wie Hegel, im

Gegensatz zu Kant. Damit kehrten sie aber in einem gewissen Sinne zu Aristoteles zurück, dessen «unbewegter Beweger» als ein – diesem absoluten Wissen entsprechendes – absolutes Sein angesehen werden muß. Doch durch die zweitausendjährige Entwicklung seit Aristoteles war etwas Neues entstanden. Das neue «absolute Wissen» war im menschlichen Selbstbewußtsein verankert.

Für Hegel und Fichte war der Idealismus die vorrangige Wissenschaft, wie es für Aristoteles die Theologie gewesen war. Dieser Idealismus war ihrer Auffassung nach ein objektiver Idealismus, das heißt, er handelte nicht nur von erkenntnistheoretischen Fragen, sondern von der Wirklichkeit. Hegel und Fichte erhoben den Anspruch, aufgrund der Voraussetzungslosigkeit des absoluten Wissens eine verbindliche Aussage über das Wesen der Wissenschaft getroffen zu haben.

Heute stellt fast niemand die Frage nach der Möglichkeit eines voraussetzungslosen Wissens. Wissenschaft wird durchgehend definiert als die gängige Wissenschaft, was ja einem Zirkelschluß nahekommt. Gemeint ist: Wissenschaft ist, was betrieben wird an den als wissenschaftlich anerkannten Institutionen. Eine immanente Berechtigung des Betriebs wird nicht nachgewiesen. Und dementsprechend ist heutige Wissenschaft charakterisiert durch die Tendenz zu einem ständigen Schwanken zwischen Dogmatismus und Relativismus bis hin zum Nihilismus.

Der Begründer der Geisteswissenschaft, wie sie in den Aufsätzen des vorliegenden Bandes verstanden wird, ist Rudolf Steiner. Er sprach nicht von Geisteswissenschaft, ohne einen Begriff von Wissenschaft entwickelt zu haben. Alle seine Jugendschriften beziehen sich auf diesen Begriff. Am wichtigsten ist die Dissertation, durch die er im Oktober 1891 in Rostock den Doktortitel erlangte und die er mit dem Titel *Wahrheit und Wissenschaft* als Buch veröffentlichte. In diesem Werk setzte er sich mit dem Problem der Voraussetzungslosigkeit und der Wissenschaftslehre Fichtes auseinander. Er kam zu der Überzeugung, daß die Voraussetzungslosigkeit erreicht werden könne. Wenn wir feststellen wollen, wo das Erkennen beginnt, dürfen wir nichts voraussetzen, was schon durch Erkenntnis geleistet worden ist. Den Weltinhalt, wie er vor dem Erkennen auftritt, nennt Rudolf Steiner «gegeben». Das Gegebene erscheint als eine Summe von zusammenhanglosen Einzelheiten. Es kann nichts als z. B. Ursache und Wirkung oder als subjektiv und objektiv bezeichnet werden, denn diese Prädikate sind schon durch eine Begriffsbildung entstanden.

Man könnte sagen, mit dieser Charakterisierung des Gegebenen hat Rudolf Steiner schon das vorweggenommen, was man in der postmodernen Philosophie Dekonstruktion nennt: Er gibt sich einem Auflösungsprozeß hin und schließt so allen Dogmatismus aus. Nur fragt sich dann, ob sich etwas finden läßt, was über das rein Subjektive hinausführt. Und Rudolf Steiner bejaht diese Frage. Im Gegebenen läßt sich etwas finden, was mehr als gegeben ist, etwas, was hervorgebracht wird.

Husserl hat sich lebenslang mit derselben Problematik beschäftigt. Seine Frage war, wie wir von dem Bewußtsein aus zu dem hinkommen könnten, was nun nicht mehr nur Bewußtsein, sondern Welt wäre. Aber Husserl hatte dabei den Begriff des Bewußtseins vorausgesetzt, ohne dessen Berechtigung auszuweisen. Rudolf Steiner aber geht in seiner Auffassung vom Gegebenen auch noch hinter die Unterscheidung von Subjekt und Objekt, von Bewußtsein und Sein zurück: «Für uns sind das Bewußtsein sowohl wie die ‹Ich›-Vorstellung zunächst nur Teile des Unmittelbar-Gegebenen, und welches Verhältnis die ersteren zu den letzteren haben, ist erst ein Ergebnis der Erkenntnis. Nicht vom Bewußtsein aus wollen wir das Erkennen bestimmen, sondern umgekehrt: vom Erkennen aus das Bewußtsein und das Verhältnis von Subjektivität und Objektivität.» (GA 3, S. 56)

Wenn wir das Verhältnis von Subjektivität und Objektivität so präzise darstellen können, werden wir entdecken, daß Begriffe und Ideen als zum Weltinhalt gehörend betrachtet werden müssen. Dies geschieht auf folgende Weise. Wir stellen ein erkenntnistheoretisches Postulat auf: «Es muß im Gebiete des Gegebenen etwas liegen, wo unsere Tätigkeit nicht im Leeren schwebt, wo der Inhalt der Welt selbst in diese Tätigkeit eingeht.» (GA 3, S. 57) Das Postulat besagt nicht, daß es dieses gibt, sondern nur, daß es das geben muß, wenn Erkenntnis zustande kommen können soll. Wir begeben uns auf die Suche, und es stellt sich heraus, daß wir das Gesuchte im Denken finden können. Das Denken ist uns insofern gegeben, als es für uns auftritt, aber es tritt so auf, daß wir es hervorbringen. Es ist nicht rätselvoll wie alles andere, was gegeben ist, sondern wir erteilen ihm selbst seine Bestimmungen. «Alles andere in unserem Weltbilde trägt eben einen solchen Charakter, daß es *gegeben* werden muß, wenn wir es erleben wollen, nur bei Begriffen und Ideen tritt noch das Umgekehrte ein: *wir müssen sie hervorbringen, wenn wir sie erleben wollen.* Nur die Begriffe und Ideen sind uns in der Form gegeben, die man die *intellektuelle Anschauung* genannt hat.» (GA 3, S. 60) «*Die Beschreibung des Denkens* ist zugleich die Wissenschaft des Denkens», heißt es bei Rudolf Steiner (GA 3, S. 63).

Es gibt heute Denker, die das Erkennen als soziologisch bedingt betrachten. Oder sie identifizieren die menschliche, natürliche Intelligenz mit der künstlichen Intelligenz. Erkenntnis besteht danach in Verknüpfung von Symbolen nach Regeln. Dazu ist zu sagen, daß die Symbole sich nicht von selbst verknüpfen. Die künstliche Intelligenz kann als durch die menschliche, natürliche entstanden betrachtet werden, nicht umgekehrt. Wir haben hier die Umkehrung dessen, was wir bei Aristoteles gefunden haben: Er fand das Göttliche in der Welt, weil es einen unbewegten Beweger geben müsse. Wir meinen, eingesehen zu haben, daß die Bewegung ohne Beweger stattfinden kann. Es kann jedoch kein Denken ohne einen tätigen Denker geben. Dieser tätige Denker ist aber in der Welt, und seine Tätigkeit ist eine geistige.

Gedankeninhalt wird hier als Weltinhalt betrachtet. Könnte es anders sein? Derjenige, der es verneint, muß es begründen. Derjenige, der es behauptet, beschreibt seine Erfahrung des Zusammenhanges zwischen dem, was er denkt, und dem, was zuerst als nur gegeben auftritt. Rudolf Steiner beschreibt diese Erfahrung folgendermaßen:

«Wäre in dem Weltinhalte von vornherein der Gedankeninhalt mit dem Gegebenen vereinigt, dann gäbe es kein Erkennen. Denn es könnte nirgends das Bedürfnis entstehen, über das Gegebene hinauszugehen. Würden wir aber mit dem Denken und in demselben allen Inhalt der Welt erzeugen, dann gäbe es ebensowenig ein Erkennen. Denn was wir selbst produzieren, brauchen wir nicht zu erkennen. Das Erkennen beruht also darauf, daß uns der Weltinhalt ursprünglich in einer Form gegeben ist, die unvollständig ist, die ihn nicht ganz enthält, sondern die außer dem, was sie unmittelbar darbietet, noch eine zweite wesentliche Seite hat. ... Was uns im Denken abgesondert erscheint, sind also nicht leere Formen, sondern eine Summe von Bestimmungen (Kategorien), die aber für den übrigen Weltinhalt Form sind. *Erst die durch die Erkenntnis gewonnene Gestalt des Weltinhaltes, in der beide aufgezeigte Seiten desselben vereinigt sind, kann* ***Wirklichkeit*** *genannt werden.*» (GA 3, S. 70)

Was Rudolf Steiner an dieser Stelle erkenntnistheoretisch auseinandersetzte, entwickelte er in einem größeren Zusammenhang wenige Jahre später in seiner *Philosophie der Freiheit,* in der er im Schlußteil, «Konsequenzen des Monismus», zu folgender Formulierung vorstieß: «Das gemeinsame Urwesen, das alle Menschen durchdringt, ergreift somit der Mensch in seinem Denken. Das mit dem Gedankeninhalt erfüllte Leben in der Wirklichkeit ist zugleich das Leben in Gott.» (GA 4, S. 250)

Kehren wir jetzt zu den anfangs erwähnten Problemen zurück: Gibt es eine verbindliche Wissenschaft, oder haben die Relativisten verschiedener Observanz recht? Wenn das hier Angedeutete aufrechterhalten werden kann, heißt das, daß es eine *Wahrheit* auf allen Gebieten des Daseins gibt, eine *Wahrheit*, die zusammenfassend alle Teilwahrheiten zusammenschließt und beleuchtet. Damit müßten auch die unterschiedlichsten wissenschaftlichen Richtungen produktiv zusammenarbeiten können. Wie entstehen aber die Konflikte, die es ja zur Genüge gibt?

Nehmen wir das Beispiel der Medizin: Oft wird gesagt, die anthroposophische Medizin bewahrheite ihre Ergebnisse nicht genügend. Hier braucht sich kein Streit zu entzünden. Die Statistik führt nie zu ideellen Einsichten. Sie kann zeigen, was ist, nicht aber, warum es ist. Diese letztere Frage will eine anthroposophische Forschung beantworten. Rudolf Steiner wollte die übliche Medizin ergänzen, er wollte nicht eine andere an deren Stelle setzen. Die Konflikte rühren überhaupt meistens daher, daß die sich streitenden Forscher Korrektes über *Verschiedenes* aussagen. Sie täuschen sich, wenn sie glauben, von demselben zu sprechen. Sie werden Dogmatiker wie Carl Sagan, der dezidiert als Dogmatiker hingestellt werden darf. Daß der Dogmatismus aufzugeben ist, bedeutet aber nicht, daß der verbindliche Wahrheitsbegriff aufgegeben werden muß, wie es die Relativisten vertreten. Diese behaupten ja, daß ihre relativistischen oder skeptischen Anschauungen wahr seien. Zwar habe ich Rorty erwähnt, der die Auffassung vertritt, daß er mit seinen Argumenten nicht überzeugen wolle. Er will aber korrekt verstanden sein und dadurch mit seinem Leser in einer gemeinsamen Gedankenwelt leben. Diesen inneren Widerspruch durchschaut er nicht, weil er die Realität der ideellen Welt nicht einsehen kann, er liegt aber implizit in seinen Ausführungen. Erlebter Idealismus führt dazu, daß jeder Dogmatismus aufgegeben und zugleich der Wahrheitsbegriff aufrechterhalten werden kann.

Einen grundsätzlichen Streit um Priorität oder Daseinsberechtigung zwischen den verschiedenen Wissenschaften kann es vor dem Hintergrund der beschriebenen idealistischen Auffassung vom Wesen der Wissenschaft nicht geben. Deshalb kann hier, in einem gewissen Sinne, auch keine Unterscheidung zwischen anthroposophischer und anderer Forschung gemacht werden. Man erforscht verschiedenes, muß aber am Ende zusammenkommen können. Es liegt in der Sache, daß alle Wissenschaft letztendlich die Realität des Geistes anerkennt, und zwar dadurch, daß der Schritt von der Begründung der Wissenschaften in den Objekten – in den Dingen, wie es Aristoteles ausdrückte – zu deren Begründung durch das erkennende Subjekt zur Entdeckung führt, daß das tätige Ich durch seine eigene Geistigkeit die Übereinstimmung mit der Wirklichkeit zu verbürgen hat. Wie für Aristoteles die Wissenschaft vom Sein überhaupt Metaphysik – und folgerichtig dann auch Theologie – war, muß die Erkenntniswissenschaft von heute Idealismus sein.

Rudolf Steiner sprach von Geisteswissenschaft. Seit Ende des vorigen Jahrhunderts werden die humanistischen Fächer als Geisteswissenschaften bezeichnet, im Plural. Der Idealismus Steiners wies die ideelle Seite in allem Sein nach: «Das Gewahrwerden der Idee in der Wirklichkeit ist die wahre Kommunion des Menschen.» (GA 1b, S. IV) Von da aus ist es möglich, den Schritt zu dem tätigen Geist, welcher im ganzen Kosmos wie im Menschen waltet, zu vollziehen. Über diesen Geist forscht die Geisteswissenschaft, im Singular.

Literatur

Aristoteles: *Metaphysik.* Philosophische Schriften, Bd. 5, nach der Übersetzung von Hermann von Bonitz, bearbeitet von Horst Seidl, Hamburg 1995.

Fichte, Immanuel Hermann (Hrsg.): *Fichtes Werke*, Band X, Nachgelassenes zur theoretischen Philosophie II, Berlin 1971.

Goethe, Johann Wolfgang: *Naturwissenschaftliche Schriften.* Mit Einleitungen, Fußnoten und Erläuterungen im Text hrsg. v. Rudolf Steiner, Bd. II: Zur Naturwissenschaft im Allgemeinen. Mineralogie und Geologie. Meteorologie. (1887), GA 1b, Dornach 1975.

Sagan, Carl: *The Demon-Haunted World. Science as a Candle in the Dark*, London 1996.

Steiner, Rudolf: *Wahrheit und Wissenschaft. Vorspiel einer ‹Philosophie der Freiheit›* (1892), GA 3, Dornach [5]1980.

– *Die Philosophie der Freiheit. Seelische Beobachtungsresultate nach naturwissenschaftlicher Methode* (1894), GA 4, Dornach [15]1987.

ARNOLD SUCKAU

Das Problem der Offenbarung zwischen Anthroposophie und Theologie

Man könnte meinen, daß Anthroposophie und Theologie sich gut verstehen müßten, weil beide vom Göttlich-Geistigen sprechen und dabei z. B. das christologische Thema behandeln. In Wirklichkeit ist die Verständigung schwierig. Noch immer ist es der Theologie natürlich, im Hinblick auf derartige Themen und ihre Bearbeitung das Monopol zu beanspruchen. Hinzu kommt die ungewohnte, als fremd empfundene Ausdrucksweise, vor allem aber der andersartige Ansatz und die andersartige Behandlung der Themen in der Anthroposophie. Das soll hier an dem Problem der Offenbarung aufgezeigt werden.

I.
Charakter der Anthroposophie

Es empfiehlt sich, so deutlich wie möglich den untheologischen Charakter der Anthroposophie ins Auge zu fassen. Der Mensch erfährt die Weltphänomene und verarbeitet sie in Rezeption und Gestaltung. Er versucht, ihre Zusammenhänge zu verstehen. Dabei kann er zu Grenzerlebnissen kommen, die von tieferen Rätseln zeugen, die undurchsichtig bleiben. Die Anthroposophie zeigt nun, wie dieselbe wissenschaftliche Haltung, die im Erkennen bis an die Grenzorte hingeführt hat, durch Erweckung von im Menschen verborgenen Erkenntniskräften weiter ausgestaltet werden kann. Ist diese Erweckung genügend ausgereift, so kann sich stufenweise etwas von dem offenbaren, was hinter den zunächst erfahrenen Erkenntnisgrenzen verborgen ist. Es genügt hier der Hinweis, daß Rudolf Steiner in der von ihm vertretenen Anthroposophie nicht nur ausführlich den Übungsweg, sondern auch dessen Prüfungen, mögliche Irrtumsquellen und Wahrheitskriterien dargestellt hat. Hat der Erforscher des Real-Geistigen die Aufgabe, von seinen Forschungen öffentlich Mitteilungen zu machen, so muß er die ihm zugänglich gewordenen und überprüften übersinnlichen Inhalte in solche Gedankenformen übersetzen, die im Prinzip jeder denkende Mensch, der von unbefangenem Wahrheitswillen erfüllt ist und sich als Sucher versteht, nachvollziehen kann. Dazu gehört, daß er sie in abwartender Seelenhaltung an die ihm erreichbaren direkten und indirekten (durch Wissensvermittlung und Tradition) Erfahrungen des Lebens heranträgt. Langsam wird er zum Miterkenner der den Phänomenen zugrundeliegenden geistigen Welt. Immerhin steht er damit im Vorraum der Geistesforschung.

Ich möchte auf drei mir wichtig erscheinende Merkmale dieses Weges in die geistige Welt aufmerksam machen.

Das erste ist die Unabhängigkeit von jeder Tradition in dem Sinne, daß er nur mit den Bedingungen des gegenwärtigen Geisteslebens zu tun hat, also an keine religiösen Vorstellungsinhalte als Vorgaben gebunden ist.

Das zweite liegt in dem gradweisen Aufstieg in die verborgenen Hintergründe der gegebenen Welt, wie es Rudolf Steiner schon in der ersten Vorrede zu seinem Buch *Theosophie* ausspricht:

«Wer in diesem Buche nach den ‹allerletzten› Wahrheiten sucht, wird es vielleicht unbefriedigt aus der Hand legen. Es sollten eben aus dem Gesamtgebiete der Geisteswissenschaft zunächst die *Grundwahrheiten* gegeben werden. Es liegt ja gewiß in der Natur des Menschen, gleich nach Anfang und Ende der Welt, nach dem Zwecke des Daseins und nach der Wesenheit Gottes zu fragen. Wer aber nicht Worte und Begriffe für den *Verstand*, sondern wirkliche Erkenntnisse für das Leben im Sinne hat, der weiß, daß er in einer Schrift, die vom Anfange der Geist-Erkenntnis handelt, nicht Dinge sagen *darf*, die den höheren Stufen der Weisheit angehören. Es wird ja durch das Verständnis dieses Anfanges erst klar, wie höhere Fragen gestellt werden sollen.» (GA 9, S. 13)

Das dritte beruht darauf, daß ein Abgrund die Art der übersinnlichen Erfahrung von der Art der sinnlichen und vom Verstand verarbeiteten Erfahrung trennt, auf den das Wort von der «Schwelle» und ihrem Hüter hindeutet. Beachtet man das nicht, setzt man sich der Gefahr aus, die Geistesforschung quasi respektlos zu entqualifizieren.

Die höheren Gebiete der Anthroposophie sind es vor allem, die sich mit den Gegenständen der Theologie berühren. Bevor die Art, wie die Theologie diese behandelt, umrissen werden soll, wollen wir vorher untersuchen, wie differenziert Rudolf Steiner, positiv und negativ, von Offenbarung spricht.

2.
Die Differenzierung des Offenbarungsbegriffs bei Rudolf Steiner

Wir wollen davon absehen, daß das Wort «offenbaren» auch in neutraler Sprachanwendung benutzt wird. Gemeint ist dann, daß etwas in den Horizont des Bewußtseins eintritt, was ihm vorher nicht gegeben war. Verborgenes wird offenbar. Wir reden so von Sinnesoffenbarung: die Welt wird dem Menschen zunächst durch seine Sinne bewußt. Ähnlich kann ihm durch seine «geistigen Sinne», soweit sie entwickelt sind, eine geistige Welt bewußt werden; auch sie offenbart sich dem Menschen in dieser allgemeinen Bedeutung des Wortes.

Im eigentlichen und relativen Sinne behandelt Rudolf Steiner die Offenbarung sowohl negativ wie positiv. Er lehnt die Offenbarung ab, wo er vom «Dogma der Offenbarung» spricht. Hier gehören Jenseitigkeit, Offenbarung und Glaube als Glieder einer Trias zusammen.

«Es gibt ein zweifaches Dogma. Das *Dogma der Offenbarung* und jenes der *Erfahrung*. Das erste überliefert dem Menschen auf irgendwelche Weise Wahrheiten über Dinge, die seinem Gesichtskreis entzogen sind. Er hat keine Einsicht in die Welt, der die Behauptungen entspringen. Er muß an die Wahrheit derselben *glauben*, er kann an die Gründe nicht herankommen. Ganz ähnlich verhält es sich mit dem *Dogma der Erfahrung*. Ist jemand der Ansicht, daß man bei der bloßen, reinen Erfahrung stehenbleiben soll und nur deren Veränderungen beobachten kann, ohne zu den bewirkenden Kräften vorzudringen, so stellt er ebenfalls über die Welt Behauptungen auf, zu deren Gründen er keinen Zugang hat.» (GA 2, S. 83)

Ähnliches findet man in den *Einleitungen zu Goethes Naturwissenschaftlichen Schriften* (GA 1, S. 176f.). Ist das mit Offenbarung gemeint, so werden die «Offenbarungsreligionen» abgewiesen.

Bei einem nächsten Schritt wird darauf aufmerksam gemacht, daß dem Dogma der Offenbarung spirituelle Inhalte zugrunde liegen können, die prinzipiell – bei entsprechenden Bedingungen – dem Menschen zugänglich werden können und in der Vergangenheit einigen Menschen «auf natürliche Weise» zugänglich geworden sind, die aber in späterer Zeit zur übernatürlichen Offenbarung und damit zugleich als abgeschlossen erklärt wurden. Natürlich bedeutet dabei nur den Gegensatz zu übernatürlich. «In Wahrheit stammt aller Glaubensinhalt aus einer irgend einmal gemachten inneren menschlichen Erfahrung. Er wird dann, seinem äußerlichen Gehalte nach, aufbewahrt, ohne das Bewußtsein, wie er erworben ist. Es wird von ihm behauptet, er sei durch übernatürliche Offenbarung in die Welt gekommen.» (Steiner, GA 7, S. 84)

Wir haben es bei einer so verstandenen Offenbarung also mit einer Umdeutung zu tun. Der Mensch wird damit an die Institution gebunden, die den Offenbarungsinhalt verwaltet und allein vermittelt. Von einer solchen Umdeutung muß nun das folgende unterschieden werden.

Wenn es auch die Möglichkeit gibt, ein höheres Bewußtsein zu entwikkeln und darin zu einem unmittelbaren Wissen von den Inhalten der göttlich-geistigen Welt zu kommen, so ist diese Möglichkeit für die meisten Menschen faktisch nicht realisierbar. Das Erdenbewußtsein hat dazu keinen Zugang. Ihm kann der Inhalt des höheren Bewußtseins als Offenbarung übereignet werden. Offenbarung wird jetzt positiv gewertet.

«Daraus ersehen Sie, daß der Mensch jedenfalls, wenn er in diesem Erdenbewußtsein steht, den göttlichen Weltengrund außerhalb dieses Erdenbewußtseins denken muß. Und dieses Denken des Weltengrundes außerhalb des Erdenbewußtseins macht notwendig, daß der Mensch durch sein eigenes Bewußtsein, also durch dieses Bewußtsein, welches sein Ich in sich schließt, von dem Weltengrunde zunächst überhaupt nichts wissen kann. Dieser Umstand hat selbstverständlich auch immer bewirkt, daß es notwendig war, daß zu dem gewöhnlichen Erdenbewußtsein die Dinge vom Weltengrund nicht durch eine Anstrengung dieses Erdenbewußtseins gekommen sind, sondern durch das, was man Offenbarung nennt. Die Offenbarungen, insbesondere die religiösen Offenbarungen, sind immer dem Menschen gegeben worden aus dem einfachen Grunde, weil er sie innerhalb des eigenen Bewußtseins, insofern dieses Bewußtsein das Erdenbewußtsein ist, nicht finden kann. Daher muß der Mensch, wenn er zu dem Urgrunde ein Verhältnis gewinnen will, sich über das Wesen dieses Urgrundes aufklären lassen, eine Offenbarung empfangen. Das ist ja auch immer geschehen in der ganzen Entwickelung der Menschheit.» (Steiner, 6.6.1912, GA 137, S. 67f.)

Die Religionsstifter sind für das Gros der Menschheit die Offenbarer. Sie sind die initiierten Repräsentanten des höheren Bewußtseins oder deren Beauftragte. Mit ihrem Wirken als Offenbarer ist in der Regel eine Umsetzung, eine Übersetzung der Initiationserfahrungen in eine populäre, gruppenwirksame Gestalt verbunden (Steiner, 27.8.1912, GA 138, S. 44f.).

Eine nächste Gestalt der Offenbarung erscheint verbunden mit dem Zustandekommen der übersinnlichen Erfahrung selber. Kann man für den Initiierten selbst von Offenbarung sprechen? Man muß es sogar, denn seine Erfahrungen kommen ohne den Offenbarungswillen der geistigen Welt nicht zustande. Deutlich spricht sich Rudolf Steiner darüber aus:

«Die Arbeit des Geistesforschers an der eigenen Seele, die ihm die Fähigkeit des geistigen Schauens gibt, geht dahin, *eben diese Fähigkeit* zu erwerben. Ob er dann in einem einzelnen Falle etwas in der geistigen Welt wahrnimmt und *was* er wahrnimmt, das hängt nicht von ihm ab. Das fließt ihm zu als *eine Gabe* aus der geistigen Welt. Er kann sie nicht erzwingen, er muß warten, bis sie ihm wird. *Seine Absicht*, die Wahrnehmung herbeizuführen, kann nie zu den Ursachen des Eintreffens dieser Wahrnehmung gehören. ... Die geistige Welt aber läßt sich nicht befehlen.» (GA 9, S. 204f.)

Allerdings sollte dieser Offenbarungswille der geistigen Welt nicht einfach als Willkür nach anthropomorphem Modell vorgestellt werden. Die Erfahrung lehrt, daß sich der Geistesschüler auf den Grundsatz verlassen kann: Es wird mir werden, was mir werden soll. Damit ist der Offenbarungsbegriff in die Nähe des Gnadenbegriffs gerückt.

«Und jeder Okkultist ist sich heute darüber klar, daß dieser Begriff der Gnade zu seiner inneren Lebenspraxis in einem ganz besonderen Grade gehören muß. ... Denn da gibt es ein goldenes Wort gerade für den okkult Forschenden: Geduld haben und warten, bis nicht wir die Wahrheiten erfassen wollen durch uns, sondern bis sie zu uns kommen.» (Steiner, 8.10.1911, GA 131, S.104)

Allerdings ist die geistige Welt nicht von einheitlicher Beschaffenheit; und Wesen, die dem Guten entgegenwirken, können auch etwas offenbaren wollen. Sie wirken aber auf die menschlichen Schwächen ein und zeigen infolge unreifer Vorbereitung den geistigen Inhalt in verzerrter Gestalt.

Innerhalb der Offenbarungssphäre, die zuletzt und positiv behandelt worden ist, gibt es nun noch Stufen. Sie entsprechen den Stufen der höheren Erkenntnis, die die Anthroposophie in Imagination, Inspiration und Intuition in ihrer Entfaltung bespricht. Die Imagination kann mit der Außenseite der Geistwelt verglichen werden. Je mehr sich innerhalb der Geistwelt deren eigentliches, wesenhaftes Inneres erschließt, um so deutlicher und eindringlicher wird der Gnadencharakter der Offenbarung.

In einer nochmals besonderen, herausgehobenen Weise kommt Rudolf Steiner in dem Vortrag am 16.10.1916 (Autoreferat in GA 35, S. 263) auf den

Offenbarungsbegriff zu sprechen. Er geht von der Tatsache aus, daß niemand die Ereignisse seiner frühen Kindheit anders als durch Mitteilung anderer Menschen erfahren kann, insofern sie in sinnlich wahrnehmbaren Vorgängen bestehen. Dann fährt er fort:

«Auf einem höheren Gebiet sind die von Thomas von Aquino als Glaubenswahrheiten anerkannten solche, welche sich auf Vorgänge beziehen, die einer auf sich selbst gestellten menschlichen Erkenntnis deshalb nicht zugänglich sind, weil sie in einem Bereiche liegen, der sich dem gewöhnlichen Erleben entzieht, und der ebenso, wie die dem physischen Dasein angehörigen Vorgänge in den Jahren nach der Geburt, in seiner unmittelbaren Form nicht in das Feld geistigen Schauens fällt. Wie jene physischen Vorgänge nur durch Mitteilung von Menschen empfangen werden, so auch die Vorgänge, die den Glaubenswahrheiten entsprechen, nur durch Mitteilung (Offenbarung) aus dem geistigen Gebiet.»

Allerdings kann der Geistesforscher diese Mitteilungen geistiger Wesen unmittelbar empfangen und nicht nur aus der Traditionsgemeinschaft der Kirche. Dadurch erlangen sie für ihn, zusammen mit den Bedingungen und Kriterien seiner Geistesschulung, einen unmittelbaren Erkenntnischarakter. Mit seiner Bewußtseinsverfassung steht er jenseits der Schwelle.

3. *Offenbarung in der Anthroposophie*

Indem Geisterkenntnis nur dadurch zustande kommen kann, daß die geistige Welt nicht nur Objekt, sondern zugleich Subjekt der entstehenden Erkenntnis ist, kann mit vollem Recht von Offenbarung innerhalb der Anthroposophie gesprochen werden. Anders ausgedrückt: Anthroposophie ist auf Offenbarung in diesem – aber auch nur in diesem Sinne – angewiesen. Offenbarung ist die andere Seite der Erkenntnis. In abgeschwächter, provisorischer, aber dadurch nicht unwirklicher Form setzt sich diese Tatsache fort, wenn die in Gedankenform vorliegende Anthroposophie nicht zu bloßer Information gelesen, sondern in ernsthaftem Studium durch den Sucher nach Geisterkenntnis wirklich angeeignet wird.

4.
Charakter der Theologie

Christliche Theologie – mit ihr haben wir es hier vor allem zu tun – kann umrissen werden als methodisch geregelte, systematische Reflexion über den Inhalt des christlichen Glaubens. Sie geht von dessen vortheologischer Gestalt in einer der christlichen Religionsgemeinschaften (Kirchen) aus, in der er durch den Gang der Geschichte sich ausgeformt hat und bis in die Gegenwart hinaufgelangt ist. In der Regel ist es die Gemeinschaft, in der der Theologe selber von Kindheit an aufgewachsen ist oder die er später als seine religiöse Heimat empfunden hat. In jedem Fall entstammt der darin gepflegte christliche Inhalt der Tradition, auch wenn er für den einzelnen an dem religiösen Milieu neu aktualisiert wird.

Von Religionswissenschaft würde man dagegen sprechen, wenn jemand nicht seinen Glauben (in Theorie und Praxis) reflektieren, sondern neutral und ungebunden irgendeinen Glauben untersuchen will. Die Theologie behandelt, Erkenntnis suchend, einen vorgegebenen und in der Regel auch mehr oder weniger bejahten Inhalt.

5.
Der Offenbarungsbegriff in der Theologie

Von Offenbarung wird in älterer und neuerer Theologie sehr unterschiedlich gesprochen. Nehmen wir den zentralen Inhalt von Gestalt und Werk des Christus Jesus. Nach den Evangelien und dem späteren Credo (oder seinen früheren Ansätzen) haben wir es nicht nur mit einem Menschen zu tun, der verkündigend, lehrend, heilend und seine Jünger unterweisend auftrat, um dann auf Anstiften seiner Gegner von den Römern gekreuzigt zu werden und so die Identität seiner Botschaft mit seinem Leben zu besiegeln. Sondern durchzogen und getragen ist seine sinnlich wahrnehmbare Lebensgestalt von einer Reihe von übersinnlich offenbar werdenden göttlich-geistigen Ereignissen. Nur in Einheit mit ihnen ist er nicht bloß der geschichtliche Jesus, sondern der Christus Jesus. Die spirituellen Ereignisse und Dimensionen, die mit diesem Leben verwoben sind, werden einigen Menschen offenbar gemacht. So antwortet Petrus auf die Frage: «Für wen haltet ihr mich?» mit: «Du bist der Christus» und nach Matthäus wird ihm gesagt: «Fleisch und Blut haben dir das nicht geoffenbart, sondern mein Vater in den Himmeln.» Drei Jünger erfahren seine Lichtgestalt auf dem Berge der Verklärung, daneben die Geistgestalten von Moses und Elias, und es wird ausdrücklich auf das Schauen der drei Jünger hingewiesen. Die Reihe solcher Erfahrungen mündet dann in die Erlebnisse mit dem Christus nach der Auferstehung. Das alles wurde als Offenbarung aufgefaßt, die die Jünger instand setzte, nachher von der Zentralgestalt des Christentums anders zu sprechen, als es ohne diese Offenbarung möglich gewesen wäre. Im Zusammenhang mit diesen höheren Erfahrungen hatte sich ihr Glaube nach und nach entfaltet.

Man muß zweierlei unterscheiden. Wenn man sagt: «Gott hat sich in Jesus Christus geoffenbart», so hat man gleichsam die «Sache» selber im Auge, das schöpferische Hervorbringen der Heilstatsache. Vielleicht sollte man dann von «Offenbarung im Sein» sprechen, von manifestierender Produktion analog zur Schöpfung etwa. Im Kontext dieser Arbeit ist Offenbarung anders gemeint, als «Offenbarung im Bewußtsein», wodurch Menschen aus erster Hand über die Tatsache der Schöpfung, die gottgewirkte Erscheinung des Christus Jesus, seine wirkliche Auferstehung usw., kurz über die «Offenbarung im Sein» im erhöhten menschlichen Bewußtsein erleuchtet werden.

Diese Art von Offenbarung hat man auch immer gemeint, wenn man sagte, daß sie mit dem Tode des letzten Apostels abgeschlossen sei – was allerdings eine kirchliche Setzung und nicht eine Tatsache war. Diese «Offenbarung im Bewußtsein» haben einige christliche Kirchen im eingeschränkten, marginalen Sinne als «Privatoffenbarungen» sich fortsetzend anerkannt. Die übersinnlichen Tatsachen, die den Inhalt der Offenbarung bilden und sich im wesentlichen auf die Zentralgestalt des Christentums beziehen, bildeten das *depositum fidei*. Sie wollten natürlich nicht interessante Informationen aus der sonst verborgenen Seite der Wirklichkeit sein, sondern waren eingefaßt und durchdrungen von der Selbsterschließung des göttlichen Wesens, das den Menschen durch die Ereignisse zur Zeitenwende in Palästina in die intime «mystische» Gemeinschaft mit ihm selber und dadurch zur Mitarbeit an der kosmischen Zukunft führen will.

Die ältere Theologie hatte die Offenbarung als eine im wesentlichen abgeschlossene Ausnahme betrachtet, die der christlichen Religion die Kenntnis ihres Inhalts bescherte, aber nicht weiter nötig war, weil der Inhalt jetzt übergeben und durch Tradition nur noch zu bewahren und der ihn aktualisierenden religiösen Praxis als vorgegeben zu empfehlen bzw. aufzuerlegen war. Die neuere Theologie hingegen bringt die Tendenz heraus, den Offenbarungsinhalt umzudeuten. Die moderne Kritik und das geschichtliche Denken der Neuzeit beginnen, der Offenbarung skeptisch gegenüberzustehen. Mehr oder weniger setzt die «Entmythologisierung» ein. Gott wird aus der reichen und gestuften übersinnlichen Tatsachenwelt («die Himmel») herausabstrahiert und in seiner nun überbetonten reinen Personalität nur noch tangentiell, nicht substantiell-inkarnatorisch mit dem geschichtlichen Ablauf des Lebens Jesu in Zusammenhang gebracht. Aus dem weltdurchwaltenden Logos, der in Jesus Mensch geworden ist, ist das Wort geworden, das uns Gott durch das Mittel des Lebens Jesu hindurch zu sagen hat. Darin soll die Offenbarung bestehen. Manche Theologien enthalten auch Mischformen älteren und neueren Offenbarungsverständnisses.

Die sich zeitgenössisch-ehrlich empfindende Reduktion der Offenbarung kann aber noch weitergehen. Fällt der außerweltlich real vorgestellte Gott als Festpunkt weg, dann kann man statt Offenbarung nur noch von Deutungen sprechen, mit denen Menschen auf geschichtliche Ereignisse wie das Auftreten Jesu antworten. Damals wie heute. In die Deutungskonzepte gehen dann als Material die Hoffnungsbilder der jeweiligen Zeiten und Kulturen ein.

Die Frage, was denn nun wirklich über die subjektiven Reaktionen hinaus der metaphysische göttliche Anteil an dem historischen Jesus war, wird schließlich agnostisch als kurioser Restbestand eines abergläubischen Bewußtseins angesehen.

Will sich die Theologie nicht eines Tages in psycho-soziale Kulturanalyse zur Daseinsbewältigung auflösen, so muß der Offenbarungsbegriff in neuer Weise ernst genommen werden. Dazu kann Anthroposophie einen Beitrag leisten.

6.
Offenbarung und vorbereitende Schulung

Ein neues Problem tritt zwischen Anthroposophie und Theologie auf, wenn letztere Offenbarung noch oder wieder ernst nehmen will. In der Anthroposophie ist Offenbarung mit einem durch Schulung gradweise vorbereiteten Bewußtsein verbunden, durch das sie dann den Erkenntnischarakter erhält. Das tritt bei den Offenbarungen durch Berufung in der Religionsgeschichte zurück oder scheint gar nicht vorausgesetzt zu werden. Nun ist der Tatbestand bei den mehr östlichen Religionen wie Buddhismus und Hinduismus offensichtlich anders, aber gegenüber dem Alten und Neuen Testament könnte man zunächst so denken. Zwar gibt es im Alten Testament den Hinweis auf die Prophetenschulen. Aber gerade bei den großen Gestalten könnte der Eindruck entstehen, daß die göttliche Berufung eine systematische Ausbildung als irrelevant oder gar unangemessen behandelt. Ist es unmöglich zu denken, daß die Offenbarungsschriften der westlichen Religionen von vornherein so konzipiert sind, daß die nicht ausgeschlossene spirituelle Schulung im unbeleuchteten Hintergrund bleibt? Oder daß Hindeutungen auf solche Schulung nicht ohne weiteres in dem Gesagten erkannt werden können? Etwa bei der Differenzierung des Jüngerkreises Jesu in 12 und 3? Aber auch das kann – allerdings ganz untraditionell – erwogen werden, daß eine reguläre Schulung in der Vergangenheit vorangegangen war, ihre Früchte latent in der Gegenwart vorhanden sind und bei geeigneter Gelegenheit aufbrechen.

Man denke an Lazarus im Hinblick auf die anregende Vorstellung, seine Erweckung wäre keine bloße Totenerweckung, sondern eine Initiation gewesen. So deutet Rudolf Steiner die geheimnisvolle Szene in der Mitte des Johannesevangeliums schon 1902 in seinem Buch *Das Christentum als mystische Tatsache*. Folgen wir ihm, so gipfelten die im Hintergrund der Volksreligionen stehenden Mysterien des Altertums in dem Ereignis, daß der Einweihungskandidat nach langer Vorbereitung künstlich in einen todähnlichen Zustand versetzt wurde, aus dem er nach drei Tagen als Zeuge der geistigen Welt erweckt wurde. Während der authentische Verlauf der Einweihung geheimgehalten wurde, drangen in die Außenwelt nur bildhafte Erzählungen davon und wurden zu dem Legendenkranz um die großen Eingeweihten verarbeitet. Bei Lazarus hätte dann ein außergewöhnliches Schicksal die Prozeduren der Mysterienstätten ersetzt. So wurde der intime Freund des Christus Jesus in dessen tiefere Intentionen eingeführt.

Außerdem war welthistorisch eine Abenddämmerung für alte Schulungsmethoden an der Zeitenwende eingetreten, während wir heute in der Morgendämmerung für moderne Geistesschulung stehen. Man sollte diese ganze Frage mehr in fruchtbarer Beweglichkeit halten, gegen die Tendenzen der Abstraktion und des «entweder – oder», zu denen die Theologie neigt.

7.
Hinweis auf ein praktisches Beispiel

Die Heiligen Schriften sollen an der Stelle, an der sie stehen, unmittelbar dem religiösen Leben dienen. Sie sind Zeugnisse des Geistes, aber sie wollen nicht systematisch das Gebiet beschreiben, aus dem die in ihnen selbst enthaltenen Ereignisse stammen. Dadurch entfalten sie gerade die ihnen spezifische Wirksamkeit.

Anders die Anthroposophie. Sie ist als Initiationswissenschaft auch Offenbarungswissenschaft – wenn der ungewohnte Ausdruck einmal, im sachlichen obigen Kontext, gebraucht werden darf. Das mit der Einschränkung, die Rudolf Steiner machte: soweit es heute Menschen möglich ist, in das Gebiet des Übersinnlichen forschend einzutreten. Das unermeßlich Überragende und Unausschöpfliche der geistigen Welt und ihrer Gottesperspektive stand ihm immer vor Augen.

Als ein gelungenes Beispiel konkreter Anwendung von Offenbarungsvorgängen aus anthroposophischer Sicht auf die biblische Geschichte sei die Arbeit «Die Verklärung auf dem Berge» von Rudolf Frieling angeführt. Diese Szene der synoptischen Evangelien ist in besonders deutlicher Weise durch das Hereinspielen des Übersinnlichen charakterisiert, was Rudolf Frieling in allen Details aufzeigt. Die höheren Bewußtseinsstufen der Imagination und Inspiration, die in der Anthroposophie zu den Erkenntnisquellen gehören und entsprechend abgehandelt werden, zieht er als Arbeitshypothesen für den Ansatz der Untersuchung heran. «Durch eine solche Betrachtungsweise geschieht dem Bedürfnis nach ‹Interpretation› Genüge, das in der Entmythologisierungstheologie laut geworden ist. Dieses Bedürfnis kann als tief berechtigt anerkannt werden. Nur daß wir in dem Bemühen, das Neue Testament mit Hilfe einer abstrakten Philosophie (Existentialismus) zu interpretieren, einen Versuch mit untauglichen Mitteln erblikken müssen.» (S. 188) Durch eine Sachkenntnis, die das Übersinnliche einbezieht, tritt erst zutage, was der Text wirklich sagen will.

Während Rudolf Steiner als Geisteslehrer die Aufgabe hatte, in die großen okkulten Zusammenhänge, in Verbindung und Ergänzung der seit der Neuzeit schon etablierten Wissenschaften, einzuführen, und dieses *auch* anhand der religiösen Urkunden tat, sehen Rudolf Frieling und andere anthroposophisch interessierte Theologen ihre Aufgabe darin, mit Hilfe der anthroposophischen Beleuchtung sich auf die Offenbarungsgeschichten der Bibel zu konzentrieren und deren Eigenwirksamkeiten vor den Augen des Lesers erstehen zu lassen. Sie versuchen zu zeigen, wie Anthroposophie, die nicht Theologie, sondern Geistesforschung ist, mit dem Gebiet der Theologie konkret und praktisch ins Gespräch kommen kann.

Literatur

Bock, Emil: *Das Evangelium. Betrachtungen zum Neuen Testament,* Stuttgart [2]1995.

– *Die drei Jahre.* Beiträge zur Geistesgeschichte der Menschheit, Bd. 6, Stuttgart 1981.

– *Paulus.* Beiträge zur Geistesgeschichte der Menschheit, Bd. 7, Stuttgart 1981.

Frieling, Rudolf: *Gesammelte Schriften zum Alten und Neuen Testament.* Studien zum Neuen Testament, Bd. IV, Stuttgart 1986.

Kelber, Wilhelm: *Die Logoslehre. Von Heraklit bis Origines*, Stuttgart 1976.

Rau, Christoph: *Das Matthäus-Evangelium. Entstehung – Gestalt – Essenischer Einfluß*, Stuttgart 1976.

Steiner, Rudolf: *Einleitungen zu Goethes Naturwissenschaftlichen Schriften* (1884-1897), GA 1, Dornach 1975.

– *Grundlinien einer Erkenntnistheorie der Goetheschen Weltanschauung* (1886), GA 2, Dornach [7]1979.

– *Die Mystik im Aufgange des neuzeitlichen Geisteslebens* (1901), GA 7, Dornach 1987.

– *Das Christentum als mystische Tatsache und die Mysterien des Altertums*, GA 8, Dornach [9]1989.

– *Theosophie. Einführung in übersinnliche Welterkenntnis und Menschenbestimmung* (1904), GA 9, Dornach [31]1987.

– *Philosophie und Anthroposophie. Gesammelte Aufsätze 1904-1923*, GA 35, Dornach [2]1984.

– *Von Jesus zu Christus*, GA 131, Dornach 1982.

– *Der Mensch im Lichte von Okkultismus, Theosophie und Philosophie*, GA 137, Dornach [5]1993.

– *Von der Initiation. Von Ewigkeit und Augenblick. Von Geisteslicht und Lebensdunkel*, GA 138, Dornach [4]1986.

Wagner, Reinhard: *Die Gnosis von Alexandria. Eine Frage des frühen Christentums an die Gegenwart*, Stuttgart 1968.

STEFAN LEBER

Anthroposophische Forschung im Bereich der Sozialwissenschaft

I. *Anmerkung zur Methodik*

In der Sozialwissenschaft muß das Erkenntnisobjekt in einem weit größeren Umfang als in anderen Bereichen des Daseins vom Wissenschaftler selbst erst gestaltet werden, ehe es zum Gegenstand der Betrachtung werden kann, weshalb das naturwissenschaftliche Denken für die sozialen Probleme ungeeignet ist (Steiner, 31.1.1919, GA 188, S. 208). Denn es ist nicht – wie ein Fels, eine Pflanze oder ein Tier – auch ohne den Betrachter da. Zwar gilt auch für sie, wie für jede Wissenschaft, daß es vorab etwas Vorfindliches geben muß, dessen sich das verstehende Bewußtsein dann bemächtigt. Doch wenn es die Geologie mit Grundgebirgen oder Ablagerungsschichten zu tun hat, die Physik mit meßbaren Quanten und Wechselwirkungen, die Chemie mit Stoffen, so ist das soziale Substrat, also das, was zunächst zwischen Menschen spielt, ein huschendes, zeitliches und dazu höchst vergängliches Phänomen, entscheidend an die Aufmerksamkeitskraft des Betrachters gebunden. Selbst das zarte Phänomen des Regenbogens wiederholt sich. In gleichem Sinn ist eine Reproduzierbarkeit sozialer Abläufe ausgeschlossen. Diese Unschärfe kann mit dem Verfahren der Typologiebildung ausgeglichen werden. Man könnte geneigt sein, das Vorhandene mit den Utensilien oder dem Material zu vergleichen, mit dem der Maler oder Plastiker ans Werk geht. So geht der Erkennende mit den sozialen Phänomenen um, indem er sie im Erkenntnisvorgang gestaltet, gruppiert und verstehend beschreibt. Darin ist Sozialwissenschaft wohl mit den Wissenschaften des Lebendigen am stärksten verwandt. Und doch unterscheidet sie Tatbestände und Zusammenhänge nicht nur danach, wie sie sind, weil es in der Sozialwissenschaft nicht angeht, allein bei der verständigen und verstehenden Beschreibung stehenzubleiben, sondern in ihre Erkenntnisbildung fließt immer auch die Aufforderung mit ein, wir sagen es schlicht:

etwas zu tun. Wenn in der Naturwissenschaft – typologisch betrachtet – zwei unterschiedliche Haltungen vorkommen, nämlich einerseits die scharfe Beobachtung und Durchdringung des erworbenen Materials (Daten), um mit Verstand und Vernunft die zugrundeliegenden Gesetze aufzudekken, und andererseits systematische Experimentalveranstaltungen, um «mit Hebel und mit Zangen» der Natur ihre Geheimnisse abzutrotzen, dann ist dies eigentlich schon Technologie. Freilich: in der Wirklichkeit fließen die beiden Typen fortdauernd ineinander. In der Sozialwissenschaft ist die «Technologie», das Handeln, ebenso gewichtig wie das Erkennen. Keine Erkenntnis hat Wert, die nicht zum Handeln drängen würde, denn in der Erzeugung der Phänomene des Sozialen liegt immer auch ein gestalterisches Moment derart, daß im Ergreifen des Vorhandenen für den Verstehenden ein Aufforderungscharakter sichtbar wird, was zu ändern sei. Diese Dimension will ich mit Rudolf Steiner als das *Sein-Sollende* (Steiner, GA 23, S. 95) bezeichnen, das der Sozialwissenschaft eignet.

Hinzu kommt dann in der sozialen Welt ein weiterer Tatbestand: Die einzelne Erscheinung ist in eine Zeitlichkeit eingeordnet, die unwiederholbar, einzigartig ist, anders ausgedrückt, jede Erscheinung hat ihre Zeit. Darin drückt sich der Mensch in seiner Historizität aus. Was heute, wenn auch nicht ohne Zerrung und Dehnung, möglich ist, etwa aus einer Partnerschaft, die beiden nichts mehr bringt, «auszusteigen» oder sie, ehe sie festere Formen annimmt, einmal «durchzutesten», wäre zu Beginn des Jahrhunderts nicht in gleichem Maße möglich gewesen; das soziologisch wie pädagogisch auffällige Phänomen der Scheidungswaisen war unbekannt. Dies verdeutlicht, daß der einzelne in seinen Bestrebungen und Absichten stark durch den Geist der ihn umgebenden Kultur geprägt ist, daß dieser Geist, ob er nun der einer Gemeinschaft, der betreffenden Kultur, etwa der der Moderne, der Renaissance oder des Mittelalters ist, eine im höchsten Maße in der sozialen Welt wirkende Realität darstellt. Nun kann dieser Geist durchaus so interpretiert werden, daß er gleichsam die Resultante dessen darstellt, was zwischen den Menschen zur jeweiligen Zeit lebt. Dann bildet er eine Art Rest dessen, was aus den Einzeleinstellungen oder gemeinsamen Grundüberzeugungen übrigbleibt und nicht weiter auf einzelne zurückgeführt werden kann. Aber der Geist kann auch so verstanden werden, daß er tatsächlich eine eigene Entität oder Substanz darstellt. Und davon geht die Anthroposophie aus. Diese Substanz ist nicht allgemein, sondern durchaus wesenhaft, das heißt, in den sozialen gemeinsamen Anschauungen lebt inspirierend und gestaltend jeweils ein geistiges Wesen, anregend, impulsierend oder auch erhaltend. Dieses gilt es zu erkennen. Dabei geht es nicht nur darum, daß festgestellt wird, es wirke ein allgemein Geistiges, sondern daß auch dessen spezifische Qualität erfaßt werde. In der Anthroposophie ist Geist nichts Einheitliches, sondern er weist durchaus unterschiedliche Züge auf: die des Voranschreitens, des «Fälligen», des Retardierens oder Regredierens oder des Akzelerierens, stürmisch, oft auch illusionär Vorwärtsdrängens. Dafür prägte Rudolf Steiner auch sprechende Namen. Dies gehört jedoch zu einem eher fortgeschrittenen Bereich der Forschung, der seiner Natur nach eher tastend als feststellend ist. Im folgenden bewegen wir uns vornehmlich auf der Ebene des Sein-Sollenden, in dem sich wohl auch die genannte Geistigkeit ausdrückt. Wenn im Neuen Testament von dem heilenden Geist gesprochen wird, dann heißt die Verkündigung: «Wenn zwei oder drei in meinem Namen beieinander sind, dann bin ich mitten unter ihnen». Das verdeutlicht, daß zum Voranschreiten der menschliche Wille und die Kenntnis der verschiedenen Geistigkeiten notwendig sind, denn sonst stellt sich nur der Ungeist ein.

Zunächst gilt es jedoch die methodischen und inhaltlichen Anregungen zu berücksichtigen, wie sie Rudolf Steiner, der Begründer der Anthroposophie, gab.

2.
Rudolf Steiners Forschungsleistung

Die anthroposophische Sozialwissenschaft basiert auf der von Rudolf Steiner entwickelten Methodologie, die sich ihrerseits wieder an Johann Wolfgang von Goethe orientiert. Dadurch wird aber auch die Steinersche Biographie zu einem wichtigen, ja integralen Bestandteil für anthroposophische Forschung auf dem sozialwissenschaftlichen Gebiet. Wir ziehen hier zwei – durchaus zusammengehörige – Linien dieser Biographie aus, um den Forschungsansatz zu verdeutlichen. Die eine Linie kann als Ausprägung des Individualismus bezeichnet werden, die andere als die Linie des sozialen Baumeistertums. In der ersten Lebenshälfte Rudolf Steiners scheint die erstgenannte, in der zweiten stärker die zweite Linie zu dominieren.

2.1
Individualismus

Wir wollen zunächst die eine Linie, die Ausprägung des Individualismus, etwas ausziehen. Da ist der um Erkenntnis ringende junge Philosoph, der in seinen Grundschriften die Positionen des erkennenden Menschen und der Erkenntnisgewinnung überhaupt bestimmt. Er thematisiert das Wesen der Freiheit nicht nur auf dem Gebiet der Erkenntnis, sondern auch im Bereich des Handelns, der Moral. Untersucht man etwa die *Philosophie der Freiheit* (GA 4) daraufhin, was über soziale Gesellungsformen, Familie, Geschlecht, Geschichte, Kultur, Tradition, Gesellschaft und Staat ausgeführt wird, so tritt dies sehr zurück gegenüber der Beschreibung des einzelnen und seiner Unabhängigkeit von Normen und Handlungsvorgaben, wie sie in überlieferten sozialen Institutionen walten. Aus dieser Haltung des auf sich selbst gestellten Individuums begegnet Rudolf Steiner biographisch einer Reihe von Persönlichkeiten, die den Individualismus, «die Schätzung und Wahrung des Individuellen auf allen Lebensgebieten» als «hochgesteigerten Drang» in «ihrer Eigenart im Denken, Fühlen und Leben» durchzusetzen bestrebt sind.[1] Der markanteste Denker dieser Art dürfte der Stirner-Forscher und Dichter Paul Henry Mackay gewesen sein, mit dem Steiner in einer ganz persönlichen Beziehung stand. Durch Mackay lernt Steiner das radikale Denken Max Stirners kennen, der den Individualismus auf die Spitze treibt, desgleichen die ganze Szene des Anarchismus, der Paul Henry Mackay ebenso angehört wie Benjamin R. Tucker und andere. Die ersten Äußerungen Rudolf Steiners sind ganz diesem auf Herrschaftsfreiheit angelegten Geist verpflichtet, so etwa wenn er ein Werk Ludwig Steins[2] in seinem «Magazin für Literatur» (1898, GA 31, Nr. 28, S. 247ff., Nr. 29, S. 251ff.) bespricht und dazu eine Gegenposition bezieht. Während Ludwig Stein meint, daß alle Entwicklung darauf abziele, den Menschen in Institutionen einzugliedern, weil sie etwas Größeres und Umfassenderes als der einzelne vorstellen und auch leistungsfähiger seien als jener, setzt Rudolf Steiner dagegen, daß die geschichtliche Entwicklung darin bestehe, daß sie den sozialen Einrichtungen heute die Aufgabe stellt, sich selbst überflüssig zu machen und den Menschen aus Abhängigkeiten zu befreien. Soziale

1 So Bruno Wille in einer Besprechung der *Philosophie der Freiheit*, abgedruckt in GA 4a, S. 454 f.

2 Ludwig Stein: *Die soziale Frage*, Stuttgart 1897.

Einrichtungen hätten keinen Selbstzweck, sondern nur jenen, «Mittel zur Entwicklung der Individualitäten [zu] werden» (GA 31, S. 254). Dies gilt für Rudolf Steiner als «soziologisches Grundgesetz». Generell erhebt er den Anspruch: «Den Leuten vom Denkhandwerk kommt es entschieden zu, in der Diskussion über die soziale Frage mitzuwirken.» (ebd., S. 262) Diesen Anspruch löst er selbst vielfältig ein. Daraus heben wir eine Aussage noch hervor: über den Anarchismus. In einer seiner Spielarten wird Herrschaftsfreiheit dadurch erreicht, daß der sich selbst bestimmende Mensch allein dort sich in Verträgen bindet, wo er es wünscht. Da es aber unter dem Namen Anarchismus vielfältige Formen der Herrschaftsfreiheit gibt, hält Rudolf Steiner von dem üblichen Begriff nicht viel. Klarblickend sieht er, was sich alles unter dem Namen des Anarchismus tummelt, so etwa die Anarchisten der Tat, die mit Terroranschlägen auf sich aufmerksam machen. Dies ist freilich nicht nur ihm zuwider, sondern hat auch mit dem ursprünglichen Ansatz eines Max Stirner nichts gemein. Deshalb distanziert sich Rudolf Steiner gegenüber Paul Henry Mackay (ebd., S. 281-288) bis in die Begriffswahl hinein vom Anarchismus und beharrt auf dem ethischen, d. h. verantwortlichen Individualismus. Er räumt lediglich ein, daß diese Auffassung allenfalls als nearchisch, d. h. herrschaftsfrei, gewaltfrei bezeichnet werden kann. Für ihn ist Verträglichkeit einmal durch die Vernunft, zum anderen aber durch die tiefste Wesenheit des Menschen gegeben, und über Vertragsbeziehungen gestalten die Freien untereinander ihre Verhältnisse. Dennoch kann es für das Erleben nicht ausbleiben, daß der Individualismus, wird er weit genug getrieben, auch die mögliche Gefahr der Atomisierung und damit der Anomie – die Auflösung aller Formen – in sich birgt.

2.2
Sozialität

Der sozialen Seite der Wirklichkeit, die nicht auf Überlegungen oder Diskurs über die jeweils beste soziale Gestaltung, sondern auf realen sozialen Tatbeständen beruht, begegnet Rudolf Steiner wiederum biographisch durch die Menschen, mit denen er in Beziehung tritt, als er an der von Wilhelm Liebknecht begründeten Arbeiterbildungsschule in Berlin seine Tätigkeit als Dozent für Geschichte und Redeübung aufnimmt: Seit 1898 hat er mehrfach wöchentlich Arbeiter zu unterrichten, die auch nach einem harten 12-Stunden-Arbeitstag ihren Bildungswillen nicht verloren haben. Da erlebt er, der sich bisher in den Kreisen der Gebildeten, der Intellektuellen und allenfalls der schöpferischen Bohémiens Wiens und Berlins bewegt, eine ganz andere Kultur und Bildung, nämlich die Lohn-Arbeiterschaft selbst. Sie ist in ihrem Denken stark durch das marxistisch-sozialistische Gedankengut geprägt, hat einerseits eine niederdrückende und unerfreuliche Lebenswelt als Realbezug, dazu andererseits eine Vorstellungswelt, die ausgeprägte Gedanken darüber entwickelt hat, wie die Welt zu sein hätte und auch sein wird, wenn die Klassengegensätze eine unauflösbare Härte und Spannung erlangt haben werden und dann in eine Revolution umschlagen und durch Abschaffung des Privateigentums eine neue Herrschaft oder das Reich der Freiheit begründen: die klassenlose Gesellschaft.

Neben dem Einblick in die konkrete Lebenslage der arbeitenden, aber auch bildungsbeflissenen Bevölkerung – Steiners Kurse sind von Hunderten von Menschen besucht worden, er hält Vorträge und Übungen ab und führt am Sonntag Exkursionen mit den Familien der Arbeiter durch – erlebt er, wenn auch indirekt, so doch klar die Form des neuzeitlichen Wirtschaftens: die arbeitsteilige Produktion, die Lohnfrage, den Kapitalismus, die Notwendigkeit der Sozialgesetzgebung usw. Neben dem Individualismus wird die Frage der Gesellung und Zusammenarbeit von Menschen, die Frage der Korporationen und Gewerkschaften deutlich, aber auch aus dem Geschichtsstudium die überlieferten Formen der Vergangenheit und die sozial engagierten Utopien im Hinblick auf die Zukunft. Zwar stehen nach wie vor die kritische Begleitung vor allem der Kulturentwicklung, des Theater- und Literaturwesens im Vordergrund des Steinerschen Interesses, ist er doch in dieser Zeit zugleich Herausgeber des «Magazin für Literatur», aber es werden auch schon soziale Themen in seinen Beiträgen behandelt. Das gilt für die Frauenfrage ebenso wie für seine Stellungnahme gegen den aufkommenden Antisemitismus und anderes mehr.

Als er dann Anfang des Jahrhunderts im Zusammenhang mit der Theosophischen – später der Anthroposophischen – Gesellschaft als Lehrer wirkt, behandelt Rudolf Steiner auch in seinen öffentlichen Vorträgen im Architektenhaus in Berlin neben rein geisteswissenschaftlichen Themenstellungen solche aus den sozialen Zeitumständen: Krieg und Frieden, Arbeit und Einkommen usw.

Im Jahr 1905 erscheint von G. L. Dankmar: *Die kulturelle Lage Europas beim Wiedererwachen des modernen Okkultismus. Geistige, politische und soziale*

Hauptströmungen.[3] Der Autor benennt in seinen geistvollen Ausführungen Rudolf Steiner als Philosophen der Freiheit und stellt gleichsam an ihn eine Anfrage. Wie wird sich die Theosophie – ihr ist Steiner verbunden – zur sozialen Frage stellen? «Nicht so sehr mit eschatologischen Dingen soll sich der Theosoph beschäftigen, denn ‹er hat›, wie Rudolf Steiner so richtig bemerkt, ‹seine Aufgabe nicht jenseits des Lebens, sondern in demselben›. Die Theosophie muß durchaus in alle, alle unsere Handlungen einfließen, man muß sie leben. Danach ist man vollauf berechtigt zu fragen: wie verhält sich die Theosophie zu praktischen Fragen, zu den wirtschaftlichen Verhältnissen, in denen der Mensch doch nun einmal lebt?»[4]

Wie immer, ob dies Rudolf Steiner als Aufforderung oder als Herausforderung ansieht, er schreibt bald darauf eine Reihe von Aufsätzen in der inzwischen von ihm redigierten Zeitschrift *Luzifer-Gnosis* über «Geisteswissenschaft und soziale Frage», wobei der Einleitungssatz lautet: «Wer gegenwärtig mit offenen Augen die Welt um sich herum betrachtet, der sieht überall das sich mächtig erheben, was man die ‹soziale Frage› nennt. Diejenigen, welche es mit dem Leben ernst nehmen, müssen in irgendeiner Art sich Gedanken über das machen, was mit dieser Frage zusammenhängt.» (GA 34, S. 191) Rudolf Steiner fragt: Kann die Geisteswissenschaft, die sich sonst mit Wiederverkörperung und Karma, mit übersinnlichen Welten, der Entstehung des Menschen usw. befaßt, zu dieser Frage etwas Sinnvolles vorbringen?

Nach einer gewissen Übersicht über die Zeitentwicklung und über gegenwärtige Lehrmeinungen schreibt Rudolf Steiner, daß «rechtes Handeln aus rechtem Denken» entspringe, unrechtes Handeln aus verkehrtem Denken oder Gedankenlosigkeit. Das rechte Denken eigne freilich der Geisteswissenschaft. Nach Auseinandersetzungen mit utopischem Denken, wie es Robert Owen lehrte und letztlich erfolglos zu verwirklichen suchte, weil er allein in sozialen Einrichtungen das Heil sah, kommt Rudolf Steiner gegen Ende der drei Aufsätze zu den Wurzeln des menschlichen Elends, die er im Egoismus sieht. In einer Menschengemeinschaft müsse notwendig Elend, Armut und Not ausbrechen, wenn diese Gemeinschaft auf Egoismus beruhe. Dann formuliert er als «Soziales Hauptgesetz»: «Das Heil einer Gesamtheit von zusammenarbeitenden Menschen ist um so größer, je weniger der einzelne die Erträgnisse seiner Leistungen für sich beansprucht, d. h. je mehr er von diesen

3 Bei Oswald Mutze, Leipzig.

4 Zit. nach Manfred Schmidt-Brabant, Zum Geleit, in: *Das soziale Hauptgesetz*, hrsg. v. Stefan Leber, Stuttgart 1986, S. 9.

Erträgnissen an seine Mitarbeiter abgibt, und je mehr seine eigenen Bedürfnisse nicht aus seinen Leistungen, sondern aus den Leistungen der anderen befriedigt werden.» (GA 34, S. 213) Es gilt Einrichtungen zu schaffen, die darauf hinwirken, daß der einzelne niemals die Früchte der Arbeit für sich selbst in Anspruch nehmen kann. Das «soziale Hauptgesetz» wirkt wie ein Naturgesetz. In der Gegenwart muß der Mensch den Grund für seine Arbeit im anderen Menschen finden. Daß dies geschehen kann, dazu muß der Mensch den sozialen Zusammenhang in sich selbst nicht als unbestimmte Summe erleben, sondern er muß von einem wirklichen Geist erfüllt sein. «Die Gesamtheit muß eine geistige Mission haben; und jeder einzelne muß dazu beitragen wollen, daß diese Mission erfüllt werde.» Was eine Gemeinschaft in dieser Richtung impulsieren kann, ist eine geistige Weltanschauung. «Es ist eben in des Wortes ureigenster Bedeutung richtig: ‹nur dem einzelnen kann man helfen, wenn man ihm bloß Brot verschafft; einer Gesamtheit kann man nur dadurch Brot verschaffen, daß man ihr zu einer Weltauffassung verhilft.›» (ebd., S. 215) Niemals, so heißt es schon damals, gibt es eine für alle Zeiten gültige Lösung der sozialen Frage.

Die in dem letzten Aufsatz stehende Formulierung «wird fortgesetzt» hat sich zunächst nicht erfüllt. Steiner gab an, daß dafür das zu geringe Verständnis für das Vorgebrachte in der Leserschaft maßgeblich gewesen war.

3.
Die Dreigliederungsidee

Im Zusammenhang mit der allmählichen Entfaltung der Anthroposophie werden von Rudolf Steiner auch immer wieder geschichtliche Fragestellungen thematisiert, und in diesem Kontext taucht dann auch die eine oder andere Bemerkung im Hinblick auf soziale Fragen, z. B. zur Gesellschaftsverfassung und zur historischen Entwicklungsgesetzmäßigkeit, auf. Es dauert aber bis gegen Ende des Ersten Weltkrieges, daß die Zeitumstände nach einer erneuten und umfassenderen Beschäftigung drängen, wie sie bereits am Jahrhundertbeginn durch die Geisteswissenschaft gegenüber der sozialen Frage – im engeren Sinne: der Einkommensgerechtigkeit – erfolgt war, um nun zu einer Vervollständigung und Vertiefung der Aussagen in bezug auf das Umfassende des gesamten gesellschaftlichen Lebens zu kommen. Und dies wird auch möglich durch eine fundamentale Einsicht, wie Rudolf Steiner es empfand, die bahnbrechende Entdeckung der dreigliedrigen Wesenheit des Menschen. Diese Dreigliederungsidee hat Steiner seit 1917 wiederholt formuliert.

Die Frage, ob die Gesellschaft «organisch» zu betrachten sei, ist natürlich, wie alle Blickrichtungen und grundlegenden Auffassungen, wie Gesellschaft zu betrachten sei, umstritten. Das Entscheidende ist, daß in einem Organismus es zwar Glieder oder Einzelorgane gibt, die sich in ein Übergeordnetes, eben den Organismus, einfügen. Kann es das geben, daß das Ganze mehr ist als die Summe der Teile? In der Natur mag das so sein, niemals im Sozialen – antwortet auf diese Frage Ernst Topitsch.[5] Andere Ansätze sind heute weiter, so ergeben sich aus den grundlegenden Darstellungen von Humberto Maturana und Francisco Varela, daß zwischen den Phänomenen in der Welt, ob nun in Natur oder Sozialem, für die Erkenntnismethode kein derartig grundlegender Unterschied bestehe.[6]

Organismisch-Ganzheitliches gibt es hier wie dort, doch es gibt auch strukturelle Unterschiede. «Einerseits sind Parallelen zwischen bestimmten strukturellen Merkmalen der menschlichen Gesellschaft und denjenigen eines Organismus nicht zu übersehen – man denke etwa an die Differenzierung in der Arbeitsteilung; andererseits zeigen menschliche Gemeinschaften Eigenheiten, die in ‹natürlichen› Organismen nicht auftreten. Wir können das Spezifische des ‹sozialen Organismus› nicht erfassen, wenn wir nicht beides ernst nehmen: das Gemeinsame wie das Unterscheidende ...»[7] Desgleichen hat die Systemtheorie gänzlich neue Ansätze hervorgebracht, die mit dem Steinerschen Anliegen korrespondieren, freilich den Bezug zu einem realen Organismus als Referenzsystem vermissen lassen und sich auf hochabstrakte Systemgedanken abstützen, wie das Niklas Luhmann meisterlich ausführt.[8] Statt hier auf die Diskussion einzugehen, wollen wir direkt an Rudolf Steiner anschließen.

5 Ernst Topitsch: «Das Verhältnis zwischen Sozial- und Naturwissenschaft», in: Ernst Topitsch (Hrsg): *Die Logik der Sozialwissenschaften*, Köln/Berlin [6]1970, S. 57-75.

6 Humberto R. Maturana / Francisco J. Varela: *Der Baum der Erkenntnis: die biologischen Wurzeln des menschlichen Erkennens*, Bern, München, Wien 1987, S. 216. – Vgl. auch Humberto R. Maturana / Volker Riegas: *Zur Biologie der Kognition: ein Gespräch mit Humberto R. Maturana und Beiträge zur Diskussion seines Werkes*, hrsg. von Volker Riegas und Christian Vetter. Frankfurt am Main [3]1993.

7 Andreas Suchantke: *Partnerschaft mit der Natur*, Stuttgart 1993, S. 290.

8 Niklas Luhmann: *Die Gesellschaft der Gesellschaft*, 2 Bde., Frankfurt am Main 1997.

Der Mensch als das komplizierteste und vielseitigste Wesen, das auf Erden beobachtbar ist, kann von unterschiedlichen Gesichtspunkten aus betrachtet werden: Eine erste Betrachtung Rudolf Steiners ist die Unterscheidung des Menschen nach Leib, Seele und Geist, wobei unter Leib das Erscheinende, unter Seele das Empfindungswesen und unter Geist das Bewußtsein von sich selbst verstanden wird. Genauer untersucht, erweist sich auch der Leib als differenziert nach

I. *Form,*
II. *Leben* und
III. *Empfindung,*

während sich die Seele ihrerseits wiederum als

I. empfindende,
II. verstehende und
III. bewußte oder denkende Seele unterscheiden läßt,

indes der Geist nach

I. Selbstbewußtsein,
II. Fähigkeiten und
III. Erfahrungsgestalt

gegliedert werden kann.

Was für Rudolf Steiner ebenso wie für die Physiologie bis 1917 ungeklärt blieb, war die Frage nach dem Zusammenhang des Seelisch-Geistigen mit dem Leiblichen, d. h. die Verankerung des übersinnlichen Wesens im Sinnlichen. Sah René Descartes den Sitz der Seele noch in der Zirbeldrüse, sahen ihn seine naturwissenschaftlichen Nachfolger vor allem im Nervensystem, so wird Rudolf Steiner 1917 aufgrund eingehender Studien der modernen physiologischen Forschungen klar, daß diese Verknüpfung eines Übersinnlichen im Sinnlichen des Leibes nicht als einheitlich angesehen werden kann, sondern daß die Verbindung der Seele mit dem Leib dreifach geschieht:

1. der *erkennende Mensch* bedient sich zu seiner Verankerung im Leibe des zentralen Nervensystems,
2. der *empfindende Mensch* hat seine seelische Verbindung mit der Leiblichkeit in den rhythmischen Prozessen,
3. und der *Tätigkeitsmensch* lebt seelisch unmittelbar im Stoffwechsel und in der mit dem Stoffwechsel eng verbundenen Willkürmuskulatur des Gliedmaßenwesens.

Dadurch gliedert sich nicht nur die Leibesnatur des Menschen, die ohnehin morphologisch unverkennbar und auffällig dreigestaltet ist nach Haupt, Leib und Gliedern, sondern auch das seelische Leben, das der Psychologie des 19. und 20. Jahrhunderts stets nach Denken, Fühlen und Wollen gegliedert erschien. Rudolf Steiner sieht somatische und psychische Vorgänge funktional als zusammengehörig und zugleich gegliedert an, und zwar so:

- daß im Kopfpol das Wahrnehmungsvermögen und die Verarbeitungsprozesse des Wahrgenommenen (Nerven- und Sinnestätigkeit) dominieren,
- daß im rhythmischen Bereich, wo man es vornehmlich mit Zeitvorgängen zu tun hat – ständig lösen sich Zentrieren und Weiten, Systole und Diastole wechselseitig ab –, Erleben und rhythmische Dynamik aufs engste zusammenspielen,
- daß im Bereich des Stoffwechsels die Aufbau- und Abbauvorgänge der Ernährung einerseits vorherrschen, aber eng verknüpft mit weltergreifender Tätigkeit des Gliedmaßensystems und damit mit dem Willen des Menschen.

Durch diese Sichtweise gelingt es, nicht nur Formen, sondern auch Funktionen, aber ebenso Bewußtseinszustände und seelische Tätigkeiten differenziert und zugleich *ineinander* zu sehen und zu verstehen. Diese fundamentale Einsicht in die dreigliedrige Natur des Menschen wird von Rudolf Steiner 1917 in Vorträgen dargestellt[9] und dann in knapper schriftlicher Fassung in

9 Die ersten Ausführungen dazu finden sich in den Vorträgen vom 21.1.1917 (GA 174), 6.3.1917 (GA 175)/ 15.3. /17.3.1917 (GA 66)/ 20.3.1917 (GA 175)/ 22.3.1917 (GA 66)/ 12.11.1917 (GA 73)/ 25.11.1917 (GA 178) und 14.5., 25.6.1918 (GA 181), 25.8.1918 (GA 183). Zur Geschichte dieser Idee in der eigenen Biographie äußert sich Steiner im Vortrag vom 22.3.1917 in GA 66: «Ich habe in den letzten zwei Vorträgen hier [gemeint sind die vom 15. und 17.3.1917] über die Beziehungen des Seelischen zum Nervensinnesmenschen, zum Atmungsmenschen, zum Stoffwechselmenschen gesprochen, und habe versucht, im vollen Einklang mit der Naturwissenschaft ein Ergebnis aufzuzeigen, von dem ich glaube, daß es von ungeheurer Bedeutung sein kann für das Verständnis des Weltenzusammenhanges. Ich habe bisher in dieser Weise nicht formuliert, was ich in den beiden letzten Vorträgen ausgesprochen habe, aber es ist jetzt ganz genau fünfunddreißig Jahre her, seit ich als ganz junger Mann in Wien begonnen habe mit den Forschungen, welche zuletzt dazu führen konnten, das auszusprechen, wie es in den letzten beiden Vorträgen geschehen ist.» (S. 198f.) Gehen wir «genau 35 Jahre zurück», so begegnen wir im März 1882 dem gerade 21jährigen Studenten der Naturwissenschaften an der Wiener Technischen Hochschule. Kurz vor dem Lebensende schildert Steiner (1924/25) etwas von den Fragen, die ihn damals an die Entdeckung der Dreigliede-

dem Buch *Von Seelenrätseln* – im 6. Anhang – skizziert (GA 21). In durchaus langer philosophischer und politologischer Tradition stehend, aus der Einsicht, daß nämlich der soziale Organismus nichts anderes als ein unbewußtes Abbild des menschlichen Organismus sei, worauf schon Platon aufmerksam machte (Imboden, 1958), kann nun Rudolf Steiner, als aus dem Kreis wacher Zeitbeobachter Fragen nach einer Neugestaltung des sozialen Organismus an ihn gerichtet werden, zu Antworten kommen. Historisch gesehen, ist es Otto Graf Lerchenfeld (1868–1938), der den bevorstehenden Zeitenwandel zutiefst erlebt und die Einsicht hat, daß es gelte, aus den furchtbaren Ereignissen des Krieges herauszukommen – durch einen Friedensschluß, wobei eine Gesellschaftsordnung aufzubauen sei, die den Frieden in Zukunft sichert (Poltzer-Hoditz, 1985, S. 71ff.). Dies – so seine Überzeugung – könne keinesfalls die bisherige sein. Von ihm geht an Rudolf Steiner die Frage, wie denn eine solche notwendige Neuordnung auszusehen hätte. Genau diese Frage führt dazu, daß in einem im Juli 1917 von Rudolf Steiner in Anwesenheit der Grafen Otto Lerchenfeld und Ludwig Poltzer-Hoditz (1869–1945) ausgearbeiteten Memorandum gerade diesem Anliegen nachgegangen wird (Meyer, 1994). In diesem Memorandum vom Juli 1917 finden sich auf, quantitativ gesehen, kaum viel mehr als einer Druckseite die zentralen Grundgedanken formuliert. Die sozialwissenschaftlichen Einsichten Rudolf Steiners, wie sie hier knapp vorgestellt werden, besagen:

Es gibt heute drei zentrale, entfaltete Funktionen des gesellschaftlichen Lebens:

1. die geistig-kulturelle,
2. die rechtliche und
3. die wirtschaftliche.

Bald darauf fügt Rudolf Steiner die Erkenntnis hinzu: Ähnlich wie der Mensch in seiner Leibesform und in seinen Seelentätigkeiten eine dreigliedrige Gestalt aufweist, gilt dies auch für den sozialen Organismus. Dieser, als eine von Menschen gestaltete Sozialform, kann freilich von dem, was nottä-

rung herangeführt haben: «Ich fühlte mich nun genötigt, neuerdings von den verschiedensten Seiten her an die naturwissenschaftlichen Erkenntnisse heranzudringen. Ich wurde wieder zum Studium der Anatomie und Physiologie geführt. Ich betrachtete die Glieder des menschlichen, des tierischen und pflanzlichen Organismus in ihren Gestaltungen. Ich kam dadurch in meiner Art auf die Goethesche Metamorphosenlehre. Ich wurde immer mehr gewahr, wie das für die Sinne erfaßbare Naturbild zu dem hindrängt, was mir auf geistige Art anschaubar war.» (Steiner, GA 28, S.98) te, abweichen. Darum gilt es, den sozialen Organismus in seiner zeitgemäßen, den Gegenwartsbedingungen entsprechenden inneren Natur herzustellen. Im Unterschied zu natürlichen Organismen, wo eine lange Evolution diese Lebensformen, auf die Umgebung abgestimmt, hervorgebracht hat, muß der Mensch jeweils die seinen Fähigkeiten, Bewußtseinskräften und Empfindungen entsprechende makrosoziale Form selbst schaffen. Sie ergibt sich nicht von allein. Was jeweils an Sozialstrukturen vorgefunden wird, trägt in seinen traditionellen Zügen die Weisheit der Evolution, ist damit aber auch zumeist gegenüber den Entwicklungsnotwendigkeiten zurückgeblieben, zwischen dem Bewußtseinsstand der Bevölkerung und der Gesellschaftsverfassung ergeben sich Gegensätze. Wenn diesen nicht Rechnung getragen wird, entstehen gewaltsame Umgestaltungen. Kriege und Revolutionen können deshalb zumeist als Momente verstanden werden, wodurch die entstandenen Spannungen einen Ausgleich erfahren; sie bilden «soziale Häutungen».

3.1
Das Geistesleben

Das *Geistesleben* braucht, um sich zu entfalten, Autonomie. «Ein Geistesleben aber, das sich abseits von der politisch-rechtlichen und wirtschaftlichen Wirklichkeit entwickeln muß, wird lebensfremd.» (Steiner, GA 24, S. 238) Umgekehrt wird ein fortwährend gegängeltes Geistesleben unproduktiv und hohl. Was hat also mit dem Geistesleben zu geschehen? Es muß frei sein, und dadurch kann es auch die Völker befreien. Die Befreiung geschieht folgendermaßen:

«Alle juristischen, pädagogischen und geistigen Angelegenheiten werden in die Freiheit der Personen gegeben. Auf diesem Gebiete hat der Staat nur das Polizeirecht, nicht die Initiative. ... Der Staat überläßt es den sach-, berufs- und völkermäßigen Korporationen, ihre Gerichte, ihre Schulen, ihre Kirchen usw. zu errichten, und er überläßt es dem einzelnen, sich seine Schule, seine Kirche, seinen Richter zu bestimmen. Natürlich nicht etwa von Fall zu Fall, sondern auf eine gewisse Zeit.» (GA 24, S. 352f.)

Geordnet werden die rechtlichen Belange für die geistigen Zusammenhänge von einem eigenen Parlament, das als Kulturparlament oder Kulturrat bezeichnet werden kann. Dieses Parlament hat es aber nur mit Korporationen, also Einrichtungen des Geisteslebens, nie mit der Beziehung der Korporation zu einzelnen Personen zu tun. «Solche Korporationen werden aufgenommen in den Kreis des Parlaments, wenn sie eine bestimmte Anzahl von Personen vereinigen. Bis dahin bleiben sie Privatsache, in die sich keine Behörde oder Vertretung zu mischen hat.» (Steiner, GA 24, S. 361)

Schon hier ist erkennbar, daß Rudolf Steiner die Befreiung der Kultur herbeizuführen und soziale Spannungen, wie sie in Staaten mit verschiedenen Völkern (Ethnien) an der Tagesordnung sind, dadurch aufzuheben gedenkt, daß jedes Volk seine Kultur selbst in Freiheit gestaltet.

3.2
Das Rechtsleben

Für das Rechtsleben und den entsprechenden demokratischen Rechtsstaat sieht Rudolf Steiner vor, daß dieser Staat dadurch in seinen Aufgaben begrenzt – heute würde man sagen: minimalisiert – wird, daß er nur rein politische, d. h. hoheitliche Aufgaben zu erfüllen hat, nämlich ausschließlich militärische und polizeiliche Angelegenheiten. Das bestimmende Prinzip ist das der Gleichheit, und in der Legislative (ob durch Volksvertretung oder durch Volksabstimmung) kann nur über die hoheitlichen Aufgaben, die dem Verständnis und der Beurteilungsfähigkeit aller Mündigen zugänglich sind, entschieden werden. Im föderativen Prinzip, also dem stufenweisen Aufbau der öffentlichen Macht, sieht Rudolf Steiner ein zumindest für Europa in seiner ethnischen Vielgestaltigkeit einzig heilsames Prinzip, es müßte für alle Verfassungen konstitutiv sein. Der Föderalismus dezentralisiert die Entscheidungsebenen, dadurch werden Vielgestaltigkeit und auch größere Autonomie für kleinere Zusammenhänge möglich. Wenn dieses Prinzip durchgeführt wird, ergibt sich auch die dringend nötige Subsidiarität, das heißt, Entscheidungen und staatliches Handeln erfolgen auf einer höheren Ebene erst dann, wenn die Entscheidungsstufe darunter überfordert ist, wenn also die Einzeleinrichtungen ihre Aufgabe nicht zureichend zu erfüllen vermögen.

3.3
Das Wirtschaftsleben

Als drittes Glied des Organismus hat das *Wirtschaftsleben* zu gelten. Es handelt sich hierbei um drei große Leistungen, die erbracht werden: die Erzeugung von Waren und Dienstleistungen, die Verteilung und die Konsumtion. Das Ordnungsprinzip Markt reicht keineswegs aus, um ein Gleichgewicht herzustellen. Deshalb ist es notwendig, die wirtschaftlichen Angelegenheiten «in einem besonderen Wirtschaftsparlament» zu ordnen. In ihm sind alle Wirtschaftsinteressen vertreten: diejenigen von Erzeugern, Verbrauchern und Händlern. Später spricht Steiner von Assoziationen. Diese sind im Konzept der Dreigliederung entlastet von allem Politischen und Militärischen, das Angelegenheit des Staatsparlamentes ist, und von der Aufgabe, das Geistige zu gestalten (Kulturrat). Rudolf Steiner geht davon aus, daß innerhalb des Wirtschaftsparlaments weniger politisch als «rein opportunistisch» bzw. pragmatisch entschieden wird.

Für die drei gesellschaftlichen Leistungszusammenhänge, Kultur, Politik und Wirtschaft, sieht Rudolf Steiner mithin drei unterschiedliche Entscheidungsinstanzen oder Parlamente zuständig, so daß die beiden, heute vom Staat her geregelten Bereiche des Geistes- und Wirtschaftslebens nur im Hinblick auf die Sicherheit bestimmte Rahmenbedingungen vom politischen Leben gesetzt bekommen, innerhalb derer sie gleichsam als Subsysteme autonom sind.

Es handelt sich schon bei dieser ersten Ideenskizze der Gliederung der drei gesellschaftlichen Aufgaben in drei verschiedene Gestaltungszusammenhänge um einen weitreichenden, man kann auch sagen: radikalen Entwurf einer neuen gesellschaftlichen Ordnung. Es ist ein ordnungspolitischer Entwurf ersten Ranges mit dem auch explizit ausgesprochenen Ziel, das Individuum aus Abhängigkeiten zu befreien und an den sozialen Gestaltungsvorgängen mündig teilhaben zu lassen. Zugleich wollte Rudolf Steiner mit dem Memorandum den abstrakten 14 Punkten Woodrow Wilsons wirksame Ideen, ein «mitteleuropäisches Programm», gegenüberstellen.

Es sind die beiden bei der Konzeption beteiligten Grafen Otto Lerchenfeld und Ludwig Poltzer-Hoditz, die aufgrund ihrer persönlichen Beziehungen in Berlin bzw. Wien diese Gedanken an wichtige Regierungsvertreter dort jeweils herantragen können. Die beiden Memoranden werden von einigen Kabinettsmitgliedern zwar zur Kenntnis genommen, haben letztlich aber keinerlei handlungsbestimmende Resonanz bei den entsprechenden Organen der Mittelmächte gehabt. Das beabsichtigte Ziel, zunächst und unmittelbar auf die Beendigung des Krieges hinzuwirken und zugleich Gestaltungsmöglichkeiten für eine künftige Friedensordnung aufzuweisen, ist auf diese Weise zwar gelungen, schon im Ansatz scheitert jedoch der Versuch, einen positiv gestaltenden Einfluß über die handelnden Politiker der damaligen Zeit zu nehmen. Die Geschichte nahm ihren weiteren verhängnisvollen Lauf, bis es eineinviertel Jahre später dann zur bedingungslosen Kapitulation kam.

4. *Zwischensumme: Geisteswissenschaft als Grundlage sozialwissenschaftlicher Forschung*

Worin besteht nun das Besondere der geisteswissenschaftlichen Forschung, dem die Dreigliederungsidee entstammt? Was unterscheidet sie von zahlreichen anderen Theorien, die auf wohlüberlegten Setzungen oder intuitiv gewonnenen Aussagen einzelner Sozialdenker aufbauen? Rudolf Steiner nennt wiederholt als Unterschied, daß diese Einsicht *«von jenseits der Schwelle»* geholt sei. Was ist damit gemeint? Unser Alltagsbewußtsein ist von den tieferen Triebkräften der Geschichte und der Sozialentwicklung deutlich geschieden. Dies läßt sich beispielsweise an den umwälzenden Verhältnissen des Jahres 1989 ablesen, wodurch der bisher über weite Gebiete herrschende Staatssozialismus – einschließlich der ihn stützenden Herrschaftsformen – zerbrach. Weder war von den Politikern und der Sozialwissenschaft dieser Umbruch vorhergesehen worden, noch kann man sagen, daß die dadurch aufgeworfenen Probleme auch nur zureichend durchdrungen oder gar bewältigt worden wären. Dies verdeutlicht, daß die Wirklichkeit schaffenden Kräfte mit den gängigen Methoden der Erkenntnisbildung – wenn überhaupt – nur bedingt erreicht werden (vgl. den Beitrag von Christoph Lindenberg, S. 285ff.). Was ist zu tun, um das Bewußtsein in jene Sphären auszudehnen, denen gegenüber es gleichsam träumt oder schläft? Gelänge dies, könnte gestaltend und in Übereinstimmung mit den Wirklichkeitskräften in das soziale Leben so eingegriffen werden, daß dieses es auch aufnimmt. Verharrt hingegen das Bewußtsein auf dem Alltagsstand, verfehlt es allzuleicht die Wirklichkeit: Ideologien haben in diesem Jahrhundert gezeigt, daß selbst die verquersten und menschenunwürdigsten Gedanken mit Gewalt die Wirklichkeit zum Schaden der Menschen zurechtzubiegen in der Lage waren.

Es ist Inhalt der anthroposophischen Schulungsmethoden, die menschliche Seele so zuzubereiten, daß sie sich innerlich erkraftet, auch einen Bewußtseinsruck auszuhalten. Jede Grenzerfahrung, wo zunächst die eigene Ohnmacht und Unzulänglichkeit erlebt wird, schließt auch ein, etwas wie eine Schwelle zu erleben. Im Aushalten und wiederholten Eintauchen in diese Situation erkraftet sich die Seele, so daß die zuvor gegebene Grenze überschritten und ausgedehnt wird. Damit wird das bisher Unbekannte aber auch aufweis- und formulierbar und ist jedem einigermaßen ausgebildeten Verständnis zugänglich. Wenn dieser Vorgang plötzlich geschieht – hierbei ruht jetzt der Blick auf dem Erkennenden –, erlebt er dies wie einen Ruck, in dem er sich aufrechterhalten muß, er findet sich dann innerhalb des Geschehens wie «jenseits der Schwelle».

Freilich hat dieser generell für alle anthroposophisch orientierten Wissenschaften ähnliche Vorgang für die Sozialwissenschaft noch spezielle Voraussetzungen. Denn dabei wird deutlich, daß die Schicht des Wirklichen weder in den Naturkräften noch in deren Gestaltungskräften wurzelt, sondern einmal im Unbewußten des Menschen, der Bilder des Sein-Sollenden in sich trägt, und dann in solchen der Menschheit. Diese sind allerdings keineswegs einheitlich, sondern in sich differenziert. So stößt man auf die Frage, woher diese Bilder rühren (Steiner, 9.10.1918, GA 182), welche Impulsgeber gleichsam hinter ihnen stecken und wie und warum sich die Impulse nach Ethnien und Zeiten unterscheiden lassen, ferner: wie es dazu kommt, daß Vorgriffe und Regressionen neben einem eher verbindenden sozialen Gestaltungsvorgang auftreten können (Steiner, GA 216 und GA 222). Um an diese Grenze und Schwelle überhaupt zu stoßen, ist zunächst nötig, eine Erkenntnis des Menschen zu gewinnen, wie sie Rudolf Steiner in bezug auf den Menschen und seine leibliche, seelische und geistige Konstitution aufgezeigt hat. Dann aber ist der Entwicklungsgang der Menschheit in der Geschichte, deren stufenweise bewußtseinsmäßige Entfaltung, in Grundzügen zu kennen, wodurch Geschichts- wie Kulturwissenschaften zu einem Fundament für Sozialerkenntnis werden können. Desgleichen ist die Kenntnis der Wirklichkeitssphäre des Geistigen, also einer Überwelt, nötig, die in der Anthroposophie nicht in dem Sinne begriffen wird, daß Geist als

Begriff für das weiter nicht Aufschließbare als eine Zusammenfassung gebraucht wird, wie etwa der Geist der Universität in x, der Klassengeist in der Schule in x, der Korpsgeist der Offiziere, das Klassenbewußtsein bei Marx oder der vielgebrauchte Zeitgeist. Nein, Geist ist wesenhaft, d. h. an Wesen personaler Identität und hoher Bewußtheit wie Wirkmächtigkeit gebunden, so daß sie tatsächlich als Inspiratoren oder Impulsatoren auftreten können, fördernd, aber auch hemmend. Diese Wesenswelt ist in sich hierarchisch gestuft (Steiner, GA 13, Kap.: «Die Weltentwicklung und der Mensch»). Wie steht diese Welt nun mit den sozialen Gestaltungsimpulsen in einem Zusammenhang? Es gibt eine zentrale Wesenheit, eng der Menschheit verbunden, deren Vollmacht darin besteht, gegensätzliche Kräfte, die in jedem Sozialprozeß wirksam sind, produktiv ins Gleichgewicht zu bringen und dadurch Heilsames zu bewirken. Als historische Erscheinung trat diese Wesenheit in Jesus von Nazareth in Erscheinung, als übersinnlich immerwährende Wirkenskraft heißt sie Christus. Ihm stehen widerstrebende Mächte, solche der Beflügelung, des Höhenflugs, des Rausches einerseits, und solche der Verfestigung, Erstarrung, der Formung und Machtentfaltung andererseits entgegen. Als Namen tragen sie Luzifer respektive Ahriman. In dreifacher Weise kann sich mithin der Mensch mit den Wirkensmächten des Sozialen verbinden. Wenn man Namen wie Nelson Mandela, Vàclav Havel, Mahatma Gandhi oder Honorè Gabriel Mirabeau, Mao-tse-Tung zur Zeit der Kulturrevolution und Martin Luther King oder Maximilien de Robespierre, Jossif Stalin und Adolf Hitler nennt, spürt man, daß hinter diesen Menschen recht unterschiedliche Mächte walteten, wobei sich sogar innerhalb der biographischen Entwicklung Verschiebungen ergeben können. Diese Wirkenssphäre zu erschließen, stellt sich die Geisteswissenschaft als Aufgabe. So dringt Steiner mit der Dreigliederungsidee bewußt in die menschlichen Strebungen ein, in den Selbständigkeitswillen, die zunehmende Individualisierung, und bezieht dies auf einen eigenen Bereich struktureller gesellschaftlicher Gestaltung. Dasselbe Streben nach Gerechtigkeit und Gleichheit (sozial und geschlechtlich) hat Konsequenzen für die Gestaltung des öffentlichen Rechts. Ferner benötigt die christliche Grundhaltung, die in der äußersten Oberfläche als das Solidaritätsverlangen und -empfinden aufbricht, auch eine gesellschaftlich strukturelle Verankerung: Sie in der Arbeitsteilung und den Teilungsverhältnissen aufgefunden zu haben bedeutet genau das Eindringen in die Wirklichkeitsschicht, von der hier gehandelt wird. Das in dieser Form durch konkrete Geisterkenntnis Gewonnene ist nicht nur dem allgemeinen Verständnis zugänglich, sondern unterliegt dem rationalen Diskurs, der Abwägung und Beurteilung, es ist also intersubjektiv verhandelbar. Und eben dort hebt dann die weitere Forschung und Vertiefung sowie Aktualisierung geisteswissenschaftlich ausgerichteter Sozialwissenschaft an. Desgleichen gehört hierzu der Dialog mit den verschiedenen Disziplinen der ausgebildeten akademischen Sozialwissenschaft.

5. *Die Dreigliederungsbewegung 1919–1922*

5.1 *Stufen der Entfaltung*

Zu Beginn des Jahres 1919, also unmittelbar nach dem Ende des Ersten Weltkrieges, noch voll in den Zeiten der Bürgerkriegswirren, drang an Rudolf Steiner durch den schwäbischen Unternehmer Emil Molt und die ihm befreundeten Roman Boos und Hans Kühn (Schmelzer, 1991) eine weitere Anfrage nach einer neuen künftigen Sozialgestaltung. Durch diese neuerliche Frage veranlaßt, konnte Steiner nunmehr das bereits schriftlich vorhandene Ideenkonzept öffentlich darstellen. Doch die Verhältnisse waren völlig andere: Waren die Memoranden für die Mitglieder der Machtelite gedacht, so ging es jetzt um eine Ansprache breitester Bevölkerungskreise. Denn die umstürzenden Vorgänge im November 1918 hatten die alten Mächte und Regierungen weggefegt; die tausendjährige Monarchie war durch die Republik abgelöst worden. Entsprechend hatte sich der Darstellungsstil gegenüber der sozialen Gestaltungsthematik zu wandeln, und er tat es.

Fanden sich in den Memoranden zahlreiche Bezüge auf die außenpolitischen Verhältnisse, so konzentrierte sich die neue Darstellung vornehmlich auf die Gesellschaftsordnung selbst und die durch die proletarische Bewegung aufgeworfenen sozialen Fragen: Arbeitszeitregelung, Eigentumsordnung usw.

Am Beginn stand ein öffentlicher Aufruf «An das deutsche Volk und die Kulturwelt!» von etwa vier Druckseiten Umfang, der im Februar 1919 in den wichtigsten deutschen Tageszeitungen erschien (vgl. Steiner, GA 23, S. 157ff).

Anschließend wurden die Grundideen der Dreigliederung von Rudolf Steiner – auf Drängen von Emil Molt – in einer eigenständigen Schrift von etwas über einhundert Seiten dargestellt: *Die Kernpunkte der sozialen Frage in den Lebensnotwendigkeiten der Gegenwart und Zukunft* (April 1919).

Drittens sprach Rudolf Steiner in zahlreichen Vorträgen, vor allem in Württemberg, vom 23. April bis Juli 1919 nahezu täglich vor unterschiedlichen Foren und Zuhörerschaften, mit beachtlicher Breitenwirkung, dann aber auch zunehmender Gegnerschaft der Parteien. Dadurch erhielt das, was als Skizze angelegt war, nunmehr eine inhaltliche und strukturelle Ausformung. Was seiner Natur nach in den Memoranden von 1917 nur kurz angedeutet werden konnte, nämlich die Ausgestaltung eines freien Geisteslebens und eines sozial verpflichteten Wirtschaftslebens, das konnte nun im einzelnen ausgebaut und vertieft dargestellt werden. Und so verwundert es nicht, daß nunmehr in den erwähnten Darstellungen sowohl das Geistesleben als auch das Wirtschaftsleben einen sehr breiten Raum einnahmen.

Im Fall des Geisteslebens wurde beispielsweise der Gedanke der Selbstverwaltung stark ausgebaut, und das intendierte Parlament, das die übergreifenden Ordnungen der freiheitlichen Verfassung des Geisteslebens regeln soll, trat mit dem Namen «Kulturparlament» auf – ein Forum, in dem bewegende Fragen der Kultur, Bildung und Wissenschaft, der Religion und Kunst erörtert werden, das Bild eines großen *Runden Tisches* kann imaginiert werden. Aufgaben der lebensgemäßen Gestaltung des Schulwesens, bei voller Freiheit der Konzeption und Pluralität der Angebote, könnten beispielsweise durch Absprachen geregelt werden, so etwa über Abschlüsse an Schulen, Universitäten usw. Dann aber auch, wenn es sich um multikulturell geprägte Gesellschaften handelt, die notwendigen Regelungen zwischen den autonomen Kulturen, Voraussetzung für ein verträgliches Zusammenleben. Wichtig war es in diesem Zusammenhang, daß nicht nur Modelle projektiert wurden – davon hielt Steiner nichts –, sondern zeichenhafte Beispiele gegeben wurden: Durch die Gründung der «Freien Waldorfschule» konnte ein lebendiges Muster einer sich selbst verwaltenden Schule unmittelbar betrachtet werden; wobei *frei* nicht die Bindungslosigkeit, sondern die Staatsunabhängigkeit kennzeichnet, so wie im Begriff *Frei*staat auf die Monarchielosigkeit, nicht aber die Staatslosigkeit hingewiesen wird.

Das vielgestaltige Wirtschaftsleben wurde in seinen unterschiedlichen Funktionen betrachtet: Erzeugung und Verbrauch sowie die dazugehörige

Distribution (Handelsfunktion) erfuhren eine ebenso eingehende Erörterung wie die Geldordnung in der Kreditwirtschaft. Ausblicke in das Bankwesen und die Finanzierung des Staates gehören genauso hinzu wie Anmerkungen zum Steuerrecht – Rudolf Steiner trat für eine Ausgabenbesteuerung im Unterschied zur damals vorherrschenden direkten Steuer ein. Dazu finden sich in seinen Vorträgen und Aufsätzen in der Zeit zwischen 1919 und 1921 wichtige Einsichten zur Eigentums- und Preisbildungsfrage sowie zum Bodenrecht und schließlich 1922 sogar der Entwurf zu einer neuen Betrachtungsart der Nationalökonomie (in GA 340, 341).

Als struktureller Entwurf, wie ein Ausgleich zwischen den im Wirtschaftsleben immer vorhandenen gegensätzlichen Interessen erreicht werden könnte, wurde von einem fachlich (branchenmäßig) gestuften Netz von Assoziationen ausgegangen, das in einer «Assoziation der Assoziationen», dem Wirtschaftsparlament, seinen Ausdruck findet.

Ähnlich wie es im Geistesleben nicht nur bei der ideellen Konzeption der Selbstverwaltung geblieben ist, sondern mit der Gründung der Waldorfschulen ein sichtbares Zeichen für die Selbstverwaltung und selbstbestimmte Pädagogik gesetzt wurde, galt es auch im Wirtschaftsleben zu anschaubaren Formen assoziativer Gestaltung zu kommen. So kam es in der extrem schwierigen Zeit nach dem Kriege zur Gründung eines Firmenverbundes: «Der Kommende Tag AG» in Deutschland und die «Futurum AG» in der Schweiz. Beide Firmenverbände mußten allerdings bereits 1922 infolge der allgemeinen wirtschaftlichen Schwierigkeiten und dann auch wegen der zunehmenden («galoppierenden») Inflation ihre Aktivitäten einschränken und schließlich 1924/25 sich auf nur wenige Tätigkeitsfelder beschränken, andere Teile des Verbunds wurden aufgelöst.

Über den staatlichen Bereich hat Rudolf Steiner sich am zurückhaltendsten geäußert, gleichsam polar zur heftigen Debatte über die neue Konstitution in der Weimarer Nationalversammlung. Die demokratische Verfaßtheit war ihm selbstverständlich, desgleichen die Rechtsstaatlichkeit und die Grundrechte, im übrigen hat aber das Freiheitsrecht des Individuums den höchsten Stellenwert. Dem dient die Machtbegrenzung des Staates sowohl funktional wie durch die Gewaltenteilung und den Föderalismus.

Das Konzept der Dreigliederung konnte sich in der intendierten Form nicht durchsetzen, die Entwicklung nahm einen anderen Verlauf: zur Parteiendemokratie, zum Faschismus, zum Zweiten Weltkrieg, zur Teilung Deutschlands, schließlich nach dem Sieg der Alliierten im Zweiten Weltkrieg zur Bonner Demokratie, und dort auch zur Parteien- und Staatsverdrossenheit, aber auch zur Reduktion der Selbstverantwortung durch den übertriebenen Sozialstaat, der sich Ende der neunziger Jahre in einem tiefgreifenden Umbau befindet. Diese Etappen, für sich alle geschichtsträchtig, waren damals in den einzelnen Schritten nicht vorhersehbar; aber vorhersehbar war, daß durch den Entscheid gegen die Dreigliederung eine gesellschaftlich heilsame und friedensvolle Ordnung von vornherein beeinträchtigt war.

5.2
Zeitschriften

Im Zusammenhang mit dem öffentlichen Wirken Steiners wurde eine Zeitschrift begründet mit dem Titel: *Dreigliederung des Sozialen Organismus*, sie erschien als Wochenschrift vom Juli 1919 bis Juni 1922 in Stuttgart[10] – ein Forum zur Diskussion, zur Klärung und Weiterentwicklung, damit auch zur Forschung auf diesem Gebiet.

Die Zielsetzung wurde so formuliert: «Der Bund (für Dreigliederung) vertritt auf dem politischen Gebiet keine anderen Ideen als die der Gleichheit, nämlich des gleichen Rechtes für alle. Auf dem Wirtschaftsgebiet keine andern als die der Brüderlichkeit, nämlich auf freies Vertragsverhältnis und Assoziationen gestellte Leistung und Gegenleistung, statt Kauf und Verkauf von Arbeitskraft. Auf geistigem Gebiet keine anderen als die Entbindung freien Menschentums.» (Deimann, 1987, S. 66) Der Schwung des Anfangs erlahmte bald, die Inflationszeit brach die Initiativkräfte, die Öffentlichkeit hatte andere Themen. So wurde die Zeitschrift 1922 eingestellt.

Freilich fand der Impuls, wenn auch reduziert, seine Fortsetzung in einem neuen Organ, das die Zentrierung auf einen anderen Themenschwerpunkt und engeren Leserkreis beinhaltete, als dies bei der speziell auf die

10 Als Autoren wirkten u.a. mit: Theodor Binder, Roman Boos, Siegfried Dorfner, Jürgen von Grone, Karl Heyer, Friedrich Husemann, Eugen Kolisko, Bruno Krüger, Hans Erhard Lauer, Emil Leinhas, Friedrich Oehlschlegel, Otto Palmer, Felix Peipers, Wilhelm Pelikan, Ludwig Polzer-Hoditz, Hermann Poppelbaum, Friedrich Rittelmeyer, Karl Schubert, Erich Schwebsch, Walter J. Stein, Rudolf Steiner, E. A. Karl Stockmeyer, Ernst Surkamp, Hans Theberath, Wilhelm Trommsdorf, Ernst Uehli, Carl Unger, Elise Wolfram, – Vgl. hierzu: Götz Deimann (Hrsg.): *Die anthroposophischen Zeitschriften von 1903 bis 1985. Bibliographie und Lebensbilder*, Stuttgart 1987, S. 66.

Dreigliederung ausgerichteten Zeitschrift *Dreigliederung des Sozialen Organismus* der Fall war – es ist das Blatt *Anthroposophie. Wochenschrift für freies Geistesleben* (früher «Dreigliederung des sozialen Organismus»). Dieses Blatt hat eine wechselvolle Geschichte und erschien von 1922 bis 1935.

Auch andere Zeitschriften nahmen die Dreigliederung als ihr Anliegen in ihre Untertitel auf, so die 1921 gegründete *Die Drei. Monatsschrift für Anthroposophie und Dreigliederung*, und das gleichfalls 1921 gegründete Organ: *Das Goetheanum. Internationale Wochenschrift für Anthroposophie und Dreigliederung.*[11]

5.3
Das Scheitern der Dreigliederungsbewegung

1922 kann als ein Umbruchsjahr betrachtet werden. Rudolf Steiner selbst hat vom Herbst des Jahres an, nachdem die gesellschaftliche Entwicklung sich nicht, wie erhofft, diese neuen Ordnungsgedanken zu eigen gemacht hatte – unmittelbar nach einer nochmaligen Gesamtdarstellung der Dreigliederungsidee (Steiner, 7. – 11.6.1922, GA 83; 26. – 29.8.1922, GA 305) –, wie rückblickend davon gesprochen, zum Scheitern der Dreigliederungsideen habe mit beigetragen, daß diese Ideen auch von ihren Vertretern gründlich mißverstanden worden seien, weil das, was nur beispielhaft oder hinweisend gemeint war, fundamental verstanden und vertreten worden sei. Dadurch aber habe die Dreigliederungsbewegung nicht die notwendige Flexibilität behalten, die ungeheure Dynamik des gesellschaftlichen Wandels und der öffentlichen Meinung angemessen widerzuspiegeln (Steiner, 29.8.1922, GA 305). Dem tatsächlichen Scheitern der Dreigliederungsideen widerspricht auch nicht, daß es eine Zeitschrift für Dreigliederung gab, daß eine Betriebsrätebewegung mit außerordentlicher Wirksamkeit im Jahr 1919 stattgefunden hatte (Beiträge Nr. 103), oder der Versuch, in die Volksabstimmung Oberschlesiens einzugreifen (Beiträge Nr. 106).

Freilich ist das nur *ein* Aspekt. Ein anderer besteht darin, daß alle sozialen Entwürfe, die Künftiges enthalten, immer auch so weit vorgreifen, daß sie bei ihrem ersten Auftreten vom öffentlichen Bewußtsein nur schwer aufge-

11 Dieser Untertitel wurde 1935 verändert zu: *Wochenschrift für Anthroposophie*. Herausgeber ist die Anthroposophische Gesellschaft.

nommen werden können. Dies läßt sich an zahllosen Gedanken aufweisen, sei es der Demokratiegedanke, sei es Montesquieus Dreiteilung der Gewalten oder beispielsweise die Idee der Menschenrechte, die bereits in der Aufklärung formuliert wurde, aber in die deutsche Verfassung erstmals 1919 Eingang gefunden hat. Jeweils war es dabei so, daß sich für die betreffende früher geborene Idee Menschen erwärmten und sich ihr zur Verfügung stellten, sie neu aufgriffen und in der Sprache ihrer Zeit formulierten, um sie so allmählich in die breitere Öffentlichkeit überzuführen. So sind die gesamten modernen Überlegungen des Konstitutionalismus, der Menschenrechte, der demokratischen Wahl von Herrschaftsorganen usw. lange als Gedanken in kleinen, politisch aber teilweise auch einflußreichen Zirkeln gepflegt worden, ehe sie von diesen wieder ausströmend in die Meinungsbildung eingeflossen sind. In diesem Sinne fehlte der Dreigliederungsbewegung, die eine aufklärerische und keine im engeren Sinne politische Bewegung war, ein Apparat, eine straffe Organisationsform, wie sie die aus politischen Clubs hervorgegangenen Parteien aufweisen. Es kann somit nicht verwundern, daß das Anliegen Rudolf Steiners, über die Einsicht von Mensch zu Mensch zu wirken, zwar in Momenten revolutionärer Aufbruchstimmung durchaus Anklang fand, nicht aber in weniger erregten und angespannten Zeiten. Bei allem Umbruch 1918 kann doch nur sehr eingeschränkt von Revolution gesprochen werden. Der Umbruch war hierfür nicht tiefgreifend genug. So lebten etwa die großen Parteien bruchlos vom Kaiserreich in die Weimarer Republik hinüber und beherrschten das Tagesgeschäft und damit auch die Weimarer Nationalversammlung; sie vermochten sehr rasch die revolutionären Räte zu verdrängen.

In der Dreigliederungsidee war freilich ein Sozialkonzept von Format, von wirklich revolutionärer Dimension gegeben, dem nur wenige Konzepte gleichkommen. Es ist weitgehender als der Demokratiegedanke, umfassender als der Konstitutionalismus, als der Neoliberalismus mit der Interdependenz der Ordnungen, einschließlich der Dreiteilung der Gewalten, umstürzender auch als der Sozialismus, radikaler also an die Wurzeln gehend als alle Konzepte, die einer einzigen Strukturidee zur Allgemeingültigkeit verhelfen wollen und dabei ständig irgendwelche gesellschaftlichen Bereiche ausblenden. Sie allein versucht, *alle* gesellschaftlichen Bereiche in die Betrachtung einzubeziehen und deren Funktion und Struktur so zu begreifen, daß sie als ineinander gefügt und sich durchdringend gedacht werden, und alles dies zu dem Zwecke, daß der Mensch, so wie er sich bis in die Gegenwart entwickelt hat, in dieser Ordnung ein Optimum an Entfaltungsmöglichkeiten erhält. Diese umfassenden gesellschaftlichen Neuordnungsideen wurden letztlich nicht zureichend begriffen und noch weniger ergriffen, vielmehr kamen sie rasch in Kollision mit Mißverständnissen, vorgefertigten Denkmustern und lange wirkenden Traditionen des Vorstellungslebens. So opponierten Unternehmer und Gewerkschaftler, Parteien verschiedener Färbung in trauter, sonst nicht möglicher Gemeinsamkeit.

6.
Forschungen auf dem Gebiet der anthroposophischen Sozialwissenschaft

6.1
Die Jahre 1920–1945

Unmittelbar im Zusammenhang mit der Dreigliederungsbewegung wurden auch die sozialwissenschaftlichen Erkenntnisse Steiners Anlaß zu wissenschaftlicher Forschung. So hat als erster der Staatsrechtslehrer der Tübinger Universität, Kurt Wolzendorff (1882–1921), der selbst in der Dreigliederungsbewegung aktiv mitwirkte, eine engagierte Untersuchung über den reinen Staat gefertigt und veröffentlicht. Sicher wäre aus seiner Feder noch manches, was das Rechtsgebiet umgreift, zu erwarten gewesen, wäre er nicht früh verstorben. Er hat an Humboldts Bestimmung der Staatsaufgaben angeknüpft und Forschungen vorgelegt, die dann erst wieder in den 60er Jahren unter dem Thema des Minimalstaates auftauchen.[12] Karl Heyer veröffentlichte 1922 seine Schrift *Rechts- und staatsgeschichtliche Entwicklungslinien.*

Früh wurde auch Rudolf Steiners Darstellung des Wirtschaftslebens zu einem Forschungsobjekt. Fritz Piston untersuchte 1923 in einer Dissertation der Staatswissenschaftlichen Fakultät in Tübingen, was unter Assoziationen zu verstehen sei; die Arbeit trug den Titel *Assoziative Wirtschaft als Forderung Rudolf Steiners. Der Versuch einer entwicklungsgeschichtlichen Untersuchung, einer Darstellung und Wertung dieser Forderungen im Zusammenhang mit Stei-*

12 Robert Nozick: *Anarchie, Staat, Utopia*, München 1974.

ners Dreigliederungsidee. Darin wird auch die Einrichtung «Der Kommende Tag AG» in Stuttgart angeführt, um zu untersuchen, ob es sich hierbei bereits um eine Assoziation handle, was Piston – wie Rudolf Steiner wohl auch – für diese Form verneint. Zweifellos handelt es sich um eine assoziative Form, nicht aber um eine Assoziation im speziellen Sinne Rudolf Steiners.

Folkert Wilken schrieb seine *Grundzüge der personalistischen Werttheorie* (1924) sowie sein Werk *Der Kreislauf der Wirtschafts-Zirkulation. Die Überwindung der Arbeitslosigkeit durch Fortbildung der Konjunkturen zu einer Wirtschaftserweiterung auf erhöhter Organisationsstufe* (1928) und *Die Metamorphosen der Wirtschaft. Eine Neubegründung der Nationalökonomie nach geisteswissenschaftlicher Methode* (1931) – alle Ansätze gehen von Steiners Grundkonzeption aus und modifizieren diese auf bestimmte Wirtschaftsfragen hin.

Nachdem Rudolf Steiner sein Wirken für die Dreigliederung ab 1922 eingestellt hatte – in diesem Jahr kam es noch zum *Nationalökonomischen Kurs* (GA 340) und der großartigen Darstellung auf dem Ost-West-Kongreß (GA 83) –, wandte er sich mit der ihm eigenen Intensität wiederum den ureigensten geisteswissenschaftlichen Forschungs- und Gestaltungsaufgaben zu. Als Folge davon sank das ohnehin kurzzeitige Bewußtsein für die Idee der Dreigliederung und noch mehr das Engagement in den Gruppen nicht nur in der Öffentlichkeit, sondern vor allem auch innerhalb der anthroposophischen Bewegung stark ab, wo das Miterleben der sozialen Frage ohnehin in nur bescheidenem Umfang auf Interesse gestoßen war. Man könnte vom völligen Erlöschen der Thematik sprechen, hätte es nicht einige wenige gegeben, die im Zusammenhang mit der Dreigliederungsbewegung tätig waren und die sie immer wieder lebendig zu halten versuchten. Da ist zunächst *Roman Boos* (1889–1952) zu nennen, der einerseits in einer Arbeitsgruppe am Goetheanum, dem Zentrum der internationalen anthroposophischen Bewegung in Dornach, Schweiz, diese Thematik fortlaufend bearbeitete, andererseits in der Herausgabe entsprechender Vorträge Steiners tätig war, sie mit Kommentaren und Interpretationen versah, so etwa das Bändchen *Geisteswissenschaft und soziale Frage*, aber auch wichtige sozialwissenschaftliche Studientexte herausgab.[13] Ferner ist auf sein Werk *Neugeburt des Deutschen Rechts. Ein Bei-*

13 Vgl. hierzu: *Dreigliederung des sozialen Organismus. Eine Bibliographie*, hrsg. von der Sozialwissenschaftlichen Forschungsgesellschaft e.V., Stuttgart 1993; auf sie wird nachfolgend mit dem Hinweis Bibliographie immer wieder verwiesen.

trag zur Überwindung des corpus juris hinzuweisen (1934) sowie auf das wirkungsreiche Buch *Der Gesamtarbeitsvertrag nach schweizerischem Recht* (1920).[14] Innerhalb der anthroposophischen Bewegung war Boos freilich nicht immer ein bequemer Zeitgenosse und deshalb auch nicht allseitig geschätzt. Dies beeinträchtigte sicher auch die Breitenwirkung seines Anliegens. Die Arbeitsgruppe am Goetheanum wurde nach Roman Boos' Tod – in der Zeit der fünfziger und sechziger Jahre – von Hugo Reimann fortgeführt, der im Rahmen von Goetheanum-Tagungen die Teilnehmer zu Besprechungen sozialwissenschaftlicher Fragen einlud.

Freilich: eine Beschäftigung mit dem Gesamt der Dreigliederung fehlte in diesen Jahren, und wenn es in einzelnen Beiträgen zur Darstellung gesellschaftlicher Themen kam, dann wurden lediglich einige strukturelle oder funktionelle Elemente behandelt.

In den folgenden Jahren war der tiefe Einschnitt durch den Nationalsozialismus kaum zu überschätzen, der fundamental daran hinderte, daß eine Beschäftigung mit den Sozialideen Rudolf Steiners in Deutschland weitergeführt werden konnte. 1935 wurde die Anthroposophische Gesellschaft verboten, desgleichen die Werke Steiners; was vorhanden war, wurde von der Gestapo konfisziert, entsprechende «Umtriebe» wurden überwacht und verfolgt. Da das Verbot auf rechtlich schwachen Füßen stand, gelang es, zwischen 1938 und 1941 einige Werke neu auflegen zu lassen, bis dann nach dem Heß-Flug nach England eine verschärfte Verfolgung einsetzte.[15] Neben allen Belastungen, die ein Leben im totalitären Staat mit sich bringt, blieb in den verbotenerweise doch noch bestehenden kleinen anthroposophischen Zusammenhängen wenig Zeit, an Fragen einer künftigen Sozialgestaltung zu arbeiten. Tagesprobleme und das Überleben standen im Vordergrund.

Dennoch arbeitete z. B. *Karl Heyer* (1888–1964) als Historiker an der Dreigliederungsthematik. Er entwickelte aus dem Geschichtsgang die Notwendigkeit der Dreigliederungsidee: «Sozialimpulse des Mittelalters und ihre Wandlung zur Dreigliederung des sozialen Organismus». Verdienstvoll sind auch seine rechtsgeschichtlichen Untersuchungen, bei denen er den Wandel vom Gebotsrecht zum formal gesatzten Recht herausarbeitete (Heyer, 1984). Seine erste Wirkenszeit fiel in die zwanziger Jahre, während der dreißiger lebte er zurückgezogen ganz der Forschung. Erst nach dem Zweiten Welt-

14 1969 neu aufgelegt vom «Institut für soziale Gegenwartsfragen» in Berlin.
15 Vgl. Uwe Werner: *Anthroposophen in der Zeit des Nationalsozialismus*, München 1998 (erscheint voraussichtlich im Herbst 1998).

krieg konnten dann seine Untersuchungen, umfangreiche Geschichtsstudien, in mehreren Bänden erscheinen (siehe Bibliographie am Ende des Beitrags). Darin spielen die Interpretation der Dreigliederung in der Goetheschen Bildsprache des «Märchens von der Grünen Schlange und der schönen Lilie» sowie die Sozialimpulse um die Zeit der Französischen Revolution eine gewichtige Rolle. Heyer hat weit über 1000 Vorträge zur Dreigliederung und zur Geschichte gehalten. In der Einsamkeit seines Refugiums in Kreßbronn am Bodensee oblag er seinen Forschungen während der Zeit des Nationalsozialismus (Heyer, 1990, S. 94ff.), wobei er dieses Phänomen selbst auch zum Gegenstand der Beobachtung und geistigen Durchdringung machte, ohne seine Ausarbeitungen zunächst veröffentlichen zu können.[16]

6.2
Die Jahre 1945 bis heute

Nach dem Zweiten Weltkrieg stand mit dem Ende des Nationalsozialismus neuerlich die Frage der Gesellschaftsgestaltung an. Allerdings war bei aller Zukunftshoffnung in den ersten Nachkriegsjahren – die geistig von großem Aufbruch bestimmt, politisch durch die Besatzungsmächte sowie den sich anbahnenden Ost-West-Konflikt beherrscht und wirtschaftlich durch die Sorge um das Nötigste gekennzeichnet waren – die Lage doch so, daß die Überlebenden, die mit dem Dreigliederungsgedankengut vertraut und verbunden waren, es nur dahin brachten, zunächst sich nach der Verbotszeit auf die Arbeit für die Anthroposophie zu konzentrieren. Und in der Tat erlebte die anthroposophische Arbeit einen beträchtlichen Aufschwung, der weitere Kreise ergriff als Ende der zwanziger Jahre. Mit dieser fruchtbaren Arbeit läßt sich die auch wieder aufgenommene Beschäftigung mit der Dreigliederung allerdings keineswegs vergleichen. 1949 wurde das Grundgesetz, die Verfassung der Bundesrepublik Deutschland, verabschiedet, mit der historisch durchaus einzigartigen Sicherung der Menschen- und Grundrechte (herausragend im internationalen Vergleich: Art. 1 und 19, Abs. 4).

16 Bereits 1947 konnten dann seine Studien erscheinen unter dem Titel *Wenn die Götter den Tempel verlassen* [dann ziehen die Dämonen ein], Freiburg 1947, später erhielt es den Titel: *Wesen und Wollen des Nationalsozialismus und das Schicksal des deutschen Volkes*, Basel [3]1991.

Der Forschungsgegenstand der Dreigliederung wurde, so scheint es, nach 1945 in dreifacher Weise ergriffen, die wir nachstehend darzustellen versuchen.

Wir unterscheiden dabei, um bestimmte Wesenszüge deutlicher hervortreten zu lassen,

a) *Einzelleistungen*
b) die an solche Leistungen sich anschließenden *Schulen* im Sinne von Lehrmeinungen
c) die verschiedenen *Wege in die Praxis*, um die Welt der Gesellschaft auf einem Gebiet umzugestalten.

Den drei Gliederungsprinzipien ist eigen, daß sie ihre Quelle jeweils mehr oder weniger in einer Person mit Initiativ- und Phantasiekraft oder besonderer sozialer Befähigung, andere Menschen zusammenzuschließen, haben.

Ein weiterer Faktor in der Entwicklung nach dem Zweiten Weltkrieg kann für die hier behandelte Thematik nicht unterschätzt werden: der tiefgreifendste Aufbruch neben dem Ende der beiden Kriege, die Studentenrevolten in den Jahren 1964–1968, die einen umwälzenden geistigen Aufbruch darstellten und in einigen Ländern nahe an revolutionäre oder bürgerkriegsähnliche Situationen heranführten. Es ging ausschließlich um Fragen gesellschaftlicher Entwicklung: von der Bildungskatastrophe über die Emanzipation, die Geschlechterfrage, den Widerstand gegen das Establishment, gegen den Vietnamkrieg, den «Imperialismus», um mehr Teilhabe und Demokratie, um Selbstverwaltung und Diskussionen über den Kapitalismus und Staatssozialismus, den dritten Weg bis zur beginnenden ökologischen Debatte. War in einer derart bewegten Zeit nicht unmittelbar eine Anknüpfung an die Ideenbildung der Dreigliederung des sozialen Organismus gefordert? Und so verwundert es nicht, daß seit dieser Zeit auf allen drei Gebieten ein neuer Schwung und eine stärkere Profilierung zu verzeichnen sind, durchaus in dem Sinne, daß Forschung auf sozialem Gebiet immer mit Handlung und Gestaltung verbunden ist.

Doch diese Beschreibung gilt nur bedingt, denn rund sieben Jahre zuvor, nämlich in der zweiten Hälfte der 50er Jahre, nahm die Dreigliederungsarbeit bereits einen deutlichen Aufschwung: Einige Zeitschriften, die sich dieser Themenstellung verschrieben hatten und sich mit bestimmten Fragestellungen des sozialen Lebens eingehend beschäftigten, begannen nach der Unterbrechung Anfang der 20er Jahre nunmehr erstmals wieder zu erscheinen – ein erstaunliches Phänomen. Die studentische Bewegung gab dem Gefährt, das bereits in Bewegung gekommen war, lediglich noch größeren Schwung.

6.2.1 Einzelleistungen: 1945–1964

Es treten nun, wie bereits bei Heyer gezeigt, einzelne Persönlichkeiten hervor, deren Lebensumstände es erlaubt hatten, in der Verbots- und Kriegszeit sich in ihrem persönlichen Studium mit der Dreigliederung zu beschäftigen und so die Grundlage für eine Durchdringung auf diesem Gebiet zu schaffen.

So leistete unmittelbar nach dem Zweiten Weltkrieg *Folkert Wilken* (1890–1981) einen verdienstvollen Beitrag zu einem Gebiet der Dreigliederung. Folkert Wilken war nach einer Privatdozentur in Jena apl. Professor der Nationalökonomie in Königsberg. Er wurde von den Nationalsozialisten amtsenthoben, dann im Zuge der Wiedergutmachung in Freiburg auf einen Lehrstuhl für Volkswirtschaftslehre berufen. 1949 erschien sein wichtiges Werk *Selbstgestaltung der Wirtschaft*, in dem er die assoziative Wirtschaft im Spannungsfeld zwischen Markt- und Planwirtschaft darstellt. Übrigens wurde die Freiburger Universität durch Walter Euken (1891–1950) in der damaligen Zeit zum Ort des Neoliberalismus (Freiburger Schule). Während Folkert Wilken die soziale Komponente betont und (legt man nicht ganz zutreffend, um die Ansätze zu charakterisieren, das Muster Sozialismus – Liberalismus zugrunde) eher eine mehr sozialistische (gemeint ist nicht: staatssozialistische) Position vertrat, so orientierten sich die anderen Vertreter der Volkswirtschaft am sozial verpflichteten Marktwirtschaftsmodell. Wilken entwarf ein funktionsfähiges Bild der assoziativen, sozialverantworteten Wirtschaft, wie es die Ordoliberalen mit dem Begriff der *sozialen* Marktwirtschaft in liberalistischer Sicht taten. Sicher war der Einfluß von Wilken begrenzt, wenn auch der eine oder andere Student gerade seinetwegen nach Freiburg zog.

Ein Vierteljahrhundert später hat derselbe Autor dann einen umfangreichen Band mit dem Titel *Das Kapital* (1976) verfaßt, in dem er einerseits auf das Phänomen der Kapitalbildung hinweist, dann das Problem der freien Kapitalbildung sowie die Irrwege der individualistischen, egoistischen Kapitallenkung untersucht und schließlich, wie in einer früheren Schrift über die Eigentumsfrage (1959), den Begriff des Eigentums an Boden und an Produktionsmitteln diskutiert. In diesem Zusammenhang kommt er auch auf die Möglichkeiten und Abwege von Liberalismus und Marxismus zu sprechen, behandelt dann Bemühungen um gemeinwirtschaftliche Modelle und sieht schließlich die Nationalökonomie als eine zu entwickelnde Wissenschaft vom Wirtschaftsleben als Glied des dreigliedrigen Organismus. Am Ende der Darstellung behandelt er erneut die Assoziationen. Wilken hat sich ferner im Jahr 1965 eingehend mit der Befreiung der Arbeit beschäftigt (1965) sowie zum ersten Mal die Reform des Steuerwesens durch Ausgabensteuer gründlicher durchdacht (1966).

Diese Thematik wurde dann später (1988) von dem Wirtschaftsprüfer Benediktus Hardorp neu aufgegriffen und auf finanzwissenschaftlichen Symposien im Kontext der gegenwärtigen Finanzwissenschaft (Steuervereinfachung) neu diskutiert (vgl. Bibliographie F 451ff.).

Ein weiteres wichtiges Werk erschien in England 1946, wo während des Krieges der Wissenschaftsjournalist der *Times*, John Davy, die Dreigliederung entdeckt hatte und eine eigenständige Gesamtdarstellung unter dem Pseudonym Charles Waterman, *The Three Spheres of Society* (London 1946) veröffentlichte. Als eine besondere Leistung kann dabei gesehen werden, daß er in seiner Untersuchung der Assoziationen des Wirtschaftslebens besonders die notwendige Stärkung des dritten Teilnehmers, der Verbraucherschaft (neben Herstellern und Händlern), durch die Einrichtung von Verbraucheranwälten herausarbeitet – eine Untersuchung, die in dieser Deutlichkeit vorher nicht vorhanden war.

Ein wenig bekannter Autor, Bernhard Behrens (1892–1952), hatte bereits 1930–32 eine Studienreihe für «Anthroposophisch orientierte Wirtschaftswissenschaft» in sieben Heften herausgegeben, dann einige Schriften in den 40er Jahren in den USA veröffentlicht, postum erschien 1958 *Der Mensch – Bildner des sozialen Organismus. Umriß einer anthroposophisch orientierten Soziologie*[17], ein Werk, das Ende der vierziger Jahre entstand. Darin wird, ausgehend vom Menschen, das soziale Leben und die heute notwendige gesellschaftliche Gestaltung für die einzelnen Funktionsbereiche in eigenständiger Weise entwickelt.

Im weiteren sind manche Autoren in Einzelaufsätzen zur sozialen Thematik hervorgetreten, die in den nach Kriegsende allmählich wieder erscheinenden Zeitschriften publiziert wurden. Sie nahmen sich bestimmte Zeit- oder Gestaltungsfragen vor und behandelten sie vom ideellen Konzept der Dreigliederung aus. Als ein Beispiel unter vielen anderen sei Fritz Götte

17 als Manuskriptdruck in Hamburg.

(1901–1989) genannt, lange Jahre Leiter der Firma Weleda AG in Schwäbisch Gmünd, dann im späteren Alter Redakteur der *Mitteilungen aus der anthroposophischen Arbeit* (von 1947 bis 1971) und der Zeitschrift *Die Drei* (von 1953 bis 1969). Fritz Götte hat immer wieder aufs neue die Bedeutung der Dreigliederung hervorgehoben. Persönlich hat er sich vor allem der Bedeutung der Rechtsgestaltung angenommen. So hat er über Grundrechtsartikel 1 – «Die Würde des Menschen ist unantastbar» – gehandelt, sich für Schiedsgerichtsverfahren bei Konflikten innerhalb überschaubarer sozialer Einrichtungen eingesetzt sowie die Entwicklung der Partnerschaft in der Wirtschaft wach verfolgt und kommentiert.

6.2.2 Einzelleistungen: 1964 bis heute

Als Sozialwissenschaftler hat sich Heinz Kloss (1904–1987)[18] eingehend mit dem Genossenschaftsgedanken beschäftigt, weil sich im «genossenschaftlichen Handeln Menschen auf der Grundlage rechtlicher Gleichheit zu gemeinsamem Handeln zusammenschließen» (Kloss, 1981). Seine frühesten Untersuchungen wandten sich dieser Verwaltungsform im Schulwesen zu (1949). Eine weitere Untersuchung beinhaltete *Formen der Schulverwaltung in der Schweiz* (1964). Es folgte dann eine systematische Darstellung der Typen der Selbstverwaltung (*Schmollers Jahrbuch*, 1961, S. 69-93). Aus der Bekanntschaft mit der Idee der Dreigliederung des sozialen Organismus weitete sich ihm allmählich die Fragestellung der Selbstverwaltung als konstitutives Prinzip für die gesamte Gesellschaft. Dies beabsichtigte er in sieben Bänden auszuführen, wovon dann nur zwei erschienen sind: *Selbstverwaltung und die Dreigliederung des sozialen Organismus* (1983) und *Selbstverwaltung des Geisteslebens* (1981).

18 Kloss' Arbeitsschwerpunkte waren einerseits Minderheitenprobleme und Minderheitenschutz, andererseits die Sprachsoziologie sowie Ethnolinguistik, wo er vor allem in Kanada und den USA höchste Anerkennung genoß. Bis 1975 umfaßte sein Werk nicht weniger als 366 wissenschaftliche Publikationen. Er hatte mehrere Jahre an der Universität in Quebec gelehrt. Sein Schicksal war es, Grenzproblemen wie Außenmundarten, Elternrecht usw. schöpferisch nachzugehen, Themen, die auf kein breiteres Interesse stießen. Seine Beschäftigung mit der Dreigliederung fällt in die späteren Jahre eines überaus produktiven Lebens. Vgl. den Nachruf von Leopold Auburger, in: LV, H. 1/1988, S. 49-56. Eine zweibändige Festschrift erschien ihm zu Ehren unter dem Titel *Sprachen und Staaten*, hrsg. v. Harald und Anna-Liisa Värri Haarmann, Hamburg 1976.

Heinz Kloss verdanken wir eine Bewertung der Forschungslage unserer Thematik, die für die Zeit bis in die 70er Jahre als zutreffend angesehen werden kann: in den «vielen Aufsätzen und verhältnismäßig wenigen Büchern und Broschüren, die die Dreigliederung behandelten, ... dominierte durchaus das Thema einer neuen Geld-, Arbeits- und Bodenrechtsordnung, also Probleme, bei denen es nach der bisher herrschenden Auffassung primär um eine Neuordnung der wirtschaftlichen Strukturen geht.

Die bisherige Vernachlässigung des Selbstverwaltungsthemas im Dreigliederungsschrifttum hatte zwei Ursachen. Die eine ist positiv zu bewerten: Der Entwurf eines neuen Boden-, Geld- und Arbeitsrechts ist eine besonders schwierige Aufgabe ... Daneben besteht eine andere Ursache. Rudolf Steiner hat in den sehr wenigen Jahren seines Lebens, in denen er einen erheblichen Teil seiner Zeit der Dreigliederungsidee widmete, aus guten, zeitgebotenen Gründen zwei Sozialbereiche in den Mittelpunkt gerückt: die Wirtschaft und das Geistesleben. ... [Zur Differenzierung des Geisteslebens in einen] Kernbereich (Kunst, Forschung, Religion) und den Stützbereich (Bibliotheken und Archive, Verlagswesen, Presse usw.) ... usw. gibt es nur spärliche Hinweise ... Das weitere Dreigliederungsschrifttum hat sich großen Teils auf diejenigen Bezirke beschränkt, über deren künftige Gestaltung sich schon Steiner verhältnismäßig häufig geäußert hatte ...» (Kloss, 1983, S. 25f.)

Heinz Kloss selbst war bemüht, den Genossenschafts- und damit Selbstverwaltungsgedanken ebenso wie die Dreigliederung des sozialen Organismus an andere Gedankenformen, die ähnlicher Bemühung entstammen, anzuschließen oder zumindest durch den Vergleich weitere Beurteilungsgrundlagen zu gewinnen.

Die bereits erwähnten aufgerauhten 60er Jahre brachten es mit sich, daß auch die von Rudolf Steiner 1919/1920 begründeten sozialen Einrichtungen (die Waldorfschule und der Kommende Tag AG) mit verändertem, ja neugierigem Interesse von Kennern und sozial Engagierten betrachtet wurden. Von der Sozialwissenschaft herkommend und als an einer Waldorfschule seit einigen Jahren Tätiger, verfolgte und reflektierte auch ich deren eigentümliche Sozialgestalt (Leber, 1968, S. 4–12). Dieser Anfang führte dann dazu, einerseits die Entstehung und den Aufbau dieser Selbstverwaltungsstruktur, wie sie unter Rudolf Steiner in den Jahren 1919–1924 vollzogen worden ist, im Zusammenhang mit den dabei auftretenden Schwierigkeiten genau zu rekonstruieren und auf den Gedanken der Selbstverwaltung des Geisteslebens zu beziehen; andererseits sollte der Blick auch auf die in diesem Jahrhundert sich ausgestaltende Organisationssoziologie, die eigentümlicherweise bis dahin zwar Betriebe und Krankenhäuser, kommunale und staatliche Verwaltungen, kaum aber Schulen zum Forschungsgegenstand gemacht hatte, gerichtet werden, um durch einen Vergleich ein tieferes Verständnis zu gewinnen. Mit der Schrift *Die Sozialgestalt der Waldorfschule* wurde 1974 ein Ergebnis dieser Untersuchung vorgelegt. Später arbeitete Manfred Leist (1988) die Stellung der Eltern und Lehrer und ihr sich gegenseitig bedingendes Verhältnis grundlegend aus.

Aus der intensiven Beschäftigung ergab sich, daß seit Steiners *Kernpunkten* (GA 23) keine größere zusammenhängende Gesamtdarstellung der Dreigliederung des sozialen Organismus mehr erschienen war, sehr wohl aber zahlreiche Aufsätze und Abhandlungen zu Einzelaspekten oder auch Teilgebieten.

Es war ein Anliegen, die in den 70er Jahren tätigen Forscher mit ihren Beiträgen zur Dreigliederung des sozialen Organismus in einem Sammelband zu vereinen, so entstand *Der Mensch in der Gesellschaft* (hrsg. v. Stefan Leber, 1977). Der Band enthält acht Beiträge zu Fragen des Rechts- und Wirtschaftslebens, darunter auch einen vorzüglichen Kommentar zu Steiners *Nationalökonomischem Kurs* (GA 340 und 341) von Hartwig Wilken.

Für mich war es mit einer gewissen Überraschung verbunden, daß bei der Kontaktaufnahme mit den potentiellen Autoren einige die Mitarbeit deshalb ablehnten, weil dieser oder jener andere mitarbeiten würde – auch ein Zeichen auf dem Gebiet der Sozialwissenschaft, wie tief dasjenige reicht, was Rudolf Steiner als «soziale und antisoziale Triebe» (vgl. 12.12.1918, GA 186) kennzeichnet.

Deutlich war, daß eine Gesamtdarstellung der Dreigliederung des sozialen Organismus durch Einzelbeiträge schwer zu entwickeln ist. Genau dies versuchte eine niederländische Arbeit unter aktuellem Zeitbezug: *Gesellschaftsstrukturen in Bewegung. Soziale Dreigliederung in Theorie und Praxis* (Bos / Brüll / Jenny, 1976). Für mich selbst stellte sich die Aufgabe, das Ideengefüge der Dreigliederung anzuschließen an grundsätzliche Überlegungen der politischen Theorie und politischen Soziologie – unter Einbezug der Darstellungen Rudolf Steiners in seinen Schriften und Vorträgen.[19]

Geraume Zeit später brachte der niederländische Sozialwissenschaftler Dieter Brüll eine weitergreifende Darstellung des sozialen Anliegens Rudolf

19 Stefan Leber: *Mündigkeit, Selbstverwirklichung und Sozialität. Eine Einführung in die Idee der Dreigliederung des sozialen Organismus*, Stuttgart 1978.

Steiners unter dem Titel *Der anthroposophische Sozialimpuls – ein Versuch seiner Erfassung* (1983) heraus. In diesem Anliegen, das auf verschiedenen Ansätzen, wie dem Soziologischen Grundgesetz, dem Sozialen Hauptgesetz, das wir schon zitierten, und dem Sozialen Urphänomen (soziale und antisoziale Triebe) gründet, ist der Strukturansatz der Dreigliederung nur ein, wenn auch *der* herausragende Aspekt. Diese Weitung des Gesichtsfeldes hat eine nicht leicht zu unterschätzende Bedeutung, weil sie davor schützt, die Dreigliederungsidee des sozialen Organismus als etwas vom übrigen Werk Steiners Ablösbares anzusehen.[20] Dieter Brüll legte auch eine Interpretation der schulischen Selbstverwaltung unter dem Gesichtspunkt der Dreigliederung der einzelnen Einrichtung vor: Dabei kommt das assoziative Element dadurch zum Ausdruck, daß die Eltern als Verbraucher in einem entsprechenden Organ ihre «Bedürfnisse» an die Produzenten, die Lehrer, melden; der Ausgleich findet in einem Rechtsorgan, das den Zielen der Schule verpflichtet ist, statt (vgl. Bos, 1976, S. 143).

1983 erschien von Christof Lindenau eine wichtige Schrift zur Dreigliederung, in der er diese soziale Gestaltung als Weg zur lernenden Gesellschaft aufweist und vor allem den Übungscharakter und die mögliche Arbeitsweise hervorhebt. In zahlreichen Seminaren mit Thomas Göbel hat Lindenau seine methodische Sicht vermittelt. – Die außerdem zu nennenden Namen von H.-G. Schweppenhäuser, P. Schilinski, W. Schmundt, W. Heidt u.a. finden sich auf S. 374ff.

Wir skizzieren kurz einige wichtige Schritte in der Entfaltung und zeitbezogenen Darstellung der Idee der Dreigliederung des sozialen Organismus in den letzten Jahren. Benediktus Hardorp hat mit seinem Buch *Anthroposophie und Dreigliederung. Das soziale Leben als Entwicklungsfeld des Menschen* (1986) auf die Darstellung der menschlichen Dreigliederung bei Rudolf Steiner in *Von Seelenrätseln* (GA 21) zurückgegriffen. Von diesen Darlegungen und Steiners Auseinandersetzung mit Max Dessoir entfaltet er dann die Grundprinzipien.

20 Freilich schließt diese Arbeit Brülls keineswegs aus, daß die Weite seiner Gesichtspunkte zwar benützt, dann aber, auf Steiner angewandt, mannigfachen Fehlinterpretationen unterzogen wird, so in der religionswissenschaftlichen Dissertation von Ilas Körner-Wellershaus: *Sozialer Heilsweg Anthroposophie. Eine Studie zur Geschichte der sozialen Dreigliederung Rudolf Steiners unter besonderer Berücksichtigung der anthroposophischen Geisteswissenschaft*, Bonn 1993, die sich darüber zahlreicher Mißverständnisse und einer Ignoranz aller Sekundärliteratur erfreut.

In einer umfangreichen Habilitationsschrift hat Christoph Strawe (1986) systematisch die Erkenntnisansätze der Anthroposophie und des Marxismus verglichen.

Aufsehen erregte der Dissident und Rechtsanwalt in der DDR, Rolf Henrich, der unmittelbar vor deren Zusammenbruch im Westen eine Kritik am «vormundschaftlichen Staat» veröffentlichte; seine Analyse sah in der Dreigliederung des sozialen Organismus einen Ausweg, den er aus seiner Sicht engagiert darstellte.

In einer umfangreichen Göttinger rechtswissenschaftlichen Dissertation fügte Joachim Luttermann (in *Dreigliederung des sozialen Organismus. Grundlinien der Rechts- und Soziallehre Rudolf Steiners*) vor allem den Rechtsbereich in eine sehr differenzierte Darstellung unter sorgfältigem Einbezug des Steinerschen Werkes.

Die Arbeit von Albert Schmelzer, *Die Dreigliederungsbewegung 1919. Rudolf Steiners Einsatz für den Selbstverwaltungimpuls,* beschreibt den historischen Ablauf der Dreigliederungsbewegung 1919 und gliedert diese in das damalige zeitgeschichtliche Umfeld ein.[21] Dieser Darstellung ging das Werk von Hans Kühn, *Dreigliederungszeit* (1978), voraus, das zahlreiche Momente aus dem Gesamtbereich der Anthroposophie enthält, in der historischen Darstellung allerdings etwas blaß bleibt.

Udo Hermannstorffer griff mit seinem Buch *Schein-Marktwirtschaft. Die Unverkäuflichkeit von Arbeit, Boden und Kapital* (1991) zentrale Themen der Dreigliederung heraus, die in den Wirtschaftsproblemen der Gegenwart Scharnierbedeutung haben, um daran zu demonstrieren, wie durch Umstrukturierung andere Verhältnisse geschaffen werden können.

Sehr fundamental behandelte der Philosoph Hjalmar Hegge (1992) in einer Habilitationsschrift die Freiheitsordnung der Individualität, um dann deren soziale Einbindung mit den Gedanken der Gerechtigkeit und Brüderlichkeit aus der Dreigliederungsidee Steiners abzuleiten.

Eine geldtheoretische Untersuchung, die an Steiners Geldvorstellungen anknüpft, legte 1992 Georg von Canal mit seiner St. Gallener Dissertation *Geisteswissenschaft und Ökonomie* vor.

21 Stuttgart 1991; der Arbeit liegt eine Dissertation an der Ruhr-Universität Bochum zugrunde.

6.2.3 Exkurs: Foren für Dreigliederung

An dieser Stelle ist es geboten, in einem Exkurs die verschiedenen übergreifenden Foren zu erwähnen, in denen gemeinsam Fragen der sozialwissenschaftlichen Arbeit erörtert wurden. Wir spalten diese Thematik bewußt nach der von uns gewählten Systematik in drei Abteilungen auf, auch wenn sie der inneren Natur nach zusammengehören:

1. in einen Bereich, der in der Tatsache wurzelt, daß auch die individuelle Beschäftigung mit Dreigliederung, welche notwendigerweise von einzelnen betrieben wird, der inneren Natur der Sache nach, bei diesen einzelnen letztlich auch zum Bestreben führt, mit anderen zusammenzukommen, sei es zum Diskurs, zum Meinungsaustausch, zur Weiterentwicklung von Forschungsfragen oder auch zur Wahrnehmung der Zeitphänomene und -symptome und zum analysierenden Gespräch darüber;
2. in einen Bereich, wo die gewonnenen Einsichten und methodischen Ansätze dazu führen, sich mit jenen, die in gleicher Richtung und mit gleicher Intention streben, zu verbinden, so daß sich gleichsam polyphon in einem Frequenzbereich schwingende Seelen verbinden; diese seelische Disposition schafft eine Grundlage für die Bildung «wissenschaftlicher Schulen»: dabei ergibt sich, daß in ihnen neben dem Diskurs auch eine Weiterentwicklung der Methoden und Ausweitung der Erkenntnisgewinnung stattfindet;
3. in einen Bereich, der Menschen dazu drängt, sozialwissenschaftliche Einsichten nicht nur als Erkenntnisinhalte zu gewinnen und zu pflegen oder weiterzuentwickeln, sondern ins Leben, d. h. in die gesellschaftliche Wirklichkeit umzusetzen, also das soziale Leben entsprechend zu gestalten.

Notwendigerweise haftet dieser systematischen Typologie gegenüber dem Leben etwas Gekünsteltes an, weil es sowohl tatsächliche Überschneidungen als auch reale Durchdringungen gibt.

Sektionsbestrebungen

Bereits mit der Neukonstituierung der Anthroposophischen Gesellschaft in der Weihnachtszeit 1923 hatte Rudolf Steiner für die neu geschaffene Freie Hochschule eine Sektion für Sozialwissenschaft vorgesehen. Deren Aufgabe sollte neben der Pflege der esoterischen Bedürfnisse vor allem die Forschung auf geistigem Gebiete sein. Dies konnte für die projektierte Sektion im speziellen nur eine solche auf das soziale Feld bezügliche

Forschung sein. Entsprechend der Intention der Forschung auf geistigem Gebiet ist die Aufgabenstellung dieser Sektion so zu beschreiben, daß die sozialen Erscheinungen daraufhin untersucht werden, wie sie mit geistigen Wirksamkeiten verknüpft sind. Hier geht es dann darum, genauer zu erkennen, was der Zeitgeist oder Zeitungeist, der nahezu täglich in den Medien beschworen wird, an Intentionen anregt, wie dies sich in der Menschenwelt spiegelt, ja was dessen Wesen ausmacht, wie die Schattenbilder sind. Entsprechend gilt es zu untersuchen, wie ein Übergeordnetes sich dann in den verschiedenen Völkern bricht und dadurch farbig ausgestaltet. Für die Anthroposophie ist der Durchblick auf eine derartige spirituelle Realität genau die gestellte Forschungsaufgabe, denn der bezeichnete «Geist» ist für sie nicht eine bloße Benennung, die all das zum Abstraktum zusammenfaßt, was nicht weiter auf andere Faktoren zurückgeführt werden kann und das doch unleugbar vorhanden ist. Vielmehr gibt es im Vorstellungshorizont tatsächlich wirksame geistige Wesen, die inspirierend auf das Bewußtsein wirken. Sowohl die Wirkmächtigkeit als auch die recht gegensätzlichen Intentionen geistiger Wesen und ihrer Schatten stehen zur Untersuchung. Darum gilt es diese Wesenhaftigkeiten qualitativ und substantiell zu unterscheiden und ihre Wirkung auf Gruppen und im Zeitengang aufzufinden – dies bildet eine originäre geisteswissenschaftliche Aufgabenstellung. Sie hat auch eine historische Dimension, weil es ein altes Mysterienwissen auf diesem Gebiet gab, das aus dem gewandelten Bewußtsein gegenwartsnah zu entfalten ist. Es gehört aber auch zur Aufgabe, geistig verwandte Bestrebungen zu bemerken, so etwa wenn der Soziologe Daniel Bell (1975) von drei großen axialen Prinzipien und Achsen spricht, in denen in selbständiger Weise Grundgedanken Steiners neu formuliert auftreten.

Da der für die Sektionsleitung vorgesehene Günther Wachsmuth, promovierter Staatswissenschaftler, diese Aufgabe wegen Arbeitsüberlastung nicht bereit war zu übernehmen, wurde die Sektion zunächst nicht eingerichtet.

Sozialwissenschaftliche Sektion

Während der Veranstaltungen zum 100. Geburtstag Rudolf Steiners in der Berliner Kongreßhalle im Herbst 1961 traf sich eine Gruppe jüngerer Sozialwissenschaftler (Heinz Eckhoff, Markus Kühn, Ernst-Wilhelm Neuhöfer, Helmut Peltzer, Georg Wilhelm Schmidt, Dietrich Spitta, Charlotte Thon), die in Zukunft sich verstärkt für den anthroposophischen Sozialimpuls einsetzen wollten. Diese Gruppierung (Berliner Kreis) knüpfte

Kontakte zur Arbeitsgruppe am Goetheanum unter Hugo Reimann und Paul Kipfer, aber auch zum Vorstand der Freien Hochschule für Geisteswissenschaft mit der Frage, ob es nicht jetzt an der Zeit sei, eine Sozialwissenschaftliche Sektion einzurichten.

Schon bald darauf, nämlich zum 1.1.1962, wurde Kurt-Franz David in die Leitung dieser Sektion berufen. Frucht der neuen Zusammenarbeit zwischen Berliner Kreis und Sektion war eine gemeinsame Tagung über «Die geistigen Hintergründe der sozialen Frage» im Juli 1962. Die Arbeit wurde im darauffolgenden Jahr fortgesetzt. Nachdem der bisherige Sektionsleiter weitere Aufgaben übernommen und sich deren Unvereinbarkeit mit der bisherigen Aufgabe herausgestellt hatte, bat er um seine Ablösung. Der Vorstand beauftragte sein Mitglied Herbert Witzenmann mit der Leitung. Herbert Witzenmann war Philosoph von Rang und Originalität und außerdem von weitgreifenden Intentionen, der weniger Wert auf Zusammenarbeit mit dem vorhandenen Sektionskreis legte. Seine Beiträge zur Weltlage von 1965 an trugen eine ganz eigene Handschrift.

Rüspe-Kreis
Der Berliner Kreis, der als Sektionskollegium angesehen werden kann, zog sich aus der Dornacher Arbeit zurück und begann in der sich politisch allmählich aufrauhenden Zeitsituation in Deutschland mit einer eigenen Tätigkeit. Tagungsort wurde von 1967 an das kurz zuvor eingerichtete Studienhaus Rüspe, nach dem sich der Kreis nunmehr benannte. Dieser Kreis erweiterte sich über die zuvor genannten Persönlichkeiten hinaus um Walter Paede, Theodor Beltle und Klaus Fintelmann. Er veranstaltete 1970 eine gut besuchte Studententagung in Stuttgart, die in der weiteren Folge neue Persönlichkeiten dem Rüspe-Kreis zuführten: Ursula Weber, Peter Schilinski, Wilfried Heidt, Manfred Schmidt-Brabant u.a.m. Dieser Kreis wurde zu einem anregenden Forum, das Menschen sehr gegensätzlicher Natur und Auffassung durch ein halbes Jahrzehnt vereinigte. Wichtig war dabei die dort praktizierte «aktive» Toleranz, die wesentlich zum Zusammenhalt beitrug. Als aus diesem Kreis Manfred Schmidt-Brabant zum Vorstand am Goetheanum berufen wurde und Herbert Witzenmann in der Sektionsleitung ablöste, wurde die *Sozialwissenschaftliche Sektion* zum Ort gemeinsamer Treffen. Diese fanden über 21 Jahre (bis zum Berichtszeitpunkt) zweimal jährlich statt. Was von der Zusammenarbeit in Dornach ausging, ist vielfältig und kann wohl vor allem in der menschlichen Begegnung, aber auch in vielen anregenden Diskussionen gesehen

werden. Stand thematisch in den ersten Jahren das Gespräch – manchmal auch die Auseinandersetzung zwischen den «Schulen», die sich zunächst alle mit ihren profilierten Vertretern eingefunden hatten – im Vordergrund, so waren es in den späteren Jahren eher Fragen nach den Hintergründen der in den gesellschaftlichen Änderungen wirkenden Kräfte. Im Laufe dieser Arbeit zogen sich einzelne Persönlichkeiten aus der Arbeit altershalber zurück, andere blieben weg, neue kamen hinzu, insbesondere aus dem europäischen Ausland, so daß die Treffen stets zwischen 130-160 Menschen vereinigten – eine Größe, die dazu anregte, kleinere Gesprächsgruppen während der Plenartagungen einzurichten. Darüber hinaus bildeten sich fachliche Untergruppierungen: so ein Kreis für Juristen, von Unternehmern, Sozialarbeitern, zu Suchtfragen usw.

Sozialwissenschaftliche Forschungsgesellschaft
In Zusammenarbeit mit der Sektion nahm gegen Ende der siebziger Jahre die Sozialwissenschaftliche Forschungsgesellschaft in Deutschland ihre Tätigkeit auf. Sie sieht es als ihre Aufgabe an, sozialwissenschaftliche Kolloquien und Tagungen in Deutschland sowie Forschungsarbeiten durchzuführen. Einen besonderen Höhepunkt in einer mehrjährigen Tagungsabfolge bildete die Veranstaltung im November 1989 in Stuttgart, als just zu diesem Zeitpunkt, da die Ideale der Französischen Revolution in ihrer Gegenwartsbedeutung behandelt werden sollten, die innerdeutsche Mauer fiel und einige hundert Menschen aus Ost und West die Fragen der Zukunftsgestaltung Deutschlands erörterten.

Um weiterhin die gegensätzlichen Interpretationen und Vorstellungen zu wichtigen Teilfragen aus dem Gedankenkreis der sozialen Dreigliederung miteinander ins Gespräch zu bringen, wurden zahlreiche Beiträge zu den nachstehenden Themen gesammelt und in Themenbänden veröffentlicht, ohne den Versuch, eine Glättung oder Konvergenz der Auffassungen anzustreben. In dem Jahrzehnt von 1986 bis 1996 erschienen folgende Bände:

1. *Das soziale Hauptgesetz. Beiträge zum Verhältnis von Arbeit und Einkommen.* 2. *Die wirtschaftlichen Assoziationen. Beiträge zur Brüderlichkeit im Wirtschaftsleben.* 3. *Wesen und Funktion des Geldes. Zahlen, Leihen und Schenken im volkswirtschaftlichen Prozeß.* 4. *Der Staat – Aufgaben und Grenzen. Beiträge zur Überwindung der strukturellen Vormundschaft im Rechtsleben.* 5. *Das Eigentum an Boden und Produktionsmitteln.*

Anthroposophische Akademie für Gegenwartsfragen
Zu nennen ist hier auch die Anthroposophische Akademie für Gegenwartsfragen, die auf die Initiative von Christoph Gögelein (1938–1993) zurückging, der in Zusammenarbeit mit seinen Freunden im Ruhrgebiet allgemein interessierende Zeitfragen in gründlich vorbereiteten Akademietagungen diskutierte. Der Teilnehmerkreis bezog auch Vertreter seines Fachgebietes an Hochschulen oder Fachleute in der Verwaltung ein. Durch den frühen Tod Christoph Gögeleins und die Beanspruchung der anderen Mitglieder des Vorbereitungskreises wurde 1996 die beachtenswerte Arbeit dieser Akademie eingestellt.

6.2.4 «Schulen» im Verständnis der Dreigliederung des sozialen Organismus: 1945–1964

In der zweiten Hälfte der 50er Jahre vollzog sich an mehreren Orten eine Konzentration und Intensivierung der Arbeit und Forschung auf dem Gebiete der Dreigliederung; dies spiegelte sich in der Gründung mehrerer Zeitschriften, die nahezu zeitgleich erfolgten.

So hatte sich 1953 eine Sozialwissenschaftliche Arbeitsgemeinschaft am Goetheanum konstituiert, die, anknüpfend an Aktivitäten vor dem Weltkrieg, ihre Aufgabe darin sah, sozialwissenschaftliche Themen zu erarbeiten. Unter dem Titel *Sozialwissenschaft am Goetheanum* (sie erschien von 1954 bis 1962) berichtete die neue Zeitschrift ein- bis sechsmal jährlich von den Tagungen. Die diskutierten Themen beziehen sich auf die wirtschaftlichen Assoziationen, auf das Geldwesen, Fragen der Betriebswirtschaft, der Rechtsentwicklung und anderes. Mitwirkende waren Werner Berger, Walter Donat, Paul Gimmi, Friedrich Häusler, Hans Hintze, Paul Kipfer, Walter Rau, Hugo Reimann, Wilhelm Schmundt, Lothar Wachter und andere.

Die Wirkung über die Teilnehmenden und eine kleinere Abonnentenschar hinaus dürfte begrenzt gewesen sein; von der Breitenwirkung der 20er Jahre hatte sich durch die gravierenden Ereignisse der 30er und 40er Jahre wohl nichts erhalten – allerdings der Wille einer Gruppe, die einmal höchst wirksamen Anregungen aufzugreifen und durch Bearbeitung zu vertiefen.

Bereits anderthalb Jahre später (Januar 1956) begründete sich – wohl auf Initiative des Herausgebers der Zeitschrift *Die Kommenden*, Herbert Hillringhaus – eine zweimonatlich erscheinende Zeitschrift *Soziale Zukunft*, Freiburg. Ihr Ziel war es, ein Gespräch über Dreigliederungsarbeit anzuregen und zugleich ein Forum für Arbeitsgruppen zu bieten. Die Zeitschrift veröffentlichte Studienmaterial zu Dreigliederungsfragen, Diskussionsbeiträge zur Geldtheorie, über die Eigentumsfrage, über Fragen der Steuerreform und andere. Wichtige Mitarbeiter waren unter anderen J. Dengler, F. Herbert Hillringhaus, Heinz Kloss, Hans Kühn, Hans Leber, Hans-Georg Schweppenhäuser, Carl Stöckmann, Folkert Wilken.

Die Auflage betrug ca. 500 Exemplare. Von 1959 an firmierte sie unter dem Titel *Beiträge zur Dreigliederung*, wobei ein wesentlicher Impuls hierfür von Hartwig Wilken ausging, dem es gelang, sowohl in der Administration als auch unter den Autoren weitere Persönlichkeiten zu motivieren. Teilweise waren es Menschen, die auch schon in früherer Zeit hervorgetreten waren, z. B. Walter Birkigt, Hans Gessner, Fritz Götte, Adelheid M. Prym, Charlotte Tohn, Heinz-Hartmut Vogel u.a. In Fortsetzung der Zeitschrift *Soziale Zukunft* sollten die *Beiträge zur Dreigliederung* diese Dreigliederungsarbeit fördern und ein «Verbindungsglied der in der Arbeitsgemeinschaft für Dreigliederung zusammengefaßten Gruppen sein» (Deimann, 1987, S. 262). In allen Persönlichkeiten lebte der Impuls und die Sehnsucht, etwas zu der für notwendig erkannten Dreigliederung der Gesellschaft nach ihren Funktionen und zur Herausarbeitung lebensvoller Strukturen beizutragen, auch mögliche Grenzen in der Gegenwart zu ermitteln. Dabei wurden unmittelbar an den impulsierenden Beginn der zwanziger Jahre, die Zeit der Beschlußfassung über die Weimarer Verfassung, angeknüpft, wenn nun auch zu dieser Zeit die Bundesrepublik Deutschland bereits das zehnjährige Bestehen ihrer unter westlichem Einfluß und westlichen Traditionsbeständen formulierten freiheitlich-demokratischen Verfassung (Grundgesetz) feiern konnte. Das politische Leben entfaltete sich seither in diesem Rahmen.

Die Beschäftigung mit der Dreigliederung des sozialen Organismus zeigt eine individuelle Herangehensweise der Autoren. Ihre Methode speist sich aus den mitgebrachten sozialwissenschaftlichen Einsichten der jeweiligen Verfasser, die aus ihrem Verständnis der Anthroposophie Einzelfragen aufzuschließen suchen. Ein einheitliches Interpretationsmuster läßt sich ebensowenig erkennen wie eine Festlegung auf bestimmte Bereiche der Dreigliederung.

Dies ist anders bei der 1957 begründeten Zeitschrift: *Fragen der Freiheit. Beiträge zur freiheitlichen Ordnung von Kultur, Staat und Wirtschaft*, dem Organ des Seminars für freiheitliche Ordnung.

Initiator ist der Volkswirt Diether Vogel, der seinerseits von Rudolf Steiners Vorschlägen zum Wirtschaftsleben ausging und die volkswirtschaftlichen Lehrmeinungen daraufhin durchmusterte, inwiefern sich darin Anknüpfungen finden lassen. Soweit ich sehe, sind es vor allem drei Denker, die ihm dafür eine Hilfe waren: Silvio Gesell (1862–1930), John Maynard Keynes (1883–1946) und Walter Eucken (1891–1950).

Gesell gilt nicht als zünftig akademisch, ist als Außenseiter gleichwohl sehr wirkungsreich gewesen. In seiner *Natürlichen Wirtschaftsordnung durch Freiland und Freigeld* (1911) sieht er in der Geldordnung einen wichtigen Hebel, um zu einer krisenfreien Wirtschaft zu gelangen. Indem Geld einerseits unter Umlaufzwang steht, weil es sich entwertet, und die Zinsen nahe an Null herangeführt werden, und indem andererseits die Hortungsfunktion des Geldes aufgehoben wird und die Stauung von Kapital durch Abschaffung des privaten Bodeneigentums erzwungen werden soll, scheint eine enge Beziehung zu der Alterung des Geldes, wie sie Rudolf Steiner für die Leihgeldfunktion sieht, gegeben zu sein. Rudolf Steiner kennt daneben die Kauf- und Schenkungsgeldfunktion.

Silvio Gesell hat auf einen der größten und wirksamsten Ökonomen des Jahrhunderts, auf *John Maynard Keynes* und seine *Allgemeine Theorie der Beschäftigung, des Zinses und des Geldes* (1936), großen Einfluß erlangt. Keynes gelingt es, die schwerste wirtschaftliche Depression, welche bisher durchlebt wurde, verständlich und durchschaubar zu machen, indem er den Geldprozeß durch die Analyse des Einkommens und der Nachfragefunktion in einen Zusammenhang bringt und gleichzeitig in eine Beziehung zum Zins setzt. Er schlägt eine antizyklische Ausgabenpolitik des Staates vor und stellt fest, daß es im Vergleich zur Arbeitslosigkeit besser sei, Menschen Löcher graben zu lassen und diese wieder zuzuschütten, damit sie Einkommen beziehen. Freilich meint er, daß es auch sinnvollere Aufgaben geben könnte, welche die öffentliche Hand anregen oder initiieren müßte. Keynes ist der Begründer der freien Konvertibilität, wie sie in Bretton Woods, seinen Vorschlägen zum Teil folgend, 1948 vereinbart wurde. Er wurde damit der Begründer der «Neuen Wirtschaftspolitik», welche die Zeit nach der Mitte des Jahrhunderts trug, bis neuerlich Ungereimtheiten auftraten. Indem Rudolf Steiners Gedanken auf dieses Bezugssystem bezogen werden, erlangten sie eine unmittelbar wirtschaftspolitisch bedeutsame Aktualität.

Walter Eucken, ein analytischer Volkswirt von Rang, ließ sein Werk in eine Gesamtdarstellung, die erst postum erschien, einmünden: *Grundsätze der Wirtschaftspolitik* (1952). Darin weist er auf einen bis dahin wenig beachteten Zusammenhang hin: die Interdependenz der Ordnungen. Eine marktwirtschaftliche Ordnung bedarf einer entsprechenden Rechtsordnung und dementsprechend auch einer Sozialordnung. Da bisher die Marktwirtschaft Einseitigkeiten hervorrief, muß sie, um nicht Gegensätze zu schaffen, zu einer sozialpflichtigen Eigentumsordnung führen. Ohne daß Eucken dies bis ins einzelne ausgeführt hätte, lassen sich aber hieraus konkrete Gestaltungsvorschläge etwa zum Eigentum am Boden entwikkeln. Diether Vogel stützt sich außerdem in seinen Studien mit eindrücklichem geschichtlichen Material ab.[22]

Von dieser Konzeption aus arbeitete das «Seminar für freiheitliche Ordnung» und erreichte eine breitere Öffentlichkeit, denn das zugrundegelegte «ordnungspolitische» Konzept hatte in den 50er Jahren eine enge Korrespondenz zur Politik der Bundesregierung, insbesondere zur Wirtschaftspolitik (vgl. H.H. Vogel, 1963). Genauer besehen, wichen jedoch die Vorstellungen vom Bodeneigentum und der Sozialverfassung von der Linie der damaligen Regierung ab und fanden sich eher in der sozial-liberalen Koalition der 60er Jahre wieder.

Dem Seminar gelang es, eine klare Konzeption zur Freiheit der Kultur und zur Freiheit des Bildungswesens zu entwickeln. Auch rechtspolitisch war das Seminar im Gespräch mit namhaften Verfassungsrichtern, die sich ebenso wie die Seminarmitarbeiter zu der Rechtsstellung Freier Schulen äußerten. Ferner wurden ökonomische Fragen, insbesondere Probleme der Geld- und Währungsordnung, besprochen. Was bisher fehlte, ist ein Verständnis für die assoziative Wirtschaftsverfassung.

Nach meiner Einschätzung hatte das Seminar zeitweilig eine beträchtliche Öffentlichkeitswirkung zumindest bei einer Schicht politisch und intellektuell Interessierter erreicht, die sonst nirgendwo vergleichbar erzielt wurde. Möglicherweise hängt die unzweifelhaft größte öffentliche «Ausstrahlung», wie sie sonst keine andere Initiative auf diesem Gebiet erlangt hat, damit zusammen, daß auf einen expliziten Bezug auf Rudolf Steiner und seine Formulierungen zur Dreigliederung verzichtet wurde. Der Bezug leuchtete zumeist nur für Kenner in den Seminardarstellungen durch. In den grundlegenden und systematischen Veröffentlichungen (H.H. Vogel, 1963; L. Vogel, 1973) wird auch kaum Bezug zu anderen Autoren genommen, die explizit von Rudolf Steiner ausgehen, sehr kenntnisreich hingegen zu vielen sozialwissenschaftlichen Autoren der Vergangenheit. Nach dem Ende der Adenauer-Ära,

22 Sein Werk, ursprünglich als Studienmaterial erschienen, wurde 1990 von H.H. Vogel unter dem Titel herausgegeben: *Selbstbestimmung und soziale Gerechtigkeit. Die freiheitliche Ordnung von Kultur, Staat und Wirtschaft*, Schaffhausen.

vor allem dann nach dem Ende der sozial-liberalen Koalition, schränkte sich die politische Wirkung des Seminars in der Öffentlichkeit allerdings ein.

Die Zeitschrift mit teilweise gewichtigen Beiträgen hat sich bis heute mit einer Auflage von 2000 Exemplaren und ca. 200 Heften bei etwa 1000 Abonnenten gut gehalten. An wichtigen Autoren sind zu finden: Eckhard Behrens, P. H. Diehl, Hans Hoffmann, Jobst von Heynitz, Herbert K. R. Müller, Fritz Penserot, Erwin Stein, Diether Vogel, Heinz Hartmut Vogel, Johann Peter Vogel, Lothar Vogel, Wolfgang von Wartburg, Ernst Winkler und viele andere.

6.2.5 1964 bis heute

Vom Ende der 50er Jahre an wird die Bildung von bestimmten Schulen deutlich bemerkbar. Dies wurde von Heinz Kloss so beschrieben: «Die Entstehung von regelrechten ‹Schulen› bewirkte offensichtliche äußere Erschwerungen – man konnte nicht mehr so ganz selbstverständlich wie bisher von ‹der› Dreigliederungsbewegung sprechen –, besaß aber gleichzeitig für den Einsichtigen auch Vorzüge, da so der Gefahr einer monolithischen Verhärtung vorgebeugt wurde. Bedenklich wurde diese Differenzierung aber dadurch, daß sie zunächst nicht zu wechselseitiger klärender und förderlicher Aussprache, sondern zu gegenseitiger Abkapselung der Richtungen führte.» (1983, S. 27f.)

Neben den sich ausprägenden Vorstellungen des Seminars für freiheitliche Ordnung profilierten sich andere Konturen durch den außerordentlich aktiven Hans-Georg Schweppenhäuser (1898–1983): Er akzentuiert z. B. die Frage des alternden Geldes anders, für ihn handelt es sich nicht um Schwundgeld im Sinne Silvio Gesells, dessen Denkweise für ihn ohnehin zu einseitig im Darwinismus bzw. im Materialismus wurzelt, sondern um die Schaffung von Einrichtungen, wodurch das Leihgeld, wenn es zurückbezahlt ist, als Schenkungsgeld an das Geistesleben transferiert wird. Dabei arbeitete er beispielsweise heraus, daß die üblichen Vorstellungen des Schenkungsgeldes als Ausdruck eines philanthropischen Mäzenatentums nur in Randbereichen der Kultur sinnvoll sein können. Für Universitäten, Schulen usw. muß vorhersehbar sein, daß die Aufgabe der Unterhaltung kultureller Institutionen systematisch gesichert ist (vgl. Bibliographie, F 704/5; Schweppenhäuser, 1971). Dies kann nur gelingen, wenn aus den geschaffenen Institutionen des Geldwesens dieser Transfer vom Wirtschaftsleben in das Geistesleben auch regelmäßig erfolgt. In diese Überlegungen geht Hans-Georg Schweppenhäusers

Erfahrung als Begründer einer Waldorfschule in Rendsburg mit ein; beruflich war er Direktor der Schleswig-Holsteinischen Elektrizitätsversorgung, später in hoher Stellung beim Bochumer Verein. Er setzte grundsätzlich darauf, die Äußerungen Rudolf Steiners zunächst genau zu studieren und dann aus der eigenen, sehr ausgebreiteten Lebenserfahrung und Kenntnis des Steinerschen Werkes her zu verstehen und zu interpretieren. Erst danach suchte er dann auch Bezüge zu anderen Autoren im Bereich der Sozialwissenschaft.

Seit den 50er Jahren veröffentlichte er zahlreiche Aufsätze (vgl. Bibliographie F 682-722, E 393-396, D 571-D 573 u.a.m.). In ihnen kreiste er immer wieder um einen organischen Ordnungsbegriff: Wie verhält sich die Ordnung eines Teilsystems zum Ganzen und umgekehrt? Diese Fragestellung beschäftigte ihn in der Geld- und Eigentums- wie in der Staatsordnung.

Er verfaßte zahlreiche Abhandlungen zur Methodologie, zur Soziologie, zur Frage der Utopien, zum Rechtsleben und zu Teilfragen der Gesellschaftsordnung in den Jahren 1966–1982 (Schweppenhäuser, 1985).

Schweppenhäuser gründete als Forum für seine Arbeit das «Institut für soziale Gegenwartsfragen» in Berlin, dessen Sitz später nach Freiburg verlegt wurde. 1989 entstand eine Zweigstelle in Stuttgart. Mit einer Gruppe jüngerer Wissenschaftler arbeitete er darin über Jahre zusammen. Seine vielfältigen Aufsätze und Beiträge hat in einer umfassenden Auswahl Manfred Kannenberg-Rentschler ausgewählt und als Sammelband veröffentlicht unter dem Namen Schweppenhäusers und dem Titel *Das soziale Rätsel* (1985).

Hans-Georg Schweppenhäuser scheute sich auch nicht, in aktuelle politische Fragen einzugreifen, und vertrat beispielsweise die Auffassung, daß (West-)Berlin, das große Subventionen der Bundesrepublik erhielt, um als westlicher Vorposten sich im Ost-West-Konflikt behaupten zu können, eine viel sinnvollere, vertraglich abgesicherte und zugleich wirtschaftlich gesunde Existenz aus eigener Leistung führen könnte, wenn es als Staat autonom und außerhalb des westlichen Bündnissystems stünde – Gedanken, die freilich völlig konträr zur herrschenden Auffassung in der Bundesrepublik und in Berlin standen (Schweppenhäuser, 1967).

Ähnlich wie Hans-Georg Schweppenhäuser kam Wilhelm Schmundt (1898–1993) als Elektroingenieur zur Sozialwissenschaft. Auch er gelangte durch die Beschäftigung mit Goethe dazu, eine für dieses Gebiet entsprechende Aufschließung der Idee des sozialen Organismus zu erreichen, und er suchte zum «Urphänomen des sozialen Organismus» vorzudringen. In einer von ihm *axiomatisch* genannten Methode konstruierte er, was dem sozialen Prozeß als Polares zugrunde liegt: Geben und Nehmen, Individualität und Kollektivität, Fähigkeitswerte, Wirtschaftswerte. Diese wechselseitige Bezogenheit wurde von ihm mit unterschiedlichen Benennungen durchdekliniert. So wird auf das Wirtschaftsleben hingeblickt und für die Arbeit angemerkt, wie durch sie die Fähigkeiten sich mit den Naturfaktoren verbinden. Entsprechend steht dann dem Einkommen polar der Kaufvorgang gegenüber, durch den der Arbeitende die Waren bezieht. Geld ist Anweisung auf Waren und/oder Leistungen und damit Fähigkeiten. Der Produktion steht die Konsumption gegenüber. Für das freie Unternehmen lautet die Polarität: Ideenwelt und soziale Welt. Innerhalb des Betriebes, der in dieses Spannungsfeld eingegliedert ist, wird dann die Dreigegliedertheit in den Funktionen maßgeblich, indem sich das Geistesleben in kollegialen Gremien zeigt, das Rechtsleben als die Betriebsgemeinschaft und das Wirtschaftsleben im Arbeitsfeld – als Gewebe assoziativer Beziehungen.

In immer neuen und dann auch kompliziert werdenden Schaubildern weitete Schmundt das, was er gleichsam in platonischer Ideenschau erfaßte, auf Geldprozesse und die urbildlichen sozialen Ordnungsverhältnisse aus. Er sah darin eine «Elementarlehre» oder «Grundlinien einer Theorie des sozialen Organismus». In dieser axiomatischen Art durchdachte er, was an Bezügen im sozialen Leben nötig sei, und bot damit ein heuristisches Konzept an, das einerseits in seiner Überschaubarkeit faszinieren kann, andererseits von anderen als von der Wirklichkeit abgehoben erlebt wird. Seit Ende der 60er und im Verlauf der 70er Jahre legte Wilhelm Schmundt seine Gedanken zunächst in Teilaspekten in Aufsatzform vor, dann am umfangreichsten in einem schmalen Buch *Der soziale Organismus in seiner Freiheitsgestalt* (1968). Kleine, in der Gedankenstruktur verwandte Aufsätze beziehen sich auf Einzelfragen, so auf zeitgemäße Wirtschaftsgesetze. Zwischen ihm und Schweppenhäuser entwickelte sich ein methodologischer Gegensatz. Schweppenhäuser, mehr auf immanente Aufweise bedacht und aristotelischer vorgehend, rieb sich an der platonischen Denk- und Darstellungsform Schmundts, während umgekehrt Schmundt darunter litt, daß sein methodisches Anliegen nicht in der rechten Weise verstanden wurde, wobei er die andere Betrachtungsart keineswegs ablehnte, sondern in seiner umgreifenderen Fragestellung aufgehoben meinte.

Wilhelm Schmundt hatte mit seiner Ideenbildung unmittelbar Einfluß auf den Achberger Menschenzusammenhang, der Wege in die Praxis anstrebt und weiter unten noch behandelt wird. Besonders beeindruckt von Schmundts Ansatz erwies sich der im Bekanntheitsgrad weit herausragende Künstler Joseph Beuys (Rappmann, 1996).

6.3
Wege zu einer Praxis

Obgleich man in gut Hegelscher Denktradition der Auffassung sein könnte, daß schon dann, wenn eine Sache wirklich erkannt wurde, sich auch die Wirklichkeit entsprechend ausgestalten wird, und man meinen könnte, dies gelte auch für die Sozialidee der Dreigliederung des sozialen Organismus, so bleibt doch bei vielen Menschen der Wunsch, es nicht nur den in der Wirklichkeit liegenden Keimen selbst zu überlassen, bis sie zur Reifung kommen, sondern sie in ihren Wachstumsimpulsen bewußt durch gestaltendes Handeln zu fördern. In der sozialen Welt geht es demnach nicht allein um Einsicht und um Erkenntnisaufgaben, sondern um konkrete Sozialgestaltung und Umbau der bestehenden Gesellschaft zu mehr Humanität, Gerechtigkeit und Sozialität, liegt ihr doch immanent der Drang zugrunde, die Ideen auch anzuwenden. Wie die Umsetzung sich gestalten könnte, liegt naturgemäß in den jeweiligen Verhältnissen und den Fähigkeiten der Handelnden. Sicherlich kann es da kein einheitliches Muster geben, entsprechend vielseitig müssen die Bemühungen sein. Auch hier wollen wir historisch vorgehen.

Forumbewegung

Seit 1958 erscheinen die *Zeitkommentare für jedermann* (seit 1985: *Politische Zeitung für jedefrau & jedermann*). Zunächst war Peter Schilinski initiativer Herausgeber und häufig Alleinautor. Entstanden war das Blatt (heute eine Monatsschrift) aus einem von Peter Schilinski auf Sylt im Zusammenhang mit den Witthüs-Teestuben gegründeten «Arbeitskreis Dreigliederung des sozialen Organismus». Peter Schilinski, vom Marxismus herkommend, hatte 1945 die Bekanntschaft mit Rudolf Steiners Sozialideen gemacht; anschließend versuchte er, volkspädagogisch diese Ideen unter die Menschen zu bringen. Daraus entstanden eine Teestube, ein Laden und eine Weberei (Rappmann, 1996, S. 27ff. u. 38). In Diskussionsrunden wurden engagiert Zeitfragen aus der Sicht der Dreigliederung erörtert. Leicht verständlich wurden im *Jedermann* immer aufs neue die Gedanken der Dreigliederung entwickelt. Vielfach fand sich auch Kritik an Einrichtungen, die aus der Anthroposophie heraus entstanden waren, weil sie sich nicht entschieden genug für das im *Jedermann* gepflegte Gedankengut einsetzten. Mit der tiefgreifenden Veränderung in den 60er Jahren, besonders zwischen 1964 und 1968, in denen eine sich politisch engagierende Studentenschaft für eine verstärkte Demokratisierung und Teilhabe sowie für eine grundlegende Gesellschaftsreform mit hohem sozialem Engagement kämpfte, setzte sich das Blatt unter seinem Schriftleiter für die Gründung «Republikanischer Clubs» ein. Es wurde selbst zu einem Diskussionsforum, wo sich die Auffassungen der Zeit in ihrer progressiven Gestalt spiegelten und das Ideengefüge der Dreigliederung des sozialen Organismus immer wieder – und dies in möglichst eingängiger Form – dargestellt wurde. Peter Schilinski kam in Kontakt zu Studentenführern, insbesondere zu Rudi Dutschke.

Nach dem auf Sylt und Hamburg erprobten Muster der Teestube entstanden seit 1968 verwandte Einrichtungen an verschiedenen Orten. Mit eigenem Profil, zumeist verankert in der Jugendarbeit, haben sich neben anderen Städten zwei Foren (Forum Kreuzberg, im Zentrum Michael Wilhelmi, Berlin, das Forum 3 in Stuttgart mit Elke und Siegfried Woitinas [1969] und Karlheinz Flau in Ottersberg) mit Breitenwirkung und öffentlicher Anerkennung bis heute erhalten; weitere Foren bestanden oder bestehen u.a. in Göppingen, Kassel, Basel. Eine breite Jugendarbeit, die sich im wesentlichen mit sozialen Fragen und Zeitproblemen, aber auch mit der Anthroposophie beschäftigt, bildet den Kern, das Themenspektrum streut weit. Daneben gibt es eine intensive Pflege der Kunst, sei es in Kursen, sei es in Form von Theateraufführungen und Kulturangeboten aus verschiedenen Räumen der Erde.

Nach dem großen Aufbruch 1968, der bis Anfang der 70er Jahre währte, differenzierten sich die Impulse: Der geistige Kopf Peter Schilinski (1916–1992) verlagerte sein Wirken von Sylt in den Süden, wo er mit anderen Freunden wie Ulle Weber, Jutta und Fred Lauer, Wilfried Heidt das Humboldthaus, Internationales Kulturzentrum in Achberg (Landkreis Ravensburg), begründete, ein Zentrum, das durch verschiedene Wandlungen bis heute mit Tagungen präsent ist. Die Initiatoren hielten einige Jahre zusammen, gingen dann aber eigene Wege. So verselbständigte sich Schilinski, der begabte Volkpädagoge und Anreger, wieder und zog dann nach Hergetsweiler, danach gründete er den Eulenspiegel in Wasserburg (beides im Bodenseeraum gelegen), um dort seinen Impuls in neuen Lebens- und Gemeinschaftsformen (Teestube, Diskussionsforen, Arbeitsstätte, Gemeinschaftsbildung) weiterzuverfolgen. Und Wilfried Heidt, eine politische Begabung, blieb sich darin treu, daß er in immer neuen Anläufen und Aktionen den Gedanken des Volksbegehrens verfolgte und immer aufs neue Konzepte gesellschaftlicher Gestaltung ausarbeitete.

Ende der 60er und Anfang der 70er Jahre reisten die aktivsten Mitglieder der Teestuben- und Forumbewegung durch verschiedene europäische, insbesondere skandinavische Länder, um in den aufgerührten Zeitverhältnissen explizit die Idee der Dreigliederung des sozialen Organismus in den Diskussionszirkeln und in der Öffentlichkeit darzustellen. Die neugegründeten Foren gewannen an den verschiedenen Orten sehr bald ein unterschiedliches Profil und eine eigene Identität, so daß der zunächst gegebene Zusammenhang sich immer stärker individualisierte und damit auch, pointiert ausgesprochen, die ursprüngliche Einheit sich auflöste. Als ein Zeichen dafür mag gelten, daß der mit dem Achberger Kulturzentrum (Humboldthaus) aufs engste verbundene Wilfried Heidt und seine Freunde nicht nur Aufklärung betreiben, sondern unmittelbar in den politischen Raum hineinwirken wollten. So kam es zu der beachtenswerten «Aktion Dritter Weg», die zwischen dem westlichen Kapitalismusmodell und dem autoritären Staatssozialismus – korrespondierend mit manchen reformsozialistischen Bestrebungen Ende der 60er Jahre – einen eigenen Weg erstrebte, der die Einseitigkeiten der antagonistischen Modelle in Ost und West vermeiden wollte (Heidt, 1973; 1982). Es gelang dem Kulturzentrum, namhafte Vertreter des Prager Experimentes, die einen Sozialismus mit menschlichem Antlitz aufzubauen suchten und ins Exil gehen mußten, nach Achberg zu holen und ihnen ein Forum zu bieten, so unter anderen Ota Šik. In den Anfangszeiten bot das Achberger Kulturzentrum ein reiches Forum für die Diskussion. Anfang der 70er Jahre wurde für die Ideenbildung in Sachen Dreigliederung des sozialen Organismus Wilhelm Schmundt zu einem Lehrmeister, während bei der Umsetzung in die politische Praxis verschiedene Wege eingeschlagen wurden. Da war einerseits der anregende und weithin beachtete Aktionskünstler Joseph Beuys, der sich als Schüler Rudolf Steiners begriff, durch Schmundt angeregt, sich intensiv mit Dreigliederung beschäftigte und eine Freie Internationale Universität (FIU) in Düsseldorf begründete. Es bestand eine enge Verbindung zwischen Achberg und den Bestrebungen Beuys' und seinen Schülern.

Dann war die Achberger Gruppierung unmittelbar an der Umwandlung der Bürgerbewegung in eine sich konstituierende Partei beteiligt. Lange bewegten die Achberger Tagungen mit wachem Bewußtsein die ökologische Problematik, den Niedergang der Natur durch rücksichtslosen Wirtschaftsegoismus. Die Grünen-Bewegung wurde aktiv von den Mitarbeitern des Kulturzentrums mitinitiiert – sie galten der Presse als violette Tingierung der Grünen –, wenngleich sich die Gruppe dann aus der Partei bald wieder zurückzog, zu einer Zeit, als die Auseinandersetzung zwischen den verschiedenen Flügeln dieser Partei das ideologieträchtige und basisdemokratische Leben bestimmte.

Aktion Volksbegehren und Volksabstimmung

Statt dessen wurde nun eine weitere Möglichkeit verfolgt, unmittelbar zu einer neuen Gesellschaftsordnung zu kommen: Die direkte Beteiligung der Bevölkerung an der Gesetzgebung durch Volksbegehren und Volksentscheid galt als das Herzstück der Umsetzung. In immer neuen Anläufen wurde der Gedanke einer dreistufigen Volksgesetzgebung ausgebaut und bei sich bietender Gelegenheit in Unterschriftsaktionen und in Eingaben an Parlamente und Regierung usw. verfolgt. Eine gewisse Breitenwirkung kann diesen Aktionen nicht abgesprochen werden. So setzte sich Hans-Jochen Vogel, zeitweilig Vorsitzender der SPD, für den Volksentscheid als Instrument der Willensbildung in der Bundesrepublik ein, aber von etablierten Politikern wurden immer wieder angebliche Weimarer Erfahrungen gegen die Volksabstimmung, d. h. gegen eine Verbreiterung der unmittelbaren Teilhabe des Volkes an der staatlichen Gesetzgebung, vorgebracht. Kerngedanke der Überlegung für den Volksentscheid war stets, daß der Staat die rechtlichen Vorgaben für alle drei Gesellschaftsbereiche zu setzen habe, mithin kann nur über die Mitbestimmung des Volkes bei der Gesetzgebung eine grundlegende Änderung der Gesellschaftsordnung erfolgen. Der Weg über die Volksteilhabe könnte, so der grundlegende Gedanke, einen unmittelbaren Hebel zur Änderung, zumal in der Zeit der Partei- und Staatsverdrossenheit, bilden. Zweifellos war Wilfried Heidt in einem größeren, teilweise ganz Deutschland umspannenden Personenkreis der Motor, der in immer neuen Darstellungen und vertieften, auch verfassungsmäßigen Begründungen dieses Konzept darlegte.

Zu erwähnen ist hier auch die Initiative von Dietrich Spitta (1983) zur Gründung eines Bürgerforums in Stuttgart, das den Gedanken der Volksabstimmung ergänzen sollte durch überparteiliche Diskussionen wichtiger politischer Fragen in überschaubaren Bürgerversammlungen. Solche fanden z. B. zur Neufassung des Abtreibungsrechtes und zur Arbeitslosenproblematik statt.

In der Zeit vom Ende der 60er Jahre an hatte die Vorstellung der direkten Bürgerteilhabe eine gewisse Popularität, die inzwischen zwar nie ganz geschwunden ist, aber auch niemals eine allgemein bewegende Kraft erlangte. Als es dann mit dem Niedergang des Ostblocksystems zu einer bisher nicht vorhandenen Offenheit im öffentlichen Bewußtsein kam – man denke an die erregenden Debatten der Runden Tische in der (Noch-)DDR Anfang des Jahres 1990 –, entfachte dies eine neuerliche Hoffnung, über den Weg des Volksbegehrens und der Volksabstimmung zu einer den veränderten Verhältnissen angepaßten Verfassung zu kommen. Diese Hoffnung schwand allerdings schnell, nachdem die DDR ihren Beitritt zum Geltungsbereich des Grundgesetzes beschlossen hatte. Zunächst wurden neue Länder konstituiert, die dann in den Staatsverband eintraten. Dieser Aktion für Volksbegehren und Volksabstimmung, wie sie mit den Tätigen im Achberger Kulturzentrum verbunden ist, kann ohne Zweifel das umfassendste gesellschaftliche Gestaltungsanliegen zugesprochen werden, das über die politische Willensbildung der Bevölkerung verwirklicht werden soll.

Sozialberatung und Entwicklungsbegleitung
Demgegenüber stellen die weiter zu behandelnden Bemühungen eher Ausschnitte dar, die innerhalb eines enger umrissenen Sozialzusammenhanges die Verhältnisse zu einer heilsamen Gestaltung zu führen bestrebt sind.

An erster Stelle ist das NPI (Nederlands Pedagogisch Instituut, deutsch: Institut für Organisationsentwicklung) zu nennen, das bereits im Jahr 1954 von dem vielseitig begabten Arzt, Heilpädagogen und Sozialwissenschaftler Bernard Lievegoed (1905–1992) begründet wurde, um systematisch in Konflikten zu beraten und die Gründe ihrer Entstehung und Lösung zu erforschen. Entstanden war es auf eine konkrete Anfrage hin: Wieso kommt es zwischen den Mitarbeitern eines Betriebes zu einer deutlich unterschiedlichen Haltung und Anschauungsweise, je nachdem, wie die Betreffenden altersmäßig verwurzelt sind (Vorkriegs- und Nachkriegsgeneration)? Lievegoed rezipierte die Konfliktforschung und Gruppendynamik Kurt Lewins, die amerikanische Organisations- und Managementlehre und bezog einerseits seine anthroposophischen Kenntnisse wie andererseits seine Lebenserfahrung mit ein. Er kam dabei zu fruchtbaren Fragestellungen, zu einer eigenständigen Typologie und zu Methoden, um die Organisationsentwicklung zu begleiten. Dutzende von Sozialberatern, sei es für Betriebe, Verwaltungen, Schulen, Universitäten und Dienstleister, sind im Laufe der Jahre durch diesen Arbeitszusammenhang ausgebildet worden. Für das Institut war von Anfang an charakteristisch, daß es die eigene Beratungstätigkeit reflektierte und für die theoretische Durchdringung der gemachten Erfahrungen viel Zeit und Forschungseifer einsetzte, so daß die eigene Arbeit systematisch auf Reifung und Entwicklung angelegt war. Davon haben sowohl Bernard Lievegoed selbst (1974) als auch seine Schüler (Glasl, 1992) Zeugnis abgelegt. Dies ermöglichte, daß die Sozialbeziehungen – sie sind funktional gesehen ein Teil des Rechtslebens innerhalb der Gesellschaft – in den beratenen Einrichtungen wesentlich verbessert werden konnten, was zur größeren Zufriedenheit der Mitarbeitenden und damit auch zur besseren Leistungsfähigkeit der Einrichtung beitrug. Die Tätigkeit des NPI beschränkt sich nicht nur auf die Niederlande, sondern sie hat sich global ausgebreitet; Abertausende von Menschen wurden durch diese Tätigkeit qualitativ in ihren Sozialbezügen beeinflußt.

Bankähnliche Einrichtungen
Ein anderer Ansatz des Weges in die Praxis ging von dem phantasiereichen und schöpferischen Juristen Wilhelm-Ernst Barkhoff (1916–1994) aus. Stark in der Sozialarbeit des Paritätischen Wohlfahrtsverbandes engagiert, kam er Mitte der 50er Jahre in Berührung mit der Anthroposophie und den Sozialideen Rudolf Steiners. Kurz darauf trat er schon als Mitbegründer des Rudolf Steiner-Schulvereins Ruhrgebiet in Bochum 1956 in Erscheinung, begleitete im Schulvorstand dann langjährig die Geschicke der 1958 gegründeten Schule. Allerdings geht der Zentralimpuls seines weitreichenden Wirkens letztlich auf einen «Teilaspekt» des Dreigliederungsgedankens zurück, der mit der Gründung des Kommenden Tages zu tun hatte: Es war der Gedanke, in neuer Form mit den Geldprozessen umzugehen, so daß die Beratung und Vermittlung der Geldströme nach sozialen Kriterien erfolgt, indem nicht mehr nach dem überlieferten Prinzip der Sicherheit und Bonität Kredite vermittelt werden, sondern im Blick auf die Freisetzung individueller Fähigkeiten durch schöpferische Initiativen in der Form von Personalkrediten. Freilich bettete sich dieser «Teilaspekt» bei diesem tatkräftigen Visionär in ein viel umfassenderes, sich erst allmählich konturierendes, teilweise dann auch wieder auflösendes Gedankengeflecht ein, das tief von christlicher Substanz erfüllt war. Das konkrete Handeln wird vom Umgang mit Geld bestimmt, dieser Umgang macht es erforderlich, soziale und wirtschaftliche Initiativen zu begleiten und sachkundig zu beraten. Engagiert dafür, das Geld als ein Mittel der Verbindung von Menschen zu ergreifen, bezog er den genossenschaftlichen Gedanken der Selbsthilfe und gegenseitigen Hilfe in schöpferischer Weise in seine Überlegungen ein. So kam es 1959 zuerst zur Gründung einer «Gemeinnützigen Treuhandstelle» (GTS), die treuhänderisch Vermögen verwaltet und Erträge gemeinnützigen Vorhaben zuführt, kurz: es wurde versucht, sinnvoll mit Schenkungsgeld umzugehen. Einige Jahre später, 1967, erfolgte die Gründung einer «Gemeinnützigen Kreditgarantie-Genossenschaft e.G.» (GKG) mit dem Ziel, daß die Genossen durch ihre Einlage (Genossenschaftsanteil) soziale oder geistige Initiativen ermöglichen, indem sie gegenüber Banken für die fehlende

Sicherheit bürgen. Die Beratung eines Vorhabens war ebenso wichtig wie die Bürgschaft, um auf diese Weise die Kreditgewährung nicht auf dingliche Sicherheit zu bauen, sondern auf Vertrauen. Durch die Vielgestaltigkeit der Aufgaben drängte die reale Tätigkeit zur Schaffung von «bankähnlichen Einrichtungen», in denen die Vermittlung von Sachkompetenz und wirtschaftlicher Hilfe sowie die Anregung neuer Sozialformen eine ebenso wichtige Aufgabe wie die Beschaffung und Vermittlung von Geld sein sollten. So entstand schließlich 1974 eine unkonventionelle Bank, die trotz ihres ungewöhnlichen Aussehens vom Aufsichtsamt für das Bankwesen zugelassen wurde und sich durch eine erstaunliche Solidität auszeichnet: Es ist die «Gemeinnützige Bank für Leihen und Schenken» (GLS). Diese Einrichtung hat inzwischen ein Volumen, das mit der Größe einer mittleren Volksbank zu vergleichen ist. Zweigstellen befinden sich an verschiedenen Plätzen in Deutschland (Bockemühl / Kerler, 1985). Im Laufe der Jahre haben sich aus der Erfahrung heraus Aufgaben und Arbeitsweisen der Einrichtungen gewandelt und ausgedehnt. Die Initiative blieb nicht auf Deutschland beschränkt, bankähnliche Einrichtungen oder Banken, teilweise von beachtlicher Größe, bildeten sich in den Niederlanden, Großbritannien, Frankreich, Österreich und der Schweiz. Was diesen Banken stets eignet, ist der impulsierende und sozialschöpferische Charakter und der Versuch, durch Transparenz die Vorgänge offenzulegen. Manche für eine kapitalistische Sicht utopisch erscheinenden Züge haben ihre realitätsbezogene Feuertaufe bestanden, es kam aufgrund der Arbeitsweise, was die Kredite betrifft, zu geringeren Problemen als bei manchen erwerbswirtschaftlichen Geschäftsbanken. Die Arbeit ist von hoher Professionalität.

Im Zusammenhang damit haben sich auch unterschiedliche Betriebe zu einem Firmenverbund zusammengeschlossen, dem «Verbund Freie Unternehmensinitiativen», die sowohl dem Partnerschafts- wie Assoziationsgedanken und neuen Sozialformen verpflichtet sind und durch Zusammenarbeit ihre Erfahrung austauschen und sich gegenseitig in Finanzierungsfragen unterstützen.

Netzwerk

Im Jahre 1989, anläßlich der 200-Jahrfeiern der Französischen Revolution, war, wie bereits erwähnt, in Stuttgart von der Sozialwissenschaftlichen Forschungsgesellschaft für den November eine Tagung geplant worden, wo die Dreigliederungsidee von der Trias Freiheit, Gleichheit, Brüderlichkeit her für den Verständnishorizont der Gegenwart neu erörtert werden sollte. Durch den Umbruch in der DDR (Maueröffnung) und die Teilnahme von Rolf Henrich erhielt diese Tagung ihre besondere bewegende Stimmung. Innerhalb dieser Tagung kam es dann nach den verschiedenen Arbeitsgemeinschaften zur Begründung einer Initiative «Netzwerk Dreigliederung», die seither regelmäßig einen informativ gehaltenen «Rundbrief – Dreigliederung des Sozialen Organismus» mit Themenschwerpunkten herausgibt (hrsg. v. Christoph Strawe). Auf Christoph Strawe und Udo Hermannstorffer geht auch ein seit vielen Jahren vom «Institut für soziale Gegenwartsfragen», Stuttgart/Strawe, und dem «Institut für zeitgemäße Wirtschafts- und Sozialgestaltung», Dornach/Hermannstorfer, durchgeführtes und gut aufgenommenes Fortbildungsangebot für sozialwissenschaftlich interessierte Menschen zurück, das an wechselnden Orten mit unterschiedlicher Themenstellung durchgeführt wird.

Veränderungen sozialer Gegebenheiten durch die real existierenden Institutionen aus dem Ideenansatz der Dreigliederung

Eine ganz andere Art des Weges in die Praxis, die in der Ideenbildung für das aktuelle Handeln durchaus ganz zentral von der Dreigliederungsidee her inspiriert werden kann, bilden die aus der Anthroposophie hervorgegangenen Institutionen. Schon aus der Tat ihrer Existenz ergibt sich die ständige Aufgabe, diese Einrichtungen in das jeweilige gesellschaftliche Gefüge einzugliedern und ihnen darin, wie immer die Strukturen beschaffen sein mögen, das Leben und Überleben zu sichern – eine Aufgabe, die um so schwerer wiegt, als diese Institutionen in ihrer Arbeit eine geistige Zielsetzung vertreten, die in manchem von überkommenen Traditionen abweicht. Historisch gesehen war es zunächst die Waldorfschule zwar, die mit ihrem Einheitsschulkonzept, das in der Weimarer Nationalversammlung mit Intensität diskutiert und von allen Parteien gefordert wurde, eine bewegte Diskussion der damaligen Zeit aufgriff; das Konzept scheiterte aber dann doch daran, daß jede Partei etwas anderes darunter verstand. So blieben die Waldorfschule und etwas später die Odenwaldschule die einzigen Schulen, die aus freier Initiative das praktisch durchführten, wovon verbal die Politiker endlos gehandelt hatten. Damit scheiterte gleichzeitig der Versuch, nationalstaatlich die Ordnung des Schulwesens zu regeln; dieses blieb weiterhin Ländersache. Allerdings schuf die Nationalversammlung in Art. 147 der Weimarer Reichsverfassung ein auf Pluralität angelegtes Normgefüge, das später unverändert in Art. 7 GG überging. Freilich bot die föderale Gesetzeslage (mit weitgehender Kulturhoheit der Länder) in der Zeit des Nationalsozialismus für besonders beflissene Parteigenossen in den

Ländern die Chance, sogar noch vor der Anweisung des Reichskultusministeriums diese Schulen zu verbieten. So wurden sieben Waldorfschulen 1938 verboten, nachdem Württemberg unter dem strammen PG Mergenthaler vorangegangen war (Dresden als achte bestand als Versuchsschule weiter bis 1941).

Nach dem Ende des Zweiten Weltkriegs nahmen die Verfassungsväter des Grundgesetzes unter alliierter Aufsicht aufgrund dieser erlebten Erfahrungen eine nicht hoch genug zu veranschlagende Neuerung vor: sie formulierten die Errichtungsgarantie von Schulen (in freier Trägerschaft) und sicherten dieses Recht in besonderer Weise, indem sie es in den Grundrechtskatalog aufnahmen (Art. 7 Abs. 4 GG).

Schaut man in die Diskussion des parlamentarischen Rates, so geschah dies unter Verweis auf die Waldorfschulen u.a. durch die Abgeordneten Theodor Heuss (Liberale) und Franz Josef Strauß (CDU). Der von dem Abgeordneten Hans-Christoph Seebohm (DP) eingebrachte weitergehende Antrag, auch ein Errichtungsrecht für Hoch- und Fachschulen vorzusehen und die durch deren Tätigkeit «ersparten Kosten» den freien Einrichtungen (Schulen und Hochschulen) «zu erstatten», scheiterte damals an Arnold Bergsträsser (SPD) und Karl Renner (KPD) (Leber, 1989, S. 89f.). An dieser abgelehnten Vorlage wird konkret deutlich, was die Voraussetzungen eines freien Geisteslebens sind: die Selbstverwaltung der einzelnen Einrichtung und die Sicherung ihrer wirtschaftlichen Existenz. Solange diese nicht rechtlich geregelt sind, bleiben freie Initiativen rein private Angelegenheiten und bekommen schwerlich rechtliche und gesellschaftliche Relevanz. Nicht von ungefähr war es dieser Abgeordnete Seebohm, der durch einen der Dreigliederung und der Anthroposophie verbundenen Verwandten (welcher sein Haus in Jena-Zwätzen Studenten, die sich mit Rudolf Steiners Pädagogik beschäftigten, zur Verfügung stellte) über die von ihm thematisierte Problematik genau Bescheid wußte. Unzählige Schritte waren nötig, um die Waldorfschule, die auf der Idee eines freien Geisteslebens gründet, nach ihrer mutigen Entstehung gesellschaftlich und rechtlich angemessen zu sichern. Sowohl Politiker als auch einzelne verständige Verwaltungsjuristen sind an diesem Geschehen beteiligt gewesen, aber auch Verwaltungsgerichte aller Instanzen und schließlich das Bundesverfassungsgericht. Denn zunächst war es seit dem ausgehenden 18. Jahrhundert herrschende Lehre, daß der gesamte allgemeine Bildungsbereich Angelegenheit des Staates sei. Der Weg zu einer differenzierten Auffassung war und ist schwierig, dennoch finden sich aufgrund der weiterentwickelten Anschauungen im Finanzhilfeurteil des Bundesverfassungsgerichtes vom 8.4.1987 die aus dem Rechtsverständnis der Verfassung entwickelten Überlegungen, daß der Staat sich nicht darauf zurückziehen dürfe, die Tätigkeit von Ersatzschulen lediglich zuzulassen. «Vielmehr muß er ihnen die Möglichkeit geben, sich ihrer Eigenart entsprechend zu verwirklichen.»[23] Dabei hat der Staat sogar die Schulen auch dann zu fördern, wenn sie ihm Konkurrenz machen. Die Verfassung sieht kein Schulmonopol des Staates vor.

Zahlreich, und zwar auf allen politischen Ebenen, waren die Aktivitäten, Einfluß auf die Vorstellungsbildung, auf politisch entscheidende Instanzen und auf die Rechtsentwicklung zu nehmen, um die in der Dreigliederung angelegten Strukturmerkmale in der Alltagspraxis voranzubringen. Dies ist ein Weg der kleinen, aber im Alltag deutlich bemerkbaren Schritte, die auch immer wieder Rückschläge mit sich bringen können.

Was hier für die Waldorfschulen angedeutet wurde, gilt entsprechend für die biologisch-dynamische Landwirtschaft, die mit ihrem Konzept der Bodenerhaltung und -fruchtbarkeit, der natürlichen Erzeugung und individuellen Hofgestaltung erheblich von der industriell orientierten Produktion und Monokultur einer mit Chemikalien arbeitenden Wirtschaftsmethode abweicht. Auch hier geht es um Verankerung im gesellschaftlichen Leben, um Sicherung des alternativen Erzeugerkonzeptes, um Vertrauen und Verständnis beim Kunden usw.

Dasselbe läßt sich für die anthroposophische Medizin (und die aus ihr hervorgegangenen Gemeinschaftskrankenhäuser) feststellen, deren aus anderen Wurzeln stammende Therapien und Heilmittel mit den schulwissenschaftlichen Wegen konkurrieren und nicht nur beim Patienten ankommen müssen, sondern auch zugelassen sein müssen – ein rechtlich mühsames Unterfangen im Geflecht wirtschaftlicher Interessen und überlieferter Vorurteile. Nur durch verschiedene Aktivitäten – vor allem im politischen Raum – war es möglich zu verankern, daß es nicht bloß einen einzigen Heilsweg zur Gesundheit gibt, nicht einmal einen einzigen wissenschaftlichen Ansatz, und daß dies gut ist. Erfahrungsheilkunde, Homöopathie und Phytotherapie haben ebenso ihre Verdienste wie Schulwissenschaft und anthroposophische Medizin. Dies bis in die Sprache des Heilmittelgesetzes zu gießen und zugleich den staatlichen Schutzbedürfnissen Rechnung zu tragen mußte erst erreicht werden und ist kaum vor Angriffen und Aushöhlungen gesichert. Dies alles im einzelnen ebenso darzustellen wie die Finanzierungsfragen des

23 Bodo Pieroth / Gunnar Folke Schuppert (Hrsg.): *Die staatliche Privatschulfinanzierung vor dem Bundesverfassungsgericht. Eine Dokumentation*, Baden-Baden 1988. Darin enthalten die Entscheidung des BVG, woraus zitiert wird, S. 191, ähnlich S. 194.

Gesundheitswesens übersteigt den gesetzten Rahmen bei weitem, speist sich in der Ideenbildung aber aus der Dreigliederung. Zu nennen wären noch so gegensätzliche Gebiete, für die Verwandtes gilt: die Heilpädagogik, die Architektur, sprachliche und darstellende wie bildende Kunst.

Was auf diesem zuletzt genannten Gebiet alles bewirkt wurde, zumeist geräuschlos, kann leicht übersehen werden; aber es unterliegt keinem Zweifel, daß ohne ganz erheblichen Willen zur Mitgestaltung vieles in eine ganz andere und negative Richtung verlaufen wäre. Den Zusammenhang im einzelnen zu erheben und darzustellen wäre eine noch zu leistende Forschungsaufgabe, die auch ungedrucktes Material einzubeziehen[24] und die Alltagssorgen und Bedrückungen aufzuweisen hätte, die aus Verwaltungshandeln und routinierten obrigkeitsstaatlichen Maßnahmen resultieren, aber durch aktive Einflußnahme aufgebrochen werden konnten.

6.4
Nochmals: Forschungsfragen

Bei diesem Überblick dürfte die eingangs aufgewiesene Problematik sozialwissenschaftlicher Forschung deutlich geworden sein: In bezug auf soziale Phänomene kann es sich weder ausschließlich um Erkenntnisbildung in dem Sinne handeln, daß für eine soziale Erscheinung deren Tatbestand verstanden und aus ihren historischen, anthropologischen und soziologischen Entstehungsbedingungen her interpretiert und erklärt werden kann, noch um ein Experimentieren, wie es in den technischen Wissenschaften vorherrscht, also nicht darum, welche möglichen Produktionsweisen effizienter sind, wie sich Haltbarkeit, Verschleißfestigkeit steigern lassen, wie man Materialermüdung usw. vorbeugt. Alles dies wirkt mit, aber reicht nicht zu, vielmehr verweben sich in einer recht verstandenen Sozialwissenschaft Handeln und Erkennen in einer eigentümlichen Weise, indem schon durch den Erkenntnisakt Phänomene erzeugt oder verändert werden. Das Objektivitätsproblem, nicht aber das der Intersubjektivität stellt sich in ganz anderer Form als in den soge-

24 Walter Kugler hat dies in seiner Dissertation (1981) für Teilbereiche der Selbstverwaltung der Waldorfschule unternommen. Für die Auseinandersetzung um die Abschlüsse und Berechtigungen finden sich Beiträge in der *Erziehungskunst*; die Frage der Lehrergenehmigung usw. ist zwar prozessual vielfältig behandelt, aber kaum bearbeitet worden.

nannten exakten Wissenschaften. Soziale Phänomene sind nicht naturgegeben, sondern vom Menschen geschaffen, er ist es, der immer irgendwie mit ihnen verbunden ist. Und so sah Steiner sowohl in den Wissenschaften, die sich mit dem Lebendigen und seinen Gestaltungen sowie mit den Gestaltungen der Kunst befassen, als auch in einer Aisthesis eine Möglichkeit zur Schulung der Wahrnehmungsfähigkeit und Erkenntniskräfte für das soziale Gebiet. Das Eindringen in die soziale Wirklichkeit verlangt – je nach dem gesellschaftlichen Leistungszusammenhang – eine jeweils verschiedene Methodik. Diese schließt aber, außer wenn es um Auszählung von Meßdaten in der Statistik geht, immer eine Bewertung des Aufgefundenen ein, insbesondere vor der Fragestellung, ob dadurch

1.) das Zusammenleben (Rechtsleben),
2.) die geistige Entwicklung der Menschen gestärkt oder beeinträchtigt (Geistesleben) oder
3.) die Versorgung der Menschen gesichert wird und zu welchem gesellschaftlichen Preis (Wirtschaftsleben).

Dabei geht es um das Zusammenspiel der Faktoren und Strukturen, um Macht, Erstarrung, Bewegung, Anomie oder Zwänge, und inwiefern dies mit der Bewußtseinslage der Öffentlichkeit übereinstimmt. Keineswegs sind die Strukturen, wie sie sich herausgebildet haben, den Funktionen und der erreichten Entwicklung der Menschen angemessen. Diese Aufgabe der Annäherung eines Gewordenen an den sich entwickelnden Menschen stellt sich eine recht verstandene Sozialwissenschaft. Das zu erreichen benötigt sie Bilder und Motive, aus denen heraus in einer halbbewußten und unklaren Weise gestrebt wird.

Es versteht sich, daß daraus unmittelbar Bilder resultieren über das, was sein sollte. Damit hat die Sozialwissenschaft alles andere als einen wertfreien Charakter, sie ist eher von Imperativen durchzogen, Neutralität ist ihr im Grunde fremd, Nüchternheit aber hohes Gebot. Einen solchen Aufweis, was in der Selbstverwaltung eines freien Geisteslebens für die Handelnden nötig ist, hat jüngst Karl-Martin Dietz (1996) gegeben. So gehört der ideengeleitete Versuch, Verhältnisse zu ändern, heilsame Entwicklungen einzuleiten, gleichsam zur Konsequenz der auf diesem Gebiet betriebenen Forschung. Denn alles Handeln steht, soweit es aus den vorgestellten Ansätzen hervorgeht, zugleich unter einer klaren, mehr oder weniger ausgesprochenen Forschungsfragestellung, ob es nämlich, schlicht gesagt, zur besseren Funktionalität führt und dem Menschen in seinen tieferen Bedürfnissen nach Würde und Selbstbestimmung, aber auch nach Gemeinsamkeit und Zusammenklang im Handeln stärker entspricht. Darin ist der vorgestellte Ansatz kein bezugsloses Unikat, sondern es lassen sich Linien zum Anliegen der Systemtheorie, der Organisationslehre, zu Ansätzen in den verschiedenen Sparten der Sozialwissenschaft ziehen, die jedoch weiter auszuführen den hier gegebenen Raum sprengen würde.

Literatur

Beiträge zur Rudolf Steiner-Gesamtausgabe, Dornach, Nr. 103/1989, Nr. 106/1991.

Bell, Daniel: *Die nachindustrielle Gesellschaft*, Frankfurt / New York 1996 (Neuausgabe).

– *Die Zukunft der westlichen Welt. Kultur und Technologie im Widerstreit*, Frankfurt 1976.

Beltle, Theodor: *Die menschenwürdige Gesellschaft*, Frakfurt/M. 1974.

Dreigliederung des sozialen Organismus. Eine Bibliographie, hrsg. von der Sozialwissenschaftlichen Forschungsgesellschaft e.V., Stuttgart 1993.

Bockemühl, Michael / Kerler, Rolf: *Gemeinschaftsbank – neue Formen im Umgang mit Geld*, Stuttgart 1985.

Bos, Lex / Brüll, Dieter / Jenny, A. C.: *Gesellschaftsstrukturen in Bewegung. Soziale Dreigliederung in Theorie und Praxis*, Achberg 1976.

Boos, Roman: *Geisteswissenschaft und soziale Frage*, Sonderdruck von Aufsätzen, Dornach 1942.

– *Der Gesamtarbeitsvertrag nach schweizerischem Recht* (1920), Neuauflage Berlin 1969.

– *Neugeburt des Deutschen Rechts. Ein Beitrag zur Überwindung des corpus iuris*, München / Berlin 1934.

– *Studienmaterial zur Sozialwissenschaft. Sozialwissenschaftliche Texte von Rudolf Steiner*, siehe: *Dreigliederung des sozialen Organismus. Eine Bibliographie*, F 346-360.

Boos, Roman (1889–1952): Für sein literarisches Werk siehe Bibliographie (zusammengestellt unter Verwendung von Vorarbeiten von Edith Boos und Michaela Gäch-Boos durch Anna-Maria Balastör-von Wartburg); biographische Notiz verfaßt von Robert Friedenthal, Basel 1973.

Brüll, Dieter: *Der anthroposophische Sozialimpuls – ein Versuch seiner Erfassung*, Schaffhausen 1983.

Canal, Georg von: *Geisteswissenschaft und Ökonomie. Die wert-, preis- und geldtheoretischen Ansätze in den ökonomischen Schriften Rudolf Steiners*, Schaffhausen 1992.

Deimann, Götz (Hrsg.): *Die anthroposophischen Zeitschriften von 1903-1985. Bibliographie und Lebensbilder*, Stuttgart 1987.

Dietz, Karl-Martin: *Gemeinschaft durch Freiheit. Perspektiven des Geisteslebens*, Stuttgart 1996.

Das Eigentum an Boden und Produktionsmitteln, Sozialwissenschaftliches Forum, Bd. 5, hrsg. von der Sozialwissenschaftlichen Forschungsgesellschaft Stuttgart e. V. durch Stefan Leber, erscheint Stuttgart 1999.

Eucken, Walter: *Grundsätze der Wirtschaftspolitik*, Hamburg 1959.

Gesell, Silvio: *Die natürliche Wirtschaftsordnung durch Freiland und Freigeld*, Lauf bei Nürnberg 1949.

Glasl, Friedrich: *Konfliktmanagement. Ein Handbuch für Führungskräfte, Beraterinnen und Berater*, (³1992) Stuttgart ⁵1997.

Hardorp, Benediktus: *Anthroposophie und Dreigliederung. Das soziale Leben als Entwicklungsfeld des Menschen*, Stuttgart 1986.

– *Elemente einer Neubestimmung des Geldes und ihre Bedeutung für die Finanzwirtschaft der Unternehmen*. Dissertation Freiburg 1958, Neuauflage Heidelberg 1971.

Hegge, Hjalmar: *Freiheit, Individualität und Gesellschaft. Eine philosophische Studie zur menschlichen Existenz*, [Oslo 1988] Stuttgart 1992.

Heidt, Wilfried: *Der dritte Weg*, Achberg ²1973.

– *Einsteigen in eine andere Republik*, Achberg 1982.

Henrich, Rolf: *Der vormundschaftliche Staat*, Reinbek 1989.

Hermannstorffer, Udo: *Schein-Marktwirtschaft. Arbeit, Boden, Kapital und die Globalisierung der Wirtschaft* (1991), Stuttgart ³1997.

Heyer, Karl: Sozialimpulse des Mittelalters und ihre Wandlung zur Dreigliederung des sozialen Organismus, in: *Das Goetheanum*, Nr. 27, 28, 37, 38/1927.

– *Rechts- und staatsgeschichtliche Entwicklungslinien*, Stuttgart 1922.

– *Von der Atlantis bis Rom*. Studienmaterialien zur Geschichte des Abendlandes, Bd. 1, Stuttgart ⁴1984.

– *Die französische Revolution und Napoleon*. Studienmaterialien zur Geschichte des Abendlandes, Bd. 7, Stuttgart ³1989.

– *Geschichtsimpulse des Rosenkreuzertums. Aus dem Jahrhundert der Französischen Revolution*, Basel ³1990.

– *Gestalten und Ereignisse vor der Französischen Revolution*. Studienmaterialien zur Geschichte des Abendlandes, Bd. 6, Stuttgart ³1988.

– *Die neuere Zeit*. Studienmaterialien zur Geschichte des Abendlandes, Bd. 3, Stuttgart ³1986.

– *Sozialimpulse des deutschen Geistes im Goethe-Zeitalter*. Studienmaterialien zur Geschichte des Abendlandes, Bd. 8, Stuttgart ²1987.

– *Wer ist der deutsche Volksgeist? Und andere Beiträge zur Geschichte*. Basel ²1990.

– *Aus meinem Leben*, Basel 1990.

Heyer, Karl (Hrsg.): *Rudolf Steiner über den Nationalismus. Geisteswissenschaftliche Hinweise*, Basel 1993.

Imboden, Max: *Die Staatsformen. Versuch einer psychologischen Deutung staatsrechtlicher Dogmen*, Bern / Basel 1958.

Keynes, John Maynard: *Allgemeine Theorie der Beschäftigung, des Zinses und des Geldes* [The general theory of employment, interest and money], München 1936.
Kloss, Heinz: *Lehrer, Eltern, Schulgemeinden – Der Gedanke der genossenschaftlichen Schulverwaltung im Schulwesen* [1949], hrsg. v. W. Keck, Hildesheim ²1981.
– Typen der Selbstverwaltung, in: *Schmollers Jahrbuch für Gesetzgebung, Verwaltung und Volkswirtschaft*, 81/ H. 3/1961, S. 69-93.
– *Formen der Schulverwaltung in der Schweiz*, Stuttgart 1964.
– *Selbstverwaltung des Geisteslebens*, Frankfurt 1981.
– *Selbstverwaltung und die Dreigliederung des sozialen Organismus*, Frankfurt 1983.
Kugler, Walter: *Selbstverwaltung als Gestaltungsprinzip eines freien Schulwesens. Dargestellt am Beispiel der Freien Waldorfschulen*, Stuttgart 1981.
Kühn, Hans: *Dreigliederungszeit. Rudolf Steiners Kampf für die Gesellschaftsordnung der Zukunft*, Dornach 1978.
Leber, Stefan: Von der Konstitution der Waldorfschule. Ein Strukturvergleich, in: *Erziehungskunst*, 32/H. 1/1968, S. 4-12.
– *Die Sozialgestalt der Waldorfschule – Ein Beitrag zu den sozialwissenschaftlichen Anschauungen Rudolf Steiners*, Stuttgart 1974. Völlig neubearbeitete 4. Auflage, Stuttgart 1991.
– *Die Dreigliederung des sozialen Organismus als Urbild und Aufgabe.* (Beiträge zur Anthroposophie, Bd. 2). Stuttgart 1977; Frankfurt ³1983.
– *Weltanschauung, Ideologie und Schulwesen. – Ist die Waldorfschule eine Weltanschauungsschule?*, Stuttgart 1989.
Leist, Manfred: *Eltern und Lehrer. Ihr Zusammenwirken in den sozialen Prozessen der Waldorfschule*, Stuttgart ²1988.
Lievegoed, B.C.J.: *Organisation im Wandel. Die praktische Führung sozialer Systeme in der Zukunft*, Bern / Stuttgart 1974.
Lindenau, Christof: *Soziale Dreigliederung: Der Weg zu einer lernenden Gesellschaft. Ein Entwurf zum anthroposophischen Sozialimpuls*, Stuttgart 1983.
Luttermann, Joachim: *Dreigliederung des sozialen Organismus. Grundlinien der Rechts- und Soziallehre Rudolf Steiners*, Frankfurt / Bern / New York / Paris 1990.
Der Mensch in der Gesellschaft. Zur Dreigliederungsidee Rudolf Steiners, hrsg. von Stefan Leber, Beiträge zur Anthroposophie, Bd. 2, Stuttgart 1977.
Meyer, Thomas: *Ludwig Poltzer-Hoditz. Ein Europäer. Eine Biographie*, Basel 1994.
Poltzer-Hoditz, Ludwig: *Erinnerungen an Rudolf Steiner*, Dornach 1985.
Rappmann, Rainer (Hrsg.): *Denker, Künstler, Revolutionäre. Beuys, Dutschke, Schilinski, Schmundt: Vier Leben für Freiheit, Demokratie und Sozialismus*, Wangen 1996.
Schmelzer, Albert: *Die Dreigliederungsbewegung 1919. Rudolf Steiners Einsatz für den Selbstverwaltungsimpuls*, Stuttgart 1991.
Schmundt, Wilhelm: *Der soziale Organismus in seiner Freiheitsgestalt*, Dornach 1968, ³1991.
– *Erkenntnisübungen zur Dreigliederung des sozialen Organismus. Durch Revolution der Begriffe zur Evolution der Gesellschaft*, Wangen ²1982.

Schweppenhäuser, Hans-Georg: *Die Teilung Deutschlands als soziale Herausforderung*, Freiburg 1967.
– *Das soziale Rätsel in den Wandlungen der Individuen und den Gesellschaften der Neuzeit.* Herausgegeben vom Institut für soziale Gegenwartsfragen durch Manfred Kannenberg-Rentschler, Dornach 1985.
– *Das kranke Geld*, Stuttgart 1971.
– *Der soziale Auftrag der Anthroposophie und die soziale Verantwortung der Anthroposophen. Die Forderung einer geisteswissenschaftlich orientierten Sozialwissenschaft*, Freiburg 1972.
– *Das soziale Rätsel in den Wandlungen der Individuen und den Gesellschaften der Neuzeit*, Dornach 1985.
Das soziale Hauptgesetz – Beiträge zum Verhältnis von Arbeit und Einkommen. Sozialwissenschaftliches Forum, Bd. 1, hrsg. von der Sozialwissenschaftlichen Forschungsgesellschaft Stuttgart e. V. durch Stefan Leber, Stuttgart 1986.
Spitta, Dietrich: Zur politischen Urteilsbildung. Gründung eines Bürgerforums in Stuttgart, in: *Die Drei*, 3/1983, S. 182ff.
Der Staat – Aufgaben und Grenzen. Beiträge zur Überwindung der strukturellen Vormundschaft im Rechtsleben. Sozialwissenschaftliches Forum, Bd. 4, hrsg. von der Sozialwissenschaftlichen Forschungsgesellschaft Stuttgart e. V. durch Stefan Leber, Stuttgart 1992.
Steiner, Rudolf: *Einleitungen zu Goethes Naturwissenschaftlichen Schriften (1884–1897)*, GA 1, Dornach ^{4}1987
– *Grundlinien einer Erkenntnistheorie der Goetheschen Weltanschauung, mit besonderer Rücksicht auf Schiller* (1886), GA 2, Dornach ^{7}1979.
– *Die Philosophie der Freiheit. Grundzüge einer modernen Weltanschauung – Seelische Beobachtungsresultate nach naturwissenschaftlicher Methode* (1894), GA 4, Dornach ^{16}1995.
– *Dokumente zur «Philosophie der Freiheit»*, GA 4a, Dornach 1994.
– *Goethes Weltanschauung* (1897), GA 6, Dornach ^{8}1990.
– *Die Geheimwissenschaft im Umriß* (1910), GA 13, Dornach ^{30}1989.
– *Von Seelenrätseln* (1917), GA 21, Dornach ^{5}1983.
– *Die Kernpunkte der sozialen Frage in den Lebensnotwendigkeiten der Gegenwart und Zukunft* (1919), GA 23, Dornach ^{6}1976.
– *Aufsätze über die Dreigliederung des sozialen Organismus und zur Zeitlage 1915–1921*, GA 24, Dornach ^{2}1982.
– *Mein Lebensgang (1923–1925)*, GA 28, Dornach ^{8}1982.
– *Gesammelte Aufsätze zur Kultur- und Zeitgeschichte 1887–1901*, GA 31, Dornach ^{3}1989.
– *Lucifer-Gnosis. Grundlegende Aufsätze zur Anthroposophie und Berichte aus den Zeitschriften «Luzifer» und «Lucifer-Gnosis» 1903–1908*, GA 34, Dornach ^{2}1987.
– *Ergebnisse der Geistesforschung*, GA 62, Dornach ^{2}1988.
– *Geist und Stoff, Leben und Tod*, GA 66, Dornach ^{2}1988.
– *Freiheit – Unsterblichkeit – Soziales Leben. Vom Zusammenhang des Seelisch-Geistigen mit dem Leiblichen des Menschen*, GA 72, Dornach 1990.
– *Die Ergänzung heutiger Wissenschaften durch Anthroposophie*, GA 73, Dornach ^{2}1987.

– *Westliche und östliche Weltgegensätzlichkeit. Wege zu ihrer Verständigung durch Anthroposophie*, GA 83, Dornach [3]1981.
– *Bausteine zu einer Erkenntnis des Mysteriums von Golgatha. Kosmische und menschliche Metamorphose*, GA 175, Dornach [3]1996.
– *Individuelle Geistwesen und ihr Wirken in der Seele des Menschen. Geistige Wesen und ihre Wirkungen*, Band II, GA 178, Dornach [4]1992.
– *Erdensterben und Weltenleben. Anthroposophische Lebensfragen. Bewußtseinsnotwendigkeiten für Gegenwart und Zukunft*, GA 181, Dornach [3]1991.
– *Der Tod als Lebenswandlung*, GA 182, Dornach [4]1996.
– *Die Wissenschaft vom Werden des Menschen*, GA 183, Dornach [2]1990.
– *Die soziale Grundforderung unserer Zeit – In geänderter Zeitlage*, GA 186, Dornach [3]1990.
– *Der Goetheanismus, ein Umwandlungsimpuls und Auferstehungsgedanke*, GA 188, Dornach [3]1982.
– *Geisteswissenschaftliche Behandlung sozialer und pädagogischer Fragen*, GA 192, Dornach [2]1991.
– *Der innere Aspekt des sozialen Rätsels. Luziferische Vergangenheit und ahrimanische Zukunft*, GA 193, Dornach [4]1989.
– *Die Grundimpulse des weltgeschichtlichen Werdens der Menschheit*, GA 216, Dornach [3]1988.
– *Das Verhältnis der Sternenwelt zum Menschen und des Menschen zur Sternenwelt. Die geistige Kommunion der Menschheit*, GA 219, Dornach [6]1994.
– *Die Impulsierung des weltgeschichtlichen Geschehens durch geistige Mächte*, GA 222, Dornach [4]1989.
– *Die Erziehungsfrage als soziale Frage. Die spirituellen, kulturgeschichtlichen und sozialen Hintergründe der Waldorfschul-Pädagogik*, GA 296, Dornach [4]1991.
– *Die geistig-seelischen Grundkräfte der Erziehungskunst. Spirituelle Werte in Erziehung und sozialem Leben*, GA 305, Dornach [3]1991.
– *Die soziale Frage*, GA 328, Dornach 1977.
– *Die Befreiung des Menschenwesens als Grundlage für eine soziale Neugestaltung. Altes Denken und neues soziales Wollen*, GA 329, Dornach 1985.
– *Neugestaltung des sozialen Organismus*, GA 330, Dornach [2]1983.
– *Betriebsräte und Sozialisierung. Diskussionsabende mit den Arbeiterausschüssen der großen Betriebe Stuttgarts*, 1919, GA 331, Dornach 1989.
– *Soziale Zukunft*, GA 332a, Dornach [2]1977.
– *Gedankenfreiheit und soziale Kräfte. Die sozialen Grundforderungen der Gegenwart und ihre praktische Verwirklichung*, GA 333, Dornach [2]1985.
– *Vom Einheitsstaat zum dreigliedrigen sozialen Organismus*, GA 334, Dornach 1983.
– *Wie wirkt man für den Impuls der Dreigliederung des sozialen Organismus? Zwei Schulungskurse für Redner und aktive Vertreter des Dreigliederungsgedankens*, GA 338, Dornach [4]1986.
– *Nationalökonomischer Kurs. Aufgaben einer neuen Wirtschaftswissenschaft*, Band I, GA 340, Dornach [5]1979.

– *Nationalökonomisches Seminar. Aufgaben einer neuen Wirtschaftswissenschaft*, Band II, GA 341, Dornach [3]1986.

Strawe, Christoph: *Marxismus und Anthroposophie*, Stuttgart 1986.

Vogel, Diether: *Selbstbestimmung und soziale Gerechtigkeit. Die freiheitliche Ordnung von Kultur, Staat und Wirtschaft*, Schaffhausen 1990.

Vogel, Heinz Hartmut: *Jenseits von Macht und Anarchie – die Sozialordnung der Freiheit*, Köln / Opladen (1963), [2]1970.

Vogel, Lothar: *Die Verwirklichung des Menschen im sozialen Organismus. Sozialanthropologische Studien zum Kultur-, Rechts- und Wirtschaftsleben*, Eckwälden 1973.

Wesen und Funktion des Geldes – Zahlen, Leihen und Schenken im volkswirtschaftlichen Prozeß, Sozialwissenschaftliches Forum, Bd. 3., hrsg. von der Sozialwissenschaftlichen Forschungsgesellschaft Stuttgart e. V. durch Stefan Leber, Stuttgart 1989.

Wilken, Folkert: *Selbstgestaltung der Wirtschaft*, Freiburg 1949.

– *Die Entmachtung des Kapitals durch neue Eigentumsformen. Was ist Kapital, und wem sollte es gehören?*, Freiburg 1959.

– *Die Befreiung der Arbeit. Die Überwindung der Arbeitskämpfe durch assoziative Betriebsverfassung*, Freiburg 1965.

– *Reform des Steuerwesens. Die Finanzierung der Staatsausgaben durch eine allgemeine Ausgabensteuer*, Freiburg 1968.

– *Das Kapital, sein Wesen, seine Geschichte und sein Wirken im 20. Jahrhundert*, Schaffhausen 1976.

Die wirtschaftlichen Assoziationen – Beiträge zur Brüderlichkeit im Wirtschaftsleben. Sozialwissenschaftliches Forum, Bd. 2, hrsg. von der Sozialwissenschaftlichen Forschungsgesellschaft Stuttgart e. V. durch Stefan Leber, Stuttgart 1987.

Wolzendorff, Kurt: Der reine Staat. Skizze zum Problem einer neuen Staatsepoche, in: *Zeitschrift für Staatswissenschaft*, 1921, H. 1 / 2, S. 199-229.

AUSBLICK: ZIVILISATIONSWIRKSAMKEIT VON FORSCHUNG

VOLKER FINTELMANN

Die öffentliche Wirksamkeit der anthroposophischen Medizin

I.
Grundsätzliches zum Thema

Als Geburtstag der anthroposophischen Medizin kann der 6. Januar 1920 angeschaut werden. Am Abend dieses Tages hielt Rudolf Steiner einen öffentlichen Vortrag mit dem Thema «Die geisteswissenschaftlichen Grundlagen der leiblichen und seelischen Gesundheit» (6.1.1920, GA 334) und rief mit Blick auf die seinerzeitige Situation der naturwissenschaftlich orientierten Medizin auf, eine auf Intuition begründete, eine *«intuitive Medizin»* zu schaffen, die er als Zeitnotwendigkeit bezeichnete. Als Reaktion auf diesen Vortrag kam es wenige Monate später durch die Frage des Chemikers Schmiedel zu einem ersten Vortragskursus für Ärzte, Medizinstudenten und einige weitere Teilnehmer, später unter dem Sammeltitel *Geisteswissenschaft und Medizin* zusammengefaßt. Rudolf Steiner hat in immer engerer Zusammenarbeit mit Ita Wegman keinen Zweifel daran gelassen, daß die ganz auf das Sinnliche gerichtete, den Geist immer mehr ignorierende medizinische Wissenschaft seiner Zeit die heilende Ergänzung oder Erweiterung durch Anthroposophie notwendig habe. Er hat aber auch keinen Zweifel daran gelassen, daß auf dem Boden dieser naturwissenschaftlich orientierten Medizin aufgebaut werden sollte und diese in ihren Grundlagen durch Erkenntnisse der Anthroposophie zur Erweiterung der Heilkunst nach geisteswissenschaftlichen Gesichtspunkten keineswegs gering geschätzt oder gar ignoriert werden dürfte. Der Begriff «anthroposophische Medizin» kann insofern bereits mißverständlich sein, da er vergleichbar einer homöopathischen oder naturheilkundlichen Medizin suggerieren könnte, daß ein völlig eigenständiges Medizinsystem unabhängig von oder neben die gültige Wissenschaftsmedizin gestellt wäre. Steiners Begriffe wie intuitive Medizin oder Erweiterung der Heilkunst nach geisteswissenschaftlichen Erkenntnissen sind jedenfalls wesentlich offener in ihrer Formulierung und frei von jedem Verdacht, sektiererisch veranlagt zu sein. Es lag Rudolf Steiner außerordentlich viel daran, daß Erkenntnisse der Anthroposophie und ihrer Menschen- und Weltkunde Eingang in die Medizin seiner Zeit und damit auch unserer Zeit finden würden. Dabei war ihm wichtig, daß die Wurzeln der Anthroposophie in allen nach außen getragenen Vorstellungen immer offen dargelegt und keinesfalls so angepaßt würden, daß sie der gängigen medizinisch-wissenschaftlichen Meinung leichter zugänglich würden. Wörtlich: «Dasjenige, um was es sich handelt, ist doch, daß tatsächlich hereingenommen werde in das anthroposophische Leben solch ein Zweig der Lebenspraxis, wie es die Medizin ist.» (1.1.1924, GA 260, S. 278) Von Beginn an war also die schwierige Aufgabe gestellt, scheinbar unüberbrückbar Gegensätzliches, nämlich streng (einseitig) naturwissenschaftlich orientierte Medizin mit aus der Geisteswissenschaft stammenden Erkenntnissen zu einem gemeinsamen Erleben zu verbinden. Die Brücke hierzu ist die Anthroposophie!

Als Motiv für die Aufgabe, in das anthroposophische Leben auch das Lebensfeld der Medizin aufzunehmen und die öffentliche Wirksamkeit der Medizin damit zu befruchten, ja langfristig zu heilen und aus einem Irrweg zu befreien, hat in der Weihnachtstagung 1923/24 noch ein ganz besonderes Motiv erhalten (vgl. den Beitrag von Manfred Klett, S. 188, Fußnote). Dieses lautet: «Wir müssen uns klar sein darüber, daß gerade unserer Gesellschaft die Aufgabe zufallen wird, die denkbar größte Öffentlichkeit zu verbinden mit echter, wahrer Esoterik.» (Steiner, 26.12.1923 vormittags, GA 260, S. 92)

Diese außerordentlich schwierige Aufgabe ist in unserer Zeit keineswegs leichter geworden. Zwar wird in der Öffentlichkeit immer mehr nach Esoterik verlangt, doch sind die damit verbundenen öffentlichen Angebote eher als Surrogate erlebbar, während die Erkenntnisschulung der Anthroposophie als zu schwierig und aufwendig bezeichnet wird, was Rudolf Steiner schon zu Lebzeiten auch im Zusammenhang mit der Anthroposophischen Gesellschaft beklagen mußte. In der modernen Wissenschaftsmedizin hat sich, auffälligerweise wenig reflektiert, nach dem 2. Weltkrieg eine dramatische Veränderung vollzogen. Bis über die Mitte des Jahrhunderts hinaus war die klinische Medizin geprägt von der Überzeugung, daß nur das Naturwissenschaft sei, was immer primär von dem Beobachtbaren ausgehend zur weiteren Erkenntnis führt. Der Arzt selber war das Instrument, durch das Krankheit erkannt wurde, und jedes technische Mittel, ob als Laboratorium, Röntgenapparat oder Elektrokardiogramm, diente als Hilfsmittel, vor allem zur objektivierenden Dokumentation und Verlaufskontrolle. Die rasante Entwicklung der Medizintechnik ab den sechziger Jahren hat inzwischen dazu geführt, daß der Arzt nur noch selten in der Lage ist, eine Krankheitsdiagnose unmittelbar am Patienten zu stellen. Diese Aufgabe haben im wesentlichen Apparate übernommen, wobei deren Ergebnisse (Befunde) mit mehr oder minder größerer Wahrscheinlichkeit eine Krankheit diagnostizieren lassen, und diese wird dann nach experimentell gewonnenen und statistisch bewerteten Kriterien behandelt. Das Ideal eines therapeutischen Wirkungsnachweises wurde gerade darin gesehen, daß ärztliche Erkenntnis oder gar Intuition darin nicht erscheinen dürfe (sog. Doppelblind-Versuch). Die Medizin ist damit nicht nur radikal exoterisch geworden, sondern vielmehr rein hypothetisch. Jede Therapie wird letztlich als Experiment durchgeführt, dessen Ergebnis zwar statistisch berechenbar ist, für den Einzelfall aber überhaupt keine reale Auskunft über den Verlauf gibt. Diese Entwicklung der Medizin bedeutet, daß sie heute noch extrem viel weiter davon entfernt ist, von der Anthroposophie überhaupt ergriffen oder durchdrungen zu werden, als es 1920 für Rudolf Steiner noch möglich erschien. Und dennoch ist eine anthroposophische Medizin heute in der Öffentlichkeit wesentlich bekannter als noch vor zwanzig Jahren, allerdings als eine besondere Therapierichtung deklariert und insofern neben die gültige Wissenschaftsmedizin als alternative oder komplementäre Medizin gestellt.

Wir erleben also die Diskrepanz einer für Erkenntnisse der Anthroposophie fast unzugänglichen Wissenschaftsmedizin und zugleich einer zunehmenden, breiteren Öffentlichkeitswirkung. Das macht notwendig, die Frage nach der öffentlichen Wirksamkeit der anthroposophischen Medizin in zwei Richtungen zu differenzieren: der Einwirkung auf die heute gültige Wissenschaftsmedizin (sog. Schulmedizin) und die Wirksamkeit in der jeweiligen Bevölkerung, also den eigentlichen Laien. Im weiteren sollen beide Bereiche angeschaut und dargestellt werden, wobei der Schwerpunkt im Sinne der Forschungsfrage mehr in Richtung der medizinischen Fachwissenschaft zielt. Andererseits kann überhaupt nicht übersehen werden, daß Veränderungen dieser längst in eine Sackgasse geratenen Medizinwissenschaft heute immer deutlicher von Laien, nämlich den Patienten oder auch potentiellen Patienten, ausgehen. Daher muß der Blick auf die öffentliche Wirksamkeit der anthroposophischen Medizin in beide Bereiche hinein gerichtet werden.

2.
Der Klinik-Impuls

Es gehört auch zu den bedenkenswerten Überzeugungen Rudolf Steiners, daß der anthroposophisch-medizinische Impuls für seine Verwirklichung klinische Einrichtungen benötige, an denen die gewonnenen Erkenntnisse und auch die daraus abgeleiteten Heilmittel angewendet und vor allem verifiziert werden könnten. Als Urbild hierfür steht auch die räumliche Nähe von Mysterienstätte (Tempel) und Heilstätte (Therapeutikon, Klinik). Es ist bekannt, daß für kurze Zeit der Bau einer Klinik auf dem Goetheanumhügel/Dornach in unmittelbarer Nähe des ersten Goetheanums angedacht war. Mit großer Freude begrüßte Rudolf Steiner die später (1921) entstandenen «Klinisch-therapeutischen Institute» in Stuttgart und Arlesheim. Beide haben für die weitere Entwicklung einer anthroposophischen Medizin, vor allem auch für die Ausbildung von Ärzten, Pflegenden und Therapeuten, wichtige Funktionen erfüllt, ohne allerdings eine wesentliche öffentliche Wirksamkeit zu entfalten. Die immer zahlreicheren Arztpraxen und später auch Therapeutika haben sicher im Laufe der Jahrzehnte auch zur weiteren öffentlichen Bekanntwerdung der anthropsophischen Medizin beigetragen, ohne wiederum ihrerseits einen wegweisenden Durchbruch zu erzielen, letztlich blieben sie doch immer auf kleinere regionale Bekanntheiten beschränkt. Die gesamte medizinisch-wissenschaftliche Entwicklung nahm von diesen Einrichtungen so gut wie keine Kenntnis. Hinzu kam selbstverständlich das Verbot der Anthroposophie im Dritten Reich und der mühsame Wiederaufbau nach dem 2. Weltkrieg, noch dazu belastet durch Zerwürfnisse und Spaltungen in der Anthroposophischen Gesellschaft selbst.

Der wirklich entscheidende Durchbruch in die Öffentlichkeit gelang erst mit der Begründung des Gemeinschaftskrankenhauses Herdecke, das 1969 als öffentlich anerkannte Klinik im Bundesland Nordrhein-Westfalen eröffnet wurde.

Über lange Jahre hatte ein Kreis von Menschen mit der Idee gelebt, ein großes öffentliches Krankenhaus zu begründen, das nach der Methode der anthroposophischen Medizin arbeiten sollte, wobei dieser Impuls insbesondere mit dem Arzt PD Gerhard Kienle verbunden war. Auch wenn viele andere maßgeblich an der Verwirklichung des Gemeinschaftskrankenhauses Herdecke mitgewirkt haben, darf Kienle als der eigentliche Vater und Motor (Beweger) dieser Idee und ihrer physischen Begründung bezeichnet werden. Nie zuvor hatte die anthroposophische Medizin eine solche öffentliche Wirkung erfahren, die sich in der inzwischen enorm gewachsenen Medienlandschaft überall und nachdrücklich niederschlug. Auch medizinische Fachzeitschriften, so beispielsweise das allen Ärzten kostenlos zugängliche *Deutsche Ärzteblatt*, beschäftigten sich mit der Entstehung und Begründung dieses Krankenhauses, das sehr rasch als Hecht im Karpfenteich erlebt wurde und zwischen größter Zustimmung und heftigster Ablehnung unterschiedlichste emotionale Reaktionen auslöste.

Ohne Zweifel wirkte die Begründung des Gemeinschaftskrankenhauses Herdecke wie ein Dammbruch für alle folgenden Entwicklungen klinischer Einrichtungen, von denen besonders die Filderklinik bei Stuttgart, die Klinik Öschelbronn bei Pforzheim, die Medizinische Abteilung B im Krankenhaus Rissen der Deutsches Rotes Kreuz Schwesternschaft Hamburg und schließlich das Gemeinschaftskrankenhauses Havelhöhe in Berlin zu nennen sind. Das mindert nicht die Bedeutung anderer, zum Teil wesentlich älterer Einrichtungen wie der aus dem klinisch-therapeutischen Institut in Stuttgart hervorgegangenen Unger-Klinik, die sich schließlich in die Filderklinik verwandelte, die ursprünglich homöopathische und in der Entwicklung immer deutlicher anthroposophisch-medizinische Belegabteilung im Kreiskrankenhaus Heidenheim, das Paracelsus-Krankenhaus in Unterlengenhardt und verschiedene Klinische Sanatorien wie beispielsweise Schloß Hamborn, Sonneneck Badenweiler, Haus am Stalten und der Studenhof in Urberg. Erstaunlich bei dieser ganzen Entwicklung bleibt, daß sie sich fast ausschließlich, zumindestens in der heute erreichten Größenordnung, auf Deutschland beschränkte. Eine Ausnahme macht die Schweiz, in der die Ita-Wegman-Klinik in der Nachfolge des klinisch-therapeutischen Instituts Arlesheim und die Lukas Klinik in Arlesheim, eine Spezialklinik für Krebserkrankungen, und jüngst auch das Paracelsus-Spital in Richterswil als öffentlich anerkannte Kliniken existieren. In Holland entstand schon früh die Zeylmans-Klinik, die erst kürzlich schließen mußte, in Brasilien die Tobias-Klinik, die heute in ein Ambulatorium verwandelt werden mußte, in Schweden die Klinik in Järna, alles Einrichtungen von segensreicher Bedeutung, aber begrenzter öffentlicher Wirkung. Daß zum Beispiel ein Land wie Österreich, in dem Rudolf Steiner maßgeblich gewirkt hat, bis heute keine anthroposophische Klinikeinrichtung hat, muß eigentlich erstaunen.

Die Arbeit der genannten und ungenannten Krankenhäuser, Kliniken und Sanatorien haben ganz sicher ebenso wie die weltweite Arbeit niedergelassener anthroposophischer Ärzte, Pflegender und Therapeuten in Ambulatorien und Therapeutika intensiv dazu beigetragen, ein öffentliches Bewußtsein für die anthroposophische Medizin zu erzeugen. Man denke nur an die nicht meßbare Zahl von Menschen, die durch diese Krankenanstalten, Praxen und Therapeutika gegangen sind, die dort ihre Erfahrungen gemacht haben mit der ganz andersartigen Weise, in der der einzelne Mensch erfaßt, wie auf ihn eingegangen wird. Welche Seelenkräfte wirken auch von den Verstorbenen, die segensreiche Wirkungen dieser Medizin erfuhren und ihre Erfahrungen mit in die geistige Welt nahmen? Welche Ströme von Dank hier und dort wirken in die Erdenaura, und wie wird dadurch wieder neues Bewußtsein für die anthroposophische Medizin in neue Menschenherzen gelegt? Und dennoch ist kaum eine Wirkung auf die sogenannte Schulmedizin und ihre Einrichtungen erlebbar, hat sich dort unverändert starke Gegnerschaft und Ablehnung erhalten. Diese Diskrepanz zwischen öffentlicher, von Laien getragener Anerkennung und der wissenschaftlichen Ausgrenzung und Ablehnung einer anthroposophischen Medizin wird uns auch bei der Betrachtung der Möglichkeiten ihrer Therapie und deren öffentlicher Wirkung begegnen.

3.
Ergänzung und Erweiterung der Therapie

Den 13. Vortrag vom 2. April 1920 in *Geisteswissenschaft und Medizin* beginnt Rudolf Steiner mit folgendem Hinweis:

«Es könnte sein, daß insbesondere an drei Tatsachenreihen zuerst die mehr materialistisch gesinnte medizinische Richtung sich wendet zu der mehr geisteswissenschaftlich orientierten, und das wird sein höchstwahrscheinlich bei Tatsachenreihen, an deren Besprechung wir nunmehr auch herantreten müssen. Es wird sein bei der Beobachtung alles dessen, was zusammenhängt mit den Geschwulstbildungen und namentlich mit ihrer eventuellen Heilung. Und es wird zutage treten bei einer wirklich rationellen Auffassung der sogenannten Geisteskrankheiten und dann bei den therapeutischen Erkenntnissen, die man sich wird erwerben müssen für das Anwenden äußerer Mittel, also Einreibungen, Einsalbungen und dergleichen. Wir können kaum hoffen, mit den gewöhnlichen physikalischen Untersuchungen – ohne daß wenigstens geisteswissenschaftliche Einsichten die Richtung, die Orientierung angeben – nahezukommen solchen Dingen, wie all den Geschwulstbildungen, die dann gipfeln in der Karzinombildung. Es ist heute die Psychatrie in einem so traurigen Zustande namentlich dadurch, daß von ihr keine Brücke führt ins Bewußtsein der Menschen nämlich – denn die Brücken in der Natur sind überall vorhanden – zu der gewöhnlichen anderen Pathologie und Therapie, daß man sich auf diesen beiden Gebieten vielleicht am ehesten bequemen wird, in geisteswissenschafliche Betrachtung einzutreten.» (Steiner, GA 312, S. 246)

Konnten diese Erwartungen Rudolf Steiners – fast achtzig Jahre später – erfüllt werden?

Einen entscheidenden Durchbruch in das öffentliche Bewußtsein erfuhr die anthroposophische Medizin im Zusammenhang mit der Novellierung des Deutschen Arzneimittelgesetzes (AMG) 1976. Als Folge der großen Contergan-Katastrophe war eine völlige Neubearbeitung des Arzneimittelrechts politischer Konsensus, vor allem mit dem Willen zu größerer Arzneimittelsicherheit für die Patienten. Im Vorfelde formulierten sich sehr unterschiedliche, zum Teil parteipolitische, zum Teil ideologische Vorstellungen, in denen vor allem immer stärker durch die Wissenschaft gefordert wurde, nur noch solche Medikamente zur Behandlung zuzulassen, die nach den strengen Kriterien der modernen Pharmakologie und Toxikologie geprüft worden waren. Ganz besonders wurde gefordert, die in ihrer Wirksamkeit angeblich nicht belegten sogenannten Naturheilmittel zu verbieten bzw. von der ärztlichen Verordnung und der Vergütung durch die Krankenkassen auszuschließen. Alternativ wurde beispielsweise von der SPD vorgeschlagen, solche Arzneimittel künftig als Gesundheitspflegemittel zu deklarieren und sie lediglich der Selbstmedikation zu überlassen. Dieser vehemente Angriff auf die Naturheilmittel, zu denen auch die Heilmittel der anthroposophischen Medizin gerechnet wurden, war besonders deshalb brisant, weil die Novellierung des Arzneimittelgesetzes ja gerade durch schwere Mißbildungen als Folge eines ausgezeichnet nach den Kriterien der Wissenschaftlichkeit untersuchten Arzneimittels ausgelöst worden war.

Die Arzneimittelsicherheit wurde nun in drei wesentlichen Kriterien definiert, und zwar der pharmazeutischen Qualität, der therapeutischen

Wirksamkeit und der Unbedenklichkeit. Jedes dieser Kriterien müsse erfüllt sein, wenn ein Arzneimittel auch weiter zugelassen werde.

In dieser für die anthroposophischen Heilmittel außerordentlich bedrohlichen Situation war es wiederum Gerhard Kienle, der durch seinen vehementen Einsatz in Zusammenarbeit mit vielen weiteren anthroposophischen Freunden das Ruder herumriß und durch großartige wissenschaftliche Diskussionen und ständige persönliche Intervention bei den Politikern der verschiedenen Parteien in Bonn und auch auf Landesebene erreichte, daß schließlich dieses neue Deutsche Arzneimittelgesetz einen bis dahin ganz ungewöhnlichen Pluralismus verschiedener Therapierichtungen festschrieb. Die wissenschaftliche Leistung Kienles, mit der er den vehement vertretenen Alleinanspruch der pharmakologischen Wissenschaftsmeinung über die Nachweismethoden der Wirksamkeit und Unbedenklichkeit überwand, fand ihren äußeren Ausdruck in seinem Buch *Arzneimittelsicherheit und Gesellschaft*, das in dem renommierten Medizinverlag Schattauer erschien (Kienle, 1974). Das entscheidende Ergebnis aller Anstrengungen Gerhard Kienles und seiner Mitstreiter wurde in einem Bericht des vorbereitenden Ausschusses für Jugend, Familie und Gesundheit vom 28.4.1976 folgendermaßen ausgedrückt:

«Nach einmütiger Auffassung des Ausschusses kann und darf es nicht Aufgabe des Gesetzgebers sein, durch die einseitige Festlegung bestimmter Methoden für den Nachweis der Wirksamkeit eines Arzneimittels eine der miteinander konkurrierenden Therapierichtungen in den Rang eines allgemein verbindlichen ‹Standes der wissenschaftlichen Erkenntnis› und damit zum ausschließenden Maßstab für die Zulassung eines Arzneimittels zu erheben. Der Ausschuß hat sich vielmehr bei der Entschlußfassung über die Zulassungsvorschriften, insbesondere bei der Ausgestaltung der Anforderungen an den Wirksamkeitsnachweis, von der politischen Zielsetzung leiten lassen, daß sich im Zulassungsbereich der in der Arzneimitteltherapie vorhandene Wissenschaftspluralismus deutlich widerspiegeln muß.»

Neben der sogenannten Schul- oder Wissenschaftsmedizin wurden folgende drei Therapierichtungen als «Besondere» namentlich herausgehoben: die anthroposophische Medizin, die Homöopathie und die Phytotherapie. Wichtig war nun, daß Sachverständige aus dem jeweiligen Wissenschaftsgebiet die in ihrem Gebiet zugelassenen Arzneimittel neu zu bewerten und in Monographien als Grundlage für die Neu- oder Nachzulassung des Bundesamtes aufzubereiten hatten. So entstand 1978 die sogenannte Kommission C, durch welche die charakterisierte Aufgabe der Neu- und Nachzulassung anthroposophischer Arzneimittel, die zum Teil in Kurzform auch als «Anthroposophika» (!) bezeichnet wurden, in Angriff genommen wurde. Alle durch die Kommission seither erstellten Monographien wurden im Bundesanzeiger publiziert und somit der Öffentlichkeit zugänglich gemacht. Der Bekanntheitsgrad der anthroposophischen Medizin und ihrer Heilmittel ist seither um ein Vielfaches gestiegen, so daß heute in der Diskussion um das Gesundheitswesen der Anteil einer anthroposophischen Medizin immer auch Erwähnung findet.

Blicken wir unter diesem positiv Erreichten noch einmal auf die drei Erwartungen Rudolf Steiners von 1920 zurück, und greifen nochmals die Frage auf: Haben sich diese Erwartungen heute erfüllt?

Es sollen die drei genannten «Tatsachenreihen» jede für sich betrachtet und dabei in aller Kürze der Versuch unternommen werden, die Antwort auf diese Frage zu finden.

3.1.
Die Geschwulstbildungen (Karzinom) und ihre eventuelle Heilung

Rudolf Steiner beschrieb in demselben gleichen Vortrag vom 2.4.1920 die Mistel als das Naturwesen, aus dem das zukünftige Heilmittel der Geschwulstbildungen und der Karzinomkrankheit gewonnen werden kann. «Nun ist die Mistel zweifellos dasjenige, durch dessen Potenzierung man erreichen wird müssen das Ersetzen des Chirurgenmessers bei den Geschwulstbildungen. Es wird sich nur darum handeln, daß man namentlich die Mistelfrucht, aber durchaus im Zusammenhang mit anderen Kräften der Mistel selber, in der richtigen Weise wird behandeln können, um sie zum Heilmittel zu machen.» (GA 312, S. 252f.) Es würde zu weit führen, die gesamte Entstehungsgeschichte der anthroposophisch-geisteswissenschaftlich fundierten Misteltherapie hier darzustellen. Ohne Zweifel hat zunächst das älteste Mistelpräparat, «Iscador», die Misteltherapie als Alternative zur heute üblichen konventionellen Therapie der Geschwulstkrankheiten einschließlich des Karzinoms einer breiten Öffentlichkeit bekanntgemacht. Mittlerweile sind weitere vier anthroposophisch deklarierte Mistelpräparate am Arzneimittelmarkt zugelassen, ein weiteres befindet sich in Erprobung.

Schon vor dem 2. Weltkrieg hatte die Firma Madaus das Mistelpräparat «Plenosol» zur palliativen Behandlung von Geschwulstkrankheiten angeboten, das aber mit Aufkommen der Chemotherapie aus diesem Indikationsbereich weitgehend verschwand.

Eine nun ganz besondere und kritische Entwicklung hat die Misteltherapie seit Anfang der achtziger Jahre genommen, nachdem durch die «Hiscia» in Arlesheim die Erforschung der immunologischen Wirkung der Mistel durch Tibor Hajto in Zusammenarbeit mit den Ärzten der Lukas Klinik begonnen wurde. Seither hat sich das Interesse der heutigen Wissenschaft (der «materialistisch gesinnten medizinischen Richtung») ganz dieser Frage der immunologischen Wirkung von Mistelextrakten zugewandt und mittlerweile auch einen Inhaltsstoff, das Mistellektin-1 als den wirksamkeitsbestimmenden Inhaltsstoff charakterisiert, so daß heute einerseits die Forderung im Raum steht, nur solche Mistelpräparate zuzulassen, die einen bestimmten, standardisierten Gehalt an Mistellektin-1 garantieren, und andererseits immer mehr der Weg beschritten wird, isoliertes Mistellektin-1, am besten gentechnisch hergestellt, an die Stelle der bisherigen Misteltherapie treten zu lassen. Dadurch ist nun die Vorstellung Rudolf Steiners, daß hier eine Brücke zur geisteswissenschaftlich orientierten Medizin und ihrer Auffassung der Karzinomkrankheit und deren Therapie gebaut werden könnte, geradezu konterkariert worden. Die Mistel wird jetzt «von allem anthroposophischen Ballast befreit» und in einer ganz vordergründig-stofflich orientierten Anschauung von der «streng-wissenschaftlich orientierten» Medizin okkupiert und damit ihrer tiefen therapeutischen Wirksamkeit beraubt. Es wird nicht lange brauchen, bis auf diesem Wege festgestellt wird, daß die Mistel kein brauchbares Heilmittel für die Geschwulstbildungen oder die Krebskrankheit ist.

Die kritische Entwicklung muß darin gesehen werden, daß die geisteswissenschaftliche Anschauung, aus der Rudolf Steiner die Mistel als das zukünftige Heilmittel der Krebskrankheit bezeichnet hatte, immer weniger in das öffentliche Bewußtsein hineingestellt wurde und statt dessen der Versuch unternommen wurde, mit in der Schulmedizin üblichen Forschungsfragen und Untersuchungsmethoden die Wirksamkeit der Mistel bei den Geschwulstbildungen und der Krebskrankheit nachzuweisen. Man hat hier Geister gerufen, die wir heute nur schwer wieder losbekommen werden. In den Abschiedsworten Rudolf Steiners anläßlich der Weihnachtstagung 1923/1924 am 1. Januar 1924 hat er mit Blick auf die Verlogenheit, Anthroposophie nicht als den Quell vieler in die Lebenspraxis einwirkenden Einrichtungen zu nennen, mit dem Blick auf die Medizin folgendes ausgesprochen:

«Wenn wir dasjenige, was auf unserem Boden medizinisch erwächst, so beschreiben, daß wir den Ehrgeiz haben: Unsere Abhandlungen können bestehen vor den gegenwärtigen klinischen Anforderungen – dann, dann werden wir niemals mit den Dingen, die wir eigentlich als Aufgabe haben, zu einem bestimmten Ziele kommen, denn dann werden die anderen Menschen sagen: Nun ja, das ist ein neues Mittel; wir haben auch schon neue Mittel gemacht.» (11.1.1924 abends, GA 260, S. 278)

Als Fazit des extrem verkürzten Blicks auf die erste Tatsache, von der Rudolf Steiner einen Brückenbau zwischen der materialistisch orientierten zur geisteswissenschaftlich orientierten Medizin erhoffte, kann festgehalten werden, daß zwar die Mistel als potentielles Heilmittel bei Geschwulst- und Karzinomkrankheiten heute durchaus im öffentlichen Bewußtsein einschließlich populärer und wissenschaftlicher Medien existiert; die wirklich geisteswissenschaftliche Begründung, warum die Mistel ein solches Heilmittel sein kann, und das damit zusammenhängende umfassende Krankheitsverständnis ist allerdings in der Öffentlichkeit weitgehend unbewußt oder wird auch ignoriert.

3.2.
Eine rationelle Auffassung der sogenannten Geisteskrankheiten

Hier kann in aller Kürze gesagt werden, daß sich diese Hoffnung Rudolf Steiners bisher überhaupt nicht erfüllt hat, da die von ihm angeregte und durch anthroposophische Ärzte ausgearbeitete Auffassung von den Ursachen psychiatrischer Krankheiten und deren rationaler Behandlung an keiner Stelle unmittelbaren Einfluß auf die konventionelle («wissenschaftliche») Psychiatrie genommen hat. Ohne Zweifel ist durch bedeutende Ärzte wie beispielsweise in Deutschland Friedrich Husemann oder Rudolf Treichler Großartiges geleistet worden, was das Verständnis der sogenannten Geisteskrankheiten und deren Therapie betrifft. Die Friedrich Husemann Klinik in Buchenbach legt hierfür ein jahrzehntelanges Zeugnis ab. Doch ist die eigentliche Grundaussage Steiners, im Psychischen in Erscheinung tretende Krankheiten entstammten grundsätzlich organischen Läsionen, bisher nicht erkennbar von der konventionellen Psychiatrie oder dem öffentlich-wissenschaftlichen Bewußtsein aufgegriffen worden.

Das Verständnis solcher Krankheiten steht nach wie vor in einem luftleeren Raum, die Therapie wird dominiert durch stark in die Persönlichkeit eingreifende Arzneimittel mit hohem Nebenwirkungs- und Abhängigkeitspotential und einer immer differenzierteren Psychotherapie, von der wiederum Rudolf Steiner einmal uneingeschränkt aussprach, daß sie zwar zum Diagnostizieren beschränkt verwendbar wäre, aber kein Weg zur Therapie sei.

3.3.
Das Anwenden äußerer Mittel

In der anthroposophischen Medizin selbst sind äußere Anwendungen der Heilmittel durch Einreibungen, Auflagen u.a. von großer Bedeutung. Besonders sei hier auf die Arbeiten von Ita Wegman und Margarete Hauschka verwiesen. Die besondere Affinität der Heilwirkung einer Heilsubstanz (Heilmittel) zum Nerven-Sinnes-System, wenn es über die Haut auf den Organismus wirkt, ist hierfür eine wichtige, von Rudolf Steiner dargestellte Grundlage. Vor allem Metallsalben, z. B. für Organeinreibungen verwandt, aber auch feuchtwarme Wickel mit Heilpflanzenauszügen und schließlich die Teil- und Vollbäder mit ätherischen Ölen, speziell in der Form der Öldispersionsbäder nach Junge, seien beispielhaft genannt.

Vergleichbares gibt es in der «materialistisch gesinnten Medizin» nicht. Eine Zeitlang glaubte man, in dem Hautorgan einen Ort mit idealer Arzneimittelaufnahme (Resorption) gefunden zu haben, und entwickelte sogenannte transdermale Systeme beispielsweise als Arzneimittelpflaster oder -salben. Die mit großer Euphorie begonnene Forschung in dieser Richtung ist heute aber wieder abgeflaut. Die Auffassung einer solchen Arzneimittelwirkung unterschied sich auch in nichts durch andere organische Aufnahmewege, man hatte lediglich entdeckt, daß die Haut wohl eine besonders gleichmäßige konstante Aufnahme garantiere.

Wie sehr gerade durch äußere Anwendungen die eigentliche Be*hand*lung wieder zur pflegerischen oder ärztlichen Aufgabe wurde, lebt nirgendwo außerhalb der anthroposophischen Medizin. Es bedarf eben geisteswissenschaftlicher Auffassung, um das Besondere erfahren zu können, was durch die menschliche Hand zur Wirksamkeit einer Therapie unterstützend und fördernd vermittelt werden kann.

Es bleibt die traurige Feststellung, daß trotz inzwischen großem Bekanntheitsgrad der anthroposophischen Medizin deren eigentliche Anliegen, charakterisiert durch die drei Tatsachenreihen, die Rudolf Steiner nannte, keineswegs von der heute dominierenden naturwissenschaftlich orientierten Medizin aufgegriffen wurden und diese einer spirituellen Medizin nähergebracht hätten. Das gilt auch für weitere wichtige Therapiemöglichkeiten der anthroposophischen Medizin, wie sie durch die Heileurythmie und andere künstlerische Therapien und die Pastoralmedizin gegeben sind.

4.
Warum sind wir noch nicht weiter?

Trotz der hier in verschiedenen Aspekten charakterisierten breiten Bekanntheit im öffentlichen Bewußtsein ist das zentrale Anliegen einer anthroposophischen Medizin, die Spiritualisierung der Medizin bei Anerkennung ihrer naturwissenschaftlichen Fundierung, bisher kaum erkennbar. Die materialistische Grundauffassung in der Medizin ist noch dominanter als zu Rudolf Steiners Zeiten. Liegt das an uns und unseren unzureichenden Bemühungen, «denkbar größte Öffentlichkeit mit echter, wahrer Esoterik zu verbinden», oder ist der Zeit-Antigeist zu stark, um in größerem Maße als bisher eine spirituelle Menschenerkenntnis in die Medizin zu tragen?

Ehe weiter darauf eingegangen werden kann, sollen übersichtsartig die Errungenschaften zusammengefaßt werden, durch welche anthroposophische Medizin in das öffentliche Bewußtsein einwirkt.

Da ist an erster Stelle die umfangreiche Literatur zu nennen, die in fach- und populärwissenschaftlicher Art für fast alle Bereiche der Medizin vielfältigste Angebote macht. Beispielhaft sei die *Kindersprechstunde* von Wolfgang Göbel und Michaela Glöckler genannt, die sicher das am meisten gelesene anthroposophisch-medizinische Buch überhaupt ist. Die gesamte weitere Reihe der «Sprechstunden» im Verlag Urachhaus ergänzt dieses Angebot. Weiter muß die Arbeit des «Vereins für ein erweitertes Heilwesen» (heute «Verein für anthroposophisches Heilwesen») genannt werden, der jahrzehntelang durch aufklärende Schriften zu aktuellen Zeitfragen populärwissenschaftliche Aufklärung vermittelte. Bücher wie *Das Bild des Menschen als Grundlage der Heilkunst* (1974/1977) von Friedrich Husemann und Otto Wolff, *Anthroposophische Medizin* von Herbert Siewecke, *Intuitive Medizin. Einführung in eine anthroposophisch ergänzte Medizin* von Volker Fintelmann sind vielgelesene Bücher, die mit der anthroposophischen Medizin bekanntmachen. Es ist unmöglich, weitere Beispiele zu nennen, ohne nicht in die Notwendigkeit zu geraten, ein vollständiges Literaturverzeichnis aller Publikationen zu anthroposophisch-medizinischen Themen zu verfassen. Denn jeder Autor hätte Anspruch darauf, hier genannt zu werden. Es gehört aber gerade auch zu der jetzt darzustellenden Diskrepanz, daß einerseits ein großes öffentliches Interesse für anthroposophische Medizin existiert und sich dieses offensichtlich auch in der fast unübersehbaren Fülle an Veröffentlichungen widerspiegelt. Andererseits übt die anthroposophische Medizin letztlich eine geringe Wirkung auf unsere moderne Medizin aus, so daß kaum von einer Veränderung in dieser Richtung gesprochen werden kann.

Ein zweites großes Gebiet, in welchem anthroposophische Medizin in die Öffentlichkeit getragen wird, ist die ebenfalls nicht mehr übersehbare Vortragstätigkeit zu vielfältigsten Themen aus der Medizin, wiederum sowohl in Fach- als auch in Laienkreisen. Für erstere sei beispielsweise der «Deutsche Ärztekongreß» in Berlin genannt, in welchem durch Initiative von Frau Lore Deggeller und tolerante Aufnahmebereitschaft des Gründungspräsidenten Gotthard Schettler nunmehr fast 20 Jahre jedes Jahr eine Halb- oder Ganztagsveranstaltung zu Themen der anthroposophischen Medizin als Veranstaltung der «Medizinischen Sektion am Goetheanum» stattfinden konnten. Ähnliches gilt auch für die traditionelle «Medizinische Woche Baden-Baden». Laienvorträge durch private Initiativen, regionale Patienteninitiativen oder wieder durch den «Verein für anthroposophisches Heilwesen» sind so vielfältig, daß wohl davon ausgegangen werden kann, daß es keinen Tag im Jahr gibt, an dem nicht wenigstens ein Vortrag zu einem medizinischen Thema aus der Anthroposophie stattfindet. Wahrscheinlich reicht diese Schätzung noch nicht einmal aus.

Ein dritter Bereich sind die fachlichen Aus-, Fort- und Weiterbildungsmöglichkeiten, z. B. das Lukas-Seminar in Arlesheim für Ärzte und Medizinstudenten, das Ärzteseminar an der Filderklinik Stuttgart und das anthroposophisch-medizinische Begleitstudium an der Universität Witten/Herdecke. In manchen Ländern existieren bereits Weiterbildungsordnungen für die Anerkennung als anthroposophischer Arzt. Ausbildungen für Heileurythmie gibt es in verschiedenen Ländern der Welt, vereinzelt auch Ausbildungen für anthroposophische Sprach- oder Musiktherapie, außerdem Krankenpflegeschulen im Gemeinschaftskrankenhaus Herdecke und der Filderklinik. Ärztetagungen national und international, Tagungen der Pflegeberufe oder der Therapeuten, fachübergreifende gemeinsame Tagungen in aller Welt tragen Inhalte der anthroposophischen Medizin zu einer großen Zahl daran interessierter Menschen. Seit einigen Jahren existiert in der Schweiz (Bern) ein Lehrstuhl für Komplementärmedizin, der in vier Gebiete aufgeteilt wurde, zu denen neben der anthroposophischen Medizin auch die Neuraltherapie, die Homöopathie und die traditionelle chinesische Medizin gehören. Für die anthroposophische Medizin verantwortlich ist dort Peter Heusser aus Dornach.

Es hat in den letzten Jahrzehnten zunehmend viele kurze und ausführliche Darstellungen der anthroposophischen Medizin in den öffentlichen Medien (Zeitungen, Zeitschriften, Rundfunk und Fernsehen) gegeben, überwiegend positiv, zum Teil auch in klarer Gegnerschaft. Es gibt wohl auch nur noch wenige Länder in der Welt, in welche die anthroposophische Medizin noch nicht Einlaß gefunden hat. Müßte sie nicht unter all den Voraussetzungen längst ein Kulturfaktor, ein Ferment zur Veränderung der Medizin sein?

Eine Veränderung ist allerdings bemerkbar, die auch durch das Wirken der anthroposophischen Medizin mitbedingt ist: die immer deutlichere Opposition der Laien (Patienten) gegenüber einer streng wissenschaftlich orientierten Medizin, die weder ein ganzheitliches Menschenbild noch ein Bewußtsein von der Individualität jedes einzelnen Menschen hat. Die über lange Zeit dominante und heute auch immer noch versuchte Bevormundung des Patienten, die in den siebziger Jahren auch einmal kritisch als «Entmündigung durch die Medizin» bezeichnet wurde (Alexander Mitscherlich), wird von immer mehr Menschen, vor allem auch von jüngeren Menschen, nicht mehr akzeptiert. Der Mensch heute will Partner der Medizin sein, Mitgestalter seiner Heilung, nicht Fall, sondern individueller Mensch. Von dieser Veränderung des Laienbewußtseins darf man sich die grundsätzliche Veränderung der hochtechnisierten, aber menschenfernen Medizin versprechen, und es ist sicher berechtigt, davon auszugehen, daß das vielfältige öffentliche Wirken der anthroposophischen Medizin, wie es auch in diesem Beitrag andeutungsweise angesprochen wurde, eine solche Bewußtseinsänderung mitbewirken konnte.

Dem eigentlichen Auftrag der anthroposophischen Medizin sind wir aber noch nicht ausreichend gerecht geworden. Ein wirkliches Verständnis geisteswissenschaftlich-anthroposophischer Erkenntnisse, die sich mit den naturwissenschaftlich-anthropologischen zu einem Ganzen zusammenschließen, fehlt sowohl in den Fach- wie Laienbereichen, wenn man auf die Medizin schaut. Gerade die geisteswissenschaftliche Seite wird entweder durch östliche oder zum Teil durch obskure westliche sogenannte Esoterik bedrängt und droht in den oft marktgerechten, rasch Effekte verheißenden Angeboten unterzugehen. Daß Geisteswissenschaft (Anthroposophie) immer einen eigenen aktiven Weg bedeutet, scheint für die Mentalität der heutigen Menschheit immer noch mehr Hindernis als förderlich zu sein. Dabei ist erlebbar, wie groß die Sehnsucht der Menschenseelen nach wahren spirituellen Inhalten ist.

Ein letztes Mal darf aus den mahnenden Abschiedsworten Rudolf Steiners am Ende der Weihnachtstagung am 1. Januar 1924 zitiert werden. Er forderte auf zum Mut, sich zu der Anthroposophie und ihren Erkenntnissen auch öffentlich zu bekennen, dieses Bekenntnis geradezu als eine Aufgabe für Anthroposophen im gegenwärtigen Zivilisationsleben zu ergreifen. Und mit Blick auf die Tatsache, wie sehr durch das dekadente Zivilisationsleben die Menschen mit schlafendem Bewußtsein vor den Hüter der Schwelle träten und dieser sie, weil sie schlafen, zurückweisen müsse, um ein Paralysiertwerden ihrer Seelen zu verhindern, wurde dem Anthroposophen die *eine* Ermahnung zugerufen: «Du mußt zu dem Vernehmen der Stimme aus dem Geisterland den starken Mut, dich zu dieser Stimme zu bekennen, entwickeln, denn du hast begonnen zu wachen. Der Mut wird dich wach erhalten; die Mutlosigkeit allein könnte dich zum Einschlafen führen.» (1.1.1924, GA 233, S. 152)

Es mag auch das Schicksal der Medizinischen Sektion dazu beigetragen haben, daß die «echte, wahre Esoterik» der Anthroposophie noch nicht mutvoll genug in das öffentliche Leben und das Lebensgebiet der Medizin hineingetragen werden konnte. Tragisch belastet wurde diese Medizinische Sektion durch den Ausschluß Ita Wegmans aus der Anthroposophischen Gesellschaft in den dreißiger Jahren, nur allmählich und mit immer noch großen Hindernissen wurde sie wieder der Ort, an dem sich alle esoterischen Anstrengungen und dadurch erworbenen eigenen wesenhaften Erkenntnisse zusammenfinden können. Es sei der Wunsch am Schluß dieses Beitrags ausgesprochen, daß in die öffentliche Wirksamkeit der anthroposophischen Medizin mutvoller und eindeutiger als bisher die esoterischen

Erkenntnisse einfließen können, wie sie Rudolf Steiner insbesondere in seinen mündlichen Darstellungen nach der Weihnachtstagung (Jungmedizinerkurs, Pastoralmedizin) und in seinem Buch zusammen mit Ita Wegman, *Grundlegendes zu einer Erweiterung der Heilkunst nach geisteswissenschaftlichen Erkenntnissen* uns überantwortet hat.

5. *Zusammenfassung und Ausblick*

Ohne Frage existiert die anthroposophische Medizin als Begriff weltweit im öffentlichen Bewußtsein, auch in der gesellschaftlich-politischen Ebene, getragen vor allem durch Laien (Patienten) und deren Erfahrungen, die sie selbst oder durch ihnen nahestehende Menschen mit der anthroposophischen Medizin machten. Auch die wissenschaftlich orientierte («materialistisch gesinnte Medizin») hat durchaus Kenntnis von der Existenz einer anthroposophischen Medizin genommen, diese aber als Weltanschauungsmedizin ausgegrenzt oder als unwissenschaftlich abgelehnt. Die Hoffnungen Rudolf Steiners, daß zumindest in bestimmten Bereichen Anthroposophie und die aus ihr entwickelte Erweiterung der Heilkunst Einfluß auf eine Veränderung der Medizin, insbesondere ihre Spiritualisierung, erfahren könnte, haben sich weitgehend nicht erfüllt. Zum Teil werden elementare Anteile der anthroposophischen Medizin von der sogenannten Schulmedizin (wie beispielsweise die Misteltherapie beim Krebs) mit den Methoden dieser Wissenschaftsmedizin geprüft, «von dem anthroposophischen weltanschaulichen Ballast befreit» und damit letztlich degeneriert. Die Diskrepanz zwischen wohlwollender, anerkennender Beurteilung der anthroposophischen Medizin durch die Welt der Laien und die weiterhin strikte Ausgrenzung und Abwertung durch die heute dominierende «materialistisch gesinnte Medizin» ist groß, und es gibt keine Anzeichen, wie letztere sich für das Angebot der Anthroposophie öffnen könnte.

Und dennoch gibt es Zeichen der Veränderung durch den Willen der Patienten, sich nicht mehr durch eine auf das Objekt gerichtete wissenschaftlich abstrakte Medizin bevormunden zu lassen, sondern eine Medizin zu fordern, in der der Mensch in seiner Einmaligkeit, in seinem persönlichen Anliegen akzeptiert und zum Mitgestalten der Überwindung seiner Krankheit aufgerufen wird. Die tätigsein-wollenden Träger der anthroposophischen Medizin sollten verstärkt und mutvoll ihre spirituelle Weltauffassung vorleben und vermitteln, um das große Ideal zu verwirklichen, größte Öffentlichkeit mit echter, wahrer Esoterik zu verbinden.

Literatur

Fintelmann, Volker: *Intuitive Medizin. Einführung in eine anthroposophisch ergänzte Medizin*, Hippokrates-Verlag Stuttgart ²1988.

Husemann, Friedrich / Wolff, Otto: *Das Bild des Menschen als Grundlage der Heilkunst. Entwurf einer geisteswissenschaftlich orientierten Medizin*, 3 Bde., Stuttgart 1991–1993.

Kienle, Gerhard: *Arzneimittelsicherheit und Gesellschaft*, Stuttgart / New York 1974.

Siewecke, Herbert: *Anthroposophische Medizin. Studien zu ihren Grundlagen*, Dornach ²1982.

Steiner, Rudolf: *Die Weltgeschichte in anthroposophischer Beleuchtung und als Grundlage der Erkenntnis des Menschengeistes*, GA 233, Dornach 1962.

– *Die Weihnachtstagung zur Begründung der Allgemeinen Anthroposophischen Gesellschaft*, GA 260, Dornach ⁴1985.

– *Geisteswissenschaft und Medizin*, GA 312, Dornach ⁶1985.

– *Meditative Betrachtungen und Anleitungen zur Vertiefung der Heilkunst. Vorträge für Ärzte und Medizinstudierende*, GA 316, ³1987.

– *Das Zusammenwirken von Ärzten und Seelsorgern. Pastoral-Medizinischer Kurs*, GA 318, ⁴1994.

– *Vom Einheitsstaat zum dreigliedrigen sozialen Organismus*, GA 334, Dornach 1983.

Autorennotizen

Jochen Bockemühl: geb. 1928 in Dresden. Studium der Zoologie, Botanik, Chemie und Geologie in Dresden und Tübingen. Promotion über die faunistische Ökologie von Bodeninsekten. Nebenher Einarbeitung in die Erkenntnistheorie Rudolf Steiners und in das anthroposophische Ideengut. Nach kurzer pädagogischer Tätigkeit seit 1956 Mitarbeiter des Forschungslaboratoriums am Goetheanum. Von 1971 bis 1996 Leiter der Naturwissenschaftlichen Sektion am Goetheanum.

Veröffentlichungen: zu den genannten Arbeitsgebieten in den «Elementen der Naturwissenschaft»; (Hrsg.) Erscheinungsformen des Ätherischen (1977); Lebenszusammenhänge erkennen, erleben, gestalten (1980); Sterbende Wälder – eine Bewußtseinsfrage (1984); (Hrsg.) Erwachen an der Landschaft (1992); Ein Leitfaden zur Heilpflanzenerkenntnis (1996); Aspekte der Selbsterfahrung im phänomenologischen Zugang zur Natur der Pflanzen, Gesteine, Tiere und Landschaft, in: Gernot Böhme / Gregor Schiemann (Hrsg.): Phänomenologie der Natur (1997).

Adresse: Naturwissenschaftliche Sektion am Goetheanum, Hügelweg 59,
CH-4143 Dornach

Karl-Martin Dietz: geb. 1945 in Heidelberg. Studium der Klassischen Philologie, Germanistik und Philosophie, daneben auch der Wirtschaftswissenschaften, in Heidelberg, Tübingen und Rom. Promotion mit einer Arbeit über vorsokratische Philosophie. 1974 bis 1980 Lehrtätigkeit an der Universität Heidelberg. 1978 Mitbegründer des Friedrich von Hardenberg Instituts für Kulturwissenschaften in Heidelberg. Ehrenamtliche Mitarbeit in verschiedenen Bereichen der Anthroposophischen Gesellschaft.

Veröffentlichungen: Die Suche nach Wirklichkeit (1988); Metamorphosen des Geistes, Bd. 1 und 2 (1989); Bd. 3 (1990); Individualität im Zeitenschicksal (1994); (Hrsg.) Rudolf Steiners ‹Philosophie der Freiheit› – eine Menschenkunde des höheren Selbst (1995); Gemeinschaft durch Freiheit (1996); Anthroposophie tun – Beobachtungen zu Rudolf Steiners Führungsstil (1996); Dialog. Die Kunst der Zusammenarbeit (1998).

Adresse: Friedrich von Hardenberg Institut, Hauptstr. 59, 69117 Heidelberg

Volker Fintelmann: geb. 1935. Leitender Arzt der Medizinischen Abteilung des DRK- und Freimaurerkrankenhauses Hamburg-Rissen. Praktische und methodische Ausarbeitung einer anthroposophisch ergänzten Medizin seit 1973. Seit ihrer Gründung

Mitglied der Zulassungs- und Aufbereitungskomission für Phytotherapie beim Bundesgesundheitsamt (Kommission E), seit 1983 deren Vorsitzender.

Veröffentlichungen: Intuitive Medizin. Einführung in eine anthroposophisch ergänzte Medizin (1987); Alter und Alterskrankheiten (1988); Alterssprechstunde (1991), Krebssprechstunde (1994).

Adresse: Suurheid 20, 22559 Hamburg

Michaela Glöckler: geb. 1946 in Stuttgart. Studium der Germanistik und Geschichte in Freiburg und Heidelberg. 1971 Staatsexamen für das Lehramt an Unter- und Mittelstufen von Gymnasien. 1972 bis 1978 Studium der Medizin in Tübingen und Marburg. Weiterbildung zur Kinderärztin am Gemeinschaftskrankenhaus in Herdecke und an der Universitätskinderklinik in Bochum. Bis 1988 Mitarbeit in der Kinderambulanz am Gemeinschaftskrankenhaus in Herdecke und schulärztliche Tätigkeit in der Rudolf Steiner-Schule in Witten. Seit Ostern 1988 Leitung der Medizinischen Sektion am Goetheanum, Freie Hochschule für Geisteswissenschaft in Dornach/Schweiz.

Veröffentlichungen: Die männliche und die weibliche Konstitution (1992); Kindersprechstunde (zus. mit Wolfgang Göbel, [13]1998); Elternsprechstunde ([2]1991); Elternfragen heute ([2]1992); (Hrsg.) Das Schulkind – Gemeinsame Aufgaben von Arzt und Lehrer ([3]1998); (Hrsg. zus. mit Jürgen Schürholz) Krebsbehandlung in der anthroposophischen Medizin (1996); Die Heilkraft der Religion (1997); Macht in den zwischenmenschlichen Beziehungen (1997); Begabung und Behinderung (1997); Gesundheit und Schule (1998).

Adresse: Goetheanum, Medizinische Sektion, CH-4143 Dornach

Oskar Borgman Hansen: geb. 1924. Studium der Philosophie an der Universität Kopenhagen. Professor für Philosophie der Universität Aarhus 1967–1994. Vorsitzender der Anthroposophischen Gesellschaft in Dänemark 1966–1998.

Veröffentlichungen: Buchpublikationen über Spinoza, Hegel und Rudolf Steiner, sowie über Gesellschaftsprobleme. Letzte Publikation über Dänemark und die EU, 1998. Alle diese Publikationen in dänischer Sprache. Zahlreiche Zeitschriftenartikel; in deutscher Sprache in der Wochenschrift «Das Goetheanum», auch einige wenige in der Zeitschrift «Die Drei».

Adresse: Klokkerfaldet 16, DK-8210 Aarhus V

Manfred Klett: geb. 1933. Studium der Agrarwissenschaften. Promotion zum Thema: «Zur boden- und gesteinsbürtigen Stofffracht von Oberflächengewässern» (1965). Forschungstätigkeit am Institut für biologisch-dynamische Wirtschaftsweise in Darmstadt. 21 Jahre Landwirt in der Betriebsgemeinschaft Dottenfelderhof bei Frankfurt/M. Seit 1989 Leiter der Abteilung Landwirtschaft in der Naturwissenschaftlichen Sektion der Freien Hochschule für Geisteswissenschaft am Goetheanum/Dornach.

Veröffentlichungen: verschiedene Aufsätze zu diesen Arbeitsgebieten; Untersuchungen über Licht- und Schattenqualität in Relation zum Anbau und Test von Kieselpräparaten zur Qualitätshebung (1968); Der Mensch als Gestalter der Erde, in: Bruno Endlich (Hrsg.): Der Organismus der Erde (1985); (Hrsg. zus. mit Markus Hurter) Zur Frage der Düngung im biologisch-dynamischen Landbau (1994), darin: Die Stufen der Düngung und das Schafgarbenpräparat.

Adresse: Naturwissenschaftliche Sektion am Goetheanum, Hügelweg 59
CH-4143 Dornach

Uli Johannes König: geb. 1955 in Tübingen. Studium der Agrarwissenschaften in Göttingen. Promotion auf dem Gebiet der biologisch-dynamischen Präparate. Seit 1989 Mitarbeiter am Institut für biologisch-dynamische Forschung in Darmstadt. Arbeitsschwerpunkte: Entwicklung biologisch-dynamischer Präparate, Landwirtschaft und Trinkwasserqualität.

Veröffentlichungen: Untersuchung biologisch-dynamischer Spritzpräparate (1988), Zwischenfruchtanbau von Leguminosen (1996).

Adresse: Institut für biologisch-dynamische Forschung e.V., Brandschneise 5, 64295
Darmstadt

Ernst-Michael Kranich: geb. 1929. Studium der Naturwissenschaften (Biologie, Paläontologie, Geologie und Chemie) in Tübingen. Mehrere Jahre Fachlehrer für den naturwissenschaftlichen Unterricht an der Waldorfschule. Seit 1962 Leiter des Seminars für Waldorfpädagogik (Freie Hochschule Stuttgart). Mitglied im Vorstand des Bundes der Freien Waldorfschulen und der Internationalen Konferenz der Rudolf Steiner Schulbewegung (Haager Kreis). Schwerpunkt der Forschungsarbeit: anthroposophische Anthropologie und Fragen der Evolution.

Veröffentlichungen: Pädagogische Projekte und ihre Folgen (1971); Formensprache der Pflanze – Grundlinien einer kosmologischen Botanik (1976; Neuausgabe unter dem Titel: Pflanze und Kosmos, [3]1997); Bäume und Planeten. Beitrag zu einer kosmologischen Botanik (zusammen mit F. H. Julius, [3]1997); Pflanzen als Bilder der Seelenwelt ([2]1996); Wesensbilder der Tiere (1995); Herausgeber der «Beiträge zur Pädagogik Rudolf Steiners».

Adresse: Seminar für Waldorfpädagogik, Haussmannstr. 44a,
70188 Stuttgart

Stefan Leber: geb. 1937. Politologe und Dozent für Waldorfpädagogik an der Freien Hochschule Stuttgart, Seminar für Waldorfpädagogik, und Mitglied im Vorstand des Bundes der Freien Waldorfschulen. Neben pädagogischen und schulpolitischen Aufgaben in der Förderung und Weiterentwicklung der anthroposophischen Sozialwissenschaften tätig.

Veröffentlichungen (in Auswahl): Die Pädagogik der Waldorfschule und ihre Grundlagen (1982); « … es mußten neue Götter hingesetzt werden». Menschen in der Entfremdung: Marx und Engels, Cieskowski, Bauer, Hess, Bakunin und Stirner (1987); (Hrsg. und Co-Autor) Die Geschlechtlichkeit des Menschen ([2]1989); Die Sozialgestalt der Waldorfschule (1991); (Hrsg.) Waldorfschule heute (1993); Die Menschenkunde der Waldorfpädagogik. Anthropologische Grundlagen der Erziehung des Kindes (1994); Der Schlaf und seine Bedeutung (1996); (Hrsg.) Anthroposophie und Waldorfpädagogik in den Kulturen der Welt (1997).

Adresse: Seminar für Waldorfpädagogik, Haussmannstr. 44a
70188 Stuttgart

Christoph Lindenberg: geb. 1930 in Holzminden. Studium der Geschichte und der englischen Philologie, daneben der Philosophie und Pädagogik in Göttingen und Freiburg. Nach Examen und Besuch des Waldorflehrerseminars 1955–1980 Lehrer an Waldorfschulen. Seit 1980 Tätigkeit als freier Schriftsteller und als Dozent am Seminar für Waldorfpädagogik in Stuttgart.

Veröffentlichungen: Individualismus und offenbare Religion (1970; Neuausgabe 1995); Angstfrei lernen, selbstbewußt handeln (1975); Die Technik des Bösen. Zur Vorgeschichte und Geschichte des Nationalsozialismus (1978, [3]1985); Die Lebensbedingungen des Erziehens (1981); Geschichte lehren (1981); Vom Ursprung der Gegenwart (1984); Rudolf Steiner – Eine Chronik (1988); Rudolf Steiner, rororo monographie (1992); Motive der Weihnachtstagung im Lebensgang Rudolf Steiners (1994); Rudolf Steiner – Eine Biographie 1861–1925 (1997).

Adresse: Rotenweg 8, 79199 Kirchzarten

Georg Maier: geb. 1933 in Stuttgart. Studium in Stuttgart und München mit Promotion zum Thema «Exzitonspektren von Mischkristallen» (1960). Anschließend ein Jahr Tätigkeit in Dornach. 1961–1969 Forschungstätigkeit auf dem Gebiet der Festkörperphysik durch Neutronenbeugung am Eidgenössischen Institut für Reaktorforschung in Würenlingen und bei der Kernforschungsanlage Jülich. Seit 1969 Mitarbeiter am Forschungslaboratorium am Goetheanum. Arbeitsgebiet vorwiegend: Optik der Bildverwandlungen.

Veröffentlichungen: zu den genannten Arbeitsgebieten u.a. in den «Elementen der Naturwissenschaft»; Optik der Bilder (1986).

Adresse: Naturwissenschaftliche Sektion am Goetheanum, Hügelweg 59
CH-4143 Dornach

Armin Scheffler: geb. 1950. Studium der Chemie in Clausthal-Zellerfeld und Kiel. Promotion auf dem Gebiet metallorganischer Gemischtligandkomplexe des Osmiums. Seit 1975 wissenschaftlicher Mitarbeiter am Carl Gustav Carus-Institut in Öschelbronn. Seit 1977 Leiter der Chemischen Abteilung mit dem Arbeitsschwerpunkt: Synergistische Wirkungen von Mistelinhaltsstoffen. Leiter des BMFT-Forschungsprojektes «Optimierung von Mistelpräparaten» im Rahmen des Förderschwerpunktes «Unkonventionelle Methoden in der Krebstherapie» in den Jahren 1990 bis 1993.

Veröffentlichungen: Goetheanistische Experimentalforschung am Beispiel der pharmazeutischen Entwicklung von Mistelpräparaten, in: Tycho de Brahe-Jahrbuch für Goetheanismus (1987); (Hrsg. zus. mit Rolf Dorka u.a.) Zum Erstaunen bin ich da. Forschungswege in Goetheanismus und Anthroposophie (1998); Die Alchemie der Jahreszeiten (1998).

Adresse: Carl Gustav Carus-Institut, Am Eichhof,
75223 Niefern-Öschelbronn

Andreas Suchantke: geb. 1933 in Basel. Studium der Biologie, 1963–1982 Lehrer im Oberstufenbereich der Rudolf Steiner-Schule Zürich, seither in der Lehrerbildung. Zahlreiche Forschungsaufenthalte und Reisen mit ökologischen Zielsetzungen in Afrika, Südamerika, Südasien, Neuseeland, Israel.

Veröffentlichungen: Metamorphosen im Insektenreich (1965, ²1995); Sonnensavannen und Nebelwälder – Pflanzen, Tiere und Menschen in Ostafrika (1972, ²1992); Mensch und Landschaft Afrikas (zusammen mit Jochen Bockemühl und Wolfgang Schad, 1978); Der Kontinent der Kolibris – Landschaften und Lebensformen in den Tropen Südamerikas (1982); Partnerschaft mit der Natur (1993); (Hrsg. und Co-Autor) Mitte der Erde. Israel und Palästina im Brennpunkt natur- und kulturgeschichtlicher Entwicklungen (1988, ²1996); (Hrsg.) Goetheanistische Naturwissenschaft, Bd. 5: Ökologie (1998).

Adresse: Institut für Waldorfpädagogik, Annener Berg 15
58454 Witten/Ruhr

Arnold Suckau: geb. 1927 in Essen. Theologiestudium. Beschäftigung mit den östlichen Religionen. Pfarrer der Christengemeinschaft in Bonn und Dozent am Priesterseminar in Stuttgart.

Veröffentlichungen: (zusammen mit Adolf Müller) Werdestufen des christlichen Bekenntnisses (1972), Anthroposophie und häretische Strömungen in: Christentum, Anthroposophie, Waldorfschule: Waldorfpädagogik im Umfeld konfessioneller Kritik (mit Beiträgen von Hans-Werner Schroeder u.a., 1987).

Adresse: Denglerstr. 28, 53173 Bonn

Frank Teichmann: geb. 1937. Diplom-Ingenieur für Flugzeugbau. Studium der Ägyptologie und Klassischen Archäologie. Vier Jahre am Max-Planck-Institut für Strömungsforschung in Göttingen. Seit 1973 Leiter des Anthroposophischen Studienseminars in Stuttgart.

Veröffentlichungen: Der Mensch und sein Tempel, Bd. 1–4: Ägypten, Megalithkultur, Griechenland, Chartres (1978–1991); Der Gral im Osten (1986); Die Kultur der Empfindungsseele (1990); Die Kultur der Verstandesseele (1993); Auferstehung im Denken (1996).

Adresse: Ameisenbergstr. 57a, 70188 Stuttgart

Heinz Zimmermann: geb. 1937. Studium der Germanistik, Geschichte und Altphilologie in Basel, Dissertation: «Zu einer Typologie des spontanen Gesprächs». 1965/66 Auftrag des Goethe-Instituts in Finnland. Assistent, später Lektor für deutsche Sprachwissenschaft an der Universität Basel. 25 Jahre Lehrer an der Rudolf Steiner-Schule Basel für Deutsch, Geschichte, Kunstgeschichte und Latein. Ab 1975 Mitwirkung am Rudolf Steiner-Lehrerseminar in Dornach. Seit 1989 Leitung der Pädagogischen Sektion am Goetheanum. Seit 1992 Leitung der Sektion für das Geistesstreben der Jugend.

Veröffentlichungen: Sprechen, Zuhören, Verstehen in Erkenntnis- und Entscheidungsprozessen (^{3}1992); Vom Sprachverlust zur neuen Bilderwelt des Wortes (1995); Grammatik. Spiel von Bewegung und Form (1997); Von den Auftriebskräften in der Erziehung (1997); Reinkarnation und Karma in der Erziehung (1998); (zus. mit Robin Schmidt) Anthroposophie studieren (1998).

Adresse: Goetheanum, CH-4143 Dornach

Adressen zur Information über anthroposophische Forschung

Die Fachsektionen der Freien Hochschule für Geisteswissenschaft

Mathematisch-Astronomische Sektion
Leitung und Sekretariat: Georg Glöckler, Wolfgang Held
Arbeitsgruppen und Hochschulkreise: mathematisch-physikalische Arbeitsgruppe
Kontaktadresse: Mathematisch-Astronomische Sektion, In den Zielbäumen 7, CH-4143 Dornach, Tel.: ++41(0)61 706 42 28

Medizinische Sektion
(mit den Bereichen: Heilpädagogik und Sozialtherapie, Heileurythmie, Kunsttherapie, Mistelforschung, Krankenpflege, Krankengymnastik und Rhythmische Massage)
Leitung: Dr. med. Michaela Glöckler
Arbeitsgruppen und Hochschulkreise (Auswahl): Hochschulkreis der Mistelforschung und Therapie, Neurophysiologisches Kolloquium, Hochschulkreis zu kosmologischen Fragen in der Heilmittelherstellung, Arbeitsgruppe zu Herz- und Kreislauffragen, Medienforschungskreis, Arbeitsgruppe Ethik in der Medizin, Arbeitsgruppe für die Ethik des Sterbens.
Kontaktadresse: Medizinische Sektion, Postfach, CH-4143 Dornach; Tel.: ++41(0)61 706 42 91 und Dr. Rüdiger Grimm, Konferenz für Heilpädagogik und Sozialtherapie, Ruchtiweg 9, CH-4143 Dornach, Tel.: ++41(0)61 701 84 85

Naturwissenschaftliche Sektion
(mit Abteilung Landwirtschaft, Leitung: Manfred Klett)
Leitung: Johannes Kühl
Arbeitsgruppen und Hochschulkreise: u.a. auch zu den Themen Ernährung, Gentechnik, Landschaftsökologie, bildschaffende Methoden
Kontaktadresse: Naturwissenschaftliche Sektion am Goetheanum und Forschungsinstitut am Goetheanum, Hügelweg 59, CH-4143 Dornach, Tel.: ++41(0)61 706 42 10

Pädagogische Sektion
Leitung: Dr. Heinz Zimmermann
Arbeitsgruppen und Hochschulkreise: bitte erfragen
Kontaktadresse: Pädagogische Sektion am Goetheanum, Postfach, CH-4143 Dornach

Sektion für Bildende Künste
(mehrere Malschulen, Plastikschule, Pflanzen-Farben-Labor)
Leitung Christian Hitsch
Arbeitsgruppen und Hochschulkreise: bitte erfragen
Kontaktadresse: Sektion für Bildende Künste, Sekretariat Thorwald Thiersch, Goetheanum, CH-4143 Dornach

Sektion für das Geistesstreben der Jugend
Leitung: Dr. Heinz Zimmermann
Arbeitsgruppen und Hochschulkreise: bitte erfragen
Kontaktadresse: Büro der Jugendsektion, Dorneckstr. 1, CH-4143 Dornach, Tel.: ++41(0)61 706 43 91

Sektion für Redende und Musizierende Künste
(Eurythmie, Sprachgestaltung, Musik)
Leitung: Dr. Virginia Sease
Arbeitsgruppen und Hochschulkreise: bitte erfragen
Kontaktadresse: Goetheanum, CH-4143 Dornach

Sektion für Schöne Wissenschaften
Leitung (interimistisch): Dietrich Rapp, Martina Maria Sam, Frank Berger
Arbeitsgruppen und Hochschulkreise: Märchenforschungskreis, Arbeitskreis zu Publizistik und Stilfragen
Kontaktadresse: Sektion für Schöne Wissenschaften, Postfach, CH-4143 Dornach 1, Tel.: ++41(0)61 706 44 65

Sektion für Sozialwissenschaft
Leitung: Manfred Schmidt-Brabant
Arbeitsgruppen und Hochschulkreise: zu den Bereichen Jura, Familienkultur, Drogen (zusammen mit der Medizinischen Sektion), Buchhandel und Verlag, Bibliothekswesen
Kontaktadresse: Sektion für Sozialwissenschaft, Postfach, CH-4143 Dornach

Hochschulkreis für Kulturwissenschaften
Leitung: kollegial. Ansprechpartner: Dr. Karl-Martin Dietz
Hauptstraße 59, D-69117 Heidelberg, Tel. 06221/25134

Arbeitsgruppe für Philosophie und Psychologie
Leitung: Oskar Borgman Hansen
Kontaktadresse: Oskar B. Hansen, Klokkerfaldet 16, DK-8210 Aaarhus V

Anthroposophische Gesellschaft in Deutschland

forum zeitfragen in der Anthroposophischen Gesellschaft in Deutschland
Kontakt:
- *allgemein:* forum zeitfragen, Martin Rozumek, Hauptstraße 59, D-69117 Heidelberg, Tel. 06221-28486, Fax -21640
- *Forschungsförderung:* Barbara Messmer, Hügelstraße 67, D-60433 Frankfurt/Main, Tel. 069-51 36 76, Fax -52 68 47

Forschungsfonds der Anthroposophischen Gesellschaft in Deutschland
Kontakt: Barbara Messmer, Hügelstraße 67, D-60433 Frankfurt/Main, Tel. 069-51 36 76, Fax -52 68 47

Forschungsinstitute

ABNOBA Heilmittel GmbH
Hohenzollernstraße 16
D-75177 Pforzheim
Tel: 07231-315050
Fax: 07231-358714

Carl Gustav Carus-Institut
Am Eichhof
D-75223 Niefern-Öschelbronn
Tel: 07233-68410
Fax: 07233-68413
E-mail: cg.carus@t-online.de

Forschungsinstitut am Goetheanum
Hügelweg 59
CH-4143 Dornach
Tel: ++061-7064210
Fax: ++061-7064215
E-mail:
science_goetheanum@compuserve.com

Arbeitskreis für Ernährungsforschung e.V.
Zu den Eichen 7
75378 Bad Liebenzell
Tel: 07052-3061 / Fax: 07052-3062

Dr. Petra Kühne
Am Auweg 53, 60437 Frankfurt/M.
Tel: 06101-43724 / Fax: 06101-48091

Gesellschaft für goetheanistische Forschung e.V.
z.Hd. Karl-Josef Müller
Darzau 1, 29490 Neu Darchau
Tel/Fax: 05853-1397
E-mail: gfgf.kjm@T-online.de

Helixor Heilmittel GmbH & Co
Frau Patricia Bisinger
Abteilung Dokumentation
Postfach 8, 72344 Rosenfeld
Tel: 07428-935-0/Fax: 07428-935-102

Friedrich von Hardenberg Institut für Kulturwissenschaften
Hauptstraße 59
69117 Heidelberg
Tel: 06221-28485
Fax: 06221-21640

Initiativkreis für Gemüsesaatgut aus biologisch-dynamischem Anbau
Brigitte v. Wistinghausen
Samenbau, Hof Rengoldshausen
88662 Überlingen

Institut für biologisch-dynamische Forschung
Brandschneise 5
D-64295 Darmstadt
Tel: 06155-8421-0
Fax: 06155-8421-25

Institut für soziale Gegenwarts-fragen e.V.
Haussmannstraße 44a
70188 Stuttgart
Tel: 0711-2368950
Fax: 0711-2360218

Institut für zeitgemäße Wirtschafts- und Sozialgestaltung e.V.
Brosiweg 10
CH-4143 Dornach
Tel: ++41-61-7017478
Fax: ++41-61-7018414

J. und C. Graf Keyserlingk-Institut
Am Bergle 10
88682 Salem-Oberstenweiler
Tel: 07544-71371
Fax: 07544-913296

Pädagogische Forschungsstelle beim Bund der Freien Waldorfschulen e.V.
Heidehofstraße 32
70184 Stuttgart
Tel: 0711-210 42 35
Fax: 0711-21042-19
Abteilung Kassel:
Brabanter Straße 43-45
34131 Kassel
Tel: 0561-9375845
Fax: 0561-9375845

Institut für Strömungswissenschaften (Verein für Bewegungsforschung e.V.)
Stutzhofweg 11
79737 Herrischried
Tel: 07764-269
Fax: 07764-1324

WALA-Heilmittel GmbH
Forschungsabteilung
D-73085 Eckwälden/Bad Boll
Tel: 07164-930-0
Fax: 07164-930 297

WELEDA AG – Heilmittelbetriebe
Forschungsabteilung
Möhlerstraße 3
73525 Schwäbisch Gmünd
Tel: 07171-919-0
Fax: 07171-919-520

Hinweis:

Seit Oktober 1998 gibt es eine Broschüre mit ausführlichen Darstellungen der Forschungsinstitute in Deutschland (über 60 Seiten). Sie ist gegen einen Versandkostenanteil von DM 3,– (in Briefmarken) beim Sekretariat des Forschungsfonds erhältlich: Hügelstraße 67, 60433 Frankfurt am Main, Telefon (069) 513676, Telefax (069) 526847 (Barbara Messmer).